房地产开发企业全生命周期税收实战与涉税风险应对

第2版

方永武 著

立信会计出版社

图书在版编目(CIP)数据

房地产开发企业全生命周期税收实战与涉税风险应对/方永武著. —2 版. —上海:立信会计出版社,2023.1
ISBN 978-7-5429-7223-1

Ⅰ.①房… Ⅱ.①方… Ⅲ.①房地产企业—税收管理—中国 Ⅳ.①F812.423

中国版本图书馆 CIP 数据核字(2023)第 003290 号

策划编辑　张巧玲
责任编辑　张临林

房地产开发企业全生命周期税收实战与涉税风险应对(第二版)
FANGDICHAN KAIFA QIYE QUANSHENGMING ZHOUQI SHUISHOU SHIZHAN YU SHESHUI FENGXIAN YINGDUI

出版发行	立信会计出版社
地　　址	上海市中山西路 2230 号　　邮政编码　200235
电　　话	(021)64411389　　传　真　(021)64411325
网　　址	www.lixinaph.com　　电子邮箱　lixinaph2019@126.com
网上书店	http://lixin.jd.com　　http://lxkjcbs.tmall.com
经　　销	各地新华书店
印　　刷	固安华明印业有限公司
开　　本	787 毫米×1092 毫米　　1/16
印　　张	28.5　　插　页　1
字　　数	642 千字
版　　次	2023 年 1 月第 2 版
印　　次	2023 年 1 月第 1 次
书　　号	ISBN 978-7-5429-7223-1/F
定　　价	98.00 元

如有印订差错,请与本社联系调换

前言

房地产行业是高投入、长周期和高风险的行业,其税务处理涉及的税种多、流程复杂,是财税人员工作的难点。特别是在征管体制改革之后,很多企业财务人员和税务人员对房地产企业工程造价、图纸设计、项目概预算、决算等成本核算缺乏专业知识,涉税风险识别应对能力不足,缺乏有效管理办法。

本书以税收风险管理为导向,以房地产企业设立准备、融资、开发、销售、清算等开发经营全流程为主线,对各环节涉税处理进行详细讲解,并结合作者多年的实战经验,剖析企业在每个阶段的经济业务事项以及容易出现的财务风险,提供风险识别应对技巧和方法,帮助财税人员少走弯路,快速提升房地产行业的财税处理水平。

本书特别讲解了房地产行业的各种商业模式、工程预决算、阅读图纸的方法等基本内容,对房地产企业银行贷款、信托融资、股权融资等多种融资模式进行分析,并对涉税风险提出应对措施,是对同类书籍的有益补充和完善。

本书侧重房地产开发企业财税实际操作,利用大量具体数据和实战案例,生动直观地再现了房地产企业财税实操过程,具有较强的实战性、权威性和指导性。

本书共分八章,由方永武撰写。第一至第三章、第六章由方永武执笔,第四、第五章由姜珊执笔,第七章由刘委执笔,第八章由刘慧平执笔,全书由方永武统稿并审核。

本书在撰写过程中参考了国内研究工程造价预算、金融业税收理论及实务的专家发表的观点和文章。由于作者知识水平有限,书中可能存在错漏,敬请读者批评指正。

方永武

2023 年 1 月于邢台

目　录

第一章　房地产行业商业模式解析 …… 1
第一节　住宅地产模式解析 …… 1
一、投资决策分析 …… 2
二、规划设计 …… 3
三、项目准备 …… 3
四、项目建设 …… 4
五、市场营销 …… 4
六、物业管理 …… 4
第二节　商业地产模式解析 …… 4
一、经营模式 …… 5
二、成本控制 …… 6
三、物业管理 …… 6
四、税务处理 …… 6
第三节　高尔夫地产模式解析 …… 10
一、高尔夫地产的分类 …… 11
二、高尔夫球场 …… 11
三、高尔夫物业 …… 12
四、税务处理 …… 12
第四节　养老地产模式解析 …… 14
一、开发模式 …… 14
二、税务处理 …… 18
第五节　工业地产模式解析 …… 20
一、工业地产基本特征 …… 21
二、开发模式 …… 21
三、开发成本构成 …… 22
四、税务处理 …… 23
第六节　海外工程承包模式解析 …… 26
一、海外工程承包的模式 …… 26

二、税务处理 ··· 27
第七节　房地产开发企业经营流程 ·· 31
　　一、房地产开发企业涉及税种和纳税环节 ·· 31
　　二、房地产开发行业特点 ·· 34
第八节　工程预算基础知识及其对税收的影响 ·· 36
　　一、工程预算基础知识建筑识图 ·· 36
　　二、一般土建工程施工图预算 ··· 46
　　三、建筑安装工程费的费用构成 ·· 49
　　四、工程量计算的一般方法 ·· 50
　　五、分部分项工程量计算 ·· 51
　　六、房地产工程造价预算 ·· 53
　　七、工程预算对税收的影响 ·· 54

第二章　房地产融资业务的税收风险管理

第一节　房地产融资现状 ·· 59
　　一、宏观调控 ·· 59
　　二、融资现状 ·· 59
　　三、金融监管 ·· 62
　　四、融资渠道 ·· 65
第二节　银行贷款 ·· 65
　　一、概述 ·· 65
　　二、房地产贷款种类 ·· 66
　　三、贷款利息会计处理 ··· 70
　　四、贷款利息的税务处理 ·· 75
　　五、贷款融资常见涉税风险 ·· 77
第三节　IPO融资 ·· 77
　　一、房地产企业上市概述 ·· 77
　　二、房地产上市公司常见税务风险 ··· 78
第四节　信托融资 ·· 79
　　一、信托概述 ·· 79
　　二、房地产信托融资的主要模式 ·· 81
　　三、信托业务的会计与税务处理 ·· 82
　　四、信托业务常见涉税风险 ·· 90
　　五、案例解析 ·· 91
第五节　夹层融资 ·· 95
　　一、夹层融资的概念 ·· 95

二、夹层融资的风险和回报 ····· 95
　　三、夹层融资的形式和特点 ····· 96
　　四、我国房地产夹层融资的需求分析 ····· 96
　　五、我国房地产运用夹层融资的实现途径 ····· 97
　　六、夹层融资的进入条件和退出机制 ····· 99
　　七、夹层融资常见涉税风险 ····· 99
 第六节　债券融资 ····· 100
　　一、债券简述 ····· 100
　　二、债券融资常见涉税风险 ····· 102
 第七节　资产证券化 ····· 104
　　一、资产证券化概述 ····· 104
　　二、资产证券化的优势 ····· 104
　　三、资产证券化类型 ····· 106
　　四、信贷资产证券化发行流程 ····· 106
　　五、企业资产证券化发行流程 ····· 108
　　六、资产证券化常见涉税风险 ····· 111

第三章　设立准备阶段的税收风险管理 ····· 114
 第一节　设立准备阶段的业务事项 ····· 114
　　一、房地产公司设立的条件 ····· 114
　　二、房地产前期准备阶段业务事项 ····· 115
　　三、土地出资设立房地产公司 ····· 130
 第二节　设立准备阶段的会计处理 ····· 131
　　一、设立的主要账户 ····· 132
　　二、主要业务账务处理 ····· 132
 第三节　设立准备阶段税务处理 ····· 133
　　一、设立阶段业务流程 ····· 133
　　二、设立阶段涉及税种 ····· 140
　　三、开办费的税务规定 ····· 141
　　四、房地产企业土地成本确认及涉税处理 ····· 141
　　五、案例解析 ····· 155
 第四节　设立准备阶段常见涉税风险 ····· 158
　　一、设立准备阶段主要税收风险点 ····· 158
　　二、设立准备阶段税收风险管理重点 ····· 158
　　三、案例解析 ····· 158

第四章　开发阶段的税收风险管理 ········· 183
第一节　开发阶段的业务事项 ········· 183
一、开发准备 ········· 183
二、建筑施工 ········· 185
三、竣工结算 ········· 187
第二节　开发阶段的会计处理 ········· 187
一、以整个开发项目为成本核算对象 ········· 188
二、以开发期数为成本核算对象 ········· 188
三、以开发产品形态为成本核算对象 ········· 188
四、开发准备阶段的会计核算 ········· 189
五、建筑施工阶段的会计核算 ········· 190
六、完工后的会计核算 ········· 192
第三节　开发阶段的税务处理 ········· 192
一、企业所得税税前扣除 ········· 193
二、土地增值税扣除项目计算相关规定 ········· 195
第四节　开发阶段的涉税问题及检查 ········· 196
一、企业所得税 ········· 196
二、土地增值税 ········· 197
三、房产税及城镇土地使用税 ········· 199
四、印花税 ········· 199

第五章　销售阶段的税收风险管理 ········· 200
第一节　销售阶段的业务事项 ········· 200
一、销售开发产品类别 ········· 201
二、销售方式及流程 ········· 202
三、产权的交付转移 ········· 203
第二节　销售阶段的会计处理 ········· 204
一、新收入准则下的会计处理 ········· 204
二、增值税的会计处理 ········· 205
三、销售阶段的会计处理 ········· 206
第三节　销售阶段的税务处理 ········· 209
一、增值税及附加的税务处理 ········· 209
二、企业所得税的税务处理 ········· 217
三、其他税种类的税务处理 ········· 225
第四节　公共配套设施的涉税处理 ········· 226
一、公共配套设施法律分析 ········· 226

二、公共配套设施税务处理 ································· 227
　　三、案例解析 ··· 229
第五节　销售阶段的涉税问题及检查 ·························· 233
　　一、增值税常见问题及检查 ······························ 234
　　二、土地增值税常见问题及检查 ·························· 235
　　三、企业所得税常见问题及检查 ·························· 237
　　四、个人所得税常见问题及检查 ·························· 238
　　五、其他税常见问题 ··································· 239
　　六、案例解析 ··· 239

第六章　利润分配阶段的税收风险管理 ························· 243
第一节　利润分配阶段的业务事项 ···························· 243
　　一、房地产企业项目清算利润分配事项 ···················· 243
　　二、项目跟投的模式及利润分配事项 ······················ 256
第二节　利润分配阶段的会计处理 ···························· 263
　　一、房地产开发企业利润分配顺序 ························ 263
　　二、房地产企业利润分配会计核算 ························ 263
第三节　项目清算及利润分配阶段的税务处理 ·················· 265
　　一、增值税的税务处理 ································· 266
　　二、企业所得税的税务处理 ····························· 269
第四节　土地增值税清算 ···································· 284
　　一、土地增值税清算概念 ······························· 284
　　二、土地增值税清算流程 ······························· 284
　　三、土地增值税收入的确认 ····························· 287
　　四、土地增值税扣除项目 ······························· 297
　　五、土地增值税扣除项目应遵循的原则 ···················· 298
　　六、扣除项目的检查 ··································· 301
　　七、土地增值税清算问题 ······························· 304
　　八、土地增值税核定征收 ······························· 309
　　九、土地增值税清算后再转让房地产缴纳土地增值税的规定 ··· 311
　　十、土地增值税清算后应补(退)税及滞纳金 ················ 313
　　十一、土地增值税清算涉及企业所得税退税 ················ 313
　　十二、土地增值税税收优惠政策 ·························· 314
第五节　利润分配阶段税收风险点及检查方法 ·················· 317
　　一、房地产项目清算中税收风险点 ························ 317
　　二、案例解析 ··· 318

第六节　房地产企业涉税问题及检查方法 ································ 324
　　一、销售开发产品收取价款未按规定入账、隐匿收入，少缴纳增值税、
　　　　企业所得税、土地增值税等 ······································ 324
　　二、以银行按揭方式销售开发产品收取的价款，未按规定申报纳税 ··· 325
　　三、房地产项目清算检查方法 ·· 326
　　四、视同销售或行为未按规定申报纳税 ································ 327
　　五、"拆迁还房"未按规定申报纳税 ···································· 327
　　六、"还本"方式销售商品房未按规定申报纳税 ························ 328
　　七、合作建房未按规定申报纳税 ·· 328
　　八、"售后返租"业务未按规定申报纳税 ································ 329
　　九、"开发产品"未按规定申报纳税 ···································· 329
　　十、利用委托建房税收优惠政策逃避缴纳税款 ························ 329
　　十一、与关联方之间的出售、出租业务，挂往来账或收入价格偏低，
　　　　　从而少申报缴纳税款 ·· 330
　　十二、委托中介机构代理销售房屋未按规定申报纳税 ················ 330
　　十三、销售精装修房屋未按规定申报纳税 ···························· 330

第七章　房地产企业开发流程涉税事项疑难问题解析 ················ 332

第一节　商业地产售后回租涉税问题分析 ································ 332
　　一、售后回租概述 ·· 332
　　二、房地产企业"售后回租"销售模式涉税问题分析 ················· 333

第二节　住宅小区地下车位销售及出租涉税问题分析 ················· 339
　　一、地下车位的分类 ··· 339
　　二、销售地下车位涉税问题 ··· 340
　　三、出租无产权地下车位、人防车位涉税分析 ······················· 343

第三节　房地产开发企业扣除土地价款差额计征增值税问题 ········ 345
　　一、房地产开发企业允许扣除的土地价款范围及土地价款 ·········· 345
　　二、扣除土地价款的会计处理 ·· 347
　　三、问题关注 ··· 347
　　四、案例解析 ··· 351

第四节　房地产开发企业资金往来涉税分析 ···························· 355
　　一、"现金池"业务涉税风险分析 ······································ 355
　　二、统借统还业务涉税风险分析 ······································· 359
　　三、房地产企业关联方之间资金占用涉税风险分析 ················· 364

第五节　房地产企业重组涉税风险 ······································· 368
　　一、重组案例 ··· 369

二、资产收购业务涉税分析 …………………………………………… 369
　　三、案例总结 …………………………………………………………… 377
第六节　房地产销售价格明显偏低且无正当理由的认定 ………………… 378
　　一、案例解析 …………………………………………………………… 379
　　二、税法对价格明显偏低且无正当理由交易核定的相关规定 ……… 382
　　三、价格明显偏低且无正当理由的事实认定 ………………………… 386
第七节　在建工程转让涉税分析 ……………………………………………… 389
　　一、在建工程的转让条件 ……………………………………………… 389
　　二、转让在建工程相关税收政策规定 ………………………………… 390
　　三、案例解析 …………………………………………………………… 393

第八章　房地产开发企业税收风险管理方法 …………………………… 396
第一节　房地产开发企业风险识别 …………………………………………… 396
　　一、数据来源 …………………………………………………………… 396
　　二、房地产开发企业财务报表风险分析 ……………………………… 396
　　三、房地产开发企业风险特征分析 …………………………………… 401
　　四、房地产开发企业风险识别指标体系 ……………………………… 407
第二节　房地产开发行业税收风险应对 ……………………………………… 409
　　一、明确税收风险应对方向 …………………………………………… 409
　　二、开展税务约谈 ……………………………………………………… 409
　　三、进行实地核实 ……………………………………………………… 410
　　四、实施风险处理 ……………………………………………………… 411
第三节　房地产企业所得税税收风险管理案例 ……………………………… 411
　　一、企业基本情况 ……………………………………………………… 411
　　二、选案背景与对象确定 ……………………………………………… 412
　　三、数据信息采集及评估疑点案头分析 ……………………………… 413
　　四、约谈举证 …………………………………………………………… 420
　　五、实地核查 …………………………………………………………… 422
　　六、评估结论 …………………………………………………………… 426
　　七、评估建议 …………………………………………………………… 426
第四节　房地产税收风险管理案例 …………………………………………… 427
　　一、企业基本情况 ……………………………………………………… 427
　　二、项目基本情况 ……………………………………………………… 428
　　三、财务报表信息 ……………………………………………………… 428
　　四、申报纳税信息 ……………………………………………………… 431
　　五、案例解析 …………………………………………………………… 442

第一章

房地产行业商业模式解析

房地产业作为当前国民经济的一大支柱产业,对 GDP 的贡献有目共睹。房地产业包括房地产开发经营、物业管理、房地产中介服务、房地产租赁经营及其他房地产业。房地产开发经营指房地产开发企业进行的房屋、基础设施建设等开发,以及转让房地产开发项目或者销售房屋等活动。房地产业在我国起步晚、历史短,蓬勃发展与旺盛的市场需求催生了大批房地产项目的开发,引起房价不断攀升,房地产企业赚得巨额利润。近年来,国家不断加大宏观调控措施,房地产市场逐步走上理性发展轨道。在实务中,根据市场的需求,房地产经营者采取不同的商业经营模式。不同的商业经营模式决定了企业的不同财务处理,其中蕴含着大量的涉税风险。

房地产商业经营模式主要包括住宅地产模式、商业地产模式、高尔夫地产模式、养老地产模式、工业地产模式、海外工程承包模式六种,本章主要介绍房地产商业经营模式和税收风险,供税务人员以及企业财务人员学习,以便在实务中进行应对。

第一节 住宅地产模式解析

住宅地产又称房屋或房子,是人所建造以供居住的建筑物。一般有墙壁和屋顶,内部则区隔出房间,但也可不隔间,包括别墅、公寓、职工家属宿舍和集体宿舍、职工单身宿舍及学生宿舍等,但不包括住宅楼中作为人防用、不住人的地下室等,也不包括托儿所、病房、疗养院、旅馆等具有专门用途的房屋。

住宅地产是指以居住功能为主的土地、土地上的永久性建筑物和由它们衍生的各种物权。住宅地产属于房地产的一个部分。

住宅产品不同于普通的消费品,在中国人的思想中,一个人成家立业必须要拥有自己的住房,这也是城市化过程中造成住宅产品刚性需求的主要原因。一般来说,住宅项目开发过程中主要包含了如下的活动:土地获取、规划设计、项目准备、项目建设、市场营销和物业管理。住宅地产在建设过程中的主要经济事项,以及其他辅助的事项包括财务管理、人力资源管理、品牌管理等。这些事项是一个独立又统一的整体,密不可分,相辅相成,通过这一系列活动创造并实现最终产品。

住宅地产的开发经营流程见图 1-1。

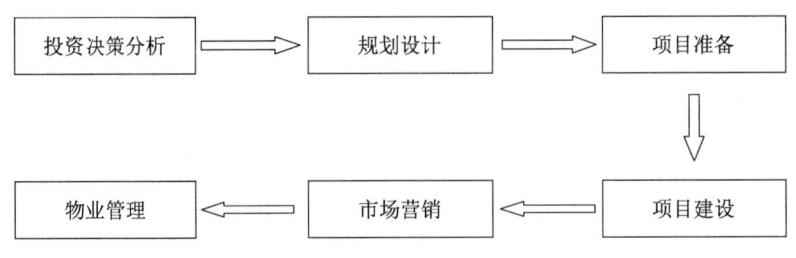

图 1-1　住宅地产的开发经营流程

一、投资决策分析

投资决策分析是住宅地产项目开发过程中非常重要的一个阶段,它关系到整个项目的成败,主要包括土地获取、编写项目建议书、可行性研究、项目评估与决策等内容。

(一) 土地获取

土地获取之前先要进行机会研究,需要对土地所处的区位、投资条件、基础设施、周边配套进行详细的市场调查,然后进行分析,再进行简单方案设计和盈亏分析,确定是否拿地。

土地获取的过程就是一个投资决策的过程。目前住宅开发企业获得土地的方式主要有四种:出让取得、转让取得、划拨取得,还有从划拨地转化为出让地取得。出让取得是在土地交易的一级市场,从政府手中,或由政府征收集体土地,或从政府手中经过市场交易(招标投标、挂牌交易等)方式取得;转让取得是在土地交易的二级市场,从市场主体手中通过互换、买卖、赠与等各种交易方式取得;划拨取得是指土地使用者通过除出让土地使用权以外的其他各种方式依法取得的国有土地使用权;还有原是划拨地,补交土地出让金把土地性质转为出让地而取得开发土地。《中华人民共和国城市房地产管理法》(以下简称《城市房地产管理法》)第二十二条对划拨土地使用权的取得途径进行了规定:"土地使用权划拨,是指县级以上人民政府依法批准,在土地使用者缴纳补偿、安置等费用后将该幅土地交付其使用,或者将土地使用权无偿交付给土地使用者使用的行为。依照本法规定以划拨方式取得土地使用权的,除法律、行政法规另有规定外,没有使用期限的限制。"除了上述传统的交易外,现在很多大型房地产公司还采用收购的方式获得土地。

(二) 编写项目建议书

获取土地以后,地产开发商需要编写项目建议书,向国家发改委、住建局、规划局提出要求建设该项目的建议文件。项目建议书是项目法人向国家提出的要求建设某一建设项目的建议文件,是对建设项目的轮廓设想,是从拟建项目的必要性及大方面的可能性加以考虑的。在客观上,建设项目要符合国民经济长远规划,符合部门、行业和地区规划的要求。它实际上是一个机会研究文件和初步可行性研究文件。

这个阶段需要对项目目标及功能定位、产品市场调研、项目建设方案等内容进行初步论证。

(三) 可行性研究

可行性研究是对项目建设的进一步论证，主要任务是通过多方案比较，提出评价意见，推荐最佳的方案。最佳方案要同时考虑项目的社会效益和经济效益。可行性研究的内容可概括为市场供需研究、技术研究和经济研究三项。可行性研究是通过对项目的主要内容和配套条件进行调查研究和分析比较，包括市场需求、资源供应、建设规模、设备选型、环境影响、投资估算、资金筹措、盈利能力等，并对项目建成后的经济效益及社会效益进行预测，对项目的风险进行预测和评估，在此基础上，编写可行性研究报告，报国家相关部门审批。

(四) 项目评估与决策

项目评估首先是确定一个评估目标，然后在可行性研究报告的基础上，对投资项目的可靠性进行评估，权衡各方利弊对项目提出明确的评估结论。项目决策是指项目决策者根据项目建议书、可行性研究报告等资料，按照一定的方法、程序和标准，对项目是否投资所做的决定。

综上所述，投资决策分析阶段包含了很多项目开发的前期工作，这个阶段需要大量资金和详细的市场调查，是住宅开发投资中非常重要的一环，某种程度上直接决定了项目的成败。

二、规划设计

规划设计是以项目的市场定位为基础，以满足目标市场的需求为出发点，对项目地块进行整体的规划布局，确定建筑风格和色彩计划，紧紧围绕目标客户选定业态类型及比例，引导室内装修风格，并对环艺设计进行充分提示，完成建筑和结构设计，得到项目的整套图纸。一般项目进行两阶段设计，即初步设计和施工图设计。规划设计对于房地产项目的成功与否非常关键，它直接决定了房地产产品的销售情况和建设成本，实践表明规划设计将影响70％工程造价。规划设计决定房地产产品的生命。作为房地产企业开发经营过程中的核心环节，规划设计其实是将项目的市场定位、功能地位、形象定位及企业的经营理念用建筑语言系统地表达出来，所以规划设计的内涵，必须符合建筑的目标客户的需求，然后再由设计师因地、因人而异地进行设计创造。

三、项目准备

项目准备是指住宅地产开发企业在进行施工之前为项目所创造的一切外部条件，主要工作内容包括：(1)征地、拆迁和场地"七通一平"("七通一平"指的是通路、通水、排水、通燃气、通暖气、通信、通电和平整场地)。(2)完成施工用水、电、路等工程。(3)组织设备、材料订货。(4)准备必要的施工图纸。(5)组织施工招标投标，择优选定施工单位。

四、项目建设

项目建设,是指建设项目经批准开工建设便进入了建设施工阶段。这是项目决策实施、建成销售能否发挥投资效益的关键环节。这个阶段的主要内容就是生产住宅产品,创造利润价值。一般来说,每个项目都有项目目标,项目目标一般指该项目的成本目标、质量目标、进度目标和安全文明施工目标。这个阶段的主要工作就是对项目目标进行控制,做好风险管理和信息管理等工作。

此外,住宅地产建设实施阶段不是一个独立的活动,它完成的好坏程度将对产品的销售和物业管理工作产生重要的影响。譬如,项目进度的快慢、工程质量的好坏、成本的高低,都将影响产品的销售,并对物业管理的难易造成影响。

五、市场营销

房地产市场营销是指房地产商在竞争的市场环境下,按照市场形势变化的要求而组织和管理企业的一系列活动,直至在市场上完成商品房的销售、取得效益、达到目标的经营过程。房地产市场营销也是房地产经营中的一个重要环节。房地产市场营销是一门系统的学问,包括营销要素、房地产定价及策略、营销策略、营销发展、战略设置等内容。市场营销不仅是对房地产产品的营销,更是对房地产品牌、文化等的营销。

市场营销是实现价值的重要环节,也是实现企业稳定现金流的过程。市场营销就是通过一定的营销策略,实现将住宅产品通过交易交到顾客手中的最终目的。

六、物业管理

物业管理是指受物业所有人的委托,依据物业管理委托合同,对物业的房屋建筑及其设备,市政公用设施、绿化、卫生、交通、治安和环境容貌等管理项目进行维护、修缮和整治,并向物业所有人和使用人提供综合性的有偿服务。根据住宅开发企业的性质和特点,物业管理的实质就是服务。物业管理是价值创造和价值传递的最后环节,好的物业管理能提高开发商的美誉度和知名度。在宏观调控影响下,住宅开发市场竞争更加激烈,一旦拥有良好的物业管理,房地产企业就能获得比较大的优势,使企业获得可持续发展。

总体来说,住宅项目的开发流程就是住宅地产的主要经营活动,将涉及大量的涉税风险,如果在整个过程中,不能做到有效的风险防范,将会加大企业涉税风险和税务人员的执法风险。

第二节 商业地产模式解析

商业地产又名商铺地产。商业地产广义上通常指用于各种零售、批发、餐饮、娱乐、健身、休闲等经营用途的房地产形式，从经营模式、功能和用途上区别于普通住宅、公寓、别墅等房地产形式。以办公为主要用途的地产，既可属商业地产范畴，也可以单列。国外用的比较多的词汇是零售地产的概念。它泛指用于零售业的地产形式，是狭义的商业地产。

商业地产规模有大有小。规模大的商业房地产如shopping mall项目，可以达到几十万、上百万平方米，规模小的商业房地产项目仅几百平方米，甚至更小。对于规模庞大的商业房地产，其经营多采用开发商整体开发，主要以收取租金为投资回报的模式。商业地产项目，可以打包上市，形成商业房地产金融；对于规模较小的商业房地产而言，大多数项目依然采取租金回收的方式，但国内很多商业地产中住宅、公寓、写字楼等项目的底层和各类商业街、商品市场则采用商铺出售、零散经营的模式，这个模式在后期经营管理存在很大的问题，企业投资的时候需要谨慎。

人们对商业地产的运作有不同的理解。理解不同导致商业地产的操作模式不同，自然也会有不同的结果。一种情况，招商先行或租售并举，在这种情况下商业物业一般会升值；另外一种情况，只售不租或先售后招商，在这种情况下商业物业一般会贬值，招商难度加大，开发商失去招商主导权，业主和入住商家无法得到期望的投资回报。所以有人将商业地产的操作模式分为两种：一种是杀鸡取卵型，另一种是养鸡生蛋型。

不管是哪种形式，都应该以"招商"作为商业地产的核心。只要商铺能出租，在运营，它就具备升值的可能，从而达到"进可攻，退可守"的理想境地。"进"就是可以"带租约销售"，"退"就是先持有，后寻机再售，或寻求上市、REITs或信托。

在商业地产开发过程中，除了上市公司，或者极少数对资金要求不高的开发商，大多数对现金流都有明确的要求，这就要求处理好售与租的关系。既然商业地产运营的核心是招商，公司又要求营销部门回款，就会出现"带租约销售"，这种模式能够巧妙解决两方面的问题。"带租约销售"就是招商在前，销售在后，又要将两者巧妙结合在一起，让它们成功对接，在操作中对招商部门和销售部门要求都很高，尤其是对营销总监，要求其能够比较全面、妥善处理好租房与业主的关系。

一、经营模式

第一种模式是"只租不售"，做商业地产，是长期投资，不是做住宅销售。这种性质决定它需要较长的市场培育期，来获得长期稳定的现金流，不能搞短平快，不能简单以实现短期现金流平衡为目的。物业建成以后形成独立的产权，通过招商合作，以租金作为主要的收入来源，目的是产权形成之后，物业通过商业运营包装进入资本市场，获取良好的融资。这个过程一般来说有多次融资，第一次通常是银行的抵押融资，第二次是基金、信用凭证等融资，以后每次经过价值不断包装，融资不断地缩水，这是第一种模式。

第二种模式是"出售"。这种模式是商业地产最原始的模式，随着商业地产逐渐地火爆，单纯的出售不再适应商业地产的发展。由于商业地产具有"总价高、利润率及开发风险较高、投资回收期长"等特点,使有能力全额购买商业地产的投资者较少,即使有能力购买,理性的投资者也不愿将大笔资金积压在投资回收期如此漫长的项目上。这使得开发商在开发商业地产时不免会面临两难局面。一是开发的商业地产用于整体出售时,难找到买家,开发资金无法回笼;二是自己经营时,不得不由于投资回收期过长而承受巨大的资金压力,无法尽快回收资金投入其他项目的开发,影响整体运作。开发商为了解决自身的困境,不得不想办法在开发经营模式上有所创新。例如,大部分高档写字楼都采用只租不售或租售并举的方式入市。

第三种模式是"租售结合"。这种模式通常是投资商和开发商把其中的物业部分出租、部分销售。最典型的就是大连万达,把一楼留下来,二楼、三楼卖给沃尔玛,底层销售价格通常是市场价的两到三倍,最高的卖到十几万元一平方米。采用租售结合模式的原因大多企业迫于资金的压力,卖掉一部分房产后套现,租的部分也为后期的资本融资提供机会。

二、成本控制

在成本控制方面要注重三点:

(1) 集权控制。选择施工队伍、招投标、集中采购,都以集权控制为主,各公司、各部门各自为政是控制不好成本的。

(2) 准决算管理。所有项目全部施工图出齐,预算做好,与施工单位签订准决算合同,凡是没有图纸变更,就不再决算,这样可以很好地堵塞内部管理的漏洞。

(3) 从设计上控制成本。成本控制的关键是设计成本控制,要实行带造价控制的图纸设计,这样才能真正把好成本关。

三、物业管理

物业管理是商业地产能否保值升值的关键。商业地产的物业管理不同于住宅的物业管理。商业地产的物业管理很重要的方面就是需要补充招商。任何一个店的初步招商完成后,并不意味着招商就结束了。所有的商店在开业 1 年内,租户置换率达到 20%～40%,只有等到开业 3 年稳定后,租户置换率才可能降至 2%～3%。

四、税务处理

商业地产主要涉及不动产租赁、不动产销售、物业管理等经营方式。其相关税务处理如下。

(一) 增值税

1. 不动产租赁经营涉税处理

1) 纳税义务发生时间

《营业税改征增值税试点实施办法》(财税〔2016〕36 号附件 1)规定,纳税人提供租赁服务采取预收款方式的,其纳税义务发生时间为收到预收款的当天。

2) 计税方法及纳税地点

(1) 一般纳税人出租不动产,按照以下规定缴纳增值税:

一般纳税人出租其 2016 年 4 月 30 日前取得的不动产,可以选择适用简易计税方法,按照 5% 的征收率计算应纳税额。

不动产所在地与机构所在地不在同一县(市、区)的,纳税人应按照上述计税方法向不动产所在地主管税务机关预缴税款,向机构所在地主管税务机关申报纳税。不动产所在地与机构所在地在同一县(市、区)的,纳税人向机构所在地主管税务机关申报纳税。

一般纳税人出租其 2016 年 5 月 1 日后取得的不动产,适用一般计税方法计税。

不动产所在地与机构所在地不在同一县(市、区)的,纳税人应按照 3% 的预征率向不动产所在地主管税务机关预缴税款,向机构所在地主管税务机关申报纳税。不动产所在地与机构所在地在同一县(市、区)的,纳税人应向机构所在地主管税务机关申报纳税。

一般纳税人出租其 2016 年 4 月 30 日前取得的不动产适用一般计税方法计税的,按照上述规定执行。

(2) 小规模纳税人出租不动产,按照以下规定缴纳增值税:

单位和个体工商户出租不动产(不含个体工商户出租住房),按照 5% 的征收率计算应纳税额。个体工商户出租住房,按照 5% 的征收率减按 1.5% 计算应纳税额。

不动产所在地与机构所在地不在同一县(市、区)的,纳税人应按照上述计税方法向不动产所在地主管税务机关预缴税款,向机构所在地主管税务机关申报纳税。不动产所在地与机构所在地在同一县(市、区)的,纳税人应向机构所在地主管税务机关申报纳税。

(3) 其他个人出租不动产(不含住房),按照 5% 的征收率计算应纳税额,向不动产所在地主管税务机关申报纳税。其他个人出租住房,按照 5% 的征收率减按 1.5% 计算应纳税额,向不动产所在地主管税务机关申报纳税。

纳税人出租的不动产所在地与其机构所在地在同一直辖市或计划单列市但不在同一县(市、区)的,由直辖市或计划单列市税务机关决定是否在不动产所在地预缴税款。

纳税人出租不动产,按照规定需要预缴税款的,应在取得租金的次月纳税申报期或不动产所在地主管税务机关核定的纳税期限预缴税款。

3) 预缴税款的计算

(1) 纳税人出租不动产适用一般计税方法计税的,按照以下公式计算应预缴税款:

$$应预缴税款 = 含税销售额 \div (1 + 9\%) \times 3\%$$

(2) 纳税人出租不动产适用简易计税方法计税的,除个人出租住房外,按照以下公式计算应预缴税款:

$$应预缴税款 = 含税销售额 \div (1 + 5\%) \times 5\%$$

（3）个体工商户出租住房，按照以下公式计算应预缴税款：

$$应预缴税款=含税销售额÷(1+5\%)×1.5\%$$

（4）其他个人出租不动产，按照以下公式计算应纳税款：

第一，出租住房：

$$应纳税款=含税销售额÷(1+5\%)×1.5\%$$

第二，出租非住房：

$$应纳税款=含税销售额÷(1+5\%)×5\%$$

单位和个体工商户出租不动产，按照规定向不动产所在地主管税务机关预缴税款时，应填写《增值税预缴税款表》。

单位和个体工商户出租不动产，向不动产所在地主管税务机关预缴的增值税款，可以在当期增值税应纳税额中抵减，抵减不完的，结转下期继续抵减。

纳税人以预缴税款抵减应纳税额，应以完税凭证作为合法有效凭证。

纳税人出租不动产，按照规定应向不动产所在地主管税务机关预缴税款，而自应当预缴之月起超过6个月没有预缴税款的，由机构所在地主管税务机关按照下列规定进行处理：

《中华人民共和国税收征收管理法》（以下简称《税收征收管理法》）第六十二条规定，纳税人未按照规定的期限办理纳税申报和报送纳税资料的，或者扣缴义务人未按照规定的期限向税务机关报送代扣代缴、代收代缴税款报告表和有关资料的，由税务机关责令限期改正，可以处2 000元以下的罚款；情节严重的，可以处2 000元以上10 000元以下的罚款。

根据《国家税务总局关于发布的〈纳税信用评价指标和评价方式（试行）〉公告》（国家税务总局公告2014年第48号）附件《纳税信用评价指标和评价方式（试行）》的规定，未按规定期限纳税申报（按税种按次计算），扣5分。

4）发票开具

《国家税务总局关于发布〈纳税人提供不动产经营租赁服务增值税征收管理暂行办法〉的公告》（国家税务总局公告2016年第16号，以下简称国家税务总局2016年第16号公告）小规模纳税人中的单位和个体工商户出租不动产，不能自行开具增值税发票的，可向不动产所在地主管税务机关申请代开增值税发票。

《国家税务总局关于增值税发票管理等有关事项的公告》（国家税务总局公告2019年第33号）规定，自2020年2月1日起，增值税小规模纳税人（其他个人除外）发生增值税应税行为，需要开具增值税专用发票的，可以自愿使用增值税发票管理系统自行开具。选择自行开具增值税专用发票的小规模纳税人，税务机关不再为其代开增值税专用发票。

增值税小规模纳税人应当就开具增值税专用发票的销售额计算增值税应纳税额，

并在规定的纳税申报期内向主管税务机关申报缴纳。在填写增值税纳税申报表时,应当将当期开具增值税专用发票的销售额,按照3%和5%的征收率,分别填写在《增值税纳税申报表》(小规模纳税人适用)第2栏和第5栏"税务机关代开的增值税专用发票不含税销售额"的"本期数"相应栏次中。

国家税务总局公告2016年第16号公告规定,其他个人出租不动产,可向不动产所在地主管税务机关申请代开增值税发票。

纳税人向其他个人出租不动产,不得开具或申请代开增值税专用发票。

5) 税收优惠

(1)《国家税务总局关于小规模纳税人免征增值税征管问题的公告》(国家税务总局公告2021年第5号)规定,2021年4月1日起,《中华人民共和国增值税暂行条例实施细则》第九条所称的其他个人,采取一次性收取租金形式出租不动产取得的租金收入,可在对应的租赁期内平均分摊,分摊后的月租金收入未超过15万元的,免征增值税。

(2)《财政部、税务总局关于对增值税小规模纳税人免征增值税的公告》(财政部、税务总局公告2022年第15号)规定,自2022年4月1日至2022年12月31日,增值税小规模纳税人适用3%征收率的应税销售收入,免征增值税;适用3%预征率的预缴增值税项目,暂停预缴增值税。

(3)《国家税务总局关于土地价款扣除时间等增值税征管问题的公告》(国家税务总局公告2016年第86号)第七条规定,纳税人出租不动产,租赁合同中约定免租期的,不属于《营业税改征增值税试点实施办法》(财税〔2016〕36号附件1)第十四条规定的视同销售服务。

2. 物业管理经营涉税处理

(1)《国家税务总局关于物业管理服务中收取的自来水水费增值税问题的公告》(国家税务总局公告2016年第54号)规定,提供物业管理服务的纳税人,向服务接收方收取的自来水水费,以扣除其对外支付的自来水水费后的余额为销售额,按照简易计税办法依3%的征收率计算缴纳增值税。

(2)物业管理公司,同时有房屋租赁业务,可否开一张租赁发票,再开一张物业服务费发票,以区别不同税率?

《营业税改征增值税试点实施办法》(财税〔2016〕36号附件1)第三十九条规定,纳税人兼营销售货物、劳务、服务、无形资产或者不动产,适用不同税率或者征收率的,应当分别核算适用不同税率或者征收率的销售额;未分别核算的,从高适用税率。

因此,根据2016年5月10日国家税务总局纳税服务司关于下发"营改增"热点问题答复口径和"营改增"培训参考材料的函适用不同税率的项目应分别开具,但可以在同一张发票上开具。

(3)《财政部 国家税务总局关于明确金融 房地产开发 教育辅助服务等增值税

政策的通知》(财税〔2016〕140号,以下简称财税〔2016〕140号文件)规定,物业服务企业为业主提供的装修服务,按照"建筑服务"缴纳增值税。

(二) 企业所得税

《国家税务总局关于贯彻落实企业所得税法若干税收问题的通知》(国税函〔2010〕79号)规定,据《中华人民共和国企业所得税法实施条例》(以下简称《企业所得税法实施条例》)第十九条的规定,企业提供固定资产、包装物或者其他有形资产的使用权取得的租金收入,应按交易合同或协议规定的承租人应付租金的日期确认收入的实现。其中,如果交易合同或协议中规定租赁期限跨年度,且租金提前一次性支付的,根据《企业所得税法实施条例》第九条规定的收入与费用配比原则,出租人可对上述已确认的收入,在租赁期内,分期均匀计入相关年度收入。

出租方如为在我国境内设有机构场所且采取据实申报缴纳企业所得的非居民企业,也按本条规定执行。

(三) 房产税

根据《财政部 国家税务总局关于房产税城镇土地使用税有关问题的通知》(财税〔2009〕128号)第一条关于无租使用其他单位房产的房产税问题的规定,企业对外出租房屋,应缴纳房产税,以房产租金收入为计税依据,税率为12%。无租用其他单位房产的应税单位和个人,依照房产余值代缴纳房产税。

(四) 印花税

房屋、土地租赁合同应按"财产租赁合同"贴花:计税依据为租赁合同金额,税率为1‰。

(五) 土地使用税

企业拥有土地使用权,以其实际占用土地面积为计税依据,依照规定税额计算缴纳。

第三节 高尔夫地产模式解析

对于高尔夫地产概念,在业界尚无明确定义。中国高尔夫圈内一直流行一句话:高尔夫就是泛地产。言下之意,做高尔夫就是在做地产,其主要特点是高尔夫球场建设与房地产物业开发高度结合,紧密联系,形成功能互补,在价值上起到互相促进提升的作用,高尔夫运动天生就和高档物业密不可分,两者开发经营的共同性都体现出最舒适、最休闲的生活方式。

高尔夫球场与房地产联合开发的原因,除了社会经济发展和高尔夫运动推广产生的推动力外,最主要的还是消费者对高尔夫高尚住宅在自然景观和人文环境上的热烈追求,以及与高尔夫关联的相关物业开发带来的巨大经济收益对投资开发者的利益驱动。最突出的案例为深圳观澜湖高尔夫球场,推动观澜湖土地价格从2004年的2 600元/平方米的基准地价上升到2009年的6 826元/平方米,并吸引了包括中航地产、城建地产在内的多家知名房地产开发商参与该区域的房地产开发,带动了观澜湖区域的整体发展,说明了高尔夫充分发挥了提升地产价值的功能。

高尔夫球场周边的房价一般都提高了一倍以上,这说明高尔夫可以拉动地产的价值,能够改善当地的环境。

一、高尔夫地产的分类

高尔夫地产从不同的角度出发有不同的分类,具体如下所述。

(一) 按用地性质分类

高尔夫地产按用地性质分类可以分为住宅和商业两类,住宅项目有高尔夫别墅、高尔夫公寓、高尔夫洋房等;商业项目有高尔夫酒店等。

(二) 按项目使用性质分类

高尔夫地产按项目使用性质分类可以分为商务度假和常住两类。商务度假项目有高尔夫酒店、高尔夫度假村等;常住项目有高尔夫别墅、高尔夫公寓、高尔夫洋房等。

(三) 按照高尔夫地产与球场的区位关系分类

根据高尔夫地产与球场的区位关系,参照"级差地租"理论,我们通常把高尔夫地产分为五级,如表1-1所示。

表1-1 高尔夫地产分类

级别	物业类型	主要特点
一级	主题类地产	主要指球场内球道景观物业,以景观别墅为主,这种类型数量非常少
二级	概念类地产	主要指与球场边紧密相连,这种类型数量较大
三级	概念类地产	球场外围,与二级紧密相邻的,占地面积和建筑面积都比二级大
四级	概念类地产	小区内建有练习场的概念地产,有相对成熟的配套
五级	概念类地产	小区内园林景观设计,借用高尔夫球场设计理念,或把部分球场景观引入小区,主要是市场营销的需要

随着我国人民物质上和精神上的需求不断提高,现在的开发商们往往会选择开发一级和二级地产。而在国外,90%以上的高尔夫地产就是一级、二级这两级地产,它们和高尔夫球场的结合便形成了我们通常所说的高尔夫社区(Golf Community)。

二、高尔夫球场

高尔夫地产最重要的环节是高尔夫球场,球场运营成功的首要问题是选址。

高尔夫球场选址的首要考虑因素是市场需求。应关注备选地区的经济现状和未来发展状况、潜在的高尔夫消费市场状况、备选地的交通可通达性等。

高尔夫球场的建造成本包括地价和建设成本在内的土地成本、投资规模和植被、水源、土壤的养护成本。单个球场的建造周期不宜太长,以1.5年为宜;湿地、沼泽地、陡峭的地形、重点植物和动物保护区、重要的农耕区等类型的土地建设成本或维护成本过高,不太适宜作高尔夫球场。

高尔夫地产的规划设计是高尔夫球场设计和建造的关键,只有高尔夫球场真正做大做强,高尔夫球场衍生出来的地产项目才能创造出惊人的利润。所以无论国内外,但凡成功的高尔夫地产项目开发商,都会对高尔夫球场的规划和设计提出严苛的要求。

三、高尔夫物业

高尔夫地产本质上是一种复合地产形态。这种复合地产更多地表现为高尔夫球场与其他物业形态的组合上。在中国,高尔夫一经引入就被赋予了"贵族"的标签,所以与高尔夫球场配套的物业形态显而易见是高端的,一般包括高星级酒店、高档住宅(特别是独栋和联排别墅)、高档商务休闲会所、奢侈品商业、其他休闲旅游设施等物业类型。

四、税务处理

高尔夫地产同样涉及增值税、土地增值税、土地使用税、房产税、企业所得税等税种。在税务处理过程中应重点关注以下几点。

(一)土地出让金的处理

2016年5月1日,全面实施增值税后,土地出让金可以作为增值税销项税额抵减额。高尔夫地产具有占地面积大、地产与球场联动开发的特点。企业取得土地是整体取得,在财务核算时,应当分别核算。企业未分别核算,税务机关应当进行核定。根据政府部门出具的规划条件文件及《土地使用证》《建设用地规划许可证》《建设工程规划许可证》《建筑工程施工许可证》上注明的建筑规模,按占地面积进行划分,确认可以扣除土地出让金销项税额抵减额、土地增值税的扣除额。

【例1-1】 A房地产公司,2020年7月10日,在A市土地二级市场通过招拍挂取得土地3 500亩,支付土地出让金的价款及规费共计1 925 000万元,其中3 000亩用于高尔夫球场建设,500亩用于住宅建设。则:

销项税额抵减额 $=(500 \div 3\,500) \times 1\,925\,000 \div (1+9\%) \times 9\% = 22\,706.42$(万元)。

土地增值税扣除额 $=(500 \div 3\,500) \times 1\,925\,000 = 275\,000$(万元)。

(二)设计费的处理

高尔夫地产的设计往往是住宅和球场一并设计,企业取得设计费的增值税专用发票,商品征收品目一栏一般填写设计费,没有区分住宅和球场的各自金额。全面实施增值税后,无论是球场还是住宅销售都是增值税应税项目,因此,进项税额可以抵扣。但是,土地增值税扣除额如何处理呢?在实务处理中,企业应当准确划分,如无法准确划分,应按照建筑规模进行划分。

【例1-2】 A房地产公司于2020年7月10日在A市土地二级市场通过招拍挂取得土地3 500亩,支付土地出让金的价款及规费共计1 925 000万元,其中3 000亩用于高尔夫球场建设,500亩用于住宅建设。聘请A设计院,对商品房和球场进行整体规划设计,取得一张增值税专用发票,货物或应税劳务、服务名称为设计费,价税合计金额35 000万元,税额1 981万元。未区分商品房和球场的设计金额。

1. 增值税的处理

(1) 用于住宅的设计费用,在住宅销售纳税义务发生时,可以抵扣。

可以抵扣进项税额=1 981×(500÷3 500)=283(万元)。

(2) 用于球场的设计费,属于新建不动产。

《财政部 税务总局 海关总署关于深化增值税改革有关政策的公告》(财政部 税务总局 海关总署公告2019年第39号)规定,自2019年4月1日起,《营业税改征增值税试点有关事项的规定》(财税〔2016〕36号附件2)第一条第(四)项第1点、第二条第(一)项第1点停止执行,纳税人取得不动产或者不动产在建工程的进项税额不再分2年抵扣。此前按照上述规定尚未抵扣完毕的待抵扣进项税额,可自2019年4月税款所属期起从销项税额中抵扣。

可以抵扣的进项税额=1 981-283=1 698(万元)。

2. 土地增值税

《中华人民共和国土地增值税暂行条例实施细则》(以下简称《土地增值税暂行条例实施细则》)第七条规定,《中华人民共和国土地增值税暂行条例》(以下简称《土地增值税暂行条例》)第六条所列的计算增值额的扣除项目:开发土地和新建房及配套设施(以下简称房增开发)的成本,是指纳税人房地产开发项目实际发生的成本(以下简称房增开发成本),包括土地征用及拆迁补偿费、前期工程费、建筑安装工程费、基础设施费、公共配套设施费、开发间接费用。前期工程费,包括规划、设计、项目可行性研究和水文、地质、测绘、"三通一平"等支出。

接上例:土地增值税扣除额=(500÷3 500)×(35 000-1 981)=4 717(万元)。

(三) 公共配套设施的处理

高尔夫房地产与球场的公共配套设施,往往无法准确区分。这就造成了财务处理过程中成本核算难的问题。在税收处理中,会涉及重大的涉税风险,尤其是增值税的抵扣、土地增值税的扣除额确定、企业所得税成本分摊扣除。如何有效地进行风险管理,是降低税收管理风险的重要环节。

公共配套设施建造过程中涉及建安材料、建筑施工等成本费用,能准确划分的,分别计入住宅和球场的成本。但在实务中很难将住宅楼和球场准确划分。

根据政府部门出具的规划条件文件及《土地使用证》《建设用地规划许可证》《建设工程规划许可证》《建筑工程施工许可证》上注明的建筑规模,按占地面积进行划分。属于住宅项目的,计入存货。属于球场建设项目的,计入固定资产。不同的划分,决定了税务处理不同。

计入存货的角度来看增值税处理：公共配套设施取得进项税额可以一次性抵扣；土地增值税、企业所得税可以作为成本扣除。

计入固定资产的角度看2019年4月1日以前增值税处理：公共配套设施取得进项税额可以分两年抵扣，第1年扣除60%，第2年扣除40%；企业所得税可以按照固定资产年限进行折旧摊销在税前扣除。

2019年4月1日以后，纳税人取得不动产或者不动产在建工程的进项税额不再分2年抵扣。一次性进行抵扣，降低纳税人资金成本的占用，缓解企业资金流的压力。

第四节 养老地产模式解析

养老地产，是指房地产开发与养老产业进行整合，从而为老年人打造舒适的养老住宅和环境。除了住宅以外，广义的养老产业还包括护理院、医院等商业和生活配套设施。

一、开发模式

养老项目的开发模式也在不断地研究和探索。笔者一方面对国内外许多养老项目的发展模式及特征进行了深入研究；另一方面接触了一些准备开发或正在开发的养老项目，了解其市场的状况和趋势。通过对这些国内外养老项目的梳理和借鉴，总结出15种适应于当前国内市场的养老项目开发模式。

（一）社区共同建设

模式1：专门建设综合型养老社区

综合型养老社区是指为老年人提供的，包含养老住宅、养老公寓、养老设施等多种居住类型的居住社区。社区中除了有为老人提供的居住建筑之外，还会有老年活动中心、康体中心、医疗服务中心、老年大学等各类配套设施。其开发主体是多种多样的，既可以是民营企业，也可以是由政府投资进行建设。

综合型养老社区的规划设计应考虑老人在居住过程中会不断老化这一因素——老人最初入住时可能身体较为健康，但随着年龄的增长，老人会逐渐产生护理需求。因此在开发建设时，应充分考虑这一因素，设计出相应形式的居住产品，以满足老人从自理到不能自理的各阶段身体状况下的居住需求。例如，当老人健康自理时，可以居住在一般的养老住宅中；当需要较为全面的护理时，可以选择入住护理型养老公寓或养老设施。

通常来讲，由于城市土地资源紧张，一些较大规模的养老社区会选在城市近郊或郊外。此时可以选择低密度的开发形式，实现与郊外的环境协调。在规划设计时，应注意将不同类型的居住产品合理分区，保证各自的独立性，避免相互干扰。开发大规模综合型养老社区时，可考虑分期建设，例如，先建设自理型养老住宅和部分服务设施，预留出一定的发展用地,一段时间后,再建设护理型养老公寓及相应的配套设施,等等。

模式2:新建大型社区的同时开发养老组团

一些房地产开发企业在开发大型居住区楼盘时,会考虑划分出一部分区域专门建设养老组团。这种开发模式有利于带动企业转向新的客户群,走产品差异化路线。养老组团与社区其他组团能够共享配套服务资源,降低配套设施的建设量。

开发时,一方面应注意将老年人的比例控制在适当的范围内,不宜过少也不宜过多;另一方面要控制养老组团的规模,尽量划分为一个个小型居住组团,以营造社区的归属感。

模式3:普通社区中配建各类养老产品

据调研,许多六七十岁、身体较为健康的老人都会辅助子女照顾下一代,需要与子女住得近一些。但为了避免由于生活习惯差异而产生矛盾,老人和子女更愿意选择分开但邻近居住。因此普通社区中配建一些养老居住产品,可满足老人与子女在同一社区就近居住的需求。这种"全龄社区"的居住理念能够较好地符合中国现阶段国情,将会是较受欢迎的一种养老居住模式。普通社区中可配建的老年住宅类型主要有老少户住宅、老人专用住宅等。老少户住宅指同一楼层中相邻或相近的两套住宅,或者同一单元内上下层相邻的两套住宅,其中一套为老人居住,另一套为子女家庭住。老人专用住宅是指将普通住宅楼栋中的一部分套型进行适老化设计,例如增加扶手、满足轮椅通行需求、考虑护理人员陪住等。设计时应注意根据住户的购买力来控制套型总面积,特别是老年住宅的套型面积不宜过大,建议以50~60平方米的一居室、两居室为主。这样才能满足老人与子女共同购房的诉求。

普通社区中还可以配建养老公寓,其经营方式大致可分为出租或出售两种。养老公寓通常为社区中专门的楼栋,其居住对象既可以是自理老人,也可以是需要护理的老人。在规划设计时,建议将养老公寓靠近小区出入口或社区边沿,一方面方便人员、车辆(例如救护车)出入,另一方面可在养老公寓底层设置对外商业或公共设施,兼顾对外经营,同时也便于对养老公寓进行单独管理。

模式4:成熟社区周边插建多功能老年服务设施

据资料显示,一些城市存在城区老人就近入住养老机构困难的情况。以北京市为例,城六区老年人口总量和比例均高于远郊区县,老龄化程度严重,但城六区的养老床位数量却低于远郊区县,由此可见,城区对于养老设施的需求是十分迫切的。这些社区往往年代较久,周边配套设施成熟,具有良好的区位条件,然而社区周边的用地资源比较紧张。若能在几个社区之间插建养老设施将会是一种较为有效的开发模式。开发者可考虑利用零散地块新建,或通过对既有建筑(如旧的诊疗所、宾馆)改建等方式进行建设。这种开发模式投资相对较少,易于复制和实现连锁经营。

此类老年服务设施可为小规模、多功能、综合型的设施,其服务范围往往辐射周边多个社区,因此具体的功能可根据周边的社区需求进行确定。通常来讲,除了含有一定的居住功能外,还宜配置老年日托中心、社区医疗站、公共餐厅、小超市等,并考虑为社区老人提供上门护理、送餐、洗浴等服务。

(二) 相关设施并设

模式5:与医疗机构结合,就近设置养老设施

目前国内一些养老机构希望与医疗机构建立合作关系,使养老设施或养老社区与医院就近设置、共同建设。这种"医养结合"模式的特点在于,能够将优质的医疗资源引入养老项目,从而提升项目的核心竞争力,使老人感到居住在其中较有安全保障。

与此同时,还有一些医院直接划分出部分闲置床位用于开办养老院,这样既能够提高医疗资源的使用效率,又能够满足一些护理程度较重、普通养老机构无法收养的老人的养老居住需求。

模式6:养老设施与幼儿园并设

养老设施与幼儿园共同设置是一种较好的模式。这种模式既能迎合老人愿意与儿童在一起的心理,又能够将养老设施与幼儿园进行统一建设和管理,节约建造和人力成本。从规划角度来看,幼儿园在居住区中的配置密度与老年日托设施较为类似,若将这类养老机构与幼儿园设置在一起,则能实现与社区的紧密结合,从而能较好地满足社区养老的服务需求。

模式7:与教育设施结合,建设养老公寓

与大学等教育设施相结合的养老社区也是很受欢迎的。有很多"高知老人"在退休后希望能够继续学习、发挥余热。养老社区、老年公寓若能靠近大学设置,并让老人享受一部分教育资源,则会与他们的需求更加吻合。这种模式能够成为养老项目吸引高知老年群体的亮点,从而促进销售。

(三) 旅游地产结合

模式8:在旅游风景区中开发养老居住产品

养老地产与旅游、休闲、养生产业相结合是较为合适的一种模式。市场上已经有一些开发商尝试在开发旅游地产的同时,加入养老养生、康复保健、长寿文化等理念。这类养老项目一般会选在具有较好的风景资源或特色文化资源的地区,例如海南、广西、云南等地。

此类项目的用地规模往往较大,各类居住产品、服务设施容易分散,因此在规划设计时,应将养老居住产品相应地集中布置,并注意就近设置配套服务设施,节省服务管理的人力,避免出现交通路线过长、服务不到位或老人出行不便等问题。

一些与风景资源结合的项目中,老人可能仅在1年里的某个季节或时段来此居住,或者与家人、同伴前来短暂度假。在设计时应注意对养老居住产品的创新。

模式9:与商业地产结合,开发老年公寓

在城市中心区等繁华地段进行商业地产开发时,搭配建设老年公寓,也是一种较为新颖的模式。对于一些居住在北京、上海、香港等大城市的老年人而言,他们希望能享受城区中便利的商业、休闲配套资源,而当他们需要护理时,往往也更不愿放弃城区的优质医疗资源。特别是一些高端养老客户群,他们具备相应的经济实力在城市中心区养老、消费。若能在较为繁华的地段建设高端养老公寓,则能满足这些老年人的居住需求。

由于城区内的土地价格较高,开发者通常会选择较为集约的开发模式,例如,将老年公寓与普通住宅共同结合在一栋高层建筑中。

(四) 国际品牌接轨

模式 10:引入外资,建设世界型连锁老年设施

一些国际养老机构或投资企业试图开拓中国市场,建设连锁型老年设施,以缓解其国内的养老压力。例如,欧洲一些国家的养老服务成本非常高,他们希望能在劳动力相对低廉的国家拓展市场,选择地域和气候条件较好的地区建立养老设施,让老人在比较健康的年龄段到这里养老。我们企业不仅能够借此机会引入外资,学习国外先进的护理、管理经验,同时也能在一定程度上促进就业、带动消费。

模式 11:与国际知名养老品牌共同开发,引进管理模式

最近的养老地产开发热潮促使很多开发商、投资者或政府人员都到国外参观考察,他们在考察中看到了很多先进的管理模式,并希望能够将其在国内推行和实现,例如,引进国外老年运营管理团队,或与国外知名养老品牌共同开发等。这种模式有一定的可行性,但要注意"本土化"。虽然美国、欧洲、日本等发达国家和地区的养老产业发展较为成熟,但是完全移植到中国却不一定合适。中国老人的生活习惯、经济条件和思维方式与国外老人有很大差别,直接照搬国外的模式可能难以顺利"落地",需要适当转化。

(五) 其他方式转换

模式 12:与保险业结合,利用险资投资养老地产

保险资金介入养老地产的情况已经开始出现。从险资的特征来看,由于其资金规模较大,回报要求低而周期又长,相比来说更为适合投资养老地产,也有利于养老地产的灵活经营。未来保险业可能会成为养老产业重要的投资主体之一。

模式 13:与护理服务业结合,将原有优势注入养老地产

在对日本养老产业的研究中发现,一些企业从为老年人提供上门洗浴、上门护理等服务开始,逐步向养老地产方向转型,并最终获得成功。这些企业最初在护理服务方面积累的丰富经验和客户群是其项目成功的关键因素。

模式 14:利用自身独特资源转型开发养老地产

在所接触到的项目中,曾碰到过酒店管理公司希望转向投资养老地产的情况。这类公司具有自身独特的资源优势,一方面酒店的服务管理形式与养老设施有相通之处,很多经验都能够应用于养老设施的管理服务中;另一方面也可以尝试将旧酒店改造为养老公寓,或在酒店中提供养老服务等。

模式 15:将旧的国有资产盘活,改造为老年设施

可将一些闲置的国有资产盘活,改造为老年设施,例如,城里的旧医院、办公楼、小学、幼儿园、私人物业用房等。这些国有资产所在区位较好,在城市中的分布相对均匀,比较适合进行改建。随着中国的人口结构逐渐向高龄化、少子化发展,幼儿园或小学很有可能空置下来,将这些建筑部分改造为老年公寓的情况将会逐渐多起来。

这种开发模式的重点在于,需要选择便于进行适老化改造的建筑。例如,注意建筑的开间尺寸、走廊宽度、门洞大小等能否满足老人居住和轮椅通行的要求,等等。通常采用框架式结构的建筑可改造性较强,内部墙体移位相对灵活,更有利于进行改建。

二、税务处理

近年来,中央政府对养老机构出台了大量优惠政策,国务院各部门纷纷下发各种优惠文件。对养老机构提供养老服务取得收入免征增值税、企业所得税、耕地占用税、城镇土地使用税、车船税等。

(1)《财政部 国家税务总局关于支持文化服务出口等营业税政策的通知》(财税〔2014〕118号)规定,为落实《国务院关于加快发展养老服务业的若干意见》(国发〔2013〕35号)精神,更好地发挥税收政策鼓励民间资本投资养老服务业的引导作用,对现行养老机构提供的养老服务免征营业税政策明确如下:

养老机构,是指依照《养老机构设立许可办法》(民政部令第48号公布)设立并依法办理登记的为老年人提供集中居住和照料服务的各类养老机构。

养老服务,是指上述养老机构按照《养老机构管理办法》(民政部令第49号公布)的规定,为收住的老年人提供的生活照料、康复护理、精神慰藉、文化娱乐等服务。

(2)《中国民政部 发展改革委 教育部 财政部 人力资源社会保障部 国土资源部 住房城乡建设部 国家卫生计生委 银监会 保监会关于鼓励民间资本参与养老服务业发展的实施意见》(民发〔2015〕33号)第六条对落实税费优惠政策做了如下规定:

对民办养老机构提供的育养服务免征营业税。养老机构在资产重组过程中涉及的不动产、土地使用权转让,不征收增值税和营业税。

进一步落实国家扶持小微企业相关税收优惠政策,对符合条件的小型微利养老服务企业,按照相关规定给予增值税、营业税、所得税优惠。

对家政服务企业由员工制家政服务员提供的老人护理等家政服务,在政策有效期内按规定免征营业税。

对符合条件的民办福利性、非营利性养老机构取得的收入,按规定免征企业所得税。

对民办福利性、非营利性养老机构自用的房产、土地免征房产税、城镇土地使用税。对经批准设立的民办养老院内专门为老年人提供生活照顾的场所免征耕地占用税。

对企事业单位、社会团体以及个人通过公益性社会团体或者县级以上人民政府及其部门,用于《中华人民共和国公益事业捐赠法》规定的公益事业的捐赠,符合相关规定的不超过年度利润总额12%的部分,准予扣除。对个人通过非营利性的社会团体和政府部门向福利性、非营利性的民办养老机构的捐赠,在缴纳个人所得税前准予全额扣除。

(3)《营业税改征增值税试点过渡政策的规定》(财税〔2016〕36号附件3)第一条第(二)项规定,免征增值税的项目包括养老机构提供的养老服务。

养老机构,是指依照民政部《养老机构设立许可办法》(民政部令第48号公布)设立并依法办理登记的为老年人提供集中居住和照料服务的各类养老机构;养老服务,是指上述养老机构按照民政部《养老机构管理办法》(民政部令第49号公布)的规定,为收住的老年人提供的生活照料、康复护理、精神慰藉、文化娱乐等服务。

(4)《财政部 国家税务总局关于对老年服务机构有关税收政策问题的通知》(财税〔2000〕97号)规定,对政府部门和企事业单位、社会团体以及个人等社会力量投资兴办的福利性、非营利性的老年服务机构,暂免征收企业所得税,以及老年服务机构自用房产、土地、车船的房产税、城镇土地使用税、车船使用税。对企事业单位、社会团体和个人等社会力量,通过非营利性的社会团体和政府部门向福利性、非营利性的老年服务机构的捐赠,在缴纳企业所得税和个人所得税前准予全额扣除。所称老年服务机构,是指专门为老年人提供生活照料、文化、护理、健身等多方面服务的福利性、非营利性的机构,主要包括:老年社会福利院、敬老院(养老院)、老年服务中心、老年公寓(含老年护理院、康复中心、托老所)等。本通知自2000年10月1日起执行。

(5)《中华人民共和国耕地占用税法》第七条规定,军事设施、学校、幼儿园、社会福利机构、医疗机构占用耕地,免征耕地占用税。《中华人民共和国耕地占用税法实施办法》第八条规定,免税的社会福利机构,具体范围限于依法登记的养老服务机构、残疾人服务机构、儿童福利机构、救助管理机构、未成年人救助保护机构内,专门为老年人、残疾人、未成年人、生活无着的流浪乞讨人员提供养护、康复、托管等服务的场所。

(6)《全国老龄委办公室 国家发展和改革委员会 教育部 民政部 劳动保障部 财政部 建设部 卫生部人口计生委 国家税务总局关于全面推进居家养老服务工作的意见》(全国老龄办发〔2008〕4号)第三条保障措施第(三)项规定,贯彻落实支持居家养老服务的优惠政策。贯彻落实国家现行关于养老服务机构的税收优惠政策,对养老院类的养老服务机构提供的养老服务免征营业税,对各类非营利性养老服务机构免征自用房产、土地的房产税、城镇土地使用税等。

(7)《国务院关于加快发展养老服务业的若干意见》(国发〔2013〕35号)第三条政策措施第(三)项规定,完善税费优惠政策。落实好国家现行支持养老服务业的税收优惠政策,对养老机构提供的养护服务免征营业税,对非营利性养老机构自用房产、土地免征房产税、城镇土地使用税,对符合条件的非营利性养老机构按规定免征企业所得税。对企事业单位、社会团体和个人向非营利性养老机构的捐赠,符合相关规定的,准予在计算其应纳税所得额时按税法规定比例扣除。各地对非营利性养老机构建设要免征有关行政事业性收费,对营利性养老机构建设要减半征收有关行政事业性收费,对养老机构提供养老服务也要适当减免行政事业性收费,养老机构用电、用水、用气、用热按居民生活类价格执行。境内外资本举办养老机构享有同等的税收等优惠政策。制定和完善支持民间资本投资养老服务业的税收优惠政策。

(8)《财政部 国家发展改革委关于减免养老和医疗机构行政事业性收费有关问题的通知》(财税〔2014〕77号)第一条规定,对非营利性养老和医疗机构建设全额免征行政事业性收费,对营利性养老和医疗机构建设减半收取行政事业性收费。免征或减半收取的行政事业性收费项目包括:各省、自治区、直辖市人民政府及其财政、价格主管部门按照管理权限批准设立(以下简称省级设立)的涉及养老和医疗机构建设的行政事业性收费。

各省、自治区、直辖市财政、价格主管部门要公布减免省级设立的涉及养老和医疗机构建设的行政事业性收费项目,对养老机构提供养老服务也应适当减免行政事业性收费,同时对本地区出台涉及养老和医疗机构的行政事业性收费进行全面清理,坚决取消违规设立的各类收费。

(9)《财政部 税务总局 发展改革委 民政部 商务部 卫生健康委关于养老、托育、家政等社区家庭服务业税费优惠政策的公告》(财政部 税务总局 发展改革委 民政部 商务部 卫生健康委公告2019年第76号)规定,自2019年6月1日起执行至2025年12月31日为社区提供养老、托育、家政等服务的机构,按照以下规定享受税费优惠政策:

第一,提供社区养老、托育、家政服务取得的收入,免征增值税。

第二,提供社区养老、托育、家政服务取得的收入,在计算应纳税所得额时,减按90%计入收入总额。

第三,承受房屋、土地用于提供社区养老、托育、家政服务的,免征契税。

第四,用于提供社区养老、托育、家政服务的房产、土地,免征不动产登记费、耕地开垦费、土地复垦费、土地闲置费;用于提供社区养老、托育、家政服务的建设项目,免征城市基础设施配套费;确因地质条件等原因无法修建防空地下室的,免征防空地下室易地建设费。

为社区提供养老、托育、家政等服务的机构自有或其通过承租、无偿使用等方式取得并用于提供社区养老、托育、家政服务的房产、土地,免征房产税、城镇土地使用税。

第五节 工业地产模式解析

工业地产(Industrial Estate)是指以工业物业的投资、开发、经营、管理、服务为目的,有别于住宅、商业及综合类用地的房地产。工业用地使用权为50年,其主要开发类型为工业厂房、物流仓库以及研发、办公楼宇,同时包括与之相关的基础设施建设。

一、工业地产基本特征

（1）政策主导。工业地产的发展与国民经济有着密切的联系，对 GDP 的贡献日益增强，其发展方向随国家经济走势而发生变化，受国家产业发展政策及扶持政策影响较大。

（2）投资大、周期长。工业地产的前期投入高达十几亿，甚至几十亿，后期招商、管理运营等方面的投入也相当高，而工业地产的资金回笼主要通过后期的经营，在较长的投资回收期很容易发生资金链断裂的状况。所以，投资大、周期长的特点决定了工业地产的开发、运营对开发商的经济实力要求很高。

（3）投资回报长期、稳定。出租是工业物业最常见的形式，而工业企业的租赁是持续时间较长且租金给付保障度高的，其投资回报率较稳定。一般商用物业年投资回报率为 $6\%\sim8\%$，而工业地产为 $8\%\sim12\%$，甚至可达到 15%，且相对稳定。

（4）提供增值服务。工业地产的开发需要通过第二产业和第三产业配合发展，特别是生产配套以及生活服务；完善内外部物流、仓储等增值服务，完善投资环境。

（5）注重基础设施。基础设施的建设是工业地产能够形成雏形并快速启动的基础。交通、通讯、能源供应、水电管道等基础硬件完善是投资者项目得以如期开工的必要条件，也是吸引企业入驻的重要因素。

二、开发模式

（一）工业园区开发模式

该模式是目前我国各级地方政府最常使用的工业地产开发模式，也是我国工业地产市场的主要载体，其运作主体一般是开发区或工业园区管委会下设的开发公司。

缺陷：运作主体不熟悉工业地产的运作方法，项目前期缺乏科学合理的定位与策划等不足，导致其在工业园的整体运作中不够专业化，致使大部分工业园区闲置与搁荒。

（二）工业地产商模式

该模式是指房地产投资开发企业在工业园区内或其他地方获取工业土地项目，在进行项目的道路、绿化等基础设施建设乃至厂房、仓库、研发等房产项目的营建，然后以租赁、转让或合资、合作经营的方式进行项目相关设施的经营、管理，最后获取合理的地产开发利润。

（三）主体企业引导模式

该模式是指在某个产业领域具有强大的综合实力的企业，为实现企业自身更好的发展与获取更大的利益价值，通过获取大量的工业土地，以营建一个相对独立的工业园区；在自身企业入驻且占主导的前提下，借助企业在产业中的强大的凝聚力与号召力，通过土地出让、项目租售等方式引进其他同类企业的聚集，实现整个产业链的打造及完善。

(四)综合运作模式

该模式是指将上述的工业园区开发模式、主体企业引导模式和工业地产商模式进行混合运用的工业地产开发模式。

(五)私人业主开发模式

在小厂房这一块,私人业主开发占了很大一部分比例。主要是因为厂房租金持续上扬,其利润回报率已经超过商业地产,且操作建设都比较简单。但由于工业地产政策的逐步完善,特别是工业用地的紧缩,这类开发模式会逐渐减少,再加上私人业主开发的厂房在其设计和配套设施等方面都没有竞争力,市场也逐渐将其淘汰。

三、开发成本构成

工业地产开发成本是指在一定的时期内为生产、销售、维护管控工业地产开发产品而花费的费用总和,主要由项目准备费、项目设计费、项目建设费、销售费、物业费、管理费、财务费和其他费用构成。

工业地产开发成本构成如下:

(1)项目准备费。项目准备费包括土地相关费用和咨询费用。土地费用是工业地产商获取开发所需的毛地的费用,包括征地费或土地使用权出让金、拆迁安置补偿费和城市市政公用基础设施配套费等。咨询费用是为做好项目的定位所发生的费用,咨询费额度与项目总投资额相关。

(2)项目设计费。项目设计费主要包括设计阶段所支出的勘察、设计费用。此阶段的费用与项目的定位相关。

(3)项目建设费。项目建设费即施工阶段支出的各类费用。项目建设费包括建安工程费、基础和配套设施建设费。建筑安装工程费由直接费、间接费、利润和税费组成。

(4)销售费。销售费是指为销售或出租工业厂房所发生的费用,例如,媒体推广费、销售人员工资、福利费等。

(5)物业费。物业费是指为保证开发项目内生产、运作的正常进行,对项目的主要公共管网、主要设备等进行管理、维护,同时对区域内消防、安全管理以及秩序的维护所产生的费用。

物业管理范围包括:

第一,前期策划、建设期。主要对项目建设整体的规划,特别是水电管线布置图、各种设备安装运行方面提出有利于后期管理的建议。同时,对项目施工过程中的隐蔽工程、设计变更等进行记录与监控,并从后期管理角度提出相应的整改意见。

第二,运营初期。协助进驻企业办理营业执照等证件;协调企业与当地行政机关之间的关系。

第三,交付期。协助进驻企业做好接管验收,确保交接顺利;负责项目内开荒绿化以及配合机械安装调试。

第四,日常管理。为项目内的业主提供专业的物业管理服务,保持园区内整洁、舒适、安全的工作、生产环境。通过优质服务与有效管理的结合,提升所管理的物业价值、获取用户的满意度,实现双赢的效果。

(6) 管理费。管理费是指房地产开发商为组织、管理工业地产开发活动所需的各类费用。

(7) 财务费。财务费是指工业地产开发商为项目开发筹集资金而产生的各项费用,一般包括利息净支出和手续费。

(8) 其他费用。除以上所列出的工业地产开发所需的费用。

四、税务处理

工业地产涉及税种多,在开发成本中占较大比例,工业地产涉及的主要税种有增值税、企业所得税、房产税、土地增值税、土地使用税和印花税等。企业在经营过程中涉税风险比较高。因此,只有熟练掌握各税种特点,正确应对风险点,才能有效地降低企业的涉税风险。税务机关只有有效地采取工业地产风险管理措施,才能降低自身涉税执法风险。

(一) 增值税

工业地产主要涉及不动产租赁,不动产租赁服务增值税税率9%。《财政部 国家税务总局关于进一步明确全面推开营改增试点有关再保险、不动产租赁和非学历教育等政策的通知》(财税〔2016〕68号)第二条不动产经营租赁服务规定:

(1) 房地产开发企业中的一般纳税人,出租自行开发的房地产老项目,可以选择适用简易计税方法,按照5%的征收率计算应纳税额。纳税人出租自行开发的房地产老项目与其机构所在地不在同一县(市)的,应按照上述计税方法在不动产所在地预缴税款后,向机构所在地主管税务机关进行纳税申报。房地产开发企业中的一般纳税人,出租其2016年5月1日后自行开发的与机构所在地不在同一县(市)的房地产项目,应按照3%预征率在不动产所在地预缴税款后,向机构所在地主管税务机关进行纳税申报。

(2) 房地产开发企业中的小规模纳税人,出租自行开发的房地产项目,按照5%的征收率计算应纳税额。纳税人出租自行开发的房地产项目与其机构所在地不在同一县(市)的,应按照上述计税方法在不动产所在地预缴税款后,向机构所在地主管税务机关进行纳税申报。

国家税务总局2016年第16号公告规定:

(1) 一般纳税人出租不动产,按照以下规定缴纳增值税:

第一,一般纳税人出租其2016年4月30日前取得的不动产,可以选择适用简易计税方法,按照5%的征收率计算应纳税额。

不动产所在地与机构所在地不在同一县(市、区)的,纳税人应按照上述计税方法向不动产所在地主管税务机关预缴税款,向机构所在地主管税务机关申报纳税。

不动产所在地与机构所在地在同一县(市、区)的,纳税人向机构所在地主管税务机关申报纳税。

第二,一般纳税人出租其2016年5月1日后取得的不动产,适用一般计税方法计税。

不动产所在地与机构所在地不在同一县(市、区)的,纳税人应按照3%的预征率向不动产所在地主管税务机关预缴税款,向机构所在地主管税务机关申报纳税。

不动产所在地与机构所在地在同一县(市、区)的,纳税人应向机构所在地主管税务机关申报纳税。

一般纳税人出租其2016年4月30日前取得的不动产适用一般计税方法计税的,按照上述规定执行。

(2) 小规模纳税人出租不动产,按照以下规定缴纳增值税:

第一,单位和个体工商户出租不动产(不含个体工商户出租住房),按照5%的征收率计算应纳税额。个体工商户出租住房,按照5%的征收率减按1.5%计算应纳税额。

不动产所在地与机构所在地不在同一县(市、区)的,纳税人应按照上述计税方法向不动产所在地主管税务机关预缴税款,向机构所在地主管税务机关申报纳税。

不动产所在地与机构所在地在同一县(市、区)的,纳税人应向机构所在地主管税务机关申报纳税。

第二,其他个人出租不动产(不含住房),按照5%的征收率计算应纳税额,向不动产所在地主管税务机关申报纳税。其他个人出租住房,按照5%的征收率减按1.5%计算应纳税额,向不动产所在地主管税务机关申报纳税。

(3) 纳税人出租的不动产所在地与其机构所在地在同一直辖市或计划单列市但不在同一县(市、区)的,由直辖市或计划单列市税务机关决定是否在不动产所在地预缴税款。

纳税人出租不动产,按照本办法规定需要预缴税款的,应在取得租金的次月纳税申报期或不动产所在地主管税务机关核定的纳税期限预缴税款。

预缴税款的计算:

第一,纳税人出租不动产适用一般计税方法计税的,按照以下公式计算应预缴税款:

$$应预缴税款 = 含税销售额 \div (1+9\%) \times 3\%$$

第二,纳税人出租不动产适用简易计税方法计税的,除个人出租住房外,按照以下公式计算应预缴税款:

$$应预缴税款 = 含税销售额 \div (1+5\%) \times 5\%$$

(二) 企业所得税

《企业所得税法实施条例》第十九条第二款规定,租金收入,按照合同约定的承租人应付租金的日期确认收入的实现。《国家税务总局关于贯彻落实企业所得税法若干税收问题的通知》(国税函〔2010〕79号)第一条关于租金收入确认问题的规定,根据《企业所得税法实施条例》第十九条的规定,企业提供固定资产、包装物或者其他有形资产的使用权取得的租金收入,应按交易合同或协议规定的承租人应付租金的日期确认收入的实现。其中,如果交易合同或协议中规定租赁期限跨年度,且租金提前一次性支付的,根据《实施条例》第九条规定的收入与费用配比原则,出租人可对上述已确认的收入,在租赁期内,分期均匀计入相关年度收入。出租方如为在我国境内设有机构场所、且采取据实申报缴纳企业所得的非居民企业,也按本条规定执行。

(三) 土地增值税

转让国有土地使用权、地上的建筑物及其附着物并取得收入的单位和个人(不包括以继承、赠与方式无偿转让房地产的行为),为土地增值税的纳税义务人,应当依法缴纳土地增值税。工业地产只单纯地出租,不涉及土地增值税的涉税问题。

(四) 房产税

按照《中华人民共和国房产税暂行条例》(以下简称《房产税暂行条例》)的规定,房产税依照房产原值一次减除10%~30%后的余值计算缴纳,具体减除幅度由省、自治区、直辖市人民政府规定。根据《房产税暂行条例》及其实施细则的规定,国家机关、人民团体自用的房产免征房产税,对于以上单位出租房产取得的租金收入应按照12%的税率缴纳房产税。

根据现行税法规定,企业自用房屋房产税的计算计算公式为:

$$年应纳税额 = 房产账面原值 \times (1 - 减除比例) \times 1.2\%$$

(五) 土地使用税

工业用地需要缴纳土地使用税。土地使用税的纳税义务人为:在城市、县城、建制镇、工矿区范围内使用土地的单位和个人。单位,包括国有企业、集体企业、私营企业、股份制企业、外商投资企业、外国企业以及其他企业和事业单位、社会团体、国家机关、军队以及其他单位;所称个人,包括个体工商户以及其他个人。

《中华人民共和国城镇土地使用税暂行条例》第二条规定,在城市、县城、建制镇、工矿区范围内使用土地的单位和个人,为城镇土地使用税的纳税人,应当依照本条例的规定缴纳土地使用税。按照此规定,土地使用税应当由土地实际使用人缴纳。

城镇土地使用税采用定额税率,即采用有幅度的差别税额,按大、中、小城市和县城、建制镇、工矿区分别规定每平方米土地使用税年应纳税额。具体标准如下:

(1) 大城市1.5元至30元。

(2) 中等城市1.2元至24元。

(3) 小城市0.9元至18元。

(4) 县城、建制镇、工矿区0.6元至12元。

企业出租厂房,土地使用税由拥有土地使用权的单位缴纳。《国家税务局关于发布〈关于土地使用税若干具体问题的解释和暂行规定〉的通知》(国税地字〔1988〕15号)第四条规定,土地使用税由拥有土地使用权的单位或个人缴纳。拥有土地使用权的纳税人不在土地所在地的,由代管人或实际使用人纳税;土地使用权未确定或权属纠纷未解决的,由实际使用人纳税;土地使用权共有的,由共有各方分别纳税。

(六) 印花税

租赁双方在办理租赁登记时应按租赁合同所载租赁金额的1‰贴花。

第六节 海外工程承包模式解析

随着中国"一带一路"倡议的提出和实施,中国海外工程也得到了较快的发展。伴随着海外工程规模的不断扩大,海外工程的风险也越来越高;而且由于海外市场的竞争越来越激烈,留给企业的利润空间也是越来越小。EPC(Engineering Procurement Construction,EPC)总承包模式,作为目前最为流行的项目模式,在海外工程上得到了广泛的采用。经过对EPC模式的分析,发现除了设计、采购、施工这些表面上的常规因素外,还存在着一个重要的因素——项目管理过程。做好项目管理工作对做好EPC项目起到了至关重要的作用。项目管理承包模式是一种专注于项目管理的新型的工程项目管理和承包模式。

中国海外工程项目管理不仅涉及项目管理的理论、模式、方法和技术,而且也体现业主和承包商以及其他项目参数者之间的责任、权利的合同关系。当今,规模大、投资多样化的海外工程项目数目日益增多,国外先进管理理念不断地引进,带来的竞争也是越来越激烈,同时对总包商的项目管理水平也提出了越来越高的要求。因此,海外工程项目管理模式也需要不断地发展,目前主要有以下几种模式。

一、海外工程承包的模式

(一) 传统的DBB模式

DBB(Design Bid Building)模式即设计-招标-建造模式,也称施工总承包模式。该模式是19世纪初形成的在国际上较为通用的一种传统模式,世界银行、亚洲开发银行的贷款项目和采用FIDIC(国际咨询工程师联合会)合同条件的项目都是采用这种模式。这种项目管理模式的最突出特点是项目的实施过程必须按照设计→招标→施工建造的顺序进行,就是说只有前一个阶段结束后,下一个阶段才能开始。《FIDIC土木工程施工合同条件》代表的是这种传统的DBB模式。

(二) DB总包模式

DB(Design Building)总包模式即设计-建造模式,该项目管理模式指承包商对工程项目的设计、施工安装的全过程进行总承包,承担全部责任,因此这种模式也叫设计和施工总承包模式。《FIDIC设计-建造与交钥匙工程合同条件》代表的就是这种DB总包模式,承包商将按照买方/业主的要求,负责整个工程项目的设计与实施,工作范围包括土木、机械、电气等综合工程以及建筑工程。

(三) EPC 总承包模式

EPC 总承包模式即设计-采购-建造模式。在该模式下,买方/业主将选择一家总承包商或者总承包联合体,由其负责整个项目的工程设计、设备和材料的采购、施工安装及试运行的全过程,即全建设工程采购模式。《FIDIC 设计采购施工/交钥匙工程合同条件》代表的是这种 EPC 总承包模式。

(四) BOT 模式

BOT (Building Operating Transferring)模式即建造-运营-移交模式,是指东道国政府通过特许权协议,将某个原本应由政府出资建设管理的公共基础设施交给私营企业,进行融资、建设、经营、维护并一直到特许期结束时,将该设施完整、无偿地移交给政府。这里的 B 可以看成单独的 EPC 过程。

(五) PMC 项目管理承包模式

PMC (Project Management Contractor)模式即项目管理承包模式,就是具有相应资质、人才和经验的项目管理承包商,受业主委托,作为业主的代表或业主延伸,帮助业主在项目前期策划,进行可行性研究,制订项目计划、融资方案,并在设计、采购、施工、试运行等整个实施过程中有效控制工程质量、进度和费用,保证项目的成功实施。该模式一般不直接参与项目的设计、采购、施工和试运行等阶段的具体工作。

二、税务处理

(一) 增值税

跨境建筑服务免征增值税,但是应在首次享受免税的纳税申报期内或在各省、自治区、直辖市和计划单列市税务局规定的申报征期后的其他期限内,到主管税务机关办理跨境应税行为免税备案手续。

《营业税改征增值税跨境应税行为增值税免税管理办法(试行)》(国家税务总局公告 2016 年第 29 号发布)第二条规定,下列跨境应税行为免征增值税:

(1) 工程项目在境外的建筑服务。工程总承包方和工程分包方为施工地点在境外的工程项目提供的建筑服务,均属于工程项目在境外的建筑服务。

(2) 工程项目在境外的工程监理服务。

(3) 工程、矿产资源在境外的工程勘察勘探服务。

《营业税改征增值税跨境应税行为增值税免税管理办法(试行)》(国家税务总局公告 2016 年第 29 号发布)第八条规定,纳税人发生免征增值税跨境应税行为,除提供第二条第(二十)项所列服务外,应在首次享受免税的纳税申报期内或在各省、自治区、直辖市和计划单列市税务局规定的申报征期后的其他期限内,到主管税务机关办理跨境应税行为免税备案手续,同时提交以下备案材料:

（1）《跨境应税行为免税备案表》(附件1)（略）。

（2）本办法第五条规定的跨境销售服务或无形资产的合同原件及复印件。

（3）提供本办法第二条第（一）项至第（八）项和第（十六）项服务，应提交服务地点在境外的证明材料原件及复印件。

（4）提供本办法第二条规定的国际运输服务，应提交实际发生相关业务的证明材料。

（5）向境外单位销售服务或无形资产，应提交服务或无形资产购买方的机构所在地在境外的证明材料。

（6）国家税务总局规定的其他资料。

《营业税改征增值税跨境应税行为增值税免税管理办法（试行）》（国家税务总局公告2016年第29号发布）第九条规定，纳税人发生第二条第（二十）项所列应税行为的，应在首次享受免税的纳税申报期内或在各省、自治区、直辖市和计划单列市税务局规定的申报征期后的其他期限内，到主管税务机关办理跨境应税行为免税备案手续，同时提交以下备案材料：

（1）已向办理增值税免抵退税或免退税的主管税务机关备案的《放弃适用增值税零税率声明》。

（2）该项应税行为享受零税率到主管税务机关办理增值税免抵退税或免退税申报时需报送的材料和原始凭证。

《营业税改征增值税跨境应税行为增值税免税管理办法（试行）》（国家税务总局公告2016年第29号发布）第十条规定，按照本办法第八条规定提交备案的跨境销售服务或无形资产合同原件为外文的，应提供中文翻译件并由法定代表人（负责人）签字或者单位盖章。

纳税人无法提供本办法第八条规定的境外资料原件的，可只提供复印件，注明"复印件与原件一致"字样，并由法定代表人（负责人）签字或者单位盖章；境外资料原件为外文的，应提供中文翻译件并由法定代表人（负责人）签字或者单位盖章。

主管税务机关对提交的境外证明材料有明显疑义的，可以要求纳税人提供境外公证部门出具的证明材料。

《营业税改征增值税跨境应税行为增值税免税管理办法（试行）》（国家税务总局公告2016年第29号发布）第十一条规定，纳税人办理跨境应税行为免税备案手续时，主管税务机关应当根据以下情况分别做出处理：

（1）备案材料存在错误的，应当告知并允许纳税人更正。

（2）备案材料不齐全或者不符合规定形式的，应当场一次性告知纳税人补正。

（3）备案材料齐全、符合规定形式的，或者纳税人按照税务机关的要求提交全部补正备案材料的，应当受理纳税人的备案，并将有关资料原件退还纳税人。

（4）按照税务机关的要求补正后的备案材料仍不符合本办法第八、九、十条规定的，应当对纳税人的本次跨境应税行为免税备案不予受理，并将所有报送材料退还纳税人。

《营业税改征增值税跨境应税行为增值税免税管理办法(试行)》(国家税务总局公告 2016 年第 29 号发布)第十二条规定,主管税务机关受理或者不予受理纳税人跨境应税行为免税备案,应当出具加盖本机关专用印章和注明日期的书面凭证。

《营业税改征增值税跨境应税行为增值税免税管理办法(试行)》(国家税务总局公告 2016 年第 29 号发布)第十三条规定,原签订的跨境销售服务或无形资产合同发生变更,或者跨境销售服务或无形资产的有关情况发生变化,变化后仍属于本办法第二条规定的免税范围的,纳税人应向主管税务机关重新办理跨境应税行为免税备案手续。

《营业税改征增值税跨境应税行为增值税免税管理办法(试行)》(国家税务总局公告 2016 年第 29 号发布)第十四条规定,纳税人应当完整保存本办法第八、第九、第十条要求的各项材料。纳税人在税务机关后续管理中不能提供上述材料的,不得享受本办法规定的免税政策,对已享受的减免税款应予补缴,并依照《税收征收管理法》的有关规定处理。

《营业税改征增值税跨境应税行为增值税免税管理办法(试行)》(国家税务总局公告 2016 年第 29 号发布)第十五条规定,纳税人发生跨境应税行为享受免税的,应当按规定进行纳税申报。纳税人享受免税到期或实际经营情况不再符合本办法规定的免税条件的,应当停止享受免税,并按照规定申报纳税。

《营业税改征增值税跨境应税行为增值税免税管理办法(试行)》(国家税务总局公告 2016 年第 29 号发布)第十六条规定,纳税人发生实际经营情况不符合本办法规定的免税条件、采用欺骗手段获取免税,或者享受减免税条件发生变化未及时向税务机关报告,以及未按照本办法规定履行相关程序自行减免税的,税务机关依照《中华人民共和国税收征收管理法》有关规定予以处理。

《营业税改征增值税跨境应税行为增值税免税管理办法(试行)》(国家税务总局公告 2016 年第 29 号发布)第十七条规定,税务机关应高度重视跨境应税行为增值税免税管理工作,针对纳税人的备案材料,采取案头分析、日常检查、重点稽查等方式,加强对纳税人业务真实性的核实,发现问题的,按照现行有关规定处理。

《营业税改征增值税跨境应税行为增值税免税管理办法(试行)》(国家税务总局公告 2016 年第 29 号发布)第十八条规定,纳税人发生的与香港、澳门、台湾地区有关的应税行为,参照本办法执行。

《营业税改征增值税跨境应税行为增值税免税管理办法(试行)》(国家税务总局公告 2016 年第 29 号发布)第十九条规定,本办法自 2016 年 5 月 1 日起施行。此前,纳税人发生符合本办法第四条规定的免税跨境应税行为,已办理免税备案手续的,不再重新办理免税备案手续。纳税人发生符合本办法第二条和第四条规定的免税跨境应税行为,未办理免税备案手续但已进行免税申报的,按照本办法规定补办备案手续;未进行免税申报的,按照本办法规定办理跨境服务备案手续后,可以申请退还已缴税款或者抵减以后的应纳税额;已开具增值税专用发票的,应将全部联次追回后方可办理跨境应税行为免税备案手续。

《国家税务总局关于在境外提供建筑服务等有关问题的公告》(国家税务总局公告2016年第69号)第一条规定,境内的单位和个人为施工地点在境外的工程项目提供建筑服务,按照《国家税务总局关于发布〈营业税改征增值税跨境应税行为增值税免税管理办法(试行)〉的公告》(国家税务总局公告2016年第29号)第八条规定办理免税备案手续时,凡与发包方签订的建筑合同注明施工地点在境外的,可不再提供工程项目在境外的其他证明材料。

《国家税务总局关于跨境应税行为免税备案等增值税问题的公告》(国家税务总局公告2017年第30号)第一条规定,纳税人发生跨境应税行为,按照《国家税务总局关于发布〈营业税改征增值税跨境应税行为增值税免税管理办法(试行)〉的公告》(国家税务总局公告2016年第29号)的规定办理免税备案手续后发生的相同跨境应税行为,不再办理备案手续。纳税人应当完整保存相关免税证明材料备查。纳税人在税务机关后续管理中不能提供上述材料的,不得享受相关免税政策,对已享受的减免税款应予补缴,并依照《税收征收管理法》的有关规定处理。

(二)企业所得税

《国家税务总局关于企业境外承包工程税收抵免凭证有关问题的公告》(国家税务总局公告2017年第41号)规定,根据《中华人民共和国企业所得税法》(以下简称《企业所得税法》)及其实施条例、《财政部 国家税务总局关于企业境外所得税收抵免有关问题的通知》(财税〔2009〕125号)和《国家税务总局关于发布〈企业境外所得税收抵免操作指南〉的公告》(国家税务总局公告2010年第1号)的有关规定,现就企业境外承包工程税收抵免凭证有关问题公告如下:

(1)企业以总分包或联合体方式在境外实施工程项目(包括但不限于工程建设、基础设施建设等项目,下同),其来源于境外所得已在境外缴纳的企业所得税税额,可按本公告规定以总承包企业或联合体主导方企业开具的《境外承包工程项目完税凭证分割单(总分包方式)》[附件1,以下简称《分割单(总分包方式)》]或《境外承包工程项目完税凭证分割单(联合体方式)》[附件2,以下简称《分割单(联合体方式)》]作为境外所得完税证明或纳税凭证进行税收抵免。

(2)企业以总分包方式在境外承包工程,除总承包企业自行施工的部分外,发生分包(再分包,下同)的,其分包部分来源于境外所得已由总承包企业在境外缴纳的企业所得税税额,总承包企业可按实际取得的收入、工作量等因素确定的合理比例进行分配,开具《分割单(总分包方式)》,并将《分割单(总分包方式)》复印件提供给分包企业,分包企业据此申报抵免。总承包企业按分配后的余额申报抵免。同一项目分配方法应当一致,且在项目存续期内不得改变。

(3)企业以联合体方式中标境外工程,该联合体在境外缴纳的企业所得税税额可由主导方企业按实际取得的收入、工作量等因素确定的合理比例进行分配,开具《分割单(联合体方式)》,并将《分割单(联合体方式)》复印件提供给联合体各方企业,联合体各方企业据此申报抵免。

联合体主导方可按合同收入占比孰高原则或事先约定进行确定。

（4）总承包企业作为境外纳税主体，应就其在境外缴纳的企业所得税税额，填制《分割单（总分包方式）》后提交主管税务机关备案，并将以下资料留存备查：

第一，总承包企业与境外发包方签订的总承包合同。

第二，总承包企业与分包企业签订的分包合同，如建设项目再分包的，还需留存备查分包企业与再分包企业签订的再分包合同。

第三，总承包企业境外所得相关完税证明或纳税凭证。

第四，境外所得缴纳的企业所得税税额按收入、工作量等因素确定的合理比例分配的计算过程及相关说明。

（5）联合体作为境外纳税主体，应就其在境外缴纳的企业所得税税额，由主导方企业填制《分割单（联合体方式）》后提交主管税务机关备案，并将以下资料留存备查：

第一，联合体与境外发包方签订的工程承包合同。

第二，各方企业组建联合体合同或协议。

第三，联合体境外所得相关完税证明或纳税凭证。

第四，境外所得缴纳的企业所得税税额按收入、工作量等因素确定的合理比例分配的计算过程及相关说明。

（6）总承包企业或联合体主导方企业应按项目分别建立分割单台账，准确记录境外所得缴纳税额分配情况。

（7）分包企业或联合体各方企业申报抵免时，应将《分割单（总分包方式）》或《分割单（联合体方式）》复印件提交主管税务机关备案。主管税务机关对企业有关境外所得抵免有异议的，可以向总承包企业或联合体主导方企业的主管税务机关提出书面复核建议，总承包企业或联合体主导方企业的主管税务机关在收到复核建议后30日内函复复核结果。

（8）总承包企业、分包企业及联合体各方企业主管税务机关在后续管理过程中发现企业存在多抵免税款情况的，应及时将信息告知相关各方企业的主管税务机关。

第七节　房地产开发企业经营流程

一、房地产开发企业涉及税种和纳税环节

房地产企业全程开发流程分取得土地、项目启动、项目亮相、项目开工、项目开盘、单体竣工、项目交房、项目清盘等八个阶段。

房地产企业开发流程如图1-2所示。

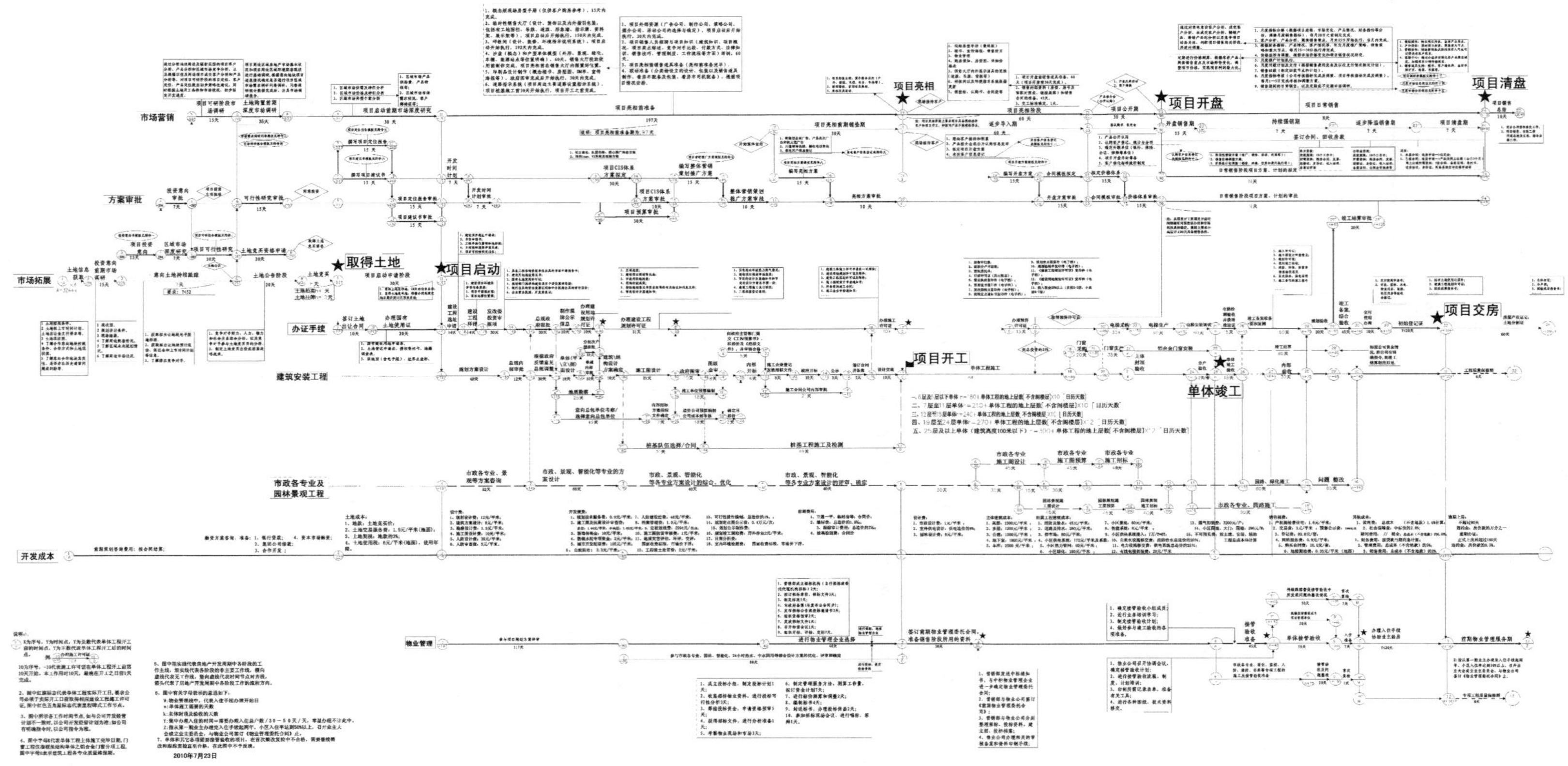

图1-2 房地产全程开发流程图

房地产分为房产和地产。房地产开发企业是以营利为目的从事房地产开发和经营的企业。房地产开发是指房地产开发企业进行的房屋建筑物建设、基础设施建设、并转让开发项目或销售、出租开发商品的活动。房地产开发的方式主要有自行开发、合作建房、代建工程。由于房地产分为房产和地产，其开发商品也分为土地和房屋两大类，而房屋类开发是最为主要的部分，也是涉税问题出现最多的部分，如表1-2所示。

表1-2 房地产企业开发过程涉及的税种

税种名称	纳税人义务人	征税范围	税率	纳税环节
增值税	在中华人民共和国境内销售服务、无形资产或者不动产的单位和个人，为增值税纳税人	房地产开发企业销售自行开发的房地产项目	9%	收到预收款预缴增值税和房屋交付使用计算增值税应纳税额
契税	在中华人民共和国境内转移土地、房屋权属，承受的单位和个人为契税的纳税人	转移土地、房屋权属	3%~5%	企业在取得土地时缴纳契税
耕地占用税	在中华人民共和国境内占用耕地建设建筑物、构筑物或者从事非农业建设的单位和个人，为耕地占用税的纳税人	实际占用的耕地面积为计税依据	1. 人均耕地不超过1亩的地区，每平方米为10元至50元； 2. 人均耕地超过1亩但不超过2亩的地区，每平方米为8元至40元； 3. 人均耕地超过2亩但不超过3亩的地区，每平方米为6元至30元； 4. 人均耕地超过3亩的地区，每平方米为5元至25元	纳税义务发生时间为纳税人收到自然资源主管部门办理占用耕地手续的书面通知的当日
印花税	在中华人民共和国境内书立、领受《中华人民共和国印花税暂行条例》①所列举凭证的单位和个人	1. 购销、加工承揽、建设工程承包、财产租赁、货物运输、仓储保管、借款、财产保险、技术合同或者具有合同性质的凭证； 2. 产权转移书据； 3. 营业账簿； 4. 权利、许可证照； 5. 经财政部确定征税的其他凭证	自2018年5月1日起，对按0.5‰税率贴花的资金账簿减半征收印花税，对按件贴花5元的其他账簿免征印花税	营业账簿、借款合同、取得土地、建设工程承包、房屋购销
城镇土地使用税	在城市、县城、建制镇、工矿区范围内使用土地的单位和个人	实际占用土地使用权	土地使用税每平方米年税额如下： 1. 大城市1.5元至30元； 2. 中等城市1.2元至24元； 3. 小城市0.9元至18元； 4. 县城、建制镇、工矿区0.6元至12元	1. 征用的耕地，自批准征用之日起满1年开始缴纳土地使用税； 2. 征用的非耕地，自批准征用次月起缴纳土地使用税
城镇维护建设税	凡缴纳增值税、消费税的单位和个人	与消费税、增值税同时缴纳	纳税人所在地在市区的，税率为7%；纳税人所在地在县城、镇的，税率为5%；纳税人所在地不在市区、县城或镇的，税率为1%	缴纳增值税时缴纳

---

① 《中华人民共和国印花税法》自2022年7月1日起施行。《中华人民共和国印花税暂行条例》同时废止。

(续表)

税种名称	纳税人义务人	征税范围	税率	纳税环节
地方教育附加	同上	同上	2%	同上
教育费附加	同上	同上	3%	同上
房产税	房产税由产权所有人缴纳	房产税在城市、县城、建制镇和工矿区征收	依照房产余值计算缴纳的,税率为1.2%;依照房产租金收入计算缴纳的,税率为12%	将自建房作为不动产出租时缴纳
企业所得税	从事房地产开发经营业务的企业	开发产品销售收入的范围为销售开发产品过程中取得的全部价款	企业所得税的税率为25%	预收款时按照毛利率预缴;开发产品完工后,企业应及时结算其计税成本并计算此前销售收入的实际毛利额,同时将其实际毛利额与其对应的预计毛利额之间的差额,计入当年度企业本项目与其他项目合并计算的应纳税所得额
个人所得税	居民个人从中国境内和境外取得的所得;非居民个人从中国境内取得的所得	涉及工资、薪金所得;劳务报酬所得;利息、股息、红利所得	1. 综合所得,适用3%至45%的超额累进税率;2. 利息、股息、红利所得,财产租赁所得,财产转让所得和偶然所得,适用比例税率,税率为20%	对投资者进行利润分配,个人所得税以所得人为纳税人,以支付所得的单位或者个人为扣缴义务人
土地增值税	转让国有土地使用权、地上的建筑物及其附着物并取得收入的单位和个人	转让国有土地使用权、地上的建筑物及其附着物	土地增值税实行四级超率累进税率	预售时,进行预缴;项目结束时进行土地增值税清算

二、房地产开发行业特点

(一)房地产开发行业会计核算特点

房地产开发会计是指房地产开发企业在其土地及房产、相关配套设施开发中,对开发前期、开发环节、租售环节等经济活动进行确认、计量、记录、报告的全过程。由于房地产行业经营特点的独特性决定了其会计核算具有一定的特殊性。房地产行业会计核算与纳税环节密切相关的主要有以下几个方面:

(1)具有独有的会计科目:如"开发成本""开发产品""开发间接费用"等。

(2)收入核算方面:"预收账款"科目数额大,是企业的主要计税基础。房地产开发业一般采用预售方式取得预收款收入。当房地产开发企业拿到预售许可证后就可以对其开发产品进行预售。预售款计入"预收账款",但税法将其归入预缴增值税、税金及附加、预征土地增值税、预缴企业所得税的基础。

(3)成本核算方面:由于房地产开发企业经营流程复杂、经营周期长,造成其成本核算的真实性、合法性、规范性和配比性较难控制。例如,工程施工决算时间较长,影响了工程尾款的结清,从而影响施工方开具工程施工发票,影响房地产开发企业的成本核算。另外,开发成本结转没有统一的标准,容易造成成本结转不实。

（4）核算涉及税种方面：需要核算增值税、土地增值税、企业所得税、契税、土地使用税、耕地占用税等,这是其他行业一般很少涉及的。

(二) 房地产开发行业生产经营特点

房地产开发行业具有经营环节多、风险价值高、投资大、经营周期长、社会影响大、地域性强等特点。具体有以下几个方面。

1. 计划性强,开发产品固定

计划性强体现在房地产生产经营活动,特别是开发活动过程中,从征地到建设到销售,每一步都需要相关部门的审批。这些都为税务稽查搜集资料、确定财务资料准确性等工作提供了较为真实的比对信息。开发产品固定体现在：一是开发商品位置固定,一般无法移动或改变形式；二是开发商品一般需要整套销售,无法分割,这些都便于税务稽查工作实地调查取证。

2. 经营周期长,税务监管困难

多数房地产开发项目,特别是在北方地区的开发项目,受气候原因影响,从开工到完工跨度往往超过2～3年,加上前期立项审批及后期销售,有些项目甚至要几个会计年度才能完成立项、取得土地、开发、销售的全过程。而税务稽查往往具有事后性质,难以从房地产开发企业立项之初介入,这就为企业延期纳税甚至偷逃税提供了肥沃的土壤,也使税务机关对企业每一期收入成本核算的掌控变得不容易,加大了税务稽查调查取证的难度。

3. 供应链长,会计核算复杂

一方面,房地产开发行业从立项、征地到开发销售,涉及8个环节,是一个较长且较为复杂的过程。特别是房地产开发环节,其建安成本核算根据开发产品的不同可能会比较复杂。企业有可能通过虚列成本等方式进行偷逃税,如果税务稽查办案人员建筑安装方面专业知识匮乏,就很难看出问题。另一方面,很多房地产开发企业一个项目还未开发销售完毕就已经开始另一个项目的开发。企业利用混淆项目成本的方式使税务机关检查时难以划分各项目成本,加大了稽查难度。

4. 涉及监管部门多、涉及税种多

房地产开发行业从立项、开发到销售同时受到住建局、国土局、规划局、审计局等多部门监管,相关资料较多,取证难度较大,但也为取证的真实性提供了保障。在当前税制下,房地产开发企业涉及12个税种、3个附加。除增值税、企业所得税外,土地增值税、土地使用税、耕地占用税、房产税、契税都属于房地产开发企业较多涉及且极具行业特点的税种。

5. 资金密集集中,涉及偷逃税款往往数额巨大

资金密集集中指资金投入密集、资金回笼集中。一般的房地产开发项目销售额都在一个亿甚至更多,因而纳税数额也很大。房地产开发企业资金密集集中同时也意味着一旦企业偷逃税,往往涉及金额较大。从国家税务总局公开的信息来看,2016年税务机关检查房地产开发业9.63万户,查补收入294.47亿元,占全年税收专项检查总收入的49.23%,可见该行业偷逃税问题的严重性。对该行业有效的税务稽查可以大大加强行业监管、提高财政收入,为纳税人提供公平竞争环境。

6. 地域性强,各地法规政策、执法尺度不统一

房地产开发行业地域限制性较强,而各地方法规、执法尺度不能做到完全统一。

如对地下人防开发成地下车位或车库,对外出售长期使用权,是应作为不动产租赁认定,还是按照转让建筑物有限产权或者永久使用权的按照销售不动产认定?

如果按租赁行为认定,房产税将如何收取等,这些问题各省的具体规定都不尽相同。

如《内蒙古自治区地方税务局关于进一步明确土地增值税有关政策的通知》(内地税字〔2014〕159号)中关于地下车库(位)清算处理的规定如下:

(1)对房地产开发企业建造的可售地下车库(位),已取得房产证和土地使用证的,按照非住宅类型房地产清算。

(2)对房地产开发企业利用地下建筑和按政府规定建造的地下人防工程改造的不可售地下车库(位),建成后产权属于全体业主所有或无偿移交给政府的(以产权转移登记、公证部门公证或在房地产项目显著位置公告并被全体业主知晓为判断依据),其成本、费用可以扣除。

(3)对房地产开发企业转让不可售地下车库(位)的,不征收土地增值税,同时相应的成本费用也不予扣除。

河北省税务局规定:房地产开发项目中同时包含住宅、商铺、车库等不同类型产品的,应划分为普通住宅、非普通住宅、其他(商铺、车库等)三类分别计算增值税。

房地产开发商与购房者签订地下室、车库转让合同的,其收入计征土地增值税,其成本费用允许按照对应配比原则在土地增值税清算中扣除。对于赠送地下室、车库的情形,按购买房地产的金额一并核算,收入不再区分类型,其成本费用归集到购买的房地产类型进行扣除。

第八节 工程预算基础知识及其对税收的影响

一、工程预算基础知识建筑识图

(一)建筑识图

(1)基本概念。国家规定,一个工程项目应经过:①规划和初步设计阶段。②审查后扩大初步设计阶段。③审查后施工图设计阶段,又称技术设计阶段。

(2) 施工图作用：指导施工，技术依据；指导结算，支付进度款依据；指导决算，结算工程款依据。

(3) 施工图包括：建筑施工图、结构施工图、设备施工图。

建筑施工图是用来表示房屋的规划位置、外部造型、内部布置、内外装修、细部构造、固定设施及施工要求等的图纸。它包括施工图首页、总平面图、平面图、立面图、剖面图和详图。

结构施工图是指关于承重构件的布置，使用的材料、形状、大小及内部构造的工程图样，是承重构件以及其他受力构件施工的依据。图纸目录应按图纸序号排列，先列新绘制图纸，后列选用的重复利用图和标准图。

设备施工图主要表示各种设备、管道和线路的布置、走向以及安装施工要求等。设备施工图又分为给水排水施工图（水施）、供暖施工图（暖施）、通风与空调施工图（通施）、电气施工图（电施）等。

（二）识读施工图的要领

(1) 先细阅说明书、首页图（目录），后看建施、结施、设施。

(2) 每张图，先看图标、文字，后看图样。

(3) 看建施，先建施，后结施、设施。

(4) 建施先看平、立、剖，后详图。

(5) 结施先看基础、结构布置平面图，后看构件详图。

(6) 设施先看平面，后看系统、安装详图。如图1-3所示。

（三）建筑施工图

1. 建筑总平面图

总平面图上标注的尺寸，一律以m（米）为单位，它反映拟建房屋、构筑物等的平面形状、位置和朝向、室外场地、道路、绿化等的布置，地形、地貌、标高以及与原有环境的关系和邻界情况等，为定位、施工放样、土方施工及绘制水、电、卫、暖、煤气、通讯、有线电视的总平面图和施工总平面图的依据。如图1-4所示。

2. 解读建筑平面图

(1) 读图名、识形状、看朝向。

(2) 读名称，懂布局、组合。

(3) 根据轴线，定位置，识开间、进深。

(4) 掌握特殊表示，读楼梯。

(5) 读尺寸、定面积、看高度、算指标。

(6) 看图例、识细部，认门窗代号。

(7) 根据索引符号，可知总图与详图关系。如图1-5所示。

3. 解读建筑立面图

(1) 从图名或轴线编号了解何朝向立面图。

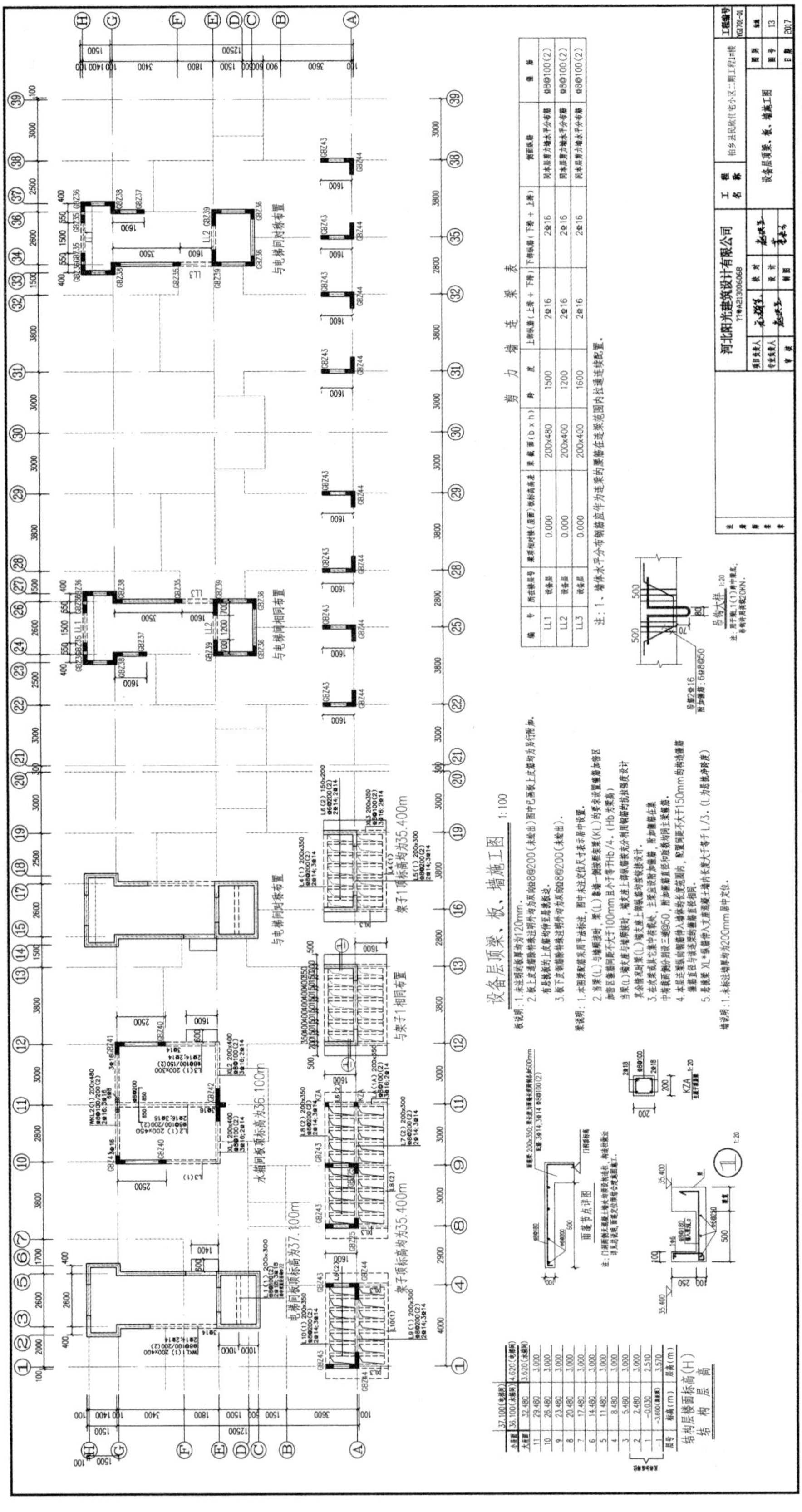

图 1-3 施工图

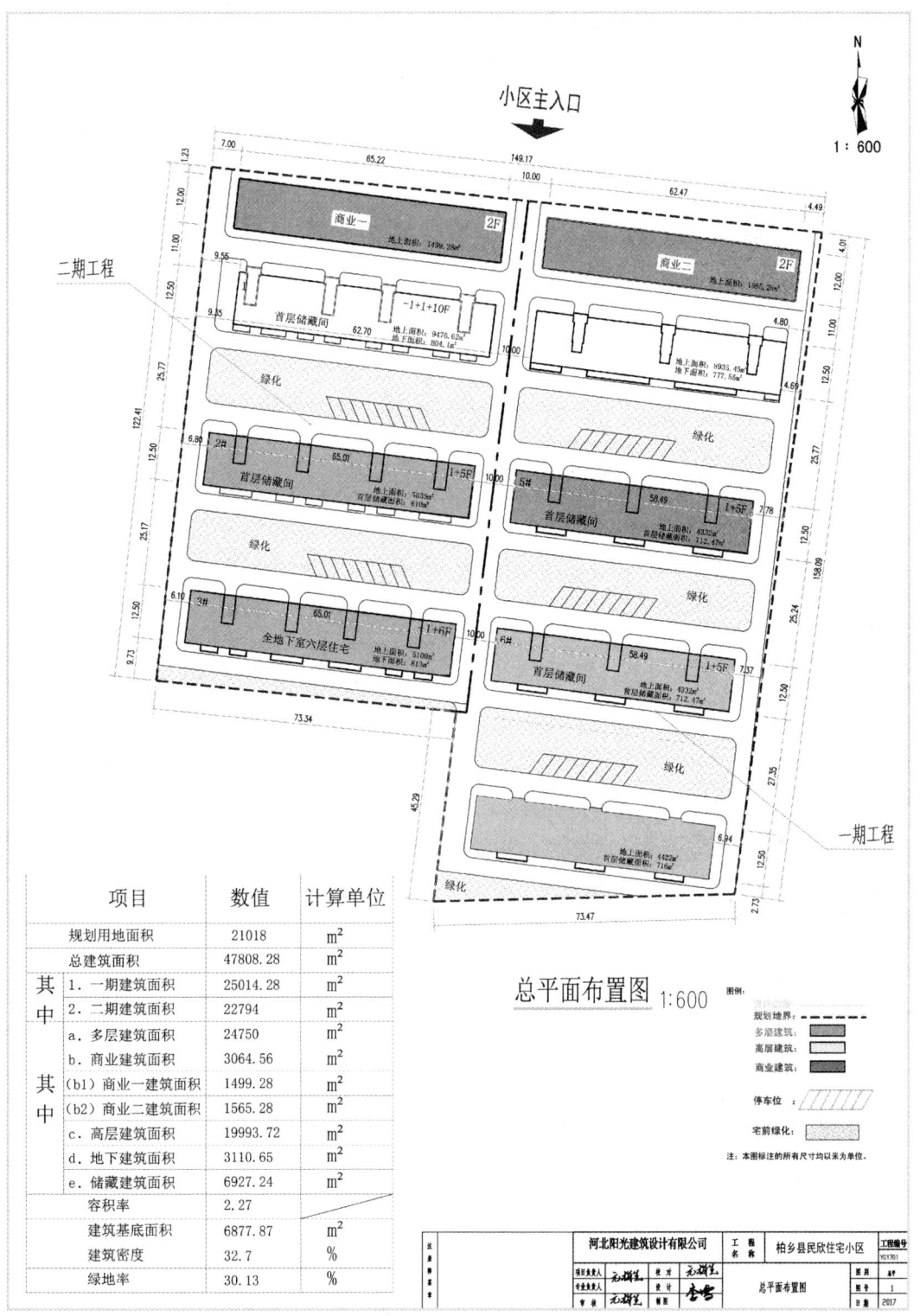

图 1-4 建筑总平面图

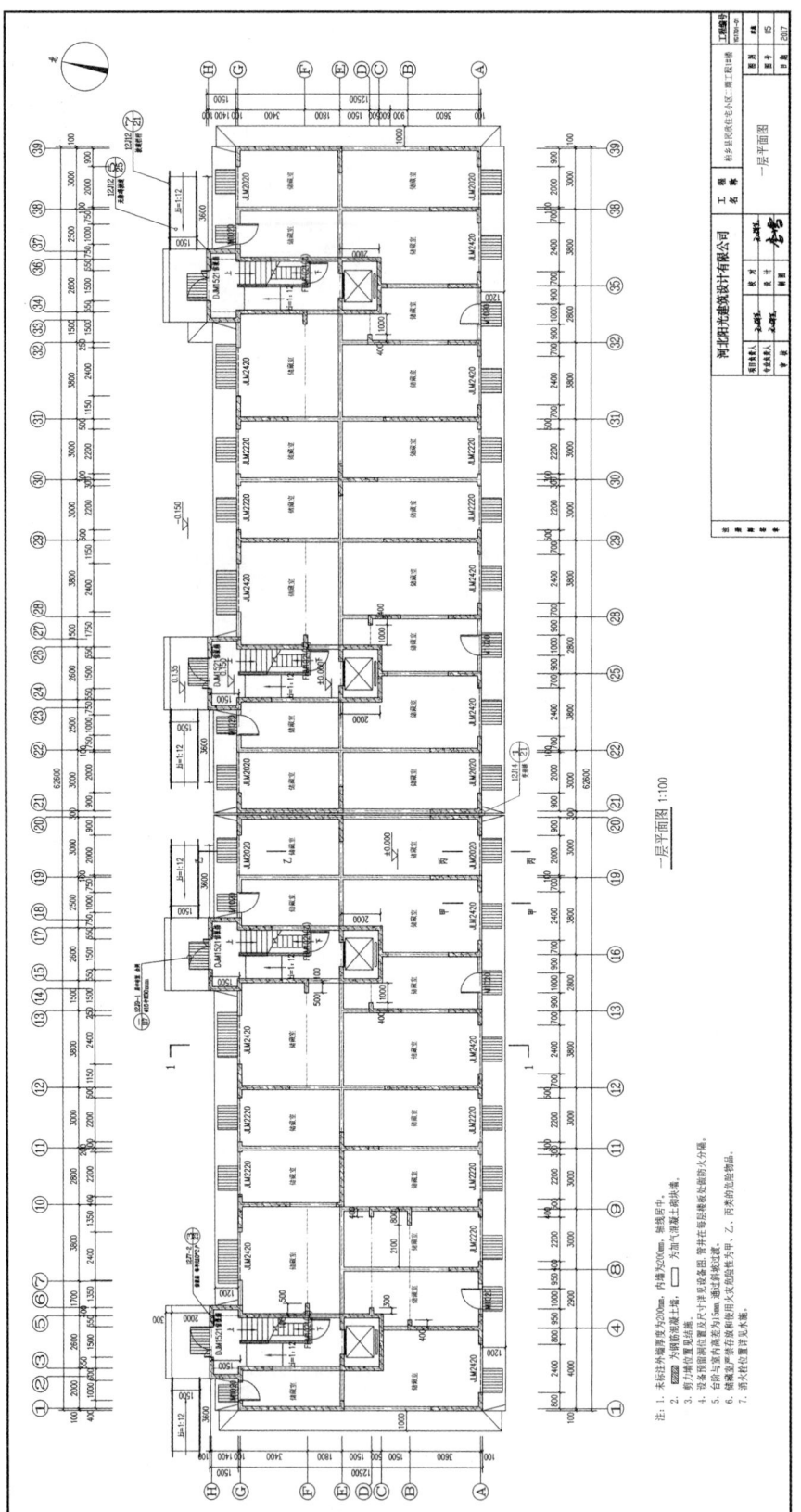

图 1-5 建筑平面图

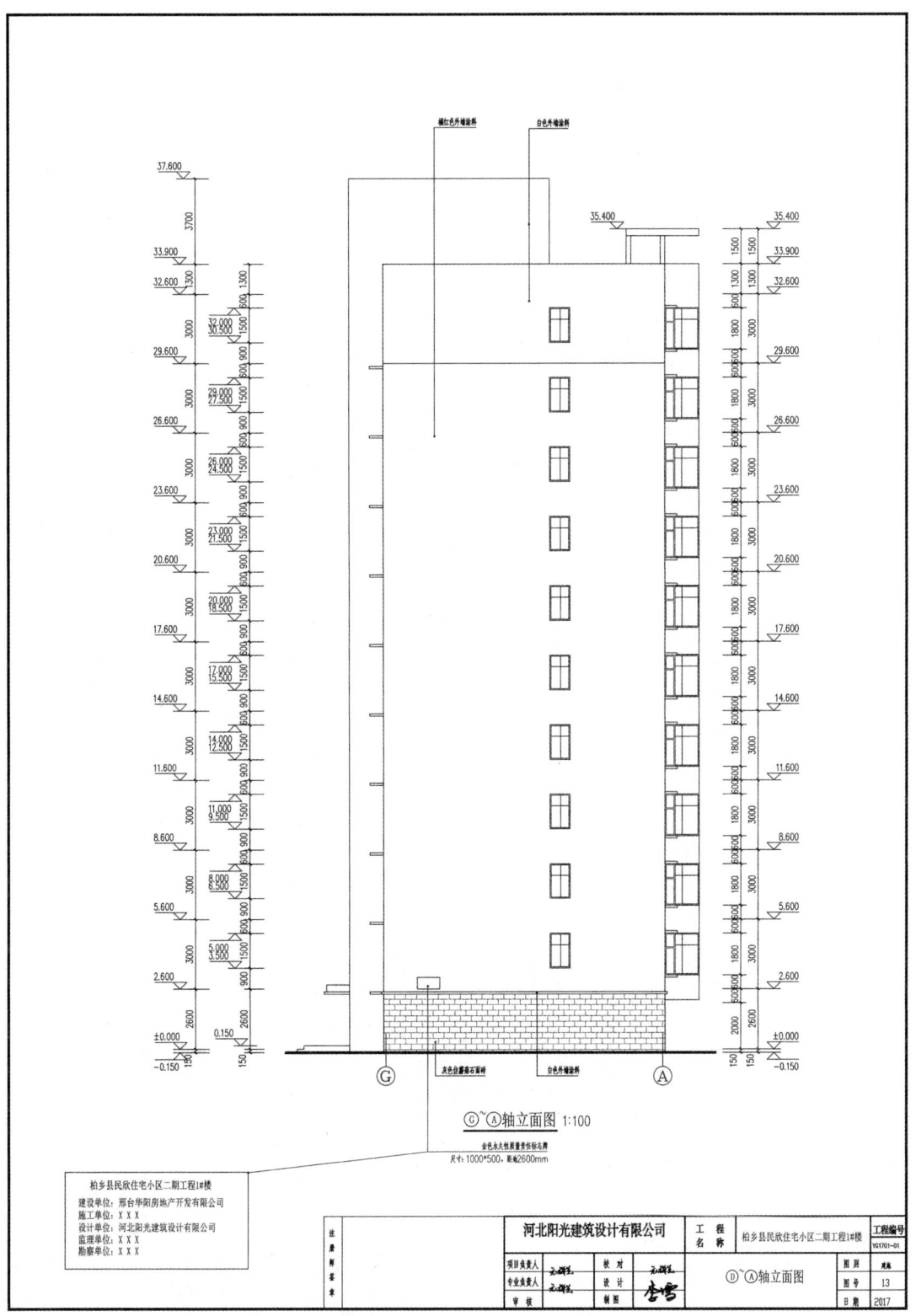

图 1-6　建筑立面图

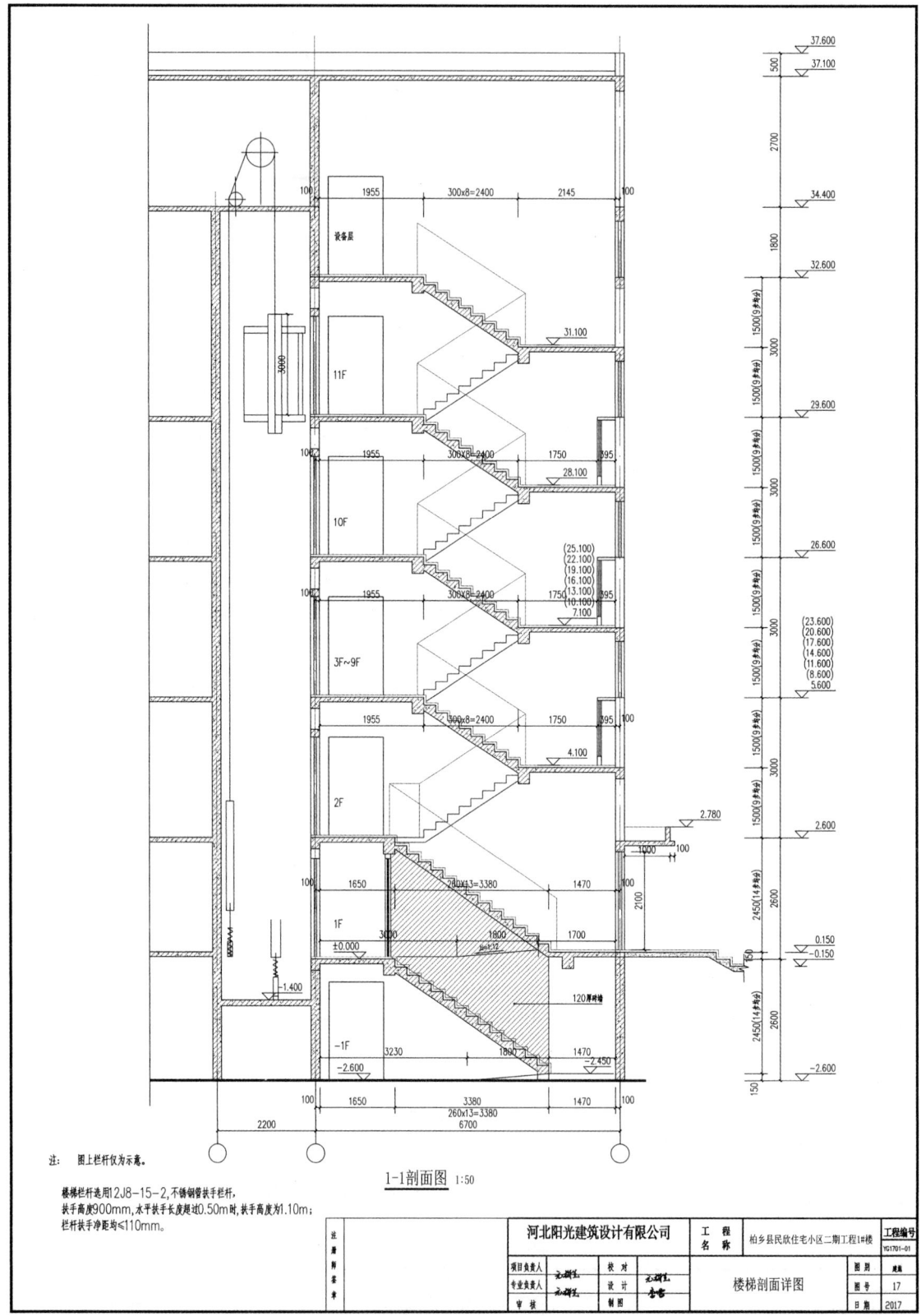

图1-7 建筑剖面图

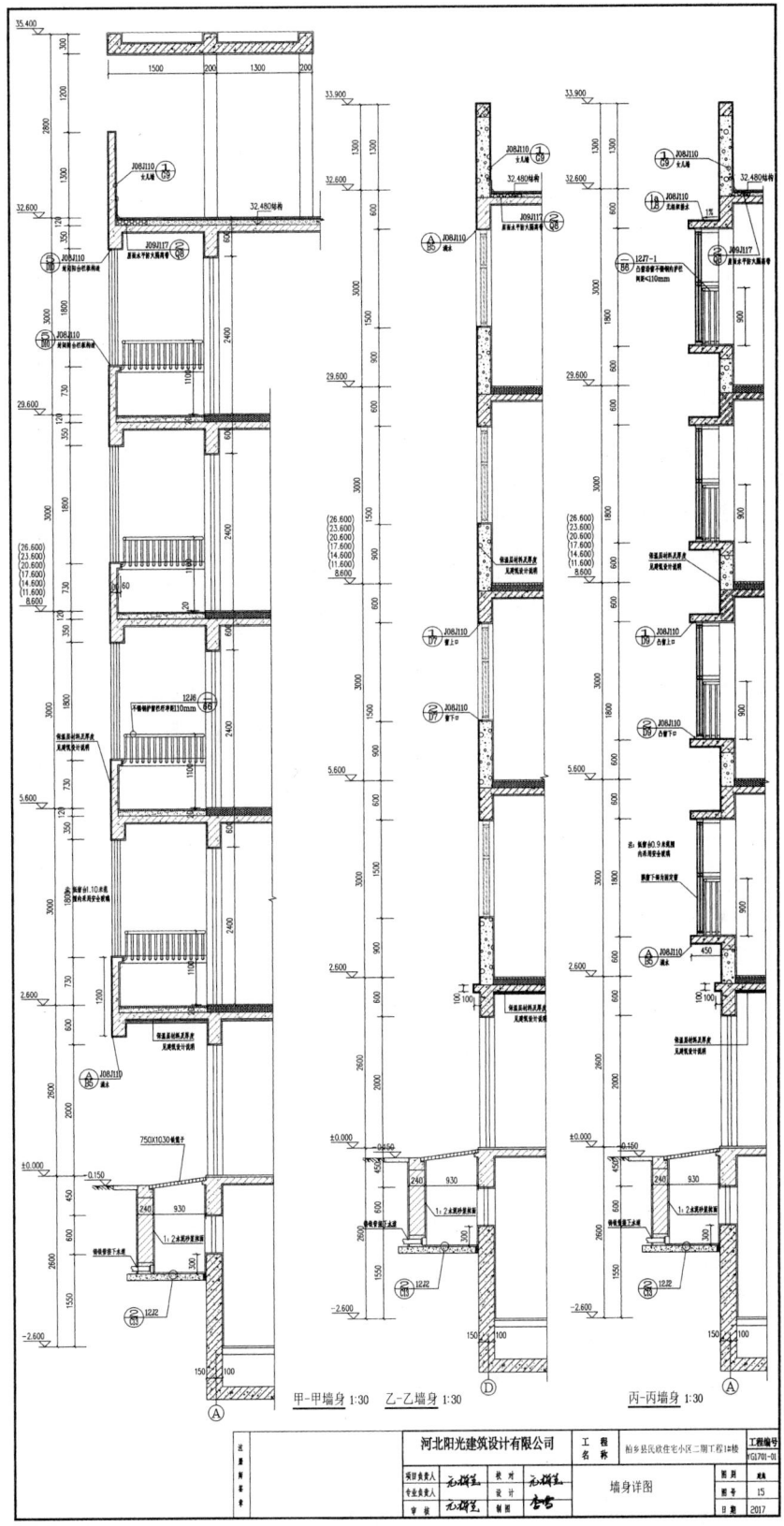

图 1-8 建筑详图

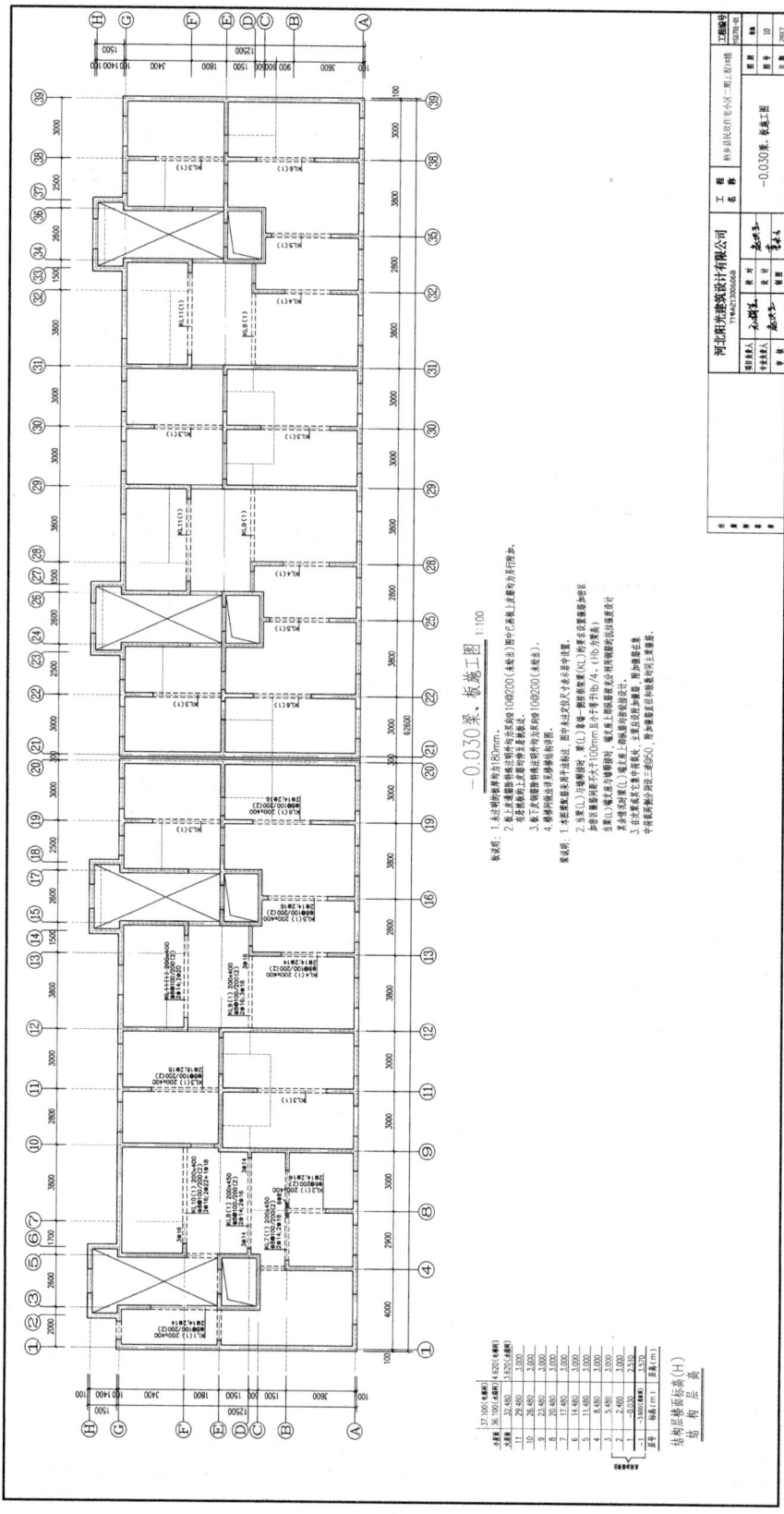

图1-9 结构施工图

(2) 从立面图上了解层数、长度和高度、门窗数量和位置、大小。
(3) 立面图上通常只标注标高尺寸,和结构标高会有不同。
(4) 立面图上标出各部分构造和装饰节点详图的索引符号。如图1-6所示。

4. 建筑剖面图的读法
(1) 据图名、定位置,区分剖到与看到的部位。
(2) 读地面、楼面、屋面的形状、构造。
(3) 据标高、尺寸,知高度和大小。
(4) 据索引符号、图例,读节点构造。如图1-7所示。

5. 建筑详图
详图是表达细部构造和节点关系,构配件的构造与尺寸、用料、做法。具体包括:楼梯、外墙剖面、阳台、单元详图、门窗详图。如图1-8所示。

(四) 结构施工图

1. 结构施工图构成
(1) 结构设计说明书。
(2) 结构布置平面图。
(3) 各承重构件(基础、柱、墙、板、梁)详图、剖面图、截面图、节点大样、局部构造等详图。如图1-9所示。

2. 结构施工图
结构施工图简称结施,是配合建施、设施指导施工、作为编制施工图预算的依据。

3. 结构施工图读图方法要点
(1) 先看文字说明,从基础平面图看起,到基础结构详图。
(2) 再读楼层结构布置平面图,屋面结构布置平面图。
(3) 结合立面和断面,垂直系统图。
(4) 最后读构件详图,看图名,看立面,看断面,看钢筋图和钢筋表。
由于结构施工图是计算工程量的依据,编制预决算,以免漏误,往往要熟读多次,相互对照,摘抄要点,理解空间形状、构件所在部位,反复核对数量、材料,才能精益求精。

4. 工业厂房施工图
(1) 工业厂房施工图与民用建筑施工图共同之处:①图示原理,平、立、剖、详。②读图方法,先文后图。③图样内容,建、施、设。④编制方法,说、总平、总图、建、施、设、详、节。⑤绘图步骤,自左至右,自下而上。
(2) 不同之处:①生产工艺条件。②使用功能。③实用要求。故图上表示的图例符号,具体内容则有异,结构施工图就复杂些,数量也多。

5. 解读结构施工图
1) 结构说明
(1) 结构形式(结构材料及类型、结构材料及规格、强度等级)。
(2) 地基与基础(包括地基土的地耐力等)。

(3) 施工技术要求及注意事项。

(4) 选用的标准图集等。

2) 结构布置平面图

(1) 基础平面。

(2) 楼层结构平面布置图。

(3) 屋面结构平面布置图。

3) 构件详图

(1) 梁、板、柱、基础结构详图。

(2) 楼梯结构详图。

(3) 屋架(屋面)结构详图。

(4) 其他详图,天沟、雨篷、圈梁、过梁、门窗过梁、阳台、管道井、烟道井等。

6. 钢筋混凝土结构图

钢筋混凝土结构图可分为四部分:基础平面布置、详图;结构平面模板、梁、板、柱子配筋;楼梯平面、梁、板配筋;其他。

钢筋混凝土(Reinforced Concrete 或 Ferroconcrete),工程上常简称为钢筋砼,是指通过在混凝土中加入钢筋、钢筋网、钢板或纤维而构成的一种组合材料与之共同工作来改善混凝土力学性质的一种组合材料。如图1-10所示。

二、一般土建工程施工图预算

施工图预算初步搞清楚建筑施工图(建施)包括的内容和范围,结构施工图(结施)的内容和范围,并且识读图纸要平、立、剖结合详图,逐项计算,按结构分部分项统计各项材料的消耗。

(一) 工程概预算

工程概预算是计算和确定拟建工程全部费用的技术经济文件。国家规定每项工程都必须——先编制预算造价;初步设计——编制设计概算;扩初设计——编制修正概算;施工图设计——编制施工图预算。

一个单项工程完成应编制工程结算和竣工决算。

1. 建筑工程概预算的分类

1) 按项目所处的建设逐段分类

(1) 建筑工程概算(设计概算)——这是控制项目投资额的依据,可以凭此选择最优设计方案,进行招投标。

(2) 施工图预算——确定工程造价,签订工程承包合同,进行工程结算的依据;银行拨付工程进度款的依据。

(3) 施工预算——承包方内部的预算,控制成本,压缩开支,"三对比"采购,下达作业计划的依据。

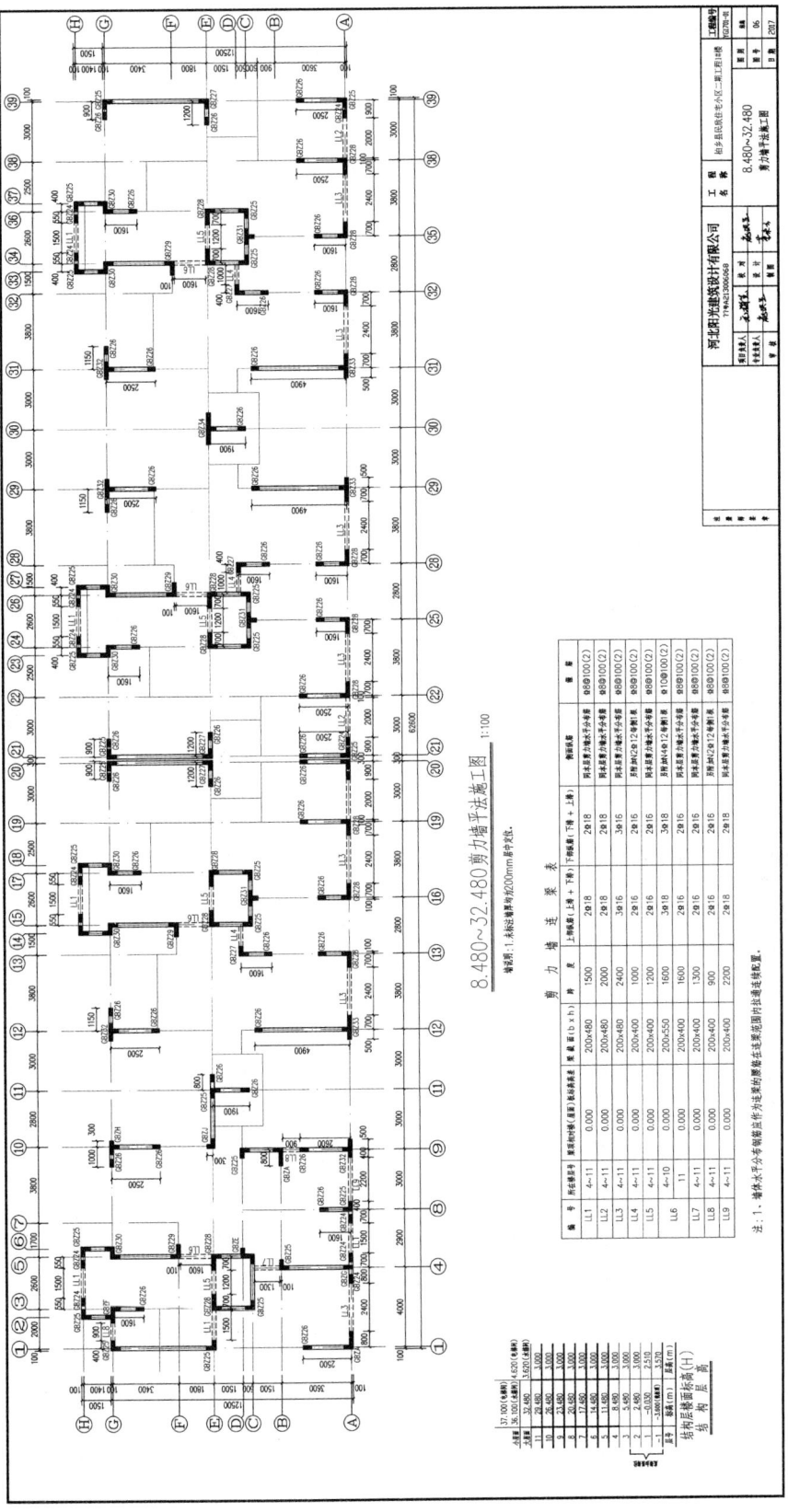

图 1-10 钢筋混凝土结构图

（4）工程结算——作为一个单项工程、单位工程、分部工程或分项工程完工后结算工程价款的依据,控制工程成本。由于施工中会出现局部变更、增减工作量、调整价差以及其他不可抗拒等因素,结算是可变的,有调整余地。

（5）竣工决算——是反映整个建设项目全部实际建设费用的技术经济文件,由承包方编制,发包方审核（监理方会审或审核）,审计部门审定,以此作为竣工价款决算的依据,办理交付使用。

2) 按建筑工程概预算编制的对象分类

（1）单位工程概预算,编制综合概预算的基础。

（2）其他工程和费用概预算:建筑工程、设备及安装工程,其他如土地、青苗等补偿,安置补助,建设单位管理,生产职工培训,试运转费用等。

（3）单项工程综合概预算。

（4）建设项目总概算。

3) 按工程专业性质分类

土建、安装、市政、仿古、园林等专业编制。

2. 一般土建工程施工预算的编制方法、作用、依据

1) 编制方法

（1）根据会审的施工图、施工组织设计。

（2）按工程量计算规则,计算分部分项的工程量。

（3）套用现行预算定额或单位估价表。

（4）计算、汇总定额直接费及工料用量。

（5）按现行费用定额（当地的）计算其他直接费、间接费、计划利润、税金、汇总的造价。

2) 作用

（1）是确定建筑安装工程造价的依据。

（2）是签订工程承包合同,进行工程结算的依据。

（3）是银行拨付工程价款的依据。

（4）是施工单位加强企业经营管理,搞好经济核算的依据。

3) 编制依据

（1）施工图纸、会审纪要。

（2）施工组织设计（施工方案）。

（3）预算定额（或单位估价表）资料。

（4）人工、材料、机械台班单价及费用定额。

（5）预算工作手册。

（6）工程合同或协议。

（二）一般土建工程施工图预算编制方法与步骤

1. 单位法

（1）收集、熟悉施工图预算的基础资料。

(2) 计算整理工程量。

(3) 计算并汇总直接费。

(4) 工料分析并汇总工料总用量。

(5) 计算各项费用并汇总工程造价。

(6) 编写说明,包括工程概况,编制依据,会审、设计变更、索赔等,暂估的确认。

(7) 复核、装订、签章审批。

2. 实物法

(1) 收集、熟悉施工图及施工组织设计等资料。

(2) 计算并整理工程量。

(3) 计算单位工程所需的工料和数量。

(4) 计算并汇总直接费。

(5) 计算各项费用并汇总工程造价。

(6) 编写说明。

(7) 复核、装订、签章及审批。

3. 实物法与单价法不同处

(1) 计算直接费的方法不同——单价法计算简便,便于经济分析与比较;实物法计算烦琐,但能动态反映建筑产品价格,符合价值规律。

(2) 进行工料分析的目的不同——单价法为价差调整提供数据;实物法为准确、完整求证单位工程直接费,而分析计算全部工料及用量。

三、建筑安装工程费的费用构成

建筑工程费按其费用的性质分为直接工程费、间接费、计划利润和税金四部分。

(一)直接工程费

施工中耗费在工程实体的各项费用:

(1) 直接费:①人工费。②材料费。③施工机械使用费。

(2) 其他直接费:①冬、雨季施工增加费。②夜间施工增加费。③材料二次搬运费。④仪器、仪表使用费。⑤生产工具、用具使用费。⑥检验试验费。⑦特殊工程培训费。⑧工程定位复测、工程点交、场地清理等费用。⑨特殊地区施工增加费。

(3) 现场经费:临时设施费、现场管理费,具体包括:①现场管理人员的基本工资、工资性补贴、职工福利费、劳动保护费等。②办公费:现场水、电、烧水、取暖费等。③差旅交通费:公务差旅、探亲路费、招工、工伤就医路费、工地转移、现场交通油料、燃料、养路、牌照费等。④固定资产使用费:设备和仪器折旧、大修、维修或租赁费等。⑤工具、用具使用(非固定资产)使用费:如办公用器具和交通工具检验、试验、测绘、消防等配置、维修和摊销等。⑥保险费:施工用财产、车辆保险,高空、井下、海上作业等特殊工种保险等。⑦工程保修费:竣工交付使用,在规定保修期内的修理费用。⑧工程排污费;⑨其他费用。

(二) 间接费用

不直接由施工工艺引起,但却与工程的总体条件有关,为建筑安装生产服务的各项费用。

(1) 企业管理费用:①企业管理人员基本工资、工资性补贴,按规定标准计提的职工福利费;②差旅交通费、办公费;③固定资产折旧及修理费;④工具用具使用费;⑤工会经费;⑥职工教育经费;⑦劳动保险费;⑧职工养老保险及待业保险费;⑨保险费、企业财产保险、管理用车辆保险;⑩税金及其他:企业按规定缴纳的房产税、车船税、土地使用税、印花税、土地使用费、技术转让费、技术开发费、业务招待费、排污费、绿化费、广告费、公证费、法律顾问费、审计费、咨询费等。

(2) 财务费用:企业为筹集资金而发生的各项费用,包括企业经营期间发生的短期贷款利息净支出、汇总净损失、金融机构手续费以及其他财务费用。

(3) 其他费用:按规定支付工程造价(定额)管理部门的定额编制管理费,劳动定额部门的定额测定费,以及按规定支付给上级有关部门的管理费等。

(三) 计划利润

按规定应计入建筑安装工程造价的利润,依据不同投资来源或工程类别,计划利润实施差别利率。

(四) 税金

税金是指国家税法规定的应计入建筑安装工程造价内的增值税、城乡维护建设税及教育费附加等。

四、工程量计算的一般方法

(一) 工程量

工程量以物理计量单位或自然计量单位表示各分项工程或结构构件的实物数量,如 m^3、m^2、m、T(吨)等。

(1) 当 L(长)、B(宽)、H(高)的尺寸不固定,常用 m^3 为计量单位,如土方、砼、砌体等。

(2) 当 L、B、H 中有一个尺寸固定,另两个经常变化时,常用 m^2 作计量单位,如楼地面、屋面防水层、内墙抹灰、外墙贴面等。

(3) 当 L、B、H 中两个尺寸固定,另一个方向尺寸经常变化时,常用 m 为计量单位,如楼梯、栏杆扶手等。

(4) 当物体体积变化不大,重量差异较大时,常用 t 为计量单位,如散装水泥、黄砂、石子、石灰等。

(5) 无法以物理计量单位的具有自然属性的单位,称自然计量单位,如个、台、套、组等。

(二) 工程量计算的一般方法

工程量计算的一般方法的关键是计算的顺序问题,正确的计算顺序可以提高计算速度和质量,减少和杜绝少算、漏算、算大算小、重复计算的差错。从基础到主体,从结构到装修,从主要分部工程到辅助分部工程,逐步计算。

按施工顺序,常见工程量计算顺序:①按顺时针方向进行计算。②按先横后竖、先上后下、先左后右的顺序计算。③按轴线编号顺序计算,由外到内,自左至右,自下而上。④按结构构件编号的顺序计算,自梁、板、柱、特殊构件顺序。

(三) 工程量计算的一般原则

(1) 一般原则:①计算口径要一致。②计算单位要一致。③计算规则要一致。

(2) 应注意的问题:①采用"工程量计算书"的统一规格。②计算式应按图索骥,注明部位、轴线编号,便于核对。③计算精度,算到小数点后两位,钢材、木材、贵重材料可算到小数点后三位,余数四舍五入。④计算式的尺寸顺序应统一,宽(B)×高(H)×长(L)。⑤计算书底稿要整齐,数字清楚,标点明确,切忌草率零乱,辨认不清。

(四) 工程量计算的主要规则

1995 年颁布的国家统一规则:

(1)《全国统一建筑工程基础定额》(土建)(GJD-101-95)。

(2)《全国统一建筑工程预算工程量计算规则》(GJDGZ-101-95)。

(3) 各省、市、自治区在国家统一的基础上,编制适用本地区的预算定额和工程量计算规则。

五、分部分项工程量计算

(一) 建筑面积的计算

建筑面积是指建筑物各层水平投影面积的总和。国家以此数量计算和控制建设规模。设计单位用单位建筑面积的技术经济指标来评定设计方案的优劣,如单方造价。施工单位以每年开、竣工的建筑面积数量来表达其工作成果。因此在编制和审查概预算工作中,正确计算建筑面积是十分重要的。

(二) 土石方工程

土石方工程分人工土石方和机械土石方。

(三) 桩基工程

桩基工程主要分为:

(1) 打(钻)孔灌注桩。灌注桩是指在工程现场通过机械钻孔、钢管挤土或人力挖掘等手段在地基土中形成桩孔,并在其内放置钢筋笼、灌注混凝土而做成的桩。依照成孔方法不同,灌注桩又可分为沉管灌注桩、钻孔灌注桩和挖孔灌注桩等几类。如图 1-11 所示。

(2) 人工挖孔桩。人工挖孔桩是指用人力挖土、现场浇筑的钢筋混凝土桩。人工挖孔桩一般直径较粗,最细的也在 800 毫米以上,能够承载楼层较少且压力较大的结构主体,应用比较普遍。桩的上面设置承台,再用承台梁拉结、连系起来,使各个桩的受力均匀分布,用以支承整个建筑物。人工挖孔灌注桩是指桩孔采用人工挖掘方法进行成

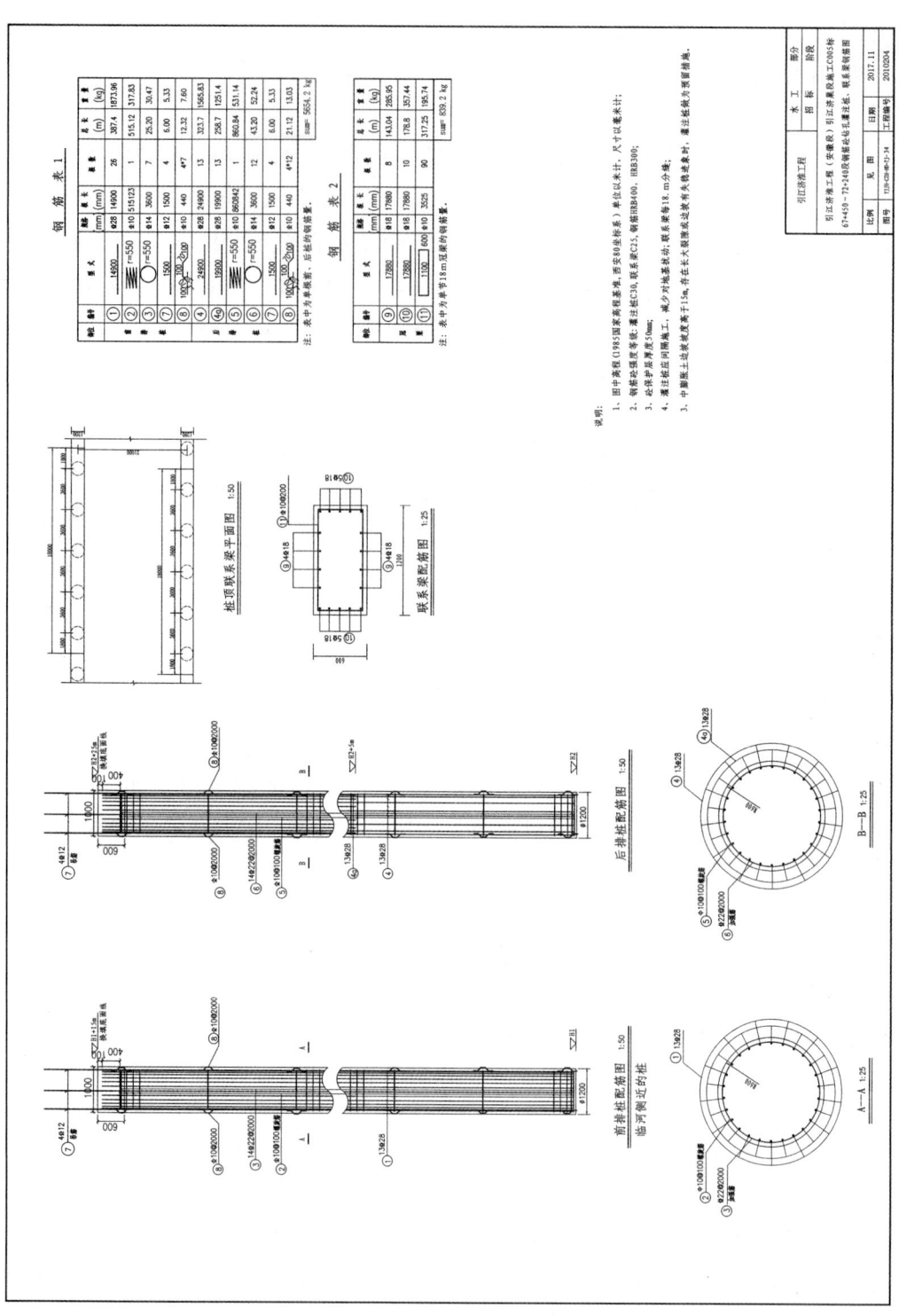

图 1-11 打(钻)孔灌注桩图

孔,然后安放钢筋笼,浇注混凝土而成的桩。如图1-12所示。

(四) 砖石工程

砖石工程具体包括砌砖、砖石两部分,定额中有基础、墙体、柱、墙面勾缝、其他砌体等项目。

六、房地产工程造价预算

(一) 房地产建筑成本

图 1-12 人工挖孔灌注桩图

(1) 通过中国建设工程造价信息网(http://www.cecn.org.cn//index.asp)可以查询到省会城市住宅建安工程造价指标,以及建筑实物工程量人工成本等诸多信息。如图 1-13 所示。

(二) 普通住宅建筑混凝土用量和用钢量

表 1-3 房地产企业钢筋、砼每平方米预警值

建筑结构	钢筋:kg/m²	砼:m³/m²	备注
多层砌体住宅	30	0.3~0.33	
多层框架	38~42	0.33~0.35	
小高层 11~12 层	50~52	0.35	
高层 17~18 层	54~60	0.36	
高层 30 层 $H=94$ 米	65~75	0.42~0.47	
高层酒店式公寓 28 层 $H=90$ m	65~70	0.38~0.42	
别墅混凝土用量和用钢量介于多层砌体住宅和高层 11~12 层,以上数据按抗震 7 度区规则结构设计			

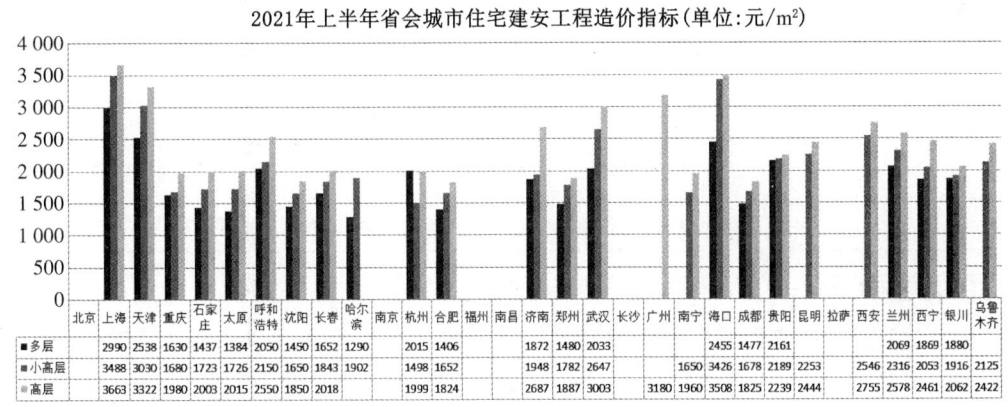

图 1-13 省会城市住宅建安工程造价指标图

(三) 基础数据

(1) 混凝土重量 2 500 kg/m³。

(2) 钢筋每立方米重量 0.006 17×d×d。

(3) 干砂子重量 1 500 kg/m³,湿砂重量 1 700 kg/m³。

(4) 石子重量 2 200 kg/m³。

(5) 1 立方米红砖 525 块左右(分墙厚)。

(6) 1 立方米空心砖 175 块左右。

(7) 筛 1 方干净砂需 1.3 方普通砂。

每立方米的重量(kg)=钢筋的直径(mm)×钢筋的直径(mm)×0.006 17。

其实记住建设工程常用的钢筋重量也很简单:

ϕ 6=0.222 kg ϕ 6.5=0.26 kg ϕ 8=0.395 kg ϕ 10=0.617 kg

ϕ 12=0.888 kg ϕ 14=1.21 kg ϕ 16=1.58 kg ϕ 18=2.0 kg

ϕ 24=2.47 kg ϕ 22=2.98 kg ϕ 25=3.85 kg ϕ 28=4.837 kg……

ϕ 12(含 12)以下和 ϕ 28(含 28)的钢筋一般小数点后取三位数,ϕ 14 至 ϕ 25 钢筋一般小数点后取二位数:

ϕ 6=0.222 kg ϕ 8=0.395 kg ϕ 10=0.617 kg ϕ 12=0.888 kg

ϕ 14=1.21 kg ϕ 16=1.58 kg ϕ 18=2 kg ϕ 20=2.47 kg

ϕ 22=3 kg ϕ 25=3.86 kg

如表 1-4 所示。

表 1-4 钢材理论重量计算简式

材料名称	理论重量 W(kg/m)
扁钢、钢板、钢带	$W=0.007\,85\times$ 宽 $\times$ 厚
方钢	$W=0.007\,85\times$ 边长^2
圆钢、线材、钢丝	$W=0.006\,17\times$ 直径^2
钢管	$W=0.024\,66\times$ 壁厚(外径$-$壁厚)
等边角钢	$W=0.007\,85\times$ 边厚(2 边宽$-$边厚)
不等边角钢	$W=0.007\,85\times$ 边厚(长边宽$+$短边宽$-$边厚)
工字钢	$W=0.007\,85\times$ 腰厚[高$+f$(腿宽$-$腰厚)]
槽钢	$W=0.007\,85\times$ 腰厚[高$+e$(腿宽$-$腰厚)]
备注	1. 角钢、工字钢和槽钢的准确计算公式很繁,表列简式用于计算近似值。 2. f 值:一般型号及带 a 的为 3.34,带 b 的为 2.65,带 c 的为 2.26。 3. e 值:一般型号及带 a 的为 3.26,带 b 的为 2.44,带 c 的为 2.24。

(四) 举例

图 1-14 表示:主筋为三级钢直径 14 间距 120 mm,ϕ 14=1.21 kg,分布筋为三级钢直径 8 间距 250 mm,ϕ 8=0.395 kg。通过上述结构图,可以计算出钢筋量;混凝土量,从而计算出建筑成本。与企业入账成本进行对比,可以找出两者的差异,发现企业成本是否虚增的疑点。

七、工程预算对税收的影响

房地产行业的工程预算,决定工程的开发成本,对房地产行业税收有着重要影响。

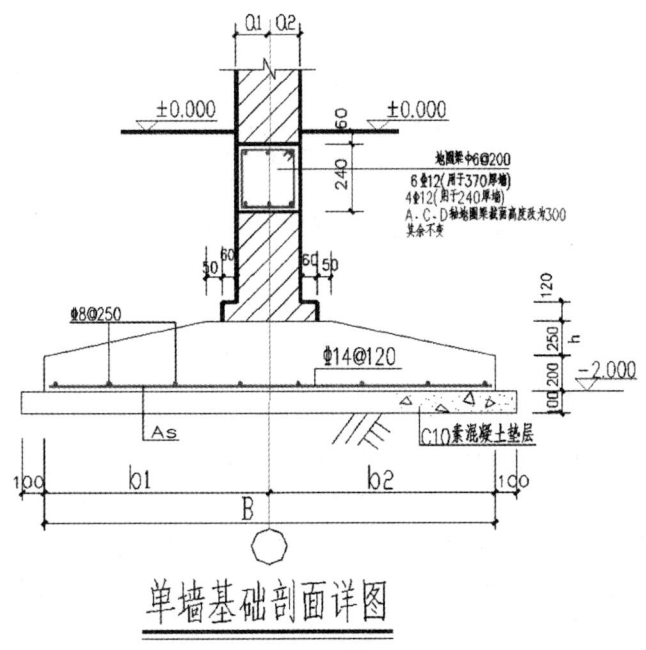

图1-14 单墙基础剖面图

（一）决策阶段的工程造价对税收的影响

在工程造价的决策阶段要做好各项资料的收集工作，保证资料的翔实和准确，了解工程所在地的地质、气候情况，了解水电、道路、管网、通讯、网络情况，材料设备的价格，了解材料的采购地点、相关的在建或已建成的类似工程的情况等，保证进行经济评价的资料更为丰富、准确和项目投资预算工作的开展更为顺利。进行市场研究，综合市场因素、不确定因素等，对多个方案进行分析，做好方案的优化工作，用动态分析方法对多个方案从技术方面和经济效益方面进行比较，从优选择，最大限度地降低工程造价，节约投资。

本阶段，水电、道路、管网、通信、网络等施工，涉及建安服务、电信服务，由于全面实施增值税，在支付款项时，一定要考虑到取得增值税专用发票，在房地产企业项目纳税义务发生时，作为进项税税额进行抵扣。营改增前，在传统经营模式下，企业对发票意识淡漠，原因是所有的费用都可以到原地税部门代开综合税率5.39%建安发票，作为成本列支。2016年5月1日后，企业需要彻底改变这种传统的观念。树立以票控税的意识，降低企业项目的涉税成本。

（二）设计阶段的工程造价对税收的影响

积极推行建筑方案与经济方案相结合的设计招标方案，将主体结构、配套设施、景观绿化等放在一起进行招标，促进设计在项目整体布局、建筑造型、使用功能等方面开拓创新，积极采用新技术、新设备、新工艺、新材料等，推进新成果在工程设计中的应用，加大项目的科技含量。择优选择设计单位，加强对项目设计质量的监督，对设计图纸要严格审查,规范设计的概算方法,保证设计概算方法符合标准定额造价管理部门的审定标准。开展限额设计,健全设计工作的奖惩制和责任制,做到有效地控制工程造价。设计人员要熟悉掌握工程的预算定额和费用定额,熟悉工程有关材料的预算价格,依据项目的投资估算,控制施工图设计及工程概算。

设计阶段,主要涉及增值税征税范围中应税服务—现代服务—文化创意服务,税率6%。设计费预算:15~100元/平方米,国内设计与国外设计收费标准是有差别的,中外设计单位收费差异为2~3倍。通过设计图纸,查看设计单位,是国内还是国外,财务列支的费用与预算成本费用是否一致,核算费用列支的真实性。

(三)招标阶段的工程造价对税收的影响

在工程招投标中,包含材料设备和施工两个方面,通过此途径来选择施工单位和供应商。将投标方具有一般纳税人的资质,纳税信用等级在B级以上条件,纳入招投标的条件。

(1)要做好招标文件的编制工作,造价管理人员要收集各种有价值的相关资料,对影响工程造价的各种因素进行鉴别、预测、评估等,要特别留意和研磨招标文件中涉及的费用条款、资金支付条款、票据的开具时间。

(2)评标时应在合理价格中标的基础上对投标进行综合地评定,充分考虑投标方的信誉、施工技术、施工团队的素质和能力、施工业绩等,选择一家既能降低工程成本,又能保证施工质量的单位。

(四)施工阶段的工程造价对税收的影响

(1)施工行业里普遍存在的一种现象是施工单位采取低价中标和索赔的方式承揽工程,这就要求抓好施工合同管理,减少工程索赔。造价管理人员要严格控制现场签证管理,同时做到事前控制、主动监控,从设计功能、经济实用、外部美观等角度确定是否要进行设计方案的变更,从而使投资方始终处于可控制的状态之下,减少不必要的工程费用开支,保证工程造价控制目标的实现。

2017年10月1日起,在政府采购的招标法规中,"最低价中标"的规定已被彻底取消了。《政府采购货物和服务招标投标管理办法》(财政部2017年第87号令公布)第六十条规定,评标委员会认为投标人的报价明显低于其他通过符合性审查投标人的报价,有可能影响产品质量或者不能诚信履约的,应当要求其在评标现场合理的时间内提供书面说明,必要时提交相关证明材料;投标人不能证明其报价合理性的,评标委员会应当将其作为无效投标处理。

房地产企业在施工造价合同中违约金和赔偿金涉及的税收风险,收取违约金和赔偿金的一方是否要缴纳增值税?

《增值税暂行条例实施细则》第十二条规定,条例第六条第一款所称价外费用,包括价外向购买方收取的手续费、补贴、基金、集资费、返还利润、奖励费、违约金、滞纳金、延期付款利息、赔偿金、代收款项、代垫款项、包装费、包装物租金、储备费、优质费、运输装卸费以及其他各种性质的价外收费。

提供销售业务的价外费用,必须缴纳增值税,必须向采购方开具增值税发票,否则有漏税的风险;销售方违约,采购方向销售方收取的违约金不构成增值税的纳税义务,不需要向采购方开具发票,否则有多交增值税的风险。劳务接收方违约,劳务提供方向劳务接收方收取违约金是一种提供销售增值税劳务的价外费用,必须缴纳增值税,必须向劳务接收方开具增值税发票,否则有漏税的风险;劳务提供方违约,劳务接收方向劳务提供方收取的违约金不构成增值税的纳税义务,不需要向劳务提供方开具发票,否则有多交增值税的风险。

（2）材料价格是影响工程成本的重要因素,严格控制材料价格能够有效地降低工程造价。同时企业也要严把质量关,加强对材料采购工作的监督管理,控制材料的价格,在保证材料质量的基础上,力争将材料价格控制在最低水平。

预算造价对材料质量必须有科学的规定,具体到何种品牌。品牌的不同决定造价的成本核算,也涉及增值税的进项税额抵扣、土地增值税、企业所得税的成本扣除。

（3）在保证工程质量的前提下,在技术层面上有效地控制工程造价。要对重要的施工技术方案进行对比论证,结合当下行业的发展和工程的实际情况,选择出最为合理的方案,实现资源的合理配置,达到降低工程造价的目的。

（五）竣工验收阶段的工程造价控制

竣工验收阶段的工程造价控制是最后一个阶段,由于工程洽商存在着很多漏洞,实际量与上报量差值很大,因此,在这个阶段,要严格按照相关规定进行结算,同时提高造价人员的工作责任心,使其本着负责、实事求是的原则进行造价工作。

结算验收,必须实事求是,否则,财会处理时,可能造成成本列支不实的风险,要么多缴税款,要么少缴税款的涉税风险。

（六）营改增对工程造价的影响

1. 对造价体系的影响

从营改增制度在房地产行业中的有效落实来看,营改增制度对于原有房地产企业发展的很多方面都会产生较多影响,尤其是具体到工程项目的落实过程中,其相应工程造价方面的干扰同样也是比较突出的需要引起足够重视。营改增对工程造价的影响,首先表现在造价体系方面,其影响在很大程度上直接决定着各个方面的变化状况,需要对此进行深入研究。营改增制度落实后,相应工程造价体系必须要进行适应性调整,促使其在各个环节中都应该构建与之相匹配的落实机制,有效促使相应工程造价的管理工作更为适合新税收体系的要求,也能够降低后续税收缴纳的麻烦,在避免出现各类问题的同时,尽可能提升经济效益。

2. 对"甲供"的影响

营改增后,相应影响还表现在"甲供"方面。"甲供"可以说是相应工程造价管理中比较重要的一个环节,对材料的供应能够发挥较强的作用,决定工程造价水平。工程造价要具备较强的适应性,需要针对"甲供"进行有效约束,针对合同文件进行重点优化控制，促使其借助相关条文针对"甲供"的材料进行控制，促使工程造价在税收中得到理想运用，保障房地产企业综合税负处于一个合理的标准。

3. 对造价预算的影响

在工程项目的具体实施过程中，工程造价的管理还需要关注造价预算方面的相关内容，而这种造价预算方面的落实同样也需要结合营改增制度的要求进行优化改进，需要重点加强对预算升降方面的探究，促使造价预算能够具备较为理想的准确性效果，更加适合工程项目造价的有效管控。

4. 对进项税率的影响

在营改增制度落实后，针对工程造价管理的相关影响和适应性调整还需要重点关注进项税率方面的内容，促使进项税率的处理能够较好符合房地产企业自身的需求，尽可能促使其具备较强的实用性效果，如此也就能够有效降低房地产企业实际税负。

5. 对合同签订的影响

从当前开发项目的具体施工落实来看，相应施工处理中采用分包制度是比较常见的一种方式，尤其是对于一些大规模的施工项目，分包的落实更需要引起足够重视。在分包过程中，不仅仅要注重相应施工企业的合理选择，还需要加强对合同的严格把关，促使相应合同文件能够较好围绕营改增制度的要求落实，提升项目自身的经济效益。

6. 对各因素造价权重的影响

营改增制度推行后，对工程造价的影响还体现在各因素在工程造价中所占权重，这种权重方面的变化自然也就需要引起高度重视，促使其后续管控工作能够采取较为理想的措施进行有效控制。各因素在造价权重方面的影响在材料因素以及人力因素等方面都存在，进而也就需要重点关注。

基于营改增制度在房地产行业中的有效推进，其对于工程造价产生的影响是多方面的。以"甲供材"的运用为例，在实际操作过程中就很可能会因为税率差的变化而产生一定空间，在以往营业税征收过程中，房地产企业销售不动产，税率为5%，不存在抵扣的问题。营改增后，房地产企业销售不动产税率为9%，取得建筑材料的税率为13%，为企业降低增值税税负提供了空间。这在营改增制度运行下表现出一定的积极作用，促使其工程造价成本降低。在具体工程造价管理中，考虑"甲供材"的因素能够有效提升整体造价控制水平。

综上所述，我国房地产行业中营改增制度的推进和落实在很多方面都表现出了较为明显的影响，尤其对工程造价管控需要进行全面分析，促使其能够表现出较为理想的适用性效果，避免房地产企业出现经济损失。

第二章 房地产融资业务的税收风险管理

第一节 房地产融资现状

一、宏观调控

2018年,房地产调控政策在"房住不炒"和"租购并举"的基调下继续构建长短结合的制度体系,住房租赁市场建设继续提速,调控政策更加强调"因城施策、分类调控",地方政府适机出台调控政策的主动性明显增强。

中央层面上,我国政府更加注重深化基础性关键制度改革,强化金融监管和风险防控,加快住房租赁体系建设,加强对市场秩序的监管,保障人民群众合理自住需求和合法权益。

央行要求切实防范化解金融风险,加强金融风险研判及重点领域风险防控,加强对影子银行、房地产金融等的宏观审慎管理。国家发改委也强调引导规范房地产企业境外发债资金投向,限制房地产企业外债资金投资境内外房地产项目、补充运营资金等,并要求企业提交资金用途承诺。住建部要求提高住房用地比例,热点城市安排住房用地占城市建设用地比例建议不低于25%,确保公租房、租赁住房、共有产权住房用地在新增住房用地供应中的比例达到50%以上。

从货币投放上看,2018年中国人民银行继续坚持稳健中性的货币政策,截至2018年10月末,我国广义货币供应量(M_2)余额167万亿元,同比增长9.1%,比上年同期低2.3个百分点;狭义货币(M_1)余额53.56万亿元,同比增长12.7%,比上年同期低10个百分点;流通中货币(M_0)余额6.86万亿元,同比增长5.7%,比上年同期低1.9个百分点。货币供应量增速平稳回落(见图2-1)。

二、融资现状

在金融监管加强、去杠杆、去通道、信用紧缩的大背景下,房地产企业正面临着不断加大的融资压力。随着融资渠道越来越窄、融资成本越来越高。

2017年,全国房企用于项目开发的新增资金19.0万亿元,包括实际到位资金15.6万亿元、各项应付款3.4万亿元。其中,国内银行贷款2万亿元,占比约为10.8%;自有资

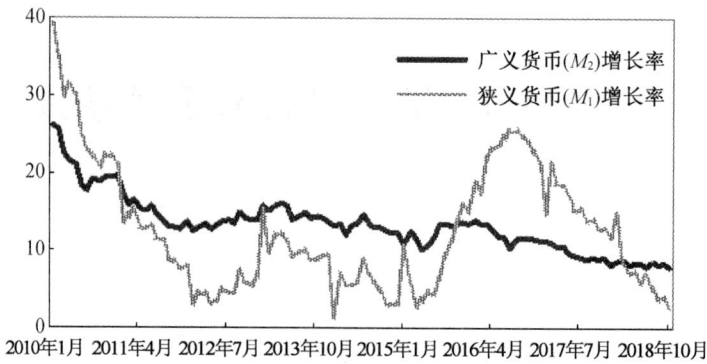

图 2-1 货币供应量增长情况图

金 5.1 万亿元,占比 26.8%;销售回款 7.3 万亿元,占比 35.0%。如表 2-1 所示。

表 2-1 2017 年房地产企业融资渠道和资金来源

主要渠道	具体渠道		资金来源（亿元）	占比
国内贷款	银行贷款	商业银行贷款:开发贷、并购贷、流动资金贷、经营性物业贷、委托贷款;政策性银行贷款;棚改旧改专项贷、租赁房贷款等	20 485	10.8%
	非银行金融机构贷款	城市信用社、农村信用社贷款、信托贷款;小贷、财务公司、融资租赁等金融机构贷款;金融控股公司贷款;交易及结算类金融机构贷款;资产管理公司贷款(如债务重组)	4 756	2.5%
自筹资金	自由资金	资本金、资本公积金、企业盈余公积金及其他自有资金;股权融资;发行股权、大股东增资、引入战略投资、合作开发、小股操盘、合伙人制度	50 872	26.8%
	其他自筹资金	关联方借款;民间借款;资产/资产收益权转让		
其他资金	定金及预付款	销售回款、定金及预收款	48 694	25.7%
	个人按揭贷款	销售回款、商业个贷、公积金个贷	23 906	12.6%
	其他资金	债券融资、国家预算内资金、社会集资、个人资金、无偿捐赠的资金及用征地迁移补偿费、移民费等	7 171	3.8%
利用外资	对外借款	海外发行股票、债券、REITs、境外贷款		
	外商直接投资	外商设立投资企业、合伙企业、分支机构等	168	0.1%
	外商其他投资	包括补偿贸易、外商提供设备价款、国际租赁、外商收益再投资		
各项应付款	应付工程款	用于工程款的应付账款、应付票据	15 688	8.3%
	其他应付款	用于工程款以外的应付账款、应付票据和其他应付款	17 967	9.5%

房地产行业已形成 5 大类、16 小类、近 50 类细项的多元化融资渠道。其中,筹资活动包括境内间接融资、境内直接融资和海外融资 3 大类,共 12 小类融资渠道;经营活动包括供应链融资、销售回款 2 大类,共 4 小类融资渠道。

在上述全国房地产项目开发资金来源中,占比最高的依次是销售回款、自筹资金、应付账款、国内贷款和其他资金,对应的主要融资渠道包括:银行贷款、非标融资、国内证券市场融资、海外融资、应付款和预收款融资。

从具体项目看,融资规模从大到小依次是个人住房金融市场、银行贷款、应付款融资、非标融资、境内证券市场融资、海外融资,2017年分别占总融资规模的43%、20%、17%、16%、3%和2%(见表2-2)。

表2-2 2017—2018年第一季度房地产企业主要渠道融资规模及结构

单位:亿元

融资渠道		2017年Q1	2017年占比(%)	2018年Q1
个人住房金融市场	商业个贷	64 714	33%	17 421
	公积金贷款	9 535	5%	2 384
	消费贷	9 552	5%	−439
银行贷款	开发贷	35 600	18%	14 917
	并购贷	3 281	2%	939
应付款	应付工程款	17 967	9%	8 685
	其他应付款	15 688	8%	5 604
非标融资	委托贷款	18 942	10%	3 880
	信托贷款	11 092	6%	3 224
境内证券市场融资	股权融资	284	0%	90
	信用债融资	3 024	2%	1 214
	资产证券化	1 737	1%	410
海外融资	海外股权融资	274	0%	139
	海外债	2 934	2%	812

2019年8月,地产商融资出现断崖式下跌,再度进入当年的冰点。

同策咨询研究院监测的40家典型上市房企数据显示,2019年8月房企完成融资金额折合人民币共计368.26亿元,环比下跌58.15%。这是单月房企融资总量倒数第二低的月份,2019年5月上述房企单月融资总额368亿。

其中,境内银行贷款融资金额74.59亿元,环比大幅下跌41.79%;其他债权融资金额74亿元,环比大幅下跌35.7%;信托贷款,融资总额66.24亿元,环比大幅下跌63.28%;公司债共融资63.36亿元,环比大幅下跌83.62%。

2019年5月,《中国银保监会关于开展"巩固治乱象成果 促进合规建设"工作的通知》(银保监发〔2019〕23号),要求严格管理银行及信托对开发商的融资后,信托、海外债、银行贷款等监管新政频出,房企融资压力不断增大。

国家统计局数据显示,2019年1月至7月房地产开发企业到位资金同比增长7.0%,较上月回落0.2个百分点,已连续3个月增速回落。

没有资金支持的地产商,迎来了新一轮偿债高峰。

恒大研究院数据显示,截至2018年年底,房企各主要渠道有息负债余额为20.3万亿元,预计将在2019—2021年集中到期,其中2019年到期规模高达6.8万亿元。在债务密集到期、销售下滑、其他渠道受阻背景下,房企大多只能借新还旧,融资规模的上升实质是到期债务规模的大幅增加。

三、金融监管

从机构动向来看,银行目前基本上只做地产百强、地方龙头或白名单客户,虽然个别银行仍在以并购类的贷款(股权或物业并购)做融资变通,但主流的融资品种基本只剩满足"四三二"条件的开发贷或部分更新贷/旧改贷类的产品。"四三二"条件具体是指:

(1) 四证齐全。地产开发商需要有《国有土地使用证》《建设用地规划许可证》《建设工程规划许可证》和《建设工程开工许可证》。

(2) 30%的资本金。2015年9月之前,地产开发项目需要有30%的资本金,2015年9月之后有所放松,根据《国务院关于调整和完善固定资产投资项目资本金制度的通知》(国发〔2015〕51号),保障性住房和普通住房项目维持20%的资本金比例不变,其他项目由30%降至25%。

(3) 二级资质。房地产开发企业的资质不低于二级,三级和四级资质的开发商不能获得房产开发贷款。

信托机构在地产方向的融资业务与银行目前的情况类似,虽然2017年有不少的明股实债、股加债类产品,但受《中国银监会关于规范银信类业务的通知》(银监发〔2017〕55号)影响,目前也基本只敢做满足"四三二"条件的融资项目,另外因通道类业务监管趋严,目前信托机构基本蛰伏不出。

地产私募的情况算是最糟糕的,受备案须知影响,今后底层资产含债权投资基本都将无法备案。2017年2月,中国基金业协会发布《证券期货经营机构私募资产计划备案管理规范第4号——私募资产管理计划投资房地产开发企业项目》。

证券期货经营机构设立私募资产管理计划投资房地产开发企业、项目,应符合国家相关产业政策要求,严格遵守《证券期货经营机构私募资产管理业务运作管理暂行规定》(中国证券监督管理委员会〔2016〕13号)有关规定,并符合以下规范性要求:

(1) 证券期货经营机构设立私募资产管理计划,投资于房地产价格上涨过快热点城市普通住宅地产项目的,暂不予备案,包括但不限于以下方式:

第一,委托贷款。

第二,嵌套投资信托计划及其他金融产品。

第三,受让信托受益权及其他资产收(受)益权。

第四,以名股实债的方式受让房地产开发企业股权。

第五,中国证券投资基金业协会根据审慎监管原则认定的其他债权投资方式。

(2) 资产管理人应当依据勤勉尽责的受托义务要求,履行向下穿透审查义务,即向底层资产进行穿透审查,以确定受托资金的最终投资方向符合本规范要求。

（3）私募资产管理计划不得通过银行委托贷款、信托计划、受让资产收（受）益权等方式向房地产开发企业提供融资，用于支付土地出让价款或补充流动资金；不得直接或间接为各类机构发放首付贷等违法违规行为提供便利。

（4）私募资产管理计划投资房地产开发企业、项目且不存在本规范第（1）（2）（3）条禁止情形的，资产管理人应当向投资者充分披露融资方、项目情况、担保措施等信息。

（5）私募资产管理计划投资房地产开发企业、项目且不存在本规范第（1）（2）（3）条禁止情形的，资产管理人应当完善资金账户管理、支付管理流程，加强资金流向持续监控，防范资金被挪用于支付合同约定资金用途之外的其他款项。

为了增强银行业金融机构抵御房地产市场波动的能力，防范金融体系对房地产贷款过度集中带来的潜在系统性金融风险，提高银行业金融机构稳健性，中国人民银行、银保监会决定建立银行业金融机构房地产贷款集中度管理制度。2020年12月28日，中国人民银行、银保监会联合下发《中国人民银行　中国银行保险监督管理委员会关于建立银行业金融机构房地产贷款集中度管理制度的通知》（银发〔2020〕322号）第二条规定：

房地产贷款集中度管理是指银行业金融机构（不含境外分行）房地产贷款余额占该机构人民币各项贷款余额的比例（以下简称房地产贷款占比）和个人住房贷款余额占该机构人民币各项贷款余额的比例（以下简称个人住房贷款占比）应满足中国人民银行、银保监会确定的管理要求，即不得高于中国人民银行、银保监会确定的房地产贷款占比上限和个人住房贷款占比上限，开发性银行和政策性银行参照执行（见表2-3）。

$$房地产贷款占比 = \frac{房地产贷款余额}{人民币各项贷款余额} \times 100\%$$

$$个人住房贷款占比 = \frac{个人住房贷款余额}{人民币各项贷款余额} \times 100\%$$

表2-3　房地产贷款集中度管理要求

银行业金融机构分档类型	房地产贷款占比上限	个人住房贷款占比上限
第一档：中资大型银行		
中国工商银行、中国建设银行、中国农业银行、中国银行、国家开发银行、交通银行、中国邮政储蓄银行	40%	32.5%
第二档：中资中型银行		
招商银行、农业发展银行、浦发银行、中信银行、兴业银行、中国民生银行、中国光大银行、华夏银行、进出口银行、广发银行、平安银行、北京银行、上海银行、江苏银行、恒丰银行、浙商银行、渤海银行	27.5%	20%
第三档：中资小型银行和非县域农合机构①		
城市商业银行②、民营银行	22.5%	17.5%
大中城市和城区农合机构		

银行业金融机构分档类型	房地产贷款占比上限	个人住房贷款占比上限
第四档:县域农合机构		
县域农合机构	17.5%	12.5%
第五档:村镇银行		
村镇银行	12.5%	7.5%

注：① 农合机构包括：农村商业银行、农村合作银行、农村信用合作社。
② 不包括第二档中的城市商业银行。

房地产资管新规"三条红线"：

红线一：剔除预收款的资产负债率不得大于70%；

红线二：净负债率不得大于100%；

红线三：现金短债比不得小于1倍。

根据"三道红线"的触线情况，将房企分为"红、橙、黄、绿"四档：

红色档：如果三条红线都触碰到了，则不得新增有息负债；

橙色档：如果碰到两条线，负债年增速不得超过5%；

黄色档：碰到一条线，负债年增速不得超过10%；

绿色档：三条线都未碰到，负债年增速不得超过15%。

计算公式：

红线1指标：剔除预收款后的资产负债率 $= \dfrac{总负债-预收}{总资产-预收}$；

红线2指标：净负债率 $= \dfrac{有息负债-货币资金}{合并权益}$；

红线3指标：现金短债比＝货币资金/短期有息债务。

红线2指标口径：合并权益指合并报表的总权益，包括永续债与少数股东权益。

房地产企业重视现金流管理是当下最重要的事，现金是每个企业的血液。作为典型的高投入、高风险、高产出的资金密集型产业，房地产企业对金融市场具有天然的高度依赖，而发展滞后的房地产融资市场必然会拖累房地产业的健康发展，影响房地产市场的正常供给，不利于平抑高涨的房价；与此同时，为了回应融资困局，房地产企业纷纷开始探求多元化的融资渠道，房地产融资也成为业内最受关注的议题，能否尽快建立健全的多渠道融资体系，获得足够的资金支持，已成为房地产业发展的关键。经历多轮宏观政策调控之后，银根越收越紧，开发商的融资问题成为影响生存和发展的首要问题，客观上要求开发商由依赖银行贷款转向寻求多元化融资之略。面对严格的土地政策和不利的金融政策，国内房地产开发商在融资战略和战术上可能会发生质的变化。房地产金融现时期面临的主要问题，不是房地产信贷政策的松紧问题，而是房地产融资渠道宽窄的问题。多元化融资是国家宏观调控背景下房地产业的必然选择，但如何降低融资成本,哪种融资工具的使用成本最低廉,是房地产企业考虑最多的问题。

四、融资渠道

目前房地产行业主要融资渠道如下:①银行贷款。②上市融资。③信托融资。④夹层融资。⑤债券融资。⑥资产证券化。

第二节 银行贷款

一、概述

国内银行体系流入房企的贷款包括房地产开发贷、并购贷、流动资金贷款、经营性物业贷、政策性贷款和个人购房贷款。其中,房地产开发贷、并购贷是房企最主要的境内银行信贷融资工具。

开发贷方面,截至 2018 年 6 月底,全国房产开发贷余额 8.2 万亿元,较 2017 年同期增长了 27.8%。显然,房地产开发贷余额增速并没有因为政策收紧而降低。

并购贷方面,2015 年以来,房地产并购无论是总规模还是在拿地金额占比,均快速增加。2017 年,全国房地产行业并购总金额 5 469 亿元,同比增长 33%,占全年土地购置费的 21.4%。按照并购贷款最高占交易价款 60% 的规定,2017 年房地产行业并购贷规模估计达到 3 281 亿元(见图 2-2)。

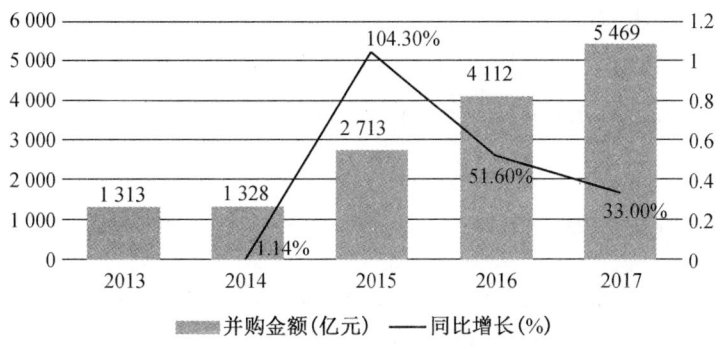

图 2-2 2013—2017 年房地产行业并购金额及增长

目前银行贷款仍然是我国房地产最主要的融资渠道,至少 70% 以上的房地产开发资金来自商业银行系统。而这种以银行为主导的单一融资模式必然会把整个房地产业的风险完全集中到银行身上,改变国内单一的以银行为主导的房地产融资模式已迫在眉睫。

2018 年 1 月 5 日,银监会下发的《商业银行委托贷款管理办法》(银监发〔2018〕2 号印发)和《中国银监会关于规范银信类业务的通知》(银监发〔2017〕55 号)以及

2019年5月8日下发的《中国银保监会关于开展"巩固治乱象成果　促进合规建设"工作的通知》（银保监发〔2019〕23号）文件后，银行做地产项目的业务已收缩至低位，大部分银行目前都已经停掉了前期拿地的融资业务（虽然之前能通过其他通道或产品放款，但在目前监管政策下，基本不敢操作）。在项目的选择上目前大部分银行只做满足"四三二"条件的开发贷、经营性物业贷款和并购贷；对于合作对象的选择及开发商的资质要求也越来越严格，一些国有性质银行基本上只看百强（有些要求前50强）、地方性龙头企业或白名单客户。针对一二线城市的棚户区和三旧改造项目（旧城镇、旧厂房、旧村庄），以深圳的城市更新项目为例，部分银行仍旧有较大的操作空间，但亦要求后端才能进入。

如深圳的要求专规或确认实施主体之后才能进入，并且对资金用途有明确的限制，比如只能用于拆迁款和后续开发建设，不得用于补交地价。但对于个别比较"激进"的银行而言，在个案沟通后，可以在用途上做一定的"包装"后做出变通。

另外，因政策的限制导致投向地产的银行资金越来越少，目前地产融资成本大幅上升，部分银行即使是走表外资金，其成本都已经在年化18%左右。

当然，银行融资门槛将越来越高，银行贷款在房地产资金链中的比例会逐渐减少，非银行融资渠道将加速放开，直接融资和证券化融资加快不仅是减低了银行自身的风险，仅从美国等发达国家的房地产金融模式分析，银行信贷的比例也是逐步降低，银行信贷衍生品和非信贷类的融资品种层出不穷且不断完善。房地产市场快速发展，大量的资金自然而然会进入房地产市场，以银行为主导的模式主要会使今后金融市场面临一系列的问题，无论是对企业还是对个人。根据我们现在房地产市场的经营状况，在目前的情况下，房地产以银行为主导的模式，短期内不会改变。也就是说大多数金融资产掌握在银行手里，银行是不可能轻易转移出来。当然以银行为主导的方式，并不完全是单一的方式，融资渠道多元化，融资市场多元化，肯定会在今后一段时间内进行。

二、房地产贷款种类

银行贷款分为表内融资和表外融资两种。资产负债表外融资简称表外融资，是指不需列入资产负债表的融资方式，即该项融资既不在资产负债表的资产方表现为某项资产的增加，也不在负债及所有者权益方表现为负债的增加。反之，则称为表内融资。表外融资给企业带来"良性循环效应"。

（一）表内融资

1. 委托贷款

委托贷款资金多来自银行理财或资管计划，期限在2年以内。如果按照1.6年的平均期限计算，2017年投向房地产的委贷规模为1.9万亿元。但进入2018年后，委贷规模迅速降低，到6月底已缩水至5 960亿元。如图2-3所示。

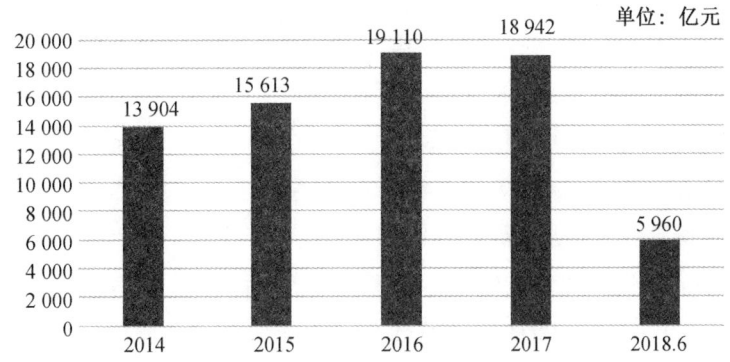

图 2-3　2014—2018 年房地产委托贷款发放规模

2. 开发贷

房地产开发贷款,是指银行向借款人发放的用于开发、建造向市场销售、出租等用途的房地产项目的贷款。房地产开发贷款业务须符合国家政策,遵循项目建设合规、资本金合规、抵押为主、封闭管理等基本原则。

(1) 房地产开发贷款可分为住房开发贷款和商业用房开发贷款。

其中,住房开发贷款,是指用于开发、建造住房的贷款。住房包括商品住房和保障性住房(含经济适用房、限价房、公租房、廉租房等),其中保障性住房按项目租售模式分为销售型和非销售型。期限原则上不超过 3 年(含 3 年)。

商业用房开发贷款,是指用于开发、建造和大修理以商业为用途房产的贷款。期限原则上不超过 5 年(含 5 年)。

(2) 开发贷款需满足"四三二"条件。

(3) 充分放权,每个客服都有权限送客户礼物,无须申请。

(4) 向大房企倾斜,银行实施名单制管理,部分银行选择 20 至 50 强企业,部分银行选择 100 强企业。

(5) 16 个热门城市住宅类开发贷受限:北京、上海、广州、深圳、厦门、合肥、南京、苏州、无锡、杭州、天津、福州、武汉、郑州、济南和成都。

(6) 非 16 个热门城市住宅类,参照当地调控政策。

从数据上看,2017 年房地产开发贷款余额总规模 7 万亿元,同比 2016 年增加 21.7%,同比增速提高 9.5%,2018 年第一季度末,房产开发贷款余额 7.7 万亿元,同比增长 25.35%,依旧呈高增长势头。

3. 土地储备贷款

土地储备贷款,是指为解决政府土地储备机构因依法合规收购、储备、整理、出让土地等前期相关工作时产生的资金需求而发放的贷款。

贷款用于收购、储备的土地应为可出让的商品住宅、商业设施等经营性用地,符合有权部门批准的城市规划和土地利用总体规划,并已列入当地政府的年度土地储备计划。涉及农用地的贷款,应具备合法的农用地转用手续和征地手续。

贷款原则上采取抵押方式。贷款额度最高不超过土地收购、整理和储备总成本的70%。贷款期限最长不超过2年。

《财政部 国土资源部 中国人民银行 银监会关于规范土地储备和资金管理等相关问题的通知》(财综〔2016〕4号)规定,自2016年1月1日起,各地不得再向银行金融机构举借土地储备贷款,土地储备贷款已被禁止。《财政部 国土资源部关于印发〈地方政府土地储备专项债券管理办法(试行)〉的通知》(财预〔2017〕62号)第三十二条规定,不得通过地方政府债券以外的任何方式举借土地储备债务,不得以储备土地为任何单位和个人的债务以任何方式提供担保。

4. 经营性物业贷款

经营性物业抵押贷款,是指银行向经营性物业的法人发放的,以其所拥有的物业作为贷款抵押物,还款来源包括但不限于经营性物业的经营收入的贷款。

经营性物业,是指完成竣工验收并投入商业运营,经营性现金流量较为充裕、综合收益较好、还款来源稳定的商业营业用房和办公用房,包括商业楼宇、星级宾馆酒店、综合商业设施(如商场、商铺)等商业用房。期限最长原则上不超过8年(最长可达15年)。

授信额度与租金挂钩,通过CMBS(Commercial Mortgage Backed Securities,指商业房地产抵押贷款支持证券,债权银行以原有的商业抵押贷款为资本,发行证券)完成贷款流程。

5. 项目抵押贷款

抵押贷款又称"抵押放款",是某些国家银行采用的一种贷款方式。要求借款方提供一定的抵押品作为贷款的担保,以保证贷款能够到期偿还。抵押品一般为易于保存、不易损耗、容易变卖的物品,如有价证券、票据、股票、房地产等。贷款期满后,如果借款方不按期偿还贷款,银行有权将抵押品拍卖,用拍卖所得款偿还贷款。拍卖款清偿贷款的余额归还借款人。如果拍卖款不足以清偿贷款,由借款人继续清偿。需要满足"四三二"条件,才能作项目抵押贷款。

6. 旧改贷款

"三旧"改造贷款适用于旧改项目拆迁阶段的资金需求,包括旧改项目的拆迁费、补偿费(含拆迁保证金)、安置费(含安置房建设费用)、复建房建设费、土地平整费用等相关费用。对资金用途有明确的限制,比如只能用于拆迁款和后续开发建设,不得用于补交地价。

(二) 表外融资

资产负债表外融资(Off-Balance-Sheet Financing),简称表外融资,是账外融资、资产负债表外筹资、资产负债表以外融资。

狭义的表外融资是指未满足资本(融资)租赁全部条件,从而其承诺付款的金额的现值没有被确认为负债（也没有确认为资产），而且未在资产负债表或附注中得以反映的租赁进行筹资的财务行为。表外融资主要是在财务和会计领域由专业人员使用的一个术语。表外融资还被用于某些举债经营租赁资金的提供人对出租人没有追索权，只能向承租人要求以租赁资产收回对出租人的贷款。

广义的表外融资泛指对企业经营成果、财务状况和现金流量产生重大影响的一切不纳入资产负债表的融资行为。

1. 表外融资的特点

表外融资的重要手段是设计一些复杂的经济业务，从而使报表使用者难以判断这一业务对企业资产或负债的影响。这类复杂业务具有如下几个特征：

（1）将某一项目法律上的所有权和享有与此相关的主要惠益及承担重要风险的能力割裂开来。

（2）一项交易与另外一项或多项交易相互交织，不将它们综合起来分析，就难以理解该业务的经济影响。

（3）在交易的条款中含有一项或多项选择权或条件，又可合理地从这些条款推断出企业将会行使选择权或条件将会满足。远期合约有时也被用来作为表外融资的手段。商品寄售、售后回租、债务保收、证券化抵押和贷款转让等均可能导致表外融资行为。

2. 主要方式

（1）租赁。租赁是一种传统的表外融资方式。租赁分为经营租赁和融资租赁两类，其中只有经营租赁被视为一种合理合法的表外融资方式。承租人往往会绞尽脑汁地与出租人缔结租赁协议，想方设法使实质上是融资租赁的合同被视为经营租赁进行会计处理，以获得表外融资的好处。

（2）合资经营。合资经营是指一个企业持有其他企业相当数量股权，但未达到控股程度的经营方式，后者被称为未合并企业。人们通过在未合并企业中安排投资结构，从事表外业务，尽可能地获得完全控股的好处，而又不至于涉及合并问题，不必在资产负债表上反映未合并企业的债务。还有一种流行的形式叫特殊目的实体（Special Purpose Entity，SPE），即一个企业作为发起人成立一个新企业，后者被称为特殊目的实体，其经营活动基本上是为了服务于发起人的利益而进行的。通常，SPE 的负债相当高，所有者权益尽可能地低，发起人尽管在其中只拥有很小甚至没有所有者权益，但承担着所有的风险。安然公司正是利用 SPE，在 1997—2000 年累计高估利润 5.91 亿美元，累计隐瞒负债 25.85 亿美元。

（3）资产证券化。资产证券化是指将缺乏流动性，但能够产生可预见的稳定现金流的资产，通过一定的结构安排，进而转换为在金融市场上可以出售和流通的证券的过程。证券化融资业务通常是对银行的信贷资产、企业的交易或服务应收款这类金融资产进行证券化的业务。比如，出售有追索权的应收账款，本质上它是一种以应收账款为抵押的借款,但在现行会计实务中,企业对售出的应收账款作为资产转让,而不确认负债。证券化作为企业的一种有效的表外融资方式,最近几年在美国非常流行,并且无论是在证券化的金融资产种类上还是在价值量上都得到了发展。安然公司"盘活"资产的方法之一就是能源商品证券化。

（4）创新金融工具。当前是创新金融工具大爆炸时期,这些金融工具包括掉期、嵌入期权、复合期权、上限期权、下限期权、上下限期权等。由于环境的急剧变化及其引起的对风险控制的需要、竞争的加剧、分析技术和信息技术的发展,使这一势头一直不减,并将持续下去。然而,会计准则的制定并没有跟上创新金融工具发展的步伐,因此按现行会计准则规定,创新金融工具在财务报表上大都得不到体现,企业通过创新金融工具进行融资所产生的负债在资产负债表中自然也没有反映。安然公司在1995年被《财富》杂志评为"最富创新能力"的公司,它的创新成就主要就是对金融工具的"创造性运用",如开辟能源商品的期货、期权和其他衍生金融工具。

3. 资金用途监管

受《中国银监会关于规范银信类业务的通知》（银监发〔2017〕55号）、《证券期货经营机构私募资产管理计划备案管理规范第4号——私募资产管理计划投资　房地产开发企业、项目》《商业银行委托贷款管理办法》（银监发〔2018〕2号印发）等政策的影响,对资金用途有以下限制性内容:①不得投向热点城市普通住宅。②不得投向四证不全、资本金不到位的房地产企业或项目。③不得用于支付土地出让金。④不得置换用来拿地的股东借款。⑤不得投向流动资金贷款。

如上海银保监会并购贷款条件为:

（1）并购贷款投向房地产开发土地并购,或房地产开发土地项目公司股权并购的,应按照穿透原则,拟并购土地项目应该完成在建工程开发投资总额的25%以上。

（2）要求银行不得对四证不全房地产项目发放任何形式的贷款。

（3）并购贷款不得投向未足额缴付土地出让金项目,不得用于变相置换土地出让金。

（4）防范关联企业借助虚假并购套取贷款资金,确保短期资金不得挪用。

三、贷款利息会计处理

《企业会计准则第17号——借款费用》规定:

（1）企业发生的借款费用,可直接归属于符合资本化条件的资产的购建或者生产的,应当予以资本化,计入相关资产成本;其他借款费用,应当在发生时根据其发生额确认为费用,计入当期损益。

（2）借款费用同时满足下列条件的,才能开始资本化:

第一,资产支出已经发生,资产支出包括为购建或者生产符合资本化条件的资产而以支付现金、转移非现金资产或者承担带息债务形式发生的支出。

第二,借款费用已经发生。

第三,为使资产达到预定可使用或者可销售状态所必要的购建或者生产活动已经开始。

(3) 符合资本化条件的资产在购建或者生产过程中发生非正常中断,且中断时间连续超过 3 个月的,应当暂停借款费用的资本化。在中断期间发生的借款费用应当确认为费用,计入当期损益,直至资产的购建或者生产活动重新开始。

(4) 购建或者生产符合资本化条件的资产达到预定可使用或者可销售状态时,借款费用应当停止资本化。符合资本化条件的资产达到预定可使用或者可销售状态之后所发生的借款费用,应当在发生时根据其发生额确认为费用,计入当期损益。

(一) 开发贷款利息的计算

贷款利息是银行将款项借给企业,按规定向企业收取的利息。贷款利息的高低取决于利率、本金和计息期限。

1. 利率

日利率一般按本金的万分数表示。

年利率、月利率、日利率的换算公式为:

$$年息 = 月息 \times 12 = 日息 \times 360$$
$$月息 = 年息 \div 12 = 日息 \times 30$$
$$日息 = 年息 \div 360 = 月息 \div 30$$

2. 计息日和计息时期

按照规定,企业的银行存款账户、短期借款一般都是按季计算利息,计息为每季度末月的 20 日,如 3 月 20 日、6 月 20 日、9 月 20 日、12 月 20 日。短期借款也有按月计息的,计息日为每月的 20 日。长期借款通常也是按季计息,计息日为每季度末月的 20 日。

【例 2-1】 假设贷款发放日为 2018 年 1 月 1 日,贷款本金为 5 亿元,到期日为 2018 年 12 月 31 日,月利率 6.255‰,年利率 7.47%,计算利息如下:

(1) 按季计算利息:

2018 年 1 月 1 日至 3 月 21 日应付利息 = 500 000 000 × 6.225‰ × 79 ÷ 30
   = 8 196 250(元)。

2018 年 3 月 21 日至 6 月 21 日应付利息 = 500 000 000 × 6.225‰ × 92 ÷ 30
   = 9 545 000(元)。

2018 年 6 月 21 日至 9 月 21 日应付利息 = 500 000 000 × 6.225‰ × 92 ÷ 30
   = 9 545 000(元)。

2018 年 9 月 21 日至 12 月 21 日应付利息 = 500 000 000 × 6.225‰ × 91 ÷ 30
   = 9 441 250(元)。

2018 年 12 月 21 日至 12 月 31 日应付利息 = 500 000 000 × 6.225‰ × 10 ÷ 30
   = 1 037 500(元)。

5段利息相加得37 765 000元。

(2) 按照年利率计算利息：

应付利息＝500 000 000÷360×364×7.47％＝37 765 000(元)。

开发贷款的贷款利息只能先在一个科目中归集，然后再按照一定的分摊方法分摊，并计入不同的成本对象。

贷款利息的分摊方法有以下两种：

(1) 直接成本法：指按期内某一成本对象的直接开发成本占期内全部成本对象直接开发成本的比例进行分配。

(2) 预算造价法：指按期内某一成本对象预算造价占期内全部成本对象预算造价的比例进行分配。

以上这两种方法是税法规定的方法，在会计准则中对贷款利息的分摊方法没有明确规定。有些房地产企业按照建筑面积法进行分摊，即按期内各成本对象的建筑面积与期内总建筑面积比例分摊。

从实质上分析，按建筑面积法进行分摊是不合理的。对于房地产企业取得的开发贷款，不同成本对象占用的贷款资金比例是分摊利息的基础，而占用贷款资金量的多少与成本对象投资额的大小是直接相关的，虽然建筑面积是影响投资额的因素，但不同开发产品的建造标准有可能存在较大差异，所以建筑面积与投资额之间的相关性不是很高。而直接成本和预算造价是最接近投资额的因素，因此，按直接成本法或预算造价法进行分摊是最合理的分摊方法。

(二) 房地产企业利息分摊方法

利息分摊按成本对象的竣工时间一致和成本对象的竣工时间不一致两种进行分摊。

1. 竣工时间相同的利息分摊

如果成本对象的竣工时间相同，也就是我们所说的期内开发的成本对象。在按照直接成本法或预算造价法进行分摊时，可以在利息发生时直接将其分摊并计入各成本对象。计算公式如下：

$$\text{成本对象应分摊资本化利息} = \text{本期发生的资本化利息} \times \text{成本对象直接成本或预算造价} \div \text{全部成本对象直接成本或预算造价}$$

也可以先在过渡科目中归集资本化利息，在竣工时再将其一次性分摊并计入各成本对象。计算公式如下：

$$\text{成本对象应分摊资本化利息} = \text{已归集资本化利息} \times \text{成本对象直接成本或预算造价} \div \text{全部成本对象直接成本或预算造价}$$

2. 竣工时间不同的利息分摊

如果成本对象的竣工时间不相同，也就是我们所说的分期开发的成本对象。在按照直接成本法或预算造价法进行分摊时，可以在利息发生时直接将其分摊并计入各成

本对象。计算公式如下:

$$\begin{matrix}已竣工成本对象\\应分摊资本化利息\end{matrix} = \begin{matrix}本期发生的\\资本化利息\end{matrix} \times \begin{matrix}已竣工成本对象本期实际\\完成的直接成本或预算造价\end{matrix} \div \begin{matrix}全部成本对象本期实际\\完成的直接成本或预算造价\end{matrix}$$

也可以先在过渡科目中归集资本化利息,在竣工时再将其分摊并计入已竣工成本对象。计算公式如下:

$$\begin{matrix}已竣工成本对象\\应分摊资本化利息\end{matrix} = \begin{matrix}已归集资\\本化利息\end{matrix} \times \begin{matrix}已竣工成本对象\\直接成本或预算造价\end{matrix} \div \left(\begin{matrix}已竣工成本对象\\直接成本或预算造价\end{matrix} \times 100\% + \begin{matrix}未竣工成本对象\\直接成本或预算造价\end{matrix} \times \begin{matrix}未竣工成本对象\\开发形象进度\end{matrix}\right)$$

【例 2-2】 中联房地产公司于 20×7 年 12 月 20 日取得农业银行开发贷款 5 亿元用于开发销售物业,贷款年利率为 5%,每季度支付利息为 625 万元。开发产品分为两个成本对象,分别为普通住宅和高档住宅,建筑面积分别为 10 万平方米。普通住宅预算造价为 4 亿元,高档住宅预算造价为 6 亿元。普通住宅竣工时间为 20×8 年 12 月 19 日,普通住宅竣工时高档住宅形象进度为 50%。高档住宅竣工时间为 20×9 年 6 月 19 日。中联公司根据有关原始凭证,编制会计分录如下:

(1) 每季计提应付利息时:

借:生产成本——待分摊成本   6 250 000
　　贷:应付利息   6 250 000

(2) 支付季度贷款利息时:

借:应付利息   6 250 000
　　贷:银行存款   6 250 000

(3) 普通住宅竣工时利息的分摊:

20×8 年 12 月 19 日,普通住宅竣工时已归集的资本化利息为 2 500 万元;

普通住宅预算造价为 4 亿元,高档住宅预算造价为 6 亿元,20×8 年 12 月 19 日高档住宅形象进度为 50%。

已竣工成本对象应分摊资本化利息 = 2 500×40 000÷(40 000×100%+60 000×50%)
　　　　　　　　　　　　　　　 = 1 428.57(万元)。

未竣工成本对象应分摊资本化利息 = 2 500 − 1 428.57 = 1 071.43(万元)。

借:生产成本——普通住宅   14 285 700
　　　　——高档住宅   10 714 300
　　贷:生产成本——待分摊成本   25 000 000

(三) 专门借款发生的辅助费用的核算与管理

辅助费用是指为了取得借款而发生的必要费用,包括借款手续费、佣金等。根据《企业会计准则第 17 号——借款费用》的要求,结合企业实际业务情况,房地产企业因借入开发贷款而发生的辅助费用,与贷款利息的处理方式一致。从贷款取得至开发项目竣工验收期间发生的辅助费用,应当资本化,计入相关资产成本。开发项目竣工验收后发生的辅助费用,应当费用化,计入当期损益。

1. 辅助费用的组成

辅助费用由借款手续费、佣金、项目评估费、土地评估费、抵押登记费、财务顾问费等组成。

《企业会计准则第17号——借款费用》中只是规定辅助费用包括借款手续费和佣金,并没有指明具体的费用项目。如果从取得借款而发生费用的角度考虑,中介机构收取的借款手续费和佣金,银行收取的项目评估费和财务顾问费,政府土地管理部门收取的土地评估费和抵押登记费,都应属于借款的辅助费用。

1) 借款手续费

房地产企业通过中介机构的运作,取得银行发放的开发贷款,按照企业与中介机构的约定,应向中介机构支付一定额度的借款手续费,作为中介机构的报酬。借款手续费应作为房地产企业取得专门借款的辅助费用。

2) 借款佣金

房地产企业通过中介机构的运作,取得银行发放的开发贷款,按照企业与中介机构的约定,应向中介机构支付按借款额度一定比例计算的借款佣金,作为中介机构的报酬。借款佣金应作为房地产企业取得专门借款的辅助费用。

3) 项目评估费

各商业银行对房地产开发贷款业务一般实行总行、分行二级评估体系。所有项目上报银行总行(房地产信贷部)进行准入审批,经准入审批同意后,方可进入调查评估程序。银行贷款方案评估一般由银行委托房地产评估事务所来具体实施。

银行贷款方案评估费一般由贷款企业承担,作为房地产企业取得专门借款的辅助费用。

4) 土地评估费

项目开发贷款银行要求采取抵押、质押担保方式。采取抵押担保方式的,优先以本项目的土地及在建工程设定抵押,抵押率最高不得超过抵押物评估价值的70%。

房地产企业在贷款审批通过前,应委托中介机构对土地进行评估。而土地评估费一般由贷款企业承担,作为房地产企业取得专门借款的辅助费用。

5) 抵押登记费

银行与借款人签订房地产借款合同和房地产抵押合同。企业凭以上合同,依据相关法律法规和银行贷款担保管理等有关规定,办理土地抵押登记手续后,银行才能发放贷款。

土地抵押登记费一般由贷款企业承担,作为房地产企业取得专门借款的辅助费用。

6) 财务顾问费

财务顾问费是指银行为了审核企业的还款能力和贷款资格所收取的费用。这是为了控制银行贷款风险向企业收取的费用。

银监会对于财务顾问费没有统一规定,对于收费标准,各家银行也不一样。而财务顾问费应由贷款企业承担,作为房地产企业取得专门借款的辅助费用。

2. 辅助费用的核算

从贷款取得至开发项目竣工验收期间发生的辅助费用,借记"生产成本""在建工程"等科目,贷记"银行存款"等科目。开发项目竣工验收后发生的辅助费用,借记"财务费用"科目,贷记"银行存款"等科目。

【例2-3】 中联房地产公司于20×7年1月20日取得农业银行开发贷款5亿元用于开发销售物业,1月30日中联公司支付借款辅助费用共计50万元。中联公司根据有关原始凭证,编制会计分录如下:

借:生产成本　　　　　　　　　　　　　　　　　　　　　　　　　500 000
　　贷:银行存款　　　　　　　　　　　　　　　　　　　　　　　　　500 000

3. 辅助费用的分摊

辅助费用的分摊方法与贷款利息的分摊方法基本相同。但在实际操作中,根据辅助费用的特点,其分摊处理方法也存在一定的特殊性。

(1)对于金额较大的辅助费用,如借款手续费、佣金及财务顾问费等,应按利息分摊的方法进行分摊。

(2)对于金额较小的辅助费用,如项目评估费、土地评估费及抵押登记费等,可以不进行分摊,直接计入项目开发中最大的成本对象中。

4. 集团转入开发贷款的核算

房地产企业一般是以项目公司为融资主体,但有些集团性企业为了对融资工作进行统一管理,采取由企业集团统一向金融机构借款,然后将贷款资金拨付给集团内部其他成员企业使用的方法。

四、贷款利息的税务处理

1. 增值税

《营业税改征增值税试点实施办法》(财税〔2016〕36号附件1)规定,进项税额不得从销项税额中抵扣的有:购进的贷款服务、餐饮服务、居民日常服务和娱乐服务。房地产企业从银行贷款的利息费用,不得从销项税额中抵扣。

2. 土地增值税

《土地增值税暂行条例》计算增值额的扣除项目:新建房及配套设施的成本、费用。

《土地增值税暂行条例实施细则》计算增值额的扣除项目,具体为开发土地和新建房及配套设施的费用(以下简称房地产开发费用),是指与房地产开发项目有关的销售费用、管理费用、财务费用。

财务费用中的利息支出,凡能够按转让房地产项目计算分摊并提供金融机构证明的,允许据实扣除,但最高不能超过按商业银行同类同期贷款利率计算的金额。其他房地产开发费用,按支付土地使用权所支付的金额和房地产开发成本金额之和的5%以内计算扣除。

凡不能按转让房地产项目计算分摊利息支出或不能提供金融机构证明的,房地产开发费用按支付土地使用权所支付的金额和房地产开发成本金额之和的10%以内计算扣除。

银行贷款的利息,用于房地产开发项目,凡能够按转让房地产项目计算分摊并提供金融机构证明的,允许据实扣除。

3. 企业所得税

《房地产开发经营业务企业所得税处理办法》(国税发〔2009〕31号印发)规定,企业为建造开发产品借入资金而发生的符合税收规定的借款费用,可按企业会计准则的规定进行归集和分配,其中属于财务费用性质的借款费用,可直接在税前扣除。企业集团或其成员企业统一向金融机构借款分摊集团内部其他成员企业使用的,借入方凡能出具从金融机构取得借款的证明文件,可以在使用借款的企业间合理的分摊利息费用,使用借款的企业分摊的合理利息准予在税前扣除。

《企业所得税法实施条例》第三十七条规定,企业在生产经营活动中发生的合理的不需要资本化的借款费用,准予扣除。企业为购置、建造固定资产、无形资产和经过12个月以上的建造才能达到预定可销售状态的存货发生借款的,在有关资产购置、建造期间发生的合理的借款费用,应当作为资本性支出计入有关资产的成本,并依照本条例的规定扣除。《企业所得税法实施条例》第三十八条规定,企业在生产经营活动中发生的下列利息支出,准予扣除:①非金融企业向金融企业借款的利息支出、金融企业的各项存款利息支出和同业拆借利息支出、企业经批准发行债券的利息支出。②非金融企业向非金融企业借款的利息支出,不超过按照金融企业同期同类贷款利率计算的数额的部分。根据上述规定,房地产开发企业借款费用资本化开始的时间,应当是在取得开发项目开始,截止时间应当在开发项目竣工验收日。在此之前和之后的借款费用应当计入当期损益。如果,在房产开发建造过程中发生了非正常中断,且中断时间连续超过3个月的,应当暂停借款费用的资本化。

《财政部 国家税务总局关于企业关联方利息支出税前扣除标准有关税收政策问题的通知》(财税〔2008〕121号)规定,在计算应纳税所得额时,企业实际支付给关联方的利息支出,不超过以下规定比例和税法及其实施条例有关规定计算的部分,准予扣除,超过的部分不得在发生当期和以后年度扣除。企业实际支付给关联方的利息支出,除符合本通知第二条规定外,其接受关联方债权性投资与其权益性投资比例为:金融企业,为5∶1;其他企业,为2∶1。企业如果能够按照税法及其实施条例的有关规定提供相关资料,并证明相关交易活动符合独立交易原则的;或者该企业的实际税负不高于境内关联方的,其实际支付给境内关联方的利息支出,在计算应纳税所得额时准予扣除。

五、贷款融资常见涉税风险

房地产业开发周期长,占用资金量大,借入资金较多,利息支出所占比重较大,对于为建造开发产品借入资金发生的借款费用,成本对象完工前发生借款费用计入开发成本,成本对象完工后发生借款费用。完工后计入财务费用,直接在税前扣除,而开发公司财务处理多为直接进入本科目,当期摊销,减少应纳税所得额。

在实务工作中,房地产企业的利息凭证往往是银行的利息单代替发票,税企双方争议较大,那么利息单能否代替发票进行税前扣除呢?

2018年8月30日国家税务总局所得税司副司长刘宝柱2018年第三季度政策解读的解答是:对方为已办理税务登记的增值税纳税人,企业支出以对方开具的发票作为税前扣除凭证。也就是,凡对方能够开具增值税发票的,必须以发票作为扣除凭证。以往一些企业(如银行)用利息单代替发票给予企业,而没有按照规定开具发票,《企业所得税税前扣除凭证管理办法》(国家税务总局公告2018年第28号发布)发布后,必须统一按照规定开具发票。否则,相关企业发生的利息,将无法税前扣除。

第三节 IPO 融 资

一、房地产企业上市概述

理论上讲,公开上市是最佳途径,因为直接融资,可从容化解金融风险,降低企业融资成本,改善企业资本结构。但是,房地产企业上市非常困难,因为它的营利模式有别于一般工业企业,资金流不连续,呈现周期性的大进大出的状况,难以达到上市要求,如要求设立满3年,有最近3年可比性的盈利,发行人业务和管理层近3年未变等。上市曾是房地产企业梦寐以求的一条融资渠道,但是在1994年宏观调控的大背景下,中国证监会决定暂不接受房地产开发企业的上市申请,直到2001年年初才解除了这一禁令。

有数据显示,2002年以来全国有20多家地产公司并购上市,以股权融资的方式买壳进入股票市场,在国内外资本市场上进行直接融资。如北京万通地产股份有限公司、首创置业等开发商已纷纷通过买壳,成功参股或控股上市公司。另据统计,到2004年年初,已有北京天鸿宝业房地产股份有限公司、金地集团等60多家房地产企业实现了在证券市场上市融资。

当然,大部分房地产企业都是通过买壳、重组来上市。买壳上市就是指一些非上市公司通过收购一些业绩较差、筹资能力弱化的上市公司,剥离被收购上市公司的不良资产或其他资产,注入自己的优质资产或其他资产,形成新的主营业务,从而实现该公司间接上市的目的。房地产企业通过上市可以迅速筹得巨额资金,且筹集到的资金可以作为注册资本永久使用,没有固定的还款期限,因此,对于一些规模较大的开发项目,尤其是商业地产开发具有很大的优势。一些急于扩充规模和资金的有发展潜力的大中型企业还可以考虑买(借)壳上市进行融资。房地产行业资金密集型、周期性、受政策影响比较大的特点,使得房地产企业借助资本市场会成为一个趋势。但因为房地产泡沫,房地产企业直接上市面临着监管层大量的法律法规的屏障。

因此,很多好的房地产公司一直在寻求中国香港、新加坡上市。其余的则考虑通过借壳上市来打开资本市场的通道。上市审查过程比较复杂,上市融资的初期成本比较高,许多中小房地产开发企业或者新的房地产开发企业采用上市融资的方式壁垒比较高。

《发行监管问答——关于引导规范上市公司融资行为的监管要求(修订版)》规定,上市公司申请增发、配股、非公开发行股票的,距离前一次融资时间间隔不得少于18个月。截至2017年12月,目前我国房地产A股上市公司有128家,仅占全国5万家房地产开发企业的2‰。

据统计,2016年度房地产业股市融资总额1 443.52亿元,其中增发配股1 426.18亿元,IPO上市10.34亿元,2017年度融资总额仅为350.78亿元,同比规模减少75.7%。

二、房地产上市公司常见税务风险

(1) 房地产上市公司在开发房地产项目时,有以下显著特征:①开发成本高;②开发费用高;③增值额低。

究其原因,房地产上市公司有诸多关联公司,房地产项目公司的建筑安装、建筑材料的采购很大一部分与自己的关联公司有千丝万缕的关系,在实务工作中发现,同等条件下,上市公司的成本要比非上市公司要高。以三、四线市区为例,在同地段、同样的容积率、同样的房屋结构,上市公司的建安成本为3 700~4 500元/m^2,而非上市公司的建安成本为2 400~2 800元/m^2,两者相差50%以上。不难发现,上市公司房地产项目存在关联企业之间的利润转移。《国家税务总局关于发布〈特别纳税调查调整及相互协商程序管理办法〉的公告》(国家税务总局公告2017年第6号)规定,实际税负相同的境内关联方之间的交易,只要该交易没有直接或者间接导致国家总体税收收入的减少,原则上不做特别纳税调整。

《国家税务总局关于完善关联申报和同期资料管理有关事项的公告》(国家税务总局公告2016年第42号)附件2中《境外关联方信息表》(G112000)填报说明,实际税负=实际缴纳所得税性质的税种的税款金额(扣除各种税收返还)÷所得税性质的税种的应纳税所得额×100%。所得税性质的税种的应纳税所得额小于零的,按零填报。

通过关联交易,所得税整体没有少缴。但是对于下游房地产企业来说,成本增高,相对来说增值额减少,存在少缴纳土地增值税的风险。这也是税务机关在检查上市公司房地产项目关注的重点。

(2) 税企双方成本价格的争议。

将上市公司开发成本、费用与当地非上市公司成本、费用进行对比,上市公司价格明显过高。在实务中,税企双方往往对价格明显过高、过低产生争议。依据《最高人民法院关于适用〈中华人民共和国合同法〉若干问题的解释(二)》(法释〔2009〕5号)第十九条规定,对于《合同法》①第七十四条规定的"明显不合理的低价",人民法院应当以交易当地一般经营者的判断,并参考交易当时交易地的物价部门指导价或者市场交易价,结合其他相关因素综合考虑予以确认。

转让价格达不到交易时交易地的指导价或者市场交易价70%的,一般可以视为明显不合理的低价;对转让价格高于当地指导价或者市场交易价30%的,一般可以视为明显不合理的高价。

债务人以明显不合理的高价收购他人财产,人民法院可以根据债权人的申请,参照《合同法》第七十四条的规定予以撤销。

实务中,如果采购原材料明显过高,可以查验施工现场材料收发情况,如施工图纸、施工日志、监理日志,是否相互印证。检查施工企业、原材料的供应商是否存在关联关系,如有,是否存在虚开虚抵的情况。如有必要可到地方企业进行协查。

例如,A集团公司,下属B房地产公司、C建筑公司、D建材商贸公司、E装修公司。B房地产公司在某市取得150亩住宅用地,用于房地产项目开发,商品房定位为精装修房屋。C建筑公司为建筑总承包商,合同单价4 600元/平方米,市场同类单价为4 000元/平方米;建筑材料从D建材商贸公司采购,合同平均单价4 800元,市场公允价格平均单价4 200元;精装修由E装修公司承包,合同单价1 800元/平方米,市场公允价格1 500元/平方米;这样就构成了关联交易。合同价格都高于市场公允价格,在商品房价格一定的情况下,会造成增值额减少,少缴纳土地增值税,继而造成集团总体税负降低。

第四节 信托融资

一、信托概述

(一) 定义及分类

根据《中华人民共和国信托法》规定,信托是指委托人基于对受托人的信任,将其财产权委托给受托人,由受托人按照委托人的意愿以自己的名义,为受益人的利益或特定

---

① 《中华人民共和国民法典》自2021年1月1日起施行,《中华人民共和国合同法》同时废止。全书同。

目的,进行管理或者处分的行为。

根据委托人数量的不同,信托可以分为单一信托与集合资金信托;根据信托收益的不同,可分为固定收益信托与非固定收益信托(无预期收益率);根据收益对象及信托的目的不同,还可以分为私益信托与公益信托。

(二) 投资范围

信托业的投资范围广泛,常见的有股权投资、债券投资、证券投资、未来收益投资等。随着信托行业不断探索与跨界整合,信托业务模式日趋新颖,例如五矿信托影视投资基金集合资金信托计划,将信托资金以股权和债权的形式投入和和(上海)影业有限公司(即投资平台公司)当中,再由平台公司投入具体影视项目。

(三) 相关主体

信托通常基于信托合同而成立,主要涉及下列主体。

1. 委托人

委托人应当是具有完全民事行为能力的自然人、法人或者依法成立的其他组织,合法拥有信托财产并有权了解其信托财产的管理运用、处分及收支情况。

2. 受托人

受托人应当是具有完全民事行为能力的自然人、法人。受托人必须将信托财产与其固有财产分别管理、分别记账,并将不同委托人的信托财产分别管理、分别记账。

3. 受益人

受益人是在信托中享有信托受益权的人。受益人可以是自然人、法人或者依法成立的其他组织。委托人可以是受益人,也可以是同一信托的唯一受益人。受托人可以是受益人,但不得是同一信托的唯一受益人。受益人的信托受益权可以依法转让和继承,但信托文件有限制性规定的除外。

4. 信托计划

信托计划是一种为了他人利益或特定目的管理财产的一项制度安排,也即"受人之托,代人理财"。利用信托原理,一个人(委托人)在没有能力或者不愿意亲自管理财产的情况下,可将财产权转移给自己信任并有能力管理财产的人(即受托人),并指示受托人将信托财产及其收益用于自己或者第三人(受益人)的利益。

5. 信托财产

受托人因承诺信托而取得的财产是信托财产,为管理信托财产而设立信托计划依据《信托计划书》《信托合同》等文件成立。信托财产独立于委托人与受托人的固有财产,并独立核算,受托人以信托财产为限向受益人支付信托利益,因处理信托事务而支付的费用、负担的债务,亦由信托财产承担。信托计划不是法人或其他组织,仅作为一个独立核算的会计主体存在,信托计划不属于纳税义务人。

6. 保管人

信托计划的资金实行保管制,信托计划存续期间,信托公司作为受托人应当选择经营稳健的商业银行担任保管人。信托财产的保管账户和信托财产专户应当为同一账户。信托公司依信托计划文件约定需要运用信托资金时,应当向保管人书面提供信托合同复印件及资金用途说明。

二、房地产信托融资的主要模式

(一) 贷款型信托模式

这是最为基础,也是最简单的模式,即我们通常所说的信托贷款。委托人(投资者)投资信托公司,由信托公司向开发商发放信托贷款,开发商提供资产抵押、股权质押、第三方担保等,并按约定向信托公司支付利息、归还本金,信托公司再向投资者分配信托收益和本金。

实际上,相较于银行贷款,信托贷款受规模、资金成本、期限、退出形式、资金用途、托管、风险资本计提等方面的限制,并没有什么优势。那为什么信托贷款模式还会在一定时期内受到追捧呢?这主要是能够通过银行获得贷款的房地产企业较少,并且限制较多、要求较高,而房地产的高抵押和高质押等优势又使得很多银行趋之若鹜,因此信托贷款应运而生。不过,在政策的约束下,目前这种模式几乎已经无法运转。

此外,贷款模式对房地产企业有一定要求,如土地使用证、用地规划许可证、工程规划许可证、工程施工许可证等四证齐全,自有资金比例不低于30%、二级以上开发资质等,甚至有些还对排名有一定要求等。

(二) 股权型信托模式

这种模式是相对能够发挥信托公司在实业直投、投融资对赌、补充项目资本金、撬动其他资金来源等方面的优势。其主要有两种方式:一是信托公司以信托资金的形式直接入股开发商、受让股权、参与增资扩股等,成为其股东,在期限等条件满足时,按约定由开发商或其他第三方根据约定价款收购信托的持股部分;二是信托公司仅用信托资金中很少的一部分入股开发商,然后将剩余的信托资金按照股东借款的形式进入开发商,同时这部分资金的偿还顺序排在银行贷款或其他债务之后。这两种形式的信托资金均可作为资本金。

此种模式的关键在于信托公司对于项目的控制地位以及股权如何退出等,有点类似于私募股权基金的操作模式,而目前市场上所谓的房地产信托基金多数是此类。

(三) 权益型信托模式

这种模式充分利用了投行思维。其主要思路是,房地产企业一般利用的资产收益权包括租金收益权、股权收益权、项目收益权、应收账款收益权等,结合信托公司的买入返售业务模式,以资产权益转让和附加回购承诺等方式与信托公司开展合作。

具体做法是,信托公司成立信托计划,向投资者募集资金,同时信托公司与房地产企业签订权益转让合同,由信托公司受让权益,房地产企业后续回购权益并提供担保,房地产企业以转让权益的信托资金投资项目等。

(四) 债权、股权或权益投资组合型的信托模式

前面说的三种模式也可以被组合在一起使用,如股权投资＋信托贷款、股权投资＋权益投资等,期限配置等方面均比较灵活。一般采取的风险控制措施同前文的股权模式,即通过委派董事或财务经理、股权质押、资产质押、第三方保证等方式完成。

(五) 类资产证券化信托模式

这种模式相对比较灵活,其关键点是加入了信托受益权,即房地产财产权信托＋信托受益权转让。需要注意的是这里的信托受益权是需要进行信托登记的。该模式的具体做法是:

(1) 房地产企业作为委托人(也是次级受益人)与信托公司签订财产权信托合同,信托公司作为房地产企业的代理人,负责转让信托受益权,并收付转让款。

(2) 信托公司向投资者转让信托受益权,这里的投资者也是优先级受益人。

(3) 房地产企业是负责投资项目,获取收益,并收购上述的信托受益权。

(4) 信托公司是房地产企业的代理人,也是投资者的受托人。

(5) 投资者与房地产企业分别是优先级与次级受益人,均是信托公司的委托人。

(六) 基金型信托模式

这种模式也称房地产信托基金,应该是现在最火的信托模式,因为信托与基金具有天然的联系,例如,资金型信托本身就是基金。房地产信托基金的基本形式是股权投资信托计划,即信托资金以股权投资形式入股项目公司成为股东,或与房地产开发商合资成立有限合伙企业成为合伙人等。该模式比较灵活,如期限可以长短搭配,收益可以分档、分层,也可以分段,还可设置封闭期-开放期或申购与赎回制度等。

此外,根据现实需求,在信托＋有限合伙之外,可能还有多种组合,如信托＋信托,信托＋有限合伙＋公司等其他模式,这些都充分利用了信托制度和有限合伙制度的灵活性等优势。而且也可以在信托合同、合伙协议、税务优化、利益分享、团队激励、项目管理、监管合规等方面灵活调整设计,还可以像基金一样采取分期滚动发行等形式。

三、信托业务的会计与税务处理

在信托业务中,集合资金信托计划是最为常见的模式。集合资金计划是指由信托公司担任受托人,按照委托人意愿为受益人的利益,将两个以上(含两个)委托人交付的资金进行集中管理、运用或处分的资金信托业务活动。下面将以集合资金信托计划为基础,根据其投融资对象的不同,分析相关主体的会计与税务处理。

(一) 债权投资

常见的《×××贷款集合资金信托计划》《×××融资集合资金信托计划》均属于债权投资类信托计划。该类计划筹集资金即是为了向融资方发放贷款,并由融资方按期还本付息。虽然《信托公司集合资金信托计划管理办法》(中国银行业监督管理委员会令2007年第3号公布)中规定,"信托计划推介信托计划时,不得以任何方式承诺信托

资金不受损失,或者以任何方式承诺信托资金的最低收益",但是,此类收益由于在设立时即会要求融资方提供相应的抵押、质押等担保,因此,收益相对安全稳定。业务结构图如2-4所示。

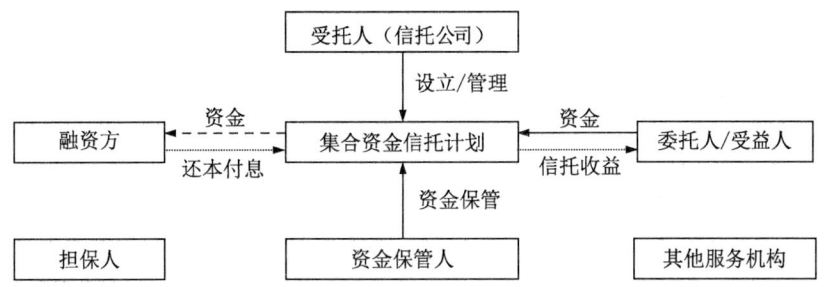

图 2-4　集合资金信托计划(债权投资)业务流程图

基于上述业务模式,相关主体的会计与税务处理如下。

1. 信托计划

（1）募集资金并设立信托计划:

借:银行存款
　　贷:实收信托——优先级受益人
　　　　实收信托——次级受益人

（2）向融资方提供贷款:

借:贷款——本金
　　贷:银行存款

（3）按期收取利息:

借:应收利息
　　贷:利息收入

借:银行存款
　　贷:应收利息

（4）按期支付受托人、资金保管人管理费、托管费等:

借:营业费用
　　贷:应付受托人报酬/应付托管费

借:应付受托人报酬/应付托管费
　　贷:银行存款

（5）按期结转本年利润:

借:利息收入
　　贷:营业费用
　　　　本年利润

(6) 按期支付信托受益：

借：本年利润
　　贷：未分配利润

借：未分配利润
　　贷：应付受益人收益

借：应付受益人收益
　　贷：银行存款

(7) 期末收回贷款：

借：银行存款
　　贷：贷款——本金

(8) 通过信托计划，向受益人支付本金：

借：实收信托——优先级受益人
　　实收信托——次级受益人
　　贷：银行存款

税务处理：信托计划并非纳税义务主体，信托计划账面确认的各项收入不征增值税，不征所得税。

2. 委托人/受益人

对于集合信托计划，委托人是信托计划的唯一受益人。

(1) 将资金投资信托计划：

借：可供出售金融资产——成本
　　贷：银行存款

税务处理：按照实际出资额确认投资成本。

(2) 取得信托受益：

借：银行存款
　　贷：投资收益

税务处理：

第一，增值税：信托计划在募集资金时不允许有任何保底承诺，仅描述为"预期收益率"，且均让委托人签署《认购风险申明书》，即表示投资具有风险，由此可见，投资者投资信托计划取得的分配收益系非保本收益，根据财税〔2016〕140号文件第一条的规定，《营业税改征增值税试点实施办法》（财税〔2016〕36号附件1）附件《销售服务、无形资产、不动产注释》第一条第（五）项第1点所称"保本收益、报酬、资金占用费、补偿金"，是指合同中明确承诺到期本金可全部收回的投资收益。金融商品持有期间（含到期）取得的非保本的上述收益，不属于利息或利息性质的收入，不征收增值税。

第二,所得税:信托计划用于债权投资的,机构投资者取得的信托受益需并入应纳税所得额,缴纳企业所得税;个人投资者取得的信托受益不能直接适用利息所得征收个人所得税,这是因为信托计划取得的利息并没有全部支付给投资人(扣除了信托费),如果要按照利息所得征收个人所得税,则需按照投资人出资占信托资金总额的比例对利息收入全额(不扣除信托费用)进行分配,而不能按实际取得的净额征税,而且现行税法并未赋予受托人扣缴义务。实务中,信托资金投向往往较为复杂(如基金、期货等),有些项目很难分清是债权投资还是股权投资,基于税收征管的现状,按照《中华人民共和国个人所得税法实施条例》:个人取得的所得,难以界定应纳税所得项目的,由国务院税务主管部门确定。

(3) 信托受益权公允价值变动:

借:可供出售金融资产——公允价值变动
　　贷:其他综合收益

税务处理:此环节不做税务处理。

(4) 转让信托受益权:

借:银行存款
　　其他综合收益
　　贷:可供出售金融资产——成本
　　　　　　　　　　　　——公允价值变动
　　　　投资收益

税务处理:

第一,增值税:受益人向合格投资者转让其持有的信托受益权时,由信托公司为受益人办理相关手续。信托受益权与股权类似,不同于可以在公开交易的二级市场自由流通的股票、债权,故信托受益权不具备金融商品的属性,投资者转让信托受益权不属于《营业税改征增值税试点实施办法》(财税〔2016〕36号附件1)附件《销售服务、无形资产、不动产注释》规定的"金融服务——金融商品转让"的征税范围,不征收增值税。

第二,所得税:企业等机构投资者转让信托受益权取得需并入当期应纳税所得总额缴纳企业所得税;个人投资者转让信托受益权需按"财产转让所得"缴纳个人所得税。

(5) 信托计划到期,向投资者分配收益:

借:银行存款
　　其他综合收益
　　贷:可供出售金融资产——成本
　　　　　　　　　　　　——公允价值变动
　　　　投资收益

税务处理:同"(2)取得信托受益"部分。

3. 受托人

受托人取得管理费收入：

借：银行存款
　　贷：主营业务收入
　　　　应交税费——应交增值税（销项税额）

税务处理：信托公司作为受托人取得的管理费收入需按区分收入的性质按照"咨询服务""直接收费金融服务"等缴纳增值税，并确认应纳税所得额。由于信托计划以信托公司名义对外投资，根据财税〔2016〕140号文件第四条的规定"资管产品运营过程中发生的增值税应税行为，以资管产品管理人为增值税纳税人"和《财政部　国家税务总局关于资管产品增值税政策有关问题的补充通知》（财税〔2017〕2号，以下简称财税〔2017〕2号文件）第一条的规定"2017年7月1日（含）以后，资管产品运营过程中发生的增值税应税行为，以资管产品管理人为增值税纳税人，按照现行规定缴纳增值税"，资管产品管理人均可以开具发票了。《财政部　税务总局关于资管产品增值税有关问题的通知》（财税〔2017〕56号，以下简称财税〔2017〕56号文件）第一条第一款规定，资管产品管理人运营资管产品过程中发生的增值税应税行为，暂适用简易计税方法，按照3%的征收率缴纳增值税。因此，若信托计划从事债权投资的，自2017年7月1日起，应按照"贷款服务"计算缴纳增值税。

以信托公司名义进行债权投资取得的利息收入，应由信托公司向融资方（房地产企业）开具增值税普通发票，依据《企业所得税法实施条例》第三十八条的规定，居民企业向金融企业支付的利息允许据实扣除。

房地产企业（融资方）取得利息性质的发票，按照《土地增值税暂行条例实施细则》，土地增值税计算增值额的扣除项目，开发土地和新建房及配套设施的费用（以下简称房地产开发费用），是指与房地产开发项目有关的销售费用、管理费用、财务费用。财务费用中的利息支出，凡能够按转让房地产项目计算分摊并提供金融机构证明的，允许据实扣除，但最高不能超过按商业银行同类同期贷款利率计算的金额。其他房地产开发费用，按支付土地使用权所支付的金额和房地产开发成本金额之和的5%以内计算扣除。

（二）股权投资

将信托资金用于股权投资的信托（如《×××股权投资集合资金信托计划》），较债权投资信托计划而言，具有一定的投资风险，但通常会约定股权回购条款，收益仍相对稳健。业务结构图如图2-5所示。

基于上述业务模型，相关主体的会计与税务处理如下。

1. 信托计划

（1）募集资金并设立信托计划：

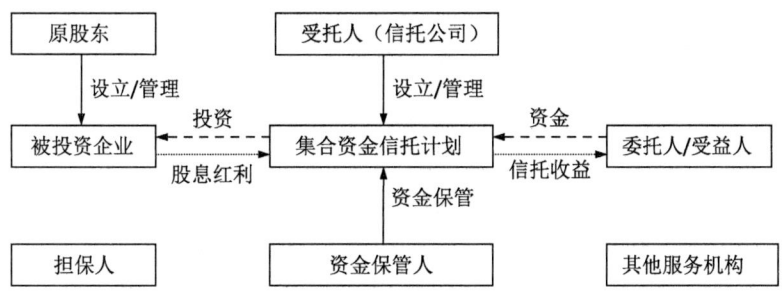

图 2-5 集合资金信托计划(股权投资)业务流程图

借：银行存款
　　贷：实收信托——优先级受益人
　　　　　　　　——次级受益人

(2) 股权投资标的公司：

借：长期股权投资
　　贷：银行存款

(3) 按期收取股息红利：

借：银行存款
　　贷：投资收益

(4) 按期支付受托人、资金保管人管理费、托管费等：

借：营业费用
　　贷：应付受托人报酬/应付托管费

借：应付受托人报酬/应付托管费
　　贷：银行存款

(5) 按期结转本年利润：

借：投资收益
　　贷：营业费用
　　　　本年利润

(6) 按期支付信托收益：

借：本年利润
　　贷：未分配利润

借：未分配利润
　　贷：应付受益人收益

借：应付受益人收益
　　贷：银行存款

(7) 期满，标的公司原股东回购股权：

借：银行存款
　　贷：长期股权投资
　　　　投资收益

（8）通过信托计划，向受益人支付本金：

借：实收信托——优先级受益人
　　　　　　——次级受益人
　　贷：银行存款

税务处理：如前所述，信托计划本身不具备纳税主体资格，不征增值税，不征所得税。

2. 受益人为法人

受益人为法人的，因不属于直接投资，故不得享受股息红利免征企业所得税优惠。其他环节税会处理参见"债权投资"部分。

3. 明股实债

实务中，企业以股权形式向信托计划融资并支付固定收益的情况较为常见，房地产公司一般都采用这种方法，如下例：

【例2-4】 甲公司持有房地产项目公司（以下称子公司）股权100%，子公司注册资本3 000万元。子公司拟融资4亿元，借款期3年，年利率18%，到期还本付息6.16亿元（4＋4×18%×3）。常见的两种方案及税务会计处理如下：

方案一："股权转让＋溢价回购"模式

甲公司将持有子公司99%的股权转让给信托计划，转让价4亿元。3年后甲公司出资6.16亿元收购信托计划持有子公司99%的股权，但股权溢价款，即利息2.16亿元要求按年预付。甲公司取得的转让款借给子公司使用，按年向子公司收取后支付给信托公司。

分析：借款期间信托并非真正意义上的股东，因为信托只是取得固定回报，并不承担投资风险。该笔业务实质上是甲公司以子公司99%股权质押给信托，向信托融资4亿元，再转借给子公司。

根据《企业会计准则——基本准则》第十六条的规定："企业应当按照交易或者事项的经济实质进行会计确认、计量和报告，不应仅以交易或者事项的法律形式为依据。"因此，在甲公司对外披露的财务报告中，信托融资仍然体现为负债。根据财税〔2016〕140号文件、财税〔2017〕2号文件、财税〔2017〕56号文件规定，信托计划管理人应就取得的利息收入按照"贷款服务"缴纳增值税。

依据《企业所得税法实施条例》第三十八条的规定，甲公司向信托支付的利息，可以在所得税税前扣除，同时甲公司向子公司收取相同利率的利息收入，按照统借统还业务处理，开具增值税普通发票，并享受免征增值税优惠。子公司向母公司支付的利息在计算土地增值税、企业所得税时允许按规定扣除。

方案二："增资扩股＋股权赎回"模式

信托计划以4亿元对子公司增资扩股，增资后子公司注册资本4.3亿元，信托计划占股比例93％。3年后，子公司出资6.16亿元回购信托计划持有本公司股权。

分析：由于信托计划约定了投资期限并取得固定回报，按照实质重于形式的原则，子公司仍应作为母公司合并报表范围，母公司对外披露合并财务报表时，应将信托融资作负债处理，信托计划的投资人取得的利息应按贷款服务缴纳增值税。子公司利息扣除可以按下列规定处理：《国家税务总局关于企业混合性投资业务企业所得税处理问题的公告》（国家税务总局公告2013年第41号）规定，同时符合下列条件的混合性投资业务，对于被投资企业赎回的投资，投资双方应于赎回时将赎价与投资成本之间的差额认为债务重组损益，分别计入当期应纳税所得额：

（1）被投资企业接受投资后，需要按投资合同或协议约定的利率定期支付利息（或定期支付保底利息、固定利润、固定股息，下同）。

（2）有明确的投资期限或特定的投资条件，并在投资期满或者满足特定投资条件后，被投资企业需要赎回投资或偿还本金。

（3）投资企业对被投资企业净资产不拥有所有权。

（4）投资企业不具有选举权和被选举权。

（5）投资企业不参与被投资企业日常生产经营活动。

需要说明的是，《国家税务总局关于企业混合性投资业务企业所得税处理问题的公告》（国家税务总局公告2013年第41号，以下简称国家税务总局2013年第41号公告）出台后，虽然明确了混合型投资业务相关主体的税务处理，但是对于混合型投资业务设置的条件较多，实务操作中有一定难度。此种情形，尽可以将信托计划从形式上的股权融资转化为形式上的债务融资，从而解决利息支出税前扣除问题。

《国家税务总局关于企业所得税若干政策征管口径问题的公告》（国家税务总局公告2021年第17号）第三条规定：境外投资者在境内从事混合性投资业务，满足国家税务总局2013年第41号公告第一条规定的条件的，可以按照该公告第二条第一款的规定进行企业所得税处理，但同时符合以下两种情形的除外：

（1）该境外投资者与境内被投资企业构成关联关系。

（2）境外投资者所在国家（地区）将该项投资收益认定为权益性投资收益，且不征收企业所得税。

同时符合上述第（1）项和第（2）项规定情形的，境内被投资企业向境外投资者支付的利息应视为股息，不得进行税前扣除。上述规定适用于2021年及以后年度汇算清缴。

【例2-5】 某集团下属全资房地产子公司M需融资13.4亿元，其中集团公司已通过债权方式投入6.9亿元，剩余6.5亿元拟通过信托融资解决。借款期3年，年利率18％。信托公司为规避风险，要求以6.5亿元对M公司增资扩股，仍然按18％利率收取利息,利息由 M 公司承担,每 6 个月支付一次。3 年后,集团出 6.5 亿元回购信托公司持有 M 公司的股权。

在此业务模式下,M 公司承担的利息支出是否可以税前扣除存有一定争议,为减少分歧,可重新设计交易结构:

第一步:设立信托计划 13.4 亿元。

第二步:集团公司将 M 公司债权 6.9 亿元转让给信托计划,信托计划欠集团公司 6.9 亿元。

第三步:集团公司认购信托计划劣次级产品 6.9 亿元,与信托债权相抵消。其他投资者认购优先级信托计划 6.5 亿元。

第四步:信托计划以 6.5 亿元对 M 公司增资扩股。至此,信托计划对 M 公司股权投资 6.5 亿元,债权投资 6.9 亿元。

第五步:信托计划对 M 公司债权 6.9 亿元按 18% 利率收取利息,首先向优先级认购人支付利息 1.17 亿元,剩余利息向集团公司支付。

第六步:贷款期满,信托计划将 M 公司股权以 6.5 亿元价格转让给集团公司。

由于信托公司属于非银行金融机构,通过上述操作,M 公司向信托计划支付的利息,可以在计算土地增值税、企业所得税时按规定扣除。

四、信托业务常见涉税风险

在实务操作中,很多信托投资公司,给房地产企业不开具发票,以银行流水代替发票。银行流水,能否作为税前扣除凭证,税企双方争议较大。伴随着财税〔2016〕140 号文件、财税〔2017〕2 号文件、财税〔2017〕56 号文件、《财政部 税务总局关于租入固定资产进项税额抵扣等增值税政策的通知》(财税〔2017〕90 号)相继出台,为信托投资公司提供了开具发票的政策依据。根据《中华人民共和国税收征收管理法》(以下简称《税收征收管理法》)第二十一条的规定,单位、个人在购销商品,提供或者接受经营服务以及从事其他经营活动中,应当按照规定开具、使用、取得发票。《中华人民共和国发票管理办法》(以下简称《发票管理办法》)第十九条规定,销售商品、提供服务以及从事其他经营活动的单位和个人,对外发生经营业务收取款项,收款方应当向付款方开具发票;特殊情况下,由付款方向收款方开具发票。

2018 年 8 月 30 日,国家税务总局在官方网站进行 2018 年第三季度税收政策解读文字直播。所得税司副司长刘宝柱就《企业所得税税前扣除凭证管理办法》(国家税务总局公告 2018 年第 28 号发布)涉及增值税应税项目进行解读:对方为已办理税务登记的增值税纳税人,企业支出以对方开具的发票作为税前扣除凭证。也就是,凡对方能够开具增值税发票的,必须以发票作为扣除凭证。以往一些企业(如银行)用利息单代替发票给予企业,而没有按照规定开具发票,《企业所得税税前扣除凭证管理办法》(国家税务总局公告 2018 年第 28 号)发布后,必须统一按照规定开具发票。否则,相关企业发生的利息,将无法税前扣除。

在检查中,要查看房地产企业与融资公司的合同,费用支付方式以及发票的开具和取得,是否按照《发票管理办法》。

查看所取得的资金,是用于项目公司在建工程,还是用于流动资金,注意利息费用扣除,土地增值税和企业所得税扣除的区别。

五、案例解析

甲投资者与乙信托公司通过签订股权投资信托合同将1亿元资金委托给乙信托公司,用于投资丁房地产公司的项目。甲为该信托计划唯一受益人,年化收益率为9%,丙银行为保管人。乙信托公司与丁房地产公司签订股权投资计划合同,乙信托公司成为丁房地产公司的优先股股东,1亿元资金进行了验资并完成工商变更,但章程约定乙信托公司不参与企业管理,仅派出一名司机在丁房地产公司担任财务总监职务看管公章,每年收取固定回报年利率12%,按季收息300万元,由丙银行开具银行流水单,3年期满后由丁房地产公司回购乙信托公司股权。丁房地产公司的原唯一股东为戊公司。

问题一:信托是什么?

要搞明白信托业务涉税结果,首先必须先搞明白信托业务的法律关系,这是研究复杂涉税问题的常规入手方式。《中华人民共和国信托法释义》,对信托关系做了如下浓缩:

(1)信托法是特殊民法,调整的是财产权。信托财产是为特定目的设立的,自设立起,区别于委托人与受托人的自有财产。信托财产独立存在,既不属于委托人的清算财产也不属于受托人的清算财产。受托人虽然取得信托财产权的名义,但在经济上和实质上,其行使管理、运用或处分权,必须受信托目的的约束,信托财产在实质上归属于委托人和受益人。信托的上述法律特征与民法规范的一般法理有明显的区别,特别是同我国的物权法和债权法的基本规范相比较,具有特殊的法律原则。

(2)信托财产的权利人有委托人、受托人、受益人。固有财产权利人是排他性的、唯一的。信托财产实现了收益权与所有权相分离,收益权归受益人,占有、使用、处分权归受托人,但是受托人必须在信托目的下按信托合同行使占有、使用、处分权,受托人以自己的名义使用权利,但也不是拥有完全意义上的占有、使用、处分权。

(3)委托人仍然拥有对信托财产的财产权,但是这个财产权不是直接作用于信托财产的,而是需要间接作用的,即委托人通过信托合同要求受托人来行使自己的财产权,委托人的意志要通过受托人来实施。

因而,严格意义上,委托人、受托人、受益人都不享有完整意义上的所有权,所有权中的占有、使用、处分、收益权由三类人分别行使。

问题二:在会计处理上丁公司的融资属于股权还是债权?

虽然丁公司将1亿元资金进行了验资与工商变更,在法律形式上完全满足股权特征,但是根据《企业会计准则第 37 号——金融工具列报》(财会〔2014〕23 号)规定,"如果企业不能无条件地避免以交付现金或其他金融资产来履行一项合同义务,则该合同义务符合金融负债的定义。有些金融工具虽然没有明确地包含交付现金或其他金融资产义务的条款和条件,但有可能通过其他条款和条件间接地形成合同义务"。由于丁公司有明确的股权回购条款,同时每年支付固定回报 12%,因而在会计上,1 亿元融资作为债权计入丁房地产公司负债。在目前的会计实操中,是否具有还本付息,特别是还本的义务,是用于区分权益工具与负债的最重要的判断依据,是否参与公司管理与办理工商变更并不是重要判断依据。

问题三:丁公司的融资税务上属于股权还是债权?

税务上对于权益与负债的区分采用了更加严格的标准,《国家税务总局关于企业混合性投资业务企业所得税处理问题的公告》(国家税务总局公告 2013 年第 41 号,以下简称国家税务总局 2013 年第 41 号公告)规定,必须同时满足以下五个条件,才可以按实质重于形式原则认定 1 亿元融资为债务,可以以被投资企业丁房地产公司于应付利息的日期确认利息支出。这五个条件如下:

(1) 被投资企业接受投资后,需要按投资合同或协议约定的利率定期支付利息(或定期支付保底利息、固定利润、固定股息,下同)。

(2) 有明确的投资期限或特定的投资条件,并在投资期满或者满足特定投资条件后,被投资企业需要赎回投资或偿还本金。

(3) 投资企业对被投资企业净资产不拥有所有权。

(4) 投资企业不具有选举权和被选举权。

(5) 投资企业不参与被投资企业日常生产经营活动。

仔细分析,(1)~(3)项是剩余财产分配权,债权融资只有要求还本付息的权利,没有剩余财产分配权,(4)~(5)项是参与企业管理权,债权融资不具有企业管理权。在案例中,乙信托公司完全满足以上五个条款,根据"国家税务总局公告 2013 年第 41 号"可以认定丁公司的 1 亿元融资属于债权融资。

特别需要强调的是,国家税务总局 2013 年第 41 号公告要求债权融资除了需要同时满足以上列示的五个条款外,还有隐含的强制性第六条,即必须由被投资企业赎回投资,而不能由被投资企业的股东或者其他公司赎回。在案例中,必须由丁公司自己赎回 1 亿元股权投资,即通过所谓的减资形式来赎回,而不能通过向母公司戊公司转让丁公司股权的方式实现乙信托公司的退出。

实务操作过程中:

实质重于形式是会计与税法上都一直强调的一个业务判断原则,会计实践上对于实质重于形式原则遵循得比较彻底,税务实践中,绝大多数情况下遵循的是法律形式重于经济实质的原则,但是国家税务总局 2013 年第 41 号公告具有历史意义的是,在税务实践中遵循实质重于形式的原则来规范混合性投资业务。

在案例中,如果由母公司戊公司来赎回投资,其他条件不变,那么在会计上丁公司单体报表不将这1亿元融资确认为负债而是确认为股本,戊公司合并报表层面将这1亿元融资确认为负债,通过报表重分类在戊公司合并报表列示为负债。但是由于税收上没有合并报表的概念,因而只有丁公司自己赎回才会被认定为负债,其余形式都不符合负债的条件。这也是理解金融工具适用实质重于形式判断标准在会计与税收之间存在重大差别所在,会计上许多被认定为一次融资的事项,在税收上往往被认定为多次交易。

问题四:丁公司的利息支出可以在企业所得税前扣除吗?

税收理论与税收实践总是有一个差距,虽然根据国家税务总局2013年第41号公告,丁公司的融资满足债务的所有判断标准,但是有的税务机关仍然提出异议,认为由于丁公司没有从乙信托公司取得利息发票,因而按季支付的全年利息1 200万元不得在企业所得税前扣除。这也是目前信托与类信托融资最高发的税务问题,所有的政策研究最后还是需要落到实处,不能开具发票就是让税务机关信服信托与类信托融资的常见形式,也不会给税务机关带来执法风险。

厘清这个问题,还是需要从信托的法律关系着手。在案例中,甲投资者是委托人也是唯一受益人,乙信托公司是受托人,1亿元资金属于信托财产。最后实质上的借款人丁公司与甲投资者没有产生直接的合约关系和交易活动。与丁房地产公司直接产生合约关系和交易活动的是乙信托公司,乙信托公司又只是一个受托人并不是受益人,同时根据《中华人民共和国信托法》,信托财产的财产权并不归乙信托公司所有。那么在这种情况下,丁房地产公司要求乙信托公司开具1 200万元利息发票,乙信托公司完全可以以自己不是受益人来推托,同时以信托财产不归自己所有作为理由。丁房地产公司要求甲投资者开具发票则更不可能,因为丁与甲没有直接的合约与资金结算关系。在这种情况下,大部分信托与类信托融资不能开具发票成为普遍现象。国家税务总局2013年第41号公告也没有利息支出在企业所得税前扣除必须需要发票的规定。

在税务实践中,少部分信托公司对于利息支出可以开具发票的情况,但是大多数信托公司的信托融资利息支出无法开具发票。以银行流水单或者信托公司开具的收据进行企业所得税前扣除的案例都存在,需要个案沟通。但2017年7月1日之后,这个问题将不再困扰我们。根据财税〔2016〕140号文件第四条规定,"资管产品运营过程中发生的增值税应税行为,以资管产品管理人为增值税纳税人",财税〔2017〕2号文件第一条规定,"2017年7月1日(含)以后,资管产品运营过程中发生的增值税应税行为,以资管产品管理人为增值税纳税人,按照现行规定缴纳增值税",资管产品管理人均可以开具发票了。财税〔2017〕56号文件第一条第一款规定,资管产品管理人运营资管产品过程中发生的增值税应税行为,暂适用简易计税方法,按照3%的征收率缴纳增值税。《财政部 税务总局关于租入固定资产进项税额抵扣等增值税政策的通知》(财税〔2017〕90

号)规定,自2018年1月1日起,资管产品管理人运营资管产品提供的贷款服务,以2018年1月1日起产生的利息及利息性质的收入为销售额。

问题五:房地产企业通过信托融资发生的费用,能否抵扣增值税?答案:能抵扣。
政策依据:

(1)《营业税改征增值税试点实施办法》(财税〔2016〕36号附件1)第二十七条规定,下列项目的进项税额不得从销项税额中抵扣:购进的旅客运输服务、贷款服务、餐饮服务、居民日常服务和娱乐服务。

《营业税改征增值税试点有关事项的规定》(财税〔2016〕36号附件2)规定,纳税人接受贷款服务向贷款方支付的与该笔贷款直接相关的投融资顾问费、手续费、咨询费等费用,其进项税额不得从销项税额中抵扣。

(2)《营业税改征增值税试点实施办法》(财税〔2016〕36号附件1)附注:直接收费金融服务,是指为货币资金融通及其他金融业务提供相关服务并且收取费用的业务活动,包括提供货币兑换、账户管理、电子银行、信用卡、信用证、财务担保、资产管理、信托管理、基金管理、金融交易场所(平台)管理、资金结算、资金清算、金融支付等服务。

根据上述文件规定,货款服务及与该笔贷款直接相关的投融资顾问费、手续费、咨询费等费用,其进项税额不得从销项税额中抵扣,但是发生的"直接收费金融服务"的费用,如账户函证费、资信证明费用、账户管理费、支票等相关手续费,取得相应的扣税凭证(增值税专用发票)且和贷款服务无关的,可以进项税额抵扣。

问题六:房地产企业通过信托融资发生的费用,能否作为财务费用,在土地增值税进行扣除?

《土地增值税暂行条例实施细则》第七条规定,《土地增值税暂行条例》第六条所列的计算增值额的扣除项目,具体为:

开发土地和新建房及配套设施的费用(以下简称房地产开发费用),是指与房地产开发项目有关的销售费用、管理费用、财务费用。

财务费用中的利息支出,凡能够按转让房地产项目计算分摊并提供金融机构证明的,允许据实扣除,但最高不能超过按商业银行同类同期贷款利率计算的金额。其他房地产开发费用,按本条(一)、(二)项规定计算的金额之和的5%以内计算扣除。

凡不能按转让房地产项目计算分摊利息支出或不能提供金融机构证明的,房地产开发费用按本条(一)、(二)项规定计算的金额之和的10%以内计算扣除。

文件提到,提供金融机构证明,允许据实扣除。那么信托公司是否属于金融机构呢?

《营业税改征增值税试点过渡政策的规定》(财税〔2016〕36号附件3)金融机构是指:

(1)银行:包括人民银行、商业银行、政策性银行。

(2)信用合作社。

(3)证券公司。

(4) 金融租赁公司、证券基金管理公司、财务公司、信托投资公司、证券投资基金。

(5) 保险公司。

(6) 其他经人民银行、银监会、证监会、保监会批准成立且经营金融保险业务的机构等。

《金融业企业划型标准规定》(银发〔2015〕309号印发)第三条行业分类规定,采用复合分类方法对金融业企业进行分类。首先,按《国民经济行业分类》(GB/T 4754—2017)将金融业企业分为货币金融服务、资本市场服务、保险业、其他金融业四大类。其次,将货币金融服务分为货币银行服务和非货币银行服务两类,将其他金融业分为金融信托与管理服务、控股公司服务和其他未包括的金融业三类。最后,按经济性质将货币银行服务类金融企业划为银行业存款类金融机构;将非货币银行服务类金融业企业分为银行业非存款类金融机构,贷款公司、小额贷款公司及典当行;将资本市场服务类金融业企业划为证券业金融机构;将保险业金融企业划为保险业金融机构;将其他金融业企业分为信托公司、金融控股公司和除贷款公司、小额贷款公司、典当行以外的其他金融机构。

从上述文件来看,信托投资公司属于金融机构,房地产公司财务费用允许在计算土地增值税进行扣除。

第五节　夹层融资

一、夹层融资的概念

夹层融资(Mezzanine Financing)是一种介于优先债务和股本之间的融资方式,指企业或项目通过夹层资本的形式融通资金的过程。之所以称为夹层,从资金费用角度看,夹层融资的融资费用低于股权融资,如可以采取债权的固定利率方式,对股权人体现出债权的优点;从权益角度看,夹层融资的权益低于优先债权,所以对于优先债权人来讲,可以体现出股权的优点。这样,在传统股权、债权的二元结构中增加了一层。夹层融资是一种非常灵活的融资方式,作为股本与债务之间的缓冲,使得资金效率得以提高。

夹层融资模式大致分成四种。第一种是股权回购式,就是募集资金投到房地产公司股权中,然后再回购,这是比较低级的。第二种是房地产公司一方面贷款,另一方面将部分股权和股权受益权给信托公司,就是"贷款＋信托公司＋股权质押"模式。第三种是贷款加认股期权,到期贷款作为优先债权偿还。第四种模式是多层创新。

二、夹层融资的风险和回报

夹层融资的回报通常从以下一个或几个来源中获取:①现金票息,通常是一种高于相关银行间利率的浮动利率。②还款溢价。③股权激励,这像一种认股权证,持有人可以通过股权出售或发行时行使这种权证进行兑现。夹层融资的利率水平一般在10%~15%,投资者的目标回报率是20%~30%。它的回报率低于私有股权,高于优先债务;它的风险低于股权融资,高于优先债务。一般来说,夹层利率越低,权益认购权就越多。

三、夹层融资的形式和特点

(一)夹层融资的形式

夹层融资通常采取夹层债、优先股或两者结合的方式,也可以采取次级贷款,或采用可转换票据的形式。在夹层债中,投资人将资金借给借款者的母公司或是某个拥有借款者股份的其他高级别实体(以下简称夹层借款者),夹层借款者将其对实际借款者的股份权益抵押给夹层投资人,与此同时,夹层借款者的母公司将其所有的无限责任合伙人股份权益也抵押给夹层投资人。这样,抵押权益将包括借款者的收入分配权,从而保证在清偿违约时,夹层投资人可以优先于股权人得到清偿,用结构性的方式使夹层投资人权益位于普通股权之上、债权之下。在优先股结构中,夹层投资人用资金换取实际借款者的优先股份权益。夹层投资人的优先体现为在其他合伙人之前获得红利,在违约情况下,优先合伙人有权力控制对借款者的所有合伙人权益。

(二)夹层融资的特点

(1)夹层融资结合了固定收益资本的特点和股权资本的特点,可以获得现金收益和资本升值双重收益。

(2)对投资者而言,夹层融资在融资期内有可预测的、稳定的、正向的现金流入,并且可以通过财务杠杆来改变资本结构,提高投资收益。

(3)对融资方而言,夹层融资成本一般高于优先债务但低于股本融资,而且可以按照客户的独特需求设计融资条款,在最大程度上减少对企业控制权的稀释。夹层融资适合那些现金流可以满足现有优先债务的还本付息,但是难以承担更多优先债务的企业或项目。

(4)从行业角度看,因为融资规模、现金流和信用等级的要求,夹层融资主要应用于基础设施、房地产和工商业项目等。

(5)夹层融资的不足在于产品非标准化,信息透明度低,法律架构复杂,其费用远高于抵押贷款。此外,借款者在考虑夹层融资时,还必须征得抵押贷款投资人的同意。

四、我国房地产夹层融资的需求分析

我国现阶段房地产企业的融资选择余地不大。一是股权融资的门槛太高。在全国3万多家的房地产企业中,绝大多数是中小企业,它们无法达到上市的基本要求,但对于资金的需求更为迫切。二是上市的融资规模有限。截至2016年,房地产业股市融资

总额1 443.52亿元,其中增发配股1 426.18亿元。三是产业基金立法的缺失,致使房地产基金的融资方式暂不可行。

总体来看,我国经济运行状况良好,金融体制改革不断深化,为房地产融资渠道的创新创造了一个稳定的大环境。房地产融资方式多样化有利于房地产市场和房地产业的发展。

城乡居民收入持续增长,国内资本市场融资空间广阔。由于夹层融资没有资金投资限制,允许中小投资者的进入,它能为我国城乡居民提供一个投资房地产的机会。总之,宏观法律环境的变化和银行放贷谨慎导致了房地产行业的资金短缺,房地产开发企业需要求助于其他的融资渠道。此时,夹层融资成为房地产开发企业另一重要资金来源,带有某种必然性。

五、我国房地产运用夹层融资的实现途径

(一) 夹层融资引入载体选择

国外夹层融资的投资方式是先成立一个夹层投资基金,然后选择合适的项目进行投资。有别于中国传统的融资过程,夹层基金一般先进行资金募集,然后根据资金寻找收益、风险与之匹配的投资项目。国内暂时没有产业基金法出台,基金市场以及证券市场都不完善,所以采取直接设立夹层投资基金进行房地产投资的可能性不大,夹层融资需要选择一个合适的载体进入产业市场。

在我国目前的金融制度环境下,商业银行要大规模开展夹层融资创新存在不少的障碍。首先,夹层资本属于高风险资产类别,要求大量的资本金,这对于普遍资本充足率不足的商业银行来说,困难不小。其次,夹层融资产品的设计、管理和风险控制与银行的传统业务有很大的区别,商业银行目前还缺乏相应的技术和经验。此外,《中华人民共和国商业银行法》第四十三条也规定了,国内商业银行不能向非银行金融机构和企业投资。所以商业银行暂时还无法成为引入夹层融资方式的载体。

当前要在房地产市场上引入夹层融资方式,最佳的引入载体是信托公司。美国信托专家斯科特认为"信托业的应用范围可以与人类的想象力相媲美"。信托具有财产隔离、规避政策障碍及合理避税等三大核心功能。在我国信托公司是唯一链接货币市场、资本市场、产业市场的金融机构。信托公司可以投资房地产,所以目前在国内只有信托公司才能更好地运用夹层融资手段解决我国房地产企业融资的问题。

一方面,信托独具制度优势,创新空间宽广,并具有巨大的灵活性。信托产品能够比较灵活充分地适应和处理房地产的多种经济和法律关系,解决其他渠道难以解决的问题。房地产信托融资方式不但可以降低房地产行业整体的运营成本,节约财务费用,而且在供给方式上也十分灵活,可以针对房地产企业本身运营需求和具体项目设计个性化的资金信托产品,从而增大市场供需双方的选择空间。

另一方面,由于原有房地产政策大大提高了信托贷款的门槛,对于解决长期的、大

规模项目的融资问题,作用还是非常有限的。通过引进夹层融资这一新的融资方式,信托公司可以拓宽自己的业务、优化投资结构、提高市场竞争力和影响力,对于扩大自己的利润来源也有着重要作用。

最后,信托公司已经具备了投资房地产业丰富的实践经验,在信托公司的全部业务中,房地产信托已经"三分天下有其一",房地产信托业务成为信托公司很重要的一个利润来源。

(二) 夹层融资结构选择

结合房地产开发的特点,有以下几点夹层融资投资及还款结构安排。

1. 夹层投资阶段投入形式安排

对于房地产信托来说,目前最关键的问题就是要在开发商"四证"尚未齐全之前就融资给开发商,否则房地产信托没有任何意义。项目处于开发阶段,不具备向银行和信托公司申请贷款时,资金可以通过有限股,或者可转债的方式,作为"夹层融资"进入,以此补充企业的资本金,为优级债券和银行贷款进入提供条件。比如一个房地产项目,要求开发商的自有资本金的比例达到35%,如果开发商自有资本金的比例只有20%,"夹层融资"就可以以参股的形式注入资金,使整个项目的资金达到要求的35%,不影响房地产开发商的控股权。对于已经取得银行贷款,只是在销售前期面临着暂时资金短缺的项目,夹层融资可以安排以债权投资为主、结合一部分认股权证的结构,使投资者获得一定的利息收入和还款溢价。

夹层投资可以采取一次性投入,也可采取分期分批投入。例如,可以安排夹层投资中的一部分为企业先期投资注入开发资金;另外一批资金在企业实际进入项目实施阶段投入。这样做的目的是保证企业资金供应的连续性,然后根据不同阶段的投资风险来确定投资回报率。

2. 夹层融资还款期安排

夹层融资可以采取灵活的还款方式。对于处于开发阶段的项目,可以只要求承担一定的利息或者不偿还本息,等到项目有了现金流入再偿还本金和一定比例的项目收益。因为夹层投资人一般不寻求控股和长期持有,在企业有了现金流入之后,他们一般采取出让收益权证或回购优先股等形式,获得一定的投资溢价,进而实现资本的退出。

3. 夹层融资还款利率安排

在利率的安排上,可以采取市场化原则,按照高风险、高收益的原则,制定和实行灵活的利率标准,即夹层投资根据开发商的信用、自有资金比例、投资期限等多种因素调节利率,以保证风险和收益对等。

4. 夹层融资可采取的其他特殊模式

夹层投资资金通过信托公司可以采取优先购买权的信托模式,赋予夹层投资者优先购买已建好楼盘的权利,这种投资模式十分符合我国国情。在此结构安排下,既解决了房地产企业的融资困难,又解决了房地产商的销售问题。夹层投资人不仅可以享受开发期间的利息收入,也可以选择以最终购买房产作为资金退出渠道。

六、夹层融资的进入条件和退出机制

(一)夹层融资的进入条件

1. 获得夹层投资的房地产企业应该具备的条件

一是有公司法人授权或董事会签字同意的申请报告;二是已开立基本账户或一般存款账户;三是提供真实的、全面的(经过审计的)财务报表、报告,其财务指标和资产负债率等符合贷款要求;四是除国务院规定外,对获得夹层融资的企业各种资本金比例要有一定的要求,如夹层融资额与企业自有资金的比例,夹层融资额与优先债务的比例,夹层融资额与所投资项目所需总投资的比例,等等。

2. 获得夹层融资的项目应该具备的条件

一是投资项目经可行性研究论证,能够有效满足当地住房开发市场的需求,市场前景较好;二是投资项目已经纳入国家或地方房地产开发建设计划,其立项文件完整、真实、有效,能够进行实质性开发;三是投资的项目工程预算和施工计划符合国家和当地政府的有关规定;四是投资项目的工程预算投资总额,能够满足项目完工前由于通货膨胀和不可预见等原因追加预算的需要;五是投资项目的基础设施、公共设施建设配套,当项目建成后,能及时投入正常使用。

(二)夹层融资退出机制选择

与单独的股权融资相比较,夹层融资在资金的退出上有一定的优势。通常会在夹层投资债务构成中包含一个预先确定好的还款日程表,可以在一段时间内分期偿还债务,也可以一次还清。还款模式将取决于夹层投资的目标公司的现金流状况。因此,夹层投资提供的退出途径比私有股权投资更为明确(后者一般依赖于不确定性较大的清算方式)。同时,在夹层融资采取优先股或可转债形式时,也可以采取开发商或管理层回购的方式,或转卖给愿意长期持有到期的机构投资者以及愿意持股房地产企业的投资者,以赚取价格差额。

例如,"联信·宝利七号"在安排产品的灵活性时,借鉴了期货交易的做市商制度,引入投资机构充当"做市商"角色。在信托计划发行之前即约定,信托计划优先受益权产品持有人在期满1年以后,以约定的价格卖给做市商,做市商可将信托计划卖出赚取差价,也可将信托计划持有到期获得收益。这种做法提高了夹层融资产品的流动性,也可以作为夹层融资退出制度的一个借鉴。

七、夹层融资常见涉税风险

目前房地产行业受国家宏观调控的大环境影响,房地产融资难度增加,单纯通过银行贷款的融资渠道越来越窄。企业对融资的创新需求加大。对税企双方来说,企业财务人员对不同的融资方式的财务费用如何处理,能否正确地区分,能否有效地规避税务风险,如何降低财务费用的税收风险等,都是亟须解决的问题。为了降低税务机关涉税风险,应查看房地产企业的融资计划书、签订的合同、费用的支付方式,查看取得发票是属于贷款性质还是属于资管产品。属于贷款性质,进项税额不得在销项税额中抵扣。属于资管产品,按照财税〔2016〕140号、财税〔2017〕2号、财税〔2017〕56号文件规定,取得专用发票,进项税额可以在销项税额中抵扣。企业所得税按照总局2013年第41号公告执行。土地增值税按照《土地增值税暂行条例实施细则》开发土地和新建房及配套设施的费用(以下简称房地产开发费用),是指与房地产开发项目有关的销售费用、管理费用、财务费用。

财务费用中的利息支出,凡能够按转让房地产项目计算分摊并提供金融机构证明的,允许据实扣除,但最高不能超过按商业银行同类同期贷款利率计算的金额。其他房地产开发费用,取得土地使用权所支付的金额和开发土地和新建房及配套设施的金额之和的5%以内计算扣除。

凡不能按转让房地产项目计算分摊利息支出或不能提供金融机构证明的,房地产开发费用按取得土地使用权所支付的金额和开发土地和新建房及配套设施的金额之和的10%以内计算扣除。

第六节 债券融资

一、债券简述

债券是政府、企业、银行等债务人为筹集资金,按照法定程序发行并向债权人承诺于指定日期还本付息的有价证券。

债券(Bonds/Debenture)是一种金融契约,是政府、金融机构、工商企业等直接向社会借债筹借资金时,向投资者发行,同时承诺按一定利率支付利息并按约定条件偿还本金的债权债务凭证。债券的本质是债的证明书,具有法律效力。债券购买者或投资者与发行者之间是一种债权债务关系,债券发行人即债务人,投资者(债券购买者)即债权人。

债券是一种有价证券。由于债券的利息通常是事先确定的,债券是固定利息证券(定息证券)的一种。在金融市场发达的国家和地区,债券可以上市流通。在中国,比较典型的政府债券是国库券。不过从承销商自身利益考虑,通常会考虑资质好、规模大的企业,真正能够使用这种融资方式融资的中小房地产开发企业还十分少。

(一)债券的特点

与银行贷款不同,债券融资是一种直接融资,不需要通过银行这一金融机构作为媒介,而是直接募集资金,较为灵活。同时,银行贷款期限一般期限较短,债券融资期限为中长期,更加符合企业的融资需求。

然而,银行贷款须经内部审批,债券融资发行须经相关部门审核、批准或向相关部门注册后才能完成。同时,银行贷款由双方当事人,即借贷双方对借贷事宜达成一致即可,债券融资还需前期的社会宣传,发行之后债券的利率也往往高于同期银行贷款。因此,债券融资历时可能较长,成本也较高。故两种融资方式有利有弊。

债券融资与股票融资都是直接融资方式,但从统计来看,通过债券融资数额大约是股票融资数额的 6 倍,因此,融资者更青睐于债券融资方式。

这与债权融资方式的优势有关。首先,债券融资对资本结构具有优化作用,根据罗斯的"信号传递理论",企业的价值与负债率呈正相关,越是高质量的企业,负债率越高。其次,债券融资可在一定程度上减轻企业的税负,企业可以合理地避税。

(二) 债券融资种类

债券融资方式中根据不同的标准可以分为不同种类。根据发行主体分类,可分为政府债券、金融债券、企业类债券、资产支持证券和国际债券。具体而言,政府债券细分为国债和地方政府债,其中,国债是指由中央政府发行的债券,由国家政府的信用作担保,所以信用最好,有"金边债券"之称;地方政府债券是指由地方政府发行,其信用、利率、流通性通常略低于国债;金融债券是指由银行或非银行金融机构发行,信用度高、流动性高、安全性高,利率也往往高于国债,具体又分为政策性金融债、商业银行债、非银行金融机构债、证券公司债;企业类债券是指由企业发行的债券,又称公司债,风险高,利率也高,具体分为企业债、公司债、可转债、非金融企业债务融资工具;资产支持证券,是指由特定目的信托受托机构发行的、代表特定目的信托的信托受益权份额,是由受托机构发行的、以该财产所产生的现金支付其收益的受益证券;国际债券则指国外各种机构发行的债券。

根据偿还期限,分为超短期债券、短期债券、中期债券和长期债券 4 种。超短期债券是指 270 天内的债券;短期债券是指 1 年以内的债券,通常有 3 个月、6 个月、9 个月、12 个月几种期限;中期债券是指 1~5 年内的债券;5 年以上的债券则是长期债券。一般而言,债券融资期限比银行贷款融资期限要长。

按偿还方式,分为定息债券、一次还本付息债券、贴现债券、浮动利率债券、累进利率债券、可转换债券 6 种。定息债券指债券票面附有利息票,通常半年或 1 年支付一次利息,利率是固定的;一次还本付息债券是指到期一次性支付利息并偿还本金;贴现债券是指发行价低于票面额,到期以票面额兑付,发行价与票面额之间的差就是贴息;浮动利率债券是指债券利率随着市场利率变化;累进利率债券是指根据持有期限长短确定利率,持有时间越长,则利率越高,反之亦然;可转换债券是指到期可将债券转换成公司股票的债券。

二、债券融资常见涉税风险

近年来,我国企业直接融资比重显著提高,相对于银行贷款,债券融资不仅成本可能更低,而且通常不会受债权人直接干涉,因而发展势头越发迅猛。眼下,通过发行债券获得资金已经不仅仅是大型企业、上市公司的专利,中小型企业通过发行集合债、资产证券化等方式直融的规模也越来越大。在管控与债券发行有关税务风险时,除了与主体有关的风险应引起重视外,与发行债券募投项目(募投项目即募集资金的用途)有关税务问题也常常引起争议,鉴于这一事项对会计核算的要求更高,计算更趋复杂,支持资料要求更细致,也更应该引起企业的高度重视。

(一)与募投项目有关的税务风险

1. 债券利息作为"合理"费用支出问题

税法明确企业在生产经营活动中发生的合理的借款费用允许税前扣除,而整个借款中,最大的费用支出当属利息无疑,有些"次级债"的利率可能远高于正常银行贷款利率,此时如何判断其是否为"合理"呢?事实上,资本市场瞬息万变,资金价格更非一成不变,企业申请发行债券是一个系统工程,从开始准备资料到各中介机构出具专业意见,向有权部门递交申请,数轮反馈,解释,有权部门审批同意/获准注册,市场询价,直至最终发行成功,资金到账,整个过程可能会很长,拖一到两年的都不罕见,所以债券发行利率并不是一个具体的利率,而是一个计算方法或者区间。例如,企业债券对利率的审批通常会是SHIBOR(上海银行间同业拆放利率)+N个基点,再采取簿记建档方法,最终确定发行利率。同时,企业债券的利率不仅受宏观资金面影响,而且受企业自身偿债能力、募投项目、公司业绩、券商的销售能力、投资者偏好等因素左右,即使是同样的评级,同时发债,利率相差很大也很正常。所以,在债券的利率方面,只要是以市场为基础确定的债券利率,都应该被认为"合理"。此外,需要强调的是,与债券发行有关的其他的一些必要费用,包括承销费用、审计费用、评级费用、律师费用、注册费用、代理费用等,也应该属于"合理的"费用支出。

企业债券的利率不得高于银行相同期限居民储蓄定期存款利率的40%。

2. 利息资本化问题

与募投项目有关的最主要税务风险是当期的债券利息是否应该资本化问题。从税法规定可以看出,是否资本化的主要依据是"按企业会计准则的规定进行归集和分配",而利息是否允许资本化,会对当期企业所得税的计算产生重大影响。

根据《企业会计准则第17号——借款费用》规定,企业发生的借款费用,可直接归属于符合资本化条件的资产的购建或者生产的,应当予以资本化,计入相关资产成本;符合资本化条件的资产,是指需要经过相当长时间的购建或者生产活动才能达到预定可使用或者可销售状态的固定资产、投资性房地产和存货等资产。可以看出,如果募投项目为补充流动/营运资金或归还短期贷款,则一般情况下相应利息不属于用于"需要经过相当长时间的购建或者生产活动才能达到预定可使用或者可销售状态的固定资产、投资性房地产和存货等资产",因而应该直接列为财务费用并在企业所得税税前扣除。当然也有例外情况,根据《企业会计准则第17号——借款费用》规定,为购建或者生产符合资本化条件的资产而占用了一般借款的,仍然可以资本化。此时,企业应根据累计资产支出超过专门借款部分的资产支出加权平均数乘以所占用一般借款的资本化率,计算确定一般借款应予资本化的利息金额。不过,此时利息资本化金额的计算对企业会计核算要求比较高。

但如果募集资金的用途是用在工业项目,那是否意味着利息均可以资本化呢?

答案是不可以,一是因为工业项目融资在报有权威部门审批时,需要以项目预算为基础。项目预算通常由土地房产预算、机器设备预算、流动资金预算三大部分组成,很显然,用于流动资金对应的债券资金利息不能资本化。二是准则中规定,借款费用同时满足下列条件的,才能开始资本化:①资产支出已经发生,资产支出包括为购建或者生产符合资本化条件的资产而以支付现金、转移非现金资产或者承担带息债务形式发生的支出。②借款费用已经发生。③为使资产达到预定可使用或者可销售状态所必要的购建或者生产活动已经开始。可以看出,利息资本化的具体操作,无论是资本化的条件、开始时点、金额,资本化的中断、恢复以及停止,都有详细的规定,公司需要严格遵循准则的规定,精确计算资本化的金额,才能管控相关税务风险。

(二)与募投项目有关的税务风险防范

(1)公司在制作募集说明书时,如果资金用途中涉及工业项目投资的,在确定项目的可行性研究报告时,应高度重视项目的预算,谨慎计算,严格把关,切不可掉以轻心。在募投资金使用时,严格按募集资金说明书中募投项目使用资金,加强财务会计的核算,保留各种支持材料以备税务检查。如果实际资金用途调整时,则不仅需要严格按规定程序使用资金,还需要参考项目预算,对于变更的部分做好分析,合理解释。

(2)建立健全规范的募集资金的管理制度,在资金实际使用时保留每次资金调动的原始凭证以及会计处理的相关依据,包括合同、协议、发票以及利息计算的具体过程等材料。

(3)与经常出现的税法与会计的差异不同,在关注与发行债券募投项目有关的税务风险时,税法只规定了原则"按企业会计准则的规定进行归集和分配",具体的执行主要是依据会计准则的规定,因而提高在这一领域的会计核算水平刻不容缓,而这也正是管控风险的至关重要的措施。

第七节 资产证券化

一、资产证券化概述

根据《证券公司及基金管理公司子公司资产证券化业务管理规定》（中国证券监督管理委员会公告〔2014〕49号公布）的规定，资产证券化是指以基础资产或资产组合所产生的现金流为偿付支持，通过结构化方式进行信用增级，在此基础上发行资产支持证券的业务活动。

根据被誉为"资产证券化之父"的美国耶鲁大学金融学教授弗兰克·法博齐（Frank Fabozzi）的定义，资产证券化可以被广泛地定义为一个过程。通过这个过程，可以将具有共同特征的贷款、消费者分期付款合同、租赁合同、应收账款或其他不流动的资产，包装成可以在市场上交易的、具有投资特征的带息证券。

上述定义都指出了资产证券化的本质特征。资产证券化（Asset-Backed Securitization，ABS），用更"接地气"的表达便是，通过发行证券的手段使特定资产满足资本市场交易各方的需求。

二、资产证券化的优势

资产证券化本无所谓好坏，然而在不同的金融市场、针对不同需求的企业主，则可能存在优劣之分。有人认为资产证券化在我国尚不成熟，市场规模小、发行数量少、投资者单一，甚至认为资产证券化是个危险的东西。正如原央行行长周小川在《资本市场的多层次特性》中指出的，"在很多非金融专业人士看来，SPV（Special Purpose Vehicles，SPV，指特殊目的的载体，也称为特殊目的机构、公司）似乎不是个好东西，因为很多金融乱象好像都涉及SPV，一些广为人知的金融市场上的违规行为、诈骗性产品似乎背后都有SPV的影子，如2002年美国安然公司出事，就是利用SPV做了很多表外业务，次贷危机也很大程度上与SPV有关系。但对于金融专业人士而言，对SPV恐怕还是要一分为二地看，既要认识到SPV对于满足市场投融资需求、规避和管理风险、提高资金配置效率的好处，也要清醒地认识到SPV可能带来的问题。应该说，很多融资业务创新都是通过SPV实现的，SPV加上资产证券化在各国都有大量成功的实践。因此，SPV有其积极的意义，特别是在创建多层级金融市场、金融产品和交易机制方面，可以发挥重要作用"。

当然，对资产证券化持肯定态度者仍属多数，这从近年来起逐渐受到诸多企业的追捧就可以看出。原因在于其具有不同于其他融资方式的独特优势，主要包括融资门槛更低、融资成本更低、融资风险更小以及资产流动性更强。

(一) 融资门槛更低

以银行贷款为代表的债券融资方式,相关限制较多,最典型的是要求所贷款项必须符合法定、约定的用途,如企业短贷长投,则构成违约;以发行公司债券为代表的债券融资方式,为保护投资者利益,要求发行债券的待偿余额不得超过企业净资产的40%;以IPO为代表的权益型融资方式,监管更为严格,最典型的是及时披露公司各方面相关信息。对此,资产债券化的融资方式更有优势,并没有要求融资所得必须用于特定用途,没有要求融资数额必须符合特定比例要求,也没有要求披露与公司相关的各方面信息,仅披露与"基础资产"相关的信息,降低了企业"合法合规"方面的成本。甚至,资产证券化将由"核准制"转向"备案制",发行流程也将缩减。

(二) 融资成本更低

除民间融资外,一般融资方式都需要经特定机构审批、核准,或向特定机构注册之后才能发行。资产证券化(以企业资产证券化为例),一般流程可概括为企业将缺乏流动性、能产生稳定现金流的资产打包,转让给SPV,再由证券公司进行包装,相关增信机构对标的资产进行信用增级,相关信用评级机构负责对证券进行信用等级评定,经证监会核准后发行,由承销商承销,最终投资者认购投资。可见企业将基础资产转让之后,基本只担当"原始权益人"的角色,根据《证券公司及基金管理公司子公司资产证券化业务管理规定》(中国证券监督管理委员会公告〔2014〕49号公布)的规定,其应履行的职责限于:依照法律、行政法规、公司章程和相关协议的规定或者约定移交基础资产;配合并支持管理人、托管人以及其他为资产证券化业务提供服务的机构履行职责;专项计划法律文件约定的其他职责。因此,企业不仅能以较快的速度(相比逐笔收取相关款项)获得资金(虽然该笔资金相比将来的获益有所降低,但及时的资金流回笼对于企业来说更为重要),同时后续相应环节将产生的人力成本、时间成本、管理成本等都可忽视。

(三) 融资风险更小

"资产隔离"机制可谓资产证券化的典型特征。设定SPV的好处在于可使资产隔离、税收合理化并创造性的满足市场需求。因此,通过SPV融资对创新金融产品、多层次资本市场的建立意义重大。然而,对于企业主而言,资产证券化的融资主体,并非需融资的企业自身,而是通过SPV来完成,因此SPV制度的设计在一定程度上可使企业融资风险更小。一方面,企业通过SPV来完成整个融资过程,可避免因申请发行失败而损失各种发行费用的风险;另一方面,企业在较短时间内获取融资款,可避免将来产生的"呆账、坏账"等风险。此外,SPV使得基础资产被"真实出售",即使将来基础资产收益产生贬值危机,企业一般不需要承担损害赔偿责任,也避免了承担基础资产贬值带来的负面影响的风险。

但也有人对"资产隔离"持一种怀疑态度,认为我国基础资产(除信贷资产)并非"真实出售",因此当证券价值受到基础资产的影响且企业破产时,基础资产是否能保障投资者的利益不无疑问。相关数据显示,企业资产证券化存量规模不足500亿元。根据银行间市场交易商协会数据,截至 2017 年年底,非金融企业债务融资工具共发行 3 770 只,累计发行规模 3.9 万亿元,累计发行量为 13.2 万亿元。这些数据反映,资质好的企业,都通过短期融资券、中期票据等非金融企业债务融资工具方式融资。只有资质相对较差的企业,想利用一部分有稳定现金流的资产进行融资,但投资人会担心企业相对较差的资质会影响到未来资产的安全性,这就引发了企业资产证券化到底能不能实现破产隔离?该疑虑值得探讨,但这一点有待相关法律法规的进一步完善。

(四)资产流动性更强

拟被证券化的资产往往具有"流动性较差"的特征,虽然具有稳定的现金流,但对于企业而言,收益缓慢且风险较大。但若对这种资产进行证券化,一来可以尽快为企业带来现金流,避免资金链断裂,二来可以盘活资产,挖掘新的融资机会。以拟将商业地产租金收益证券化为例,将租金收益证券化可保证急需较大资金量的房地产企业在较短时间内获取资金,促进"企业血液循环",同时将转移出去的资产换成具有高流动性的证券,盘活了不流动的资产。

三、资产证券化类型

一般而言,资产证券化业务仅包括信贷资产证券化与企业资产证券化两种。信贷资产证券化,根据《信贷资产证券化试点管理办法》(中国人民银行 中国银行业监督管理委员会公告〔2005〕第 7 号公布)的规定,是指以资产支持证券的形式向投资机构发行受益证券,以该财产所产生的现金支付资产支持证券收益的结构性融资活动。企业资产证券化;根据《证券公司资产证券化业务管理规定》(中国证券监督管理委员会〔2013〕16 号公布)的规定,是指以特定基础资产或资产组合所产生的现金流为偿付支持,通过结构化方式进行信用增级,在此基础上发行资产支持证券的业务活动。随着 2012 年《银行间债券市场非金融企业资产支持票据指引》(中国银行间市场交易商协会公告〔2012〕14 号公布)的出台,资产支持票据作为新的一员加入。资产支持票据是指非金融企业在银行间债券市场发行的,由基础资产所产生的现金流作为还款支持的,约定在一定期限内还本付息的债务融资工具。

四、信贷资产证券化发行流程

(一)适用对象

根据《信贷资产证券化试点管理办法》(中国人民银行 中国银行业监督管理委员会公告〔2005〕第 7 号公布)的规定,银行业金融机构是信贷资产证券化的发行主体,其通过设立特定目的信托转让信贷资产。基础资产很明确,即金融机构的信贷资产。但《中国人民银行 中国银行业监督管理委员会 财政部关于进一步扩大信贷资产证券化试点有关事项的通知》银发〔2012〕127 号中指出,信贷资产证券化入池基础资产的选择要兼顾收益性和导向性,既要有稳定可预期的未来现金流,又要注意加强与国家产业政策的密切配合。鼓励金融机构选择符合条件的国家重大基础设施项目贷款、涉农贷款、中小企业贷款、经清理合规的地方政府融资平台公司贷款、节能减排贷款、汽车贷款等多元化信贷资产作为基础资产开展信贷资产证券化,丰富信贷资产证券化基础资产种类。

(二)具体流程

信贷资产证券化涉及的主体包括作为发起机构的银行业金融机构,受托贷款服务机构、资金保管机构、资产支持证券投资机构以及证券登记托管机构等。由于本书主要从非金融企业的角度来介绍融资,信贷资产证券化不做详细介绍。

但企业若对信贷资产证券化流程有较为形象、具体的了解,对其拟将开展的企业资产证券化也有利无害。这里引用中国社科院国际投资室主任张明在《东方早报》上的一篇文章《何为资产证券化?——资产证券化系列评论之一》,其以金融市场上最普遍的一种资产证券化产品住房抵押贷款支持证券(Residential Mortgage-Backed Securities,RMBS)为例介绍了资产证券化(信贷资产证券化)的流程及该过程中各方可能的获益,简单却透彻、到位,具体如下:

假定商业银行 A 在 2021 年给 1 万个符合贷款标准的家庭提供了每笔均为 200 万元人民币的住房抵押贷款,期限均为 20 年。在没有资产证券化的情况下,A 银行要花上 20 年才能全部收回上述贷款,资金周转速度太慢。但对 A 银行而言,由于这 1 万个家庭每个月都要还本付息,这意味着 A 银行能够定期收到非常稳定的现金流,这就具备了将这 1 万笔住房抵押贷款证券化的基础。

标准的资产证券化流程分为以下几步:第一步,商业银行 A 注册成立一个空壳公司 B。B 公司没有任何其他业务,本身与 A 银行之间也没有任何股权或债权关系。第二步,商业银行将上述 1 万笔住房抵押贷款(期限 20 年、总金额 200 亿元人民币)的所有相关收益与风险,以 180 亿元人民币的价格转移给 B 公司。这相当于 B 公司因此获得了一个能够定期产生稳定现金流的资产池。第三步,B 公司聘请承销商 C 投资银行来设计并销售资产证券化产品。C 公司建议 B 公司以上述资产池产生的现金流为支持,发行两种不同类型的债券:一种债券为价值 140 亿元的优先级债券,年收益率为 4%;另一种债券为价值 45 亿元的次级债券,年收益率不定。这两种债券的区别在于资产池所产生现金流的分配规则:从 B 公司资产池中所产生的现金流,首先必须完全满足优先级债券还本付息,之后剩余的现金流,在扣除必要费用后,全部发放给次级券的持有者。这种分配规则,意味着优先级债券的风险要低于次级债,同时也意味着次级债券的预期收益率必然高于优先级债券。第四步,B 公司聘请独立评级公司 D 为上述优先级与次级债券进行信用评级。最终 D 公司为优先级债券给出 AA 信用评级,为次级债券给出 BBB 信用评级。第五步,在获得信用评级后,C 公司开始在市场上销售上述债券。最终 C 公司向风险偏好较低的机构投资者(如养老基金与保险公司)卖出了全部的优先级债券,向风险偏好较高的机构投资者(如信托公司与投资银行)卖出了全部的次级债券。第六步，B公司向A银行支付购买1万笔住房抵押贷款的费用180亿元。第七步，B公司选择一家金融机构E作为服务商（Servicer）。E机构负责对1万笔住房抵押贷款进行日常管理，并将获得的本息收入定期支付给购买上述债券的机构投资者。

对作为资产证券化发起人（Originator）的A银行而言，它通过资产证券化过程，将缺乏流动性的长期资产转变为即期现金收入，一方面增强了资产周转速度，另一方面通过降低了风险资产规模而提高了资本充足率。对机构投资者而言，它们根据各自的风险偏好选择了收益率迥异的金融产品。承销商C获得了佣金收入，评级公司D获得了评级费，而服务商E获得了管理费。不难看出，这是一种有关各方均能获得好处的多赢结局。

五、企业资产证券化发行流程

（一）适用对象

一般而言，非金融企业可发行企业资产证券化（又称资产专项计划），在交易结构中称为"原始权益人"。适格的"原始权益人"还需满足以下特定条件：经营符合法律、行政法规、特定原始权益人公司章程或者企业、事业单位的内部规章文件的规定；内部控制制度健全；具有持续经营能力，无重大经营风险、财务风险和法律风险；最近3年未发生重大违约、虚假信息披露或者其他重大违法违规行为；法律、行政法规和中国证监会规定的其他条件。

上述特定原始权益人，在专项计划存续期间，应当维持正常的生产经营活动或者提供合理的支持，为基础资产产生预期现金流提供必要的保障。相比之下，该主体的限制条件远比其他融资方式限制少，注册资本、企业利润等都未设限。换言之，较低资质的非金融企业也可通过此种方式进行融资。

（二）具体流程

企业资产证券化需经历哪些流程，以下将详细阐述。

1. 明确基础资产

资产证券化流程较为复杂，开展的根本前提是基础资产或标的资产应符合相关法律法规的规定，属合法的交易标的。到底哪些资产可被证券化？

一般而言，基础资产是指符合法律法规、权属明确，可以产生独立、可预测的现金流的可特定化的财产权利或者财产。它可以是单项财产权利或者财产，也可以是多项财产权利或者财产构成的资产组合。财产权利或者财产，可以是企业应收款、信贷资产、信托受益权、基础设施收益权等财产权利，商业、物业等不动产财产，以及证监会认可的其他财产或财产权利。此外，基础资产不得附带抵押、质押等担保负担或者其他权利限制。当然，如果能够通过专项计划相关安排，解除基础资产相关担保负担和其他权利限制的除外。

其中，"企业应收款""信托收益权""基础设施收益权"更为典型，商业、物业等不动产财产处于"探索期"。2014年8月14日，中信建投设立的海印股份信托受益权专项资产管理计划正式成立,成为近段时间来首个通过券商资管计划发行的企业资产证券化产品,也是国内首个以商业地产为基础资产的资产证券化产品。

信贷资产也可归入企业资产证券化的基础资产行列。换言之,政策层面规定金融机构也可将信贷资产通过证交所挂牌交易,突破了银行间市场的局限。但是,"平安1号小额消费贷款资产支持证券"却引起了一阵风波。2014年6月,平安银行拟推出"平安1号",上证所发布该产品相关通知,但是16号却被央行叫停。事后,人民银行公开回应称"监督管理银行间债券市场是人民银行的法定职责""平安银行未事前报备"。虽过程坎坷,竟也发行成功。因此,信贷资产也可跻身企业资产证券化,由于相关监管部门之间的监管有所交叉,是否能切实平稳推进,有待观察。

2. 确定交易主体

明确基础资产之后,交易结构中涉及的交易主体也应属"合法交易主体"。资产证券化的整个过程涉及的主体或者说参与人较多,有资产原持有人、资产管理人托管机构、投资者等。其中,资产原持有人应符合的资质在"适用对象"部分已经明确。托管机构一般为银行。投资者既可以是机构投资者也可以是个人投资者,但机构投资者较多。资产管理人,可以是资产原持有人,也可以是其他主体,如证券公司、信托公司、保险公司等。不论是否为资产原持有人担任管理人,都须履行以下法定职责:

对相关交易主体和基础资产进行全面的尽职调查;在专项计划存续期间,督促可能对专项计划以及资产支持证券投资者的利益产生重大影响的原始权益人(以下简称特定原始权益人)以及为专项计划提供服务的有关机构,履行法律规定或合同约定的义务;办理资产支持证券发行事宜;按照约定及时将募集资金支付给原始权益人;为资产支持证券投资者的利益管理专项计划资产;建立相对封闭、独立的基础资产现金流归集机制,切实防范专项计划资产被混同、用等风险;监督、检查特定原始权益人持续经营情况和基础资产现金流状况,出现重大异常情况的,管理人应当采取必要措施,维护专项计划资产安全;按照约定向资产支持证券投资者分配收益;履行信息披露义务;负责专项计划的终止清算;法律、行政法规和中国证监会规定以及计划说明书约定的其他职责。

管理人在整个证券化过程中,扮演的角色十分重要,将在一定程度上影响资产的价值、投资者的收益等。因此,证监会派出机构将严格监督管理人行为,管理人被明确要求禁止从事如下行为:募集资金不入账或者进行其他任何形式的账外经营;超过计划说明书约定的规模募集资金;挪用专项计划资产;以专项计划资产设定担保或者形成其他或有负债;违反计划说明书的约定以专项计划资产对外投资;法律、行政法规和中国证监会禁止的其他行为。

3. 设立 SPV

SPV指特殊目的载体,是为特殊目的而专门设立的载体。在企业资产证券化过程中,SPV是为开展资产证券化业务专门设立的专项资产管理计划或者证监会认可的其他特殊目的的载体。设立 SPV 可谓整个融资过程中的一种创新,可使资产隔离、税收合理化并创造性地满足市场需求。

在企业资产证券化过程中，新设立的SPV将从资产原持有人处受让基础资产，如企业应收账款、门票收益权、不动产租金，再由SPV聘请资产管理人、托管人、信用评级机构、信用增级机构、承销机构、会计师、律师等完成后续证券化的过程，向投资者发行收益凭证之后，SPV将获得的认购款支付给资产原持有人。因此，在整个过程中，拟募集资金的企业并非自己直接发行证券，其在转让基础资产之后基本退出交易架构，而由SPV来完成整个过程。这较好地起到了资产隔离的效果，同时降低了融资风险。

4. 信用增级

资产专项计划可以通过内部或者外部信用增级方式提升资产支持证券信用等级。信用增级，并非必经程序。由于有些资产不像银行等金融机构提供的基础资产十分优质，为了吸引投资者，往往以增加抵押物或在各种交易档次间调剂风险的方式达成信用提升，主要形式是超额抵押、建立储备金和债券分档。内部增级可能改变债券的现金流结构，具体可分为内部信用增级与外部信用增级。其中，内部信用增级主要包括优先/次级结构的划分、现金储备账户、与原资产持有人签订回购条款以及自行提供抵押等物权担保；外部信用增级是指第三人提供担保、信用保险、银行支持等。

5. 信用评级

信用评级，又称为资信评级，由专门的信用增级机构进行信用增级之后，资产支持证券可以由取得证监会核准的证券市场资信评级业务资格的资信评级机构进行评级，可分为初始评级和跟踪评级。评级的内容主要包括法律法规风险、基础资产的信用质量、交易结构是否合法、管理及操作是否存在风险等，该评级结果将对投资者产生重要的参考价值。

6. 交易合同文本设计

资产证券化过程涉及诸多交易文件，主要包括《资产转让协议》《认购协议（募集说明书）》《资产管理合同》《资产托管协议》等。

7. 证券打包发售

信用评级完成并公布结果后，SPV将经过信用评级的证券交给证券承销商去包装承销，可以采取公开发售或私募的方式来进行。由于这些证券一般都具有高收益、低风险的特征，它主要由机构投资者来购买。

8. 向发起人支付对价

SPV从证券承销商那里获得发行现金收入，然后按先前约定的价格向发起人支付证券化资产的价款。此时要优先向其聘请的各专业机构支付相关费用。

9. 管理资产池

SPV要请专门的服务人来对基础资产池进行管理。通常服务人会由发起人担任，这种安排有很重要的实践意义。因为一般而言，发起人相对更为熟悉基础资产的情况，也具有专门的技术和能力来管理，此外，还与每个债务人建立了联系。

六、资产证券化常见涉税风险

(一) 税收政策

基于《财政部 国家税务总局关于信贷资产证券化有关税收政策问题的通知》(财税〔2006〕5号,以下简称财税〔2006〕5号文件)以及"营改增"政策中的税收规定,资产证券化业务的税收处理如下。

1. 所得税

1) 资产出售

根据财税〔2006〕5号文件的规定,发起机构转让信贷资产取得的收益应按企业所得税的政策规定计算缴纳企业所得税,发生的损失可按企业所得税的政策规定扣除。发起机构赎回或置换已转让的信贷资产,应按现行企业所得税有关转让、受让资产的政策规定处理。

2) 偿付本息

根据财税〔2006〕5号文件的规定,对信托项目收益在取得当年向资产支持证券的机构投资者(以下简称机构投资者)分配的部分,在信托环节暂不征收企业所得税;在取得当年未向机构投资者分配的部分,在信托环节由受托机构按企业所得税的政策规定申报缴纳企业所得税;对在信托环节已经完税的信托项目收益,再分配给机构投资者时,对机构投资者按现行有关取得税后收益的企业所得税政策规定处理。

实务中,基本按照上述规定操作,但对于年末未分配的信托利益,由信托申报缴纳企业所得税这一做法,并不被投资者广泛接受。

2. 增值税

1) 资产出售

在资产证券化过程中,基础资产的转让属于一种未来收益权的转让。从《财政部 国家税务总局关于全面推开营业税改征增值税试点的通知》(财税〔2016〕36号)来看,该类未来收益权的转让并不属于增值税的征税范围。

2) 发行证券

根据财税〔2016〕140号文件的规定,资产支持证券涉及的增值税问题,以资管产品管理人为增值税纳税人。例如,资管产品管理人运营资管计划时,从基础资产转让人中取得的基础资产进行运营取得的收益,由资管产品管理人缴纳增值税。

3) 偿付本息

根据财税〔2006〕5号文件规定,对受托机构从其受托管理的信贷资产信托项目中取得的贷款利息收入,应全额征收营业税。实务操作中项目收益容易引起营业税重复征税问题。

需要注意的是,"营改增"后,对受托机构从其受托管理的信贷资产信托项目中取得的贷款利息收入,需要缴纳增值税。

3. 印花税

1）资产出售

根据财税〔2006〕5号文件的规定，发起机构将信贷资产信托予受托机构时，双方签订的信托合同暂不征收印花税。

发起机构、受托机构因开展信贷资产证券化业务而专门设立的资金账簿暂免征收印花税。

需要注意的是，在资产转移过程中签订的基础资产转移合同，根据《印花税暂行条例》①的规定，发行人和特设机构都需要缴纳印花税。

2）发行证券

根据财税〔2006〕5号文件的规定，发起机构、受托机构在信贷资产证券化过程中，与资金保管机构、证券登记托管机构以及其他为证券化交易提供服务的机构签订的其他应税合同，暂免征收发起机构、受托机构应缴纳的印花税。

受托机构发售信贷资产支持证券暂免征收印花税。

（二）投资者的税务处理

（1）企业所得税层面，根据财税〔2006〕5号文件的规定，机构投资者买卖信贷资产支持证券获得的差价收入，应当按照企业所得税的政策规定计算缴纳企业所得税，买卖信贷资产支持证券所发生的损失可按企业所得税的政策规定扣除。

（2）增值税层面，根据《营业税改征增值税试点实施办法》（财税〔2016〕36号附件1）和财税〔2016〕140号文件的规定，对于投资者转让其持有的资产证券化产品，属于金融商品转让的应税范围，需要缴纳增值税。

（3）印花税层面，根据财税〔2006〕5号文件的规定，投资者买卖信贷资产支持证券暂免征收印花税。

（三）专业服务机构的税务处理

（1）企业所得税层面，根据财税〔2006〕5号文件的规定，在信贷资产证券化的过程中，贷款服务机构取得的服务收入、受托机构取得的信托报酬、资金保管机构取得的报酬、证券登记托管机构取得的托管费、其他为证券化交易提供服务的机构取得的服务费收入等，均应按照企业所得税的政策规定计算缴纳企业所得税。也就是说，上述收入应并入中介服务机构当年的所得税应税收入，扣除费用、成本、损失后，缴纳企业所得税。

（2）增值税层面，根据财税〔2016〕36号文件的规定，贷款服务机构取得的服务费收入、受托机构取得的信托报酬、资金保管机构取得的报酬、证券登记托管机构取得的托管费、其他为证券化交易提供服务的机构取得的服务费收入，应全额缴纳增值税。

（3）印花税层面，根据财税〔2006〕5号文件的规定，受托机构委托贷款服务机构管理信贷资产时，双方签订的委托管理合同暂不征收印花税；发起机构、受托机构在信贷

---

① 《中华人民共和国印花税法》2022年7月1日起施行。《中华人民共和国印花税暂行条例》同时废止。

资产证券化过程中,与资金保管机构、证券登记托管机构及其他为证券化交易提供服务的机构签订的应税合同,暂免征收发起机构、受托机构应缴纳的印花税。根据此规定,发起机构和受托机构不需要缴纳印花税。而其他中介服务机构则未享受免缴的优惠政策,但由于其他中介服务机构所签署的服务合同,一般不属于印花税的征税范围,因此,亦无须缴纳印花税。

(四) 资产证券化交易中的税务风险

1. 特殊目的机构的税收地位

由于信托、资管等计划只是一种法律合同关系,国内的相关法规并没有明确其税收地位,目前未获得纳税主体地位。各种资管计划税收主体地位的缺失在实务中带来各种各样的问题。虽然财税〔2006〕5号文件对信贷资产证券化中特殊目的机构的税收处理进行了专门的规定,即由受托机构按规定申报缴纳,但仍然没有对信托计划本身的纳税地位进行说明,而且,这一规定也没有明确受托机构以谁的名义申报应税收入。

2. 增值税税率的适用问题

基础资产产生的相关收入可能包含多项服务的内容,以基础设施建设的PPP项目为例,项目公司可能取得建造、融资、项目管理等多项服务对价,若不能对收入进行合理划分,则可能出现增值税税率适用的偏差。

3. 增值税发票的开具及虚开风险

在基础资产涉及增值税时,由于涉及增值税的进项抵扣,就存在发票开具的问题。例如,在租赁资产证券化业务中,由于承租人支付的租赁款适用增值税,承租人就会要求获得增值税专用发票以便其进行进项抵扣。如果承租人没有获得增值税发票,则承租人的销项增值税负担将大幅上升。问题是:信托、资管计划等不是纳税主体,增值税发票由谁来开具?同时,基于现有的财税〔2016〕140号文件,资管计划下如何开具增值税专用发票,如何抵扣增值税进项税额等一系列问题仍具有相当的不确定性。直至2017年6月发布的财税〔2017〕56号文件规定,资管产品管理人(以下称管理人)运营资管产品过程中发生的增值税应税行为(以下称资管产品运营业务),暂适用简易计税方法,按照3%的征收率缴纳增值税,才解决了上述问题。

4. 增值税重复征收的风险

在基础资产层面缴纳增值税后,若证券持有人层面认定为"贷款利息收入"而再次缴纳增值税,则将导致原始现金流被课征多重增值税的现象,从而使资产证券化的融资成本提高,融资能力下降。

总之,财税〔2006〕5号文件明确了我国银行业开展信贷资产证券化业务中有关的税收政策,但该文件的出台时间在"营改增"之前,且其仅规范了银行作为发起人的信贷资产证券化的税收问题,因此对增值税环境下的其他资产证券化类型仍存在很多适用障碍,使参与机构在业务开展过程中面临多重限制和不确定性。资产证券化税收立法相对薄弱,随着资产证券化产品的不断增多,税收问题将成为资产证券化发展的掣肘因素。

第三章

设立准备阶段的税收风险管理

第一节 设立准备阶段的业务事项

一、房地产公司设立的条件

(1) 在我国设立房地产开发企业,除应当符合有关法律、行政法规规定的企业设立条件外,还应当具备下列条件:有 100 万元以上的注册资本;有 4 名以上持有资格证书的房地产专业、建筑工程专业的专职技术人员,2 名以上持有资格证书的专职会计人员。

省、自治区、直辖市人民政府可以根据本地方的实际情况,对设立房地产开发企业的注册资本和专业技术人员的条件做出高于前款的规定。

外商投资设立房地产开发企业的,除应当符合《城市房地产开发经营管理条例》(国务院令第 248 号发布,根据国务院令第 588 号第一次修订,国务院令第 698 号第二次修订,国务院令第 709 号第三次修订,全书同)第五条的规定外,还应当依照外商投资企业法律、行政法规的规定,办理有关审批手续。

(2) 设立房地产开发企业,应当向县级以上人民政府市场监督管理部门申请登记。市场监督管理部门对符合《城市房地产开发经营管理条例》第五条规定条件的,应当自收到申请之日起 30 日内予以登记;对不符合条件不予登记的,应当说明理由。

市场监督管理部门在对设立房地产开发企业申请登记进行审查时,应当听取同级房地产开发主管部门的意见。

(3) 房地产开发企业应当自领取营业执照之日起 30 日内,持下列文件到登记机关所在地的房地产开发主管部门备案:营业执照复印件,企业章程,企业法定代表人的身份证明,专业技术人员的资格证书和聘用合同。

房地产开发主管部门应当根据房地产开发企业的资产、专业技术人员和开发经营业绩等,对备案的房地产开发企业核定资质等级。房地产开发企业应当按照核定的资质等级,承担相应的房地产开发项目。具体办法由国务院建设行政主管部门制定。

(4) 新成立国有控股企业不得从事房地产经营业务。

《国务院关于坚决遏制部分城市房价过快上涨的通知》(国发〔2010〕10 号)第五条第八项规定,加强对房地产开发企业购地和融资的监管。国土资源部门要加大专项整治和清理力度,严格依法查处土地闲置及炒地行为,并限制有违法违规行为的企业新购置土地。房地产开发企业在参与土地竞拍和开发建设过程中,其股东不得违规对其提供借款、转贷、担保或其他相关融资便利。严禁非房地产主业的国有及国有控股企业参与商业性土地开发和房地产经营业务。国有资产和金融监管部门要加大查处力度。商业银行要加强对房地产企业开发贷款的贷前审查和贷后管理。对存在土地闲置及炒地行为的房地产开发企业,商业银行不得发放新开发项目贷款,证监部门暂停批准其上市、再融资和重大资产重组。

二、房地产前期准备阶段业务事项

房地产项目开发是指在依法取得国有土地使用权的土地上进行基础设施、房屋建设,并进行出售的行为。

房地产项目开发程序是指进行房地产开发过程中应遵循的法律、法规及办事程序。

对房地产项目开发一般应遵循下列程序:项目开发前期调研程序,项目立项过程程序,土地使用权的取得程序,征地拆迁程序,项目规划程序,工程建设程序,房地产项目经营程序。

(一) 项目开发前期调研程序

项目的前期调研程序,就是通过开发商对拟投资地区房地产市场的调查,搜集大量市场信息,来探询投资的可能性,寻找投资机会的过程。在房地产工程开发前期,要充分考虑项目地理条件和市场要求,做好前期调研工作,论证其可行性。可行性研究对于一个房地产项目的成败起着关键的作用。

项目前期调研针对不同的项目类型,需要进行的调研也是完全不同的。这里就最简单的单体项目开发为主,对于单体项目开发来说,包括地块条件分析、市场环境分析两部分。

1. 地块的条件分析

(1) 四周环境分析,是否有景观资源,是否有危险隐患,是否有噪声污染,等等。

(2) 配套设施分析,文化资源、医疗资源、商业配套资源是否完善。

(3) 交通条件分析,内部交通主要是看项目距离城市商业商务核心区是否便利,外部交通主要是看项目距离机场、火车站、码头是否便利,大约车行时间要多长。

(4) 项目所在地的片区性质,是核心区、豪宅区,还是新区,了无人烟之地。

(5) 了解城市规划,因为这个条件往往会对以上几个要点产生重大影响。

2. 市场环境构成

(1) 宏观经济环境,由 GDP、人均可支配收入、GDP 增长率、产业结构构成。

(2) 人口,一方面看人口是否存在净流入或者净流出(如果是流入,对流入人口进行分析);另外一方面需要看适龄买房人口数量(即各年龄阶段的结构组成)。

(3) 项目所在城市房地产的供求关系,近几年来的供给销售情况、供销比、房地产项目开工情况、库存面积等。

（4）项目周边典型项目及竞品分析，现在市场接纳合作产品程度、竞品的销售情况、去化周期、库存量等。

（5）信贷政策及财政政策，对这个项目的定位，结合对成本以及售价的预判进行经济预测，看看项目是否能够达到公司的预期即可。

（二）项目立项程序

项目立项程序，就是上报项目建议书或项目可研报告，取得政府批复（项目立项），使项目取得合法的开发建设资格。

1. 开发项目立项

开发项目立项是房地产项目开发的第一步，即取得政府主管部门（省市发展和改革委员会，简称发改委）对项目的批准文件。

对于房地产商来说，在本阶段的主要工作是：起草并向市发改委或市房地产开发管理办公室报送项目建议书，取得批准项目建议书的批复；依据项目建议书批复，编制可行性研究报告报发改委审批获准，并列入本年度固定资产投资计划（国家发改委已取消了房地产项目立项制度，实行备案制）。

2. 实施程序

1）工程建设项目立项审批

（1）承办部门：所在市发改委投资处。

（2）申报资料：书面申请（项目立项申请报告书）；提供资金落实证明（银行出示的资金证明）；土地使用权证明；由具有相应资质的工程咨询单位编制的可行性研究报告（可行性研究报告应具有以下附件：规划部门对项目建设选址的初审意见；土地管理部门对建设用地的初审意见；环保部门的环评报告；有关部门对供电、供水、供热、供气以及地震的审查意见；依法必须招标项目的招标总体方案）；房地产开发公司的资质证明（企业法人营业执照副本复印件和资质证明）；项目地形图；项目建设投资预算。

（3）申办程序：有行政主管部门的开发商，由主管行政部门转报项目立项申报资料；无行政主管部门的开发商，可直接报市房地产开发管理办公室，项目立项申报资料由该办转报市发改委。纳入土地收购出让的项目，开发商在通过招标、拍卖方式取得开发土地使用权后，凭《中标确认书》或《拍卖成交确认书》和《国有土地使用权出让合同》与其他申报材料一起上报。市发改委在收到申报资料后，根据具体情况，进行现场勘察，对符合条件的，市发改委予以批复。对属上级发展计划部门审批权限内的项目，由市发改委负责转报。

（4）办结时限：在收到申报资料后，5个工作日内予以批复可研报告。

（5）收费标准：如在开发办办理立项，须缴纳2元/平方米的开发管理费。

2）建设项目年度投资计划审批

（1）承办部门：所在市发改委投资处。

(2)申报资料：书面申请；国家或省、市发改委批复项目可行性研究报告；规划部门出具的建设项目规划许可意见；跨年度建设项目，需提供市发改委上年度下达的年度投资计划。

(3)申办程序：有行政主管部门的开发商，由主管行政部门转报申报资料；无行政主管部门的开发商，可直接上报市房地产开发管理办公室，申报资料由该办转报市发改委。市发改委在收到申报资料后进行审查，对符合条件的，市发改委予以批复。

(4)办结时限：在收到申报资料后，5个工作日内予以批复可研报告。

(三)土地使用权取得的方式

1. 土地所有权

中国实行土地公有制，包括全民所有制（即国家所有制）和集体所有制。城市土地属于国家所有，农村和城市郊区的土地除由法律规定属于国家所有以外，属于集体所有。按照中国法律规定，企业投资只能取得土地使用权，而不能拥有土地所有权。

2. 土地使用权的取得方式

土地使用权取得的程序，就是开发商在项目立项通过后（取得建议书批复，可行性研究批复），通过土地"招拍挂"取得土地使用权，并办理取得土地使用权手续的程序。

1) 行政命令式

划拨/协议出让。危改项目、工商企业改造、经济适用房和基础设施建设中的建设用地分配基本上是控制在政府手里。

2) 资本市场

(1)投资参股：用资金入股或用土地入股，通过土地与资金的互换共同组成项目开发公司。

(2)土地收购：直接收购获得土地，这种直接收购按国家规定要缴纳增值税、土地增值税、所得税、印花税、契税等税费。

(3)收购有土地的公司：为了避免缴纳契税与增值税等，一般都通过直接收购公司的股权，这种收购公司的形式现阶段主要涉及企业所得税或个人所得税等税费，不用缴纳增值税、土地增值税、契税。这是比较红火的一种方式，如万科收购浙江南都，中国香港路劲收购顺驰等。

3) 土地市场

《国土资源部 监察部关于继续开展经营性土地使用权招标拍卖挂牌出让情况执法监察工作的通知》（国土资发〔2004〕71号）规定，严格和规范执行经营性土地使用权招标拍卖挂牌出让制度各地要严格执行经营性土地使用权招标拍卖挂牌出让制度。2002年7月1日《招标拍卖挂牌出让国有土地使用权规定》（国土资源部令第11号发布）实施后，除原划拨土地使用权人不改变原土地用途申请补办出让手续和按国家有关政策规定属于历史遗留问题之外，商业、旅游、娱乐和商品住宅等经营性用地供应必须严格按规定采用招标拍卖挂牌方式，其他土地的供地计划公布后，同一宗地有两个或两个以上意向用地者的,也应当采用招标拍卖挂牌方式供应。各地要严格按国家有关政策规定界定《招标拍卖挂牌出让国有土地使用权规定》(国土资源部令第 11 号发布)实施前的历史遗留问题,不得擅自扩大范围,也不得弄虚作假,变相搭车。要加快工作进度,在 2004 年 8 月 31 日前将历史遗留问题界定并处理完毕。8 月 31 日后,不得再以历史遗留问题为由采用协议方式出让经营性土地使用权。

通过在土地市场进行招标、拍卖、挂牌公开获得土地,这也是自 2002 年 7 月以来,获取土地的主要方式。通常情况下是以"价高者得"为唯一的衡量标准。

3. 拿地价格应该考虑的因素

拿地价格应该考虑的因素包括:市场未来预期;项目或区域发展预期;规划条件的市场实现及经济实现;企业发展战略和机会成本;竞争对手的情况分析。

(四) 项目规划程序

项目规划程序,就是开发商取得《建设用地规划许可证》和《建设工程规划许可证》的途径。

根据国家和各地有关城市规划的规定,在城市规划区内开发建设的项目,必须符合城市规划的要求,必须向市规划局办理项目规划的申报手续,在取得"两证"(《建设用地规划许可证》和《建设工程规划许可证》)后,方可开工建设。项目规划申报的基本程序如下:

(1)在可行性研究报告(项目建议书)报批之前,开发商要向规划局申报规划要点,规划局对项目的用地范围、规划条件等提出初步意见,形成项目建设选址的初审意见,作为计划部门进行批复时的参考依据。

(2)在可行性研究报告批复后,开发商可向规划局申报项目定点,规划局向申请单位下发规划定点通知书和设计规划要求通知书,对项目用地的位置、面积、范围等提供较详细的意见。

(3)根据规划局提出的规划设计条件,委托有资质的设计机构进行规划方案设计,取得"四图一书"(总平面图、定位图、竖向设计图、管线综合图、说明书)。开发商在完成方案设计后,应向规划部门提出审查申请。

(4)经审定通过的设计方案,是编制初步设计或施工图的依据,也是取得《建设用地规划许可证》的必备文件。

(5)开发商依据设计规划要求通知书和可行性研究报告批复,即可向规划局申领《建设用地规划许可证》。

(6)申领《建设工程规划许可证》,是在项目列入年度正式计划后,申请办理开工手续之前,需要验证工程建设是否符合规划要求的最后法定程序,该证是申办开工的必备文件。

(五) 征地拆迁程序

1. 征地拆迁

城市房屋拆迁,是建设单位根据建设规划要求和政府批准的用地文件,在取得拆迁许可证的情况下,依法拆除建设用地范围内的房屋和附属物,将该范围内的单位和居民重新安置,并对其所受损失予以补偿的一系列法律行为。通常而言,城市房屋拆迁流程如下(鉴于以"招拍挂"的方式获取土地开发权为当前法律法规规定常态,流程便以此为基础):

(1) 规划部门(规划局)提供待拆迁开发土地位置、范围、使用性质和规划管理的经济技术指标;开发企业了解相关控制性详细规划、各项经济技术指标及相关公建配套设施要求。

(2) 土地管理部门(国土局)采用招标、拍卖、挂牌等方式公开出让土地;开发企业通过竞争方式获得土地开发权。

(3) 开发企业与国土部门签订国有土地使用权出让合同。

(4) 开发企业凭土地使用权出让合同向规划部门申请建设工程选址,取得《建设工程选址意见书》。

(5) 开发企业向房屋拆迁主管部门提出《暂停办理有关手续的申请》,冻结申请。

(6) 开发企业向市、县房屋拆迁管部门申领《房屋拆迁许可证》,申请时应当提交以下资料:建设项目批准文件(即发改委的立项批复);建设用地规划许可证(规划局);国有土地使用权批准文件(即用地批准书);拆迁计划和拆迁方案;办理存款业务的金融机构出具的拆迁补偿安置资金证明。

(7) 拆迁管理部门应从收到申请之日起 30 日内进行审查,符合条件的,应当颁发《房屋拆迁许可证》,同时公布《房屋拆迁公告》,公告内容包括《房屋拆迁许可证》中载明的拆迁人、拆迁范围、拆迁期限等事项。

(8) 颁发《房屋拆迁许可证》、公布《房屋拆迁公告》的同时,冻结拆迁范围内的下列行为:新建、扩建、改建房屋,改变房屋和土地用途,租赁房屋。

冻结方式为:主管部门 7 日内决定是否同意冻结;若同意,则在 7 日内通知相关部门暂停办理相关手续,这些部门包括计划部门(发改委)、规划部门、土地部门、建设部门、房管部门、市场监督管理部门等。冻结时限:最长不超过 1 年;经申请,可延长,但延长不得超过 1 年。

(9) 在拆迁期限内,被拆迁房屋未租赁的,由拆迁人与被拆迁人协商拆迁事宜(协商补偿方式、补偿金额、安置房屋面积、安置地点、搬迁期限、搬迁过渡方式和期限等);协商一致的,双方签订《拆迁补偿安置协议》。被拆迁房屋已被租赁且租赁协议未解除的,由拆迁人、被拆迁人、承租人三方协商签订《拆迁补偿安置协议》。

(10) 拆迁当事人不能协商签订《拆迁补偿安置协议》的,经当事人申请,由房屋拆迁管理部门裁决。房屋拆迁管理部门是被拆迁人的,由同级政府裁决。裁决应当自收到申请之日起 30 日内做出。

(11) 对裁决不服的,当事人可以自裁决书送达之日起 3 个月内向法院提起行政诉讼,但只要拆迁人已按条例规定给被拆迁人给予货币补偿或者提供安置房屋和周转用房的,诉讼期间不停止拆迁的执行。

(12) 被拆迁人或承租人在裁决规定的搬迁期限内未搬迁的,由房屋所在地的市县人民政府责成有关部门强拆或由房屋拆迁管理部门依法申请人民法院强拆。

(13)拆迁补偿安置协议订立后,被拆迁人或房屋承租人未搬迁的,拆迁人可以向仲裁委员会申请仲裁,也可以向人民法院提起民事诉讼。诉讼期间可以申请先予执行。

2. 征地拆迁时间

从公示到拆迁一般不得少于30日。

《国有土地上房屋征收与补偿条例》规定:房屋征收部门拟定征收补偿方案,报市、县级人民政府。

市、县级人民政府应当组织有关部门对征收补偿方案进行论证并予以公布,征求公众意见。征求意见期限不得少于30日。

《国有土地上房屋征收与补偿条例》规定:市、县级人民政府做出房屋征收决定后应当及时公告。公告应当载明征收补偿方案和行政复议、行政诉讼权利等事项。

市、县级人民政府及房屋征收部门应当做好房屋征收与补偿的宣传、解释工作。

房屋被依法征收的,国有土地使用权同时收回。

3. 签订房屋拆迁补偿安置合同注意事项

在实践中,很多人在签订房屋拆迁补偿安置合同时,都会导致相关纠纷。那么,签订房屋拆迁补偿安置合同要注意什么?怎么才能避免产生拆迁安置的合同纠纷?

1) 房屋拆迁的必经程序

房屋拆迁是国家建设、城市改造、房地产开发等,经政府有关主管部门批准,由建设单位对建设用地上的房屋及其附属物进行拆除,对房屋的所有者或使用者进行迁移安置并给予一定补偿的行为。

根据《城市房屋拆迁管理条例》的有关规定,必须遵照以下程序进行。

(1)提出拆迁申请,领取拆迁许可证。

需要拆迁的单位,应当将建设项目批准文件、建设用地规划许可证,国有土地使用权批准文件、拆迁方案、拆迁补偿安置资金落实证明向房屋所在地的县以上人民政府拆迁主管部门提出拆迁申请。经审核后发放房屋拆迁许可证。必须向被拆迁人出示房屋拆迁许可证。

(2)发布拆迁公告。拆迁单位领取拆迁许可证后,应及时向拆迁范围内的被拆迁人宣告拆迁决定、发布拆迁公告。公告内容有拆迁人、拆迁范围、拆迁期限等。

(3)签订拆迁补偿安置合同。在拆迁公告规定的拆迁期限内,拆迁人应当与被拆迁人在自愿有偿的基础上就拆迁安置有关事宜进行平等协商,签订合同。

(4)房屋拆迁的实施。被拆迁人应在公告规定的时限内自行搬迁,拒不搬迁的,拆迁人可以申请强制搬迁。强制搬迁后,拆迁人应向被拆迁人出具搬迁验收单,然后组织对房屋拆除。

2) 拆迁补偿安置合同条款的主要内容

(1)拆迁当事人及基本情况。当事人包括:①拆迁人:是取得房屋拆迁许可证的单位。②被拆迁人：是被拆迁房屋的所有人，即对被拆迁房屋拥有所有权的自然人或法人。③房屋承租人：是与被拆迁人签有房屋租赁合同的房屋使用人，在租赁关系没有解除且房屋所有人不能对房屋承租人进行合理安置的情况下，拆迁人应与被拆迁人、承租人一起签订拆迁补偿安置协议，并对房屋承租人进行安置。

（2）拆除房屋的有关情况。具体包括坐落地点、结构、楼层、面积、质量、间数以及附属设施等。

（3）补偿方式、补偿金额和补偿时间。补偿方式分为货币补偿和房屋产权调换。货币补偿，应根据被拆迁房屋的区位、用途、建筑面积等因素，以市场评估价格确定。房屋产权调换，应按被拆迁房屋和调换房屋各自的房地产市场评估价格计算，结清产权调换的差价。

以下两种情况，不得选择补偿方式：①拆迁非公益性房屋的附属物，不作产权调换，只给予货币补偿；②拆迁租赁房屋，被拆迁人与房屋承租人对解除租赁合同不能达成协议且被拆迁人不能对承租人进行安置的，拆迁人应当对被拆迁人实行房屋产权调换，产权调换后的房屋由原房屋承租人继续承租。补偿时间，一般应在拆迁前一次性补偿。

（4）房屋估价。不管选择哪一种补偿方式，都要对所拆迁和所调换的房屋进行市场价格评估。房屋评估机构的选择，应由拆迁人和被拆迁人共同选定，如未达成一致意见，则由双方各提出一至两家评估机构，抽签决定。评估费用一般由拆迁人承担。产权调换如双方就价格协商一致，也可以不进行评估。

（5）拆迁安置办法。安置是针对被拆迁的承租人的，在被拆迁人不能与房屋承租人解除租赁关系且不能对承租人进行安置的情况下，拆迁人应当对承租人进行安置，可以支付临时安置补助费，也可以提供周转房。

（6）搬迁补助费、临时安置补助费、停业补偿费的支付。拆迁应当对被拆迁人或者房屋承租人支付补助费，在过渡期限内，被拆迁人或者房屋承租人自行安排住处的，拆迁人应当支付临时安置补助费。因拆迁非住宅房屋造成停产、停业的，拆迁人应当给予适当的停业补偿费。

（7）搬迁期限和过渡期限。搬迁期限是被拆迁人和房屋承租人自行搬迁的时间界限。过渡期限是指在实行产权调换补偿形式下，拆迁提供适宜入住的调换房屋的时间界限，是来约束拆迁人的。

（8）违约责任。拆迁人的违约责任，主要有不能按时支付补偿款和超过过渡期限提供产权调换房屋的责任。承担责任的方式是支付一定数量的违约金。被拆迁人的违约责任，主要是不搬迁和腾退周转房的责任。承担责任的方式是被强制搬迁。

4. 解决拆迁安置纠纷必须先裁后诉

（1）《城市房屋拆迁管理条例》第十六条规定，拆迁人与被拆迁人或者拆迁人、被拆迁人与房屋承租人不能达成补偿安置协议的，经当事人申请，由房屋拆迁管理部门裁决。房屋拆迁管理部是被拆迁人的,由同级人民政府裁决,裁决应当在收到申请之日起30日内做出。当事人对裁决不服,可以自裁决书送达之日起3个月内向人民法院起诉。

第一,先裁后诉。行政裁决是解决纠纷的前置手段和必经程序。拆迁当事人发生纠纷,应先由房屋拆迁行政主管部门裁决,对行政裁决不服的才能请求司法救济。

第二,裁决的结果是强制执行的依据。在裁决规定的期限内被拆迁人无正当理由拒绝搬迁的,无论是否提起诉讼,县级以上人民政府可责令强制拆迁,或由房屋管理部门申请人民法院强制拆迁。

第三,裁决的强制执行力不排除当事人的诉权。当事人对于房屋拆迁补偿安置的行政裁决不服的,可以向人民法院提起诉讼,有的按民事,有的按行政案件受理。

(2)拆迁中行政裁决的先行拆迁效力。《城市房屋拆迁管理条例》第十七条规定,被拆迁人或者房屋承租人在裁决规定的期限内未搬迁,由房屋所在地的市、县人民政府责成有关部门强制拆迁,或申请人民法院强制拆迁。

先行拆迁必须符合下列条件:

第一,当事人之间的权利义务关系明确,不先行拆迁将严重影响拆迁人的生产经营的。

第二,被拆迁人或房屋承租人有搬迁或过渡的条件,提出申请的拆迁人已给予被拆迁人货币补偿或提供安置房或过渡期周转房,被拆迁人有房不搬,有屋可住的。

第三,申请人必须提供担保。《中华人民共和国民事诉讼法》第一百零三条规定,人民法院对于可能因当事人一方的行为或者其他原因,使判决难以执行或者造成当事人其他损害的案件,根据对方当事人的申请,可以裁定对其财产进行保全、责令其做出一定行为或者禁止其做出一定行为;当事人没有提出申请的,人民法院在必要时也可以裁定采取保全措施。人民法院采取保全措施,可以责令申请人提供担保,申请人不提供担保的,裁定驳回申请。

5. 拆迁安置中的特殊情况的解决方法

1)产权不明确的房屋拆迁补偿问题

产权不明确的房屋是房屋的产权归属有争议或不能确定产权所有人的房屋。对产权不明确且在动迁期限内无法裁判确定的房屋如何进行拆迁补偿?《城市房屋拆迁管理条例》第二十九条规定,由拆迁人提出补偿安置方案,经房屋拆迁管理部门审核同意后,就被拆迁房屋的有关事项向公证机关办理证据保全,然后进行强制拆迁。

2)出租房屋的拆迁补偿安置问题

为了保护承租人的合法权益,《城市房屋拆迁管理条例》第二十七条规定,拆迁租赁房屋,被拆迁人与房屋承租人解除租赁关系的,或被拆迁人对房屋承租人进行安置的,拆迁人对被拆迁人给予补偿。对解除租赁关系没有达成协议的,拆迁人应当对被拆迁人实行房屋调换。产权调换的房屋由原承租人承租,但双方应重新订立房屋租赁合同。

3) 共有房屋的拆迁补偿安置问题

全体共有人要求对共有房屋实行产权调换的,应予准许,产权调换的房屋和被拆迁房屋的差价,应由全体共有人承担。对不可分割的共有房屋,部分共有人要求产权调换,部分共有人要求货币补偿的,应给予货币补偿。

4) 在产权调换中对被拆迁人的特别保护措施

《最高人民法院关于审理商品房买卖合同纠纷案件适用法律若干问题的解释》(法释〔2003〕7号)第七条规定:拆迁人与被拆迁人按照所有权调换形式订立拆迁补偿安置协议,明确约定拆迁人以位置、用途特定的房屋对被拆迁人予以补偿安置,如果拆迁人将补偿安置房屋另行出卖给第三人,被拆迁人请求优先取得补偿安置房屋的,应予支持。

5) 临时建筑和违章建筑的拆迁补偿问题

临时建筑是由规划部门批准建设短期内临时使用的建筑,但不发产权证。临时建筑有严格的使用年限,拆除超过使用年限的临时建筑不予补偿;未超过批准使用年限的,应给予适当补偿。补偿的标准可以参照该建筑剩余年限的租金计算。拆除违章建筑一律不予补偿。

6. 拆迁补偿涉税风险

拆迁补偿,又名征收补偿,是在征地过程中对住宅或者非住宅房屋的价值评估后对该房屋合法拆除并给予房屋产权所有人一定补偿。

被拆迁人是企事业单位或社会团体的涉税问题如下。

1) 增值税

根据《国家税务总局关于单位和个人土地被国家征用取得土地及地上附着物补偿费有关营业税的批复》(国税函〔2007〕969号)规定,2016年5月1日,营改增前,政策是对国家因公共利益或城市规划需要而收回单位和个人所拥有的土地使用权并按照《中华人民共和国土地管理法》规定的标准支付给单位和个人的土地及地上附着物(包括不动产)的补偿费不征收营业税。根据《国家税务总局关于土地使用者将土地使用权归还给土地所有者行为营业税问题的通知》(国税函〔2008〕277号)规定,纳税人将土地使用权归还给土地所有者时,只要出具县级(含)以上地方人民政府收回土地使用权的正式文件,无论支付征地补偿费的资金来源是否为政府财政资金,该行为均属于土地使用者将土地使用权归还给土地所有者的行为,按照《国家税务总局关于印发〈营业税税目注释(试行稿)〉的通知》(国税发〔1993〕149号)规定,不征收营业税。

营改增后,从国家层面,《营业税改征增值税试点过渡政策的规定》(财税〔2016〕36号附件3)规定,土地所有者出让土地使用权和土地使用者将土地使用权归还给土地所有者免征增值税。《财政部 税务总局关于明确无偿转让股票等增值税政策的公告》(财政部税务总局公告2020年40号)规定,自2020年9月29日起,土地所有者依法征收土地,并向土地使用者支付土地及其相关有形动产、不动产补偿费的行为,属于土地使用者将土地使用权归还给土地所有者的情形,免征增值税。

2) 企业所得税

《企业政策性搬迁所得税管理办法》(国家税务总局公告2012年第40号)规定:企业政策性搬迁,是指由于社会公共利益的需要,在政府主导下企业进行整体搬迁或部分搬迁。企业由于下列需要之一,提供相关文件证明资料的,属于政策性搬迁:国防和外交的需要;由政府组织实施的能源、交通、水利等基础设施的需要;由政府组织实施的科技、教育、文化、卫生、体育、环境和资源保护、防灾减灾、文物保护、社会福利、市政公用等公共事业的需要;由政府组织实施的保障性安居工程建设的需要;由政府依照《中华人民共和国城乡规划法》有关规定组织实施的对危房集中、基础设施落后等地段进行旧城区改建的需要;法律、行政法规规定的其他公共利益的需要。企业的搬迁收入,包括搬迁过程中从本企业以外(包括政府或其他单位)取得的搬迁补偿收入,以及本企业搬迁资产处置收入等。企业在搬迁期间发生的搬迁收入和搬迁支出,可以暂不计入当期应纳税所得额,而在完成搬迁的年度,对搬迁收入和支出进行汇总清算。企业的搬迁收入,扣除搬迁支出后的余额,为企业的搬迁所得。企业应在搬迁完成年度,将搬迁所得计入当年度企业应纳税所得额计算纳税。

拆迁补偿除属于企业政策性搬迁或处置收入外,取得的无论是现金还是实物补偿,都应在取得的当年计入应纳税所得额。

3) 土地增值税

《土地增值税暂行条例》及其实施细则相关规定:《土地增值税暂行条例》第二条,转让国有土地使用权、地上的建筑物及其附着物(以下简称转让房地产)并取得收入的单位和个人为土地增值税的纳税义务人(以下简称纳税人)应依照本条例缴纳土地增值税。《土地增值税暂行条例》第八条,有下列情形之一的免征土地增值税:因国家建设需要依法征用、收回的房地产。《土地增值税暂行条例》第八条(二)项所称的因国家建设需要依法征用、收回的房地产是指因城市实施规划、国家建设的需要而被政府批准征用的房产或收回的土地使用权。因城市实施规划、国家建设的需要而搬迁由纳税人自行转让原房地产的,比照本规定免征土地增值税。

关于因城市实施规划、国家建设需要而搬迁纳税人自行转让房地产的征免税问题,根据《财政部 国家税务总局关于土地增值税若干问题的通知》(财税〔2006〕21号)的规定:《土地增值税暂行条例实施细则》第十一条第四款所称因"城市实施规划"而搬迁,是指因旧城改造或因企业污染、扰民(指产生过量废气、废水、废渣和噪音使城市居民生活受到一定危害),而由政府或政府有关主管部门根据已审批通过的城市规划确定进行搬迁的情况;因"国家建设的需要"而搬迁,是指因实施国务院、省级人民政府、国务院有关部委批准的建设项目而进行搬迁的情况。

除以上规定,收到的拆迁补偿,无论是货币还是实物,均应视同转让土地及附属物缴纳土地增值税。

4) 印花税

印花税"产权转移书据"税目的征税范围,是经政府管理机关登记注册的动产、不动产的所有权转移所立的书据以及企业股权转让所立的书据。对土地使用权出让合同、土地使用权转让合同按产权转移书据征收印花税。

拆迁补偿涉及动产、不动产的所有权转移,拆迁补偿合同应按"产权转移书据"税目征税。

5) 个人所得税

《国家税务总局关于个人取得被征用房屋补偿费收入免征个人所得税的批复》(国税函〔1998〕428号)指出,"按照城市发展规划,在旧城改造过程中,个人因住房被征用而取得赔偿费,属补偿性质的收入,无论是现金还是实物(房屋),均免予征收个人所得税"。

《财政部 国家税务总局关于城镇房屋拆迁有关税收政策的通知》(财税〔2005〕45号)规定,对被拆迁人按照国家有关城镇房屋拆迁管理办法规定标准取得的拆迁补偿款,免征个人所得税。

由以上文件可见:按规定标准取得的拆迁补偿款,无论是货币补偿还是实物补偿(房屋),均免征个人所得税。

个人收取的拆迁补偿主要是对个人损失的一种补偿,不是销售行为,是政府主导的行为,会有政府的相关文件。上述企业收到拆迁补偿免增值税和土地增值税的政策同样适用于个人,个人收取的拆迁补偿不用交增值税和土地增值税。

通过以上分析得出结论:只要是由政府主导的、因公共事业需要而拆迁补偿,无论是货币或是实物,都免征各税(除印花税而外)。除此之外的拆迁补偿要缴纳各税。

(六) 工程建设程序

工程建设阶段,是指房地产开发项目从列入年度施工计划起,到项目施工全部完成,通过工程竣工综合验收,达到业主使用条件的过程。

在项目完成规划程序并且具备开工条件后,向市建委提出开工申请,取得报建证;同时,与市政相关部门(自来水公司、热力公司、管道煤气公司、供电部门、城管局)洽谈签订协议,支付有关费用;办理招标批准手续;选择施工、监理单位;办理工程建设质量监督手续;缴纳各种费用;开工建设;项目竣工后,由主管部门(市质检站、市开发办)进行综合验收,交付使用。

下面介绍施工准备阶段主要节点工作内容。

1. 围蔽工程

1) 围蔽前应进行的准备工作

(1) 配套部办理齐全的收地手续后(取得国土证及建设用地规划许可证),由工程部进行收地围蔽工作。围蔽工程可按零星工程的委托办法委托施工单位施工。对征收地块的围蔽应做到围蔽范围准确,围蔽速度快捷,避免或减少与当地群众的纠纷。

（2）明确征地红线。工程部根据国土局提供的红线控制坐标点，按征地红线图放出征地红线，做好标记。若征地红线图中给出的坐标点与国土局提供的红线控制坐标点出入较大，应由配套部协调相关部门解决。

（3）测算围蔽工程量、办理围蔽工程委托、做好围蔽工程的实施方案、做好围蔽工程的材料准备、做好围蔽工程的人员准备、做好机械设备的进场准备。

2）围蔽工程注意事项

（1）积极与当地政府部门沟通，取得当地政府部门的支持。

（2）按已制定的实施方案组织施工。

（3）工程部应与配套部、办公室等部门协同做好解决突发事件的应急处理措施。

（4）围蔽完成后，应安排人员巡视，防止围蔽遭受恶意破坏或乱倒垃圾。

2. 申报临水临电

配套部申报临水临电时，应会同工程部确定临水临电的容量，同时了解申报流程及办理周期。临电系统尽可能有足够的富余容量，在条件允许的情况下，应考虑评估首期交楼可能采用临时供电的需要。

3. 现场查勘，进一步清理场地

收地后，工程部应对场地内的情况进行详细地了解。正常情况下，已收地块内的拆迁、坟地迁移、青苗补偿、高压线的迁移等都应在配套部的协调督促下，由当地政府相关部门完成。然而往往因各种原因的影响，收地后仍有部分迁移工作尚未完成，影响工程建设进度，因此，工程部进场后，也应积极协助配套部协调当地相关部门解决，进一步清理场地。

配套部应摸清原有地下管网的概况及图纸，并向工程部通报，工程部应探明地块内电信、煤气、给排水管，特别是军用光缆的实际分布、走向情况，如影响工程施工，应及时协调相关部门解决。

所收地块内的林木砍伐，由配套部协调取得砍伐证后，根据总砍伐图组织砍伐，并根据实际地形与总规进行比较，砍伐如果对周边环境破坏大，应及时反馈并进行调整后，再实施砍伐。

4. 工程部组织详勘

（1）取得方案批复后（总平面图确定后），工程部可组织勘察单位进场，对阻碍详勘钻孔的障碍物，工程部应提前组织清理。

（2）勘察单位根据总平面图上的坐标点定出孔位，工程部应复核。

（3）根据公司工期要求，督促勘察单位组织足够的钻机进场。一般一台钻机一个工作日可钻一个孔（30米计）。

（4）所有钻孔工程量应进行验收，并在验收记录上签字，及时存档。

（5）现场钻孔取样完成后，应督促勘察单位在详勘开钻后15天内出快报，并按合同要求提供勘察报告。

5. 小区分区开发综合策划

小区分区开发综合策划,是小区开发、建设、销售的总纲,由公司总经理主持,召开由分管配套、招标、设计、工程、销售、资金、合同管理、物业管理的副总经理和各部门负责人参加的小区分区开发综合策划会,策划会讨论和确定的内容包括:分区开发目标、融资目标、销售目标、工程建设目标,并根据这些目标制定招标计划和项目运营计划(含图纸需求计划、配套计划、销售计划、资金计划及工程计划、物业移交计划)。

6. 综合策划方案编制

综合策划方案包含以下内容:

(1) 施工给水系统:给水管道走向规划、管道管径、用水量及用水计量等。

(2) 施工排水系统:排水管道走向规划、管道管径、排水量等。

(3) 施工用电系统:施工用电线路走向规划、用电总容量、用电计量等。

(4) 施工道路系统:满足施工需要、安全文明施工需要、与永久规划路的关系等。

(5) 施工场地划分、围蔽工程及临时设施的规划:满足安全文明施工需要、满足销售需要等。

(6) 施工场地的土方平衡:考虑场地的竖向布置及标高协调、挖方与填方尽量平衡等。(适当考虑分期开发之间的土方平衡)

(7) 小区的公用工程(供电、备用电源、电信、消防、供水、供暖、污水处理等)的建设是否能满足首期交楼的使用要求。

(8) 制订各期开发楼盘的分批销售计划。

(9) 制订各期开发楼盘的分批移交物业管理计划。

(10) 制订图纸设计计划。

(11) 制订招标计划。

其中除第(8)(9)项方案的内容外,其他的属于工程建设范畴,具体由工程部负责编制。

7. 综合策划方案会审时间

综合策划方案会审时间为新开发项目在方案批复后的一周内。

组织者为工程部。

负责人为公司总经理。

参加人员为规划设计部、工程部、经管部、配套部、营销部、物业公司部门负责人。

内容为对各部门编制的综合策划方案进行审查,审定后明确落实时间。

8. 图纸会审

开工5天前,工程部必须组织召开由主管工程的公司领导主持的,由规划设计部、经管部、配套部、工程部、监理、设计院、施工单位参加的图纸会审。工程部在图纸会审7天前通知参加会审的单位,并收集和汇总各部门图纸审查意见,在图纸会审24小时前将意见提交设计院。

9. "三通一平"的实施

1)"三通"

配套部应及时办理临水、临电的报批及施工手续,临时道路出入口报批手续(包括市政道路绿化迁移报批手续)、办理淤泥排放证等。工程部应马上组织场地平整、临时道路的施工。

2)"一平"

(1)场地平整的主要步骤:

① 场地标高根据审定后的综合策划方案确定。

② 场地及边坡土方量计算场地土方量计算的方法有两种:方格网法和断面法。场地比较平坦时,一般采用方格网法;场地地形较为复杂或挖填深度较大、断面不规则时,一般采用断面法。

③ 土方调配。对挖土的利用、堆弃和填土的取得,三者之间关系进行综合处理,确定"挖—填"方区的调配方向和数量,使土方工程的施工费用最小、工期短,施工方便。土方调配步骤包括:划分调配区、计算土方调配区之间的平均运距(或单位土方运价或单位土方施工费用)、确定土方的最优调配方案、绘制土方调配图表。

(2)场地平整需注意的问题:

① 注意勘察地下已有管线的情况。

② 场地的挖方与填方尽量平衡,避免在短期内既有土方外运又要土方外购。

③ 根据总平面图进行放线,如存在开挖过大影响了周边环境的情况,应及时进行反馈并进行调整。

10. 编制项目总进度节点控制计划

综合策划会后一周内,工程部应编制项目总进度节点控制计划,根据该计划编制图纸需求计划和招标采购计划。

1)编制进度节点计划需要收集的信息

(1)收集图纸信息及建造标准。

(2)地下室层数、层高,裙楼层数、层高,总层数,屋面做法,外墙做法,交房标准。

(3)现场已收图纸,所欠图纸种类。

(4)了解合同信息。

(5)主体合同范围、工期。

(6)现场已有合同,所欠合同。

(7)了解当地政府的验收要求,如基础检测、材料检测、防雷检测、专项方案审查、中间验收、竣工验收等。

2)编制方法

详细列出工程从项目启动到完工的各项节点工作,结合图纸要求、合同需要、工序搭接、公司制度要求等编排节点开工、完工时间,从而编制确保节点计划实现的招标采购计划、图纸需求计划和配套报建计划。招标采购计划、图纸需求计划编制完成后,召集规划设计部、经管部讨论商定后由总经理审批执行,并作为绩效考核依据。

11. 审查施工组织设计和施工方案

项目主体开工前,工程部应督促施工单位提交施工组织设计,并负责组织由规划设计部、工程部、营销部、监理、施工单位等参加的施工组织设计审查会。

施工组织设计审查应重点审查场地布置是否满足安全文明施工、销售通道和销售环境、后续工程的施工要求。审查总进度计划的重大节点是否满足公司开发和销售要求,总进度计划应明确专业分包单位的插入时间节点,审查时应充分考虑专业分包单位的合理施工工期。

施工组织设计的审查内容主要包括施工方案(技术工艺方法、手段、流程),施工进度计划,施工平面图,施工措施,各类材料采购供应计划,各类施工设备进场计划。

施工组织设计的审查要点详见《施工组织设计审核规定》。

专项施工方案的编制和审核应符合建设部《危险性较大工程安全专项施工方案编制及专家论证审查办法》(建质〔2004〕213号印发)要求。

12. 前期的其他准备工作

(1) 督促施工单位按已审批的临时设施搭设方案搭设临设。

(2) 工程部办公环境及办公条件的规划。

第一,资料文件柜标准统一,数量满足全过程需要;柜内文件夹应分阶段,按类型分类。

第二,工程所需的各类表格应准备齐全,应配备本工程需要的工程建设标准书籍或电子图书。

第三,上墙文件应符合公司统一要求,内容包括:质量方针、质量目标、质量体系认证、项目组织架构、岗位职责、规划许可证、施工许可证、规划总平面图、综合管线总平面图、晴雨表等。

第四,应按公司制度设置样板库。

第五,办公室周围要做到美观、整洁、有绿化。

(3) 工程监理例会。

建筑施工过程中,由监理单位组织施工单位、建设单位进行生产协调例会。会议周期根据具体工程商定,一般为一周一次。

(4) 熟悉工程图纸、编制各种台账。

在熟悉工程图纸的基础上,根据工程的构成事先编制好隐蔽验收台账和检验批验收台账,这既是对施工验收工作的规划,也为施工阶段的工作做好了铺垫,既减少了施工过程中台账登记的劳动,也使台账一目了然,便于统计和检查。

(5) 放线点的及时复核和保护。

第一,对于规划局提供或认可的建筑物定位放线点,工程部应组织复核并做好保护措施。

第二,监理工程师应要求施工承包单位,对建设单位给定的原始基准点、基准线和标高等测量控制点进行复核,并将复测结果报监理工程师审核,经批准后施工承包单位方能进行准确的测量放线,建立施工测量控制网,并应对其准确性负责,同时做好基桩的保护。

第三,复测施工测量控制网。抽检建筑方格网、控制高程的水准网点以及标桩埋设位置等。

(6) 审查施工单位的组织架构及质量保证体系、安全文明施工保证体系。

(7) 审查施工单位主要人员资质及特种作业人员资格证。

(8) 审查施工单位进场设备。数量满足施工组织设计及施工进度要求;性能满足工程特点及地质条件要求;设备状况能满足连续工作及施工安全要求。

(9) 验收进场施工材料。

(10) 了解当地政府及行业的相关要求,各分部分项工程的验收标准和验收要求。

(七) 房地产经营程序

房地产经营,是开发商通过对所开发房地产的销售、出租,实现自己预期投资收益的行为。该项工作从取得土地使用权起,一直延续到房地产交付使用。房地产开发商既可以自己销售和出租开发的房地产,也可以委托给专业的中介机构。销售和出租的房地产都可以有期房和现房两种,但都必须在取得政府主管部门颁发的预售许可证之后方可进行,且买卖契约和租赁契约都必须经过政府主管部门鉴证方为有效。

三、土地出资设立房地产公司

【例 3-1】 A 公司有一处空闲场地,原规划用途是工业用地,现城市总体规划已将该地调整为商住用途。A 公司欲与 B 房地产公司合作成立项目公司,A 公司以该土地使用权作为投资入股。请问,这种方式法律允许吗?是否属于土地使用权转让并且要办理土地转让的审批和过户登记?

答:以土地使用权投资入股法律是允许的,但以工业用地投资入股搞商业性开发则并不那么简单。

《城市房地产管理法》第二十八条规定:"依法取得的土地使用权,可以依照本法和有关法律、行政法规的规定,作价入股,合资、合作开发经营房地产。"但是,若想以工业用途的土地使用权投资入股成立项目公司搞商业性开发,则必须满足如下几个条件。

1. 必须依法变更土地用途

公司取得的土地核准用途为工业用地,虽然城市总体规划已调整为商住用途,但这并不意味着公司可直接按商住用途进行建设使用。城市总体规划,只是对城市未来一个较长时期总体发展远景、综合布局、功能区划等的计划和描述。这样的规划一经制定并非要立即付诸实施。落实城市总体规划,还需要制定"详细规划""分区规划"等。涉及具体建设项目,还必须办理立项审批、用地审批以及土地用途的变更登记等。也就是说,城市总体规划范围内的土地使用权人,并不能根据城市规划调整后的用途自行改变土地用途。2002年国土资源部发布《招标拍卖挂牌出让国有土地使用权规定》(国土资源部令第11号,以下简称国土资源部第11号令)之后,凡经营性用地,必须采用招标拍卖挂牌方式出让。即使将工业性用途的土地变更为经营性用地,原土地使用权人也并不一定能成为土地用途变更后的土地受让人,因为国土资源部第11号令文件发布后,许多地方都出台规定,将由工业用途的土地变更为经营性用地,也必须将该土地使用权收回后,采用招拍挂方式重新出让。如此操作,原土地使用权人未必能成为重新出让时新的受让人,故以土地出资入股进行商住房开发的目的也难以实现。除非成立的项目公司能在今后的公开出让中成功竞得该宗土地。在实务中,这也并非没有可能,因为在土地规划用途由工业改为商住等经营性用地后,地方政府首先要收回原工业用地,并按重新出让所得的一定比例返还原使用人,如原使用人为房地产开发公司(或项目公司),也允许其参与竞买,这样原使用人就具有一定的竞争优势,如能在收回土地使用权之前,将该土地使用权作价入股至项目公司名下,然后再以该项目公司的名义参与竞买,竞得土地的可能性还是很大的。

2. 依法办理土地使用权的转让变更登记

在司法领域,已对土地使用权转让行为和以土地使用权作为出资的合作开发行为进行了单独定义,如《最高人民法院关于审理涉及国有土地使用权合同纠纷案件适用法律问题的解释》(法释〔2005〕5号)第七条规定:"本解释所称的土地使用权转让合同,是指土地使用权人作为转让方将出让土地使用权转让于受让方,受让方支付价款的协议。"第十四条规定:"本解释所称的合作开发房地产合同,是指当事人订立的以提供出让土地使用权、资金等作为共同投资,共享利润、共担风险合作开发房地产为基本内容的协议。"即在司法审判中,已经不再将可能导致土地权属变更的合作开发行为作为土地使用权转让的特殊形式,并依据有关土地转让的法律规定认定合作开发合同的效力。但在行政管理领域,无论何种方式,只要客观上发生土地权属的变更,就必须办理土地使用权的过户登记手续,如果不符合法定的转让条件,则土地行政主管部门仍然会拒绝办理权属过户登记。

第二节　设立准备阶段的会计处理

根据《中华人民共和国公司法》(以下简称《公司法》)、《城市房地产管理法》和《城市房地产开发经营管理条例》等的规定,设立房地产开发企业,应当向市场管理监督部门申请设立登记。市场管理监督部门对符合相关法律法规规定条件的,应当予以登记,发给营业执照。对不符合相关法律法规规定条件的,不予登记。房地产开发企业在领取营业执照后1个月内,应当到登记机关所在地的县级以上人民政府房地产开发主管部门备案,同时也进行会计处理。

一、设立的主要账户

本阶段应设立的主要账户有:实收资本(或股本)、资本公积、管理费用等。股东可以用货币出资,也可以用实物、知识产权、土地使用权等可以用货币估价并能依法转让的非货币财产作价出资;但是,法律、行政法规规定不得作为出资的财产除外。

对作为出资的非货币财产应当评估作价,核实财产,不得高估或者低估作价。法律、行政法规对评估作价有规定的,从其规定。

二、主要业务账务处理

(一)接受所有者投入资本

借:银行存款、其他应收款、固定资产、长期股权投资等
　　贷:实收资本、股本等
　　　　资本公积——资本溢价或股本溢价

(二)筹建期开办费

借:管理费用、长期待摊费用
　　贷:银行存款等

(三)取得土地时的核算

1. 涉及的主要业务

出让取得、通转让取得、投资者投入以及其他方式取得土地。

2. 设置的主要账户

开发成本、无形资产、投资性房地产等。

3. 会计分录

(1)用于土地、商品房开发时:

借:开发成本——成本对象——土地征用及拆迁补偿费
　　贷:银行存款等

(2)用于自建用房或暂时没有明确用途时:

借:无形资产
　　贷:银行存款等

(3)用于赚取租金时:

借:投资性房地产
　　贷:银行存款等

第三节 设立准备阶段税务处理

一、设立阶段业务流程

(一)市场拓展

1. 获取土地信息资料

某地块的土地控规条件;土地拟上市时间计划、土地出让金支付要求;土地现状图;了解合作意向地块控规条件、合作方式和土地现状图;了解意向合作地块真实性、是否存在历史遗留问题或纠纷等。

2. 投资意向前期市场调研

开发企业调研的内容包括:现状图、规划条件、现场踏勘,了解地块周边配套情况、区域未来规划情况、周边市场情况。

3. 意向土地持续跟踪

企业应获取以下资料:

(1)拟出让地块电子版地形图。

(2)获取拟出让地块预计底价,保证金和上市时间计划等信息。

(3)了解潜在竞争对手。

4. 项目投资意向

企业通过调研,确定项目投资意向,并进行区域市场深度研究。

5. 本阶段税务要点

房地产企业在前期进行调研,一般由社会中介机构来完成,税目为现代服务业,税率6%,索取增值税专用发票,用于抵减销项税额。如果在二级市场成功取得土地,计入房地产开发成本——前期工程费,土地增值税清算时,可以加计扣除。如果没有取得土地,计入企业的管理费用,在所得税税前扣除。

(二)方案审批

1. 项目可行性研究阶段市场调研

通过市场拓展,通过分析地块周边及辐射范围的项目客户分析、产品分析和区域市场竞争分析,以及根据以往及周边项目成交客户分析和产品分析等,对项目可行性研究阶段的项目定位、客户定位、产品定位提出初步策略性建议,同时根据土地开工条件和市场状况,初步拟定开发进度。

2. 土地购置前期深度市场调研

对项目周边区域房地产市场基本状况和项目周边区域环境配套现状进行调研,根据意向地块项目进展情况确定是否进行项目区域市场需求调研问卷,问卷调研统计数据完成后,出具市场调研报告。

项目编号	
标的名称	**市国土资源局 国有建设用地使用权挂牌出让公告 *国土告字〔2018〕1号
项目内容	**市国土资源局 国有建设用地使用权挂牌出让公告 *国土告字〔2018〕1号 经**市人民政府批准，**市国土资源局决定以挂牌方式出让1幅国有建设用地使用权。现将有关事项公告如下： 一、挂牌出让地块的基本情况和规划指标要求 | 编号	土地位置	土地面积(m²)	规划指标要求 容积率	规划指标要求 建筑密度	规划指标要求 绿地率	土地用途	出让年限(年)	挂牌起价(万元)	竞买保证金(万元)
---	---	---	---	---	---	---	---	---	---
*国土〔2018〕1号	**大道与襄郡路交叉口西南角	30907(46.36亩)	≤2.5	≤23%	≥35%	住宅	70	18589（400万元/亩）	18589	 备注：本次只出让**市城乡规划局《关于**大道与 的规划条件》（*规技用字〔2017〕131号）中二类居住用地部分。 以上规划摘要不能详尽之处，以该地块的规划条件或意见为准。 二、竞买人资格：中华人民共和国境内外的法人、自然人和其他组织，均可参加申请，申请人应当单独申请。欠缴土地出让价款、列入工商、税务部门、 安全生产部门失信企业名单的单位，不得参加竞买。 三、本次国有建设用地使用权挂牌出让采取网上挂牌的方式进行，按照价高者得的原则确定竞得人。 四、本次挂牌出让的详细资料和具体事项，见挂牌出让文件。申请人应于2018年2月7日至2018年3月7日通过**市公共资源交易平台网(http://www. w.gov.cn/)查阅或下载。 五、申请人应于2018年2月7日至2018年3月7日15时30分前通过**市公共资源交易平台网上以上传扫描件的方式提交申请（过时系统将自动关闭而无法提交），不接受书面、电话、邮寄、电子邮件及口头等其他形式竞买申请；竞买人自行登录**市产权交易中心网(www.xtcqw.cn)或金马甲网(www.jinmajia.com)在动态报价大厅完成网上"申请报价"，过时不再受理。交纳竞买保证金的截止时间为2018年3月7日15时30分。经审核，申请人按规定交纳竞买保证金，具备申请条件的，将在2018年3月7日17时30分前确认其竞买资格。 本次挂牌出让的一宗地块交纳竞买保证金银行账户： 1、收款单位：××市产权交易中心 　开户银行：中国农业银行股份有限公司** 支行 　账　　号： 01040016*** 2、收款单位：××市产权交易中心 　开户银行：××银行汇通支行 　账　　号： 011000000*** 六、本次国有建设用地使用权挂牌出让活动在××市公共资源交易中心（××市 大街2868号）举行；挂牌时间为： 1号地块：2018年2月26日9时至2018年3月9日10时（10个工作日） 七、其他需要公告的事项 （一）网上挂牌出让过程包括竞价阶段（即自由报价阶段）和竞价阶段（即限时报价阶段），挂牌时间（即自由报价阶段）截止后，所有竞买人自动进入竞价阶段，限时报价周期为300秒。 （二）本次挂牌出让土地是以现状挂牌，有意参加竞买的视为已对现状了解。 （三）本次挂牌出让只通过××市公共资源交易平台网上以上传扫描件的方式提交申请，不接受书面、电话、邮寄、电子邮件及口头等其他形式的竞买申请。竞买人登录**市公共资源交易平台网（网址：http://www. .gov.cn/），点击"××市公共资源交易平台-系统登陆"，选择"国土交易"入口，输入用户名和密码登录后，方可获取提交文件，进行网上提交申请、报价和申请报价等操作。具体操作见《土地竞买人操作手册》和《金马甲网络动态报价竞买人操作手册》。 （四）本次出让地块内如有空中电力线、通讯线、地下隐藏物、埋藏物、地下管网及线路、人防设施、电力设施、热力燃气设施、铁路线、建筑垃圾等均由竞得人自行负责向有关部门申请迁移或清理，所需费用由竞得人自行支付。 （五） 1号地块的具体规划要求以**市城乡规划局出具的规划设计条件（或意见）为准。本次只出让**市城乡规划局《关于删 角地块的规划条件》（ 〔2017〕131号）中二类居住用地部分。详细问题请咨询**市城乡规划局，电话： 。 （六）竞买申请人应详尽了解本次出让宗地现状及所列条件无异议并全面接受，包括同意接受《挂牌出让须知》的约束，违反有关条款的，将本承担相应的法律责任。 （七）本次挂牌出让的 号地块成交后，竞得人须在《国有建设用地使用权出让合同》签订之日起30日内缴纳出让价款的50%，六个月内缴清全部出让价款。 （八）本公告解释权归 **市国土资源局。 八、联系方式 联系地址：××市国土资源局（** 路 号） 联系电话： 120 联系电话：6019 06 ××市国土资源局 2018年2月6日

图 3-1　土地出让公告

3. 可行性研究审批

公司根据上报的调研报告，决定是否同意投资。

4. 土地竞买资格申请

企业向当地国土管理部门进行土地资格申请，经审核符合条件，取得土地竞买资格，时间一般在 20 天。

5. 土地公告阶段

一般公告时间在 20 天，在此期间，企业应对竞争对手财力、人力、物力和社会关系综合分析，以及对竞争对手参与土地竞买目的进行分析，制定土地竞买出价或拍卖战略战术。图 3-1 为土地出让公告实例。

6. 土地竞买

土地挂牌期为 10 天时间，土地拍卖期为 1 天时间。通过土地竞买，取得土地。成交公示如图 3-2 所示。

**市国土资源局国有土地使用权招拍挂出让成交公示

*国土告字〔2018〕1 号

按照《土地管理法》、《城市房地产管理法》、《招标拍卖挂牌出让国有土地使用权规定》和《招标拍卖挂牌出让国有土地使用权规范》等有关法律法规，遵循公开、公正、公平的原则。我局于 2018 年 02 月 26 日 至 2018 年 03 月 09 日 挂牌出让 1 宗国有土地使用权。现将有关情况公示如下：

一、地块基本情况：

地块编号	*国土〔2018〕1 号	地块位置		土地用途	其他普通商品住房用地
土地面积(公顷)	3.0907	出让年限	70 年	成交价(万元)	29189（629 万元/亩）
受让单位	*｜\\房地产开发有限公司				
备注					

二、公示期：2018 年 03 月 09 日 至 2018 年 03 月 15 日。

三、该宗地双方已签订成交确认书，在 30 日内签订出让合同，相关事宜在合同中约定。

四、联系方式：

  联系单位：××市国土资源局

  单位地址：

  邮政编码：

  联系电话：

  联　系　人：

  电子邮件：

××市国土资源局

2018 年 03 月 09 日

图 3-2　土地出让成交公告

7. 签订土地出让合同

房地产开发企业与国土资源局签订土地出让合同,内容包括但不限于以下事项:出(转)让方、出(转)让方地址、受让方地址、土地位置、土地面积、土地用途、土地成交价格、转让金额。合同如图3-3、图3-4、图3-5和图3-6所示。

图 3-3 土地出让合同(1)

图 3-4 土地出让合同(2)

图 3-5 土地出让合同(3)

图 3-6 土地出让合同(4)

出让合同提供税务信息：土地成交价格、面积、容积率等相关指标，为检查人员提供地上计容面积，以及开发企业在扣除土地价款提供依据。

办理国有土地使用证（见图3-7）。

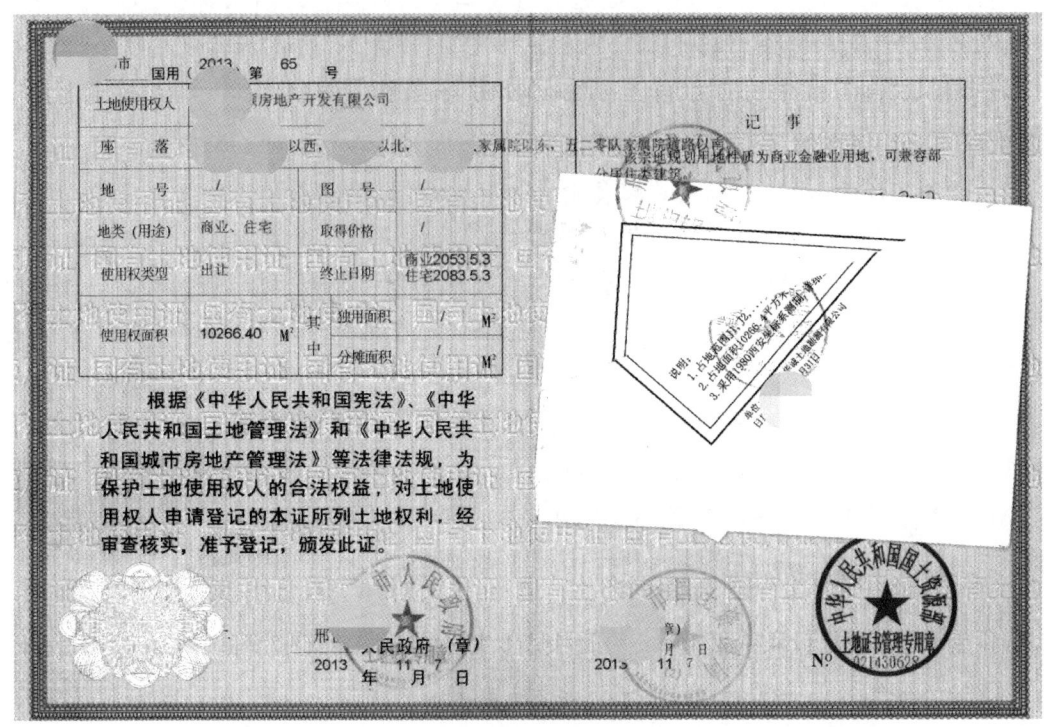

图3-7　国有土地使用证

【例3-2】　甲房地产公司注册在A市，在B市通过招拍挂取得一宗土地，面积为160亩，土地出让合同总价款为70 000万元，合同签订时点为2021年7月18日，合同约定交地时点为2021年8月18日。甲一次性向土地储备中心支付土地出让金70 000万元，开具财政性票据。9月11日，在办理前期手续时甲向财政局支付市政建设配套费1 280万元（120元/平方米），开具财政性票据。

项目公司乙于2021年10月1日设立后，甲、乙、国土局三方签订补充协议，将购地主体由甲房地产公司变更为开发该地块的项目公司壳主体乙公司。当地土地使用税为12元/（平方米·年），契税税率为4%。

解析：2016年5月1日营改增之前，房地产行业都存在以房地产公司自己的名义通过"招拍挂"取得土地，财政性票据抬头也是自己，然后，成立项目公司的现象。在营改增之前，营业税时代，不存在抵扣问题，土地成本直接计入开发成本，由于营业税的税种本身的属性，不存在抵扣问题，这种模式是房地产行业采取通用的方法。但是，营改增之后，房地产行业增值税销售额为差额计税，土地可以作为销项税额的抵减额。这样就存在土地的财政性票据抬头名称与开发项目公司名称不一致，增值税、土地增值税、企业所得税不予抵扣的风险。

1. 取得土地的财务处理（会计分录单位：万元）

契税的计税依据：(1)70 000万元？(2)71 280万元？

《财政部 税务总局关于贯彻实施契税法若干事项执行口径的公告》(财政部 税务总局公告2021年第23号)第二条(五)规定，土地使用权出让的，计税依据包括土地出让金、土地补偿费、安置补助费、地上附着物和青苗补偿费、征收补偿费、城市基础设施配套费、实物配建房屋等应交付的货币以及实物、其他经济利益对应的价款。

文件明确规定，城市基础设施配套费作为契税的计税依据。

在实务操作中，这种规定造成税企之间争议很大，房地产企业不认可的原因是：

(1)《中华人民共和国契税法》(以下简称《契税法》)第九条：契税的纳税义务发生时间，为纳税人签订土地、房屋权属转移合同的当日，或者纳税人取得其他具有土地、房屋权属转移合同性质凭证的当日。

(2)城市基础设施配套费缴纳的时间一般是在办理《建设工程规划许可证》后，在办理《建设工程施工许可证》之前，依据规划设计的建筑面积计算缴纳。

两者的缴费时间并不相同且间隔较远，也就是说，当契税纳税义务发生时，配套费缴费义务尚未发生，甚至配套费的计算依据也尚未确定。

在基层征管工作中，基层税务人员也感到将城市基础设施配套费作为契税的计税依据不尽合理，但是必须按照上级文件执行，否则，会给自身带来税收执法风险。

应缴纳契税＝71 280×4％＝2 851.20(万元)。

借：开发成本——土地　　　　　　　　　　　　　　　71 280.00
　　　　　　——契税　　　　　　　　　　　　　　　 2 851.20
　　贷：银行存款　　　　　　　　　　　　　　　　　74 131.20

2. 税务处理

1) 增值税

2016年5月1日营改增以后，增值税是一种价外税，实行凭票购进扣税法。政策依据：

(1)《营业税改征增值税试点有关事项的规定》(财税〔2016〕36号附件2)规定，房地产开发企业中的一般纳税人销售其开发的房地产项目(选择简易计税方法的房地产老项目除外)，以取得的全部价款和价外费用，扣除受让土地时向政府部门支付的土地价款后的余额为销售额。扣除的政府性基金、行政事业性收费或者向政府支付的土地价款，以省级以上(含省级)财政部门监(印)制的财政票据为合法有效凭证。

(2)《国家税务总局关于发布〈房地产开发企业销售自行开发的房地产项目增值税征收管理暂行办法〉的公告》(国家税务总局公告2016年第18号)第四条规定，房地产开发企业中的一般纳税人销售自行开发的房地产项目，适用一般计税方法计税，按照取得的全部价款和价外费用，扣除当期销售房地产项目对应的土地价款后的余额计算销售额。销售额的计算公式如下：

$$销售额=(全部价款和价外费用-当期允许扣除的土地价款)\div(1+9\%)$$

$$当期允许扣除的土地价款=\left(\frac{当期销售房地产项目建筑面积}{房地产项目可供销售建筑面积}\right)\times 支付的土地价款$$

当期销售房地产项目建筑面积，是指当期进行纳税申报的增值税销售额对应的建筑面积。房地产项目可供销售建筑面积，是指房地产项目可以出售的总建筑面积，不包括销售房地产项目时未单独作价结算的配套公共设施的建筑面积。

支付的土地价款，是指向政府、土地管理部门或受政府委托收取土地价款的单位直接支付的土地价款。

在计算销售额时从全部价款和价外费用中扣除土地价款，应当取得省级以上（含省级）财政部门监（印）制的财政票据。

基层实务中，房地产行业一般是母公司拿地，项目公司开发，存在时间性差异，造成土地出让金票据抬头名称不一致，财税〔2016〕140号文件第八条规定：房地产开发企业（包括多个房地产开发企业组成的联合体）受让土地向政府部门支付土地价款后，设立项目公司对该受让土地进行开发，同时符合下列条件的，可由项目公司按规定扣除房地产开发企业向政府部门支付的土地价款。

① 房地产开发企业、项目公司、政府部门三方签订变更协议或补充合同，将土地受让人变更为项目公司。

② 政府部门出让土地的用途、规划等条件不变的情况下，签署变更协议或补充合同时，土地价款总额不变。

③ 项目公司的全部股权由受让土地的房地产开发企业持有。

按照上述规定乙公司可以享受土地价款的差额扣除政策。

企业风险控制：若设立项目公司乙后，因资金等其他方面的需要，引入了其他投资者入股乙公司，乙公司的全部股权不再由甲公司100%持有，则不能再享受差额扣除的政策。

当然，也有人认为只要项目公司设立时的全部股权由受让土地的房地产开发企业持有即可，项目公司成立后股权结构发生变更也可以差额扣除。但这样操作有较大的涉税风险，需要得到主管税局的认可才行。按照目前基层税务局机关做法，一般是按照上级文件执行。也就是说，股权结构变更，不会让企业差额扣除。

另外，财税〔2016〕140号文件第七条规定：《营业税改征增值税试点有关事项的规定》（财税〔2016〕36号附件2）第一条第（三）项第10点中"向政府部门支付的土地价款"，包括土地受让人向政府部门支付的征地和拆迁补偿费用、土地前期开发费用和土地出让收益等。房地产开发企业中的一般纳税人销售其开发的房地产项目（选择简易计税方法的房地产老项目除外），在取得土地时向其他单位或个人支付的拆迁补偿费用也允许在计算销售额时扣除。纳税人按上述规定扣除拆迁补偿费用时，应提供拆迁协议、拆迁双方支付和取得拆迁补偿费用凭证等能够证明拆迁补偿费用真实性的材料。

土地前期开发费用为政府在土地征用、拆迁安置补偿、"三通一平"或"七通一平"等，将土地由生地变成熟地过程中发生的费用，具体包括地形勘测费、征用土地补偿费、附着物补偿费(拆迁补偿费)、林地补偿费、森林植被恢复费、林地同意使用砍伐费、使用林地评估费、耕地占用税、耕地开垦费、新菜地及鱼塘开发建设基金、村民社保基金、征地管理费、征地查勘测量费、拆迁管理费、临迁补助费、城市增容费、基础设施配套费、公共事业建设配套费、小区开发配套费等。

在检查过程中，企业有可能将市政建设配套1 280万元(120元/m^2)，计入土地价款中。土地管理部门只对土地款开具财政性票据。市政配套设施是企业办理前期手续时，才向财政局缴纳的，开具财政票据，不是缴纳土地出让金一并收取的。不属于土地价款，不得作为销项税额抵减额，1 280万元不作为销项税额的抵减额。

项目完工后可以抵扣销项税额＝70 000÷(1＋9％)×9％＝5 779.8(万元)。

会计处理：

借：应交税费——应交增值税(销项税额抵减)   5 779.8
  贷：开发成本   5 779.8

2) 土地增值税

按照上述的会计处理：

土地增值税土地扣除成本＝71 280－5 779.8＝65 500.2(万元)

但营改增后，国家税务总局对于土地增值税的申报专门下发了《国家税务总局关于修订土地增值税纳税申报表的通知》(税总函〔2016〕309号)，其中对于"取得土地使用权所支付的金额"明确规定为"按纳税人为取得该房地产开发项目所需要的土地使用权而实际支付(补交)的土地出让金(地价款)及按国家统一规定缴纳的有关费用的数额填写"。

所以在土地增值税清算时，土地扣除成本为71 280万元。这也是土地增值税与会计处理存在着差异。

3) 企业所得税

企业所得税的扣除成本与会计处理，基本趋同。在项目清算时，企业所得税可以扣除的成本为＝65 500.2＋2 800＝68 300.2(万元)。

二、设立阶段涉及税种

房地产企业设立阶段涉及的税收主要有印花税和契税。

(一) 印花税

(1) 营业账簿记载资金的账簿按照实收资本和资本公积的合计金额0.5‰在账簿启用时贴花(自2018年5月1日起减半征收)；其他账簿在启用时按件贴花，每件5元(自2018年5月1日起免征)。

(2) 权利许可证照房产证、土地证、营业执照，每件5元。

(3) 土地使用权合同对于以土地使用权投资入股的,公司以土地使用权转让合同按产权转移数据征收印花税,按照合同记载金额的0.5‰贴花。

(二) 契税

在房地产企业设立阶段,如果接受出资人以土地使用权等不动产出资的,接受出资的单位按照成交价格的3‰~5‰缴纳契税。

房地产企业发生的印花税和契税,一般不通过"应交税费"科目进行核算,印花税在实际缴纳时直接进入"税金及附加"科目,契税发生时视土地使用权的用途计入不同的会计科目。

【例3-3】 2020年3月,A房地产公司购买印花税票1 000元,缴纳土地入股时的契税60 000元。

A地产公司应作如下会计处理:

借:税金及附加　　　　　　　　　　　　　　　　　　　　　1 000
　　土地征用及拆迁补偿费——契税　　　　　　　　　　　　60 000
　贷:银行存款　　　　　　　　　　　　　　　　　　　　　　　　61 000

三、开办费的税务规定

《企业所得税法》规定,在计算应纳税所得额时,企业发生的下列支出,作为长期待摊费用,按照规定摊销的,准予扣除:

(1) 已足额提取折旧的固定资产的改建支出。

(2) 租入固定资产的改建支出。

(3) 固定资产的大修理支出。

(4) 其他应当作为长期待摊费用的支出。

《企业所得税法实施条例》第七十条规定,企业所得税法第十三条第(四)项所称其他应当作为长期待摊费用的支出,自支出发生月份的次月起,分期摊销,摊销年限不得低于3年。

据此,2008年以后企业筹建期间发生的开办费,自支出发生月份的次月起,可以分期摊销,但摊销年限不得低于3年。

四、房地产企业土地成本确认及涉税处理

万丈高楼平地起,对房地产开发企业来讲,获得国有土地使用权是项目开发的第一步。目前房地产开发企业经营用地获得的方式主要有四种:一是在一级土地市场通过"招拍挂"以出让方式获取土地使用权,二是在二级土地市场购买的土地使用权,三是以接受出资方式获取土地使用权,四是以兼并重组方式获得土地使用权。房地产开发企业以不同方式取得的土地使用权,其土地成本有所不同,且影响项目开发过程中发生的相关税费,最终导致开发项目整体税负差异。

（一）以出让方式取得国有土地使用权成本及涉税处理

1. 出让方式及土地使用年限

土地使用权出让，是指国家将土地使用权在一定年限内出让给土地使用者，由土地使用者向国家支付土地使用权出让金的行为。

（1）出让方式：招标、拍卖、挂牌、协议。

（2）使用年限：土地使用权出让最高年限为居住用地70年，工业用地50年，教育、科技、文化、卫生、体育用地50年，商业、旅游、娱乐用地40年，综合或者其他用地50年。

2. 房地产企业应缴纳的相关税费

1）契税

国家以土地所有者的身份将土地使用权在一定年限内让与房地产开发企业，企业除了支付土地出让金外还要缴纳契税。

政策依据：《契税法》第一条规定，在中华人民共和国境内转移土地、房屋权属，承受的单位和个人为契税的纳税人，应当依照本法规定缴纳契税。第二条规定，本法所称转移土地、房屋权属是指下列行为：土地使用权出让；……

《财政部 国家税务总局关于贯彻实施契税法若干事项执行口径的公告》（财政部 税务总局公告2021年第23号）第二条第五项规定，土地使用权出让的，计税依据包括土地出让金、土地补偿费、安置补助费、地上附着物和青苗补偿费、征收补偿费、城市基础设施配套费、实物配建房屋等应交付的货币以及实物、其他经济利益对应的价款。

房地产开发企业应以支付该宗土地使用权支付的全部经济利益乘以适用税率缴纳契税。

2）印花税

《财政部 国家税务总局关于印花税若干政策的通知》（财税〔2006〕162号）第三条规定，对土地使用权出让合同、土地使用权转让合同按产权转移书据征收印花税。所以房地产开发企业按"土地使用权出让合同"所载金额0.5‰缴纳印花税。

3. 会计处理

以出让方式获取土地使用权，因为在获取土地阶段不涉及增值税进项税额的取得，所以增值税制下的会计核算和营业税制下的会计核算一致，土地出让金及相关费用直接记入"土地使用权"或"开发成本"科目。

（1）缴纳土地出让金时：

借：开发成本——土地成本
　　贷：应付账款/银行存款等

（2）缴纳契税时：

借：开发成本——土地成本
　　贷：应付账款/银行存款等

4. 土地成本确认及对税种的影响

房地产开发企业以出让方式获取土地使用权的土地成本为取得该土地使用权而支付的全部经济利益,包括土地出让金、拆迁补偿费、征收补偿款、开发规费、契税、城市基础设施配套费等。营改增后,土地成本差异不仅影响土地增值税同时也可能影响增值税。房地产开发企业中的一般纳税人销售其自行开发的房地产项目(选择简易计税方法的房地产老项目除外),在取得土地时向政府部门支付的征地和拆迁补偿费用、土地前期开发费用和土地出让收益,向其他单位或个人支付的拆迁补偿费用,在其取得合规凭证后,允许在计算销售额时扣除。房地产企业按上述规定扣除拆迁补偿费用时,应提供拆迁协议、拆迁双方支付和取得拆迁补偿费用凭证等能够证明拆迁补偿费用真实性的材料。在实务中税企之间往往产生如下争议。

1) 税企争议一:红线外支出

房地产开发企业以出让方式获取土地使用权,实务中经常发生"红线外支出"的问题,所谓"红线外支出"是指在房地产开发企业项目建设用地边界外,即国家有关部门审批的项目规划外承建设施发生支出。房地产企业发生红线外支出可能有两种情况:一种是红线外为政府建设公共设施或其他工程是"招拍挂"拿地时的附带条件,该种情况下,红线外支出相当于土地成本的一部分;另一种是开发商为了提升红线内楼盘的品质,在红线外自行建造建筑物或基础设施。

对于土地增值税来讲,"红线外支出"是否计入土地成本,目前大部分省市允许计入土地成本,土地增值税清算时可以扣除。

(1)《国家税务总局海南省税务局土地增值税清算审核管理办法》(国家税务总局海南省税务局公告2021年第7号)第十三条第二项规定,在项目建设用地边界外,为政府建设公共设施或其他工程所发生的支出,凡能提供政府有关部门出具的文件证明该项支出与建造本清算项目有直接关联的(含项目的土地使用权取得相关联的),允许扣除;

(2)《广西壮族自治区房地产开发项目土地增值税管理办法(试行)》(广西壮族自治区地方税务局公告2018年第1号)第四十条第一项第三目规定,纳税人在取得土地使用权时,应政府要求承担的红线外道路、桥梁等市政建设支出,提供与本项目有关的证明材料,凭合法有效的凭证据实扣除,取得的收益抵减相应的扣除项目金额。

(3)《国家税务总局广东省税务局土地增值税清算管理规程》(国家税务总局广东省税务局公告2019年第5号)第二十九条第五项规定,纳税人为取得土地使用权,按照出让合同约定或政府文件要求,在项目规划用地外建设的公共设施或其他工程发生的支出,是否符合出让合同约定或政府文件要求。

综上所述,笔者认为:"红线外支出"如果是拿地的附加条件,且土地使用权出让合同约定,即构成合同价款有效的、不可分割的一部分,应计入土地成本;构成合同价款的"红线外支出"如果取得合规凭证,即取得省级以上(含省级)财政部门监(印)制的财政票据,拆迁协议、拆迁双方支付和取得拆迁补偿费用凭证等能够证明拆迁补偿费用真实性的材料,在计算开发项目销售额时可以扣除"红线外支出"。

2) 税企争议二：财政返还款是否冲减土地成本

2014年3月27日国土资源部颁布实施《节约集约利用土地规定》(国土资源部令第61号发布)第二十二条第三款规定,禁止以土地换项目、先征后返、补贴、奖励等形式变相减免土地出让价款。但是实务中各地政府为了招商引资常对行政区域内拿地的开发商给予一定的财政奖励,即在房地产开发企业依法纳税后将地方留成部分按比例给予财政返还。另外,也常常出现开发商拿地前政府已经承诺土地最低价格,在"招拍挂"拿地时超出政府承诺最低价格部分会以财政返还方式将房地产开发企业缴纳的土地出让金予以返还。对这些财政返还如何进行税务处理呢？土地增值税清算时,由于土地成本不仅可以据实扣除,而且还可以加计20%扣除,房地产开发企业更希望政府的财政返还可以作为收入处理,不用冲减土地成本。但税务机关却要求企业冲减土地成本,而不是作为收入。由此引发税企争议。

对于土地增值税来讲,大部分省市规定财政返还款冲减土地成本。

(1)《辽宁省地方税务局关于明确土地增值税清算有关问题的通知》(辽地税函〔2012〕92号)第六条关于"房地产企业取得政府返还款的税务处理问题"明确规定,房地产开发企业从政府部门取得各种形式的返还款,地方税务机关在土地增值税清算时,其返还款不允许扣除,直接冲减土地成本。

(2)《贵州省土地增值税清算管理办法》(贵州省地方税务局公告2016年第13号发布)第四十七条规定,房地产开发企业以各种名义取得的政府返还款(包括土地出让金、市政建设配套费、税金等),在确认扣除项目金额时应当抵减相应的扣除项目金额。房地产开发企业取得不能区分扣除项目的政府返还款应抵减"取得土地使用权所支付的金额"。

综上所述,财政返还款冲减土地成本,是因为企业实际上没有支付那么多钱购买土地,所以冲减成本是合理的,但是笔者认为对于房地产企业收到的财政返还款不能实行一刀切,对于个别房地产企业因房产开发建造过程中采用绿色环保、节能新材料或采用新工艺等,从而从政府部门取得的扶持、奖励资金,应和企业所得税同样的税务处理方式,即企业作收入处理,且符合《财政部 国家税务总局关于专项用途财政性资金企业所得税处理问题的通知》(财税〔2011〕70号)规定条件的可以作为不征税收入。

按照目前的增值税政策规定,房地产开发企业取得的土地返还款即使冲减土地成本,但是企业可以凭借已取得的支付土地出让金、拆迁补偿费等合规凭证,在计算开发项目销售额时扣除。

5. 案例解析

【例3-4】 2020年6月,泉兴房地产开发公司在某市永兴路16号购置土地65 000平方米开发建造温馨花园,缴纳土地出让金及相关费用45 500万元,支付拆迁补偿费

15 000万元,缴纳契税1 815万元。温馨花园小区建设规模165 000平方米,其中住宅面积160 000平方米,公用配套设施面积5 000平方米,可售面积160 000平方米。土地出让合同约定:该宗土地南边废弃河道由公司负责平整并绿化,因废弃河道的三分之二部分跨越红线,为此,在公司缴纳土地出让金后,财政部门返还100万元。因公司资金问题,项目搁置超过1年,于2021年8月开工建造,为此,公司支付土地闲置费500万元,同时因未按照合同约定时间缴纳土地出让金而支付滞纳金20万元。

据上述资料:

(1)土地增值税清算允许扣除的土地成本:

土地出让金及相关费用+拆迁补偿费+契税—财政部门返还=45 500+15 000+1 815-100=62 215(万元)。

(2)计算增值税销售额时可以扣除的土地成本:

土地出让金及相关费用+拆迁补偿费=45 500+15 000=60 500(万元)。

(3)企业所得税允许扣除的土地成本:

土地出让金及相关费用+拆迁补偿费+契税+土地闲置费+滞纳金=45 500+15 000+1 815+500+20=62 835(万元)。

(二)以转让方式获取土地使用权成本及涉税处理

1. 土地使用权转让

土地使用权转让是指土地使用者将土地使用权再转让的行为,包括出售、交换和赠与。土地使用者通过转让方式取得的土地使用权,其使用年限为土地使用权出让合同规定的使用年限减去原土地使用者已使用年限后的剩余年限。

按照《城市房地产管理法》和《中华人民共和国城镇国有土地使用权出让和转让暂行条例》的规定,单位在缴纳土地出让金后,土地使用权可以在二级市场上转让或买卖,但是这种转让行为应符合国家法规规定的条件。譬如未按土地使用权出让合同规定的期限和条件投资开发、利用土地的,土地使用权不得转让。

2. 土地使用权转让应缴纳的税费

现行税制下,土地使用权转让方转让国有土地使用权应缴纳增值税、附加税费、土地增值税、印花税、企业所得税。

1)增值税

《营业税改征增值税试点实施办法》(财税〔2016〕36号附件1)第一条规定,在中华人民共和国境内(以下称境内)销售服务、无形资产或者不动产(以下称应税行为)的单位和个人,为增值税纳税人,应当按照本办法缴纳增值税,不缴纳营业税。

《财政部 国家税务总局关于进一步明确全面推开营改增试点有关劳务派遣服务、收费公路通行费抵扣等政策的通知》(财税〔2016〕47号)第三条第二款第二项规定,纳税人转让2016年4月30日前取得的土地使用权,可以选择适用简易计税方法,以取得的全部价款和价外费用减去取得该土地使用权的原价后的余额为销售额,按照5%的征收率计算缴纳增值税。营改增前,《财政部 国家税务总局关于营业税若干政策问题的通知》(财税〔2003〕16号)第三条第二十项规定,单位和个人销售或转让其购置的不动产或受让的土地使用权,以全部收入减去不动产或土地使用权的购置或受让原价后的余额为营业额。营改增该原有优惠政策平移是考虑到"营改增"后不增加纳税人的负担的宗旨。

(1) 适用一般计税方法的情况。

增值税一般纳税人转让2016年4月30日前取得的土地使用权,可选择适用一般计税方法,一般纳税人转让2016年5月1日后取得的土地使用权,则必须采用一般计税方法。

【例3-5】 甲公司为增值税一般纳税人,2019年8月转让一宗土地使用权取得转让价款55 000万元,该宗土地于2015年7月取得,支付价款30 000万元,一般计税方法下如何计算增值税?

应交增值税=55 000÷(1+9%)×9%=4 541.28(万元)。

【例3-6】 甲公司为增值税一般纳税人,2019年8月转让一宗土地使用权取得转让价款55 000万元,该宗土地于2016年7月取得土地使用权,支付价款30 000万元,一般计税方法下如何计算增值税?

应交增值税=55 000÷(1+9%)×9%=4 541.28(万元)。

税企争议:上述采用一般计税方法下是否扣除土地价款存在不同观点,根据《国家税务总局关于发布〈房地产开发企业销售自行开发的房地产项目增值税征收管理暂行办法〉的公告》(国家税务总局公告2016年第18号,以下简称国家税务总局2016年第18号公告)第四条的规定,房地产开发企业中的一般纳税人销售自行开发的房地产项目,适用一般计税方法计税,按照取得的全部价款和价外费用,扣除当期销售房地产项目对应的土地价款后的余额计算销售额。文件未明确转让土地使用权是否可以扣除土地价款计算销售额。

笔者认为:国有土地的出让行为无法按现行增值税规则作进项税额抵扣处理,遵循"营改增"不增加房地产开发企业的税负,在一定条件下允许房地产开发企业从取得的全部价款和价外费用中扣除当期销售房地产项目对应的土地价款后的余额计算销售额,确实是一种创新。对于非房地产企业或房地产开发企业纯粹转让国有土地使用权应该与该文件的精神不符,正如土地增值税一样,对房地产企业取得土地或房地产使用权后,未进行开发即转让的,计算其增值额时,只允许扣除取得土地使用权时支付的地价款、缴纳的有关费用,以及在转让环节缴纳的税金,无加计扣除项目。所以转让国有土地使用权计算缴纳增值税时,应与土地增值税的立法理念是一致的,应当全额计算纳税。

(2) 适用简易计税方法的情况。

增值税一般纳税人转让2016年4月30日前取得的土地使用权,可选择适用简易计税方法。

【例3-7】 甲公司为增值税一般纳税人,2019年8月转让一宗土地使用权取得转让价款 55 000 万元,该宗土地于 2015 年 7 月取得土地使用权,支付价款 30 000 万元,如何计算增值税?

简易计税方法:应交增值税=(55 000−30 000)÷(1+5%)×5%
=1 190.48(万元)。

(3) 小规模纳税人转让国有土地使用权增值税计算。

【例 3-8】 乙公司为小规模纳税人,2019 年 8 月转让一宗土地使用权取得转让价款 515 万元,该宗土地于 2015 年 7 月取得土地使用权,支付价款 300 万元,如何计算增值税?

全额计税情形下应交增值税=515÷(1+3%)×3%=15(万元)。

简易计税方法下应交增值税=(515−300)÷(1+5%)×5%=10.24(万元)。

【例 3-9】 乙公司为小规模纳税人,2019 年 8 月转让一宗土地使用权取得转让价款 515 万元,该宗土地 2016 年 7 月取得土地使用权,支付价款 300 万元,如何计算增值税?

全额计税情形下应交增值税=515÷(1+3%)×3%=15(万元)。

此时不能选择适用差额计税方式,只能全额计税。

2) 土地增值税

《土地增值税暂行条例》第二条规定,转让国有土地使用权、地上的建筑物及其附着物(以下简称转让房地产)并取得收入的单位和个人,为土地增值税的纳税义务人(以下简称纳税人),应当依照本条例缴纳土地增值税。

《土地增值税宣传提纲》(国税函发〔1995〕110 号印发)第六条第一款规定,对取得土地或房地产使用权后,未进行开发即转让的,计算其增值额时,只允许扣除取得土地使用权时支付的地价款,缴纳的有关费用,以及在转让环节缴纳的税金。

《财政部 国家税务总局关于营改增后契税 房产税 土地增值税 个人所得税计税依据问题的通知》(财税〔2016〕43 号)第三条规定,土地增值税纳税人转让房地产取得的收入为不含增值税收入。《土地增值税暂行条例》等规定的土地增值税扣除项目涉及的增值税进项税额,允许在销项税额中计算抵扣的,不计入扣除项目,不允许在销项税额中计算抵扣的,可以计入扣除项目。

《国家税务总局关于营改增后土地增值税若干征管规定的公告》(国家税务总局公告 2016 年第 70 号)第四条规定,房地产开发企业在营改增后进行房地产开发项目土地增值税清算时,按以下方法确定相关金额:(1)土地增值税应税收入=营改增前转让房地产取得的收入+营改增后转让房地产取得的不含增值税收入。(2)与转让房地产有关的税金=营改增前实际缴纳的营业税、城建税、教育费附加+营改增后允许扣除的城建税、教育费附加。

【例 3-10】 2021 年 8 月,A 房地产开发企业因资金问题无法完成项目开发,经有关部门批准,将 2019 年 12 月通过"招拍挂"购置的一宗土地评估后转让给 B 房地产企业,转让价款 38 500 万元。A 房地产企业购置该宗土地支付价款及相关费用 33 100 万元。计算 A 企业转让该宗土地应缴纳的土地增值税。

土地增值税应税收入 = 38 500 ÷ (1 + 9%) = 35 321.1(万元)。

应缴纳增值税 = 35 321.1 × 9% = 3 178.9(万元)。

税金及附加 = 3 178.9 × (7% + 3%) + 35 321.1 × 0.5‰ = 335.55(万元)。

扣除项目合计 = 33 100 + 335.55 = 33 435.55(万元。)

增值额 = 35 000 − 33 435.55 = 1 564.45(万元)。

增值率 = 1 564.45 ÷ 33 435.55 = 4.67%。

适用税率 30%。

应缴纳土地增值税 = 1 564.45 × 30% = 469.33(万元)。

3) 印花税

《中华人民共和国印花税暂行条例施行细则》(以下简称《印花税暂行条例施行细则》)第五条规定,《中华人民共和国印花税暂行条例》[①](以下简称《印花税暂行条例》)第二条所说的产权转移书据,是指单位和个人产权的买卖、继承、赠与、交换、分割等所立的书据。

《国家税务局关于印花税若干具体问题的解释和规定的通知》(国税发〔1991〕155号)第十条规定,"财产所有权"转移书据的征税范围是：经政府管理机关登记注册的动产、不动产的所有权转移所立的书据,以及企业股权转让所立的书据。

《财政部 国家税务总局关于印花税若干政策的通知》(财税〔2006〕162号)第三条规定,对土地使用权出让合同、土地使用权转让合同按产权转移书据征收印花税。

根据上述规定,土地使用权转让合同的转让双方应按照"财产所有权"转移书据缴纳印花税。

4) 企业所得税

土地使用权转让方应就转让收入与该土地使用权计税基础的差额计入当期损益,缴纳企业所得税。

3. 土地使用权承受方应缴纳税费

1) 契税

《契税法》第一条规定,在中华人民共和国境内转移土地、房屋权属,承受的单位和个人为契税的纳税人,应当依照本法规定缴纳契税。

《财政部 税务总局关于贯彻实施契税法若干事项执行口径的公告》(财政部 税务总局公告 2021 年第 23 号)第二条第五项规定,土地使用权出让的,计税依据包括土地出让金、土地补偿费、安置补助费、地上附着物和青苗补偿费、征收补偿费、城市基础设施配套费、实物配建房屋等应交付的货币以及实物、其他经济利益对应的价款。

---

① 《中华人民共和国印花税法》2022 年 7 月 1 日起施行。《中华人民共和国印花税暂行条例》同时废止。

《财政部 国家税务总局关于营改增后契税 房产税 土地增值税 个人所得税计税依据问题的通知》(财税〔2016〕43号)第一条规定,计征契税的成交价格不含增值税。

(1)转让方适用一般计税方法下,承受方应缴纳契税。

增值税一般纳税人转让2016年4月30日前取得的土地使用权,可选择适用一般计税方法,一般纳税人转让2016年5月1日后取得的土地使用权,则必须采用一般计税方法。

【例3-11】 A房地产开发企业于2021年8月从B企业购买一宗土地,支付价款合计5 500万元,增值税专用发票注明税额500万元;该宗土地是B企业于2020年7月通过"招拍挂"取得的,当时支付土地出让金及相关费用3 500万元。假定该宗土地所在行政区域内政策规定契税税率为4%,A、B均为增值税一般纳税人。

A房地产开发企业应缴纳契税=(5 500-500)×4%=200(万元)。

(2)转让方适用简易计税方法下,承受方应缴纳契税。

增值税一般纳税人转让2016年4月30日前取得的土地使用权,可选择适用简易计税方法;小规模纳税人转让土地使用权适用简易计税方法。

【例3-12】 A房地产开发企业于2021年8月从B企业购买一宗土地,支付价款合计5 500万元,增值税专用发票注明税额95.24万元;该宗土地是B企业于2015年7月通过"招拍挂"取得的,当时支付土地出让金及相关费用3 500万元。假定该宗土地所在行政区域内政策规定契税税率为4%,A、B均为增值税一般纳税人。

B企业简易计税方法,应缴纳增值税=(5 500-3 500)÷(1+5%)×5%=95.24(万元)。

A房地产开发企业应缴纳契税=(5 500-95.24)×4%=216.19(万元)。

【例3-13】 A房地产开发企业于2021年8月从B企业购买一宗土地,支付价款合计550万元,增值税专用发票注明税额16.02万元;该宗土地是B企业与2020年7月通过"招拍挂"取得的,当时支付土地出让金及相关费用350万元。假定该宗土地所在行政区域内政策规定契税税率为4%,A均为增值税一般纳税人,B均为增值税小规模纳税人。

B企业简易计税方法,应缴纳增值税=550÷(1+3%)×3%=16.02(万元)。

A房地产开发企业应缴纳契税=(550-16.02)×4%=21.36(万元)。

【例3-14】 A房地产开发企业于2021年8月从B企业购买一宗土地,支付价款合计550万元,增值税专用发票注明税额9.52万元;该宗土地是B企业于2015年7月通过"招拍挂"取得的,当时支付土地出让金及相关费用350万元。假定该宗土地所在行政区域内政策规定契税税率为4%,A均为增值税一般纳税人,B均为增值税小规模纳税人。

B企业简易计税方法,应缴纳增值税=(550-350)÷(1+5%)×5%=9.52(万元)。

A房地产开发企业应缴纳契税=(550-9.52)×4%=21.62(万元)。

2）印花税

土地使用权的承受方按照合同约定金额与转让方缴纳相同金额的印花税。

4. 账务处理

房地产企业以转让方式获取土地使用权，土地使用权转让方发生了应税行为是增值税的纳税义务人，有责任和义务开具增值税发票。对于取得土地使用权的房地产开发企业，在进行账务处理时包括两方面：核算成本、核算进项税额。

1）转让方

（1）取得转让土地价款收入：

借：银行存款
　　贷：其他业务收入
　　　　应交税费——应交增值税（销项税额）

（2）缴纳税金及附加：

借：税金及附加
　　贷：应交税费——土地增值税
　　　　　　　　——城建税
　　　　　　　　——教育费附加
　　　　　　　　——印花税

（3）结转税费：

借：其他业务支出
　　贷：税金及附加

（4）结转无形资产：

借：其他业务支出
　　累计摊销
　　无形资产减值准备
　　贷：无形资产——土地使用权

（5）结转成本：

借：其他业务收入
　　贷：其他业务支出

或

借：银行存款/应收账款
　　累计摊销
　　无形资产减值准备
　　贷：无形资产
　　　　应交税费——应交增值税（销项税额）
　　　　税金及附加
　　　　营业外收入

2）受让方

借：开发成本——土地成本

应交税费——应交增值税（进项税额）

贷：银行存款/应付账款等

（三）以接受出资方式获取土地使用权成本及涉税处理

1. 法律法规对土地使用权作价入股的规定

（1）《公司法》第二十七条规定，股东可以用货币出资，也可以用实物、知识产权、土地使用权等可以用货币估价并可以依法转让的非货币财产作价出资；但是，法律、行政法规规定不得作为出资的财产除外。对作为出资的非货币财产应当评估作价，核实财产，不得高估或者低估作价。法律、行政法规对评估作价有规定的，从其规定。第二十八条规定，股东应当按期足额缴纳公司章程中规定的各自所认缴的出资额。股东以货币出资的，应当将货币出资足额存入有限责任公司在银行开设的账户；以非货币财产出资的，应当依法办理其财产权的转移手续。

（2）《不动产登记暂行条例实施细则》第二十七条规定，因以不动产作价出资（入股）导致不动产权利转移的，当事人可以向不动产登记机构申请转移登记。

（3）《中华人民共和国土地管理法》第十二条规定，依法改变土地权属和用途的，应当办理土地变更登记手续。

2. 税法关于对土地使用权作价入股的规定

目前按照现行税法规定，房地产企业的股东以土地使用权作价入股应缴纳增值税、印花税、土地增值税、企业所得税等，个人投资者还要缴纳个人所得税。

1）增值税

营改增前，根据《财政部 国家税务总局关于股权转让有关营业税问题的通知》（财税〔2002〕191号）第一条规定，以无形资产、不动产投资入股，与接受投资方利润分配，共同承担投资风险的行为，不征收营业税。股东以土地使用权作价入股免征营业税，那么"营改增"后股东以土地使用权作价入股如何按照税法规定缴纳增值税呢？根据《营业税改征增值税试点实施办法》（财税〔2016〕36号附件1）第十条规定，销售服务、无形资产或者不动产，是指有偿提供服务、有偿转让无形资产或者不动产。以土地使用权投资入股换取了被投资企业的股权的行为应属于有偿取得了"其他经济利益"，应视同销售无形资产，缴纳增值税，并可开具增值税专用发票用于被投资企业进行抵扣。

那么，是否存在不征收增值税的情形呢？《营业税改征增值税试点有关事项的规定》（财税〔2016〕36号附件2）第一条第二款第五项规定，在资产重组过程中，通过合并、分立、出售、置换等方式，将全部或者部分实物资产以及与其相关联的债权、负债和劳动力一并转让给其他单位和个人，其中涉及的不动产、土地使用权转让行为，属于不征收增值税项目。

2) 土地增值税

《财政部 税务总局关于继续实施企业改制重组有关土地增值税政策的公告》(财政部 税务总局公告 2021 年第 21 号)第五条规定,改制重组有关暂不征收土地增值税政策不适用于房地产转移任意一方为房地产开发企业的情形。

3) 印花税

(1)《公司法》第二十八条规定,股东以非货币财产出资的,应当依法办理其财产权的转移手续。

(2)《国家税务局关于印花税若干具体问题的解释和规定的通知》(国税发〔1991〕155 号)第十条规定,"财产所有权"的转移书据的征税范围是:经政府管理机关登记注册的动产、不动产的所有权转移所立的书据,以及企业股权转让所立的书据。

(3)《财政部 国家税务总局关于印花税若干政策的通知》(财税〔2006〕162 号)第三条规定,对土地使用权出让合同、土地使用权转让合同按产权转移书据征收印花税。

根据上述政策规定,投资协议不是印花税的征税对象,但是对于以房地产投资入股由于涉及土地使用权的转移,并经政府有关管理机关登记,投资双方应当按照"产权转移书据"缴纳印花税。

接受投资后,被投资方的实收资本和资本公积之和增加,则被投资方应当按实收资本和资本公积之和的增加额计缴资金账簿印花税。《财政部 税务总局关于对营业账簿减免印花税的通知》(财税〔2018〕50 号)规定,自 2018 年 5 月 1 日起,对按万分之五税率贴花的资金账簿减半征收印花税,对按件贴花五元的其他账簿免征印花税。

4) 企业所得税

《财政部 国家税务总局关于非货币性资产投资企业所得税政策问题的通知》(财税〔2014〕116 号,以下简称财税〔2014〕116 号文件)规定:①居民企业(以下简称企业)以非货币性资产对外投资确认的非货币性资产转让所得,可在不超过 5 年期限内,分期均匀计入相应年度的应纳税所得额,按规定计算缴纳企业所得税。②企业以非货币性资产对外投资,应对非货币性资产进行评估并按评估后的公允价值扣除计税基础后的余额,计算确认非货币性资产转让所得。企业以非货币性资产对外投资,应于投资协议生效并办理股权登记手续时,确认非货币性资产转让收入的实现。③企业以非货币性资产对外投资而取得被投资企业的股权,应以非货币性资产的原计税成本为计税基础,加上每年确认的非货币性资产转让所得,逐年进行调整。被投资企业取得非货币性资产的计税基础,应按非货币性资产的公允价值确定。……⑥企业发生非货币性资产投资,符合《财政部 国家税务总局关于企业重组业务企业所得税处理若干问题的通知》(财税〔2009〕59 号,以下简称财税〔2009〕59 号文件)等文件规定的特殊性税务处理条件的,也可选择按特殊性税务处理规定执行。

【例 3-15】 2021 年 8 月 16 日,A 企业以持有的一宗国有土地使用权投资成立 B 房地产开发企业,次日投资协议生效并办理股权登记手续,次月办理土地权属转移手续,持股比例为60%。该宗土地市场公允价值5 250万元,A企业于2018年9月购置,计税基础2 000万元。A企业为增值税一般纳税人,转让该宗土地使用权选择简易计税方法;对外投资确认的非货币性资产转让所得,选择在5年期限内,分期均匀计入相应年度的应纳税所得额,按规定计算缴纳企业所得税。

分析:A企业以持有的一宗国有土地使用权投资成立B房地产开发企业,应分解为非货币性资产转让和以非货币性资产投资两项业务。

该宗土地使用权转让收入=5 250÷(1+5%)=5 000(万元)。

该宗土地使用权转让所得=5 000-2 000=3 000(万元)。

每年应计入相应年度的应纳税所得额=3 000÷5=600(万元)。

A企业以国有土地使用权对外投资而取得B房地产开发企业的股权,应以非货币性资产的原计税成本为计税基础,加上每年确认的非货币性资产转让所得,逐年进行调整。

B房地产开发企业土地使用权计税基础为5 000万元。

该项业务同时也符合财税〔2009〕59号文件企业重组的特殊项税务处理规定,A企业不确认土地使用权转让所得,取得B房地产开发企业股权计税基础以被转让资产的原有计税基础确定,即2 000万元;B房地产开发企业取得A企业土地使用权的计税基础,以被转让资产的原有计税基础确定,即2 000万元。

对于既符合财税〔2014〕116号文件非货币性资产投资规定税收优惠同时也符合财税〔2009〕59号文件企业重组的税收优惠,企业只能选择其一享受,对于B房地产开发企业来说选择财税〔2014〕116号文件税收优惠政策有利,因为土地使用权的计税基础为该土地使用权的公允价值5 000万元。

5) 契税

土地使用权作价入股,土地权属发生转移,根据《中华人民共和国契税法》第二条第三款规定,以作价投资(入股)、偿还债务、划转、奖励等方式转移土地、房屋权属的,应当缴纳契税。

根据《契税法》第二条的规定,本法所称转移土地、房屋权属,是指下列行为:①土地使用权出让。②土地使用权转让,包括出售、赠与、互换。③房屋买卖、赠与、互换。

上述第②项土地使用权转让,不包括土地承包经营权和土地经营权的转移。

以作价投资(入股)、偿还债务、划转、奖励等方式转移土地、房屋权属的,应当依照本法规定征收契税。

依据《财政部 税务总局关于继续执行企业事业单位改制重组有关契税政策的公告》(财政部 税务总局公告2021年第17号)第六条第二款的规定,同一投资主体内部所属企业之间土地、房屋权属的划转,包括母公司与其全资子公司之间,同一公司所属全资子公司之间,同一自然人与其设立的个人独资企业、一人有限公司之间土地、房屋权属的划转,免征契税。

个人独资企业,是指依照本法在中国境内设立,由一个自然人投资,财产为投资人个人所有,投资人以其个人财产对企业债务承担无限责任的经营实体。

《公司法》第五十七条规定,一人有限责任公司,是指只有一个自然人股东或者一个法人股东的有限责任公司。一人有限责任公司简称一人公司或独资公司或独股公司。

母公司以土地、房屋权属向其全资子公司增资,视同划转,免征契税。

(四)被投资企业账务处理

借:无形资产——土地成本
　　应交税费——应交增值税(进项税额)
　贷:股本/实收资本
　　资本公积

(五)兼并重组取得土地使用权成本及涉税处理

兼并重组是企业加强资源整合、实现快速发展、提高竞争力的有效措施,是化解产能严重过剩矛盾、调整优化产业结构、提高发展质量效益的重要途径。随着国家对房地产业宏观调控力度加大,市场竞争日趋激烈,为了生存与发展,大型房地产企业进行资本扩张,不断强化在行业内的规模化优势,迎来逆势发展契机,而更多的中小房企选择退出市场或被收购,行业集中度进一步提升。当前,企业间的兼并重组愈加频繁,行业发展机遇与风险并存。

重组过程伴随着产权、负债和资本的转移,从税收方面来看,不同的重组方式企业承担不同的税收成本。企业重组属于非日常经营活动,国家出于鼓励并购重组的考虑,在税收方面出台各项优惠政策,对符合条件企业重组的交易或事项,给予免税或递延纳税,或者明确其为不征税事项。但是对何谓企业重组未作明确,且多项税收优惠政策把房地产企业重组排除在外。

1. 企业兼并重组的概念和主要形式

(1)企业兼并重组。对于企业兼并重组理论界没有一个统一的概念,孙耀唯、萧金成、蒋兆理编著的《企业重组理论与实务》一书中认为,企业重组是指企业之间通过产权流动、整合带来的企业组织形式的调整,更具体地说,它是通过企业联合、合并、兼并、收购、破产、承包、租赁等进行的企业组织的再造,包括企业组织、资本结构及组织结构和债务结构的变化和优化,债务结构的变化和优化。税收上关于企业重组的定义来源于财税〔2009〕59号文件,企业重组是指企业在日常经营活动以外发生的法律结构或经济结构重大改变的交易,包括企业法律形式改变、债务重组、股权收购、资产收购、合并、分立等。

(2)企业兼并重组主要形式。目前市场经济下,企业兼并重组的主要形式有:资产收购、股权收购、企业合并等。

2. 兼并重组税收政策

为营造良好的市场环境,充分发挥企业在兼并重组中的主体作用,国务院下发了

《国务院关于进一步优化企业兼并重组市场环境的意见》(国发〔2014〕14号),要求落实和完善财税政策,营造良好的市场环境,支持企业兼并重组。

为贯彻落实《国务院关于进一步优化企业兼并重组市场环境的意见》(国发〔2014〕14号)要求,财政部、国家税务总局联合发布了《财政部 国家税务总局关于促进企业重组有关企业所得税处理问题的通知》(财税〔2014〕109号)和财税〔2014〕116号文件,扩大了重组特殊性税务处理适用范围,对非货币性资产投资给予了递延纳税政策,进一步支持企业兼并重组,优化企业发展环境。

《营业税改征增值税试点有关事项的规定》(财税〔2016〕36号附件2)第一条第二款第五项规定,在资产重组过程中,通过合并、分立、出售、置换等方式,将全部或者部分实物资产以及与其相关联的债权、负债和劳动力一并转让给其他单位和个人,其中涉及的不动产、土地使用权转让行为。

契税方面,国家税务总局下发了《财政部 税务总局关于继续执行企业事业单位改制重组有关契税政策的公告》(财政部 税务总局公告2021年第17号);在土地增值税方面,总局下发了《财政部 税务总局关于继续实施企业改制重组有关土地增值税政策的公告》(财政部 税务总局公告2021年第21号),具体涉税处理详见第七章第五节。

五、案例解析

"房企"直接参与前期拆迁涉税处理不可"越位"

2021年5月A房地产公司(以下简称A公司)参与城中村改造项目,前期垫付拆迁补偿资金680万元;支付建筑物拆除、平整土地人工费用50万元;9月10日该宗土地在公开市场进行"招拍挂",A公司通过数轮竞标取得土地,并一次性支付土地出让金12 000万元,与政府约定不负责回迁房安置及红线外公共配套设施建设。拆迁补偿经政府评审后,一次性返还该公司800万元,其中包含评审拆迁费680万元,拆迁施工费80万元。

A公司会计处理(单位:万元)

(1)前期垫付拆迁补偿费时:

借:开发成本——土地征用及拆迁补偿 680
　　贷:银行存款 680

(2)支付建筑物拆除、平整土地人工费用50万元:

借:开发成本——前期工程费 50
　　贷:银行存款 50

(3)土地拆迁完毕,竞拍成功后,支付土地出让金:

借:开发成本——土地征用及拆迁补偿费 12 000
　　贷:银行存款 12 000

(4) 收到政府返还：

借：银行存款　　　　　　　　　　　　　　　　　　　　800
　　贷：开发成本——土地征用及拆迁补偿费　　　　　　　　800

问题：企业上述财务处理是否正确？如果有误，请你做出正确的处理。

案例分析：上述处理中，公司支付政府土地出让金12 000万元计入土地成本没有问题，但其他会计账务处理不妥，存在明显"越位"问题。

1. 增值税处理

《国有土地上房屋征收与补偿条例》（国务院令第590号）第四条规定，市、县级人民政府负责本行政区域的房屋征收与补偿工作。《国土资源部　住房和城乡建设部关于进一步加强房地产用地和建设管理调控的通知》（国土资发〔2010〕151号）第四条第一款第二项规定，土地出让必须以宗地为单位提供规划条件、建设条件和土地使用标准，严格执行商品住房用地单宗出让面积规定，不得将两宗以上地块捆绑出让，不得"毛地"出让。

上述文件表明，国家已取消了"生地"，经过招拍挂办法出让的土地，必须是能用于直接开发的"熟地"。这个时候，拆迁补偿是由政府来完成的，支付拆迁费的主体是政府。本案中，房地产开发企业虽然直接参与拆迁，但并非是拆迁主体，也非征收人。由于政府无充裕财政资金作支持，要求开发商先期介入拆迁，待开发商缴纳土地出让金后，政府对开发商先期垫付资金进行部分返还。这种情况下，房地产公司实际发生的是代理业务，而非开发业务。其前期垫付的拆迁补偿支出应作为房地产公司的"其他应收款"，在政府返还给予其拆迁补偿费时，则应先冲减"其他应收款"，冲减后余额作"其他业务收入"处理；房地产公司支付的建筑物拆除、平整土地人工费用先计入"劳务成本"，结转时转入"其他业务成本"；这样最终能核算出其他业务利润，而这些与房地产开发项目本身的开发成本是无关的。

《国家税务总局关于纳税人投资政府土地改造项目有关营业税问题的公告》（税务总局公告2013年第15号）规定，2013年5月1日起，一些纳税人（以下称投资方）与地方政府合作，投资政府土地改造项目（包括企业搬迁、危房拆除、土地平整等土地整理工作）。其中，土地拆迁、安置及补偿工作由地方政府指定其他纳税人进行，投资方负责按计划支付土地整理所需资金；同时，投资方作为建设方与规划设计单位、施工单位签订合同，协助地方政府完成土地规划设计、场地平整、地块周边绿化等工作，并直接向规划设计单位和施工单位支付设计费和工程款。当该地块符合国家土地出让条件时，地方政府将该地块进行挂牌出让，若成交价低于投资方投入的所有资金，亏损由投资方自行承担；若成交价超过投资方投入的所有资金，则所获收益归投资方。在上述过程中，投资方的行为属于投资行为，不属于营业税征税范围，其取得的投资收益不征收营业税；规划设计单位、施工单位提供规划设计劳务和建筑业劳务取得的收入，应照章征收营业税。因此，上述房地产公司该项业务正确会计处理如下：

(1) 前期垫付拆迁补偿款：

借：其他应收款　　　　　　　　　　　　　　　　　　　6 800 000
　　贷：银行存款　　　　　　　　　　　　　　　　　　　　6 800 000

(2) 房地产公司支付建筑物拆除、平整土地人工费用50万元：

借：劳务成本　　　　　　　　　　　　　　　　　　　　500 000
　　贷：应付职工薪酬　　　　　　　　　　　　　　　　　　500 000
借：应付职工薪酬　　　　　　　　　　　　　　　　　　500 000
　　贷：银行存款　　　　　　　　　　　　　　　　　　　　500 000

(3) 支付土地出让金：

借：开发成本——土地征用及拆迁补偿费　　　　　　　120 000 000
　　贷：银行存款　　　　　　　　　　　　　　　　　　　120 000 000

(4) 拆迁补偿款返还房地产企业：

借：银行存款　　　　　　　　　　　　　　　　　　　8 000 000
　　贷：其他应收款　　　　　　　　　　　　　　　　　　6 800 000
　　　　其他业务收入——建筑服务　　　　　　　　　　　733 900
　　　　应交税费——应交增值税(销项税额)　　　　　　　66 100
　　　　其他业务收入——代理服务　　　　　　　　　　　377 400
　　　　应交税费——应交增值税(销项税额)　　　　　　　22 600

(5) 同时结转劳务成本：

借：其他业务成本　　　　　　　　　　　　　　　　　　500 000
　　贷：劳务成本　　　　　　　　　　　　　　　　　　　　500 000

按照《营业税改征增值税试点实施办法》(财税〔2016〕36号附件1)的规定，该企业受托负责实质拆迁，取得的提供建筑物拆除、平整土地劳务取得的收入，按"建筑业"缴纳增值税，计算应缴纳增值税：$80÷(1+9\%)×9\%=6.61$(万元)。另外，公司先期代理支付动迁补偿款，其收支差额，应按"服务业——代理业"征收增值税：$(800-680-80)÷(1+6\%)×6\%=2.26$(万元)。公司拆迁环节计算应缴纳增值税：$6.61+2.26=8.87$(万元)。

2. 企业所得税处理

应纳税所得额＝800－680－50－企业实际发生的与上述业务相关的成本费用－缴纳的相关的税费。

3. 土地增值税处理

根据《土地增值税暂行条例实施细则》第二条规定，对于上述该公司前期拆迁业务，不属于转让不动产收入，不征收土地增值税。

4. 契税、印花税处理

取得土地过程中，计税依据皆为12 000万元。

第四节 设立准备阶段常见涉税风险

一、设立准备阶段主要税收风险点

目前，房地产企业一般都是在土地二级市场通过招拍挂取得净地，都达到"三通一平""五通一平"等直接开发的条件。房屋拆迁安置都由政府土地管理部门安置。但是，在经济欠发达的省份，由于地方政府财政薄弱，政府将有政府收储的职能，转嫁给房地产开发商，房地产企业进行土地一二级联动。房地产企业在拆迁过程中，要对被拆迁户进行安置补偿，安置补偿分为实物补偿和货币补偿。尤其是实物补偿，将涉及增值税、企业所得税、土地增值税等一系列的税收风险。财政部和国家税务总局根据各地实际情况也出台了相关财税政策，如何正确运用，对我们税务人员也是严峻的考验。

二、设立准备阶段税收风险管理重点

（一）土地出让金是否真实

（1）检查方法：以账载明细开发成本/土地征用与拆迁补偿费和土地出让合同、支付土地出让金的票据进行核对。

（2）注意事项：土地出让合同要完整。有些土地出让项目，有原合同，还有补充合同。

（二）拆迁补偿费是否真实

（1）检查方法：以账载开发成本/土地征用与拆迁补偿费和支付补偿费的收款收据、身份证复印件、拆迁补偿合同等资料进行核对。

（2）注意事项：房地产开发企业支付的拆迁补偿费，无可比性。

（三）实物补偿，是否确认应税收入

（1）检查方法：以账载开发成本/土地征用与拆迁补偿费和拆迁补偿合同、开发产品等进行核对。

（2）注意事项：以实物补偿费，确认收入时，应当按照公允价值确认应税收入。

三、案例解析

（一）企业基本情况

2018年11月，××市税务稽查局下达了对A房地产开发有限公司进行稽查任务。A房地产开发有限公司，统一社会信用代码为×××13050000003，成立于2011年1月，注册资本2 000万元，股东出资情况如表3-1所示。

表 3-1　股东出资情况表

自然人股东	出资金额(万元)	出资比例(%)
刘××	1 600	80
刘小×	200	10
贾××(女)	200	10

公司法定代表人刘××。企业为增值税一般纳税人。主要税种：增值税、企业所得税、土地增值税、城镇土地使用税。

(二) 案例基本内容

1. 基本内容

A 房地产开发有限公司是一家专业从事房地产开发、营销策划为一体的综合性房地产企业，具有较完善的管理机制及较强的房地产开发实力。2013 年 5 月通过"招拍挂"取得 520 地质队棚户区改造项目。其开发的"××国际广场"项目，2013 年 5 月取得土地使用权，建筑工程施工许可证载明开工日期为 2015 年 3 月 27 日。预售许可证显示：总建筑面积 76 712.95 平方米，总套数 970 套，其中：住宅 18 363 平方米，共 184 套，均价 5 200 元/平方米，住宅户型主要是两室两厅和三室两厅，面积有 80 平方米、97 平方米、116 平方米、123 平方米等户型；商业 23 245.06 平方米，共 101 套，均价 19 000 元/平方米(含地下商业 3 920.21 平方米)；办公公寓 24 807.49 平方米，共 368 套，均价 5 800 元/平方米；地下车位 6 081.34 平方米，共 125 个，均价 15 万元/个；地下储藏室 4 216.06 平方米，共计 192 套，均价 2 800 元/平方米；绿化用地 1 230 平方米。2016 年 5 月 1 日，企业对"××国际广场"项目的增值税选择一般计税方法。回迁房于 2016 年 10 月 10 日交付给回迁户。

2. 相关原始资料

1) 土地出让合同

A 房地产企业于 2013 年 6 月 18 日签订《国有建设用地使用权出让合同》，附件资料如图 3-8 所示。

合同内容显示：宗地编号为〔2013〕08，宗地总面积 10 266.4 平方米，其中出让面积为 10 266.4 平方米。宗地坐落于××路以西，××街以北，520 队家属院以东，520 队家属院道路以南。国有建设用地使用权出让使用年限为 40 年。国有建设用地出让价款为 5 086 万元，单价 4 954.02 元/平方米。受让人在本合同项下宗地范围内新建建筑物和构筑物及其附属设施的，应符合市政府规划管理部门确定的出让宗地规划条件：主体建筑物性质商业；附属建筑物性质住宅；建筑总面积 59 750 平方米，建筑物容积率不高于 5.82，建筑密度不高于 52.17%，绿地率不低于 12.45%。该宗地用地性质规划为商业金融业用地及城市道路用地，为满足回迁户需要该地块可兼容部分居住建筑物，住宅用地出让年限 70 年。

图3-8　土地使用权出让合同封面

2) 棚户区改造(一期)出让宗地图(见图3-9)

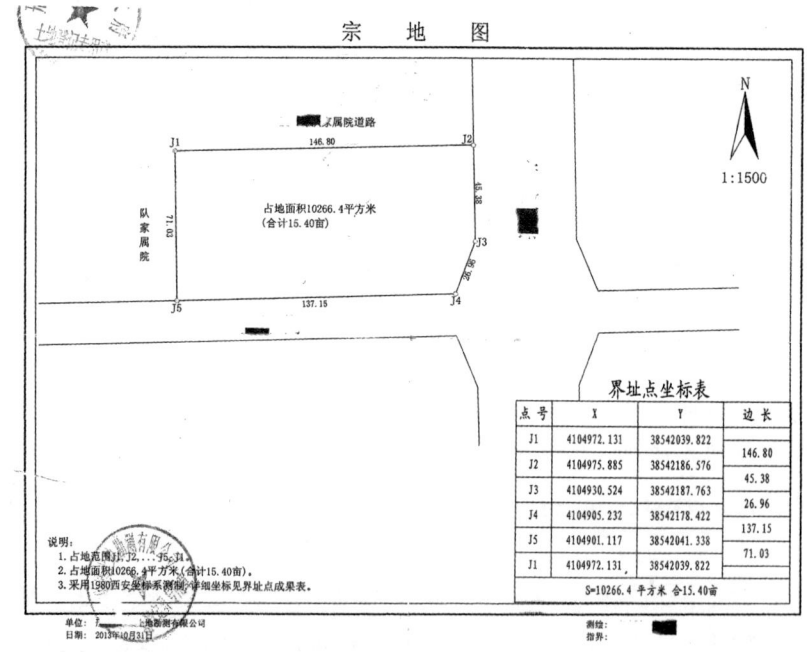

图3-9　棚户区改造(一期)出让宗地图

3) 规划意见附图（见图 3-10）

图 3-10　规划意见附图

4) 国有建设用地规划意见（见图 3-11）

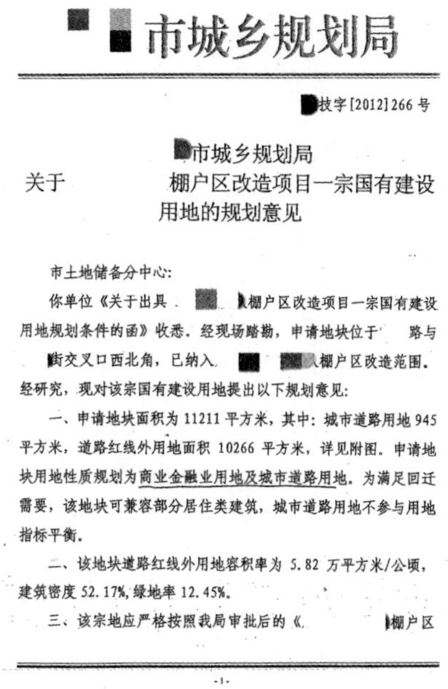

图 3-11　关于×××棚户区改造项目一宗国有建设用地的规划意见文件

5）配建保障性住房意见的函
（见图 3-12）

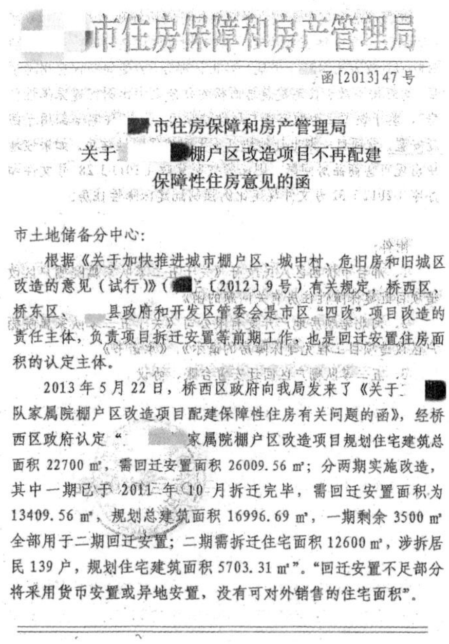

6）土地出让金缴纳表
（见表 3-2）

表 3-2　土地出让金缴纳表

交款日期	金额（元）
2013 年 5 月 26 日	25 430 000
2013 年 10 月 28 日	25 430 000
合计	50 860 000

图 3-12　关于××××棚户区改造项目不在配建保障性住房意见的函

7）会计记账凭证（见图 3-13）

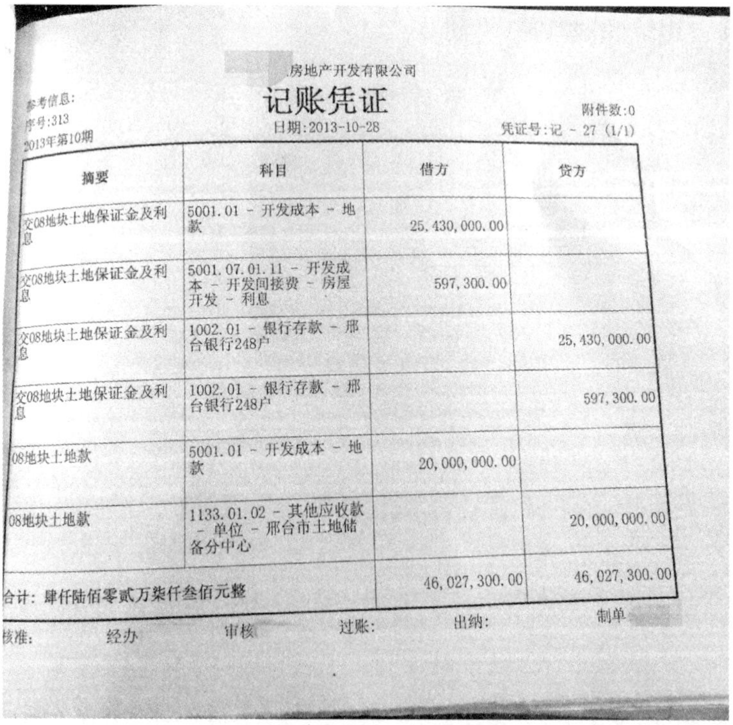

图 3-13　会计记账凭证

8) 取得五证情况

(1) 2013 年 11 月 17 日取得土地使用证;证号:×市国用〔2013〕第 65 号。使用面积:10 266.4 平方米,用途商业、住宅(见图 3-14)。

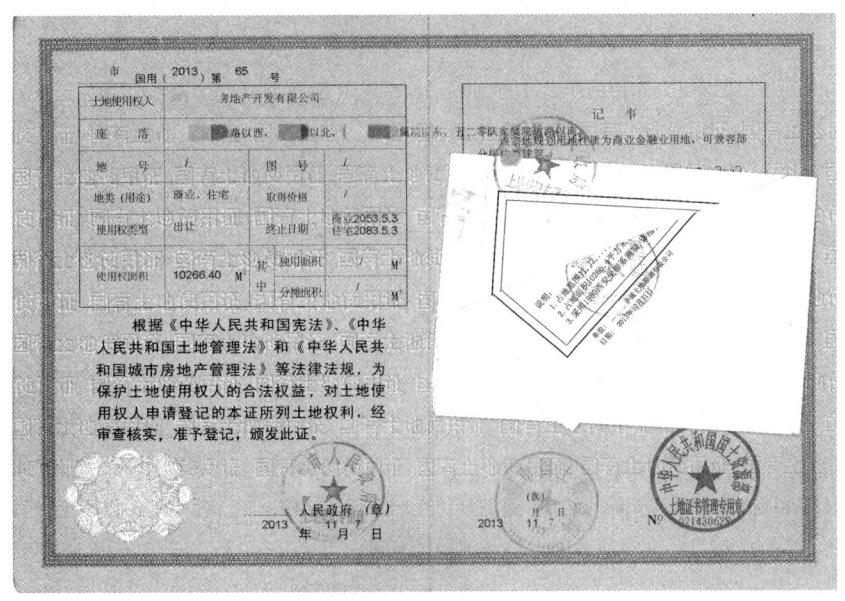

图 3-14　不动产产权证书

(2) 2013 年 12 月 31 日取得《建设用地规划许可证》,证号:地字第××1201301054。用地项目名称:×市××国际广场(×××棚户区改造)。用地性质:商业金融业用地、二类居住用地。用地面积:10 266 平方米(见图 3-15)。

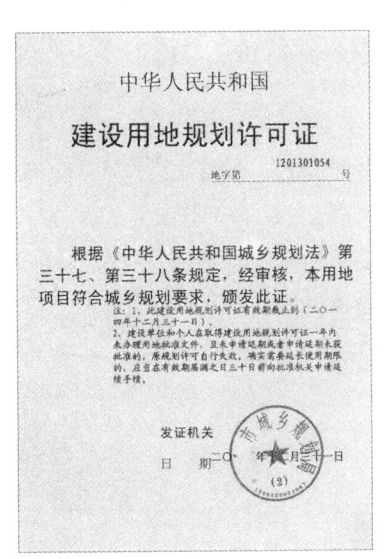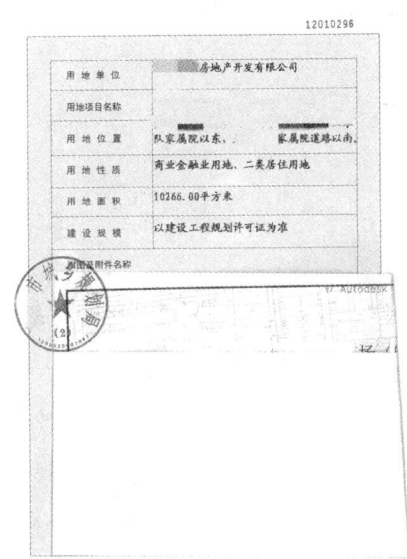

图 3-15　建设用地规划许可证

(3) 公司于 2014 年 11 月 20 日取得《建设工程规划许可证》,证件号码:建字第 ××1201401051。建设项目名称:×市××国际广场(×××棚户区改造)。建设规模 76 576.33 平方米,其中:地上面积:59 750 平方米,地下面积:16 826.33 平方米(见图 3-16)。

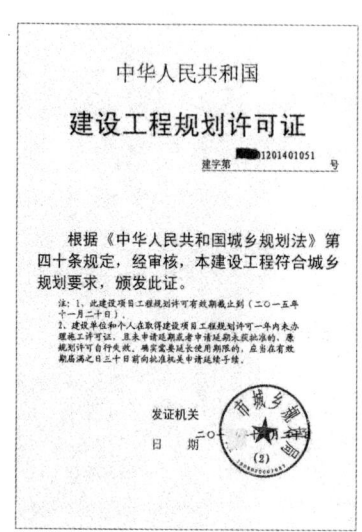
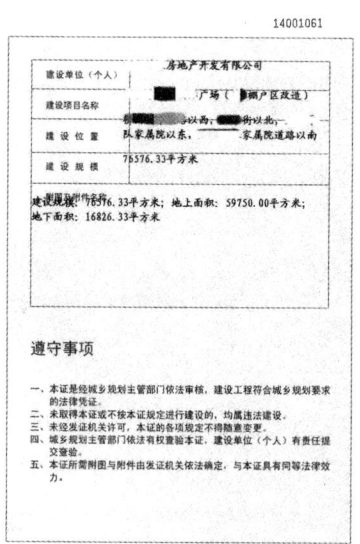

图 3-16 建设工程规划许可证

(4) 企业于 2015 年 3 月 27 日取得《建筑工程施工许可证》,证号:地字第×× 01201301054。工程名称:××市××国际广场(×××队棚户区改造)。建设规模:76 576.33 平方米。合同价款:14 521.898 4 万元。勘察单位:中冶地勘岩土工程有限公司。设计单位:北京通程泛华建筑工程顾问有限公司。施工单位:华宸建设集团股份有限公司。监理单位:××中环工程项目管理有限公司。开工日期:2015 年 3 月 27

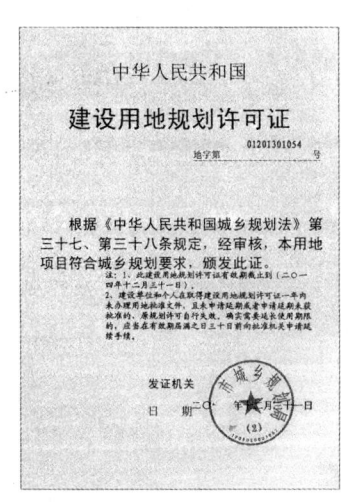
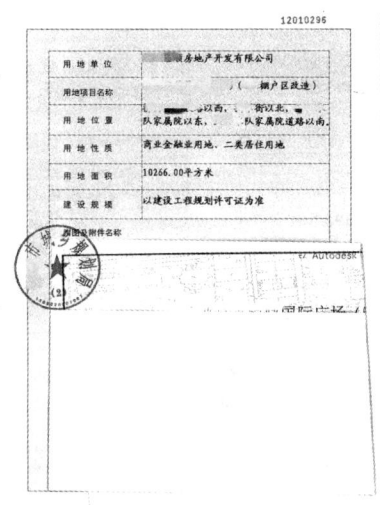

图 3-17 建筑工程施工许可证

日。竣工日期：2017年8月17日(见图3-17)。

(5) 公司于2015年3月16日取得《商品房预售许可证》。项目名称及预售范围：××国际广场(520棚户区改造)1♯、2♯、3♯及地下车库。预售总建筑面积：76 712.95平方米(见图3-18)。

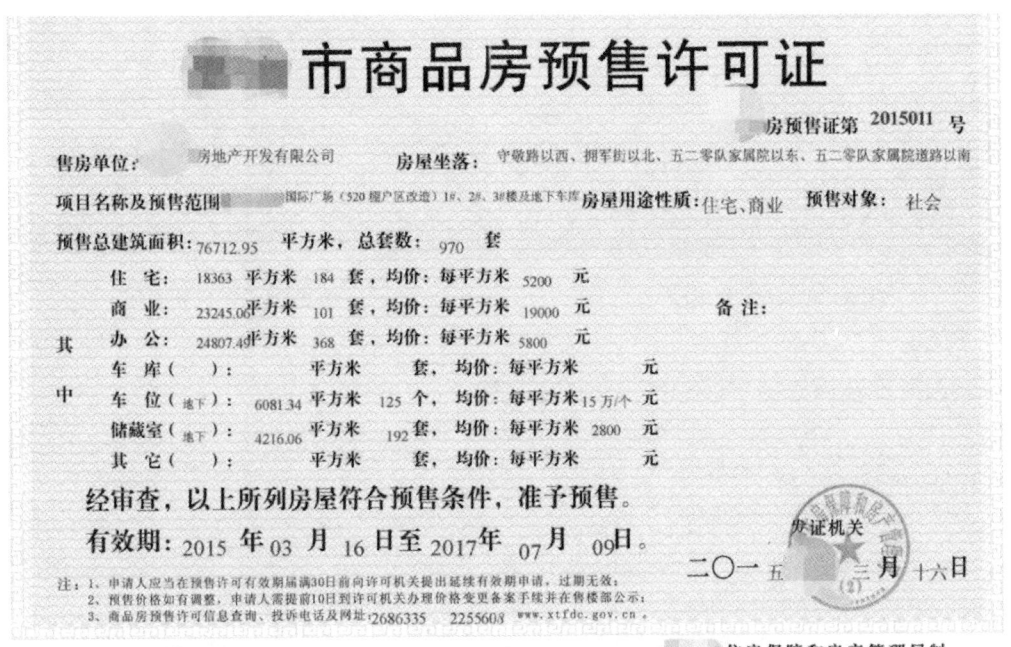

图3-18　商品房预售许可证

9) 项目总平面图(见图3-19)

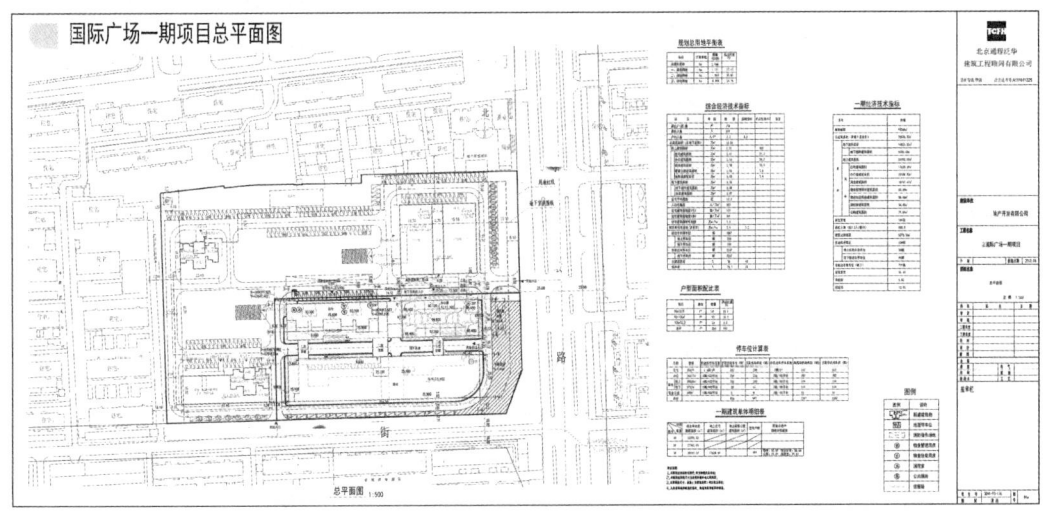

图3-19　项目总平面图

10) 项目外观图（见图 3-20 和图 3-21）

图 3-20　项目外观图　　　　　　图 3-21　项目外观图

11) 拆迁补偿协议（见图 3-22）

图 3-22　拆迁补偿协议

12) 相关资料

（1）2013 年 10 月记账凭证 26♯摘要：收到土地保证金返还 2 000 万元（2013 年 10 月 24 日），财政性收据上显示土地出让金返还（见图 3-23、图 3-24、图 3-25、图 3-26 和图 3-27）。

借：银行存款　　　　　　　　　　　　　　　　　　　　　　20 000 000
　　贷：其他应付款　　　　　　　　　　　　　　　　　　　　　　20 000 000

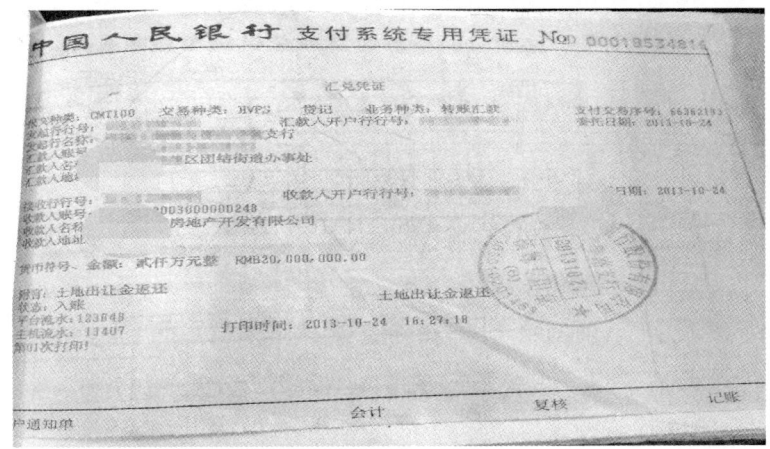

图 3-23 记账凭证和支付凭证

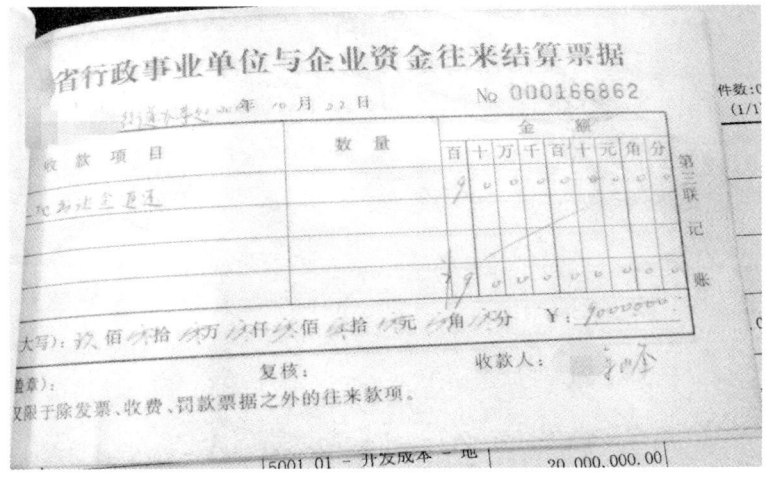

图 3-24 资金往来结算票据

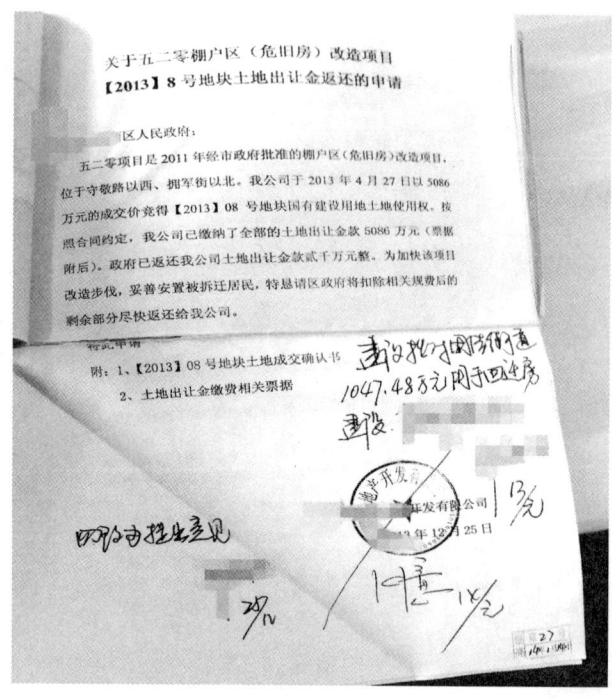

图 3-25 土地出让金返还申请

关于五二零队家属院危旧房改造项目〔2013〕08号地块土地出让金返还的意见

五二零队家属院危旧房改造项目〔2013〕08号国有建设用地于2013年4月27日经市土地储备分中心挂牌出让,有××××房地产开发有限公司取得该地块的土地使用权,土地面积为10266.4平方米(15.40亩),成交价5086万元。

由于市政府尚未明确四改项目土地收储成本计算办法,暂按土地收储成本为零足额计算需扣除相关费用如下:

一、市已扣各项规费1686.54万元

1. 土地出让业务费:土地出让价款5086万元×2%=101.72万元;
2. 国有土地出让收益基金:土地出让价款5086万元×3%=152.58万元;
3. 农业土地开发资金:土地出让面积10266.4平方米×7.95元=8.16万元;
4. 保障性住房建设资金:土地出让价款5086万元×5%=254.3万元;
5. 铁路建设费:土地出让价款5086万元×3%=152.585万元;
6. 农田水利建设资金:土地出让收益5086万元×10%=508.6万元;
7. 教育资金:土地出让收益5086万元×10%=508.6万元。

以上合计:1686.54万元。

(备注:2013年7月1日以前,农田水利建设资金和教育资金的提取,市财政按照土地出让总价款扣除土地收储成本、前五项费用计算土地出让收益;2013年7月1日以后按照土地出让总价款扣除土地收储成本计算土地出让收益。)

图 3-26 土地出让金返还意见(1)

二、区应扣危旧房改造调剂基金101.98万元

按照××市"四改"文件(政字〔2012〕9号)规定,"土地出让总成交款,除支付土地收储成本、扣除相关规费外,全部财政补贴方式补贴给属地政府,其中3%用于属地政府组织危旧房改造工作,其余97%在由属地政府补贴给回迁安置承建单位",该出让地块净收益为3399.46万元(土地出让价款5086万元-市应扣各项规费1686.54万元),区扣除3%即101.98万元。

三、还需缴纳危旧房改造履约保证金250万元

按照我区"四改"项目资金监管办法,该项目应缴纳履约保证金450万元。2013年7月,该项目开发企业与我区签订改造开发责任书时,已先期缴纳我区200万元,并承诺待土地出让金返还我区时,直接扣除剩余履约保证金250万元。

四、建议

综上所述,该地块成交价共计5086万元。2013年10月,市财政返还我区50%土地出让金2543万元后,我区已返还该开发企业2000万元,剩余543万元留区财政;2013年12月,市财政扣除各项规费1686.55万元后,已将剩余出让金856.46万元全部返还我区。

目前,该项目共有土地出让金1399.46万元在区财政,此次我区应扣除危旧房改造调剂基金101.98万元和履约保证金2510万元,应返还该企业1047.48万元。

2016年1月15日

图 3-27 土地出让金返还意见(2)

上述资料显示：①当地政府主要负责人在《关于520棚户区改造项目〔2013〕8号地块土地出让金返还的申请》批示：建议将1 047.48万元用于回迁房建设。

② 政府给予企业《关于520棚户区改造项目〔2013〕8号地块土地出让金返还的就意见》显示：按照××市“四改”文件(政字〔2012〕9号)规定，“土地出让总成交款，除支付土地收储成本、扣除相关规费外，全部以财政补贴方式补贴给属地政府，其中3%用于属地政府组织危旧房改造工作，其余97%再由属地政府补贴给回迁安置承建单位”。土地出让价款－各种规费－危旧房改造基金－履约保证金＝5 086－1 686.54－101.98－250＝3 047.48(万元)。

(2) 2016年5月记账凭证24＃收到返还拆迁补偿安置资金1 047.48万元(2016年5月20日)，区财政局说明，用于回迁房建设资金(见图3-28和图3-29)。

借：银行存款　　10 474 800

　　贷：其他应付款　　10 474 800

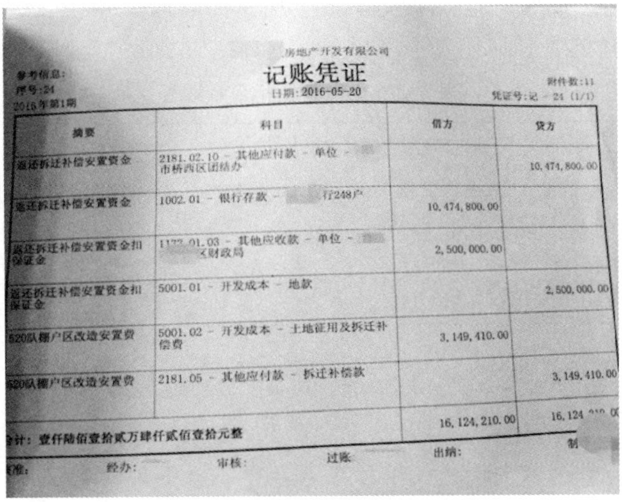

房地产开发有限公司

记账凭证

参考信息：
序号:24
2016年第1期

日期:2016-05-20

附件数:11
凭证号:记 - 24 (1/1)

摘要	科目	借方	贷方
返还拆迁补偿安置资金	2181.02.10 - 其他应付款 - 单位 - 市桥西区团结办		10,474,800.00
返还拆迁补偿安置资金	1002.01 - 银行存款 - 行248户	10,474,800.00	
返还拆迁补偿安置资金扣保证金	1122.01.03 - 其他应收款 - 单位 - 区财政局	2,500,000.00	
返还拆迁补偿安置资金扣保证金	5001.01 - 开发成本 - 地款		2,500,000.00
520队棚户区改造安置费	5001.02 - 开发成本 - 土地征用及拆迁补偿费	3,149,410.00	
520队棚户区改造安置费	2181.05 - 其他应付款 - 拆迁补偿款		3,149,410.00
合计：壹仟陆佰壹拾贰万肆仟贰佰壹拾元整		16,124,210.00	16,124,210.00

主管：　经办：　审核：　过账：　出纳：　制单：

图3-28　土地出让金记账凭证

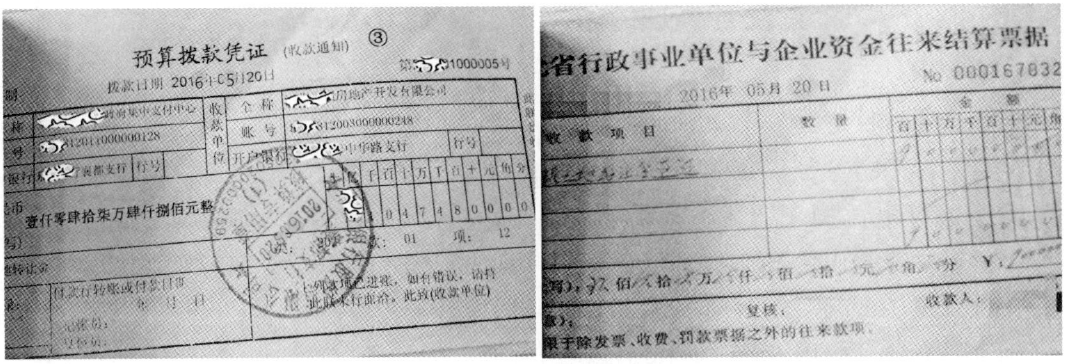

预算拨款凭证 (收款通知) ③

拨款日期 2016年05月20日　　第1000005号

付款单位 全称：政府集中支付中心
账号：1201100000128
开户银行：支行

收款单位 全称：房地产开发有限公司
账号：1200300000248
开户银行：中华路支行

人民币(大写) 壹仟零肆拾柒万肆仟捌佰元整　1 0 4 7 4 8 0 0 0 0

款：01　项：12

上列款项已进账，如有错误，请持此联来行面洽。此致(收款单位)

省行政事业单位与企业资金往来结算票据

No 000167832

2016年 05月 20日

收款项目 | 数量 | 金额

收款人：　复核：

限于除发票、收费、罚款票据之外的往来款项。

图3-29　拨付凭证和结算票据

(3) 2016 年 5 月 31 日,记账凭证 39♯显示(见图 3-30)。

借:其他应付款——单位——××市××区团结办　　　　　30 474 800
　　贷:预收账款——住宅楼　　　　　　　　　　　　　　　　30 474 800

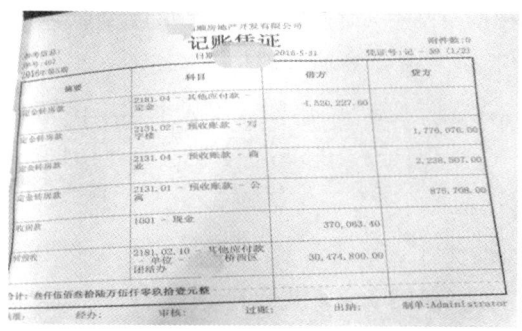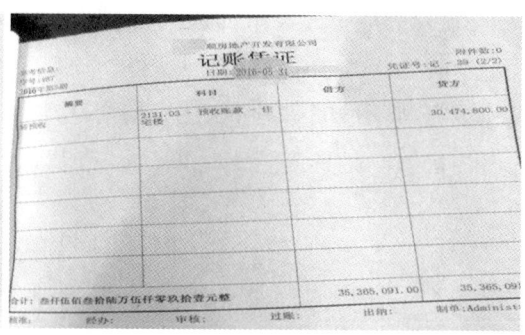

图 3-30　记账凭证

(4) 政府委托 A 房地产企业棚户区进行拆迁和平整(一级开发),2013 年土地开发科目余额相关资料(见表 3-3)。

表 3-3　土地开发科目余额表

名称	期初借方余额	期初贷方余额	本期借方发生额	本期贷方发生额	本年借方累计	本年贷方累计	期末借方余额	期末贷方余额
拆迁补偿款	0	0	3 149 410	0	0	0	0	0
场地平整	0	0	605 479	0	0	0	0	0
合计	0	0	3 754 889	0	0	0	0	0

(5) 企业会计处理如下:

2013 年 4 月记账凭证 17♯:

借:开发成本——场地平整　　　　　　　　　　　　　　　605 479
　　贷:银行存款　　　　　　　　　　　　　　　　　　　　　605 479

2013 年 12 月记账凭证 47♯:

借:开发成本——拆迁补偿款　　　　　　　　　　　　　3 149 410
　　贷:银行存款　　　　　　　　　　　　　　　　　　　3 149 410

3. 企业财税处理

截至 2016 年 8 月,共取得预收款 391 439 491 元,共预售建筑面积 73 721.94 平方米,未售面积为 2 991 平方米。2016 年 5 月 1 日至 8 月 31 日,共预收账款 115 833 683.82 元(含企业从其他应付款结转的 3 047.48 万元),销售建筑面积为 32 407 平方米,共预缴增值税 3 130 640.1 元。2016 年 5 月 1 日后共取得进项税额 10 390 190.59 元,认证相符(企业不能正确区分用于营业税和增值税的事项)。

A 房地产企业对政府给予 2 笔资金的税务处理:A 房地产开发企业在 2016 年 6 月

纳税申报期已经按照 3% 预征率预缴增值税 82.36 万元（3 047.48÷1.11×3%）；预缴土地增值税＝（3 047.48－82.36）×2%＝59.3（万元）。

企业于 2016 年 9 月结转销售收入，财务处理：

在 2016 年 4 月 30 日之前取得预收账款为 275 605 807.18 元。

  借：预收账款   275 605 807.18
    贷：主营业务收入   275 605 807.18

  借：税金及附加   13 780 290.36
    贷：应交税费——应交营业税   13 780 290.36

2016 年 5 月 1 日至 8 月 31 日取得预收账款 115 833 683.82 元。

  借：预收账款   115 833 683.82
    贷：主营业务收入   105 303 348.92
      应交税费——应交增值税（销项税额）   10 530 334.90

可以抵扣的土地出让金额＝（5 086＋314.94＋60.54）×（32 407÷76 712.95）＝5 461.48×42.24%＝2 306.93（万元）。

销项税额抵减额＝2 306.93÷1.11×11%＝228.61（万元）。

会计处理：

  借：应交税费——应交税费（销项税额抵减）   2 286 100
    贷：主营业务成本   2 286 100

企业应纳增值税＝1 147.9－1 039.02－228.61－313＝－432.73（万元）。

4. 税企争议

企业财税处理业务，当地主管税务机关与 A 房地产开发企业产生巨大的分歧，不同意见分别如下。

1）主管税务机关意见

（1）政府给予 2 笔资金，从企业操作过程来看，就是政府用土地出让金收入安置回迁户，那么，企业应缴纳增值税。企业收到第二笔返还的拆迁补偿安置资金是在 2016 年 5 月 20 日，在会计上做预收账款的时间在 2016 年 5 月 31 日，属于营改增以后的经济事项，不属于营业税的征税范围，而应属于增值税的征税范围。但是计税依据明显偏低，应当按照市场公允价 5 200 元/平方米视同销售处理。依据：《营业税改征增值税试点实施办法》（财税〔2016〕36 号附件 1）第十四条："下列情形视同销售服务、无形资产或者不动产：单位或者个人向其他单位或者个人无偿转让无形资产或者不动产，但用于公益事业或者以社会公众为对象的除外。"以及第四十四条："纳税人发生应税行为价格明显偏低或者偏高且不具有合理商业目的的，或者发生本办法第十四条所列行为而无销售额的，主管税务机关有权按照下列顺序确定销售额：按照纳税人最近时期销售同类服务、无形资产或者不动产的平均价格确定……"

(2)企业 2016 年 5 月 1 日后共取得进项税额 10 390 190.59 元,存在部分进项税是"营改增"之前,用于营业税经济事项,不得抵扣。企业全部进行了抵扣,按照《中华人民共和国增值税暂行条例实施细则》第二十六条的规定,一般纳税人兼营免税项目或者非增值税应税劳务而无法划分不得抵扣的进项税额的,按下列公式计算不得抵扣的进项税额:不得抵扣的进项税额=当月无法划分的全部进项税额×当月免税项目销售额和非增值税应税劳务营业额合计÷当月全部销售额和营业额合计。

2) 企业的观点

(1) A 房地产开发企业申辩意见:政府给予 3 047.48 万元的返还资金,其实质是政府出资购买不动产安置回迁户(132 户回迁户,2 500 平方米商业)。回迁户 132 户应兑换面积 8 064.72 平方米和商业 2 500 平方米,实际兑换 13 492 平方米,扩套面积为 5 427.32 平方米,扩套费为 21 527 125 元,均价为 3 966.44 元。销售给其他业户均价为 5 200 元/平方米。

(2) 公允价值的确认。根据《企业会计准则第 39 号——公允价值计量》(财会〔2014〕6 号)第二条的规定,公允价值,是指市场参与者在计量日发生的有序交易中,出售一项资产所能收到或者转移一项负债所需支付的价格。3 047.48 万元就是公允价值,不存在价格明显偏低且无正当理由之说。同时,棚户区改造,是中央政府推出的一项民心工程,是提供人民的生活质量,同时安置回迁户是国家政策的要求,是具有合理的目的。收取的 3 047.48 万元的房款,看似低于销售给其他业主,但是,企业从其他非回迁户取得了经济利益。

A 房地产开发企业和主管税务机关双方就此问题争论不休,无法达成一致意见。

(三)案例讨论

结合案例材料,分析与研讨以下问题:

(1) 本案中涉及了两笔政府返还的拆迁补偿安置资金,其性质应如何判定?

(2) 对于政府返还的拆迁补偿安置资金,全面实施"营改增"后应如何进行税务处理?

(3) 企业的会计和税务处理是否存在问题?并说明理由。

(4) 稽查局认为企业的计税依据明显偏低,是否有政策依据?如果采用核定计税依据,税务机关是否滥用自由裁量权?

(四)案例分析

1. 资金的性质的判定

(1) 政府补助。《企业会计准则第 16 号——政府补助》(财会〔2017〕15 号)第二条:政府补助,是指企业从政府无偿取得货币性资产或非货币性资产。

企业从政府取得的经济资源,如果与企业销售商品或提供服务等活动密切相关,且是企业商品或服务的对价或者是对价的组成部分,适用《企业会计准则第 14 号——收入》(财会〔2017〕22 号)等相关会计准则。

根据上述文件精神,企业取得 3 047.48 万元,是企业前期支付给拆迁户和政府土地出让金,政府之所以返还,是为了帮助企业更好完成"四改项目",不属于无偿从政府取得资金,因此该笔资金不属于政府补助,属于销售房屋的销售款。

2019 年 12 月 31 日《国家税务总局关于取消增值税扣税凭证认证确认期限等增值税征管问题的公告》(国家税务总局公告 2019 年第 45 号)第七条规定,纳税人取得的财政补贴收入,与其销售货物、劳务、服务、无形资产、不动产的收入或者数量直接挂钩的,应按规定计算缴纳增值税。纳税人取得的其他情形的财政补贴收入,不属于增值税应税收入,不征收增值税。

(2)土地出让金返还。2013 年 10 月 24 日 26#凭证附件显示:企业的土地出让金返还申请、政府主要领导的批复以及《土地出让金返还的意见》等信息折射出,3 047.48 万元在形式上即是政府和企业达成的协议土地出让金的返还。

从该企业实际操作过程来看,当地政府委托 A 房地产开发公司进行土地一级开发。

[小贴士:土地一级开发,是指由政府或其授权委托的企业,对一定区域范围内的城市国有土地、乡村集体土地进行统一的征地、拆迁、安置、补偿,并进行适当的市政配套设施建设,使该区域范围内的土地达到"三通一平""五通一平"或"七通一平"的建设条件(熟地),再对熟地进行有偿出让或转让的过程。房地产开发商拿土地盖房子属于二级开发。]

从表 3-4 可以看出,企业拆迁补偿款和场地平整发生额 3 754 889 元。也就是说,A 房地产开发公司进行一级开发的成本约 375 万元。政府给予 3 047.48 万元,远远高于 375 万元,如果说企业代政府进行一级开发支付资金,那么差额部分 2 672.48 万元应当认为是 A 房地产开发公司代政府开发土地的收益。但是企业的目的是取得土地使用权进行房地产开发,并不是取得土地一级开发的收益,从这个角度来看,如果"招拍挂"成功,375 万元应计入开发成本。

表 3-4 科目余额表

单位:元

科目名称	期初借方余额	期初贷方余额	本期借方发生额	本期贷方发生额	本年借方累计	本年贷方累计	期末借方余额	期末贷方余额
拆迁补偿款	0	0	3 149 410	0	0	0	0	0
场地平整	0	0	605 479	0	0	0	0	0
合计	0	0	3 754 889	0	0	0	0	0

根据 2014 年 9 月 1 日实施的《节约集约利用土地规定》(国土资源部令第 61 号)第二十二条第三款规定,禁止以土地换项目、先征后返、补贴、奖励等形式变相减免土地出让价款。

本案中 2 000 万元资金拨付的日期分别是 2013 年 10 月 24 日,远早于 61 号令。从形式要件上看,划分为土地出让金返还更为恰当。A 房地产开发公司提供的《关于 520 家属院危旧房改造项目〔2013〕08 号地块土地出让金返还的意见》显示(见表 3-5)。

表 3-5 政府扣除费用和基金明细

	各项规费	金额(万元)
市财政	土地出让业务费	101.72
	国有土地出让收益基金	152.58
	农业土地开发资金	8.16
	保障性住房建设资金	254.30
	铁路建设费	152.585
	农田水利建设资金	508.60
	教育资金	508.60
区财政	危旧房改造调剂基金	101.98
	危旧房改造履约保证金	250.00
合计		2 038.52

明文规定,扣除上述费用和基金,剩余部分由属地政府补贴给回迁安置承建单位,也就是 A 房地产开发企业。同时,在《关于 520 家属院危旧房改造项目〔2013〕08 号地块土地出让金返还的意见》中,领导批示:3 047.48 万元用于回迁房建设。

(3) 本案中,A 房地产开发企业共计缴纳土地出让金 5 086 万元,扣除 2 038.52 万元,将剩下 3 047.48 万元部分全部返还给企业。从实质要件来看,也应属于土地出让金返还。

结论:无论从形式要件还是实质要件上分析,3 047.48 万元性质上应属于土地出让金返还,用于安置回迁户。

2. 政府返还的资金的税务处理

1) 政府返还的拆迁补偿安置资金使用范围

(1) 对于土地出让金返还款或者称为政府返还的拆迁补偿安置资金,主要用于安置回迁户建设,取得的时间是 2013 年 10 月、2016 年 5 月,取得时会计处理作为其他应付款,既没有冲减开发成本,也没有计入收入。是会计处理有问题,还是有意延迟缴纳税款?要想解决这个问题,我们首先要关注土地出让金的用途。

(2)《国务院办公厅关于规范国有土地使用权出让收支管理的通知》(国办发〔2006〕100 号)第三条第一款规定,土地出让收入使用范围:①征地和拆迁补偿支出,包括土地补偿费、安置补助费、地上附着物和青苗补偿费、拆迁补偿费。②土地开发支出,包括前期土地开发性支出以及按照财政部门规定与前期土地开发相关的费用等。③支农支出,包括计提农业土地开发资金、补助被征地农民社会保障支出、保持被征地农民原有生活水平补贴支出以及农村基础设施建设支出。④城市建设支出,包括完善国有土地使用功能的配套设施建设支出以及城市基础设施建设支出。⑤其他支出,包括土地出让业务费、缴纳新增建设用地土地有偿使用费、计提国有土地收益基金、城镇廉租住房保障支出、支付破产或改制国有企业职工安置费支出等。

(3)《财政部 国土资源部 中国人民银行关于印发〈国有土地使用权出让收支管

理办法〉的通知》(财综〔2006〕68号印发)第十条规定,任何地区、部门和单位都不得以"招商引资""旧城改造""国有企业改制"等各种名义减免土地出让收入,实行"零地价",甚至"负地价",或者以土地换项目、先征后返、补贴等形式变相减免土地出让收入;也不得违反规定通过签订协议等方式,将应缴地方国库的土地出让收入,由国有土地使用权受让人直接将征地和拆迁补偿费支付给村集体经济组织或农民等。

(4)根据上述两个文件,土地出让金不能直接减免,企业和政府通过变相的手段,先缴纳土地出让金,然后政府将由政府履行的安置补助和拆迁补助的义务委托给企业来完成。从这个意义上来说,3 047.48万元其本质就是对被拆迁户的拆迁补偿。

(5)《城市房屋拆迁管理条例》(国务院令第305号)第二十三条至第二十五条规定,"拆迁补偿的方式可以实行货币补偿,也可以实行房屋产权调换""货币补偿的金额,根据被拆迁房屋的区位、用途、建筑面积等因素,以房地产市场评估价格确定。具体办法由省、自治区、直辖市人民政府制定""实行房屋产权调换的,拆迁人与被拆迁人应当依照本条例第二十四条的规定,计算被拆迁房屋的补偿金额和所调换房屋的价格,结清产权调换的差价"。A房地产开发企业按照面积1∶1.3进行了房屋调换回迁户,1∶1调换商业用房。132户回迁户和2 500平方米商业用房应兑换面积8 064.72平方米和商业2 500平方米,但是实际回迁户兑换住宅13 492平方米和商业2 500平方米,扩套面积(住宅面积扩容增加)5 427.28平方米,扩套费总额为21 527 125元,扩套均价为3 966.44元/平方米。而销售给其他业户均价为5 200元/平方米。扩套价/公允价=3 966.44/5 200=76.28%。

(6)目前企业取得政府土地出让金返还的形式大约分为以下几种:政府主导拆迁,土地出让金返还用于建设购买安置回迁房;政府主导拆迁,土地出让金返还用于拆迁(代理拆迁、拆迁补偿);政府主导拆迁,土地出让金返还用于开发项目相关的基础设施建设;土地出让金返还用于建设公共配套设施(学校、医院、幼儿园、体育场馆);土地出让金返还给其他关联企业或个人;政府主导拆迁,土地出让金返还未约定任何事项,只是奖励或补助。

从上述来看,土地出让金返还给企业,其实质是政府主导拆迁,土地出让金返还用于购买安置回迁房。换一个角度,我们可以看作是政府出资购买回迁房,用于安置动迁户。对房地产开发企业来说,属于销售回迁房行为。房地产开发企业缴纳增值税从理论上讲没有问题。

(7)根据《财政部 国家税务总局关于全面推开营业税改征增值税试点的通知》(财税〔2016〕36号)经国务院批准,自2016年5月1日起,在全国范围内全面推开营业税改征增值税试点,建筑业、房地产业、金融业、生活服务业等全部营业税纳税人,纳入试点范围,由缴纳营业税改为缴纳增值税。所以,从企业会计处理上,应该缴纳增值税。

2)主管税务局观点的合理性

(1)税务机关认为应当缴纳增值税的依据是企业账簿资料显示2016年5月31日

会计凭证显示：

  借：其他应付款   30 474 800
   贷：预收账款   30 474 800

  根据《财政部 国家税务总局关于全面推开营业税改征增值税试点的通知》（财税〔2016〕36号）经国务院批准，自2016年5月1日起，在全国范围内全面推开营业税改征增值税（以下称营改增）试点，建筑业、房地产业、金融业、生活服务业等全部营业税纳税人，纳入试点范围，由缴纳营业税改为缴纳增值税。

  《房地产开发企业销售自行开发的房地产项目增值税征收管理暂行办法》（国家税务总局公告2016年第18号公布）第十条规定，一般纳税人采取预收款方式销售自行开发的房地产项目，应在收到预收款时按照3%的预征率预缴增值税。

  （2）从表面形式上看此种逻辑没有问题，但是，我们从此笔款项源头上来看，企业在会计处理上存在不足之处，款项在2013年和2016年收到。所以我们不能在错误的会计处理上进行税务处理。就该款项，2013年缴纳营业税、2016年5月缴纳增值税。《营业税改征增值税试点实施办法》（财税〔2016〕36号附件1）第十四条规定："下列情形视同销售服务、无形资产或者不动产：单位或者个人向其他单位或者个人无偿转让无形资产或者不动产，但用于公益事业或者以社会公众为对象的除外。"第四十四条规定，纳税人发生应税行为价格明显偏低或者偏高且不具有合理商业目的的，或者发生本办法第十四条所列行为而无销售额的，主管税务机关有权按照下列顺序确定销售额：

  第一，按照纳税人最近时期销售同类服务、无形资产或者不动产的平均价格确定。

  第二，按照其他纳税人最近时期销售同类服务、无形资产或者不动产的平均价格确定。

  第三，按照组成计税价格确定。组成计税价格的公式为：

$$组成计税价格 = 成本 \times (1 + 成本利润率)$$

成本利润率由国家税务总局确定。

  不具有合理商业目的，是指以谋取税收利益为主要目的，通过人为安排，减少、免除、推迟缴纳增值税税款，或者增加退还增值税税款等。企业按照土地出让金返还的金额作为计税基础，尽管低于5 200元/平方米，这只是被拆迁户按照面积1∶1.3进行规定补偿的部分，超过部分按照企业销售给其他业主价格收取差价。同时企业是为了拍下宗地，尽管在拆迁户安置，看似价格低于其他购买者，企业可以从其他购买者价款中得到了利益补偿。税务局按照价格明显偏低，对于计税依据什么情况下属于偏低，什么情况下属于明显偏低，截至目前，我国法律尚无具体规定。

  （3）就我国目前的法律来看，民法的基本原则——意思自治，是受法律保护的；而"计税依据明显偏低"由于缺乏法律的明确规范，又没有具体明确的参照物，税务机关难以凭借一个笼统模糊的"计税依据明显偏低"来否定民法上的意思自治原则。

因此,税务机关按照 5 200 元/平方米作为计税依据,值得商榷。

3. 进项税额处理

对于企业进项税划分问题:主要取得专用发票开具时间,2016 年 5 月 1 日之后取得专用发票,用于一般计税方法的房地产项目,属于营改增后经济事项的,可以抵扣。依据如下:

(1)《增值税暂行条例实施细则》第二十六条规定,一般纳税人兼营免税项目或者非增值税应税劳务而无法划分不得抵扣的进项税额的,按下列公式计算不得抵扣的进项税额:不得抵扣的进项税额＝当月无法划分的全部进项税额×当月免税项目销售额、非增值税应税劳务营业额合计÷当月全部销售额、营业额合计。

(2)国家税务总局 2016 年第 18 号公告第十三条规定,一般纳税人销售自行开发的房地产项目,兼有一般计税方法计税、简易计税方法计税、免征增值税的房地产项目而无法划分不得抵扣的进项税额的,应以《建筑工程施工许可证》注明的"建设规模"为依据进行划分。

$$\text{不得抵扣的进项税额} = \text{当期无法划分的全部进项税额} \times \left(\frac{\text{简易计税、免税房地产项目建设规模}}{\text{房地产项目总建设规模}} \right)$$

不得抵扣的进项税额＝10 390 190.59×(391 439 491－115 833 683.82－20 000 000)÷391 439 491＝6 784 683.49(元)。

应纳增值税额＝1 147.9－(1 039.02－678.47)－164.33－313＝310.02(万元)。

4. 企业的会计和税务处理的问题

1) 企业财税处理错误

笔者认为企业在取得资金时的会计处理有问题:土地出让金用途没有理解,没有计入当期损益,没有及时缴纳营业税、增值税。尽管在 2016 年 5 月 31 日,结转到预收账款,缴纳增值税。但是企业对纳税义务发生时间没有深刻理解。对"营改增"的政策也没有很好掌握。

2) 正确的财税处理

(1)前期垫付拆迁补偿款:

借:开发成本	3 149 410
贷:银行存款	3 149 410

(2)房地产公司支付场地平整:

借:开发成本	605 479
贷:应付职工薪酬	605 479
借:应付职工薪酬	605 479
贷:银行存款	605 479

(3) 支付土地出让金：

借：开发成本——土地出让金　　　　　　　　　　　　　　　50 860 000
　　贷：银行存款　　　　　　　　　　　　　　　　　　　　50 860 000

(4) 土地出让金返还房地产企业：

2013年10月：

借：银行存款　　　　　　　　　　　　　　　　　　　　　20 000 000
　　贷：预收账款　　　　　　　　　　　　　　　　　　　　20 000 000

企业按照2 000万元，缴纳营业税＝2 000×5％＝100（万元）。

2016年5月：

借：银行存款　　　　　　　　　　　　　　　　　　　　　10 474 800
　　贷：预收账款　　　　　　　　　　　　　　　　　　　　10 474 800

企业按照1 047.48万元，预缴增值税＝1 047.48÷1.11×3％＝28.31（万元）。

借：应交税费——预缴增值税　　　　　　　　　　　　　　　　283 100
　　贷：银行存款　　　　　　　　　　　　　　　　　　　　　283 100

完工结转收入时：

借：预收账款　　　　　　　　　　　　　　　　　　　　　20 000 000
　　贷：营业收入　　　　　　　　　　　　　　　　　　　　20 000 000
借：预收账款　　　　　　　　　　　　　　　　　　　　　10 474 800
　　贷：营业收入　　　　　　　　　　　　　　　　　　　　 9 436 800
　　　　应交税费——应交增值税（销项税额）　　　　　　　　 1 038 000

企业在计算销项税额抵减时，将拆迁人员的工资605 479元计入土地价款中，存在多抵销项税额抵减额。政策依据：①《房地产开发企业销售自行开发的房地产项目增值税征收管理办法》国家税务总局2016年第18号公告第五条第四款规定，支付的土地价款，是指向政府、土地管理部门或受政府委托收取土地价款的单位直接支付的土地价款。②财税〔2016〕140号文件第七条规定，《营业税改征增值税试点有关事项的规定》（财税〔2016〕36号附件2）第一条第（三）项第十点中"向政府部门支付的土地价款"，包括土地受让人向政府部门支付的征地和拆迁补偿费用、土地前期开发费用和土地出让收益等。

同时，第一笔资金2 000万元，征收营业税，

其对应的面积＝13 492×2 000÷3 047.48＝8 854.53（平方米）。

可以扣减土地价款＝(5 086＋314.94)×23 552.47÷76 712.95＝1 658.2（万元）。

销项税额抵减额＝1 658.2÷1.11×11％＝164.33（万元），应纳增值税额＝1 147.9－(1 039.02－678.47)－164.33－313＝310.02（万元）。

企业应补缴增值税310.02万元。

3) 政策依据

(1)《国有土地上房屋征收与补偿条例》(国务院令第590号)第四条规定,市、县级人民政府负责本行政区域的房屋征收与补偿工作。《国土资源部 住房和城乡建设部关于进一步加强房地产用地和建设管理调控的通知》(国土资发〔2010〕151号)第四条第一款第二项规定,土地出让必须以宗地为单位提供规划条件、建设条件和土地使用标准,严格执行商品住房用地单宗出让面积规定,不得将两宗以上地块捆绑出让,不得"毛地"出让。

上述文件表明,国家已取消了"生地",经过"招拍挂"办法出让的土地,必须是能用于直接开发的"熟地"。这个时候,拆迁补偿是由政府来完成的,支付拆迁费的主体是政府。本案中,房地产开发企业虽然直接参与拆迁,但并非是拆迁主体,也非征收人。由于政府无充裕财政资金作支持,要求开发商先期介入拆迁,待开发商缴纳土地出让金后,政府对开发商先期垫付资金进行部分返还。这种情况下,房地产公司实际发生的是代理业务,而非开发业务。其前期垫付的拆迁补偿支出应作为房地产公司的"其他应收款",在政府返还给予其拆迁补偿费时,则应先冲减"其他应收款",冲减后余额作"其他业务收入或预收账款"处理;房地产公司支付的建筑物拆除、平整土地人工费用先计入"劳务成本",结转时转入"其他业务成本";这样最终能核算出其他业务利润,而这些与房地产开发项目本身的开发成本是无关的。

2015年10月收到土地出让金,预交土地增值税=2 000×2%=40(万元)。

2016年5月取得土地出让金款项,预交土地增值税税款=(1 047.48-28.31)×2%=20.38(万元)。合计:62.38万元,而不是企业自行计算预缴土地增值税=3 047.48×2%=60.95(万元),企业存在少预缴税款的行为。

(2)《国家税务总局关于营改增后土地增值税若干征管规定的公告》(国家税务总局公告2016年第70号,以下简称国家税务总局2016年第70号公告)第一条第三款的规定,土地增值税预征的计征依据=预收款-应预缴增值税税款。

企业2013年该笔款项预计毛利=2 000×20%=400(万元)(当地房地产预计毛利率为20%),企业延迟预缴企业所得税。2016年5月取得1 047.48万元,预计毛利=[1 047.48÷(1+11%)]×20%=188.74(万元)。此处与土地增值税有区别,土地增值税是财产行为税,计税依据按照国家税务总局2016年第70号公告执行。

5. 计税依据明显偏低的法律规定

稽查局认为企业的计税依据明显偏低,是否有政策依据?如果采用核定计税依据,税务机关是否滥用自由裁量权?

(1) A房地产开发企业按照3 047.48万元作为计税依据的行为遭受主管税务机关的质疑。税务当局认为:按照该房地产销售给其他客户的价格认定该公司回迁房的成交价低于市场价,从而得出计税依据偏低的结论。

(2) A房地产开发企业认为:在目前尚不完备的税收制度下,哪些情况属于"计税依据偏低",哪些情况属于"明显偏低",我国法律没有具体规定。

第一,市场价格本身就是某类商品在一定期限、一定区域内数个具体交易价格的平均数。既然是平均数,说明具体交易价格或高或低,其本身就是一个不确定数,也是一个不精确数,我国法律目前并没有对市场交易价格的计算方法予以规范和认可。纵观地产市场,每个地块、每个楼盘开发时,开发商均会根据不同的因素为每一套房产去设置不同的价格,以期达到不同购买方的需求。所以,市场经济环境下的价格平均数,以及统计学口径下的价格平均数,其实质是认同了低价格的合法性与合理性。

该房地产企业的销控表如表3-6所示。

表3-6 销控表

房号	面积(平方米)	变更后最终面积			最终成交单价(元)	最终成交价(元)	户名
		房号	房号	面积(平方米)			
1-25	59.10	107	3#-102	50.95	17 602.819	896 863.6	徐**
1-26	70.10	109	3#-103	62.47	25 000.000	1 561 750.0	李**
1-27	33.20	110	3#-104	28.84	23 809.608	686 669.1	王**
1-28	30.00	111	3#-105	26.96	21 816.267	588 166.5	郭**
1-29	26.60	112	3#-106	23.63	21 699.812	512 766.6	李**
1-30	50.10	113	3#-107	45.24	16 357.964	740 034.3	李** 白**
1-31	68.20	114	3#-108	61.91	16 738.402	1 036 274.0	田**
1-32	12.20	115	3#-109	11.05	25 362.377	280 254.3	张**
1-33	39.50	116	3#-110	34.56	17 553.595	606 652.2	韩**
1-34	30.60	117	3#-111	27.5	17 345.621	477 005.0	张**
1-35	29.90	118	3#-112	26.97	16 931.137	456 632.8	贾** 杨**
1-36	32.50	119	3#-113	29.05	15 600.369	453 190.7	韩**
1-37	29.90	120	3#-114	26.91	17 405.530	468 382.8	解**
1-38	30.60	121	3#-115	27.56	17 345.621	478 045.3	张**

从销控表,我们看到同样的单元和户型,成交价格也不尽相同。

第二,目前各类法律尚无要求具体交易价格一定与市场价格持平或者高于市场价格。

第三,目前的税法体系规定,仅仅是指"价格明显偏低,且无正当理由"。而本案所涉及的"价格偏低",源于A房地产开发企业因为市政建设需要而代为政府的安置回迁,也不符合税法所称之的"且无正当理由"。

(3)对价格明显偏低的相关规定。

第一,法律层面的依据:《中华人民共和国民法典》(以下简称《民法典》)第五百三十九条规定,债务人以明显不合理的低价转让财产、以明显不合理的高价受让他人财产或者为他人的债务提供担保,影响债权人的债权实现,债务人的相对人知道或者应当知道该情形的,债权人可以请求人民法院撤销债务人的行为。

《民法典》第五百四十条规定,撤销权的行使范围以债权人的债权为限。债权人行使撤销权的必要费用,由债务人负担。

《最高人民法院关于适用〈中华人民共和国合同法〉若干问题的解释(二)》(法释〔2009〕5号)第十九条规定,对于《合同法》第七十四条规定的"明显不合理的低价",人民法院应当以交易当地一般经营者的判断,并参考交易当时交易地的物价部门指导价或者市场交易价,结合其他相关因素综合考虑予以确认。

转让价格达不到交易时交易地的指导价或者市场交易价70%的,一般可以视为明显不合理的低价;对转让价格高于当地指导价或者市场交易价30%的,一般可以视为明显不合理的高价。

债务人以明显不合理的高价收购他人财产,人民法院可以根据债权人的申请,参照《合同法》第七十四条的规定予以撤销。

第二,各地税务局的规定:《四川省国家税务局关于印发〈增值税问题解释之四〉的通知》(川国税函发〔1997〕2号)第五条,问:增值税暂行条例规定,纳税人销售货物的价格明显偏低且无正当理由,应由主管税务机关核定其销售额。对价格明显偏低且无正当理由,应如何界定?

答:对纳税人销售货物的价格明显偏低且无正当理由的界定,在国家税务总局没有正式明确规定之前,各地可参照《中华人民共和国反不正当竞争法》的有关规定处理,即:对企业处理有效期限即将到期的商品、季节性降价销售商品或其他积压、冷背、残次商品;因清偿债务、转产、歇业等按低于成本价或进行降价销售商品,均属正当理由的低价销售行为。除此之外,对纳税人之间经营或销售货物,价格明显偏低且无正当理由或采取相互压低价格[主要是指以低于成本价(或进价)销售货物],造成国家税款流失的,均可按照《增值税暂行条例实施细则》第十六条和《国家税务总局关于印发〈增值税若干具体问题的规定〉的通知》(国税发〔1993〕154号)第二条第四款执行,由主管国税机关核定销售额征收增值税。

《重庆市地方税务局关于土地增值税若干政策执行问题的公告》(重庆市地方税务局公告2014年第9号)第四条,其他规定,纳税人申报房地产转让收入明显偏低,且无正当理由的,税务机关应核定土地增值税计税收入。符合以下情形的房地产转让,收入即使偏低,视为有正当理由:法院判决或裁定转让;公开竞价拍卖转让;按物价部门确定的价格转让;拆迁安置售房;个人转让给直系亲属或承担直接赡养义务人;经税务机关认定的其他合理情形。

第三,司法案例的借鉴:《新疆瑞成房地产开发有限公司与新疆维吾尔自治区地税局稽查局行政诉讼案》中,瑞成房产公司低于市场价格销售给退休老职工的房屋,税务局简单地定性为"无正当理由,明显低于市场价格"属认定事实不清,主要证据不足。税务局一、二审均败诉。

《广州德发房产建设有限公司与广州市地方税务局第一稽查局行政诉讼案》中,企业将房产以1.3亿港币进行拍卖,税务局认为价格明显偏低,核定3.1亿元人民币。企业一、二审均败诉,最高院再审仍维持税务机关决定。

《韶关市盈锦置业有限公司与广东省仁化县地方税务局行政诉讼案》中,企业一、二审均败诉,税务局胜诉。

《澄迈明华旅业有限公司与海南省澄迈县地税局第二分局行政诉讼案》中税务局败诉。

因此,税务机关按照5 200元/平方米作为计税依据证据不足,应按照实际情况甄别执行。

第四章

开发阶段的税收风险管理

经历了项目设立阶段的若干准备工作，当一个房地产项目进入开发阶段后，前期融资资本将会"真金白银"地投入项目开发中去，通过成本的追加投入、相关费用的支出实现项目价值提升，最终形成开发产品。

第一节 开发阶段的业务事项

通常说的"五证"包括：《土地使用证》《建设用地规划许可证》《建设工程规划许可证》《建筑工程施工许可证》《商品房预售许可证》。与建筑工程相关的"两证"即《建设工程规划许可证》和《建筑工程施工许可证》。《建筑工程施工许可证》需要在本阶段审批取得，而对于房地产开发企业来说，项目资金投入压力在本阶段也将会达到峰值，因此，房地产开发企业一般会严格考虑成本费用控制，以实现开发阶段的顺利推进。本阶段按照开发事项内容可以进一步划分为开发准备、建筑施工和竣工结算三个阶段。在实务归集中一般按照前期工程费、建筑安装工程费、基础设施费、公共配套设施费和与项目运行相关的开发费用进行核算。

一、开发准备

开发准备阶段的支出一般通过前期工程费进行核算。前期工程费是指在取得土地开发权之后，项目开发前期的筹建、规划、设计、水文地质勘察、测绘、"三通一平"等前期费用。包括：筹建费、可行性研究费、规划费、设计费、地质勘察费、场地平整费、水电气费、临时设施费用等。项目前期规划、设计、可行性研究费用可按总投资的一定百分比进行估算，水文地质勘察可根据工程量估算，"三通一平"的费用可根据实际工程量计算。一般前期工程费占整体开发成本的3.5%~6%。具体包含：

（1）项目整体性批报建费：项目报建时按规定向政府有关部门缴纳的报批费。如人防工程建设费、规划管理费、新材料基金（或墙改专项基金）、拆迁管理费、招投标管理费等。

（2）规划设计费：项目立项后的总体规划设计、单体设计费，管线设计费、改造设计费、可行性研究费（含支付社会中介服务机构的市场调研费），制图、晒图费，规划设计模型制作费，方案评审费。

(3) 勘测丈量费：水文、地质、文物和地基勘察费，沉降观测费，日照测试费、拨地钉桩验线费、复线费、定线费、放线费、建筑面积丈量费等。

(4) "三通一平"费：接通红线外施工用临时给排水（含地下排水管、沟开挖铺设费用）、供电、道路（含按规定应交的占道费、道路挖掘费）等设施的设计、建造、装饰和进行场地平整发生的费用（包括开工前垃圾清运费）等。

(5) 临时设施费：工地甲方临时办公室，临时场地占用费，临时借用空地租费以及沿红线周围设置的临时围墙、围栏等设施的设计、建造、装饰等费用。临时设施内的资产，如空调、电视机、家具，等不属于临时设施费。

(6) 预算编、审费：支付给社会中介服务机构受聘为项目编制或审查预算而发生的费用。

在这一阶段最重要的许可证照就是《建设用地规划许可证》和《建设工程规划许可证》。《建设用地规划许可证》是政府部门为完善城乡交通基础建设、用地规划和城乡消防进出安全，公民的生产生活生存、商业居住生活等长期需要，按照土地管理法和城乡规划法，合理地设置建设用地，指导公民按照城乡总体规划和个人生产生活居住等需要，经过消防、规划等部门受理审结同意，并在规划区内或按照城乡总体规划建设，依法核发的法律凭证、准建手续，是拟建单位在向土地管理部门申请使用、征用或划拨土地前，城乡交通规划行政主管部门确认拟建项目的申请位置和范围与城乡规划相符的法定凭证，是拟建单位使用建设用地的法律凭证。没有此证的用地责任人或单位属非法用地，房地产商的售房行为也属非法，不能领取房地产权属证件。房地产开发企业在办理《建设工程规划许可证》时，应持当年的建设计划、土地使用证件、建设工程用地规划许可证、建设工程拟建位置的地形图、建设工程总平面图、符合审定设计方案的施工图及消防、设计质监部门对施工图的批复意见，向市规划管理部门提出建设申请，经审查批准后，核发《建设工程规划许可证》，如图 4-1 所示。

图 4-1　建设工程规划许可证

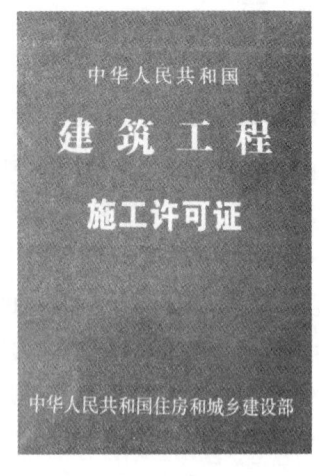

图 4-2　建筑工程施工许可证

此外，申领《建设工程施工许可证》，是在办理《建筑工程规划许可证》后，需要进行的验证工程建设符合开工要求的最后法定程序，该证是申办开工的必备文件。在建委办理报建证后，房地产开发企业可在当地建筑有形市场办理施工、监理招投标、质量监督、安全监督、造价、劳保统筹等手续后，向建设管理部门提出开工申请，经审查批准，核发《建筑工程施工许可证》。如图4-2所示。

二、建筑施工

有了施工许可，企业就可以通过正式的招标程序签订施工合同，组织安排工程施工。这一阶段的各项成本、费用支出大多与建筑安装活动紧密相关。

1. 建筑安装工程费用

建安工程费用，是指直接用于工程建设的总成本费用，主要包括建筑工程费（结构、建筑、特殊装修工程费）、设备及安装工程费（给排水、电气照明及设备安装、空调通风、弱电设备及安装、电梯及其安装、其他设备及安装等）和室内装饰家具费等。主要包括建造建筑物所发生的建筑工程费用，设备采购费用及安装工程费用等。一般因楼层和结构的不同而归集核算。一般建筑安装工程费占整体开发成本的30%～50%。根据《建筑安装工程费用项目组成》（建标〔2013〕44号）规定，建筑安装工程费用项目按费用构成要素组成划分为：

（1）人工费。人工费，是指按工资总额构成规定，支付给从事建筑安装工程施工的生产工人和附属生产单位工人的各项费用。具体包括计时工资或计件工资、奖金、津贴补贴〔如流动施工津贴、特殊地区施工津贴、高温（寒）作业临时津贴、高空津贴〕等。

（2）材料费。材料费，是指施工过程中耗费的原材料、辅助材料、构配件、零件、半成品或成品、工程设备的费用。具体包括材料原价、运杂费、运输损耗费、采购及保管费、工程设备费等。

（3）施工机具使用费。施工机具使用费，是指施工作业所发生的施工机械、仪器仪表使用费或其租赁费。

（4）企业管理费。企业管理费，是指建筑安装企业组织施工生产和经营管理所需的费用。具体包括管理人员工资、办公费、差旅交通费、固定资产使用费、工具用具使用费、劳动保险和职工福利费，以及相关的技术转让费、技术开发费、投标费、广告费、公证费、法律顾问费、审计费、咨询费、保险费等。

（5）利润。利润，是指施工企业完成所承包工程获得的盈利。

（6）规费。规费，是指按国家法律、法规规定，由省级政府和省级有关权力部门规定必须缴纳或计取的费用。

在这一阶段重要的经济关系载体就是《建筑安装工程施工合同》，即发包方（建设单位）和承包方（施工单位）为完成商定的施工工程，明确相互权利、义务的协议。依照施工合同，施工单位应完成建设单位交给的施工任务，建设单位应按照规定提供必要条件并支付工程价款。建设工程施工合同是承包人进行工程建设施工,发包人支付价款的合同,是建设工程的主要合同,同时也是工程建设质量控制、进度控制、投资控制的主要依据。主要内容有安装工程名称、工程地点、工程范围、完工期限、安装工程总价、安装工程款付款进度等(如图 4-3)。

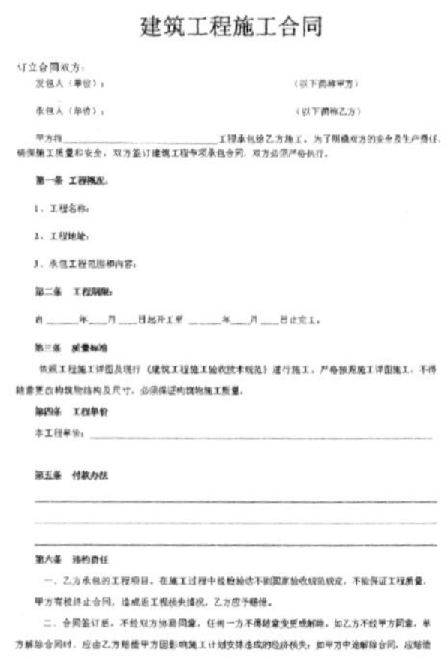

建筑工程施工合同

订立合同双方:

发包人(单位): (以下简称甲方)

承包人(单位): (以下简称乙方)

甲方将________工程承包给乙方施工,为了明确双方的安全及生产责任,确保施工质量和安全,双方签订建筑工程专项承包合同,双方必须严格执行。

第一条 工程概况:

1、工程名称:

2、工程地址:

3、承包工程范围和内容:

第二条 工程期限:

自____年__月__日起开工至____年__月__日止完工。

第三条 质量标准

依照工程施工详图及现行《建筑工程施工验收技术规范》进行施工,严格按照施工详图施工,不得随意更改构筑物结构及尺寸,必须保证构筑物施工质量。

第四条 工程单价

本工程单价:________

第五条 付款办法

第六条 违约责任

一、乙方承包的工程项目,在施工过程中经检验达不到国家验收规范规定,不能保证工程质量,甲方有权终止合同,造成返工损失情况,乙方应予赔偿。

二、合同签订后,不经双方协商同意,任何一方不得随意变更或解除,如乙方不经甲方同意,单方解除合同时,应由乙方赔偿甲方因影响施工计划安排造成的经济损失;如甲方中途解除合同,应赔偿

图 4-3 建设工程施工合同

2. 基础设施费

基础设施费主要指建筑物 2 米以外和项目红线范围内的各种管线、道路工程,其费用包括自来水、雨水、污水、煤气、热力、供电、电信、道路、绿化、环卫、室外照明等设施的建设费用,以及各项设施与市政设施干线、干管、干道等的接口费用。一般按实际工程量估算。通常基础设施费占整体开发成本的 8%～10%。

3. 公共配套设施费

公共配套设施费指居住小区内为居民服务配套建设的各种非营利性的公共配套设施(或公建设施)的建设费用。主要包括居委会、派出所、托儿所、幼儿园、公共厕所、停车场等。一般按规划指标和实际工程量估算。公共设施费占整体开发成本的 4%～6%。

4. 开发间接费用

开发间接费用,是指房地产开发企业内部独立核算单位在开发现场组织管理开发产品而发生的各项费用。有如下明细项目:

(1) 工资。工资,是指开发企业开发部门或工程指挥部门行政、技术、经济、服务等人员的工资、奖金和津贴。

(2) 福利费。福利费,是指上项人员的实际发生的职工福利费。

(3) 折旧费。折旧费,是指开发企业开发部门或工程指挥部门使用属于固定资产的房屋、设备、仪器等提取的折旧费。

(4) 修理费。修理费,是指开发企业开发部门或工程指挥部门使用属于固定资产的房屋、设备、仪器等发生的修理费。

(5) 办公费。办公费,是指开发企业开发部门或工程指挥部门办公用的文具、纸张、印刷、邮电、书报、会议、差旅交通、烧水和集体取暖用煤等费用。

(6) 水电费。水电费,是指开发企业开发部门或工程指挥部门耗用的水电费。

(7) 劳动保护费。劳动保护费,是指用于开发企业开发部门或工程指挥部门职工的劳动保护用品的购置、摊销和修理费,防暑饮料、洗涤肥皂等物品的购置费或补助费,以及工地上职工洗澡、饮水的燃料费等。

(8) 利息支出。利息支出,是指开发企业为开发房地产借入资金所发生而不能直接计入某项开发成本的利息支出及相关的手续费,但应冲减使用前暂存银行而发生的

利息收入。开发产品完工以后的借款利息，应作为财务费用，计入当期损益。

房地产开发费用的门类非常庞杂，如建设用地有偿使用费、城市房屋拆建管理费、城市基础设施配套费、建设工程施工图审查咨询费、绿化补偿费、绿化带开口费、环保检测费、土地交易手续费、施工污水排放费、白蚁防治费、工程报建手续费、水利建设基金、施工占道费、消防方案审核费、消防验收检测费、测绘费、散装水泥专项基金、墙体材料专用基金、建筑噪声超标费、土地登记代理费、规划红线定位费、建筑渣土处置费、人防异地建设费等。应按照费用的性质选择资本化或费用化，计入成本或费用分别进行核算。此外，还应考虑到不可预见费，不可预见费根据项目的复杂程度和签署各项费用估算的准确程度估算，以上述各项费用的 3%～7% 估算。

三、竣工结算

竣工结算是建筑企业与建设单位之间办理工程价款结算的一种方法，是指工程项目竣工以后甲乙双方对该工程发生的应付、应收款项作最后清理结算。在这里，首先要搞清楚结算和决算两种概念。工程结算一般应在竣工验收后 1 个月内完成。开发项目的竣工决算是以竣工结算为基础进行编制的，它是在整个开发项目竣工结算的基础上，加上从筹建开始到工程全部竣工发生的其他工程费用支出。竣工结算是由承包商编制的，而竣工决算是由房地产开发商编制。通过竣工决算，一方面能够正确反映开发项目的实际造价和投资成果；另一方面通过竣工决算和概算、预算、合同价的对比，考核投资管理的工作成效，总结经验教训，积累技术经济方面的基础资料，提高未来建设工程的投资效益。而结算和决算工作最终形成的成果就是《竣工结算书》《竣工结算报告》《工程量明细表》《工程决算报告》等一系列关键性的资料，这也是衡量工程支出真实性与否的重要证据。经过上述一系列开发过程，最终会形成房地产开发企业的开发产品。

第二节　开发阶段的会计处理

开发阶段的会计科目设置构成复杂，会计处理核算难度较大。其生产成本主要指开发产品的成本，包括取得土地使用权支付的金额、土地征用及拆迁补偿费、前期工程费、建筑安装工程费、基础设施建设费、公共配套设施费、开发间接费用等。此外项目核算时间跨度长，房地产项目开发的周期较长，存在多个项目同时开发、一个项目分多期开发等现象，而且不同项目、不同期开发项目成本发生差异大，给企业按项目、按楼盘等进行成本核算增加了难度。

因此在做具体核算之前，首先应明确开发产品成本核算对象及核算原则。开发产品成本核算对象是指在开发产品成本的计算中，为了归集和分配开发费用而确定的费用承担者。

下面按确定开发产品成本核算对象的不同方法介绍会计处理。

一、以整个开发项目为成本核算对象

对于开发规模小、开发周期短、一次性全部开发的房地产项目,可以整个开发项目为成本核算对象,特点是成本核算对象的唯一性,不存在成本费用的分配,成本核算周期同项目开发周期一致。

例如,某房地产公司在市中心有10万平方米的土地,拟一次性开发住宅楼6栋,该房地产公司可将6栋住宅楼合并为一个成本核算对象。

二、以开发期数为成本核算对象

对于开发规模较大、开发周期较长、分期开发的房地产项目,可以按开发期数为成本核算对象,特点是成本核算对象的多样性,成本费用需要归集和分配。

三、以开发产品形态为成本核算对象

对于开发产品形态多样的房地产项目,可以按各种开发产品形态为成本核算对象,特点是成本核算对象的多样性,成本费用需要归集和分配。

(1) 成本核算对象应在开发项目开工前确定,一经确定就不能随意改变,更不能相互混淆。其确定原则为:

① 一般的开发项目,以每一独立编制的概算或施工图预算所列单项工程为成本核算对象。

② 同一开发地点、结构类型相同的群体开发项目,开竣工时间相近、由同一施工单位施工的,可以并为一个成本核算对象。

③ 对于个别规模较大、工期较长的开发项目,可以按开发项目的一定区域和部位,划分成本核算对象。

(2) 政策依据:成本费用的归集与分配方法参考《国家税务总局关于印发〈房地产开发经营业务企业所得税处理办法〉的通知》(国税发〔2009〕31号,以下简称〈国税发〔2009〕31号文件〉):

① 国税发〔2009〕31号文件第二十九条规定,企业开发、建造的开发产品应按制造成本法进行计量与核算。其中,应计入开发产品成本中的费用属于直接成本和能够分清成本对象的间接成本,直接计入成本对象,共同成本和不能分清负担对象的间接成本,应按受益的原则和配比的原则分配至各成本对象,具体分配方法可按以下规定选择其一:

A. 占地面积法。占地面积法是指按已动工开发成本对象占地面积占开发用地总面积的比例进行分配的方法。

一次性开发的,按某一成本对象占地面积占全部成本对象占地总面积的比例进行分配。

分期开发的,首先按本期全部成本对象占地面积占开发用地总面积的比例进行分配,然后再按某一成本对象占地面积占期内全部成本对象占地总面积的比例进行分配。

B. 建筑面积法。建筑面积法是指按已动工开发成本对象建筑面积占开发用地总建筑面积的比例进行分配的方法。

一次性开发的,按某一成本对象建筑面积占全部成本对象建筑面积的比例进行分配。

分期开发的,首先按期内成本对象建筑面积占开发用地计划建筑面积的比例进行分配,然后再按某一成本对象建筑面积占期内成本对象总建筑面积的比例进行分配。

C. 直接成本法。直接成本法是指按期内某一成本对象的直接开发成本占期内全部成本对象直接开发成本的比例进行分配的方法。

D. 预算造价法。预算造价法是指按期内某一成本对象预算造价占期内全部成本对象预算造价的比例进行分配的方法。

② 国税发〔2009〕31号文件第三十条规定,企业下列成本应按以下方法进行分配:

A. 土地成本,一般按占地面积法进行分配。如果确需结合其他方法进行分配的,应商税务机关同意。

土地开发同时联结房地产开发的,属于一次性取得土地分期开发房地产的情况,其土地开发成本经商税务机关同意后可先按土地整体预算成本进行分配,待土地整体开发完毕再行调整。

B. 单独作为过渡性成本对象核算的公共配套设施开发成本,应按建筑面积法进行分配。

C. 借款费用属于不同成本对象共同负担的,按直接成本法或按预算造价法进行分配。

D. 其他成本项目的分配法由企业自行确定。

四、开发准备阶段的会计核算

前期工程费用来核算发生规划、设计、项目可行性研究和水文、地质、勘察、测绘、"三通一平"等前期工程支出时:

借:开发成本——×项目——前期工程费
　　应交税费——应交增值税(进项税额)
　　贷:银行存款、其他应付款等科目

【例4-1】 甲房地产开发公司于2021年5月在上河湾开发一块土地,占地面积40 000平方米,支付勘察费 210 000 元,规划设计费 500 000 元。(取得增值税专用发票)

借：开发成本——上河湾——前期工程费（勘察费） 198 113.21
　　应交税费——应交增值税（进项税额） 11 886.79
　　贷：银行存款 210 000.00
借：开发成本——上河湾——前期工程费（规划设计费） 471 698.11
　　应交税费——应交增值税（进项税额） 28 301.89
　　贷：银行存款 500 000.00

五、建筑施工阶段的会计核算

（1）以出包方式支付给承包单位的建筑安装工程费和以自营方式发生的建筑安装工程费：

借：开发成本——×项目——建筑安装工程费
　　贷：银行存款、应付账款、预付账款等

【例4-2】 2021年5月，某房地产开发企业发生下列业务：

① 按合同规定，预付给A施工企业房屋建筑工程款40万元，备料款20万元。

借：预付账款——A施工企业 600 000
　　贷：银行存款 600 000

② 企业按合同规定拨付材料一批给承包单位抵作备料款，材料作价8万元。

借：预付账款——A施工企业 80 000
　　贷：原材料 80 000

③ 该项房屋建筑工程完工，A承包施工企业转来"工程价款结算单"，应结算工程款共96万元，取得增值税专用发票。

借：开发成本——房屋——××项目 880 733.95
　　应交税费——应交增值税（进项税额） 79 266.05
　　贷：应付账款——A施工企业 960 000.00

同时将原来预付的账款转入应付账款，以冲减应付工程款：

借：应付账款——A施工企业 680 000
　　贷：预付账款——A施工企业 680 000

（2）房地产开发企业的设备，是指将来经安装后构成房屋或有关配套设施实体的有机组成部分，如各种供水、供电、通风、通信、电梯、中央空调等设备。在购进和用于开发成本建设时应分别做如下处理：

购入时：

借：物资采购——×设备
　　应交税费——应交增值税（进项税额）
　　贷：银行存款、应付账款等

入库时：

借：库存设备——×设备
　　贷：物资采购——×设备

使用时：

借：开发成本——×项目——建筑安装工程费
　　贷：库存设备——×设备

【例4-3】 某房地产开发企业2021年5月购入电梯一台，买价（含进项税）800 000元，运费20 000元（取得专用发票），价款和运杂费已用银行存款支付。

① 根据购货发票、银行结算凭证等作如下分录：

借：物资采购——设备（电梯）　　　　　　　　　　　　　726 313.22
　　应交税费——应交增值税（电梯进项税额）　　　　　　92 035.40
　　　　　　——应交增值税（运费进项税额）　　　　　　 1 651.38
　　贷：银行存款　　　　　　　　　　　　　　　　　　　820 000.00

② 电梯验收入库：

借：库存设备——电梯　　　　　　　　　　　　　　　　　726 313.22
　　贷：物资采购——设备（电梯）　　　　　　　　　　　726 313.22

③ 设备发出交付安装时：

借：开发成本——××项目——建筑安装工程费　　　　　　726 313.22
　　贷：库存设备——电梯　　　　　　　　　　　　　　　726 313.22

（3）基础设施费科目核算开发小区内道路、供水、供电、供气、排污、排洪、通讯、照明、环卫、绿化等工程发生的支出。

借：开发成本——A项目——基础设施费
　　贷：银行存款、应付账款等

发生的不能有偿转让的开发小区内公共配套设施发生的支出。

借：开发成本——公共配套设施费
　　贷：银行存款、应付账款等

（4）与直接组织、管理开发项目发生的相关费用，包括工资、职工福利费、折旧费、修理费、办公费、水电费、劳动保护费、周转房摊销等发生。这些费用虽也属于直接为房地产开发而发生的费用，但它不能确定其为某项开发产品所应负担，因而无法将它直接记入各项开发产品成本。

为了简化核算手续，将它先记入"开发间接费用"科目，然后按照适当分配标准，分配记入各项开发产品成本。

借：开发成本——开发间接费
　　贷：银行存款、其他应付款等

发生间接费用时：

借：开发间接费用
　　贷：应付职工薪酬、银行存款等

期末结转时：

借：开发成本——房屋——××项目——开发间接费用
　　贷：开发间接费用

如果开发企业不设置现场管理机构而由企业（即公司本部）定期或不定期地派人到开发现场组织开发活动，其所发生的费用开发间接费可记入企业的管理费用。

六、完工后的会计核算

产品开发完成后，将"开发成本"结转到"开发产品"。按多个项目进行核算的还涉及成本的归集和分配。

（1）直接成本：可以直接计入该成本计算对象，如某一项目支付的地价款、建安成本，以及能分别核算可资本化的利息费用等。

（2）间接成本：如多个项目同时开发或先后滚动开发而不能分清对象的公共配套设施费（有小区内的幼儿园，医院等），需要按发生地点或者用途加以归集，待结转时选择一定的方法分配后计入有关成本计算对象的费用，最常用的方法有面积分摊法。

（3）共同成本：主要有由多个成本对象共同负担并按一定比例进行分摊的成本，如：分期开发一次购入的土地所支付的价款。

借：开发产品——按项目或栋号设置明细
　　贷：开发成本——相关明细科目

第三节　开发阶段的税务处理

本阶段涉及建筑施工对外付款，其主要的税负承担者是建筑施工方（自建行为除外）。房地产企业在开发建设阶段涉及的税种主要有增值税、印花税、企业所得税、土地增值税、城镇土地使用税及房产税等。

其中涉及印花税的合同类型有：财产租赁合同、财产转让合同、建筑安装合同、仓储合同、借款合同等。

应当注意的是，在开发产品没有正式形成并转让之前，房地产企业需要缴纳因占有、使用土地、房屋建筑物而产生的城镇土地使用税及房产税。

此外，从事项目开发相关工作的人员个人所得税是否按照规定代扣代缴，也是需要仔细比对的问题。

虽然本阶段涉及的应税项目并不多,但对于整个房地产企业的纳税情况来说,这个阶段至关重要,因为开发阶段在成本、费用中列支的合法性、真实性、关联性,直接影响到以后阶段在企业所得税税前扣除、土地增值税扣除项目金额是否能够依法依规确定并扣除。下面就与房地产开发企业开发阶段紧密相关的这两个税种的重要涉税规定进行梳理总结。

一、企业所得税税前扣除

对于企业所得税税前扣除成本、费用的税收政策,我们除了应关注《企业所得税法》及其实施条例的相关规定,同时应特别注意两个重要政策文件,一个是国税发〔2009〕31号文件,另一个是《国家税务总局关于发布〈企业所得税税前扣除凭证管理办法〉的公告》(国家税务总局公告2018年第28号发布),对于与开发相关的税前扣除规定,在这里集中做梳理总结。

(一) 企业所得税税前扣除规定

表 4-1 企业所得税税前扣除规定

项目		扣除规定
期间费用、已销产品计税成本、附加税金、土地增值税		可扣除
共用部位/设施设备日常维护、保养、修理等		据实扣除
已计收入的共用部位/设施设备维修基金		移交时扣除
会所、物业管理场所、电站、热力站、水厂、文体场馆、幼儿园等	非营利产权属业主,或无偿赠与政府、公用事业单位	建造费按公共配套设施费处理
	营利性,或产权归企业(或未明确),或无偿赠与政府及事业单位以外	单独核算成本,按建造开发产品处理(自用按建造固定资产处理)
邮电通讯、学校、医疗设施		单独核算,若涉经济补偿(国家部门、单位),抵扣建造成本后差额,调应纳税所得额
银行按揭方式销售		按揭贷款提供担保金,实际损失产生扣除
支付境外机构销售费(含佣金或手续费)		不超委托销售收入10%,可扣除
利息支出	为建造开发产品借款费用	属财务费用性质,可扣除
	分摊集团或其他成员企业统借费用	出具从金融机构取得借款的证明文件,合理分摊利息费用,准予扣除
国家无偿收回土地使用权形成损失		可税前扣除
开发产品整体报废或毁损		净损失审核确认后准予在税前扣除
开发产品转自用,使用累计未超12个月又销售		折旧费不能扣除

(二) 税前扣除凭证

企业发生支出,应取得税前扣除凭证,税前扣除凭证按照来源分为内部凭证和外部凭证。内部凭证是指企业自制用于成本、费用、损失和其他支出核算的会计原始凭证。内部凭证的填制和使用应当符合国家会计法律、法规等相关规定。外部凭证是指企业发生经营活动和其他事项时,从其他单位、个人取得的用于证明其支出发生的凭证,包括但不限于发票(包括纸质发票和电子发票)、财政票据、完税凭证、收款凭证和分割单等。

房地产项目开发周期长,业务复杂,取得票据形式多样,开发产品完工后,无论会计处理方面是否结转收入和成本,均应按规定结算计税成本,计税成本除应取得增值税发票外,还有如下非增值税发票可税前扣除的例外情形。

(1) 向政府部门支付的土地价款,包括土地受让人向政府部门支付的征地和拆迁补偿费用、土地前期开发费用和土地出让收益等应以取得的财政收据作为税前扣除凭证。

(2) 房地产开发企业在取得土地时向其他单位或个人支付的拆迁补偿费用,应以拆迁协议、拆迁双方支付和取得拆迁补偿费用凭证等,能够证明拆迁补偿费用真实性的材料作为税前扣除凭证。按规定属于增值税应税项目的应以增值税发票作为税前扣除凭证。

(3) 房地产企业用建造的本项目房地产安置回迁户的,安置用房视同销售处理,并同时将视同销售收入确认为房地产开发项目的拆迁补偿费,此时确认的拆迁补偿费可自制内部凭证作为税前扣除凭证。

(4) 营改增前接受国有土地使用权、地上的建筑物及其附着物(以下称房地产)投资入股,应以投资协议、房地产评估证明作为税前扣除凭证。若营改增后接受房地产投资入股,则应以增值税发票作为税前扣除凭证。

(5) 法院判决书、裁定书、调解书,以及仲裁裁决书、公证债权文书等也可作为税前扣除凭证。例如,A公司经营不善濒临破产倒闭,经法院裁定该公司房地产归B公司所有,A公司无法出具发票,此时法院裁定书即可作为税前扣除凭证。

(6) 企业在当年度企业所得税法规定的汇算清缴期结束前尚未取得发票的预提费用。国税发〔2009〕31号文件第三十二条规定,除以下几项预提(应付)费用外,计税成本均应为实际发生的成本。

第一,出包工程未最终办理结算而未取得全额发票的,在证明资料充分的前提下,其发票不足金额可以预提,但最高不得超过合同总金额的10%。

第二,公共配套设施尚未建造或尚未完工的,可按预算造价合理预提建造费用。此类公共配套设施必须符合已在售房合同、协议或广告、模型中明确承诺建造且不可撤销,或按照法律法规规定必须配套建造的条件。

第三,应向政府上交但尚未上交的报批报建费用、物业完善费用可以按规定预提。物业完善费用指按规定应由企业承担的物业管理基金、公建维修基金或其他专项基金。

(7) 企业与其他企业(包括关联企业)、个人在境内共同接受应纳增值税劳务(以下简称应税劳务)发生的支出,采取分摊方式的,应当按照独立交易原则分摊,企业以发票和分割单作为税前扣除凭证,共同接受应税劳务的其他企业以企业开具的分割单作为税前扣除凭证。

企业与其他企业、个人在境内共同接受非应税劳务发生的支出,采取分摊方式的,企业以发票外的其他外部凭证和分割单作为税前扣除凭证,共同接受非应税劳务的其他企业以企业开具的分割单作为税前扣除凭证。例如,C公司和D公司共同以"招拍挂"方式取得某国有土地使用权,但取得外部凭证抬头可能为双方共有名称或只有一家公司名称,此时外部凭证和分割单就是税前扣除凭证最好的证明。

(8) 房地产开发企业租用(包括企业作为单一承租方租用)办公、生产用房等资产发生的水、电、燃气、冷气、暖气、通讯线路、有线电视和网络等费用,出租方作为应税项目开具发票的,企业以发票作为税前扣除凭证;出租方采取分摊方式的,房地产开发企业可以以出租方开具的其他外部凭证作为税前扣除凭证。例如,E房地产开发企业租用某自然人老王房屋作为外地项目部临时办公使用,该房屋水、电、气、网络等户头均在老王名下,老王无法为该企业开具发票,此时以老王名义实际缴纳的费用单据也可作为税前扣除凭证。

(9) 房地产开发企业支付业主违约金,需要代扣代缴个人所得税的,应以费用支付及完税证明作为税前扣除凭证;无须代扣代缴个人所得税的,费用支付证明及收款人身份证明作为税前扣除凭证。例如,房地产开发企业未协调好与按揭银行的关系造成购房人不能按合同约定办妥按揭贷款手续无法购房,房地产开发企业所支付的违约金应代扣代缴个人所得税。房地产开发企业因延期交房支付给购房人的赔偿金和因房屋质量问题支付给客户的赔偿金则不需要代扣代缴个人所得税。

(10) 房地产开发企业逾期开发缴纳的土地闲置费,土地增值税计算时不得扣除,但是可以作为企业所得税税前扣除凭证。

二、土地增值税扣除项目计算相关规定

相比企业所得税,土地增值税扣除项目的核算规则与房地产企业会计核算规则基本一致,除《土地增值税暂行条例》及其实施细则的具体扣除规定外,在确定扣除项目时还应遵循下列要求:

(1) 在土地增值税清算中,计算扣除项目金额时,其实际发生的支出应当取得但未取得合法凭据的不得扣除。

(2) 扣除项目金额中所归集的各项成本和费用,必须是实际发生的。

(3) 扣除项目金额应当准确地在各扣除项目中分别归集,不得混淆。

(4) 扣除项目金额中所归集的各项成本和费用必须是在清算项目开发中直接发生的或应当分摊的。

(5) 纳税人分期开发项目或者同时开发多个项目的,或者同一项目中建造不同类型房地产的,应按照受益对象,采用合理的分配方法,分摊共同的成本费用。

(6) 对同一类事项,应当采取相同的会计政策或处理方法。会计核算与税务处理规定不一致的,以税务处理规定为准。

第四节　开发阶段的涉税问题及检查

对于涉税检查,应当从行业流程入手,注意从经营、财务核算资料的获取。按照"查前准备分析—常见疑点排查—重点问题突破—总结积累提升"的检查思路开展工作。

一、企业所得税

(1) 不按规定进行分期结转成本费用的问题。将所有成本费用混在一起,不按规定及时结算开发产品计税成本并计算缴纳企业所得税。部分企业未保存或人为隐匿、销毁相关税收资料,这往往造成税务机关进行清算检查时难度较大。因此,确定楼盘是否完工是税务机关对房地产企业所得税检查的首要内容。根据《国家税务总局关于房地产开发企业开发产品完工条件确认问题的通知》(国税函〔2010〕201号)的相关规定,确定开发产品是否完工,税务机关需要到住建局建筑工程质量监督站调阅开发项目的《工程竣工验收备案表》,一般情况下工程竣工验收合格日期即为项目完工时间。另外,税务机关会前往售楼处或物业管理部门,调阅客户入住档案信息、住房钥匙发放记录。无论工程质量是否通过验收或是否办理完工(竣工)备案手续以及会计决算手续,当企业开始办理开发产品交付手续(包括入住手续)或已开始实际投入使用时,就视同开发产品开始投入使用,应视为开发产品已经完工。

(2) 预提费用的扣除问题。不在规定的比例、条件对预提费用进行税前扣除。

【例4-4】 某房地产项目于2021年年底结转销售收入,由于部分配套未完工,不能取得发票,在结转时房地产公司按合同预提了没有发票部分的金额(对应的工程款也未支出)。

思考:

(1) 预提的工程费用能否在税前扣除?(有合同、没发票、未付款)

(2) 如果在汇算期内取得发票,能否在税前扣除?(有合同、有发票、未付款)

根据国税发〔2009〕31号文件第三十二条的规定,除以下几项预提(应付)费用外,计税成本均应为实际发生的成本。

(1) 出包工程未最终办理结算而未取得全额发票的,在证明资料充分的前提下,其发票不足金额可以预提,但最高不得超过合同总金额的10%。

(2) 公共配套设施尚未建造或尚未完工的,可按预算造价合理预提建造费用。此类公共配套设施必须符合已在售房合同、协议或广告、模型中明确承诺建造且不可撤销,或按照法律法规规定必须配套建造的条件。

根据上述规定,部分配套未完工的,若配套为公共配套设施且符合已在售房合同、协议或广告、模型中明确承诺建造且不可撤销,或按照法律法规规定必须配套建造的条件,可按预算造价合理预提建造费用。否则,该配套为出包工程的,因未最终办理结算而未取得全额发票的,在证明资料充分的前提下,其发票不足金额可以预提,但最高不得超过合同总金额的10%。其他情况下配套预提费用不能税前扣除。

(3)成本结转不合理的问题。可以审查开发成本(土地成本)、开发产品、主营业务成本、固定资产等科目,重点检查企业是否根据开发项目的特点及实际情况确定成本核算对象;是否将下期成本提前列支;是否将应由各期分担的土地成本(含土地附属成本)提前一次性列支;有偿转让或自用的配套设施是否单独核算成本,是否全部计入可售房屋开发成本。实践中,首先,检查人员会根据项目规划及测绘报告,确定完工项目总可售面积。其次,根据审核的开发成本计算单位面积完工产品成本,用单位面积完工产品成本乘以当期销售面积,计算当期营业成本。最后,通过检查企业营业成本明细账,将销售成本与销售收入对比分析,复核计入销售成本的户数、面积和销售收入的统计口径是否一致,有无销货退回只冲减收入不冲减成本问题。

(4)虚列开发成本的问题。对于项目开发成本,主要通过实地察看、外部调查及工程成本总量控制,审查招投标合同、施工预决算书、监理记录等资料的真实性,运用开发产品实地盘点控制、建安成本分析控制、工程量测量控制、大额资金支付控制等方法寻找疑点。一般情况下,首先,检查人员会重点关注项目单位工程成本、工程总量、资金流等问题。检查人员在入场检查前一般会调查了解当地建筑业普遍的建筑成本,对价格过高的建安成本,在检查时会重点审查。其次,检查人员会核实企业在项目开发过程中发生的土石方开挖回填、道路铺设、绿化等方面工程量,以确定企业是否存在虚增工程量、多列成本的情况。最后,检查人员会重点关注企业的资金流,对照现金和应付账款科目审查付款的真实性,查看是否存在大额现金支付或长期挂"应付账款"的问题。

【例4-5】 某企业建安成本达3 728元/m^2,远高出当地平均水平2 200~2 500元/m^2的平均水平,这时检查人员就会重点关注是否存在建安企业虚开建筑发票的情况。

二、土地增值税

土地增值税项目具体内容如表4-2所示。

表4-2 土地增值税项目具体内容

项目情况	具体内容
土地取得情况	项目地点、土地取得时间、取得方式、转让金额,项目分期情况
施工情况	项目总包单位、设计单位、监理单位
产品业态	住宅、商业、写字楼
开、竣工时间	—
开发建筑面积	可售面积、已售面积、未售面积
公共配套设施情况	经营性共建、非经营性共建

(1) 前期工程费的问题主要有：虚列前期工程费；将咨询费、预售登记费等期间费用归入前期工程费扣除；将非本项目前期工程费列支扣除；超过前期工程费列支范围的支出等。

【例 4-6】 某稽查局在检查时发现，企业在前期工程费中列支围墙款，检查组成员和企业财务人员，就该项支出能否扣除产生三种意见分歧：一是该围墙款属于前期工程费中场地费用，应准予扣除；二是该围墙款应调整至基础设施费下列支，准予扣除；三是该围墙款不属于扣除项目范围，应予以剔除（见表4-3）。

表4-3 记账明细

2017-7-28	记账-0137	支付公司部分维修基金
2013-7-5	记账-0011	支付一期南地块围墙款 415×330
2013-8-30	记账-0028	订正7月11#凭证

分析：《土地增值税暂行条例实施细则》第四条规定，第二条所称的附着物，是指附着于土地上的不能移动，一经移动即遭损坏的物品。根据此围墙的性质，区分是工程围挡支出还是项目围墙支出，前者从成本中剔除，后者可以进入成本扣除。

(2) 建筑安装工程费的扣除问题。虚构建安业务，业务不真实；"预提""暂估"入账或未实际支付工程价款；以不合规票据入账；工程在规划以外或重复施工；房地产开发商虚列"甲供材料"；将不属于本项目的工程成本分摊至项目中；工程质量保证金未开具发票的扣除；车库及车位成本扣除不符合规定；售楼处及样板间的不合规扣除（见图4-4）。

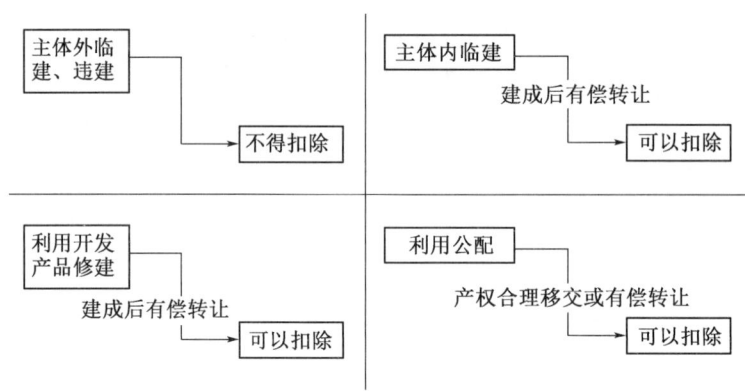

图4-4 扣除情况

(3) 基础设施费及公共配套设施费的扣除问题。虚构基础设施业务，特别是绿化工程、景观工程；将物业筹建费等期间费用归入基础设施费扣除；将非本项目基础设施费列支扣除；票据不合法或未实际发生；将支付消防赞助款、施工单位承担的行政处罚在公共配套设施支出中列支；移交手续不完整或无移交手续无法证明移交；多个项目共用公共配套设施未合理分摊。

(4) 开发间接费用的扣除问题。将其他管理部门为房地产企业组织日常经营活动的管理费用计入开发间接费;竣工后项目部性质改变未将支出及时费用化;包含借款费用未做调整;将总部派驻项目地人员费用进行重复列支。

审核开发阶段与建筑安装相关的支出时应当重点关注:发生的费用是否与决算报告、审计报告、工程结算报告、工程施工合同记载的内容相符;房地产开发企业自购建筑材料时,自购建材费用是否重复计算扣除项目;参照当地当期同类开发项目单位平均建安成本或当地建设部门公布的单位定额成本,验证建筑安装工程支出是否存在异常;房地产开发企业采用自营方式自行施工建设的,还应当关注有无虚列、多列施工人工费、材料费、机械使用费等情况;同时结合建筑行业的虚开发票疑点进行延伸检查。

三、房产税及城镇土地使用税

对于房产税,主要检查其他业务收入等账户和房屋租赁合同及租赁费用结算凭证,检查有无出租房屋不申报纳税的问题;检查有无签订经营合同,隐瞒租金收入,或以物抵租、少报租金收入、不申报纳税的问题。

对于城镇土地使用税,对照土地划分的等级以及单位税额检查纳税人适用税率是否正确,复核土地使用税纳税申报表和有关完税凭证,检查纳税人应纳税款计算的正确与否,税款是否及时申报缴纳入库。

四、印花税

对于印花税,主要是通过对照财产租赁合同、财产转让合同、建筑安装合同、仓储合同、借款合同等,看是否有一方漏缴印花税的情形。

第五章

销售阶段的税收风险管理

房地产销售是房地产开发商将开发的房屋出售或出租给住户,或者将开发的土地合法转让给其他开发商的商品销售阶段。

第一节 销售阶段的业务事项

作为房地产开发过程中的基本环节,它是企业最终实现自身开发的房屋价值及完成买卖交易的重要过程。本阶段是联系房地产生产者与消费者的桥梁与纽带,更是关系到房地产再生产能否顺利进行的关键步骤。加之房地产销售的主要特点是方式多、周期长、业务杂,因而本阶段涉及的税费种类最多,相对应的税收风险也随之增大。

在税务机关日常征管中,房地产企业均被列入重点税源管理范畴内,房地产行业也连续多年成为税务稽查重点选案对象。2017年以后,随着国家调控政策指向的变化,城市房价又呈现出一些新的特点(见图5-1)。

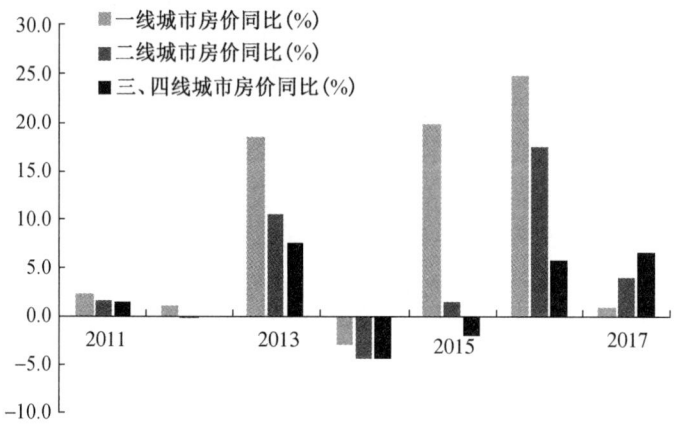

图 5-1 城市房价统计图

按照图 5-1 的数据来看,2017 年以前,一、二线城市房价在全国范围内处于较高水平,而 2017 年以后,三线城市的房价已经开始领涨一线与二线城市,且涨幅已经接近其 2013 年的最大涨幅水平,三线城市房价的快速上涨也会逐渐制约行业政策进一步放松的空间。但随着后续国家对房地产市场调控政策的逐步收紧,和全国房地产市场中待售房库存量的进一步挤压,未来的房地产市场销售将以地区刚需增量为支撑主体。作为房地产开发企业势必要推出更多的销售方案以满足市场现有行情的需要。税务部门也应当具备前瞻性眼光,做好应对行业新变化、新形势的应对准备。

一、销售开发产品类别

为更好理解房地产行业销售情况,首先应当对待售的开发产品类别有整体概念。按照不同的划分标准和分类方式,可将开发产品做如下划分:

(1) 按照实际功能和产权情况可以分为:住宅(包括保障房、经济适用房)、商业、公寓、配套建筑等。

(2) 按楼体高度可分为:低层、错层、多层、高层等。

(3) 按楼体基本结构可分为:砖木、砖混、框架、剪力墙、钢结构等。

明确各类型房地产开发产品,有利于税务人员对项目核心产品形成基本概念,由于不同产品的成本耗用与市场价格定位存在着一定区间性及规律性,可以结合相关第三方数据,对所关注的项目情况进行风险预判。本章节主要研究日常实务中接触最多的住宅、商业类型房产(见图 5-2)。

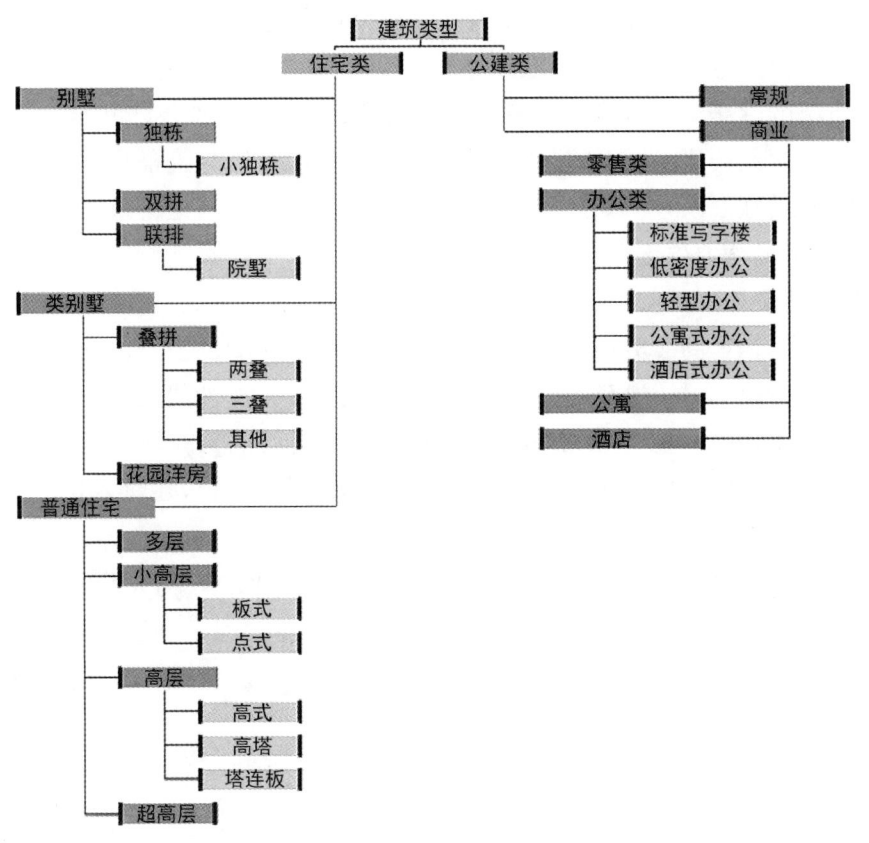

图 5-2 建筑类型分类

二、销售方式及流程

对于住宅类、商业类产品的销售方式,大的方向上划分主要有销售、租赁两种模式。但是随着市场需求、开发产品类型及经济环境的不断变化,具体项目在综合应用上述两种销售方式时往往是相互关联。

1. 预售模式

商品房预售是当前商品房销售的主要模式,是指房地产企业将正在建设中的商品房预先出售给买受人,并由买受人支付定金或者房价款的行为。《城市商品房预售管理办法》(建设部令第 40 号发布,建设部令第 31 号修订,全书同)规定,商品房建设达到规定条件,开发企业可以向房地产管理部门提交有关材料,申请预售许可。经审查,预售申请符合法定条件的,房地产管理部门应在受理之日起 10 日内,做出准予预售的书面决定,发给《商品房预售许可证》,开发企业可以预售商品房。商品房预售可以为房地产企业解决建设资金短缺问题,同时,降低了销售风险。商品房预售须符合的条件:

(1) 交付全部土地使用权出让金,取得土地使用权证书。

(2) 有《建设工程规划许可证》和《施工许可证》。

(3) 按提供预售的商品房计算,投入开发建设资金达到工程建设总投资的 25% 以上,并已经确定施工进度和竣工交付日期。

(4) 向城市、县房产管理部门办理预售登记,取得《商品房预售许可证》。

商品房预售是销售未完工的开发产品,需要与购房者签订《商品房买卖合同》,开具预收款增值税普通发票,税率写"不征税",不承担纳税义务,但应预缴增值税。待项目竣工验收后,开具增值税正式发票,办理交房。

2. 现售模式

现售模式下销售商品房,对房地产企业的资金实力要求比较高。《商品房销售管理办法》(建设部令第 88 号)规定,商品房现售,指房地产开发企业将竣工验收合格的商品房出售给买受人,并由买受人支付房价款的行为。出售已完工的开发产品,签订《商品房买卖合同》,开具增值税正式发票,承担纳税义务,缴纳增值税,办理交房。

3. 分期收款

分期收款主要是指开发产品已经售出,但货款分期收回的一种销售方式,相当于销售方给购货方提供了一笔融资。由于当前各地房价总体偏高,一般购房者只能选择分期付款,这时,房地产企业在进行正常的预售程序基础上,还要提前联系贷款银行等金融机构进行个人抵押贷款融资方面的准备。

4. 委托代销

一般地,房地产企业会将具体的销售工作完全委托给房地产销售公司代理,待房屋售出后按照一定比例支付给销售公司手续费。这样房地产企业首先应寻找一家或几家销售公司签订《委托销售合同》(一般一家为总销,其他为分销),销售完成后结佣给销售公司,而具体从事销售业务的人员则由销售公司统一雇用。

5. 售后返租

这种销售方式常见于大型商业实体,即房地产开发公司在销售商品房时,同时与购房者签订该房的租赁合同,要求购房者在一定时间内将购买的房屋交给开发公司,由开发公司统一经营,以保证项目成功运作及购房者的利益不受损失。该模式涉及的税收关系比较复杂,业务流程的具体步骤是:

(1) 房地产公司与购房者签订《商品房销售合同》的同时与购房者签订《房屋租赁合同》,合同约定购房者将该房屋交付房地产公司后,无论该房屋实际出租与否,房地产公司均应按约定的租金标准向购房者交付租金。此业务房地产公司需要缴纳印花税,但不需要缴纳房产税、土地使用税,因为房地产公司不是房屋的所有权人。购房者要按"不动产租赁"缴纳增值税及附加税、房产税、城镇土地使用税、印花税,同时应缴纳"财产租赁所得"个人所得税,个人所得税需要房地产公司代扣代缴。

(2) 房地产公司与物业管理公司签订《委托租房合同》。合同约定物业管理公司包租房地产公司签下的所有商铺;并约定如果实际出租该房屋的价格高于与房地产公司约定的租金标准(此标准与返购房者的租金金额一致),则高出部分作为物业管理公司受托租房的手续费收入归物业管理公司所有;如果实际出租该房屋的价格低于与房地产公司约定的租金标准(此标准与返购房者的租金金额一致),则按实际出租该房屋的价格返给房地产公司,不另外收取手续费;如果房屋未出租则不付任何费用。

(3) 物业管理公司与实际承租各商户签订《房屋租赁合同》。

三、产权的交付转移

这个环于节是销售的收尾阶段,主要流程为:

(1) 申请竣工验收,取得《建筑工程竣工验收备案证》。属成片开发小区的,还应申请综合验收。

(2) 申办建设工程规划验收。建设工程竣工验收后 3 个月内,建设单位应向原批准的城市规划行政主管部门申报建设工程规划验收。

(3) 权属登记。取得《商品房权属证明书》(俗称"大产权")。

(4) 物业移交。开发建设单位应当与物业管理企业订立前期物业管理服务合同,该合同至业主委员会与其选聘的物业管理企业订立物业管理服务合同生效时终止。

(5) 产权移交。开发产品销售给客户后将形成《产权移交证明》,房屋产权将由开发商正式移交给购房者,这个时间点非常关键,它是房地产开发三个完工标志性条件之一,也是房地产开发企业缴纳开发项目城镇土地使用税的截止点。

第二节　销售阶段的会计处理

一、新收入准则下的会计处理

(一) 新收入准则出台的背景

财政部于 2017 年 7 月 5 日颁布了《企业会计准则第 14 号——收入》(财会〔2017〕22 号,以下简称新收入准则)于 2018 年 1 月 1 日逐步开始施行,这一举措是完善我国企业会计准则体系的必经之路,是与国际会计准则理事会颁布的《国际财务报告准则第 15 号——与客户之间的合同产生的收入》相趋同的有效途径。新收入准则是我国原有准则的重要改革,其中规定,企业确认收入应该建立在客户获取商品或服务的基础上。房地产行业具有项目开发周期长以及开发成本计量滞后等特点,这就给房产销售收入的确认带来了不小的难题。在原有的收入准则要求下,如果房地产企业收到了客户的全部房款,但是没有将房子交付给客户,这种情况依规不能确认收入,直接造成了合同销售额与会计销售收入出现了矛盾。在原有收入准则下,会计信息对房地产企业决策的作用有限,新收入准则的施行势必会给房地产企业收入确认和计量带来非常大的影响。考虑到企业财务报表和披露信息的要求,政府要求房地产企业准备好 2017—2018 年的相关信息数据。房地产企业适应新收入准则的时间非常紧张,房地产企业应该加快调整步伐,及时将新收入准则纳入作为企业正常经营管理的重要参考。

(二) 新收入准则对房地产行业的主要影响

(1) 收入确认标准的改变。新收入准则采用了控制法,而不是传统的风险报酬法,这是判断企业收入确认的关键。同时,新收入准则还对商品控制权的转移做出了指引,使得收入确认分为时点和时段两种。在新收入准则的规定下,属于在时段内履行义务的情况是：第一,对于当地产企业在履约过程中的在建商品,客户可以对其进行控制；第二,在房地产履约的时候,客户就已经消耗了由此给自己带来的经济利益；第三,房地产企业履约商品具有唯一性,而且企业可以就已完成的履约部分向客户收取费用。满足其一即可确认收入。比如房地产期房预售行为属于时段履约行为,可以根据履约的实际进度来确认收入,由此可以看出,新收入准则下的房地产企业销售收入确认要比原有规则下的收入确认行为提前了。

(2) 收入计量方法的改变。新收入准则则完全是基于交易价格来计量收入的。交易价格指的是企业向客户转移商品所有权时收取的对价金额。新收入准则的这种变化可以显著提高收入确认的准确性,其中的难点在于可变对价的最佳估计数。比如对合同销售比例高、客户自付比例高、施工进度快的项目,更有可能满足在一段时间内确认收入且可以尽快地将合同销售按施工进度结转成收入。

(3) 合同资产与合同负债的利用。在新收入准则规定下,企业履行的义务如果超过了客户所付的款项,在资产负债表中应该表示为合同资产,反之,如果客户所付的款项超过了企业履行的义务,则应该表示为合同负债,有的无条件向客户收取对价的权利作为应收款项应该在资产负债表中单独表示。同时,新收入准则还要求企业披露与本期收入、履约义务等相关信息,这种规定极大提高了企业会计信息的透明度。这条规定能够有效美化房地产企业的利润表及资产负债表。

(三) 会计收入确认条件

《财政部关于修订印发〈企业会计准则第14号——收入〉的通知》(财会〔2017〕22号)收入确认的条件是,当企业与客户之间的合同同时满足下列条件时,企业应当在客户取得相关商品控制权时确认收入:合同各方已批准该合同并承诺将履行各自义务;该合同明确了合同各方与所转让商品或提供劳务(以下简称转让商品)相关的权利和义务;该合同有明确的与所转让商品相关的支付条款;该合同具有商业实质,即履行该合同将改变企业未来现金流量的风险、时间分布或金额;企业因向客户转让商品而有权取得的对价很可能收回。在合同开始日即满足前款条件的合同,企业在后续期间无须对其进行重新评估,除非有迹象表明相关事实和情况发生重大变化。合同开始日通常是指合同生效日。

二、增值税的会计处理

房地产企业销售方式和一般的制造业、商贸企业有所不同,对于增值税的处理在本阶段也比较特别,根据国家税务总局2016年第18号公告规定进行增值税处理,本书第四章第二节在开发阶段会计处理时没有交代增值税进项的处理方法,放在这里统一进行总结,房地产企业增值税会计核算规则(见表5-1)。

表5-1 应交增值税

项目	借方	贷方
发生额	1. "进项税额",记录企业购入货物或接受应税劳务而支付的、准予从销项税额中抵扣的增值税额。企业购入货物或接受应税劳务支付的进项税额,用蓝字登记;退回所购货物应冲销的进项税额,用红字登记	1. "销项税额",记录企业销售货物或提供应税劳务应收取的增值税额。企业销售货物或提供应税劳务应收取的销项税额,用蓝字登记;退回销售货物应冲销的销项税额,用红字登记
	2. "已交税金",记录企业已缴纳的增值税额。企业已缴纳的增值税额用蓝字登记;退回多缴的增值税额用红字登记	2. "进项税额转出",记录企业的购进货物、在产品、产成品等发生非正常损失以及其他原因而不应从销项税额中抵扣,按规定转出的进项税额
	3. "土地价款抵减销项税额",核算和统计土地价款的当期和累计抵减情况	3. "转出多交增值税",核算企业月终转出本月多交、用于抵减下月应缴纳的增值税数
	4. "减免税款",核算直接减免的增值税	—
	5. "转出未交增值税",核算企业月终转出未交的增值税	—
余额	企业尚未抵扣的增值税	贷方无余额

对于多期开发项目,为方便统计项目各期预缴增值税款与进、销项税额的发生、抵减或取得等情况,真实反映各期增值税实际税负情况,以上"进项税额""销项税额""土地价款抵减销项税额""进项税额转出"明细科目需按现有项目期数进行辅助核算,期数设置原则上采用现有分期,但如有以下情况应进行调整:

(1) 原作为一个项目分期进行开发成本核算的房地产项目,如既有采用简易计税方法征税,又有一般计税方法征税的,在确认项目期数时,需再次进行分期。

(2) 采用一般计税方法征税的项目,取得多本《建筑工程施工许可证》的,可不按《建筑工程施工许可证》进行分期,但须严格按照交付时间设立单独的分期进行增值税业务的核算,交付时间不同的分期,不得合并核算。

(3) 为准确核算与房地产开发无直接关系的其他增值税涉税事项,在现有项目期数下设置"共同项"辅助明细。该"共同项"仅适用于与开发项目无直接关系的增值税业务。

(4) 增值税核算业务下的分期,不得使用"待分摊项目"或类似性质的过渡性分期。例如,取得的进项税额,涉及跨期分摊的,应在取得当期按照合理的比例进行分摊;确实无法划分的,按照税法规定以《建筑工程施工许可证》注明的"建设规模"为依据进行划分。

(5) 项目公司开发的自持项目,应设立单独的分期,其进项税额按照税法规定在取得的当期进行抵扣。如表5-2和表5-3所示。

表5-2 未交增值税

未交增值税		
项目	借方	贷方
发生额	企业月终转入的多交的增值税	反映企业月终转入的当月发生的应交未交增值税
余额	多交的增值税	未交的增值税

表5-3 预交增值税

预交增值税		
项目	借方	贷方
发生额	按照征收率预缴增值税	转入"应交税费——未交增值税"
余额	预缴增值税	无余额

三、销售阶段的会计处理

了解了增值税的特殊会计规定后,下面按照销售取得收入的流程对销售阶段会计处理梳理如下。

(1) 预售模式下,房地产开发企业开发项目竣工验收、办妥移交手续前,不论是否签订正式商品房销售合同,所收到的均为预售房款,不确认收入,其款项记入"预收账款"科目(由于2018年5月1日起,销售不动产增值税税率由11%降到10%,2019年4月1日,调整到9%,在实务处理时要特别注意这个时间节点前后的税率使用问题)。

① 收到预收房款时：

借：银行存款
　　贷：预收账款——X项目

② 预缴增值税时：

借：应交税费——预交增值税
　　贷：银行存款

③ 缴纳城建税和教育费附加：

借：税金及附加——城市维护建设税
　　　　　　　——教育费附加
　　贷：银行存款

④ 预缴企业所得税：

借：应交税费——应交所得税
　　贷：银行存款

⑤ 预缴土地增值税/缴纳印花税：

借：应交税费——土地增值税
　　税金及附加——印花税
　　贷：银行存款

【例5-1】 某房地产开发企业为一般纳税人，2021年6月预售某未开发完毕的项目取得收入1 110万元，销售已完工项目收入2 220万元，本月有留抵进项税额200万元，销售时采用一般计税方法，增值税税率9%，预征率3%（不考虑其他税费）。

预售：

借：银行存款　　　　　　　　　　　　　　　　　　　　　　　　11 100 000
　　贷：预收账款　　　　　　　　　　　　　　　　　　　　　　　11 100 000

借：应交税费——预交增值税(11 100 000÷1.09×0.03)　　　　　　305 504.59
　　贷：银行存款　　　　　　　　　　　　　　　　　　　　　　　305 504.59

注意：本期留抵进项税额不能抵减预缴增值税，原因：一是从会计处理的角度来看，都是借方发生额，无法冲减；二是从税务处理角度来看，预缴增值税，企业纳税义务没有发生，进项税额是抵减销项税额。国家设置预缴增值税，主要是根据房地产企业的性质，保障税款均匀入库。

（2）现售方式下或预售方式满足收入确认条件。

借：银行存款/预收账款
　　应交税费——应交增值税(土地价款抵减销项税额)
　　贷：主营业务收入
　　　　应交税费——应交增值税(销项税额)

【例 5-2】 A 项目 2021 年 8 月取得《商品房销售许可证》,当月共取得销售收入(含税)1 110 万元,已开具增值税发票,计算应缴纳增值税销项税额 91.65 万元[1 110÷(1+9%)×9%],向业主办理交房事宜。

借:银行存款　　　　　　　　　　　　　　　　　　　　　　　11 100 000
　　贷:主营业务收入　　　　　　　　　　　　　　　　　　　　10 183 500
　　　　应交税费——应交增值税(销项税额)　　　　　　　　　　916 500

(3) 采用分期收款、委托代销、银行按揭方式销售。

按购销合同约定的期限收取销售价款,购房人以按揭方式预购商品房,实际是分期收款方式预售房产,应当按照合同约定的收款日期确认为"预收账款"。收到预收款开具预收款发票,按规定预缴增值税,分录同以上两种方式。

【例 5-3】 2021 年 9 月 1 日,王某在乙公司正在预售的 B 项目以银行按揭方式预购了一套商品房,价税合计 110 万元,已支付 30%首付款 33 万元,余款 77 万元于 12 月 5 日到乙公司账户。

(1) 收到王某首付款 33 万元,开具预收款增值税发票,下月申报期预缴增值税 0.908 3 万元[33÷(1+9%)×3%]。

借:应交税费——预交增值税　　　　　　　　　　　　　　　　9 083.00
　　贷:银行存款　　　　　　　　　　　　　　　　　　　　　　9 083.00

(2) 12 月 5 日,银行按揭款到账 77 万元,开具预收款发票,预缴增值税 2.119 万元[77÷(1+9%)×3%]。

借:应交税费——预交增值税　　　　　　　　　　　　　　　　21 192.66
　　贷:银行存款　　　　　　　　　　　　　　　　　　　　　　21 192.66

(3) 直至交房时,开具正式增值税发票,确认销售收入和销项税额。

借:预收账款　　　　　　　　　　　　　　　　　　　　　　　1 100 000.00
　　贷:主营业务收入　　　　　　　　　　　　　　　　　　　　1 009 174.31
　　　　应交税费——应交增值税(销项税额)　　　　　　　　　　90 825.69

(4) 采用支付手续费委托代销的,应增设"委托代销商品"科目核算委托销售的开发产品,收到受托方代销清单后确认收入。

① 代销协议生效时:

借:委托代销商品
　　贷:开发产品——×项目

② 收到代销清单:

借:应收账款
　　贷:主营业务收入
　　　　应交税费——应交增值税(销项税额)

③ 结转销售成本:

借：主营业务成本
　　贷：委托代销商品

④ 收取款项和结转手续费：

借：销售费用
　　银行存款
　　贷：应收账款

第三节　销售阶段的税务处理

本章节开篇我们就提到过,房地产开发项目预售之后涉及的税费种类非常多,如增值税及附加、土地增值税、企业所得税、印花税、房产税、城镇土地使用税等,下面我们就来逐个税种了解一下政策规定。

一、增值税及附加的税务处理

(一) 纳税人及应纳税额的计算

《营业税改征增值税试点实施办法》(财税〔2016〕36号附件1)和《增值税暂行条例》规定,增值税的纳税人为在中华人民共和国境内销售货物或者加工、修理修配劳务,销售服务、无形资产、不动产以及进口货物的单位和个人,且销售不动产的增值税税率为9%。以增值税一般纳税人为例：

(1) 应纳税额的计算。首先,国家税务总局2016年第18号公告是专门针对房地产开发企业销售自行开发的房地产项目征收增值税的具体规定,该公告第四条规定,房地产开发企业中的一般纳税人销售自行开发的房地产项目,适用一般计税方法计税,按照取得的全部价款和价外费用,扣除当期销售房地产项目对应的土地价款后的余额计算销售额。

应纳税额的计算公式为：

$$应纳税额 = 销项税额 - 进项税额$$

$$销项税额 = 销售额 \times 适用税率$$

$$销项税额 = (全部价款和价外费用 - 当期允许扣除的土地价款) \div (1 + 9\%) \times 9\%$$

进项税额即为进项增值税专用发票上标明的增值税额。

在销项税额计算公式中,允许扣除的只是当期的土地价款,而不包括其他的成本(如房地产开发成本等),当期允许扣除的土地价款 = (当期销售房地产项目建筑面积÷房地产项目可供销售建筑面积) × 支付的土地价款。且对于建筑面积部分,《国家税务总局关于土地价款扣除时间等增值税征管问题的公告》(国家税务总局公告2016年第86号)第五条规定,"当期销售房地产项目建筑面积""房地产项目可供销售建筑面积",

是指计容积率地上建筑面积,不包括地下车位建筑面积。

此外,在计算销售额时从全部价款和价外费用中扣除土地价款,应当取得省级以上(含省级)财政部门监(印)制的财政票据。该规定的言外之意是,扣除的土地价款只是能够提供省级财政票据的土地出让金,但是因营改增之后诸多新文件的出台,对该规定进行了部分修订,财税〔2016〕140号文件中规定,房地产开发企业中的一般纳税人销售其开发的房地产项目(选择简易计税方法的房地产老项目除外),在取得土地时向其他单位或个人支付的拆迁补偿费用也允许在计算销售额时扣除。纳税人按上述规定扣除拆迁补偿费用时,应提供拆迁协议、拆迁双方支付和取得拆迁补偿费用凭证等能够证明拆迁补偿费用真实性的材料。因此,在销售额中允许扣除的价款不单单是能够提供省级财政票据的土地出让金,若拆迁补偿费用在符合材料要求的情况下,也允许扣除。

(2)简易计税方法,一般纳税人销售自行开发的房地产老项目适用简易计税方法计税的,以取得的全部价款和价外费用为销售额,不得扣除对应的土地价款,以当期销售额和5%的征收率计算当期应纳税额。

$$销售额=全部价款和价外费用\div(1+5\%)$$

$$应纳税额=销售额\times 5\%$$

(二)纳税义务发生时间及缴纳方式

(1)纳税义务发生时间。根据《营业税改征增值税试点实施办法》(财税〔2016〕36号附件1)第四十五条规定,增值税纳税义务发生时间为:纳税人发生应税行为并收讫销售款项或者取得索取销售款项凭据的当天;先开具发票的,为开具发票的当天。收讫销售款项,是指纳税人销售服务、无形资产、不动产过程中或者完成后收到款项。因此,根据上述规定,房地产开发企业预售制度下收到预收款的当天不是房地产开发企业销售不动产的纳税义务发生时间,同时,为了保证财政收入的均衡入库,又规定了对预收款按照3%进行预征的配套政策。

(2)增值税预缴。一般纳税人采取预收款方式销售自行开发的房地产项目,应在收到预收款时按照3%的预征率预缴增值税。一般纳税人应在取得预收款的次月纳税申报期向主管税务机关预缴税款。

应预缴税款按照以下公式计算:

$$应预缴税款=预收款\div(1+适用税率或征收率)\times 3\%$$

适用一般计税方法计税的,按照9%的适用税率计算;适用简易计税方法计税的,按照5%的征收率计算。

(三)税金及附加

(1)城市维护建设税。《中华人民共和国城市维护建设税法》第一条规定,在中华人民共和国境内缴纳增值税、消费税的单位和个人,为城市维护建设税的纳税人,应当依照本法规定缴纳城市维护建设税。第二条规定,城市维护建设税以纳税人依法实际缴纳的增值税、消费税税额为计税依据。城市维护建设税的计税依据应当按照规定扣除期末留抵退税退还的增值税税额。第四条规定,城市维护建设税税率如下:纳税人所在地在市区的,税率为7%;纳税人所在地在县城、镇的,税率为5%;纳税人所在地不在市区、县城或镇的,税率为1%。

(2) 教育费附加。《征收教育费附加的暂行规定》(国发〔1986〕50号,国务院令2005年第448号修订)第三条规定,教育费附加,以各单位和个人实际缴纳的增值税、消费税的税额为计征依据,教育费附加率为3%,分别与增值税、消费税同时缴纳。

(3) 地方教育附加。《财政部关于统一地方教育附加政策有关问题的通知》(财综〔2010〕98号)第二条规定,地方教育附加征收标准统一为单位和个人(包括外商投资企业、外国企业及外籍个人)实际缴纳的增值税和消费税税额的2%。在这一规定中,将地方教育附加的征收标准统一调整为2%。

(四) 案例解析

某上市公司于2017年1月18日,在××市,通过"招拍挂",取得××区××路175亩土地使用权,用于房地产开发,支付土地出让金80 000万元,取得财政性票据,契税3 200万元。规划条件:容积率2.3,绿地率36.4%,建筑密度20.44%;企业按照规划条件,CAD图纸设计:地上计容面积为267 587平方米,销售均价13 250元/平方米。企业预算情况如表5-4至表5-6所示。

表5-4 投委会汇报报告测算结果一览表

	指标	总价(万元)	单方/均价(元/平方米)	单方口径
收入预测	销售收入	421 196.00	13 250.00	可售面积
	其中车位收入	9 568.00	8.00	万元/个
成本估算	土地成本	—		
	有票成本	83 200.00	2 749.00	计容面积
	交易对价	113 200.00	4 230.00	计容面积
	直接成本	145 738.00	4 175.00	总建筑面积
	间接成本	20 168.00	578.00	总建筑面积
	销售费用	13 062.00	3.10%	销售收入
	管理费用	3 496.00	0.83%	销售收入
盈利分析	毛利润	152 713.00	4 804.00	可售面积
	毛利率	40.00%	—	—
	增值税	18 767.00	590.00	可售面积
	土地增值税	33 872.00	1 066.00	可售面积
	销售净利润	75 132.00	2 364.00	可售面积
	销售净利率	19.80%	—	—
	公司净利润	41 720.00	1 312.00	可售面积
	公司净利率	10.99%	—	—
	IRR(不含融资)	0		
	经营性现金流回正周期	28.80		

表 5-5 项目指标纲要

经济指标			全项目合计	
			总价(万元)	含税均价/单方(元/平方米)
可租售面积(平方米)			317 876.00	
一、收入指标	项目总收入	营业收入	379 456.00	11 937.00
		增值税销项	41 740.00	1 313.00
		小计	421 196.00	13 250.00
二、成本指标	(一)开发成本总额	营业成本	226 743.00	—
		增值税销项抵减	7 928.00	—
		增值税进项	14 435.00	—
		小计	249 106.00	7 837.00
	1. 土地成本		83 200.00	2 617.00
	2. 直接成本		145 738.00	4 585.00
	3. 开发间接费		20 168.00	634.00
	(二)费用总额	期间费用	15 947.00	—
		增值税进项	610.00	—
		小计	16 558.00	521.00
	4. 销售费用		13 062.00	3.10%
	5. 管理费用		3 496.00	0.83%
	6. 财务费用		0	0
	(三)税金及附加		36 589.00	9.64%
	7. 城建税及教育费附加		2 252.00	0.59%
	8. 房产税		465.00	12.00%
	9. 土地增值税		33 872.00	9.02%
	10. 增值税(应缴)		18 767.00	—
三、财务指标	1. 项目毛利润		152 713.00	4 804.00
	项目毛利率		40.20%	
	2. 营业外收支净额		0	
	3. 利润总额		100 176.00	3 151.00
	4. 所得税		25 044.00	
	5. 项目净利润		75 132.00	2 364.00
	项目净利率		19.80%	—
	6. 公司净利润		41 720.00	1 312.00
	公司净利率		10.99%	

表 5-6 直接成本

成本科目	直接成本(万元)			通用税率	适用税率
	小计	不含税直接成本	增值税进项		
地块分期建筑面积(m²)		—	—	—	—
本期直接成本合计	145 738.00	131 326.00	14 412.00	10.97%	10.97%
增值税进项(直接成本)	—	—	14 412.00	10.97%	10.97%
成本支付计划	100.00%				
前期工程费	9 790.00	9 434.00	356.00	—	—
勘察费	111.00	105.00	6.00	6.00%	6.00%
报批报建费	3 557.00	3 557.00	0	0	0
方案设计费	667.00	629.00	38.00	6.00%	6.00%
施工图设计费	778.00	734.00	44.00	6.00%	6.00%
人防工程设计费	97.00	92.00	5.00	6.00%	6.00%
二装设计费	556.00	525.00	31.00	6.00%	6.00%
环境景观设计费	250.00	236.00	14.00	6.00%	6.00%
光彩工程设计费	38.00	36.00	2.00	6.00%	6.00%
钢结构、网架、幕墙设计费	0	0	0	6.00%	6.00%
外立面装修设计费	37.00	35.00	2.00	6.00%	6.00%
其他用于设计方面的费用	252.00	252.00	0	0	0
模型、沙盘、建筑效果图制作费	159.00	150.00	9.00	6.00%	6.00%
三通一平、临时设施费	410.00	369.00	41.00	11.00%	11.00%
工程监理费	555.00	524.00	31.00	6.00%	6.00%
房地产测绘费	174.00	164.00	10.00	6.00%	6.00%
工程检测及评估费	2 149.00	2 027.00	122.00	6.00%	6.00%
建安工程费	117 387.00	105 175.00	12 212.00	—	—
土石方工程费	2 196.00	1 979.00	218.00	11.00%	11.00%
桩基、复合地基、其他地基处理工程费(含桩基和复合地基检测费)	3 085.00	2 779.00	306.00	11.00%	11.00%
打井降水工程费	707.00	637.00	70.00	11.00%	11.00%
基坑开挖及边坡支护工程费(护壁工程)	1 146.00	1 032.00	114.00	11.00%	11.00%
地上土建总包工程	43 246.00	38 960.00	4 286.00	11.00%	11.00%
地下土建总包工程	13 021.00	11 730.00	1 290.00	11.00%	11.00%
其他土建建筑工程费	0	0	0	11.00%	11.00%
售楼部工程	1 800.00	1 622.00	178.00	11.00%	11.00%
样板房工程	411.00	370.00	41.00	11.00%	11.00%
外立面装饰构架、线条工程、其他装饰费	494.00	445.00	49.00	11.00%	11.00%
瓦屋面工程费	477.00	430.00	47.00	11.00%	11.00%

(续表)

成本科目	直接成本			通用税率	适用税率
	直接成本(万元)				
	小计	不含税直接成本	增值税进项		
外立面面砖、文化石材主材＋施工费	0	0	0	11.00%	11.00%
外墙幕墙施工工程费	2 464.00	2 220.00	244.00	11.00%	11.00%
钢结构、网架、幕墙设计与施工费	0	0	0	11.00%	11.00%
外墙涂料工程费	1 320.00	1 189.00	131.00	11.00%	11.00%
栏杆百叶工程费(阳台及护窗栏杆)	2 075.00	1 869.00	206.00	11.00%	11.00%
外墙门窗工程费(含灰空间封窗费用)	4 632.00	3 959.00	673.00	17.00%	17.00%
室内钢楼梯工程费	0	0	0	11.00%	11.00%
保温工程费	3 382.00	3 047.00	335.00	11.00%	11.00%
地下商铺、休闲中心装饰装修工程费	0	0	0	11.00%	11.00%
地上商铺装饰装修工程费(含橱窗)	27.00	24.00	3.00	11.00%	11.00%
公共区域装饰装修工程费	6 411.00	5 776.00	635.00	11.00%	11.00%
室内精装修工程费(精装修房)	0	0	0	11.00%	11.00%
工法样板间工程费	0	0	0	11.00%	11.00%
单元门、入户门、防火门、防火窗	3 256.00	2 783.00	473.00	17.00%	17.00%
车库门	0	0	0	17.00%	17.00%
高低压供配电工程	6 748.00	6 080.00	669.00	11.00%	11.00%
水电安装总包工程	11 027.00	9 934.00	1 093.00	11.00%	11.00%
消防安装工程	3 691.00	3 325.00	366.00	11.00%	11.00%
弱电系统工程	877.00	790.00	87.00	11.00%	11.00%
中央空调工程	79.00	79.00	0	0	0
配电箱	1 159.00	991.00	168.00	17.00%	17.00%
电缆	981.00	838.00	143.00	17.00%	17.00%
电梯	1 798.00	1 537.00	261.00	17.00%	17.00%
发电机组	70.00	60.00	10.00	17.00%	17.00%
游泳池设备	0	0	0	17.00%	17.00%
家庭新风设备、家庭太阳能系统	566.00	484.00	82.00	17.00%	17.00%
锅炉设备及其他设备	0	0	0	17.00%	17.00%
售楼部及项目部水电费用(万元/月)	175.00	150.00	25.00	17.00%	17.00%
甲供材料补偿费	67.00	57.00	10.00	17.00%	17.00%
大总包实施费	0	0	0	11.00%	11.00%
基础设施费	17 748.00	15 989.00	1 759.00	—	—
示范区园林、景观工程费	687.00	619.00	68.00	11.00%	11.00%
示范区室外雨污水系统及道路工程费	50.00	45.00	5.00	11.00%	11.00%
示范区、会所光彩照明工程(测算模板上无此项)	35.00	32.00	3.00	11.00%	11.00%

(续表)

直接成本					
成本科目	直接成本(万元)			通用税率	适用税率
	小计	不含税直接成本	增值税进项		
红线外市政、景观工程	0	0	0	11.00%	11.00%
红线外光彩照明工程	0	0	0	11.00%	11.00%
红线内非示范区园林、景观工程费	6 687.00	6 024.00	663.00	11.00%	11.00%
红线内非示范区室外雨污水系统及道路工程费	815.00	734.00	81.00	11.00%	11.00%
红线内非示范区光彩照明工程	92.00	83.00	9.00	11.00%	11.00%
燃气系统工程	1 853.00	1 669.00	184.00	11.00%	11.00%
数字电视光纤	161.00	145.00	16.00	11.00%	11.00%
入网工程费	161.00	145.00	16.00	11.00%	11.00%
自来水工程费(根据模板增加的)	1 607.00	1 448.00	159.00	11.00%	11.00%
供暖工程费(根据模板增加的)	4 595.00	4 140.00	455.00	11.00%	11.00%
中水工程费(根据模板增加的)	927.00	835.00	92.00	11.00%	11.00%
其他基础设施费	77.00	69.00	8.00	11.00%	11.00%
配套设施费	813.00	728.00	85.00	—	—
儿童乐园、游艺设施、全民健身场、体育设施	50.00	43.00	7.00	17.00%	17.00%
停车划线工程	204.00	184.00	20.00	11.00%	11.00%
信报箱	54.00	46.00	8.00	17.00%	17.00%
雨棚、车棚工程	120.00	108.00	12.00	11.00%	11.00%
垃圾中转房(内外装饰及相关配套设施)	0	0	0	11.00%	11.00%
小区大门(含门卫)	250.00	225.00	25.00	11.00%	11.00%
活动岗亭、垃圾点	0	0	0	11.00%	11.00%
物业管理用房(内外装饰及相关配套设施)	136.00	123.00	13.00	11.00%	11.00%
公共厕所	0	0	0	11.00%	11.00%
会所工程(非自有资源)	0	0	0	11.00%	11.00%
学校、幼儿园	0	0	0	11.00%	11.00%
农贸市场	0	0	0	11.00%	11.00%
游泳池	0	0	0	11.00%	11.00%
地上商铺装饰装修工程费(含橱窗)	0	0	0	11.00%	11.00%
其他	0	0	0	11.00%	11.00%

根据企业上表预算测试,可以得出:

(1) 应纳增值税税额=41 740-7 928(销项税额抵减)-14 435-610=18 767(万元)。

城建税、教育附加=18 767×12%=2 252.04(万元)。

增值税的实际税负=18 767÷379 456=4.95%,高于当地税务部门的增值税税负率预警值4%。

(2) 应纳企业所得税=100 176×25%=25 044(万元)。

(3) 本案例需要思考的问题：房地产企业为了降低增值税实际税负，在建筑施工合同中注明，建筑材料和建筑服务分别核算，适用13%和9%的税率(2019年4月1日以后调整的税率)，是否可行？

在实务工作中，不同的地方，有不同的观点：

观点一：建筑材料、建筑服务分别按照13%和9%开具增值税专用发票。

观点二：建筑材料、建筑服务按照9%的建筑业开具增值税专用发票。

究竟哪种观点正确，是困扰企业实务操作的问题，也无形中加大了企业的涉税风险。

《营业税改征增值税有关事项的规定》(财税〔2016〕36号附件2)第二条第(三)项混合销售规定，一项销售行为如果既涉及货物又涉及服务，为混合销售。从事货物的生产、批发或者零售的单位和个体工商户的混合销售行为，按照销售货物缴纳增值税；其他单位和个体工商户的混合销售行为，按照销售服务缴纳增值税。

观点一的代表是湖北营改增答疑：纳税人对混合销售行为已分开核算销售额的，可分别适用不同税率。

观点二的代表是河北、河南营改增答疑：从事货物的生产、批发或者零售的单位和个体工商户的混合销售行为，按照销售货物缴纳增值税；其他单位和个体工商户的混合销售行为，按照销售服务缴纳增值税。

涉税风险：根据上述不同地方对混合销售的理解，存在发包方所在地税务机关，建筑企业开具13%的专用发票不符合混合销售的规定，不予认可，会造成取得进项发票不予抵扣的风险。所以，建筑企业在开具13%专用发票时，一定要与当地税务机关沟通，降低涉税风险。

对混合销售实务工作操作，国家税务总局连续下发文件给予政策指导。

(1) 《国家税务总局关于进一步明确营改增有关征管问题的公告》(国家税务总局公告2017年第11号)第一条规定，纳税人销售活动板房、机器设备、钢结构件等自产货物的同时提供建筑、安装服务，不属于《营业税改征增值税试点实施办法》(财税〔2016〕36号附件1)第四十条规定的混合销售，应分别核算货物和建筑服务的销售额，分别适用不同的税率或者征收率。

(2) 《国家税务总局关于明确中外合作办学等若干增值税征管问题的公告》(国家税务总局公告2018年第42号)第六条规定，一般纳税人销售自产机器设备的同时提供安装服务，应分别核算机器设备和安装服务的销售额，安装服务可以按照甲供工程选择适用简易计税方法计税。

一般纳税人销售外购机器设备的同时提供安装服务，如果已经按照兼营的有关规定，分别核算机器设备和安装服务的销售额，安装服务可以按照甲供工程选择适用简易计税方法计税。

纳税人对安装运行后的机器设备提供的维护保养服务,按照"其他现代服务"缴纳增值税。

二、企业所得税的税务处理

国税发〔2009〕31号文件是专门针对房地产开发企业所得税处理的专门规定,收入、计税毛利率以及成本扣除在该文中均有规定,但是营改增之后,企业所得税的测算方式是否发生变化呢?

(一) 收入的确定

房地产开发企业所得税中收入的确定与土地增值税收入的确定是类似的,《财政部 国家税务总局关于营改增后契税 房产税 土地增值税 个人所得税计税依据问题的通知》(财税〔2016〕43号)规定,土地增值税纳税人转让房地产取得的收入为不含增值税收入,适用增值税一般计税方法的纳税人,其转让房地产的土地增值税应税收入不含增值税销项税额。增值税是价外税,企业所得税的收入应当与此保持一致。关于收入确定的内容可见土地增值税部分收入的确定以及国税发〔2009〕31号文件的具体规定。

(二) 成本的扣除

企业在进行成本、费用的核算与扣除时,必须按规定区分期间费用和开发产品计税成本、已销开发产品计税成本与未销开发产品计税成本。企业发生的期间费用、已销开发产品计税成本、税金及附加、土地增值税准予当期按规定扣除。

开发产品的计税成本包括土地征用费及拆迁补偿费、前期工程费、建筑安装工程费、基础设施建设费、公共配套设施费以及开发间接费。将上述成本合理划分为直接成本、间接成本和共同成本,归集分配至已完工成本对象、在建成本对象和未建成本对象。能够直接计入成本对象的直接计入成本对象,其他成本应该按照受益和配比原则,按占地面积法、建筑面积法、直接成本法和预算造价法进行分配。

(三) 计税毛利率及企业所得税预缴

1. 计税毛利率

目前因国税发〔2009〕31号文件规定的计税毛利率已不能适应房地产开发经营情况的变化,许多地区对计税毛利率进行了调整。

企业销售未完工开发产品的计税毛利率由各省、自治、直辖市税务局按下列规定进行确定:

(1) 开发项目位于省、自治区、直辖市和计划单列市人民政府所在地城市城区和郊区的,不得低于15%。

(2) 开发项目位于地及地级市城区及郊区的,不得低于10%。

(3) 开发项目位于其他地区的,不得低于5%。

(4) 属于经济适用房、限价房和危改房的,不得低于3%。

2. 企业所得税预缴

由于房地产行业的特殊性,房地产行业采取预售制度,在销售未完工开发产品取得的收入时应先按预计计税毛利率计算预计毛利额,计入当期应纳税所得额。开发产品完工后,企业应及时结算其计税成本并计算此前销售收入的实际毛利额,同时将其实际毛利额与其对应的预计毛利额之间的差额,计入当年度企业本项目与其他项目合并计算的应纳税所得额。

营改增后,销售收入由含税价变为不含税价。基于增值税"价税分离"的特点,房企销售款应剔除增值税销项税额后确认收入。因此,房企预售款计算应税所得时,应当"价税分离"。对个人转让、出租房产可允许税前扣除的税费也不包括实际缴纳的增值税,其政策原理与企业所得税相同,因此,不能再扣除增值税。营改增后,房地产企业预售环节的应纳税所得额=[预收账款÷(1+9%)×预计毛利率],填入《企业所得税月(季)度预缴纳税申报表(A类)》(A200000)第4行特定业务计算的应纳税所得额。《中华人民共和国企业所得税月(季)度预缴纳税申报表(A类)》(国家税务总局公告2021年第3号附件),如表5-7所示。

表5-7 A200000 中华人民共和国企业所得税月(季)度预缴纳税申报表(A类)

税款所属期间: 年 月 日至   年 月 日

纳税人识别号(统一社会信用代码):□□□□□□□□□□□□□□□□□□

纳税人名称: 金额单位:人民币元(列至角分)

优惠及附报事项有关信息									
项目	一季度		二季度		三季度		四季度		季度平均值
	季初	季末	季初	季末	季初	季末	季初	季末	
从业人数									
资产总额(万元)									
国家限制或禁止行业	□是□否				小型微利企业				□是□否
附报事项名称									金额或选项
事项1	(填写特定事项名称)								
事项2	(填写特定事项名称)								

		预缴税款计算	本年累计
1	营业收入		
2	营业成本		
3	利润总额		
4	加:特定业务计算的应纳税所得额		
5	减:不征税收入		
6	减:资产加速折旧、摊销(扣除)调减额(填写A201020)		
7	减:免税收入、减计收入、加计扣除(7.1+7.2+…)		
7.1	(填写优惠事项名称)		

(续表)

		预 缴 税 款 计 算	本年累计
7.2	（填写优惠事项名称）		
8	减：所得减免(8.1＋8.2＋…)		
8.1	（填写优惠事项名称）		
8.2	（填写优惠事项名称）		
9	减：弥补以前年度亏损		
10	实际利润额(3＋4－5－6－7－8－9)　按照上一纳税年度应纳税所得额平均额确定的应纳税所得额		
11	税率(25%)		
12	应纳所得税额(10×11)		
13	减：减免所得税额(13.1＋13.2＋…)		
13.1	（填写优惠事项名称）		
13.2	（填写优惠事项名称）		
14	减：本年实际已缴纳所得税额		
15	减：特定业务预缴(征)所得税额		
16	本期应补(退)所得税额(12－13－14－15)　税务机关确定的本期应纳所得税额		

汇 总 纳 税 企 业 总 分 机 构 税 款 计 算				
17	总机构	总机构本期分摊应补(退)所得税额(18＋19＋20)		
18		其中：总机构分摊应补(退)所得税额(16×总机构分摊比例＿＿%)		
19		财政集中分配应补(退)所得税额(16×财政集中分配比例＿＿%)		
20		总机构具有主体生产经营职能的部门分摊所得税额(16×全部分支机构分摊比例＿＿%×总机构具有主体生产经营职能部门分摊比例＿＿%)		
21	分支机构	分支机构本期分摊比例		
22		分支机构本期分摊应补(退)所得税额		

实际缴纳企业所得税计算			
23	减：民族自治地区企业所得税地方分享部分：□ 免征　□ 减征：减征幅度＿＿%	本年累计应减免金额[(12－13－15)×40%×减征幅度]	
24	实际应补(退)所得税额		

谨声明：本纳税申报表是根据国家税收法律法规及相关规定填报的，是真实的、可靠的、完整的。

纳税人(签章)：　　年　月　日

经办人：	受理人：
经办人身份证号：	受理税务机关(章)：
代理机构签章：	受理日期：　年　月　日
代理机构统一社会信用代码：	

表 5-7 第 4 行"特定业务计算的应纳税所得额"：从事房地产开发等特定业务的纳税人，填报按照税收规定计算的特定业务的应纳税所得额。房地产开发企业销售未完工开发产品取得的预售收入，按照税收规定的预计计税毛利率计算出预计毛利额，扣除实际缴纳且在会计核算中未计入当期损益的土地增值税等税金及附加后的金额，在此行填报。

3. 企业所得税汇算清缴处理

(1) 主要填报《视同销售和房地产开发企业特定业务纳税调整明细表》(A105010)（见表5-8）。

表5-8 视同销售和房地产开发企业特定业务纳税调整明细表(A105010)

行次	项目	税收金额	纳税调整金额
		1	2
1	一、视同销售(营业)收入(2+3+4+5+6+7+8+9+10)		
2	（一）非货币性资产交换视同销售收入		
3	（二）用于市场推广或销售视同销售收入		
4	（三）用于交际应酬视同销售收入		
5	（四）用于职工奖励或福利视同销售收入		
6	（五）用于股息分配视同销售收入		
7	（六）用于对外捐赠视同销售收入		
8	（七）用于对外投资项目视同销售收入		
9	（八）提供劳务视同销售收入		
10	（九）其他		
11	二、视同销售(营业)成本(12+13+14+15+16+17+18+19+20)		
12	（一）非货币性资产交换视同销售成本		
13	（二）用于市场推广或销售视同销售成本		
14	（三）用于交际应酬视同销售成本		
15	（四）用于职工奖励或福利视同销售成本		
16	（五）用于股息分配视同销售成本		
17	（六）用于对外捐赠视同销售成本		
18	（七）用于对外投资项目视同销售成本		
19	（八）提供劳务视同销售成本		
20	（九）其他		
21	三、房地产开发企业特定业务计算的纳税调整额(22－26)		
22	（一）房地产企业销售未完工开发产品特定业务计算的纳税调整额(24－25)		
23	1. 销售未完工产品的收入		*
24	2. 销售未完工产品预计毛利额		
25	3. 实际发生的税金及附加、土地增值税		
26	（二）房地产企业销售的未完工产品转完工产品特定业务计算的纳税调整额(28－29)		
27	1. 销售未完工产品转完工产品确认的销售收入		*
28	2. 转回的销售未完工产品预计毛利额		
29	3. 转回实际发生的税金及附加、土地增值税		

表5-8第21行"三、房地产开发企业特定业务计算的纳税调整额"：填报房地产企业发生销售未完工产品、未完工产品结转完工产品业务，按照税收规定计算的特定业务的纳税调整额。第1列"税收金额"填报第22行第1列减去第26行第1列的余额；第2列"纳税调整金额"等于第1列"税收金额"。

第 22 行"(一)房地产企业销售未完工开发产品特定业务计算的纳税调整额":填报房地产企业销售未完工开发产品取得销售收入,按税收规定计算的纳税调整额。第 1 列"税收金额"填报第 24 行第 1 列减去第 25 行第 1 列的余额;第 2 列"纳税调整金额"等于第 1 列"税收金额"。

第 23 行"1.销售未完工产品的收入":第 1 列"税收金额"填报房地产企业销售未完工开发产品,会计核算未进行收入确认的销售收入金额。

第 24 行"2.销售未完工产品预计毛利额":第 1 列"税收金额"填报房地产企业销售未完工产品取得的销售收入按税收规定预计计税毛利率计算的金额;第 2 列"纳税调整金额"等于第 1 列"税收金额"。

第 25 行"3.实际发生的税金及附加、土地增值税":第 1 列"税收金额"填报房地产企业销售未完工产品实际发生的税金及附加、土地增值税,且在会计核算中未计入当期损益的金额;第 2 列"纳税调整金额"等于第 1 列"税收金额"。

第 26 行"(二)房地产企业销售的未完工产品转完工产品特定业务计算的纳税调整额":填报房地产企业销售的未完工产品转完工产品,按税收规定计算的纳税调整额。第 1 列"税收金额"填报第 28 行第 1 列减去第 29 行第 1 列的余额;第 2 列"纳税调整金额"等于第 1 列"税收金额"。

第 27 行"1.销售未完工产品转完工产品确认的销售收入":第 1 列"税收金额"填报房地产企业销售的未完工产品,此前年度已按预计毛利额征收所得税,本年度结转为完工产品,会计上符合收入确认条件,当年会计核算确认的销售收入金额。

第 28 行"2.转回的销售未完工产品预计毛利额":第 1 列"税收金额"填报房地产企业销售的未完工产品,此前年度已按预计毛利额征收所得税,本年结转完工产品,会计核算确认为销售收入,转回原按税收规定预计计税毛利率计算的金额;第 2 列"纳税调整金额"等于第 1 列"税收金额"。

第 29 行"3.转回实际发生的税金及附加、土地增值税":填报房地产企业销售的未完工产品结转完工产品后,会计核算确认为销售收入,同时将对应实际发生的税金及附加、土地增值税转入当期损益的金额;第 2 列"纳税调整金额"等于第 1 列"税收金额"。

(2)检查时注意事项。

检查过程中,发现下列会计处理:

借:税金及附加
  贷:应交税费——应交土地增值税

《视同销售和房地产开发企业特定业务纳税调整明细表》(A105010)第 25 行不能填报,企业已经将税金及附加计入当期损益了。如果在此行在有填报的数值,会造成税金重复扣除。

【例 5-4】 某房地产开发公司 2015 年度开发 A 项目,2017 年开始预售,当年取得预售房款 80 000 万元;缴纳税金及附加 4 480 万元;预缴土地增值税 1 200 万元;期间费用1 500万元。

2018年完工,实现收入120 000万元(不含预售房款);开发成本160 000万元(等于计税成本),缴纳税金及附加6 720万元;预缴土地增值税1 800万元;发生期间费用2 000万元。假设无其他纳税调整事项,当地计税毛利率为15%。

(1)2017年度企业所得税汇算如何填报?

(2)2018年度企业所得税汇算如何填报?

答案解析:

(1)2017年汇算报表填报如表5-9所示。

表5-9 视同销售和房地产开发企业特定业务纳税调整明细表(A105010)

金额:万元

行次	项 目	税收金额	纳税调整金额
		1	2
21	三、房地产开发企业特定业务计算的纳税调整额(22—26)	6 320	6 320
22	(一)房地产企业销售未完工开发产品特定业务计算的纳税调整额(24—25)	6 320	6 320
23	1. 销售未完工产品的收入	80 000	*
24	2. 销售未完工产品预计毛利额	12 000	12 000
25	3. 实际发生的税金及附加、土地增值税	5 680	5 680
26	(二)房地产企业销售的未完工产品转完工产品特定业务计算的纳税调整额(28—29)		
27	1. 销售未完工产品转完工产品确认的销售收入		*
28	2. 转回的销售未完工产品预计毛利额		
29	3. 转回实际发生的税金及附加、土地增值税		

(2)2018年汇算报表填报如表5-10所示。

表5-10 视同销售和房地产开发企业特定业务纳税调整明细表(A105010)

金额:万元

行次	项 目	税收金额	纳税调整金额
		1	2
21	三、房地产开发企业特定业务计算的纳税调整额(22—26)	−6 320	−6 320
22	(一)房地产企业销售未完工开发产品特定业务计算的纳税调整额(24—25)		
23	1. 销售未完工产品的收入		*
24	2. 销售未完工产品预计毛利额		
25	3. 实际发生的税金及附加、土地增值税		
26	(二)房地产企业销售的未完工产品转完工产品特定业务计算的纳税调整额(28—29)	6 320	6 320
27	1. 销售未完工产品转完工产品确认的销售收入	80 000	*
28	2. 转回的销售未完工产品预计毛利额	12 000	12 000
29	3. 转回实际发生的税金及附加、土地增值税	5 680	5 680

（3）2018年度所得税的计算，如表5-11所示。

表5-11 2018年度企业所得税应纳税额计算

年　度	科　目	计算过程
2018年	营业收入	80 000＋120 000＝200 000（万元）
	营业成本	160 000（万元）
	税金及附加	4 480＋1 200＋6 720＋1 800＝14 200（万元）
	期间费用	2 000（万元）
	利润总额	200 000－160 000－14 200－2 000＝23 800（万元）
	应纳税所得额	23 800－6 320＝17 480（万元）
	应纳税额	17 480×25％＝4 370（万元）

（四）案例解析

××美达置业集团有限公司，成立于2009年10月1日。注册资本：3 000万元。注册地址：××市六一路南段路西新兴社区四楼号，法定代表人：张某。财务负责人：李某。企业类型：其他有限责任公司。经营范围：房地产开发经营、建筑材料、有色金属销售。现有职工17人。主管税务机关：××××国家税务局。2013年开发翰林苑小区项目，规划占地9 989平方米，规划容积率2.95，总平图显示规划居住户（套）数312套，实际建设户数288套（差额原因系改动规划，将原规划的小于90平方米的住房改动），规划建筑面积29 467平方米，如表5-12所示。

表5-12 销售情况表

名称	建筑面积（平方米）	数量（套）	金额（元）
1#	14 832.91	144	60 782 649.00
2#	14 632.05	144	60 244 654.00
合计	29 464.96	288	121 025 303.00

户均销售单价＝121 025 303.00元/29 464.96平方米＝4 107.43元/平方米

企业三年账簿资料申报情况，如表5-13所示。

表5-13 三年企业所得税纳税情况　　　　　　　　　　　　　　　　单位：元

年度	2014年	2015年	2016年	合计	税负率
营业收入	0	0	121 025 303.00		
营业成本	0	0	105 556 127.39		
税金及附加	0	0	8 682 697.58		
销售费用		145 130.00	34 600.00		
管理费用		963 091.06	698 779.58		
财务费用		1 502.54	－1 102.78		
利润总额	－1 548 454.66	－1 115 401.85	6 054 201.23		
纳税调增	3 641 188.18	7 819 278.70	806 638.52		
纳税调减	1 072 511.04	3 582 994.13	5 923 863.21		

(续表)

年度	2014	2015	2016	合计	税负率
调整后所得	1 020 222.48	3 120 882.72	936 976.54		
弥补亏损	508 632.56				
应纳税所得额	511 589.92				
应纳所得税额	127 897.48	780 220.68	234 244.14	1 142 362.30	0.94%

根据上述资料：对成本类问题进行分析，如表5-14所示。

表5-14 成本分析表

成本项目名称	项目			
	申报（元）	占比（%）	预警值	情况分析
收入总额	121 025 303.00			
一、取得土地使用权	41 947 066.00	39.74	不超过总成本比例30%	异常
二、房地产开发成本合计	63 609 061.39			
1. 拆迁补偿费				
2. 前期工程费	2 613 372.00	5.84	建安成本比例3%～5%	次异常
3. 建筑安装费	44 780 587.00	42.42	不超过总成本比例30%	异常
4. 基础设施费	1 317 609.00	2.94	建安成本比例3%～5%	
5. 公共配套设施	4 600 974.10	10.27	建安成本比例3%～5%	异常
6. 开发间接费用	10 296 519.29	22.99	不超过建安成本比例3%	异常
开发成本合计	105 556 127.39			
三、税费合计	3 646 313.41			
财务费用	−533.86		不超过收入3%	
销售费用	305 360.00	0.25	不超过收入5%	
管理费用	3 341 487.27	2.76	不超过收入2%	
税金及附加	8 621 092.13	7.12	不超过收入3%	异常

(1) 账面显示：取得土地使用权41 947 066.00元。

楼面地价$A = 41\,947\,066.00 \div 29\,467 = 1\,423.53$（元/平方米）。

(2) 当地建安成本一般有预算定额控制，相对固定，"建筑安装费"按照预算定额是1 700元/平方米，××美达置业账面显示发生"建筑安装费"44 780 587.00元，折算后为1 519.69元/平方米。

(3) 前期工程费：掌握在$1\,519.69 \times 15\% = 227.95$（元/平方米）。

(4) 财务费用一般控制在售价的3%，销售费用一般控制在5%，管理费用一般控制在销售收入的2%，税金及附加一般控制在售价的8%，控制额$= 4\,107.43 \times 18\% = 739.3$元/平方米。

(5) 项目利润率＝（售价－楼面地价－楼面开发成本－税金及其他费用）÷售价×$100\% = (4\,107.43 - 1\,423.53 - 1\,519.69 - 227.95 - 739.3) \div 4\,107.43 \times 100\% = 4.79\%$。

(6) 项目税负率（预警值）$= 5.79\% \times 25\% = 1.45\%$，而该企业账面税负率税负率0.94%，均低于行业平均税负。

分析：截至2016年年末，该公司房屋全部销售完毕，申报收入121 025 303.00元，自 2014 年的全部转至销售收入,其中:2014 年结转预收账款 19 151 983.00 元,2015 年结转预收账款 50 270 382.00 元,2016 年结转预收账款 51 602 938.00 元。隐匿收入等收入类问题的存在可能性较小。问题可能在成本费用,检查方法见本章第五节。

三、其他税种类的税务处理

(一) 印花税

房地产开发企业销售商品房按照产权转移书据征收印花税,《财政部 国家税务总局关于印花税若干政策的通知》(财税〔2006〕162 号)对此有具体规定。印花税为按照合同所载金额的 0.05% 进行计算。

(二) 房产税

根据《国家税务总局关于房产税、城镇土地使用税有关政策规定的通知》(国税发〔2003〕89 号,以下简称国税发〔2003〕89 号)第一条的规定,房地税开发企业开发的商品房在出售前,对房地产开发企业而言是一种产品。因此,对房地产开发企业建造的商品房,在售出前,不征收房产税;但对售出前房地产开发企业已使用或出租、出借的商品房应按规定征收房产税。因此,房地产开发企业利用开发产品作为售楼处、样板间使用应从价计征房产税,无租使用其他关联单位房产的,按照房屋余值,参照从价计征相关规定。

(三) 城镇土地使用税

各地一般以《商品房买卖合同》约定的交房时间或《产权交付使用证明》的实际交付时间为土地使用权的转移时间,或者说纳税义务减少的发生时间,然后计算城镇土地使用税。理由是该时间与国税发〔2003〕89 号文件第二条,关于确定房产税、城镇土地使用税纳税义务发生时间问题相吻合。

(1) 购置新建商品房,自房屋交付使用之次月起计征房产税和城镇土地使用税。

(2) 购置存量房,自办理房屋权属转移、变更登记手续,房地产权属登记机关签发房屋权属证书之次月起计征房产税和城镇土地使用税。

(3) 出租、出借房产,自交付出租、出借房产之次月起计征房产税和城镇土地使用税。

(4) 房地产开发企业自用、出租、出借本企业建造的商品房,自房屋使用或交付之次月起计征房产税和城镇土地使用税。

《财政部 国家税务总局关于房产税城镇土地使用税有关政策的通知》(财税〔2006〕186 号)第二条关于有偿取得土地使用权城镇土地使用税纳税义务发生时间问题规定如下:

以出让或转让方式有偿取得土地使用权的,应由受让方从合同约定交付土地时间的次月起缴纳城镇土地使用税;合同未约定交付土地时间的,由受让方从合同签订的次月起缴纳城镇土地使用税。

国税发〔2003〕89 号文件第二条第四款中有关房地产开发企业城镇土地使用税纳税

义务发生时间的规定同时废止。

从交房之次月起,纳税人已转移,从房地产开发企业转移到购置新建商品房的业主,新的纳税人的产生意味着旧的纳税人的消失。

第四节　公共配套设施的涉税处理

公共配套设施费,是指开发项目内发生的、独立的、非营利性的,且产权属于全体业主的,或无偿赠与地方政府、政府公用事业单位的公共配套设施支出。具体包括:居委会用房、派出所用房、会所、停车场(库)、物业管理场所;变电站、热力站、水厂、商店、文体场馆、中小学校、幼儿园、托儿所;自行车棚、公共厕所、其他服务设施;医院、邮电通讯、健身设施或用房、环境卫生用房等。

一、公共配套设施法律分析

(一)房地产企业项目内建造公共配套设施产权归属的法律分析

1. 相关产权归属的法律规定

(1)根据《民法典》第二百七十四条规定,建筑区划内的道路,属于业主共有,但是属于城镇公共道路的除外。建筑区划内的绿地,属于业主共有,但是属于城镇公共绿地或者明示属于个人的除外。建筑区划内的其他公共场所、公用设施和物业服务用房,属于业主共有。

(2)根据《中华人民共和国人民防空法》第一章第五条的规定,国家对人民防空设施建设按照有关规定给予优惠。国家鼓励、支持企业事业组织、社会团体和个人,通过多种途径,投资进行人民防空工程建设;人民防空工程平时由投资者使用管理,收益归投资者所有。同时根据《民法典》第二百五十四条规定,国防资产属于国家所有。基于以上法律规定,地下人防设施权属应为国家所有。通过地下人防设施改造的车库,收益归投资者所有。

(3)《物业承接查验办法》(建房〔2010〕165号印发)第十七条明确:建设单位应当依法移交有关单位的供水、供电、供气、供热、通信和有线电视等共用设施设备,不作为物业服务企业现场检查和验收的内容。

(4)《信息产业部　建设部关于进一步规范住宅小区及商住楼通信管线及通信设施建设的通知》(信部联规〔2007〕24号)规定,为保障消费者的合法权益,满足广大电信用户使用通信设施的需要,住宅小区及商住楼应同步建设建筑规划用地红线内的通信管道和楼内通信暗管、暗线,建设并预留用于安装通信线路配线设备的集中配线交接间,所需投资一并纳入相应住宅小区或商住楼的建设项目概算,并作为项目配套设施统一移交。

2. 产权归属的分类

1) 产权归属于全体业主的公共配套设施

建筑区划内的道路、绿地、喷泉用地、居委会用房、会所、停车场(库)、物业服务用房、变电站、热力站、水厂、文体场馆、健身设施或用房、环境卫生用房、自行车棚、移交给政府公用事业单位管理的供水、供电、供气、供热、邮电通讯、通信和有线电视等公用设施、其他公共场所和占用业主共有的道路或者其他场地用于停放汽车的车位等都属于业主共有。

2) 产权归属于地方政府的公共配套设施

建筑区域内建造的并无偿赠与地方政府、政府公用事业单位的派出所、中小学校、幼儿园、托儿所、医院用房、地下人防设施、邮电场所、公共汽车交通站、文体中心、廉租房等公共配套设施都属于地方政府所有。

二、公共配套设施税务处理

(一) 产权归属于全体业主的公共配套设施的税务处理

房地产企业项目内产权归属于全体业主的公共配套设施在"开发成本——公共配套设施"科目中会计核算。销售时,这些产权归属于全体业主的公共配套设施在可售销售面积之内,所以这些公共配套设施的销售价格含在买房业主的购买价格内,即由所有的业主分摊了这些公共配套设施销售价格。因此,在可售销售面积之内的产权归属于全体业主的公共配套设施要依法缴纳增值税、土地增值税和企业所得税。

(二) 项目内公共配套设施无偿移交给政府的税务处理

1. 增值税

(1) 不视同销售。根据《营业税改征增值税试点实施办法》(财税〔2016〕36号文件附件1)第十四条第(二)项的规定,单位或者个人向其他单位或者个人无偿转让不动产,应视同销售进行增值税处理,但用于公益事业或者以社会公众为对象的除外。

《中华人民共和国公益事业捐赠法》第二条规定,自然人、法人或者其他组织自愿无偿向依法成立的公益性社会团体和公益性非营利的事业单位捐赠财产,用于公益事业的,适用本法。第三条规定,本法所称公益事业是指非营利的下列事项:①救助灾害、救济贫困、扶助残疾人等困难的社会群体和个人的活动。②教育、科学、文化、卫生、体育事业。③环境保护、社会公共设施建设。④促进社会发展和进步的其他社会公共和福利事业。《中华人民共和国公益事业捐赠法》第十条规定,公益性社会团体和公益性非营利的事业单位可以依照本法接受捐赠。本法所称公益性社会团体是指依法成立的,以发展公益事业为宗旨的基金会、慈善组织等社会团体。本法所称公益性非营利的事业单位是指依法成立的,从事公益事业的不以营利为目的的教育机构、科学研究机构、医疗卫生机构、社会公共文化机构、社会公共体育机构和社会福利机构等。

根据以上法律政策规定,房地产企业项目内建造公共配套设施无偿移交给地方政府,用于公益事业或者以社会公众为对象的不视同销售处理,不缴纳增值税。

(2) 视同销售。如果房地产企业将公共配套设施无偿移交给政府部门,并非用于公益事业或以社会公众为对象,则按视同销售,征收增值税。

也就是说,房地产企业项目内建造公共配套设施无偿移交给地方政府不视同销售征收增值税必须同时满足以下三个条件:

一是房地产企业无偿移交给地方政府,未单独作价结算销售额的公共配套设施。根据国家税务总局2016年第18号公告第五条的规定,一般纳税人资格的房地产开发企业中,销售其开发的房地产项目(选择适用简易计税方式的除外),当期允许扣除的土地价款按照以下公式计算:

$$\text{当期允许扣除的土地价款} = \left(\text{当期销售房地产项目建筑面积} \div \text{房地产项目可供销售建筑面积}\right) \times \text{支付的土地价款}$$

该公式中的"房地产项目可供销售建筑面积"是指房地产项目可以出售的总建筑面积,不包括销售房地产项目时未单独作价结算的配套公共设施的建筑面积。

基于此规定,房地产企业将建设的医院、幼儿园、学校、供水设施、变电站、市政道路等配套设施无偿赠送(移交)给政府的,如果上述设施属于未单独作价结算的配套公共设施,无论在项目区域内(红线之内)还是项目区域外(红线之外)无偿赠送用于公益事业,不视同销售;否则,则应视同销售征收增值税。

二是房地产企业项目内建造公共配套设施无偿移交给地方政府的用途是用于公益事业或者以社会公众为服务对象。

三是房地产企业建造公共配套设施在可售面积之外。如果在红线之外建造的公共配套设施无偿移交给地方政府于公益事业的,同样不视同销售征收增值税。

如果房地产企业建造公共配套设施在可售面积之内,则要么将公共配套设施的销售价格分摊到每一位买房者的购房价格中,要么单独对外作价销售。因此,房地产企业将建设的医院、幼儿园、学校、供水设施、变电站、市政道路等配套设施无偿赠送(移交)给政府的,如果上述设施在可售面积之外,作为无偿赠送的服务用于公益事业,不视同销售;如果上述配套设施在可售面积之内,则应视同销售,征收增值税。

2. 土地增值税

不视同销售不征收土地增值税,但其成本、费用可以扣除。根据《土地增值税暂行条例》及其实施细则的规定,土地增值税的纳税义务人是"转让国有土地使用权、地上建筑物及其附着物并取得收入的单位和个人",即土地增值税的纳税义务人是指以出售或者其他方式有偿转让房地产的行为,不包括继承、赠与方式转让房地产的行为。而根据《财政部 国家税务总局关于土地增值税一些具体问题规定的通知》(财税字〔1995〕48号,以下简称财税字〔1995〕48号)第四条的规定,《土地增值税暂行条例实施细则》中不征税的"赠与"行为包括:①房产所有人、土地使用权所有人将房屋产权、土地使用权赠与直系亲属或承担直接赡养义务人的。②房产所有人、土地使用权所有人通过中国境内非营利的社会团体、国家机关将房屋产权、土地使用权赠与教育、民政和其他社会福利、公益事业的。基于以上税收法律政策规定,房地产企业项目内建造公共配套设施无偿移交给地方政府的行为属于财税字〔1995〕48号文件中"赠与"行为的第二种,因此不属于土地增值税的征税范围,更不应该确认收入,不征收土地增值税。

但是根据《国家税务总局关于房地产开发企业土地增值税清算管理有关问题的通知》(国税发〔2006〕187号)第四条第三项的规定,房地产开发企业开发建造的与清算项目配套的居委会和派出所用房、会所、停车场(库)、物业管理场所、变电站、热力站、水厂、文体场馆、学校、幼儿园、托儿所、医院、邮电通讯等公共设施,按以下原则处理:①建成后产权属于全体业主所有的,其成本、费用可以扣除。②建成后无偿移交给政府、公用事业单位用于非营利性社会公共事业的,其成本、费用可以扣除。

3. 视同销售缴纳企业所得税

根据《企业所得税法》第九条的规定:"企业发生的公益性捐赠支出,在年度利润总额12%以内的部分,准予在计算应纳税所得额时扣除;超过年度利润总额12%的部分,准予结转以后3年内在计算应纳税所得额时扣除"。

根据国税发〔2009〕31号文件第七条的规定,企业将开发产品用于捐赠、赞助等行为,应视同销售,于开发产品所有权或使用权转移,或于实际取得利益权利时确认收入(或利润)的实现。确认收入(或利润)的方法和顺序为:

(1) 按本企业近期或本年度最近月份同类开发产品市场销售价格确定。

(2) 由主管税务机关参照当地同类开发产品市场公允价值确定。

(3) 按开发产品的成本利润率确定。开发产品的成本利润率不得低于15%,具体比例由主管税务机关确定。

根据国税发〔2009〕31号文件第十七条的规定,企业在开发区内建造的会所、物业管理场所、电站、热力站、水厂、文体场馆、幼儿园等配套设施,按以下规定进行处理:①属于非营利性且产权属于全体业主的,或无偿赠与地方政府、公用事业单位的,可将其视为公共配套设施,其建造费用按公共配套设施费的有关规定进行处理。②属于营利性的,或产权归企业所有的,或未明确产权归属的,或无偿赠与地方政府、公用事业单位以外其他单位的,应当单独核算其成本。除企业自用应按建造固定资产进行处理外,其他一律按建造开发产品进行处理。

三、案例解析

(一) 案情介绍

2016年5月,A房地产开发公司(以下简称A公司)参与L市国有土地使用权竞拍,取得一宗住宅用地的土地使用权,该宗地的容积率为4,面积为150 000平方米,拍卖成交价为9亿元。当月按合同约定办理了土地交接手续。该宗地土地使用权出让公告及拍卖成交后签订的《国有土地使用权出让合同》均明确:A公司取得该宗地的土地使用权,除支付拍卖确认的土地价款外,还须在开发的住宅项目内按开发住宅总建筑面积的15%配套建设一批单套面积在50平方米以下的房屋,并于建成后无偿移交给政府部门用于补充该市廉租房房源。2018年3月,该住宅项目竣工备案,开发的住宅总建筑面积为600 000平方米。A公司当月将其配套建设的廉租房1 300套(总建筑面积900 000 000平方米)移交政府部门。廉租房不含地价(含契税)的建造成本为1 800元/平方米,包含地价的建造成本为3 300元/平方米(1 800＋900 000 000÷600 000)。请问A房地产开发公司应如何进行税务处理?(契税税率3%)

(二)案例分析

1. 业务的法律性质

捐赠廉租房公益事业的行为。《廉租住房保障办法》(建设部等9部委令第162号)第十二条规定,实物配租的廉租住房来源主要包括:①政府新建、收购的住房。②腾退的公有住房。③社会捐赠的住房。④其他渠道筹集的住房。第十四条规定,新建廉租住房,应当采取配套建设与相对集中建设相结合的方式,主要在经济适用住房、普通商品住房项目中配套建设。配套建设廉租住房的经济适用住房或者普通商品住房项目,应当在用地规划、国有土地划拨决定书或者国有土地使用权出让合同中,明确配套建设的廉租住房总建筑面积、套数、布局、套型以及建成后的移交或回购等事项。该项经济业务的实质是A公司以其建造的开发产品(廉租房)抵偿其取得该宗地土地使用权所应支付的土地价款的一部分。

本案例中,土地使用权出让公告及拍卖成交后签订的《国有土地使用权出让合同》均明确:A公司取得该宗地的土地使用权,除支付拍卖确认的土地价款外,还须在开发的住宅项目内按开发住宅总建筑面积的15%配套建设一批单套面积在50 m^2 以下的房屋,并于建成后无偿移交给政府部门用于补充该市廉租房房源。因此,A公司以其建造的开发产品(廉租房)用于促进社会发展和进步的其他社会公共和福利事业,是向政府房管局捐赠廉租房是用于满足社会低收入者群体等社会公众为对象居住的社会公益事业的行为。

2. 税务处理

1) 增值税的处理

不征收增值税。根据《营业税改征增值税试点实施办法》(财税〔2016〕36号附件1)第十四条第(二)项规定,单位或者个人向其他单位或者个人无偿转让不动产视同销售不动产,但用于公益事业或者以社会公众为对象的除外。基于此规定,A公司项目内按开发住宅总建筑面积的15%配套建设一批单套面积在50 m^2 以下的房屋,并于建成后无偿移交给政府部门用于补充该市廉租房房源,是向房管局捐赠廉租房是用于满足社会低收入者群体等社会公众为对象居住的社会公益事业的行为,不视同销售行为,不征收增值税。

如果A公司与政府在《国有土地出让合同》中约定:政府有偿收购廉租房或者该廉

租房计入A公司项目可售面积,由A公司项目内的每一位买房者分摊廉租房的销售价格,或约定:政府低价出让土地的价格置换A公司项目内建设的廉租房,则A公司建成后无偿移交给政府部门的廉租房要视同销售征收增值税。

依据《营业税改征增值税试点实施办法》(财税〔2016〕36号附件1)第四十四条的规定,视同销售征收增值税按照下列顺序确定销售额:①按照纳税人最近时期销售同类服务、无形资产或者不动产的平均价格确定。②按照其他纳税人最近时期销售同类服务、无形资产或者不动产的平均价格确定。③按照组成计税价格确定。组成计税价格的公式为:组成计税价格=成本×(1+成本利润率)。

本案中,A公司该住宅项目中没有建造与廉租房相同类型的开发产品,也没有其他纳税人开发类似廉租房的平均销售价格作参考,因此应按组成计税价格确定无偿移交廉租房增值税的计税依据。L市所在省确定的"销售不动产"成本利润率为20%,A公司无偿移交廉租房应申报缴纳增值税3 531.9万元[3 300×90 000÷(1+11%)×(1+20%)×11%]。

2) 契税的处理

根据《中华人民共和国契税法》的规定,A公司以出让的方式取得国有土地使用权应缴纳契税。《财政部 税务总局关于贯彻实施契税法若干事项执行口径的公告》(财政部 税务总局公告2021年第23号)第二条第五项规定,土地使用权出让的,计税依据包括土地出让金、土地补偿费、安置补助费、地上附着物和青苗补偿费、征收补偿费、城市基础设施配套费、实物配建房屋等应交付的货币以及实物、其他经济利益对应的价款。《财政部 国家税务总局关于营改增后契税 房产税 土地增值税 个人所得税计税依据问题的通知》(财税〔2016〕43号)第一条规定:"计征契税的成交价格不含增值税。"

本案中,A公司通过竞价方式取得国有土地使用权,其支付的全部经济利益是以现金支付的9亿元,根据《中华人民共和国契税法》规定,A公司应当在依法办理土地、房屋权属登记手续前申报缴纳契税2 700万元(900 000 000×3%)。

如果符合前面讲的视同销售征收增值税的情况,则A公司应于该项目竣工结算廉租房建造支出具体金额确定之日起10日内,申报廉租房建设支出2.97亿元(3 300×90 000)对应的契税802.7万元[297 000 000÷(1+11%)×3%]。

3) 土地增值税的处理

不征土地增值税。根据财税字〔1995〕48号文件第四条的规定,A公司项目内建造廉租房无偿移交给地方政府的行为属于财税字〔1995〕48号文件中"赠与"行为的第二种,因此不属于土地增值税的征税范围,更不应该确认收入,不征收土地增值税。同时,根据《国家税务总局关于房地产开发企业土地增值税清算管理有关问题的通知》(国税发〔2006〕187号)第四条的规定,A公司项目内建造无偿移交给地方政府的廉租房的成本费用可以在土地增值税前扣除。

如果 A 公司将廉租房建造完毕移交政府部门是以廉租房抵偿部分土地价款,则应视同销售确认转让房地产收入的同时,按相同金额确认"取得土地使用权所支付的价款",并依法扣除。

根据《国家税务总局关于房地产开发企业土地增值税清算管理有关问题的通知》(国税发〔2006〕187号)第三条第一项规定,房地产开发企业将开发产品用于抵偿债务,发生所有权转移时应视同销售房地产,其收入按下列方法和顺序确认:①按本企业在同一地区、同一年度销售的同类房地产的平均价格确定。②由主管税务机关参照当地当年、同类房地产的市场价格或评估价值确定。本案中,基于此规定,由于A公司该住宅项目中没有建造与廉租房相同类型的开发产品,假设廉租房评估价值为3亿元。同时增加"取得土地使用权所支付的价款"金额3亿元。根据《国家税务总局关于印发〈土地增值税清算管理规程〉的通知》(国税发〔2009〕91号,以下简称国税发〔2009〕91号)第二十一条的规定,在土地增值税清算中,计算扣除项目金额时,纳税人实际发生的支出应当取得但未取得合法凭据的不得扣除。因此,A公司在向政府部门移交廉租房时,须取得政府部门出具的土地出让金或地价款支付凭据,方能将以廉租房抵偿的"取得土地使用权所支付的价款"确认并扣除。

4)企业所得税的处理

国税发〔2009〕31号文件第七条规定,企业将开发产品用于捐赠、赞助等行为,应视同销售,于开发产品所有权或使用权转移,或于实际取得利益权利时确认收入(或利润)的实现。确认收入(或利润)的方法和顺序为:①按本企业近期或本年度最近月份同类开发产品市场销售价格确定。②由主管税务机关参照当地同类开发产品市场公允价值确定。③按开发产品的成本利润率确定。开发产品的成本利润率不得低于15%,具体比例由主管税务机关确定。

A公司将廉租房建造完毕移交政府部门捐赠行为,应视同销售处理。本案中,A公司该住宅项目中没有建造与廉租房相同类型的开发产品,也没有其他纳税人开发类似廉租房的市场公允价值作参考,因此应按组成计税价格确定无偿移交廉租房企业所得税视同销售收入。L市所在省确定的"销售不动产"成本利润率为20%,A公司应确认转让房地产收入32 108.11万元[3 300×90 000÷(1+11%)×(1+20%)]。

5)城镇土地使用税

《财政部 税务总局关于公共租赁住房税收优惠政策的公告》(财政部 税务总局公告2019年第61号,以下简称财政部、税务总局2019年第61号公告)第一条规定,对公租房建设期间用地及公租房建成后占地,免征城镇土地使用税。在其他住房项目中配套建设公租房,按公租房建筑面积占总建筑面积的比例免征建设、管理公租房涉及的城镇土地使用税。本案中,A公司建造并无偿移交的廉租房单套面积未超过50平方米,符合《国务院关于解决城市低收入家庭住房困难的若干意见》(国发〔2007〕24号)及《廉租住房保障办法》(建设部等9部委令第162号发布)的规定,可享受(财政部、税务总局公告 2019 年第 61 号公告第一条规定的"对公租房建设期间用地及公租房建成后占地，免征城镇土地使用税。在其他住房项目中配套建设公租房，按公租房建筑面积占总建筑面积的比例免征建设、管理公租房涉及的城镇土地使用税"的免税待遇。

6）印花税

财政部、税务总局 2019 年第 61 号公告第二条规定，在其他住房项目中配套建设公租房，按公租房建筑面积占总建筑面积的比例免征建设、管理公租房涉及的印花税。本案中，A 公司建造并无偿移交的廉租房单套面积未超过 50 平方米，可享受财政部、税务总局 2019 年第 61 号公告规定的"按公租房建筑面积占总建筑面积的比例免征建设、管理公租房涉及的印花税"的免税待遇。

第五节　销售阶段的涉税问题及检查

对于任何行业的涉税检查，应当从行业经营现状作为基本思路，要让我们发现涉税疑点的关注点尽量地贴近实际情况的，这就是为什么经常说，有经验的稽查干部先不看账，聊着聊着问题就来了。在这里，以研究房地产行业在销售阶段常见的促销方式做简单提示（见图 5-3）。

销售阶段常见促销手段的涉税问题

分类	促销方式	内容解析	涉税问题
直接降价	直接降价	采用直接下降价格的方式进行促销	隐匿部分销售收入
	"十年零月供"	并不是指按揭用户前十年购房无需月供，而是变相降价优惠	变相制造手续费概念隐匿收入
折价	折扣	购房即可享受 95-99 折优惠	折扣开票问题
	返现金、减总价	从总价或首期中直接减去部分金额，可定额，或根据不同房型送不同额度	折扣开票问题
特价房	清货价	给予较高的折扣，来加速尾盘销售	尾盘快清带来的土地增值税问题
	特价、一口价	对开盘或尾盘部分房源进行特价销售	计税依据明显偏低又无正当理由问题
	半价认购	进行半价内部认购	计税依据明显偏低又无正当理由问题
送实物、现金等	送装修	购房就送 1500 元精装修	买一赠一的规定
	送小院	购房送后门小院	买一赠一的规定
	送旅游	送国内外知名景点旅游，一般是项目风格来源地	买一赠一的规定，代扣缴个人所得税问题
	送车位使用权	相当于将车位出售，或长期租用给固定客户	车位使用权带来的土地增值税清算问题
	赠送物业管理费	买房即免收一年物业费	确认收入的问题
活动促销	庆典暨抽奖	活动庆典阶段抽取幸运大奖。一般为购房优惠券、实物或返现金	代扣缴个人所得税问题
	节假日额外优惠	节假日开展打折优惠或各种促销活动	代扣缴个人所得税问题
降低置业门槛	低首付、分期付首付	开发商垫付部分或全部首付资金，小业主分期返还，一般是入伙前还清	利息收入所得税问题，增值税纳税义务时间问题

图 5-3　销售阶段常见促销手段的涉税问题

一、增值税常见问题及检查

增值税检查中常见的涉税问题有以下几方面。

(一) 收入完整性问题的检查

(1) 开发产品完工前,取得的预售收入(包括定金)是否全部计入"预收账款"进行申报缴纳税款,有无计入"预收账款"以外的往来科目,长期挂账不申报纳税。

(2) 是否将售房款冲减成本、费用或直接转入关联单位,未按规定入账;是否将售房款打入个人储蓄账户或信用卡账户,存在账外收入等情况。

(3) 私改规划,增加销售面积的收入是否按规定入账。

(4) 销售阁楼、小院、停车位、地下室以及精装房装修部分单独开具收款收据,取得的收入是否按规定入账。

(5) 总机构有无将分支机构的未完工开发产品的销售收入合并计入。

(6) 拆迁补偿收入是否未按规定确认收入,是否按补偿标准面积的工程成本价与超出补偿面积部分的差价款之和计算缴纳增值税。

(7) 是否采取包销低价开票方式,少计收入。(与包销商签订一个价格较低的包销合同,按约定的包销价格开具发票,高于包销价格的房款由包销商收取并开具发票或收据,未计入收入。)

(8) 收取的定金、违约金、诚意金等,是否未按规定确认收入。

(9) 向对方收取的手续费、基金、集资费、代收款项、代垫款项及其他各种性质的价外收费,是否未按规定确认收入。

(10) 有无利用团购费、电商费、装修费名义分解隐匿销售收入的行为。

(二) 收入及时性问题的检查

(1) 开发项目完工后,是否将收入挂在"预收账款"等科目长期不结转收入。

(2) 是否积压占用税款,未按规定及时预缴增值税。

(3) 按分期收款合同约定的时间应收取而未收到的销售款是否及时申报纳税。

(4) 采取委托销售方式销售开发产品,是否不及时收取售房款,或者部分售房款由中介服务机构收取并开具发票或收据,开发企业未计入收入。

(5) 以银行按揭方式销售开发产品,开发企业在收到首付款,银行按揭贷款到账后,是否未按规定计税;是否将收到的按揭款项以银行贷款的名义记入"短期借款"账户,不作收入。

(三) 视同销售行为的检查

(1) 以开发产品换取土地使用权、股权,是否未按非货币性资产交换的准则进行税务处理。

(2) 以开发产品抵顶材料款、工程款、广告费、银行贷款本息、动迁补偿费等债务,是否未按规定计税。

(3) 将开发产品用于捐赠、赞助、广告、样品、职工福利、奖励、分配给投资者,是否未按规定申报纳税。

(4) 自建住房低价销售给本单位内部职工或有经济利益往来的单位和个人,是否未按市场价足额申报纳税。

(5) 将公共配套设施无偿赠与地方政府、公用事业单位以外其他单位的,是否未按规定申报纳税。

(四) 其他业务收入的检查

(1) 房屋出租收入。

第一,出租收入是否抵顶工程款、抵顶银行贷款利息,未确认收入。

第二,出租收入(如将未售出的房屋、商铺、车位等出租)、周转房手续费收入等是否不按税法规定的时间入账或记入"应付账款"等往来科目贷方,未确认收入。

第三,以明显低于市场的价格出租给关联方,未按规定计税。

(2) 商品房售后服务,如物业收入、代客装修、清洁等取得的收入以及材料销售收入、无形资产转让收入和固定资产出租收入,是否未按规定申报纳税。

二、土地增值税常见问题及检查

除去预缴阶段,房地产开发项目满足清算条件的要按规定进行清算,可以自行清算或委托中介机构代为清算。由于税种计算复杂、专业要求较高,大部分房地产开发商都会选择委托会计师事务所或税务师事务所代为清算。这样中介机构出具的《土地增值税清算鉴证报告》就成为计算缴纳土地增值税的关键底稿型证据。在税务稽查案头分析时首先应当从清算报告的解读和质疑入手,还原整个清算计算过程,提前发现"蛛丝马迹",可以使得检查更加有的放矢。同时,必须要到项目地多走几遍才能有更多发现。

(一) 常见问题

(1) 收入确认不完整,未按照合同签订金额足额计税。

(2) 非直接销售开发产品计税价格不准确。

(3) 以明显偏低价格销售又无正当理由未做调整。

练一练 某房地产企业开发企业已售的商品房有以下四种情形。

(1) 开发项目销售完毕且全额开具商品房销售发票。

(2) 已签订合同但仅就首付部分开具发票,贷款未到账未开票。

(3) 企业与建筑方签订"以房抵账"协议(非正式合同),约定抵账价格,同时期同类房屋单价12 800元/平方米,抵账单价6 500元/平方米。

(4) 组织当地政府团购部分商品房,团购单价7 000元/平方米。

政策依据:《国家税务总局关于土地增值税清算有关问题的通知》(国税函〔2010〕220号)第一条规定,土地增值税清算时,已全额开具商品房销售发票的,按照发票所载金额确认收入;未开具发票或未全额开具发票的,以交易双方签订的销售合同所载的售房金额及其他收益确认收入。《国家税务总局关于印发〈土地增值税清算管理规程〉的通知》(国税发〔2009〕91号)第十九条第一项规定,房地产开发企业将开发产品用于职工福利、奖励、对外投资、分配给股东或投资人、抵偿债务、换取其他单位和个人的非货币性资产等,发生所有权转移时应视同销售房地产,其收入按下列方法和顺序确认:按本企业在同一地区、同一年度销售的同类房地产的平均价格确定;由主管税务机关参照当地当年、同类房地产的市场价格或评估价值确定。

(4)收取其他与销售相关的经济利益未计税。

练一练 某省稽查局在检查某房地产企业开发企业土地增值税缴纳情况时发现:企业向预售房客户收取定金4 000万元在"预收账款"中列支;因购房者违约而收取违约金、更名费386万元在"营业外收入"中列支。

政策依据:《土地增值税暂行条例实施细则》第五条规定:《土地增值税暂行条例》第二条所称的收入,包括转让房地产的全部价款及有关的经济收益。

(5)车库、车位清算方式不准确。

练一练 某房地产开发企业开发龙水园项目,地上住宅部分已全部售罄,地下车位只售出两个,该项目已达到清算条件,为使地下车位的建造成本能够全部计入开发成本,该公司将剩余车位整体打包出售给小区物业公司。

政策依据:《内蒙古自治区地方税务局关于进一步明确土地增值税有关政策的通知》(内地税字〔2014〕159号)第三条有关"地下车库(位)清算处理"的规定,对房地产开发企业建造的可售地下车库(位),已取得房产证和土地使用证的,按照非住宅类型房地产清算。对房地产开发企业利用地下建筑和按政府规定建造的地下人防工程改造的不可售地下车库(位),建成后产权属于全体业主所有或无偿移交给政府的(以产权转移登记、公证部门公证或在房地产项目显著位置公告并被全体业主知晓为判断依据),其成本、费用可以扣除。对房地产开发企业转让不可售地下车库(位)的,不征收土地增值税,同时相应的成本费用也不予扣除。

《国家税务总局湖南省税务局关于土地增值税若干政策问题的公告》(国家税务总局湖南省税务局公告2018年第7号)第一条关于地下车库(位)土地增值税问题规定,地下车库(位)根据不同情况按以下方式进行税务处理:地下车库(位)所有权未发生转移的,不征土地增值税;所有权发生转移的,按照有关规定征收土地增值税。

《国家税务总局江西省税务局关于土地增值税若干征管问题的公告》(国家税务总局江西省税务局公告2018年第16号)第五条地下车库(位)的清算问题规定:①销售地下车库(位)取得的收入,不论开具何种票据,均计入"其他类型房地产"的转让收入。②对利用地下人防设施改造成地下车库(位)的,其成本费用归集到公共配套设施费中一次性扣除。③对单独建造地下车库(位)的,其建造过程中发生的成本费用参照本公告第三条确定的原则进行归集和分摊。已售地下车库(位)面积为已售出的每个车位面积的总和。

(6) 用本项目产品安置拆迁户未做视同销售处理。

(7) 政府返还未冲减成本而是直接计入收入，多减除 20％ 的加计扣除部分。

(8) 其他变相隐匿收入行为的检查。

(二) 检查方法

国税发〔2009〕91 号文件第十七条规定，清算审核时，应审核房地产开发项目是否以国家有关部门审批、备案的项目为单位进行清算；对于分期开发的项目，是否以分期项目为单位清算；对不同类型房地产是否分别计算增值额、增值率，缴纳土地增值税。

审核收入情况时，应结合销售发票、销售合同（含房管部门网上备案登记资料）、商品房销售（预售）许可证、房产销售分户明细表及其他有关资料，重点审核销售明细表、房地产销售面积与项目可售面积的数据关联性，以核实计税收入；对销售合同所载商品房面积与有关部门实际测量面积不一致，而发生补、退房款的收入调整情况进行审核；对销售价格进行评估，审核有无价格明显偏低情况。

必要时，主管税务机关可通过实地查验，确认有无少计、漏计事项，确认有无将开发产品用于职工福利、奖励、对外投资、分配给股东或投资人、抵偿债务、换取其他单位和个人的非货币性资产等情况。

三、企业所得税常见问题及检查

(一) 常见问题

应全面检查各项应税收入的真实性、完整性及税前扣除项目的真实性、合法性。除上述增值税部分的涉及相关问题外，还应检查：

(1) 未完工开发产品的销售收入是否已按规定预计毛利额，计入当前应纳税所得额缴纳企业所得税，有无占用税款、压库不预缴的现象。

(2) 产品完工后是否及时结算其计税成本并计算此前销售收入的实际毛利额，同时将实际毛利额与其对应的预计毛利额之间的差额，计入当年度本项目的应纳税所得额与其他项目应纳税所得额合并缴纳企业所得税。对于跨年度房地产开发项目的已完工出售部分，有无不按权责发生制原则确认收入或故意推迟实现工程结算收入的现象。

(3) 取得政府的经济补偿或奖励收入是否未申报缴纳企业所得税。

(4) 客户放弃的购房定金、没收的违约保证金、施工方延误工期的罚款收入、先租后售收取的租金等是否未按规定确认收入或直接冲减了成本。

(二) 检查方法

(1) 房地产开发企业的经营范围和经营目的，使得房地产开发企业对外销售开发产品有两种方式，即开发产品的出售和出租。房地产开发企业的开发经营特点，决定了其出租房、周转房、商品房三者之间用途不稳定的特点。房地产开发企业可根据自身的生产经营情况，资金状况以及市场销售情况等，来具体决定开发产品的用途。在销售中会根据实际情况设置销售方式，所以对销售部分一手销售数据和资料的收集非常关键。

某种程度上,应打破固有思路,先去销售部门或销售公司看一看,摸清实情后再做其他检查。

(2) 收入的分解一般常见的方法,就是将可以分开单独处理的部分从整个房地产中分离,比如房屋里面的各种设施。当住房初步完工但没有安装设备及装潢、装饰时便和购买者签订房地产转移合同,接着再和购买者签订设备安装及装潢、装饰合同。另外,就是价外费用的分离,房地产企业在销售房屋的同时,往往需要代收水电初装费、燃(煤)气费、维修基金等各种配套设施费,这时房地产企业一般都会成立一个物业公司,将所有这些相关的代收费用由物业公司收取并向业主开具发票,这样减少房地产企业的计税收入。注意对合同、资金流等一手资料的核查。

(3) 对房地产开发公司的检查,一般可通过主营业务收入,其他业务收入,税金及附加等损益类科目和应收账款,预收账款等往来账户来发现问题。

(4) 前期工程费。审核:各项实际支出与概预算是否存在明显异常(建安成本3%～5%);是否多开票虚列前期工程费。

(5) 建筑安装工程费。①发生的费用是否与预决算报告、审计报告、工程结算报告、工程施工合同记载的内容相符。②房地产开发企业自购建筑材料时,自购建材费用是否重复计算扣除项目。③参照当地建设部门公布的单位定额成本,验证建筑安装工程费支出是否存在异常。

(6) 基础设施费。获取项目概预算资料,比较、分析概预算费用与实际费用是否存在明显异常。

(7) 公共配套设施费。获取项目概预算资料,比较、分析概预算费用与实际费用是否存在明显异常。

(8) 开发间接费用。①审核各项开发间接费用是否含有明显不合理的金额开具的各类凭证。②审核各项开发间接费用是否取得合法有效凭证。

四、个人所得税常见问题及检查

新修订的《个人所得税法》在计税方式上有了重大调整,但无论是按原来的税目进行核算还是通过综合所得等统一计算,销售部门工作人员和房地产企业投资者个人所得税缴纳始终是检查中的重点。主要问题有:

(1) 通过"应付工资"科目发给职工的奖金、实物以及其他各种应税收入,是否足额、准确代扣代缴个人所得税。

(2) 为职工购买的商业保险、补充养老保险、企业年金等是否按规定代扣代缴了个人所得税。

(3) 以发票报销方式或定额发放的交通补贴、误餐补助、加班补助、通讯费补贴等,是否未代扣代缴个人所得税。

(4) 以发票报销方式套取现金、发放奖金或支付给个人手续费、回扣、奖励等,是否未代扣代缴个人所得税。

（5）支付债权、股权的利息、红利时是否未扣缴利息、股息、红利收入的个人所得税。

（6）房地产销售人员取得销售佣金是否未并入工资、薪金，代扣代缴个人所得税。

（7）为管理人员购买住房或内部员工低价购房，是否未计征个人所得税。

（8）各种促销活动向客户赠送礼品，是否未代扣代缴个人所得税。

五、其他税常见问题

（1）房产税及城镇土地使用税。

房产税，主要检查售楼处、样板间等企业自用房产和企业租用场地用于办公的房产税缴纳问题。

城镇土地使用税，主要检查未销售的商品房所占用的土地是否未按规定缴纳土地使用税。

（2）印花税，主要通过对照销售合同等，看是否有漏缴印花税的情形。

六、案例解析

某房地产公司虚列成本偷税案

一、案件背景情况

（一）案件来源

根据2017年度税收专项检查工作计划，某市税务局稽查局对该市某房地产开发公司2016年度纳税情况进行检查。

（二）纳税人基本情况

某房地产开发公司成立于2001年10月，2014—2015年开发某花园小区，2016年年初开始销售。该单位2016年度账面反映某花园1#至5#商住综合楼共计销售收入3 305.5万元，账面利润278.5万元。

二、检查过程与检查方法

（一）检查预案

检查前，稽查部门制定了检查预案：先从企业调取会计核算资料、纳税资料及建安成本结算资料，然后从征管分局调取该单位周边地段其他开发商的纳税资料进行对比分析。在此基础上，收集工程监理单位、施工单位、工程造价审核单位等部门的相关资料，开展必要的外围调查取证，实施询问调查，最后锁定证据，固定事实。

（二）检查具体方法

1. 比对分析，发现疑点

检查人员认真分析了该单位的有关纳税资料。该项目商用房占总开发商品房的15%，项目利润率约8%。该小区位于市区较繁华地段，其楼盘在建筑结构、容积率、绿化等方面与周边其他小区基本类似,平均售价(2 000元/平方米)比周边项目高出近200元/平方米,而利润率却明显低于周边其他房地产公司15%的平均利润率。经查,该单位收入已全部入账,检查人员于是将检查重点锁定在企业的成本费用项目上。

检查人员将该企业的成本与周边房产开发公司的成本逐项进行了详细比较,发现该单位的平均建筑安装成本(1 000元/平方米)比周边同等楼盘高出200元/平方米,同时高出该市同等类型房产平均成本180元/平方米。进一步检查发现,该公司账面反映的工程费用均已支付给施工单位,而施工单位法定代表人与该公司法定代表人是夫妻关系。据此分析判断,企业极有可能利用这种关联关系虚增成本。

检查人员依法询问了施工单位负责人。该负责人声称工程造价是真实的,是经过权威部门审计的,并提供了由某工程造价审核机构出具的《关于某花园1#至5#商住楼工程结算的审核报告》及相关附件。报告列明该工程报审价为2 041.7万元,审定价为1 821.9万元。该开发商也是按照工程结算报告的金额入账,相关的工程结算单均有开发商、施工单位与工程造价审核机构三方签证,该报告是具有法律效力的。但检查人员依据所掌握的全市建安成本价的平均状况,确信对该企业成本问题的判断不会有误,于是决定从外围突破。

2. 外围突破,锁定重点

检查人员先到建设局工程造价管理处,对在同一区域开发的其他房地产公司的有关情况进行了详细了解,同样得出该公司的单位工程造价偏高的结论。检查人员据此推断工程造价审核机构出具的审核报告很有可能存在问题。

由于工程施工要经建设单位、施工单位及监理单位三方协作才能完成,国家实行工程强制监理制度,监理资料完成后必须存档,审核审计报告,必须要从监理资料入手。检查人员详细查阅了分部分项工程监理验收记录,了解每一个分部分项工程,并与工程造价审核机构工程结算书中的每一个子目相核对。

通过仔细核对,检查人员首先发现小区2号楼的监理记录中无沙垫层,而工程结算书中却出现了沙垫层。根据这一线索,检查人员又详细查阅了监理工作日志及分部分项工程验收报告和图纸、设计变更等资料,但均未发现小区2号楼有沙垫层的相关记录。随后,检查人员对当时负责监理的工程师进行了询问,证实小区2号楼并未做沙垫层基础。仅此一项,该企业就多计工程造价133万元。

3. 乘胜追击,扩大战果

进一步检查发现,小区工程桩基础图纸中明确设计为猫杆静压桩,而《工程审核结算书》中却反映为打混凝土预制桩,两者价格相差4～5倍。根据国家相关法律的规定,凡影响结构的建筑设计变更必须要由原设计单位出具工程设计变更通知书,但检查人员查阅了全部档案,也未发现桩基的变更通知,相关的监理工作日志及分部分项工程验收报告,也都反映桩基础为猫杆静压桩。经询问监理工程师和相关施工技术人员及设计单位有关人员后得知,该工程的桩基并未变更,仍为猫杆静压桩。经重新套用国家定额进行计算,此项目多列支工程成本85万元。

接着,检查人员又到某花园进行实地检查。由于工程结算书中反映该花园的道路厚度达到50厘米,与通常情况不符,检查人员便在开发商、施工单位、监理单位三方共同见证下,对道路进行了挖掘,并按随机原理,选取若干计算点,核定出道路的平均厚度只有20厘米(在后来的询问调查中,该单位和施工单位承认是按20厘米的厚度施工的),虚列成本达20万元。

检查人员还发现,工程结算书的材料清单中有大量使用室内乳胶漆的记录。开发商的解释是该小区的房屋均是经内外粉刷后才出售的,而这与该市当时的实际情况不符。经入户调查,内墙并未粉刷,所谓的内墙乳胶漆并未使用;另外,检查人员在现场发现该工程部分使用了铝合金固定窗,而结算书中却全部为推拉窗,明显与事实不符。经计算,上述两项多列成本计40余万元。

4. 仔细询问,固定证据

在证据面前,开发商及审核机构对检查人员发现的问题均供认不讳,但他们只承认是工作失误,不存在主观故意。为了固定事实,检查人员按照法定程序对工程造价审核机构的法定代表人、技术负责人、工程造价审计人员以及开发商分别进行了询问调查。

经过详细而耐心的税法宣传,慑于国家税法的威严,工程造价审核单位和开发商终于承认:开发企业为了少缴企业所得税和土地增值税,考虑在收入上不好做文章,就在建造成本上动脑筋。建造成本是由专业的中介机构审核并出具报告的,中介机构出具的报告,一方面专业性较强,税务机关难以检查;另一方面,中介机构出具的报告具有相应的法律效力,税务机关也不便深查。于是,双方一拍即合,并商定由开发商支付超过国家标准几倍的工程审核费,审核机构则不按法定审核程序,只根据开发商提供的相关资料,出具审核报告。

(三) 检查中遇到的困难和阻力及相关证据的认定

在本案检查过程中,遇到不少困难和阻力。一是检查人员缺乏相关专业知识,本案检查组成员均为会计或税收专业人员,对工程造价方面的业务比较陌生,只能根据多年的房地产业检查经验对有关专业领域进行检查,容易走弯路且花费的时间和精力较多;二是开发商、造价审核单位起先均不承认是主观故意,并将责任推给另一方,检查人员只能反复宣传税法,展开心理攻势,最终落实责任;三是在检查中向有关单位取证时,往往得不到及时配合。

在相关证据认定方面,一是从监理单位、城建管理单位调取相关的事实材料;二是由开发商、施工单位、工程造价审核机构三方同时在场确认相关事实;三是对开发商、施工单位、工程造价审核机构三方进行询问调查,固定事实;四是根据国家规定的工程定额、费用定额以及本地建设主管部门确定的人、材、机的消耗定额,计算出相关数据,并由工程造价审核机构出具真实的审核报告。

三、案件分析

查处本案的认识及体会：

（1）虚列建筑安装成本是房地产偷税的主要手段。

建筑工程的前期工程量往往被后来的施工所隐蔽，而税务人员又不太熟悉建筑施工业务，房地产开发商往往利用这一特点，虚列建安工程成本，扩大税前扣除，这是当前房地产开发企业偷逃税收所采取的较为普遍的做法，这种虚增建筑施工成本，同时设计虚假的施工项目工作记录，给税务检查工作带来极大困难。

（2）房地产中介机构自律不够，税务稽查难度加大。

由于行业监管不到位，加之相关法律制度不健全，在利益驱动之下，一些中介机构不能严守职业道德，唯开发商需求是从，为开发商编造虚假的结算审核书据大开方便之门，这给税务管理带来了更大的难度。

（3）税务管理滞后，给建筑施工成本的检查带来较大难度。

税务管理主要是一种事后管理工作，税务机关不能从房地产开发项目立项时就开始介入，而检查人员在检查房地产开发企业时，工程往往已经建成，检查难度不言而喻。

（4）税务检查缺乏有效的手段，给取证工作带来较大障碍。

在税务稽查过程中，往往需要求助于其他部门或个人，造成相关证据难以取得或虽然取得但得花费太多的时间和精力，一方面影响税务检查工作效率，另一方面容易使税务检查丧失有利时机。

第六章

利润分配阶段的税收风险管理

第一节 利润分配阶段的业务事项

一、房地产企业项目清算利润分配事项

（一）项目清算及利润分配

房地产企业在办理项目交房、房屋产权登记、土地分割证，进行项目清盘时，主要办理如下工作：

(1) 项目各种资料移交工作。

(2) 项目销售、招商工作、问题总结及汇报，指导后期工作。

房地产完工清算，是房地产税收管理一个重要阶段，是各项税收政策贯彻执行的重要阶段，与预售完工前预缴阶段的税收相比，增值税、企业所得税、土地增值税存在补抵问题，项目完工验收，要对房地产的三大税种进行事后调整。

企业面对的既有历史问题，也有现实的税收政策及企业状况问题。因此，房地产清算是一项综合的工作。

因房地产项目时间比较长，大部分房地产企业是按预收款的一定的比例预交企业所得税和土地增值税。

① 企业所得税。国税发〔2009〕31号文件第八条规定企业销售未完工开发产品的计税毛利率由各省、自治、直辖市税务局按下列规定进行确定：开发项目位于省、自治区、直辖市和计划单列市人民政府所在地城市城区和郊区的，不得低于15%。开发项目位于地及地级市城区及郊区的，不得低于10%。开发项目位于其他地区的，不得低于5%。属于经济适用房、限价房和危改房的，不得低于3%。

企业销售未完工开发产品取得的收入，应先按预计计税毛利率分季（或月）计算出预计毛利额，计入当期应纳税所得额。开发产品完工后，企业应及时结算其计税成本并计算此前销售收入的实际毛利额，同时将其实际毛利额与其对应的预计毛利额之间的差额计入当年度企业本项目与其他项目合并计算的应纳税所得额。

在年度纳税申报时，企业须出具对该项开发产品实际毛利额与预计毛利额之间差

异调整情况的报告以及税务机关需要的其他相关资料。

② 土地增值税。土地增值税项目清算,就是对符合清算条件的项目进行清算,按照《中华人民共和国土地增值税暂行条例》及有关规定,清算缴纳土地增值税。

(3) 项目完工确认。

按照国税发〔2009〕31号文件第三条规定:企业房地产开发经营业务包括土地的开发、建造、销售住宅、商业用房以及其他建筑物、附着物、配套设施等开发产品。除土地开发之外,其他开发产品符合下列条件之一的,应视为已经完工:①开发产品竣工证明材料已报房地产管理部门备案。②开发产品已开始投入使用。③开发产品已取得了初始产权证明。

项目公司在项目完工并办理房屋交接手续后,按照税法规定,对涉及的增值税、土地增值税、企业所得税等相关的税款缴纳后,剩余利润企业进行分配。

(4) 利润分配。

根据我国《公司法》《企业所得税法》的规定,企业税前利润分配的顺序是:弥补以前年度亏损、计算应缴纳的所得税、提取10%的法定公积金、分配利润。

根据我国的法律法规,房地产开发企业按照下列规定进行利润分配:

① 不按出资比例分配利润。

我国新修订的《公司法》第一百六十六条规定:"公司弥补亏损和提取公积金后所余税后利润,有限责任公司依照本法第三十四条的规定分配;股份有限公司按照股东持有的股份比例分配,但股份有限公司章程规定不按持股比例分配的除外。"第三十四条规定:"股东按照实缴的出资比例分取红利;公司新增资本时,股东有权优先按照实缴的出资比例认缴出资。但是,全体股东约定不按照出资比例分取红利或者不按照出资比例优先认缴出资的除外。"

新《公司法》第一百零三条规定,对于股份有限公司,股东大会修改公司章程的决议必须经出席会议的股东所持表决权的2/3以上通过。对于股份公司,只要公司章程约定了不按出资比例分配,公司可以不按出资比例分配利润;而公司法也允许在一定条件下修改公司章程。因此,对企业集团或者关联方中,在被投资企业的公司章程里有关利润分配的约定中,可以约定处于企业所得税税率较低的投资企业分配利润的比例高一些,而所得税税率较高的投资企业分配的比例低一些,从而使企业集团或者关联方的整体税负最小化,以实现集团整体价值的最大化。

对于有限责任公司在修改公司章程方面,新《公司法》第四十三条规定,股东会议修改公司章程的决议,必须经代表2/3以上表决权的股东通过。但是,根据新修订的《公司法》第三十四条的规定,对于有限责任公司,不按出资比例分配利润则必须取得全体股东的同意。即不按出资比例分配利润不适用新《公司法》第四十三条中只要"代表2/3以上表决权的股东通过"的规定,而必须取得全体股东的同意。

② 房地产开发企业以成本价向职工(股东)出售商品房。

2007年2月8日,《财政部 国家税务总局发布的关于单位低价向职工售房有关个人所得税问题的通知》(财税〔2007〕13号,以下简称财税〔2007〕13号)文件规定:除按照所在地县级以上人民政府规定的房改成本价格向职工出售公有住房这一情形外,单位按低于购置或建造成本价格出售住房给职工,职工因此而少支出的差价部分,属于个人所得税应税所得,应按照"工资、薪金所得"项目缴纳个人所得税。对职工取得的上述应税所得,比照《财政部 国家税务总局关于个人所得税法修改后有关优惠政策衔接问题的通知》(财税〔2018〕164号)第六条关于单位低价向职工售房的政策规定,单位按低于购置或建造成本价格出售住房给职工,职工因此而少支出的差价部分,符合财税〔2007〕13号文件第二条规定的,不并入当年综合所得,以差价收入除以12个月得到的数额,按照月度税率表确定适用税率和速算扣除数,单独计算纳税。计算公式为:

$$应纳税额 = \frac{职工实际支付的购房价款低于该}{房屋的购置或建造成本价格的差额} \times 适用税率 - 速算扣除数$$

而企事业单位向职工出售商品房的价格如果高于成本而低于市场价格,则市场价格与出售价格之间的这部分差价就不必缴纳个人所得税。因此,房地产开发企业可以把应分配给职工股东的股利以折价销售的形式对职工进行让利,以达到为职工(股东)避税的目的。同时,房地产开发企业以成本价向职工(股东)出售商品房的筹划方式实际也可以作为企业职工个人所得税税务筹划的一种方式。

当然,这一操作也存在一定的局限性。首先,对于非职工股东,虽然不属于财税〔2007〕13号文件规范的范围,但是,如果是上市公司的大股东,则可能属于关联交易,而上市公司的关联交易必须履行披露义务。其次,对于职工股东,必须有购房需求。不过,由于当前房价普遍上涨,房产已经成为一种流行的投资工具,大部分股东还是会很乐于接受的。最后,这种利润的分配方式并不适用于所有的股东,交易对象有一定局限性。对于一般上市公司分散的投资者,可能无法享受这一利润分配方式所带来的好处,并可能承担由于关联交易引起股价下跌所造成的损失。

(二)房地产企业解散清算

房地产企业多年来发展势头非常猛烈,但并不是所有的房地产公司都能够从中赚钱,一些房地产公司就因为烂尾楼、资金链断裂等关系而面临破产解散的情况。

1. 房地产公司解散清算程序

1)公司权力机构决议

公司权力机构(股东会或董事会)在公司解散事由出现之后应及时召开股东会或者董事会,表决通过公司解散决议。

2)清算组的成立和备案

公司在解散事由出现之日起15日内公司即应成立清算组,有限责任公司清算组由全体股东组成,股份有限公司的清算组由董事或者股东大会确定的人员组成,也可选任注册会计师、律师或其他熟悉清算事务的专业人员作为清算组成员,清算组成员不得少于3人。自清算应当自成立之日起10日内须将清算组成员、清算组负责人名单向所在的公司登记机关备案。

3）清算公告和债权登记

清算组应当自成立之日起10日内通知债权人，并于60日内在报纸上公告。债权人应当自接到通知书之日起30日内，未接到通知书的自公告之日起45天内，向清算组申报其债权。债权人申报其债权，应当说明债权的有关事项，并提供证明材料。清算组应当对债权进行登记。清算组核定债权后，应当将核定结果书面通知债权人。

书面通知和清算公告应包括企业名称、住址、清算原因、清算开始日期、申报债权的期限、清算组的组成、通信地址及其他应予通知和公告的内容。

2. 公司自愿解散

自愿解散又称为任意解散，是指按照公司章程的规定或股东会的决议而自动解散公司。这主要是基于公司自己的要求而自愿进行的解散。

根据《公司法》第一百八十一，一百八十三条，一百八十八条的规定，自愿解散公司须经历如下程序：

（1）由股东会或者股东大会做出解散公司的决议。决议解散公司属于公司法规定的重大特别事项，有限责任公司须经持有2/3以上表决权的股东通过，股份有限公司须经出席股东大会会议的股东所持表决权的2/3以上通过。

（2）股东会或者股东大会决议解散公司的，应当在15日内成立清算组，开始清算。有限责任公司的清算组由股东组成，股份有限公司的清算组由董事或者股东大会确定的人员组成。

（3）逾期不成立清算组进行清算的，债权人可以申请人民法院指定有关人员组成清算组进行清算。人民法院应当受理该申请，并及时组织清算组进行清算。

（4）公司清算结束后，清算组应当制作清算报告，报股东会、股东大会或者人民法院确认，并报送公司登记机关，申请注销公司登记。

（5）公司解散经公司登记机关注销登记后，公司终止。

（三）房地产企业破产清算

1. 开始程序

破产程序因当事人申请而开始，债权人和债务人都可以提出破产申请。提出申请时，必须讲明破产原因。破产案件一般归债务人营业所所在地的法院管辖；无营业场所的，归债务人普通审判籍所在地的法院管辖；无营业所与普通审判籍的，归债务人不动产所在地的法院管辖。对当事人提出的破产申请，法院要进行审查，有正当理由的，予以受理，否则即予驳回。

2. 宣告程序

破产由法院宣告。宣告破产前，必须对破产案件进行审理。审理方法由法院决定，可以依职权调查,可以进行言词辩论,也可以两种方法同时采用。审理后,确认具备以下条件的,即可宣告破产:①具备法定的破产原因。②债权人具有申请破产的权利。③债务人具有破产的能力。

宣告破产要使用书面裁定。破产裁定书必须记明宣告破产的具体时间,确定呈报债权时间,确定调查债权和召开第一次债权人会议的日期,宣布扣押命令,采取保全措施。

3. 进行程序

法院宣告债务人破产后,应从熟悉会计或者法律业务的人员中,选任破产管理人,并即发出公告宣布下列事项:破产裁定的主要内容;破产管理人的姓名、住址;报明债权的时间;第一次债权人会议的日期;命令破产人的债务人和财产持有人,不得向破产人清偿债务或者交付财产,而应向破产管理人说明情况,听候处理。

报明破产债权,应当遵守法院规定的期限,不在规定的期限内申报的,不能成为破产债权,不得以破产人的财产受偿。报明破产债权的方式,是向法院提出书面报告,说明债权数额和形成债权的原因,并提出必要的证据。

法院对于报明的债权,必须进行调查。参加调查的主要人员是破产管理人,另外还有破产人和已经报明债权的破产债权人。对于申报的债权,破产管理人和破产债权人可以提出异议,由法院审理确定。没有提出异议或者异议已经消除的债权,即可确定为破产债权。破产债权的持有人,有权参加债权人会议和破产人财产的分配。债权人会议是债权人表达意志的组织,由所有登记的破产债权人组成,由法院召集和主持。

(四)合作开发房地产利润分配

合作开发房地产,是指当事人订立的以提供出让土地使用权、资金等作为共同投资,共享利润、共担风险合作开发房地产为基本内容的协议。

合作开发有三个基本的特征,即共同投资、共享利润、共担风险。

共同投资即指合作各方分别投入合法的出让土地使用权、资金、技术、管理等合作开发房地产所必需的要素。

共享利润是指房地产合作开发的各方共同分享房地产开发成果,分配比例由各方协议约定,分配方式可以是资金、房地产实物、经营权以及其他经济利益表现形式。

共担风险是指合作各方对房地产合作开发失败,或没有完全达到预期目标而导致的现实损失或预期损失进行分担。分担的比例和方式由各方自行约定。

利润是合作双方重点关注的问题。合作开发房地产对合作利润分配比例的约定是建立在合作各方按约实际且足额投入的基础之上,当事人未足额缴纳出资的,应按照当事人的实际投资比例分配利润。但对于合作一方未按约定投资,如合作另一方同意按照原约定的分配比例分配利润的,法律也未做禁止性规定。

1. 约定土地出资方只收取固定收益

合作开发房地产合同约定提供土地使用权的当事人不承担经营风险,只收取固定利益的,应当认定为土地使用权转让合同。

在我国,由于土地资源十分稀缺珍贵,拥有土地使用权的一方在合作开发房地产的过程中往往处于优势方。加之我国相关法律法规对土地使用权的转让做出了很多限制性规定,并且土地使用权的转让还存在着较重的税费负担。因此,实践中的合作各方会利用合作开发之名规避这些问题。投资方为取得项目开发收益,控制项目开发建设权,通常会向土地使用权提供方许诺分配固定利润,而无须承担任何经营风险。在这种情况下,名为房地产合作开发合同,实质上已经转性为土地使用权转让合同。

合同性质一旦转变为土地使用权转让合同,作为出地的一方则成为土地使用权转让方,投资方则成为土地使用权受让方。提供土地使用权的一方可以获得约定的固定收益,该固定收益可视为土地使用权转让价款,而投资方则获得约定的土地使用权,包括其地上建筑物。

值得注意的是,转性后的土地使用权转让合同也要满足相关法律规定。如果土地使用权转让合同因不符合法律规定而被认定为无效,双方在合同履行期间的收益,应先用于清偿合作的债务及补偿无过错方因合同无效所遭受的经济损失。因此,投资方不能获得预期的土地使用权,仅可要求出地一方对取得的建成建筑物给予相应补偿。若过错在出地一方,投资方则可获得一定的损失赔偿。

2. 约定资金投入方只分配固定数量房屋

合作开发房地产合同约定提供资金的当事人不承担经营风险,只分配固定数量房屋的,应当认定为房屋买卖合同。

根据事先的约定,这里的房屋买卖可以视为房屋预售性质的房屋买卖。但无论是采取直接的预售形式销售,还是采取变相的以合作开发形式的预售,都必须按照预售管理制度的规定,在取得《预售许可证》后才能进行销售。而我国对商品房预售进行了严格限制,开发企业只有在符合法定条件后才能取得《预售许可证》。

因此实践中,合作各方通常会利用合作开发之名规避上述问题,这样开发企业既可以提前获得商品房预售款,投资方又可以以低于市场销售价的价格获得房屋。此时的房地产合作开发合同应转化为房屋买卖合同,提供土地使用权一方将成为房屋出卖人,投资方将成为房屋买受人,投资方提供的资金将成为房屋买受价款。

此处值得注意的是,对于转性后的合同应根据是否取得《预售许可证》来判断房屋买卖合同的效力。因此,若所售房屋已取得《预售许可证》,则房屋买卖合同有效,投资方可依约定取得房屋。相反,若所售房屋没有取得《预售许可证》,并且在起诉前也未取得《商品房预售许可证明》的,则房屋买卖合同无效。投资方不能获得约定的房屋,其依据约定投入的资金可以要求出地一方返还,然而投资方的预期利益则难以得到保障。

显然,此种情况下投资方处于不利地位,尤其是在实际利益远大于预期利益的情况下,无疑鼓励了出地一方违约。鉴于此,投资方应确保在开发项目取得《预售许可证》后再出资到位。

3. 约定资金投入方只收取固定数额货币

合作开发房地产合同约定提供资金的当事人不承担经营风险，只收取固定数额货币的，应当认定为借款合同。

由于非金融企业之间借贷违反了我国《贷款通则》第二十一条的规定，且在中央严厉调控房地产市场的政策影响下，开发企业从金融机构处获取房地产开发贷款变得十分困难。因此实践中，合作各方通常会利用合作开发之名规避相关法律规定及限制，即以合作开发之名行借贷之实。

根据相关法律规定，此种情况下的房地产合作开发合同应转化为借款合同，提供土地一方应为借款方，投资一方应为出借方，双方约定的固定数额收益回报除去投资方借出的本金外，超出部分应属于利息。《最高人民法院关于审理民间借贷案件适用法律若干问题的规定》（法释〔2015〕18号）第十四条规定，具有下列情形之一，人民法院应当认定民间借贷合同无效：套取金融机构信贷资金又高利转贷给借款人，且借款人事先知道或者应当知道的；以向其他企业借贷或者向本单位职工集资取得的资金又转贷给借款人牟利，且借款人事先知道或者应当知道的；出借人事先知道或者应当知道借款人借款用于违法犯罪活动仍然提供借款的；违背社会公序良俗的；其他违反法律、行政法规效力性强制性规定的。

《民法典》第一百四十八条规定，一方以欺诈手段，使对方在违背真实意思的情况下实施的民事法律行为，受欺诈方有权请求人民法院或者仲裁机构予以撤销。

《民法典》第一百四十九条规定，第三人实施欺诈行为，使一方在违背真实意思的情况下实施的民事法律行为，对方知道或者应当知道该欺诈行为的，受欺诈方有权请求人民法院或者仲裁机构予以撤销。

《民法典》第一百五十条规定，一方或者第三人以胁迫手段，使对方在违背真实意思的情况下实施的民事法律行为，受胁迫方有权请求人民法院或者仲裁机构予以撤销。

如前述，如果属于我国法律禁止性的企业之间借贷，可能被认定的企业间借款合同应当作为无效合同处理；如果投资一方为个人，那么借款合同有效，但约定的利率超出中国人民银行公布的同期贷款利率4倍的部分不受法律保护。

接前述，若借款合同被认定无效，那么投资方只能取得本金，对于其已经取得或约定取得的利息应予收缴，而出地一方则面临相当于银行同期贷款利息的罚款。然而，若房屋在建过程中双方发生纠纷，那么投资方将很难收回本金，在建工程也有可能被迫停建。因此，若采用此种方式合作开发，则应注意避免工程在建过程中的投资方违约，还要避免工程建成后的出地一方违约。

4. 约定资金投入方只获得房屋使用权

合作开发房地产合同约定提供资金的当事人不承担经营风险，只以租赁或者其他形式使用房屋的，应当认定为房屋租赁合同。

在建房初期,出地一方为了吸纳建设资金,可能会以合作开发的形式与出资方签订合作开发合同。而对于出资人来说,其本意也是为了获得建成后房屋较长期限的使用权,且较早出资价格也会相对较低廉,可获得的使用面积也相对较多。因此实践中,以获得房屋一定期限的使用权为目的,共同出资合作建房的情形较为常见。目前,出地一方会根据房屋的用途,在拟定"合作开发合同"时对房屋约定比较高的租赁期限,如根据综合用地最高使用期限50年"租赁"给投资方。《民法典》第七百零五条规定,租赁期限不得超过20年。超过20年的,超过部分无效。租赁期限届满,当事人可以续订租赁合同;但是,约定的租赁期限自续订之日起不得超过20年。因此,转性后的租赁合同前20年租赁期的约定是有效的,但超过部分则不能被认可,如果双方之间发生纠纷,超过20年的租赁期部分可能会面临不受法律支持的尴尬境地。

综上所述,无论上述合作开发合同转性为何种合同,我们都不难看出这类性质转变的合同均有一个共同的特点,那就是双方当事人表面上签订了名为合作开发房地产的合同,但实际上双方之间的法律关系却是土地使用权转让、房屋买卖、企业间资金拆借或者是房屋租赁。

那么在实践中,应以何种认定标准来判断这些合同是否属于伪房地产合作开发合同呢?由于相关法律已经明确规定,签订合作开发房地产合同的当事人只要有一方具备房地产开发经营资质的,合作开发合同即可被认定为有效,即使合作其他方不具备房地产开发经营资质或不实际参与经营管理的,也不影响合作开发合同的效力和性质。因此,单纯的从合作方是否实际参与开发经营管理的角度,并不能简单判定合同是否属于伪合作开发房地产合同。

因此,合作开发房地产的本质特征可以总结为12个字,即:共同投资、共享利润、共担风险。对于合作各方是否共同承担经营风险,是对于这类伪合作开发房地产合同的最根本的认定标准。

5. 合作建房法律依据

《中华人民共和国城市房地产管理法》第二十八条规定,"依法取得的土地使用权,可以依照本法和有关法律、行政法规的规定,作价入股,合资、合作开发经营房地产"。为房地产合作开发提供了法律依据。房地产合作开发是房地产开发中一种比较普遍的形式。合作开发可以有效地把土地、资金、资质等房地产开发的要素结合起来,从而使合作开发的各方合法地在房地产开发中找到各自的利益。

实践中,房地产合作开发的概念也有被称为"合作建房""联营建设"等。可见合作开发是一种整合房地产开发各要素的民事行为。其法律特征及要件是:共同投资、共享利润、共担风险。

目前,有关房地产"合作开发"税收上的定义主要来源于下列两个文件:

(1)《国家税务总局关于印发〈营业税问题解答(之一)〉的通知》(国税发〔1995〕156号)第十七条规定:合作建房,是指由一方(以下简称甲方)提供土地使用权,另一方(以下简称乙方)提供资金,合作建房。——仅指合作建房形式。

(2)国税发〔2009〕31号文件第五章特定事项的税务处理第三十六条规定,"合作建造开发产品的税务处理"以及第三十七条"以土地使用权投资开发项目的税务处理"的规定。此不仅包括合作建房,还包含其他形式的合作开发项目。

6. 合作开发税务处理

1) 增值税处理

(1)不成立合营企业,本质就是以物易物。

一是土地与房屋交换,甲方:按销售无形资产——土地使用权征收增值税;乙方:按销售不动产——建筑物计税销售额按照《营业税改征增值税试点实施办法》(财税〔2016〕36号附件)第四十四条规定征收增值税。

二是出租土地使用权换取房屋,甲方:按经营性租赁——不动产租赁,征收增值税;乙方:按销售不动产——建筑物征收增值税。

(2)成立合营企业增值税处理。

一是风险共担、利润共享分配方式。提供土地方:按照销售无形资产——土地使用权;合营企业:按照销售不动产——建筑物,双方分配利润不征增值税。

二是提取固定利润的分配方式。提供土地方:按照销售无形资产——土地使用权;合营企业:按照销售不动产——建筑物,双方分配利润不征增值税。

三是双方按一定比例分配房屋。提供土地方:按照销售无形资产——土地使用权;合营企业:分配房屋按照销售不动产——建筑物。双方将分配的房屋各自再销售,按销售不动产——建筑物征收增值税。

(3)参与建房、集资建房增值税处理。

一是办理立项后接受他人投资,办理立项后,又接受他人投资参与不动产建设,并与他人共同分配不动产,其分配环节缴纳增值税。

二是以集资建房名义销售不动产,集资建房名义销售不动产,计税依据向出资人收取的全部集资款。

2) 合作建房企业所得税处理

(1)以本企业为主体联合建房。

企业以本企业为主体联合其他企业、单位、个人合作或合资开发房地产项目,且该项目未成立独立法人公司的,按下列规定进行处理。

一是约定分配开发产品。凡开发合同或协议中约定向投资各方(即合作、合资方,下同)分配开发产品的,企业在首次分配开发产品时,如该项目已经结算计税成本,其应分配给投资方开发产品的计税成本与其投资额之间的差额计入当期应纳税所得额;如未结算计税成本,则将投资方的投资额视同销售收入进行相关的税务处理。

二是约定分配项目利润。开发合同或协议中约定分配项目利润的,应按以下规定进行处理:

第一，企业应将该项目形成的营业利润额并入当期应纳税所得额统一申报缴纳企业所得税，不得在税前分配该项目的利润。同时不能因接受投资方投资额而在成本中摊销或在税前扣除相关的利息支出。

第二，投资方取得该项目的营业利润应视同股息、红利进行相关的税务处理。

（2）以土地使用权投资开发项目。

企业应在首次取得开发产品时，将其分解为转让土地使用权和购入开发产品两项经济业务进行所得税处理，并按应从该项目取得的开发产品（包括首次取得的和以后应取得的）的市场公允价值计算确认土地使用权转让所得或损失。

（3）以非货币交易方式取得土地使用权。

一是以换取开发产品为目的。

企业、单位以换取开发产品为目的，将土地使用权投资企业的，按下列规定进行处理：

第一，换取的开发产品如为该项土地开发、建造的，接受投资的企业在接受土地使用权时暂不确认其成本，待首次分出开发产品时，再按应分出开发产品（包括首次分出的和以后应分出的）的市场公允价值和土地使用权转移过程中应支付的相关税费，计算确认该项土地使用权的成本。如涉及补价，土地使用权的取得成本还应加上应支付的补价款或减除应收到的补价款。

第二，换取的开发产品如为其他土地开发、建造的，接受投资的企业在投资交易发生时，按应付出开发产品市场公允价值和土地使用权转移过程中应支付的相关税费，计算确认该项土地使用权的成本。如涉及补价，土地使用权的取得成本还应加上应支付的补价款或减除应收到的补价款。

二是以股权的形式将土地使用权投资其他企业。

企业、单位以股权的形式，将土地使用权投资企业的，接受投资的企业应在投资交易发生时，按该项土地使用权的市场公允价值和土地使用权转移过程中应支付的相关税费，计算确认该项土地使用权的取得成本。如涉及补价，土地使用权的取得成本还应加上应支付的补价款或减除应收到的补价款。

3）合作建房的土地增值税处理

（1）以房地产进行投资、联营。

对于以土地（房地产）作价入股进行投资或联营的，凡所投资、联营的企业从事房地产开发的，或者房地产企业以其建造的商品房进行投资和联营的，均应按规定征收土地增值税。

（2）一方出地一方出资金。

对于一方出地，一方出资金，双方合作建房，建成后按比例分房自用的，暂免征收土地增值税；建成后转让的，应征收土地增值税。

4）合作建房税务检查

（1）归集检查所需资料：合作建房的合同、立项批复；相关凭证和明细账，产权转移数据。

(2) 检查要点：相关政策梳理；关注无形资产和不动产的变化，审核会计处理的方式。

(五) 案例解析

产权渐欲迷人眼　迷雾拨开见真颜
——合作建房涉税处理案例分析

1. 基本情况

2014年年初，A县溪湾镇政府根据县政府要求，要求所属王村村委会向县发改局提交建设A县废旧物资交易市场的请示，2014年7月4日县发改局下达了关于A县废旧物资交易市场建设项目的批复，但批复对象为溪湾镇政府，资金来源为王村村委会自筹；为建设该市场，王村村委会于2016年7月投资成立了A县废旧物资交易有限公司（以下简称A公司），并通过该公司与B工贸有限公司拥有房地产开发2级资质（以下简称B公司）进行合作。

A县公司（以下简称甲方）和B公司（以下简称乙方）就共同投资建设该项目于2016年12月9日达成合作协议书，

其内容为：

(1) 甲方出地、乙方出资。甲方办妥土地由集体用地转为商业用地手续，并承担土地出让费1 280万元。

(2) 受益分成。商品房出售的总收入扣除乙方投入的成本后，剩余部分双方按1∶1的比例分成。

(3) 乙方向甲方先行支付500万元（至2019年年底实付598万元）。

本案例涉及的建设用地是溪湾镇王村的集体用地，2017年3月14日由王村村委会支付土地出让费1 280万元变更为商业用地，A县国土局与B公司签了土地出让合同，并将《土地使用证》办理给B公司，面积为20 036平方米。

2017年8月，A县发改局向溪湾镇人民政府下达了A县废旧物资交易市场建设开工计划，注明市场占地面积20 036平方米，建筑面积16 350平方米，该市场包括4幢综合楼和经营区两部分，由A公司和B公司投资建设。其中4幢综合楼由B公司筹建，经营区（为4幢标准厂房）由A公司自行建造。

2019年12月，甲、乙双方对总土地使用证（面积为20 036平方米）进行了分割，甲方取得土地面积为10 253.8平方米，乙方取得土地面积为8 297.8平方米，剩余面积被县太安路拓宽改造占用。（注：4幢综合楼于2017年8月动工，A县废旧物资交易市场经营区部分于2018年9月开始建造，土地使用权的分割时间是2019年9月。4幢综合楼是用于出售的商品房，如过早分割土地会影响容积率，因此待所有批文办好后才进行分割。）

B公司于2019年9月将分割后实际拥有的土地8 297.8平方米按评估价格7 053 130元

记入开发成本,单位成本为850元/平方米。

2. 思考题

请分析整个案例经济事项涉税问题的处理。

3. 案情分析

(1) 关于合作建房的判定。建设A县废旧物资交易市场的请示是由王村村委会向县发改局提交的,但2014年7月4日县发改局批复的对象为溪湾镇政府,资金来源又为王村村委会自筹;市场开工建设前向县发改局提交开工建设申请的是A县废旧物资交易有限公司和B公司,但县发改局考虑到规范废旧物资交易秩序是政府职能,于是在2017年8月将建设开工计划下达给了溪湾镇人民政府。虽批复对象均为溪湾镇人民政府,县发改局却认为该项目应为甲方和乙方共同立项,据此我们判定属于甲乙双方一方出地、一方出资的合作建房。

(2) 关于土地权属与转移的判定。对土地权属与土地权属转移问题,从县国土局咨询及取得的有关票据看,该块土地原是溪湾镇王村村委的集体用地,由王村村委支付土地出让金1 280万元变更为商业用地,但王村村委会或A县废旧物资交易有限公司均无开发资质,县国土局根据政府规定,必须将A县土地登记到在A县成立的开发公司名下,并且只要求双方提供合作建房协议即可。于是县国土局直接与B工贸有限公司签订了土地出让合同,而这一环节的正常程序是:先由王村村委取得土地使用证,然后双方办理土地变更登记。

双方合作协议虽然约定由"A县废旧物资交易有限公司出地、B工贸有限公司出资",实质上应该是王村(A县废旧物资交易有限公司)先取得土地后变更给B工贸有限公司(甲、乙双方均认可王村先取得土地后分割给B工贸有限公司,并且在分割协议中约定B工贸有限公司取得的土地使用证不作为土地权属的凭据),但由于政府的原因,县国土局直接与B工贸有限公司签订土地出让合同,因此在法律上土地使用权归于B工贸有限公司。

由此产生的问题是:到底是A县废旧物资交易有限公司将土地分割给B工贸有限公司,还是B工贸有限公司将土地分割给A县废旧物资交易有限公司?即,是A县废旧物资交易有限公司将土地转让给B工贸有限公司,还是B工贸有限公司将土地转让给A县废旧物资交易有限公司?

(3) 认定的结果不同将直接影响谁是转让土地使用权增值税纳税人的确认。对此,在案件合议过程中形成了两种意见:

一种意见认为,应该是甲方将土地转让给乙方。理由:一是土地出让金由王村(A县废旧物资交易有限公司)缴纳,虽然土地出让合同是县国土局直接与B工贸有限公司签订的,但这是县政府干预的结果,也不符合正常程序,本来土地出让合同应该由县国土局与王村(A县废旧物资交易有限公司)签订,土地权属方应该是王村(A县废旧物资交易有限公司);二是王村先取得土地后分割给B工贸有限公司,而且双方在分割协议中约定B工贸有限公司取得的土地使用证不作为土地权属的凭据,并根据约定进行了土地分割;三是双方合作协议约定"由A县废旧物资交易有限公司出地、B工贸有限公司出资",并且在协议签订后先行支付500万元(实际已支付598万元),如果认定是B工贸有限公司将土地转让给A县废旧物资有限公司,就会形成B工贸有限公司卖土地给A县废旧物资有限公司,还要向A县废旧物资交易有限公司支付598万元的结果。因此,认定为甲方将土地转让给乙方。

另一种意见认为,应该是乙方将土地转让给甲方。理由:一是土地出让金由王村(A县废旧物资交易有限公司)缴纳,但土地出让合同是国土局与B工贸有限公司签订的,土地使用证给了B工贸有限公司,依照法律规定,土地权属的确认应以土地使用证上的使用人为准,土地权属方应是B工贸有限公司;二是2019年12月甲、乙双方在土地分割过程中,虽然王村(A县废旧物资交易有限公司)未支付价款,但其在集体土地转为商业用地时所支付的1 280万元土地出让金,实质是为取得分割到的10 253.8平方米土地以及综合楼开发收益分成而进行的投入。因此,应认定为乙方将土地转让给甲方。

(4) 由于两种意见出现分歧,A县地税局组织相关人员专门就此案进行了研究,最后做出了确认,认定为乙方将土地转让给甲方,B工贸有限公司为土地使用权转让的增值税纳税义务人。

(5) 理由如下:

一是土地权属的判定应按法律形式来确认。《民法典》第二百一十七条规定:"不动产权属证书是权利人享有该不动产物权的证明。不动产权属证书记载的事项,应当与不动产登记簿一致;记载不一致的,除有证据证明不动产登记簿确有错误外,以不动产登记簿为准。"土地出让金虽然由王村(A县废旧物资交易有限公司)缴纳,但土地出让合同是县国土局与B工贸有限公司签订的,依照法律规定,土地权属的确认应以土地使用证上的使用人为准,因此土地权属方应该是B工贸有限公司。

二是增值税纳税人的判定应按法律形式来确认。虽然土地使用证原本应先办到A县废旧物资交易有限公司名下,然后A公司再分割给B公司,分割协议中也约定了B公司取得的土地使用证不作为土地权属的凭据,实际土地权属方应是A公司。但与企业所得税遵循实质重于形式的判定原则不同,增值税应按照法律形式判定纳税人,因此应认定B公司将土地转让给A公司,B公司是土地使用权转让的增值税纳税义务人。

三是应按照评估价格来确认土地使用权转让的营业额。虽然A公司在集体土地转为商业用地时支付的1 280万元土地出让金是为取得所分割到的土地以及综合楼开发收益分成而进行的投入,但在确认具体土地使用权转让额时难以划分。B公司于2019年12月对取得的8 297.8 m² 土地进行了评估,并且评估价格与当时市场价格相符(单位成本为850元/m²),因此应按照评估价格来确认土地使用权转让营业额,据以计征增值税。

二、项目跟投的模式及利润分配事项

实现项目跟投机制已逐步成为当前国内众多房地产企业提升竞争实力、快速发展的重要法宝。目前,主流的跟投机制主要包括交易架构、项目范围、参与主体、跟投额度、资金来源、投入资金返还机制、分红返还机制、退出机制等八个要素。

(一) 房地产项目跟投现实意义

1. 跟投机制能够促成员工与项目的利益一致性

一般来说,项目与员工之间的利益不是完全一致的。总部层面注重项目的长远发展和投资收益,而项目管理人员和技术人员更关心的是在职期间的工作业绩和个人收益。两者价值取向的不同必然导致双方在项目运营管理中行为方式的不同,且往往会发生员工为个人利益而损害企业整体利益的行为。跟投可以让项目的管理者和技术人员成为项目股东,其个人利益与项目利益趋于一致,有效弱化了两者之间的矛盾,从而形成项目利益共同体。

2. 跟投机制能够解决员工业绩激励不足问题

房地产是资金密集型行业,单个项目总投资数十亿元,项目利润数亿元,而项目所获取利润的多寡在于项目管理团队的运营。好的项目为公司带来大量利润,但对于项目管理者与技术人员,收获并不在一个量级,除了完成业绩指标与考核,缺乏更进一步的动力。

3. 跟投机制能够帮助企业留住优秀人才

留存人才的手段在央企中较为缺乏,因存在工资限额等问题,优秀的央企房企管理人员存在着钱权不对等的现象。万科曾启动"海盗计划",从中海地产挖走无数人才。杨国强2013年曾对人力资源相关负责人下达"30亿找300人"的指令,于是近年碧桂园对中海招商等国企、央企区域总级别的高管挖角,薪酬达到了2 000万~3 000万元。实施跟投,一方面可以让员工分享项目所带来的收益,增强员工的归属感和认同感,激发员工的积极性和创造性。另一方面,当员工离开项目或有不利于项目的行为时,将会失去这部分的收益,这就提高了员工离开公司或"犯错误"的成本。

(二) 主流房企跟投机制的主要内容

各个公司设计的具体跟投模式、组织架构等细节上有所差异,但主导思想是一致的。

1. 跟投交易架构

跟投交易架构最通常的做法是成立SPV投资项目公司股权,SPV以有限合伙企业、信托计划、资管计划、理财产品为主。员工不直接成为项目公司股东,这对于股权进入、转让、退出与核算都十分方便。

标杆房企跟投计划总体分为两类载体、两种形式,万科、金地等普通跟投交易架构设计成每个跟投项目都设立对应的有限合伙企业,跟投人与有限合伙企业签订投资协议后,直接认购一个单独的项目,这种架构下跟投人跟投哪个项目由其自行决定。保利的交易架构为成立带项目名称的理财产品,项目员工自行选择购买理财产品,产品认购对应项目的股权。这种 SPV 交易架构投资项目明确,可选择跟投项目,税费较低(资管计划仅涉及 3%增值税)。招商的交易架构通过受让股权收益权实现了虚拟入股。

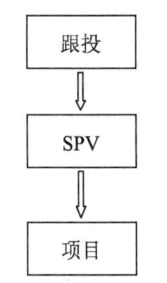

图 6-1 普通跟投架构图

标杆企业跟投交易两类典型架构:

普通跟投架构图如图 6-1 所示。

碧桂园跟投交易架构如图 6-2 所示。

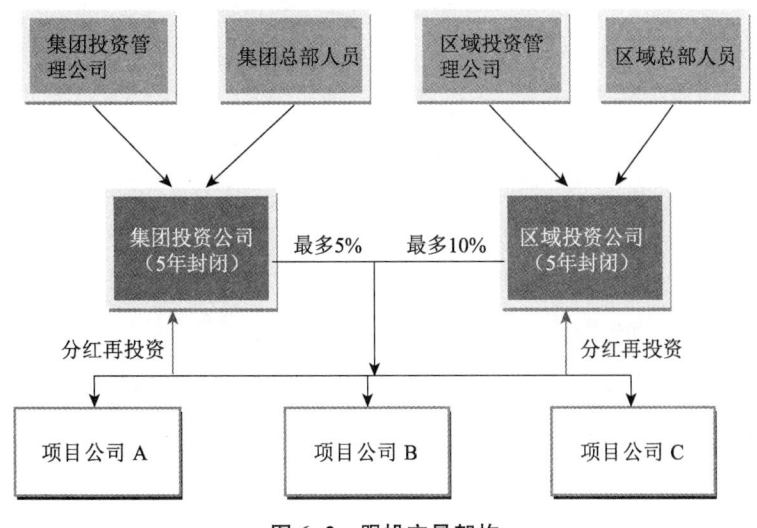

图 6-2 跟投交易架构

碧桂园采用特殊的投资公司进行封闭操作,由投资公司选择跟投项目。具体操作上,集团组建集团投资企业,组建后集团投资企业对每一新成立的项目公司进行投资;在区域上,区域员工组建区域投资企业,可组建一个区域投资企业对每个新项目公司进行投资,也可以一个新项目公司组建一个区域投资企业。在这种交易架构下,跟投人不能直接选择跟投项目,只能通过跟投投资企业进行间接跟投。由于跟投情况不透明,采取这种交易架构需要跟投人对于企业有极大的认可(见表 6-1)。

表 6-1 标杆企业跟投交易的载体与形式设计内容

企业	载体	形式
万科	员工集合基金/有限合伙企业,公司不对跟投人员提供借款、担保或者任何融资便利	一对一(一个有限合伙企业对一个小项目)
碧桂园	集团和区域分别成立投资公司,员工入股投资公司	一对多
金地	有限合伙企业入股	一对一

(续表)

企业	载体	形式
招商	专项资管计划受让股权收益权	一对一
保利	理财产品、资管计划	一对一

2. 跟投项目范围

从设立跟投计划项目的甄选上，可以分为所有项目或销售型项目。一般而言，市场化取得的"招拍挂"项目无法律风险，极少涉及拆迁，可快速开工销售回款，3～4年的开发周期也有利于提高员工参与的积极性，所以销售型项目作为跟投项目得到了广泛认可。碧桂园所有项目都要求跟投，这是基于其采用了集团投资公司与区域投资公司的投资模式决定的（见表6-2）。

表6-2 标杆企业跟投项目范围限定

企业	项目范围
万科	新获取的住宅开发销售类项目
碧桂园	所有房地产项目，包括国内外全资合资
阳光城	所有房地产项目，特殊项目由总裁和董事会通过一事一议
金地	销售型项目，其他类型经董事会审批
绿地	部分市场化竞拍的销售型房地产项目
招商	自制度通过之日起，由城市公司开发的，通过市场化方式获取土地的销售型项目

3. 跟投参与主体

参与主体可分为集团管理人员、区域管理层及项目管理团队。对于区域管理层及项目管理团队，基本属于必须参与的主体。对项目附有责任的员工理应跟投成为利益共同体，才有利于项目的顺利推动。从各个公司经验来看，集团董事、监事与高管基本属于不可参与主体，深交所也规定，董监高参与跟投需经过股东大会审议，这是严防管理层利用灰色地带侵害股东利益的举措（见表6-3）。

表6-3 标杆企业跟投参与主体限定

企业	必须参与	不可参与	自愿参与
万科	区域、城市的管理层、项目的管理团队	集团董事、监事和高级管理人员	其他正式员工
碧桂园	总部董事、副总裁、助理总裁、中心负责人、部门总经理等。区域总裁、营销、财务管理团队、项目总经理及项目管理团队	无规定	其他正式员工
阳光城	区域公司第一负责人、项目负责人、区域团队、项目团队	无规定	其他正式员工
金地	集团主管、投资高管、投资负责人、区域公司负责人、投资负责人、营销负责人、城市公司负责人、项目负责人以及项目关键人员	无规定，董监高须经股东大会审批	除董监高以外的公司正式员工

(续表)

企业	必须参与	不可参与	自愿参与
绿地	事业部经营管理团队及相关条线负责人、项目经营管理团队等	无规定	其他正式员工
招商	对项目负有主要责任的核心管理人员	董事、监事、总部员工	其他正式员工
保利	项目管理团队	董事、监事	其他正式员工

4. 跟投额度

从跟投额度方面来看，可分为三个方面：整体跟投额度、公司层级中的额度分配与个人跟投额度。跟投整体额度一般根据项目资金峰值或者项目股权计算，标杆企业平均额度上限设置为10%，但实际能达到的屈指可数，较多的是实际股权占比1%左右。公司层级中的额度分配指的是跟投额度在组织层级中的比例。万科各层级的额度分配通常为总部比例占整体跟投额度的64%，区域为16%，城市为20%。碧桂园则分为集团和区域两个层级，规定区域投资公司持有不高于10%的股份，集团投资公司持有不高于5%的股份。个人额度上可根据收入水平见仁见智（见表6-4）。

表6-4 标杆企业跟投额度限定

企业	整体跟投额度	公司层级额度分配	个人跟投额度
万科	项目峰值资金10%，项目股权10%，股权低于50%，跟投不超持有20%	总部64%、区域16%、城市20%	单一跟投人员不超过股权1%
碧桂园	项目股权15%	区域投资公司不高于10%，集团投资公司不高于5%	区域总单个项目不低于80万，项目总单个项目不低于50万
阳光城	项目股权15%	—	—
金地	项目股权10%	—	单一跟投人员不超过股权1%
绿地	项目股权10%	—	单一跟投人员不超过股权1%
招商	项目股权5%/资金峰值5%	强制跟投的不超过2%，自愿跟投的不超过3%	根据岗位不同而不同，最高100万
保利	资金峰值10%	—	—

5. 资金来源

股东投入项目公司的资金分为资本金与股东借款。无论资金如何分配性质，来源大致分为三部分，分别是员工自有资金、企业借款、外部金融机构融资。深交所明确了企业不得借款给员工加杠杆跟投。碧桂园作为中国香港上市公司不受此规定限制，早期也为员工提供一定额度的贷款，放大跟投收益，其他未上市房企不受此影响，或存在企业借款与外部金融机构融资的情况（见表6-5）。

表6-5　标杆企业跟投项资金来源限定

企业	自有资金	企业借款	外部融资
万科	保证跟投资金来源合法	万科公司不对跟投人员借款、担保或者任何融资便利	可能存在万科股东的借款
碧桂园	自有资金实际出资,后续所需资金,由企业合伙人按份额通过融资或自筹方式注入	合伙人后续资金困难的,通过稀释份额解决。集团不向其出借款项及提供担保	—
金地	投资资金全部有投资人自行筹集	未提及,但受深交所规定影响	可能存在外部融资
招商	员工自有资金	股权收益权形式,不涉及企业借款	股权收益权形式,不涉及企业借款
保利	员工自有资金	公司不对跟投人员借款、担保或者任何融资便利	—

6. 投入资金返还机制

投入资金返还机制,是指满足什么条件即可向跟投员工返还其投入资金本金与每次返还的比例。分为现金流回正、项目销售比例、项目交付等条件。

本金何时退出是跟投年化收益率高低的关键点,本金回来早,跟投动态收益高,反之则低。行业中返本时机早的点是在项目资金峰值回落后,晚一点的情况是在项目经营性现金流回正。在返本金额上,有的是一次返完,有的是多次返完,随着项目开发节点逐渐返本。在先分红还是先返本问题上,一般都是先偿还本金,再进行利润分红,本金的金额一般高于分红,先返本有利于提高跟投人员的动态收益。经过跟投机制的不断完善,各标杆房企逐渐以现金流回正为分配本金的启动时间(见表6-6)。

表6-6　标杆企业跟投资金返还机制设计

企业	投入资金返还时点	投入资金返还次数及比例
万科	达到项目经营性现金流资金峰之后,按照资金存量确保6个月安全资金	—
碧桂园	5年锁定期	—
阳光城	集团自有资金投入和年化自有资金收益需在一年内全额回笼方可参与奖励	—
金地	有项目公司在偿还完所有内、外部借款、项目公司累积净现金流量为正数,并保证项目运营所需资金后可申请	分配后应保证项目运营所需资金
招商	资金峰值开始回落后向公司申请	3次,资金峰值开始回落返60%、经营性现金流回正返30%、完成所有峻备、结算工作,可售面积去化达到95%、已售商品房收楼率达到95%返最后10%

7. 分红返还机制

分红返还机制,是指满足什么条件即可向跟投员工返还按其股比所获取的项目净利润。一般都是先偿还本金,在项目产生利润时再进行利润分红。种类较为多样,可分为现金流回正、项目销售比例、项目交付、挂钩IRR(Internal Rate of Return,IRR,是指项目投资实际可望达到的收益率)等条件。碧桂园早期的"成就共享"设置累计经营性现金流回正后分红,分红较早,跟投人信心和积极性很强,拿地后快速抢进度。而经过分红机制的不断完善,各标杆房企逐渐以现金流回正才开始分红,一是避免了分红过早,侵占大股东或是集团利益;二是保证了从开发到交付全流程的现金流回收情况,避免虎头蛇尾。

一般来说,项目利润在项目清算或项目公司即将注销时才能算出准确数值,给大股东的最后分配一般在这个时候完成,因此跟投利润分配是一种预提,这主要是出于增强激励效果的考虑。但多数房企为强调激励效果,通常不会等到那时才完成跟投分配,一般在项目完成95%销售任务或大部分的交房目标后完成最后的利润分配(见表6-7)。

表6-7 标杆企业跟投分红返还机制设计

企业	分红返还时点	分红返还次数及比例	超比例分红规则
万科	经营现金流回正后启动分红	每季度一次,不超过累计实现可分配利润的50%	10%＜IRR≤25%,按出资比例分配;25%＜IRR,跟投人员按出资比例1.2倍分享
碧桂园	项目有盈利即可分红	至少2次。已销售商品房交楼率95%时,分配总利润率的95%;项目清算时,分配总利润的100%	—
阳光城	自有资金投入和年化自有资金收益需在一年内全额回笼开始分红	3次。预售阶段50%,完成收楼30%,完成结算20%	—
金地	有项目公司在偿还完所有内外部借款、项目公司累积净现金流量为正数,并保证项目运营所需资金后可申请,并未提分开提本金及分红	—	结算时与IRR挂钩,1.2～1.8倍系数,IRR绝对值越大,系数也越大
招商	经营现金流回正开始,留存6个月经营性现金流	3次。经营性现金流回正第一次分红50%,可售面积去化90%第二次分红30%,退出时第三次分红最后20%	与IRR和成本利润率挂钩的业绩系数,最高2.5倍,同时股权占比按照资金峰值的1/2计算

8. 退出机制

退出机制,是指何时跟投项目整体退出股权。跟投项目若较好地完成了各项指标,员工大部分收益与本金已经返还,仅剩小部分本金与收益。鉴于房地产项目公司清盘注销时间很晚,大部分房企采用销售完成90%～95%后将剩余货值折算后收购跟投计划对项目公司的股权退出(见表6-8)。

表6-8 标杆企业跟投退出机制设计

企业	退出机制设计
万科	项目清算时退出
碧桂园	可售商品房销售95%后投资公司退出项目公司股权,员工在职期间不得退出在投资公司的投资
金地	项目已销售建筑面积达到拟销售建筑面积的90%时收购退出
招商	完成所有峻备、结算工作,可售面积去化达到95%,已售商品房收楼率达到95%,收购股权收益权,跟投结束。按照业绩系数结算
保利	项目清算时退出

(三) 跟投机制需配套相适应的机制

跟投机制是现代化企业管理的一种创新,它是企业管理中员工激励的一环,而这一环,也需要其他机制配套与辅助其实施,并不能单独地割裂使用。

首先,需要人才市场化机制的支持。跟投是将项目利益与员工利益挂钩,实现员工和公司收益共享、风险共担,是一种激励机制,就需要保证激励到对的人、有能力的人。而人才市场化可以保证能者上、庸者下、劣者汰,让跟投进一步筛选人才。

其次,需要产品标准化机制的支持。跟投机制产生收益的核心点是要现金流、IRR与利润,产品的定位、设计的速度决定了跟投机制能否如期实施、顺利返还。正如好的厨师,也需要一把好菜刀一样,好的项目管理团队也需要成熟产品线减少前期定位设计时间,快速开盘。

再次,需要高效运营管理体系的支撑。高效的运营管理体系可以优化流程体系、明晰授权机制、优化实施推进方式,全面整合计划运营与风险控制,保证项目各阶段需求,减少项目运作风险与时间。

最后,需要审批机制支持该事项。项目实施了跟投计划,就会在运营中新增加多个所需审批的事项,例如跟投资金的增资扩股、本金返还的申请、分红返还的申请,等等。快速审批可以提高决策效率,避免非项目因素干扰时间进度。并且跟投机制实施前也需要积极做好与集团公司和国资委等部门的充分沟通和方案审批,完成合法合规性审查。

(四) 跟投项目个人投资者税收处理

(1) 对于个人投资者持有资产支持证券期间取得的分配收益涉及的个人所得税适用税目问题,目前尚无明确的规定。对于以私募股权投资未来的收益作为基础资产设立的资产支持计划,对资产支持计划的投资人而言,优先级投资人取得的回报是固定的(尽管管理人与投资人的合同中约定投资有风险),具有债权投资性质,但又不是完全意义上的债权投资,因为资产支持计划与债务人约定的利率,与资产支持计划的管理人与投资人约定的利率不同。

目前,由于个人投资者从资产支持计划取得的回报没有对应的税目,实务中都没有征收个人所得税。为规范税务管理,保证有据可依,笔者建议财政部、国家税务总局尽快将优先级和劣后级的个人投资者从资产支持证券获得的分配统一明确为"国务院财政主管部门明确征税的其他所得"。个人所得税由资产支持证券专项计划的管理人中信建投证券负责代扣代缴。同时,鉴于资产支持证券如同基金、股票一样,可以在证券交易所自由流通,建议将个人转让资产支持证券取得的价差比照个人转让基金、股票,免征个人所得税。

(2) 对合伙企业的自然人合伙人从资产支持证券取得分配如何征税没有明确规定,首先,不能直接适用《国家税务总局关于〈关于个人独资企业和合伙企业投资者征收个人所得税的规定〉执行口径的通知》(国税函〔2001〕84号)规定按"利息、股息、红利所得"征税。其次,若根据《财政部 国家税务总局关于印发〈关于个人独资企业和合伙企业投资者征收个人所得税的规定〉的通知》(财税〔2000〕91号)规定按照"个体工商户的生产经营所得"征税,又显得税负不公。

笔者建议,为使得自然人直接投资资产支持计划与通过合伙企业间接投资资产支持计划税负的公平合理,按照合伙人所得税政策的穿透原则,合伙企业从资产支持证券取得的分配,自然人合伙人按照"财政部、国家税务总局明确征税的其他所得"征税,税款由合伙企业负责代理办理纳税申报。合伙企业转让资产支持证券取得价差,对自然人合伙人免征个人所得税。

第二节 利润分配阶段的会计处理

一、房地产开发企业利润分配顺序

房地产开发企业实现的净利润,除国家另有规定外,应按以下顺序进行分配:

(1) 弥补企业以前年度发生的亏损。按现行制度规定,企业当年发生的亏损,可以在下一年度用税前利润弥补,下一年度利润不足弥补时,可以在5年内用实现的税前利润延续弥补,连续5年未补足的亏损,则应用税后利润弥补。

(2) 提取法定盈余公积金。法定盈余公积金按照当年税后利润并扣除以前年度亏损后,按10%的比例提取。当盈余公积金达到注册资本的50%时,可不再提取。

(3) 向投资者分配利润。企业当年实现的净利润扣除上述分配后,再加上以前年度未分配的利润即为可供投资者分配的利润,可按照投资比例向投资者进行分配。

二、房地产企业利润分配会计核算

1. 弥补以前年度亏损

房地产开发企业,无论是用税前利润或税后利润弥补以前年度亏损,都不需要单独编制弥补亏损的会计分录,即不需要单独进行会计处理。年末进行利润结转时,将本年实现的利润从"本年利润"账户结转到"利润分配"账户及其所属明细账户"未分配利润"账户的贷方,这样就自然进行了弥补。

但要注意的是:在年末计算"应纳税所得额"时,如果用税前利润弥补亏损,需要将弥补亏损的数额从应纳税所得额中扣除。而用税后利润弥补亏损,则不能进行扣除。

2. 提取盈余公积的会计处理

企业从净利润中提取盈余公积金,应作如下会计分录:

借：利润分配——提取盈余公积
　　贷：盈余公积——法定盈余公积
　　　　　　　　——任意盈余公积

3. 向投资者分配利润的核算

企业计算出应向投资者分配的利润，应作如下会计分录：

借：利润分配——应付利润
　　贷：应付利润

4. 企业利润的年终结转

为了按年度考核企业利润的实现及分配情况，每个会计年度结束，应对利润和利润分配进行年终结转。利润的年终结转包括了两个方面：一是将"本年利润"结转到"利润分配"账户及所属的"未分配利润"明细账户。二是将利润分配账户所属的其他明细账户的余额全部转入"未分配利润"明细账户。

（1）年度终了，将本年实现的利润总额（或亏损总额）结转到"利润分配"账户及所属的"未分配利润"明细账户。

如果企业当年盈利，分录如下：

借：本年利润
　　贷：利润分配——未分配利润

如果企业当年发生亏损，分录如下：

借：利润分配——未分配利润
　　贷：本年利润

无论是盈利还是亏损，年终结转后，"本年利润"账户不留余额。

（2）将"利润分配"账户所属的其他明细账户，全部转入"未分配利润"明细账户。如果企业当年盈利，并进行了利润分配，那么，结转分录如下：

借：利润分配——未分配利润
　　贷：利润分配——提取盈余公积
　　　　　　　　　——应付利润

如果企业亏损，并没有进行弥补，也不存在进行利润分配。在这种情况下，将亏损额从"本年利润"账户转入"利润分配——未分配利润"账户的借方后，不需要进行其他的账务处理。

如果亏损后，用企业的盈余公积金弥补了亏损，会计分录如下：

用盈余公积金弥补亏损时：

借：盈余公积——法定盈余公积
　　贷：利润分配——盈余公积补亏

结转利润分配明细账时：

借：利润分配——盈余公积补亏
　　贷：利润分配——未分配利润

【例6-1】 某房地产企业2021年净利润为240万元，年终按10％的比例提取法定盈余公积金，按税后利润扣除法定盈余公积后余额的80％向投资者分配利润。会计分录如下：

（1）提取盈余公积金：

应提取的法定盈余公积金＝2 400 000×10％＝240 000（元）。

借：利润分配——提取盈余公积	240 000
贷：盈余公积——法定盈余公积	240 000

（2）向投资者分配利润：

利润分配：2 400 000×（1－10％）×80％＝1 728 000（元）。

借：利润分配——应付利润	1 728 000
贷：应付利润	1 728 000

（3）年终进行利润结转：

结转本年利润：

借：本年利润	2 400 000
贷：利润分配——未分配利润	2 400 000

结转利润分配各明细账户：

借：利润分配——未分配利润	1 968 000
贷：利润分配——提取盈余公积	240 000
利润分配——应付利润	1 728 000

假设在当年利润结转前，"利润分配——未分配利润"账户没余额，在当年利润分配和利润结转以后，"利润分配——未分配利润"账户应有贷方余额432 000元，可留待下年度分配。

第三节　项目清算及利润分配阶段的税务处理

根据《公司法》的相关规定，公司清算是指公司解散时，为终结现存的财产和其他法律关系，依照法定程序，对公司的财产和债权债务关系进行清理、处分和分配，以了结其债权债务关系，从而消灭公司法人资格的法律行为。公司除因合并或分立而解散外，其余原因引起的解散,均须经过清算程序。同时,根据《中华人民共和国企业破产法》的规定,企业不能清偿到期债务,或者企业法人已解散但未清算或未清算完毕,资产不足以清偿债务的,债权人或依法负有清算责任的人向人民法院申请破产清算。

根据我国法律、法规的相关规定,企业在注销工商登记前,需要清理税务事项,对于清算期间要作为一个纳税期间申请缴纳企业所得税。本节主要讲解房地产企业项目在清算过程中涉及的增值税、企业所得税相关税务处理及利润分配的影响,土地增值税清算在本章第四节具体介绍。

一、增值税的税务处理

房地产企业开发的项目达到交房条件,移交给业主后,房地产企业逐步进行项目清算。2016年5月1日,全面实行营业税改征增值税,房地产企业销售不动产缴纳增值税。《营业税改征增值税试点实施办法》(财税〔2016〕36号附件1)第一条规定:在中华人民共和国境内(以下称境内)销售服务、无形资产或者不动产(以下称应税行为)的单位和个人,为增值税纳税人,应当按照本办法缴纳增值税,不缴纳营业税。

增值税纳税义务、扣缴义务发生时间为:纳税人发生应税行为并收讫销售款项或者取得索取销售款项凭据的当天;先开具发票的,为开具发票的当天。收讫销售款项,是指纳税人销售服务、无形资产、不动产过程中或者完成后收到款项。取得索取销售款项凭据的当天,是指书面合同确定的付款日期;未签订书面合同或者书面合同未确定付款日期的,为服务、无形资产转让完成的当天或者不动产权属变更的当天。

房地产是一个非常特殊的行业,具有开发周期长和收入来源分散的特征。预售制度导致了销售资金回笼与收入确认时点之间的时间性差异。为保证财政收入的相对稳定性,政府对商品房预售收入实行预征制,其中主要包括增值税、城建税、教育费附加、土地增值税和企业所得税等税种。

项目进行清算,增值税的纳税义务都已经发生,进项税额、销项税额抵减额、预缴增值税,此时都可以抵减销项税额。企业就可以得到实际应纳增值税额,增值税的实际税负也就产生。在清算的过程中,应抓住以下几点,确保计算增值税的正确性。

(一)销售额

国家税务总局2016年第18号公告第四条规定,房地产开发企业中的一般纳税人(以下简称一般纳税人)销售自行开发的房地产项目,适用一般计税方法计税,按照取得的全部价款和价外费用,扣除当期销售房地产项目对应的土地价款后的余额计算销售额。销售额的计算公式如下:

$$销售额=(全部价款和价外费用-当期允许扣除的土地价款)\div(1+9\%)$$

第五条规定,当期允许扣除的土地价款按照以下公式计算:

$$\text{当期允许扣除的土地价款} = \left(\text{当期销售房地产项目建筑面积} \div \text{房地产项目可供销售建筑面积}\right) \times \text{支付的土地价款}$$

当期销售房地产项目建筑面积,是指当期进行纳税申报的增值税销售额对应的建筑面积。

房地产项目可供销售建筑面积,是指房地产项目可以出售的总建筑面积,不包括销售房地产项目时未单独作价结算的配套公共设施的建筑面积。

支付的土地价款,是指向政府、土地管理部门或受政府委托收取土地价款的单位直接支付的土地价款。《国家税务总局关于土地价款扣除时间等增值税征管问题的公告》(国家税务总局公告 2016 年第 86 号)明确本条中的"当期销售房地产项目建筑面积""房地产项目可供销售建筑面积",是指计容积率地上建筑面积,不包括地下车位建筑面积。

财税〔2016〕140 号文件第七条规定:《营业税改征增值税试点有关事项的规定》(财税〔2016〕36 号附件 2)第一条第三项第 10 点中"向政府部门支付的土地价款",包括土地受让人向政府部门支付的征地和拆迁补偿费用、土地前期开发费用和土地出让收益等。

房地产开发企业中的一般纳税人销售其开发的房地产项目(选择简易计税方法的房地产老项目除外),在取得土地时向其他单位或个人支付的拆迁补偿费用也允许在计算销售额时扣除。纳税人按上述规定扣除拆迁补偿费用时,应提供拆迁协议、拆迁双方支付和取得拆迁补偿费用凭证等能够证明拆迁补偿费用真实性的材料。

房地产开发企业(包括多个房地产开发企业组成的联合体)受让土地向政府部门支付土地价款后,设立项目公司对该受让土地进行开发,同时符合下列条件的,可由项目公司按规定扣除房地产开发企业向政府部门支付的土地价款:①房地产开发企业、项目公司、政府部门三方签订变更协议或补充合同,将土地受让人变更为项目公司。②政府部门出让土地的用途、规划等条件不变的情况下,签署变更协议或补充合同时,土地价款总额不变。③项目公司的全部股权由受让土地的房地产开发企业持有。

在计算销售额时从全部价款和价外费用中扣除土地价款,应当取得省级以上(含省级)财政部门监(印)制的财政票据。

一般纳税人应建立台账登记土地价款的扣除情况,扣除的土地价款不得超过纳税人实际支付的土地价款。

一般纳税人销售自行开发的房地产老项目,可以选择适用简易计税方法按照5%的征收率计税。一经选择简易计税方法计税的,36 个月内不得变更为一般计税方法计税。

房地产老项目,是指:《建筑工程施工许可证》注明的合同开工日期在 2016 年 4 月 30 日前的房地产项目;《建筑工程施工许可证》未注明合同开工日期或者未取得《建筑工程施工许可证》,但建筑工程承包合同注明的开工日期在 2016 年 4 月 30 日前的建筑工程项目。

一般纳税人销售自行开发的房地产老项目适用简易计税方法计税的,以取得的全部价款和价外费用为销售额,不得扣除对应的土地价款。

(二) 预缴税款

国家税务总局 2016 年第 18 号公告第十条规定,一般纳税人采取预收款方式销售自行开发的房地产项目,应在收到预收款时按照 3% 的预征率预缴增值税。国家税务总局 2016 年第 18 号公告第十一条规定,应预缴税款按照以下公式计算:应预缴税款=预收款÷(1+适用税率或征收率)×3%;适用一般计税方法计税的,按照 9% 的适用税率计算;适用简易计税方法计税的,按照 5% 的征收率计算。一般纳税人应在取得预收款的次月纳税申报期向主管税务机关预缴税款。

《国家税务总局关于营改增试点若干征管问题的公告》(国家税务总局公告 2016 年第 53 号)第九条第十一项规定,增加 6"未发生销售行为的不征税项目",用于纳税人收取款项但未发生销售货物、应税劳务、服务、无形资产或不动产的情形。

"未发生销售行为的不征税项目"下设 602"销售自行开发的房地产项目预收款"、603"已申报缴纳营业税未开票补开票"。

使用"未发生销售行为的不征税项目"编码,房地产企业预售时,可以开具增值税普通发票,发票税率栏应填写"不征税",不得开具增值税专用发票。

(三) 应纳税额

一般纳税人销售自行开发的房地产项目适用一般计税方法计税的,应按照《营业税改征增值税试点实施办法》(财税〔2016〕36 号附件 1)第四十五条规定的纳税义务发生时间,以当期销售额和 9% 的适用税率计算当期应纳税额,抵减已预缴税款后,向主管税务机关申报纳税。未抵减完的预缴税款可以结转下期继续抵减。

一般纳税人销售自行开发的房地产项目适用简易计税方法计税的,应按照《营业税改征增值税试点实施办法》(财税〔2016〕36 号附件 1)第四十五条规定的纳税义务发生时间,以当期销售额和 5% 的征收率计算当期应纳税额,抵减已预缴税款后,向主管税务机关申报纳税。未抵减完的预缴税款可以结转下期继续抵减。

$$应纳增值税税额 = 销项税额 - 进项税额 - 预缴增值税 - 销项税额抵减额$$

《增值税会计处理规定》(财会〔2016〕22 号印发)第一条第七项规定:"增值税留抵税额"明细科目,核算兼有销售服务、无形资产或者不动产的原增值税一般纳税人,截止到纳入营改增试点之日前的增值税期末留抵税额按照现行增值税制度规定不得从销售服务、无形资产或不动产的销项税额中抵扣的增值税留抵税额。

财务处理:

取得合规增值税扣税凭证且纳税义务发生时,按照允许抵扣的税额,借记"应交税费——应交增值税(销项税额抵减)"或"应交税费——简易计税"科目(小规模纳税人应借记"应交税费——应交增值税"科目),贷记"主营业务成本""存货""工程施工"等科目。

二、企业所得税的税务处理

(一) 企业所得税汇算的处理

1. 收入的确定

除土地开发之外,其他开发产品符合下列条件之一的,应视为已经完工。

(1) 开发产品竣工证明材料已报房地产管理部门备案。

(2) 开发产品已开始投入使用。

(3) 开发产品已取得了初始产权证明。

《国家税务总局关于房地产开发企业开发产品完工条件确认问题的通知》(国税函〔2010〕201号)规定,房地产开发企业建造、开发的开发产品,无论工程质量是否通过验收合格,或是否办理完工(竣工)备案手续以及会计决算手续,当企业开始办理开发产品交付手续(包括入住手续)、或已开始实际投入使用时,为开发产品开始投入使用,应视为开发产品已经完工。房地产开发企业应按规定及时结算开发产品计税成本,并计算企业当年度应纳税所得额。

1) 销售未完工产品收入

(1) 收入概念:签订《房地产销售合同》或《房地产预售合同》,向业主收取款项。计入预收账款,定金作为未完工产品收入,诚意金不属于。

(2) 确认时点:企业通过正式签订《房地产销售合同》或《房地产预售合同》所取得的收入,应确认为销售收入的实现,具体按以下规定确认:

第一,采取一次性全额收款方式销售开发产品的,应于实际收讫价款或取得索取价款凭据(权利)之日,确认收入的实现。

第二,采取分期收款方式销售开发产品的,应按销售合同或协议约定的价款和付款日确认收入的实现。付款方提前付款的,在实际付款日确认收入的实现。

第三,采取银行按揭方式销售开发产品的,应按销售合同或协议约定的价款确定收入额,其首付款应于实际收到日确认收入的实现,余款在银行按揭贷款办理转账之日确认收入的实现。

第四,采取委托方式销售开发产品的,应按以下原则确认收入的实现:

A. 采取支付手续费方式委托销售开发产品的,应按销售合同或协议中约定的价款于收到受托方已销开发产品清单之日确认收入的实现。

B. 采取视同买断方式委托销售开发产品的,属于企业与购买方签订销售合同或协议,或企业、受托方、购买方三方共同签订销售合同或协议的,如果销售合同或协议中约定的价格高于买断价格,则应按销售合同或协议中约定的价格计算的价款,于收到受托方已销开发产品清单之日确认收入的实现;如果属于前两种情况中销售合同或协议中约定的价格低于买断价格,以及属于受托方与购买方签订销售合同或协议的,则应按买断价格计算的价款,于收到受托方已销开发产品清单之日确认收入的实现。

C. 采取基价(保底价)并实行超基价双方分成方式委托销售开发产品的,属于由企业与购买方签订销售合同或协议,或企业、受托方、购买方三方共同签订销售合同或协议的,如果销售合同或协议中约定的价格高于基价,则应按销售合同或协议中约定的价格计算的价款,于收到受托方已销开发产品清单之日确认收入的实现,企业按规定支付受托方的分成额,不得直接从销售收入中减除;如果销售合同或协议约定的价格低于基价的,则应按基价计算的价款,于收到受托方已销开发产品清单之日确认收入的实现。属于由受托方与购买方直接签订销售合同的,则应按基价加上按规定取得的分成额,于收到受托方已销开发产品清单之日确认收入的实现。

D. 采取包销方式委托销售开发产品的,包销期内可根据包销合同的有关约定,参照上述第一至第三项规定确认收入的实现;包销期满后尚未出售的开发产品,企业应根据包销合同或协议约定的价款和付款方式确认收入的实现。

(3) 预缴税款。

$$销售未完工产品应纳税额 = 预收账款 \times 预计毛利率$$

(4) 完工后财税处理。

$$应纳税所得额补差 = 计税销售收入 - 成本 - 税金及附加 - 预收账款 \times 预计毛利率$$

2) 销售已完工产品

$$销售已完工产品应纳税所得额 = 计税销售额 - 计税销售成本 - 税金及附加(税收口径)$$

2. 成本计算与分摊

1) 计税成本对象的确定

其原则如下:

(1) 可否销售原则。开发产品能够对外经营销售的,应作为独立的计税成本对象进行成本核算;不能对外经营销售的,可先作为过渡性成本对象进行归集,然后再将其相关成本摊入能够对外经营销售的成本对象。

(2) 分类归集原则。对同一开发地点、竣工时间相近、产品结构类型没有明显差异的群体开发的项目,可作为一个成本对象进行核算。

(3) 功能区分原则。开发项目某组成部分相对独立,且具有不同使用功能时,可以作为独立的成本对象进行核算。

(4) 定价差异原则。开发产品因其产品类型或功能不同等而导致其预期售价存在较大差异的,应分别作为成本对象进行核算。

(5) 成本差异原则。开发产品因建筑上存在明显差异可能导致其建造成本出现较大差异的,要分别作为成本对象进行核算。

(6) 权益区分原则。开发项目属于受托代建的或多方合作开发的,应结合上述原则分别划分成本对象进行核算。

《国家税务总局关于房地产开发企业成本对象管理问题的公告》(税务总局公告

2014年第35号)规定,房地产开发企业应依据计税成本对象确定原则确定已完工开发产品的成本对象,并就确定原则、依据,共同成本分配原则、方法,以及开发项目基本情况、开发计划等出具专项报告,在开发产品完工当年企业所得税年度纳税申报时,随同《企业所得税年度纳税申报表》一并报送主管税务机关。

房地产开发企业将已确定的成本对象报送主管税务机关后,不得随意调整或相互混淆。如确需调整成本对象的,应就调整的原因、依据和调整前后成本变化情况等出具专项报告,在调整当年企业所得税年度纳税申报时报送主管税务机关。

2) 开发产品计税成本支出的内容

(1) 土地征用费及拆迁补偿费,指为取得土地开发使用权(或开发权)而发生的各项费用,主要包括土地买价或出让金、大市政配套费、契税、耕地占用税、土地使用费、土地闲置费、土地变更用途和超面积补交的地价及相关税费、拆迁补偿支出、安置及动迁支出、回迁房建造支出、农作物补偿费、危房补偿费等。

(2) 前期工程费,指项目开发前期发生的水文地质勘察、测绘、规划、设计、可行性研究、筹建、场地通平等前期费用。

(3) 建筑安装工程费,指开发项目开发过程中发生的各项建筑安装费用。主要包括开发项目建筑工程费和开发项目安装工程费等。

(4) 基础设施建设费,指开发项目在开发过程中所发生的各项基础设施支出,主要包括开发项目内道路、供水、供电、供气、排污、排洪、通讯、照明等社区管网工程费和环境卫生、园林绿化等园林环境工程费。

(5) 公共配套设施费,指开发项目内发生的、独立的、非营利性的,且产权属于全体业主的,或无偿赠与地方政府、政府公用事业单位的公共配套设施支出。

(6) 开发间接费,指企业为直接组织和管理开发项目所发生的,且不能将其归属于特定成本对象的成本费用性支出。主要包括管理人员工资、职工福利费、折旧费、修理费、办公费、水电费、劳动保护费、工程管理费、周转房摊销以及项目营销设施建造费等。

3) 分摊标准的确认

(1) 土地成本一般按占地面积法进行分配。《内蒙古自治区地方税务局关于进一步明确土地增值税有关政策的通知》(内地税字〔2014〕159号)第四条关于土地成本计算分摊方法规定:①对于成片受让土地使用权后,分期分批开发、转让房地产的,分期开发项目占该成片受让土地总占地面积的比例计算分摊取得土地使用权所支付的金额和土地征用及拆迁补偿费(以下简称"土地成本")。②同一项目中建造不同类型房地产开发产品的,按不同类型房地产开发产品的建筑面积占该项目总建筑面积的比例计算分摊土地成本。③但对占地相对独立的不同类型房地产,应按该类型房地产占地面积占该项目房地产总占地面积的比例计算分摊土地成本。

(2) 借款费用按直接成本法或按预算造价法进行分配。

(3) 单独作为过渡性成本对象核算的公共配套设施开发成本应按建筑面积法进行分配。

(4) 开发产品应按可售面积计算其单位工程成本。

(5) 其他成本项目由企业自行确定。

已销开发产品的计税成本按当期已实现销售的可售面积和可售面积单位工程成本确认。

$$可售面积单位工程成本 = 成本对象总成本 \div 成本对象总可售面积$$

$$已销开发产品的计税成本 = 已实现销售的可售面积 \times 可售面积单位工程成本$$

4) 二次计算与分摊

房地产项目竣工备案至工程决算，持续时间较长，国税发〔2009〕31号文件第三条规定，房地产项目竣工备案即视完工，收入和成本配比的原则，计税成本可以计提，此时不是最终的成本，决算才是最终成本。企业面临至少一次调整，调整实际成本。差额按未来适用法计入当期损益，不追溯。

3. 期间费用的处理

1) 税前扣除原则

《企业所得税法》第八条规定，企业实际发生的与取得收入有关的、合理的支出，包括成本、费用、税金、损失和其他支出，准予在计算应纳税所得额时扣除。《企业所得税法实施条例》规定：有关的支出，是指与取得收入直接相关的支出。合理的支出，是指符合生产经营活动常规，应当计入当期损益或者有关资产成本的必要和正常的支出。

不征税收入的相关支出不得扣除，免税收入相关支出可以扣除。

2) 可扣除项目

(1) 工资薪金。

合理工资薪金，是指企业按照股东大会、董事会、薪酬委员会或相关管理机构制订的工资薪金制度规定实际发放给员工的工资薪金。税务机关在对工资薪金进行合理性确认时，可按以下原则掌握：

第一，企业制定了较为规范的员工工资薪金制度。

第二，企业所制定的工资薪金制度符合行业及地区水平。

第三，企业在一定时期所发放的工资薪金是相对固定的，工资薪金的调整是有序进行的。

第四，企业对实际发放的工资薪金，已依法履行了代扣代缴个人所得税义务。

第五，有关工资薪金的安排，不以减少或逃避税款为目的。

《国家税务总局关于企业工资薪金及职工福利费扣除问题的通知》（国税函〔2009〕3号）规定，工资薪金总额，是指企业按照规定实际发放的工资薪金总和，不包括企业的职工福利费、职工教育经费、工会经费以及养老保险费、医疗保险费、失业保险费、工伤保险费、生育保险费等社会保险费和住房公积金。属于国有性质的企业，其工资薪金不得超过政府有关部门给予的限定数额;超过部分,不得计入企业工资薪金总额,也不得在计算企业应纳税所得额时扣除。

《国家税务总局关于企业所得税应纳税所得额若干税务处理问题的公告》(国家税务总局公告2012年第15号)关于季节工、临时工等费用税前扣除问题规定,企业因雇用季节工、临时工、实习生、返聘离退休人员所实际发生的费用,应区分为工资薪金支出和职工福利费支出,并按《企业所得税法》规定在企业所得税前扣除。其中属于工资薪金支出的,准予计入企业工资薪金总额的基数,作为计算其他各项相关费用扣除的依据。

《国家税务总局关于企业工资薪金和职工福利费等支出税前扣除问题的公告》(国家税务总局公告2015年第34号)关于企业接受外部劳务派遣用工支出税前扣除问题规定,企业接受外部劳务派遣用工所实际发生的费用,应分两种情况按规定在税前扣除:按照协议(合同)约定直接支付给劳务派遣公司的费用,应作为劳务费支出;直接支付给员工个人的费用,应作为工资薪金支出和职工福利费支出。其中属于工资薪金支出的费用,准予计入企业工资薪金总额的基数,作为计算其他各项相关费用扣除的依据。

(2)保险。

关于社会保险,《企业所得税法实施条例》第三十五条规定,企业依照国务院有关主管部门或者省级人民政府规定的范围和标准为职工缴纳的基本养老保险费、基本医疗保险费、失业保险费、工伤保险费、生育保险费等基本社会保险费和住房公积金,准予扣除。

企业为投资者或者职工支付的补充养老保险费、补充医疗保险费,在国务院财政、税务主管部门规定的范围和标准内,准予扣除。

《财政部 国家税务总局关于补充养老保险费补充医疗保险费有关企业所得税政策问题的通知》(财税〔2009〕27号)规定,自2008年1月1日起,企业根据国家有关政策规定,为在本企业任职或者受雇的全体员工支付的补充养老保险费、补充医疗保险费,分别在不超过职工工资总额5%标准内的部分,在计算应纳税所得额时准予扣除;超过的部分,不予扣除。

关于财产险,《企业所得税法实施条例》第四十六条规定,企业参加财产保险,按照规定缴纳的保险费,准予扣除。

(3)职工福利费、工会经费、职工教育经费。

企业发生的职工福利费支出,不超过工资薪金总额14%的部分,准予扣除。

企业拨缴的工会经费,不超过工资薪金总额2%的部分,准予扣除。

2018年1月1日起,企业发生的职工教育经费支出,不超过工资薪金总额8%的部分,准予扣除;超过部分,准予在以后纳税年度结转扣除。

(4)劳动保护费。

《企业所得税法实施条例》第四十八条规定,企业发生的合理的劳动保护支出,准予扣除。《国家税务总局关于企业所得税若干问题的公告》（国家税务总局公告2011年第34号）关于企业员工服饰费用支出扣除问题规定，企业根据其工作性质和特点，由企业统一制作并要求员工工作时统一着装所发生的工作服饰费用，根据《企业所得税法实施条例》的规定，可以作为企业合理的支出给予税前扣除。

（5）业务招待费。

《企业所得税法实施条例》第四十三条规定，企业发生的与生产经营活动有关的业务招待费支出，按照发生额的60%扣除，但最高不得超过当年销售（营业）收入的5‰。

《国家税务总局关于企业所得税应纳税所得额若干税务处理问题的公告》（国家税务总局公告2012年第15号，以下简称国家税务总局2012年第15号公告）关于筹办期业务招待费等费用税前扣除问题规定，企业在筹建期间，发生的与筹办活动有关的业务招待费支出，可按实际发生额的60%计入企业筹办费，并按有关规定在税前扣除。

（6）广告费和业务宣传费。

《企业所得税法实施条例》第四十四条规定，企业发生的符合条件的广告费和业务宣传费支出，除国务院财政、税务主管部门另有规定外，不超过当年销售（营业）收入15%的部分，准予扣除；超过部分，准予在以后纳税年度结转扣除。

国家税务总局公告2012年第15号关于筹办期业务招待费等费用税前扣除规定，企业在筹建期间，发生的广告费和业务宣传费，可按实际发生额计入企业筹办费。

《财政 税务总局关于广告费和业务宣传费支出税前扣除有关事项的公告》（财政部 税务总局公告2020年第43号）规定：

第一，对化妆品制造或销售、医药制造和饮料制造（不含酒类制造）企业发生的广告费和业务宣传费支出，不超过当年销售（营业）收入30%的部分，准予扣除；超过部分，准予在以后纳税年度结转扣除。

第二，对签订广告费和业务宣传费分摊协议（以下简称分摊协议）的关联企业，其中一方发生的不超过当年销售（营业）收入税前扣除限额比例内的广告费和业务宣传费支出可以在本企业扣除，也可以将其中的部分或全部按照分摊协议归集至另一方扣除。另一方在计算本企业广告费和业务宣传费支出企业所得税税前扣除限额时，可将按照上述办法归集至本企业的广告费和业务宣传费不计算在内。

第三，烟草企业的烟草广告费和业务宣传费支出，一律不得在计算应纳税所得额时扣除。

自2021年1月1日起至2025年12月31日止。

（7）公益性捐赠。

《企业所得税法》第九条规定，企业发生的公益性捐赠支出，在年度利润总额12%以内的部分，准予在计算应纳税所得额时扣除；超过年度利润总额12%的部分，准予结转以后3年内在计算应纳税所得额时扣除。

自 2019 年 1 月 1 日至 2022 年 12 月 31 日,对单位或者个体工商户将自产、委托加工或购买的货物通过公益性社会组织、县级及以上人民政府及其组成部门和直属机构,或直接无偿捐赠给目标脱贫地区的单位和个人,免征增值税。在政策执行期限内,目标脱贫地区实现脱贫的,可继续适用上述政策。

自 2019 年 1 月 1 日至 2022 年 12 月 31 日,企业通过公益性社会组织或者县级(含县级)以上人民政府及其组成部门和直属机构,用于目标脱贫地区的扶贫捐赠支出,准予在计算企业所得税应纳税所得额时据实扣除。在政策执行期限内,目标脱贫地区实现脱贫的,可继续适用上述政策。

(8) 税金。

《企业所得税法》第八条规定,企业实际发生的与取得收入有关的、合理的支出,包括成本、费用、税金、损失和其他支出,准予在计算应纳税所得额时扣除。《企业所得税法实施条例》第三十一条规定,税金,是指企业发生的除企业所得税和允许抵扣的增值税以外的各项税金及其附加。

(9) 利息的扣除。

《企业所得税法实施条例》第三十七条规定,企业在生产经营活动中发生的合理的不需要资本化的借款费用,准予扣除。

房地产企业应遵循:①向金融企业借款的利息可以扣除。②向非金融企业借款的利息支出,不超过按照金融企业同期同类贷款利率计算的数额的部分可以扣除。③向非金融企业(关联方)借款的利息支出的处理。

4. 关联方借款利息扣除

(1)《企业所得税法》及其实施条例相关规定:

《企业所得税法》第四十一条规定,企业与其关联方之间的业务往来,不符合独立交易原则而减少企业或者其关联方应纳税收入或者所得额的,税务机关有权按照合理方法调整。

企业与其关联方共同开发、受让无形资产,或者共同提供、接受劳务发生的成本,在计算应纳税所得额时应当按照独立交易原则进行分摊。

《企业所得税法》第四十六条规定,企业从其关联方接受的债权性投资与权益性投资的比例超过规定标准而发生的利息支出,不得在计算应纳税所得额时扣除。

《企业所得税法实施条例》第三十八条规定,企业在生产经营活动中发生的下列利息支出,准予扣除:

第一,非金融企业向金融企业借款的利息支出、金融企业的各项存款利息支出和同业拆借利息支出、企业经批准发行债券的利息支出;

第二,非金融企业向非金融企业借款的利息支出,不超过按照金融企业同期同类贷款利率计算的数额的部分。

《企业所得税法实施条例》第一百一十九条规定,《企业所得税法》第四十六条所称债权性投资,是指企业直接或者间接从关联方获得的,需要偿还本金和支付利息或者需要以其他具有支付利息性质的方式予以补偿的融资。

企业间接从关联方获得的债权性投资,包括:①关联方通过无关联第三方提供的债权性投资。②无关联第三方提供的、由关联方担保且负有连带责任的债权性投资。③其他间接从关联方获得的具有负债实质的债权性投资。

《企业所得税法》第四十六条所称权益性投资,是指企业接受的不需要偿还本金和支付利息,投资人对企业净资产拥有所有权的投资。

《企业所得税法》第四十六条所称标准,由国务院财政、税务主管部门另行规定。

(2)《财政部 国家税务总局关于企业关联方利息支出税前扣除标准有关税收政策问题的通知》(财税〔2008〕121号)规定:

第一,在计算应纳税所得额时,企业实际支付给关联方的利息支出,不超过以下规定比例和税法及其实施条例有关规定计算的部分,准予扣除,超过的部分不得在发生当期和以后年度扣除。

企业实际支付给关联方的利息支出,除符合本通知第二条规定外,其接受关联方债权性投资与其权益性投资比例为:

① 金融企业,为5∶1。

② 其他企业,为2∶1。

第二,企业如果能够按照税法及其实施条例的有关规定提供相关资料,并证明相关交易活动符合独立交易原则的;或者该企业的实际税负不高于境内关联方的,其实际支付给境内关联方的利息支出,在计算应纳税所得额时准予扣除。

(3)《特别纳税调整实施办法(试行)》(国税发〔2009〕2号印发):

第八十五条规定,《企业所得税法》第四十六条所称不得在计算应纳税所得额时扣除的利息支出应按以下公式计算:

不得扣除利息支出 = 年度实际支付的全部关联方利息 × (1 - 标准比例 ÷ 关联债资比例)

其中:

标准比例是指《财政部 国家税务总局关于企业关联方利息支出税前扣除标准有关税收政策问题的通知》(财税〔2008〕121号)规定的比例。

关联债资比例是指根据《企业所得税法》第四十六条及《企业所得税法实施条例》第一百一十九条的规定,企业从其全部关联方接受的债权性投资(以下简称关联债权投资)占企业接受的权益性投资(以下简称权益投资)的比例,关联债权投资包括关联方以各种形式提供担保的债权性投资。

《特别纳税调整实施办法(试行)》(国税发〔2009〕2号印发)第八十六条规定,关联债资比例的具体计算方法如下:

关联债资比例 = 年度各月平均关联债权投资之和 ÷ 年度各月平均权益投资之和

其中：

各月平均关联债权投资＝(关联债权投资月初账面余额＋月末账面余额)÷2

各月平均权益投资＝(权益投资月初账面余额＋月末账面余额)÷2

权益投资为企业资产负债表所列示的所有者权益金额。如果所有者权益小于实收资本(股本)与资本公积之和，则权益投资为实收资本(股本)与资本公积之和；如果实收资本(股本)与资本公积之和小于实收资本(股本)金额，则权益投资为实收资本(股本)金额。

《特别纳税调整实施办法(试行)》(国税发〔2009〕2号印发)第八十七条规定，《企业所得税法》第四十六条所称的利息支出包括直接或间接关联债权投资实际支付的利息、担保费、抵押费和其他具有利息性质的费用。

《特别纳税调整实施办法(试行)》(国税发〔2009〕2号印发)第八十八条规定，《企业所得税法》第四十六条规定不得在计算应纳税所得额时扣除的利息支出，不得结转到以后纳税年度；应按照实际支付给各关联方利息占关联方利息总额的比例，在各关联方之间进行分配，其中，分配给实际税负高于企业的境内关联方的利息准予扣除；直接或间接实际支付给境外关联方的利息应视同分配的股息，按照股息和利息分别适用的所得税税率差补征企业所得税，如已扣缴的所得税税款多于按股息计算应征所得税税款，多出的部分不予退税。

(4)《关于企业向自然人借款的利息支出企业所得税税前扣除问题的通知》(国税函〔2009〕777号)规定：

第一，企业向股东或其他与企业有关联关系的自然人借款的利息支出，应根据《企业所得税法》第四十六条及《财政部　国家税务总局关于企业关联方利息支出税前扣除标准有关税收政策问题的通知》(财税〔2008〕121号)规定的条件，计算企业所得税扣除额。

第二，企业向除第一条规定以外的内部职工或其他人员借款的利息支出，其借款情况同时符合以下条件的，其利息支出在不超过按照金融企业同期同类贷款利率计算的数额的部分，根据《企业所得税法》第八条和《企业所得税法实施条例》第二十七条规定，准予扣除。

① 企业与个人之间的借贷是真实、合法、有效的，并且不具有非法集资目的或其他违反法律、法规的行为。

② 企业与个人之间签订了借款合同。

(5)根据上述的法律法规得出以下结论：

第一，关联方之间的借款利息支出，超过金融企业同期同类贷款利率计算的数额部分不得在企业所得税前扣除。

第二，不超过金融企业同期同类贷款利率计算的数额部分按以下情况分别处理：

① 企业如果能够按照《企业所得税法》及其实施条例的规定提供相关资料，证明交

易活动符合独立交易原则,或者该企业实际税负不高于境内关联方的,其实际支付给境内关联方的利息支出,准予扣除。

② 如果借款方实际税负高于境内贷款方,且不能证明相关交易活动符合独立交易原则,则受《财政部 国家税务总局关于企业关联方利息支出税前扣除标准有关税收政策问题的通知》(财税〔2008〕121号)比例限制,超过部分不得扣除。

(6) 金融企业同期同类贷款利率。

第一,《企业所得税法实施条例》第三十八条规定,非金融企业向非金融企业借款的利息支出,不超过按照金融企业同期同类贷款利率计算的数额的部分,可以扣除。

第二,贷款利率包括基准利率与浮动利率,金融企业包括:银行、财务公司、信托、小额贷款公司等金融机构。

第三,《国家税务总局关于企业所得税若干问题的公告》(国家税务总局公告2011年第34号)规定,"同期同类贷款利率"是指在贷款期限、贷款金额、贷款担保以及企业信誉等条件基本相同下,金融企业提供贷款的利率。

(7) 不得扣除关联方利息计算。

不得扣除利息支出 = 年度实际支付的全部关联方利息×(1－标准比例÷关联债资比例)

关联债资比例 = 年度各月平均关联债权投资之和÷年度各月平均权益投资之和

各月平均关联债权投资 =(关联债权投资月初账面余额＋月末账面余额)÷2

各月平均权益投资 =(权益投资月初账面余额＋月末账面余额)÷2

所有者权益＜实收资本(股本)＋资本公积,则权益投资 = 实收资本(股本)＋资本公积

实收资本(股本)＋资本公积＜实收资本(股本)金额,则权益投资为实收资本(股本)金额

5. 核定征收

企业出现《税收征收管理法》第三十五条规定的情形,税务机关有权核定其应纳税额:

(1) 依照法律、行政法规的规定可以不设置账簿的。

(2) 依照法律、行政法规的规定应当设置但未设置账簿的。

(3) 擅自销毁账簿的或者拒不提供纳税资料的。

(4) 虽设置账簿,但账目混乱或者成本资料、收入凭证、费用凭证残缺不全,难以查账的。

(5) 发生纳税义务,未按照规定的期限办理纳税申报,经税务机关责令限期申报,逾期仍不申报的。

(6) 纳税人申报的计税依据明显偏低,又无正当理由的。税务机关核定应纳税额的具体程序和方法由国务院税务主管部门规定。

税务机关可对其以往应缴的企业所得税按核定征收方式进行征收管理,并逐步规范,同时按《税收征收管理法》等税收法律、行政法规的规定进行处理,但不得事先确定企业的所得税按核定征收方式进行征收、管理。

（二）企业所得税清算的处理

1. 法律相关规定

依据《企业所得税法》第五十五条的规定，企业在年度中间终止经营活动的，应当自实际经营终止之日起 60 日内，向税务机关办理当期企业所得税汇算清缴。企业应当在办理注销登记前，就其清算所得向税务机关申报并依法缴纳企业所得税。

按规定，企业应将整个清算期作为一个独立的纳税年度计算清算所得。清算期间是指自企业实际生产经营终止之日至主管税务机关办理注销税务登记止的期间。

依据《企业所得税法实施条例》第十一条规定，《企业所得税法》第五十五条所称清算所得，是指企业的全部资产可变现价值或者交易价格减除资产净值、清算费用以及相关税费等后的余额。

投资方企业从被清算企业分得的剩余资产，其中相当于从被清算企业累计未分配利润和累计盈余公积中应当分得的部分，应当确认为股息所得；剩余资产减除上述股息所得后的余额，超过或者低于投资成本的部分，应当确认为投资资产转让所得或者损失。

《财政部 国家税务总局关于企业清算业务企业所得税处理若干问题的通知》（财税〔2009〕60号）第四条规定：企业的全部资产可变现价值或交易价格，减除资产的计税基础、清算费用、相关税费，加上债务清偿损益等后的余额，为清算所得。企业应将整个清算期作为一个独立的纳税年度计算清算所得。

清算所得 ＝ 资产处置损益 ＋ 负债清偿损益 － 清算税费 ± 其他所得（支出）

应纳税所得额 ＝（清算所得 ± 纳税调整额 － 弥补以前年度亏损）× 法定税率（25％）

企业清算的所得税处理包括以下内容：
（1）全部资产均应按可变现价值或交易价格，确认资产转让所得或损失。
（2）确认债权清理、债务清偿的所得或损失。
（3）改变持续经营核算原则，对预提或待摊性质的费用进行处理。
（4）依法弥补亏损，确定清算所得。
（5）计算并缴纳清算所得税。
（6）确定可向股东分配的剩余财产、应付股息等。

其中第（6）项与自身的企业所得税无关，但有可能涉及预提企业所得税或个人所得税。企业全部资产的可变现价值或交易价格减除清算费用，职工的工资、社会保险费用和法定补偿金，结清清算所得税、以前年度欠税等税款，清偿企业债务，按规定计算可以向所有者分配的剩余资产。

被清算企业的股东分得的剩余资产的金额，其中相当于被清算企业累计未分配利润和累计盈余公积中按该股东所占股份比例计算的部分，应确认为股息所得；剩余资产减除股息所得后的余额，超过或低于股东投资成本的部分，应确认为股东的投资转让所得或损失。

被清算企业的股东从被清算企业分得的资产应按可变现价值或实际交易价格确定计税基础。

清算价格是指企业停止经营或破产后,要求在一定期限内以快速变现的方式处理其资产,以清偿债务和分配剩余权益条件下所采用的资产价值,也就是在非正常市场条件下资产拍卖的价格。由于受到期限限制和买主限制,其价格一般大大低于现行市价。

根据《国家税务总局关于企业清算所得税有关问题的通知》(国税函〔2009〕684号)的规定,进入清算期的企业应对清算事项,报主管税务机关备案。否则税务机关有权不承认较低的清算价格。

由于房地产行业的特殊性,国家税务总局依据《企业所得税法》及其实施条例、《税收征收管理法》及其实施细则等有关税收法律、行政法规的规定,专门下发了国税发〔2009〕31号文件予以加强从事房地产开发经营企业的企业所得税征收管理,规范从事房地产开发经营业务企业的纳税行为。

2. 清算实例

对房地产开发企业进行企业所得税的项目清算管理有明确的政策依据。国税发〔2009〕31号文件第三十五条规定:"开发产品完工以后,企业可在完工年度企业所得税汇算清缴前选择确定计税成本核算的终止日,不得滞后。凡已完工开发产品在完工年度未按规定结算计税成本,主管税务机关有权确定或核定其计税成本,据此进行纳税调整,并按《税收征收管理法》的有关规定对其进行处理。"国税发〔2009〕31号文件第九条规定:"企业销售未完工开发产品取得的收入,应先按预计计税毛利率分季(或月)计算出预计毛利额,计入当期应纳税所得额。开发产品完工后,企业应及时结算其计税成本并计算此前销售收入的实际毛利额,同时将其实际毛利额与其对应的预计毛利额之间的差额,计入当年度企业本项目与其他项目合并计算的应纳税所得额。在年度纳税申报时,企业须出具对该项开发产品实际毛利额与预计毛利额之间差异调整情况的报告以及税务机关需要的其他相关资料。"

国税发〔2009〕31号文件对开发项目计税成本的确定以及预计毛利额和实际毛利额差额的处理均做出了细致的说明,从政策角度为开展企业所得税项目清算管理提供了依据。

为了更直观地了解房地产行业企业所得税项目清算管理的业务处理,举例如下:

【例6-2】 A房地产企业开发的B项目,2019年实现预售收入1 000万元,预计计税毛利率为15%,期间费用和可扣除的税金为130万元(其中税金76.50万元);2020年实现预售收入3 000万元,预计计税毛利率为10%,期间费用和可扣除的税金为280万元(其中税金229.50万元);2021年B项目竣工交付业主使用,当年实现销售收入2 000万元,期间费用和可扣除的税金为220万元,账面结算的项目开发成本4 500万元。在项目清算审查中,发现开发成本中有500万元不符合税法规定,不能税前扣除,其中2019年200万元,2020年200万元,2021年100万元,假设无其他纳税调整项目,A房地产企业在 B 项目竣工清算年度,即 2021 年应当如何进行企业所得税的清算?每年要缴纳多少企业所得税?

解析如下:

2019 年应缴纳企业所得税=(1 000×15%-130)×25%=5(万元)。

2020 年应缴纳企业所得税=(3 000×10%-280)×25%=5(万元)。

2021 年为项目清算年度,企业所得税的计算稍显复杂,故逐项说明。

2021 年度账面确认的营业收入=1 000+3 000+2 000=6 000(万元)。

2021 年度账面确认的营业成本 4 500 万元。

2021 年度账面确认的期间费用和税金=220+76.5+229.5=526(万元)。

2021 年度账面利润总额=6 000-4 500-526=974(万元)。

加计纳税调整增加项目:

2019 年、2020 年已经在税前扣除的税金=76.5+229.5=306(万元)。

项目清算审查中发现的不能税前扣除的开发成本 500 万元(注意:尽管这部分成本分别实际发生于 2019、2020、2021 年度,但只需在 2021 年度即清算年度集中纳税调整即可)。

减计纳税调整减少项目:

2019 年度预计计税毛利=1 000×15%=150(万元)。

2020 年度预计计税毛利=3 000×10%=300(万元)。

2021 年度应纳税所得额=974+306+500-150-300=1 330(万元),应纳企业所得税=1 330×25%=332.50(万元)。

从上例中可以看出,A 房地产企业实际计税毛利率为 1-(4 500-500)÷6 000=33.33%。

2019 年、2020 年实际计税毛利额与预计毛利额的差异(1 000+3 000)×33.33%-150-300=883.20(万元),已经在项目企业所得税清算年度 2021 年进行了调整处理,并对开发项目中不能税前扣除的成本 500 万元也调增了应纳税所得额,切实保证了项目税收管理的高质效。

3. 企业所得税项目清算管理涉税风险

房地产行业企业所得税项目清算管理存在以下几个方面的问题。

1) 收入和成本在确认时间上不相匹配

房地产企业与其他企业相比,具有开发周期长、资金投入量大、纳税义务产生时点与会计核算不同步等特点。例如税法规定房地产开发企业通过正式签订《房地产销售合同》或《房地产预售合同》所取得的收入,应确认为销售收入的实现,并根据国税发〔2009〕31 号文件第九条规定,按照确定的计税毛利率计算预计毛利额,并入当年应纳税所得额缴纳企业所得税。但在会计核算上,预售取得的房款并不符合会计准则中"收入"确认的条件,不能确认为营业收入,仍然在预收账款会计科目中作为流动负债核算。

企业一般只有在项目完工年度给客户开具销售发票后才将预售房款结转为营业收入,而一个开发项目常规开发周期至少在3年以上。也就是说,开发成本的发生时间会跨越2~3个纳税年度,但确认收入则相对集中,收入和成本在确认时间上不相匹配。这样,如果只在收入确认年度仅通过年度汇算清缴进行企业所得税监管就显得过于疏漏,因为企业所得税汇算清缴时一般不会追溯到以前数个年度去审查企业的开发成本是否真实合理,是否应当全额在税前扣除。其实,即便是在成本发生年度,如果发现部分开发成本不符合税法扣除规定,企业也不会同意调增当年度的应纳税所得额,企业理由往往是"虽然这部分成本按税法规定不应当税前扣除,并且在申报当年度企业所得税时也没有扣除,没有影响到当年度的应纳税所得额,既然没有影响,就不存在调增当年度应纳税所得额之说",企业所言也有道理,且符合税法中权责发生制的规定,如此一来,开发成本的监管就成了难题,开发成本也因此成为"漏网之鱼",处于失控状态。所以,完全有必要在企业确认收入年度对开发成本进行全面审查,剔除不符合税法规定的成本。

2) 项目开发成本在结转年度扣除不合规

根据国税发〔2009〕31号文件第八条的规定,自2009年以后房地产开发企业销售未完工开发产品的最低计税毛利率有所下降:

(1) 开发项目位于省、自治区、直辖市和计划单列市人民政府所在地城市城区和郊区的,不得低于15%。

(2) 开发项目位于地及地级市城区及郊区的,不得低于10%。

(3) 开发项目位于其他地区的,不得低于5%。

(4) 属于经济适用房、限价房和危改房的,不得低于3%。

上述规定中,地级市的最低计税毛利率从15%降为10%(大部分地市是依据最低标准执行的),而且根据国税发〔2009〕31号文件规定,允许企业扣除预售收入对应的税金及附加、土地增值税等税费,税金及附加的税率为0.36%,预征土地增值税的税率最低为2%,实际计入当期应纳税所得额里的毛利最多只有预售收入的7.64%(10%－0.36%－2%＝7.64%),再扣除期间费用后,当期应纳税所得额所剩无几,甚至为负值。如果开发项目位于上述规定中的"其他地区",比如县城,计税毛利率仅为5%,则根本预征不到企业所得税。而事实上,房地产开发行业毛利率至少不会低于30%。房地产开发企业取得预售收入时期同时也是企业纳税能力最强的时期,现金流充足,所以一直以来对房地产企业实行预征制度,但过低的计税毛利率使得企业没有在此时期缴纳足够的企业所得税,而是将项目企业所得税纳税义务递延至项目完工收入确认年度,必然导致该年度纳税压力增大。对多数房地产开发企业来说,项目完工年度正是资金短缺时期,因为新项目拿地需要支出大量的资金,客观上削弱了企业的纳税能力,主观上企业也不愿意在这个时期缴纳大额的税款。所以,在项目完工收入确认年度就更应当全面掌握开发项目的企业所得税税负,重点厘清历年来发生的项目开发成本在结转年度扣除是否合规,计税成本结算是否符合税法规定,确保开发项目应负担的企业所得税能够足额入库,税源管理做到不遗不漏。

4. 房地产行业所得税项目清算管理方法

1) 建立房地产开发企业税源监控制度

根据各种渠道掌握的房地产开发项目情况,按区域划分到具体监控人,实施动态监控管理,对每一个项目建立档案和税源管理台账,随时掌握房地产开发企业的动态。重点跟踪掌握工程进度、预售收入、资金流向情况,关注开发企业是否将预售楼盘的预售款只用于该项目的开发建设,有无挪作他用现象,对存在大额资金转移的企业要重点约谈布控,及时组织税款入库。2016年5月1日,营改增后,河北省税务局根据房地产企业的现状,制定了《河北省国家税务局房地产开发行业增值税管理工作指引》并开发了建安房地产管理系统与金三系统对接,做到了细化管理模式。

2) 完善项目成本对象报备制度

根据国税发〔2009〕31号文件第二十六条的规定,房地产开发企业在开工前按照预定的格式报备成本对象,据以掌握项目的类别、位置、占地面积、建筑面积、可售面积、可售套数、是否异地开发等基本信息,为日常管理和后续的分析、评估、检查以及最终项目清算等夯实基础。主管局应当根据成本对象的确定原则,结合实际情况对企业报备的成本对象进行审核,对划分不合理的应当书面通知企业重新调整并报备。房地产开发企业成本对象一经确定并向主管税务机关报备,不能随意更改或相互混淆,如确需改变成本对象的,应向主管局报送规划、设计变更批文等资料,并征得同意。

根据国税发〔2009〕31号文件第九条规定,在项目完工年度纳税申报时,企业须出具对该项开发产品实际毛利额与预计毛利额之间差异调整情况的鉴证报告以及税务机关需要的其他相关资料。鉴证报告应由口碑良好、业绩突出的中介机构来完成,为减少征管成本、提高工作效率,降低纳税人负担,信息共享,也可以由参与该项目土地增值税清算鉴证的中介机构一并完成该项目企业所得税清算鉴证工作,以加强与土地增值税扣除项目的关联比对分析,重点审查在土地增值税清算过程中不能扣除的项目是否在企业所得税项目清算时是否进行了纳税调整。鉴证报告中应包括但不限于以下内容:开发项目的地理位置及概况、占地面积、开发用途、初始开发时间、完工时间、可售面积及已售面积、销售未完工产品的收入及其毛利额、已销完工产品的收入及其毛利额、计税成本对象的确定、开发成本及其实际销售成本等。

需要强调的是,在国税发〔2009〕31号文件第三十二条中规定了预提成本的条款,例如公共配套设施尚未建造或尚未完工的情况,应向政府上交但尚未上交的报批报建费用、物业完善费用以及出包工程未最终办理结算而未取得全额发票的,在证明资料充分的前提下,其发票不足金额可以预提,但最高不得超过合同总金额的10%。在实践中,部分企业曲解利用该条款进行恶意避税。因此,在进行企业所得税的项目清算时,主管税务机关应当着重审核预提成本的合规性,看其是否符合国税发〔2009〕31号文件第三十二条的具体规定,建安成本是否与审计决算值一致,对缺少证明资料而笼统地按发包金额预提10%的做法一律不予认可,不准税前扣除,从而堵塞税收漏洞,保护税基不受侵蚀,提高房地产企业所得税的征管质效。

3)进一步完善项目完税证明管理制度

开发项目只有在完成企业所得税、土地增值税项目清算、税款入库后,方能开具完税证明。主管税务机关负责该开发项目的监控人应出具书面意见附于项目档案中,以进一步完善项目完税证明管理制度。同时加强与国土资源局、房管等部门的合作力度,房地产开发企业在办理土地过户、产权登记时应提供税务部门监制的发票和项目主管税务机关开具的完税证明,未提供的不予办理产权证及过户手续。

第四节　土地增值税清算

税务机关对房地产开发企业开发项目实施全流程监控,从房地产企业取得土地使用权开始,按项目分别建立档案、设置台账,对纳税人项目立项、规划设计、施工、预售、竣工验收、工程结算、项目清盘等房地产开发全过程情况实行跟踪监控,做到税务管理与房地产企业项目开发同步。

一、土地增值税清算概念

土地增值税清算,是指纳税人在符合土地增值税清算条件后,依照税收法律、法规及土地增值税有关政策规定,计算房地产开发项目应缴纳的土地增值税税额,并填写《土地增值税清算申报表》,向主管税务机关提供有关资料,办理土地增值税清算手续,结清该房地产项目应缴纳土地增值税税款的行为。土地增值税清算主体为房地产开发企业(纳税人);税务部门负责对纳税人的清算结果进行审核确认。

二、土地增值税清算流程

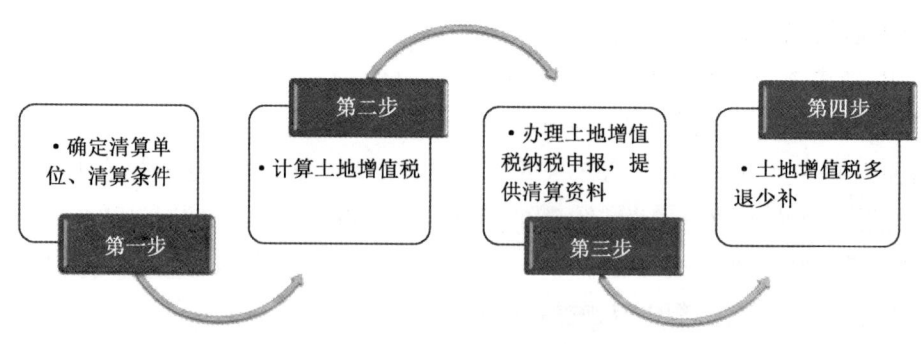

图6-3　土地增值税清算流程

（一）确定清算单位

房地产开发企业进行土地增值税清算首要环节是确定土地增值税清算单位，国家税务总局对于土地增值税清算单位的规定不够具体、明确，各省市也分别做出不同的具体规定。

1. 总局规定

《国家税务总局关于房地产开发企业土地增值税清算管理有关问题的通知》（国税发〔2006〕187号）第一条规定，土地增值税以国家有关部门审批的房地产开发项目为单位进行清算，对于分期开发的项目，以分期项目为单位清算。开发项目中同时包含普通住宅和非普通住宅的，应分别计算增值额。

2. 地方规定

（1）《山东省地方税务局土地增值税"三控一促"管理办法》（山东省地方税务局公告2017年第5号发布）第五条第二款规定，主管地税机关应当依据国家有关部门审批、备案的项目，结合《建设用地规划许可证》《建设工程规划许可证》确定项目管理单位，对于分期开发的项目，应当以分期项目为单位进行管理。

该办法第十四条规定，各市地方税务局应当按照普通住房、非普通住房和其他房地产三种类型，科学合理地确定预征率进行预征，并按规定进行清算。

（2）《辽宁省地方税务局关于明确土地增值税清算有关问题的通知》（辽地税函〔2012〕92号）第一条规定，关于土地增值税的清算单位。确定土地增值税清算单位时，地方税务机关应以发改委审批、备案确定的房地产开发项目作为清算单位；对于分期开发的项目，税务机关应以住建部门或国土规划部门下发的《建设工程规划许可证》确定的分期建设项目作为清算单位。

（3）《国家税务总局海南省税务局土地增值税清算工作规程》（国家税务总局海南省税务局公告2021年第8号）第五条规定，土地增值税以《建设工程规划许可证》确认的房地产开发项目为单位进行清算。

（4）《国家税务总局深圳市税务局土地增值税征管工作规程》（国家税务总局深圳市税务局公告2019年第8号）第四条规定，纳税人进行房地产开发，以规划部门审批的建设用地规划许可证中的项目名称办理项目登记。城市更新项目可结合城市更新项目批复、社会投资项目备案证等情况办理项目登记。

对于分期开发的项目，主管税务机关可结合建设工程规划许可证、建筑工程施工许可证、预售许可证以及纳税人会计核算情况，经集体合议后，确认按分期建设的项目进行项目登记。

纳税人项目登记后，因有关事项发生变化，确需变更的，应于有关事项发生变化之日起30日内向主管税务机关申请变更项目登记，并报送有关材料，主管税务机关应通过集体合议的方式确认是否变更项目登记。

该工作规程第五条规定，纳税人应按照登记的项目申报缴纳土地增值税。纳税人同时开发多个项目的，应按项目合理归集有关收入、成本、费用；分期开发项目的，应按照分期开发项目合理归集有关收入、成本、费用。

该工作规程第十三条规定,房地产开发项目以在主管税务机关登记的项目为单位进行清算。

(5)《内蒙古自治区地方税务局关于进一步明确土地增值税有关政策的通知》(内地税字〔2014〕159号)规定,土地增值税清算以国家有关部门审批的房地产开发项目为单位进行清算,对于分期开发的项目,以分期项目为清算单位,原则上以《建设工程规划许可证》为依据确认清算单位。如果企业的分期与《建设工程规划许可证》不一致的,以企业的分期项目为清算单位。清算单位应按照普通标准住宅、非普通标准住宅、非住宅类型分类,实行查账清算或核定征收清算土地增值税。

房地产开发企业成片受让土地使用权后分期分批开发的项目,应以国土、规划等主管部门批准文书注明的分期分批开发项目为单位进行清算。建议企业尽量不要再自行分期,土地增值税清算时,同等条件下,土地地块越大,清算时整体土地增值税税额越低,对企业越有利。

3. 税务检查要点

1)清算已经完毕或正在清算的项目

查看项目批文、建筑规划设计书、规划许可证、施工许可证及"开发成本"账户中明细账户的设置,以确定正确的清算单位。

2)未进行土地增值税清算的项目

查看销售窗口表、销控表、竣工验收表、房屋测绘表等资料,核清其销售已竣工验收的房地产开发项目的具体情况。

(二)判断土地增值税清算条件

土地增值税清算分为二种情况,一是纳税人对符合清算条件的开发项目自行开展的土地增值税清算;二是对符合土地增值税清算条件的,主管税务机关要求纳税人进行土地增值税清算。

1. 应当清算

国税发〔2009〕91号文件第九条规定,纳税人符合下列条件之一的,应进行土地增值税的清算。

(1)房地产开发项目全部竣工、完成销售的。

(2)整体转让未竣工决算房地产开发项目的。

(3)直接转让土地使用权的。

2. 要求清算

国税发〔2009〕91号文件第十条规定,对符合以下条件之一的,主管税务机关可要求纳税人进行土地增值税清算。第十一条规定,对于确定需要进行清算的项目,由主管税务机关下达清算通知。

(1)已竣工验收的房地产开发项目,已转让的房地产建筑面积占整个项目可售建筑面积的比例在 85% 以上,或该比例虽未超过 85%,但剩余的可售建筑面积已经出租或自用的。

(2) 取得销售(预售)许可证满 3 年仍未销售完毕的。

(3) 纳税人申请注销税务登记但未办理土地增值税清算手续的。

(4) 省(自治区、直辖市、计划单列市)税务机关规定的其他情况。

对前款所列第(3)项情形,应在办理注销登记前进行土地增值税清算。

(三) 清算期限

根据国税发〔2009〕91 号文件第十一条规定,对于符合规程第九条规定,应进行土地增值税清算的项目,纳税人应当在满足条件之日起 90 日内到主管税务机关办理清算手续。对于符合规程规定税务机关要求纳税人进行土地增值税清算的项目,由主管税务机关确定是否进行清算;对于确定需要进行清算的项目,由主管税务机关下达清算通知,纳税人应当在收到清算通知之日起 90 日内办理清算手续。

应进行土地增值税清算的纳税人或经主管税务机关确定需要进行清算的纳税人,在上述规定的期限内拒不清算或不提供清算资料的,主管税务机关可依据《税收征收管理法》有关规定处理。

房地产企业应注意土地增值税清算期限规定,避免处罚风险。

(四) 清算资料

《土地增值税清算管理规程》(国税发〔2009〕91 号)第十二条规定,纳税人清算土地增值税时应提供的清算资料:

(1) 土地增值税清算表及其附表。

(2) 房地产开发项目清算说明,主要内容应包括房地产开发项目立项、用地、开发、销售、关联方交易、融资、税款缴纳等基本情况及主管税务机关需要了解的其他情况。

(3) 项目竣工决算报表、取得土地使用权所支付的地价款凭证、国有土地使用权出让合同、银行贷款利息结算通知单、项目工程合同结算单、商品房购销合同统计表、销售明细表、预售许可证等与转让房地产的收入、成本和费用有关的证明资料。主管税务机关需要相应项目记账凭证的,纳税人还应提供记账凭证复印件。

(4) 纳税人委托税务中介机构审核鉴证的清算项目,还应报送中介机构出具的《土地增值税清算税款鉴证报告》。

(5) 主管税务机构要求报送的其他清算资料。

三、土地增值税收入的确认

(一) 纳税人

《土地增值税暂行条例》第二条规定,转让国有土地使用权、地上的建筑物及其附着物并取得收入的单位和个人,为土地增值税的纳税义务人,应当依照规定缴纳土地增值税。可以看出,转让国有土地使用权时才需缴纳土地增值税,转让集体土地使用权、一级市场取得土地不征收土地增值税。同时,对于建筑物及附着物的性质判定也是实务中常出现问题的部分。《中华人民共和国土地增值税法(征求意见稿)》[以下简称《土地增值税法(征求意见稿)》]第一条规定,在中华人民共和国境内转移房地产并取得收入的单位和个人,为土地增值税的纳税人,应当依照本法的规定缴纳土地增值税。《土地增值税法(征求意见稿)》第二条规定,本法所称转移房地产,是指下列行为:①转让土地使用权、地上的建筑物及其附着物。②出让集体土地使用权、地上的建筑物及其附着物,或以集体土地使用权、地上的建筑物及其附着物作价出资、入股。土地承包经营权流转,不征收土地增值税。

可以看出《土地增值税暂行条例》和《土地增值税法(征求意见稿)》对纳税义务人有着明显变化,这要求财税人员引起重视。

(二)计算方式

土地增值税的计算方式为:

$$土地增值税额 = 增值额 \times 税率 - 扣除额 \times 速算扣除系数$$

$$增值额 = 收入 - 扣除项目$$

因此,在计算之前我们先要确定转让的收入以及扣除项目。

(三)收入的确定

1. 收入的范围

转让国有土地使用权、地上的建筑物及其附着物取得收入,是指以出售或者其他方式有偿转让的行为。不包括以继承、赠与方式无偿转让房地产的行为。

2. 转让房地产收入的形式

包括转让房地产的全部价款及有关的经济收益,包括货币收入、实物收入和其他收入。

3. 应税收入的确认

$$土地增值税应税收入 = "营改增"前转让房地产取得的收入 + "营改增"后转让房地产取得的不含增值税收入$$

4. 正常销售情形

根据《国家税务总局关于土地增值税清算有关问题的通知》(国税函〔2010〕220号)关于土地增值税清算时收入确认的问题的规定,土地增值税清算时,已全额开具商品房销售发票的,按照发票所载金额确认收入;未开具发票或未全额开具发票的,以交易双方签订的销售合同所载的售房金额及其他收益确认收入。

《财政部 国家税务总局关于营改增后契税 房产税 土地增值税 个人所得税计税依据问题的通知》(财税〔2016〕43号)规定,土地增值税纳税人转让房地产取得的收入为不含增值税收入,适用增值税一般计税方法的纳税人,其转让房地产的土地增值税应税收入不含增值税销项税额。

5. 非直接销售和自用房地产的收入确定

国税发〔2009〕91号文件第十九条规定:

(1) 房地产开发企业将开发产品用于职工福利、奖励、对外投资、分配给股东或投资人、抵偿债务、换取其他单位和个人的非货币性资产等,发生所有权转移时应视同销售房地产,其收入按下列方法和顺序确认:按本企业在同一地区、同一年度销售的同类房地产的平均价格确定;由主管税务机关参照当地当年、同类房地产的市场价格或评估价值确定。

(2) 房地产开发企业将开发的部分房地产转为企业自用或用于出租等商业用途时,如果产权未发生转移,不征收土地增值税,在税款清算时不列收入,不扣除相应的成本和费用。

根据《国家税务总局关于土地增值税清算有关问题的通知》(国税函〔2010〕220号)第六条关于拆迁安置土地增值税计算问题的规定:

(1) 房地产企业用建造的本项目房地产安置回迁户的,安置用房视同销售处理,按《国家税务总局关于房地产开发企业土地增值税清算管理有关问题的通知》(国税发〔2006〕187号,以下简称国税发〔2006〕187号文件)第三条第(一)款规定确认收入,同时将此确认为房地产开发项目的拆迁补偿费。房地产开发企业支付给回迁户的补差价款,计入拆迁补偿费;回迁户支付给房地产开发企业的补差价款,应抵减本项目拆迁补偿费。

(2) 开发企业采取异地安置,异地安置的房屋属于自行开发建造的,房屋价值按国税发〔2006〕187号文件第三条第(一)款的规定计算,计入本项目的拆迁补偿费;异地安置的房屋属于购入的,以实际支付的购房支出计入拆迁补偿费。

(3) 货币安置拆迁的,房地产开发企业凭合法有效凭据计入拆迁补偿费。

6. 分期分类收入的确定

《国家税务总局关于土地增值税清算有关问题的通知》(国税函〔2010〕220号)规定,土地增值税以国家有关部门审批的房地产开发项目为单位进行清算,对于分期开发的项目,以分期项目为单位清算。开发项目中同时包含普通住宅和非普通住宅的,应分别计算增值额。因此销售收入总额首先要分期确定,然后分类确定。

7. 代收费用的确定

财税字〔1995〕48号文件规定,对于县级及县级以上人民政府要求房地产开发企业在售房时代收的各项费用,如果代收费用是计入房价中向购买方一并收取的,可作为转让房地产所取得的收入计税;如果代收费用未计入房价中,而是在房价之外单独收取的,可以不作为转让房地产的收入。对于代收费用作为转让收入计税的,在计算扣除项目金额时,可予以扣除,但不允许作为加计20%扣除的基数;对于代收费用未作为转让房地产的收入计税的,在计算增值额时不允许扣除代收费用。

8. 隐瞒、虚报转让价格及价格明显偏低

(1) 隐瞒、虚报转让价格。纳税人不报或者有意低报转让价格。根据评估价格确定收入。税务机关核定计税收入。

(2) 土地增值税清算收入如何认定"价格明显偏低且无正当理由"？

第一，法律法规。

《土地增值税暂行条例》第九条规定，纳税人有下列情形之一的，按照房地产评估价格计算征收：转让房地产的成交价格低于房地产评估价格，又无正当理由的。《土地增值税暂行条例实施细则》第十四条规定，条例第九条(三)项所称的转让房地产的成交价格低于房地产评估价格，又无正当理由的，是指纳税人申报的转让房地产的实际成交价低于房地产评估机构评定的交易价，纳税人又不能提供凭据或无正当理由的行为。

第二，地方政策规定。

《江苏省地方税务局关于土地增值税有关业务问题的公告》(苏地税规〔2012〕1号)有关房地产转让价格明显偏低的收入确定问题规定如下：

对纳税人申报的房地产转让价格低于同期同类房地产平均销售价格10%的，税务机关可委托房地产评估机构对其评估。纳税人申报的房地产转让价格低于房地产评估机构评定的交易价，又无正当理由的，应按照房地产评估机构评定的价格确认转让收入。

对以下情形的房地产转让价格，即使明显偏低，可视为有正当理由：

① 法院判定或裁定的转让价格。

② 以公开拍卖方式转让房地产的价格。

③ 政府物价部门确定的转让价格。

④ 经主管税务机关认定的其他合理情形。

《国家税务总局海南省税务局土地增值税清算审核管理办法》(国家税务总局海南省税务局公告2021年第7号发布)第六条规定，纳税人申报的房地产销售价格低于同期同类房地产平均销售价格30%且无正当理由的，可认定为房地产销售价格明显偏低。

该办法第七条规定，符合下列条件之一的房地产销售价格明显偏低，视为有正当理由：

① 人民法院判决或裁定的转让价格；

② 政府有关部门确定的转让价格；

③ 经主管税务机关认定的其他情形。

第三，"价格明显偏低且无正当理由"和"未按照独立企业之间业务往来作价的关联业务往来"是税务机关重新核定计税价格的理由。

"价格明显偏低且无正当理由"有量化判断标准。

① 30%指标。

最高人民法院于2009年4月发布的《最高人民法院关于适用〈中华人民共和国合同法〉若干问题的解释(二)》(法释〔2009〕5号)第十九条规定，对于合同法第七十四条规定的"明显不合理的低价"，人民法院应当以交易当地一般经营者的判断，并参考交易当时交易地的物价部门指导价或者市场交易价，结合其他相关因素综合考虑予以确认。转让价格达不到交易时交易地的指导价或者市场交易价70%的，一般可以视为明显不合理的低价;对转让价格高于当地指导价或者市场交易价30%的,一般可以视为明显不合理的高价。债务人以明显不合理的高价收购他人财产,人民法院可以根据债权人的申请,参照合同法第七十四条的规定予以撤销。

② 10%指标。

《河南省地方税务局转发关于土地增值税清算有关问题的通知》(豫地税函〔2010〕202号)第二条关于"计税价格明显偏低"的问题。《河南省地方税务局关于明确土地增值税若干政策的通知》(豫地税发〔2010〕28号)第三条第二款第六小项中:"申报的计税价格明显偏低,又无正当理由的,按核定征收率8%征收土地增值税",该处的"明显偏低"是指低于该项目当月同类房地产平均销售价格的10%。

③ 哪些理由是正当理由。

A. 对于自然人转让股权对价明显偏低的正当理由,《股权转让所得个人所得税管理办法(试行)》(国家税务总局公告2014年第67号发布)第十三条列举了以下几项:能出具有效文件,证明被投资企业因国家政策调整,生产经营受到重大影响,导致低价转让股权;继承或将股权转让给其能提供具有法律效力身份关系证明的配偶、父母、子女、祖父母、外祖父母、孙子女、外孙子女、兄弟姐妹以及对转让人承担直接抚养或者赡养义务的抚养人或者赡养人;相关法律、政府文件或企业章程规定,并有相关资料充分证明转让价格合理且真实的本企业员工持有的不能对外转让股权的内部转让;股权转让双方能够提供有效证据证明其合理性的其他合理情形。

B. 对于土地增值税清算时房地产转让价格明显偏低的正当理由,《江苏省地方税务局关于土地增值税有关业务问题的公告》(苏地税规〔2012〕1号)列举了以下几项:法院判定或裁定的转让价格;以公开拍卖方式转让房地产的价格;政府物价部门确定的转让价格;经主管税务机关认定的其他合理情形。

9. 以地换房收入的确定

纳税人之间以土地换房(不含合作建房)的,应对转让房屋和转让土地的双方分别征收土地增值税、增值税。计税依据交易价格或评估价格。税目:销售不动产－建筑物和销售无形资产－土地使用权。

10. 转让房地产的有关经济利益的确认

(1) 违约金、赔偿金的处理。纳税人转让房产收取的违约金、滞纳金、赔偿金、分期付款利息以及其他各种性质的经济收益,属于价外费用,应当确认收入。

(2) 未能转让收取的违约金的处理。购买方违约,导致未能转让,不属于价外费用,不确认转让房地产的收入。

11. 售后返租收入的确认

转让房地产,同时要求购房者将所购房地产无偿或低价给转让方或者转让方的关联方使用一段时间,其实质是转让方获取与转让房地产有关的经济利益。此行为,应将转让房地产的全部价款及有关的经济收益确认为转让收入,依法计征土地增值税。

如有关经济收益无法确认的,应判断其转让价格是否明显偏低。对转让价格明显偏低且无正当理由的,应采用评估或其他合理的方法确定其转让收入,依法计征土地增值税。

(四) 检查要点

1. 核对正常销售数据

1) 核对销售数据

查看销售发票存根、销售合同及合同登记簿、销售许可证、房屋测绘面积表、销售窗口表,重点审核销售明细表、房地产销售面积与可售面积的数据关联性。

2) 核对面积变动发生的收入

销售合同所载商品房面积与实际测量面积不一致,而发生补、退房款的收入,要对其调整情况进行仔细检查,核对相关原始资料。

2. 核对特殊销售情况

1) 审核会计科目

预收账款、应付账款、其他应付款、应收账款、其他应收款、营业外支出、固定资产清理、待处理财产损溢。

2) 检查问题点

大额、异常数据、文字摘要的内容深入查阅,确认是否存在视同销售和非货币性资产交换。

3. 核对价格明显偏低情况

1) 核查资料

核对销售窗口表、价格主管部门批复,价格明显偏低的,仔细核对购买方的身份以及真实业务内容。

2) 核查内容

确认同时期的销售价格是否存在明显不合理的情况,价格明显偏低是否按照规定进行涉税处理,包括增值税、土地增值税、企业所得税、个人所得税。

4. 核对出租收入

1) 核查资料和科目

主营业务收入、其他业务收入,查看房屋测绘面积、销售窗口表,确定企业是否准确区分出售和出租收入,出租收入是否申报增值税、房产税。

2) 审核出租商铺的处理

对外出租取得收入,不计入土地增值税清算收入总额,成本也不能扣除。检查重点商铺单位成本计算是否准确。

5. 审核装修部分

房地产开发企业销售已装修的房屋,其装修费用可以计入房地产开发成本。土地增值税属于地方税种,各地处理意见不一致,需详见各地具体规定。

(1)《安徽省土地增值税清算管理办法》(国家税务总局安徽省税务局公告 2018 年

第21号公布)第四十一条规定,纳税人销售已装修的房屋,其装修费用可以计入房地产开发成本。

纳税人销售已装修的房屋,其装修费用不包括房地产开发企业自行采购或委托装修公司购买的家用电器、家具所发生的支出,也不包括与房地产连接在一起、但可以拆除且拆除后无实质性损害的物品所发生的支出。

房地产开发企业销售精装修房时,如其销售收入包括销售家用电器、家具等取得的收入,应以总销售收入减去销售家用电器、家具等取得的收入作为房地产销售收入计算土地增值税。

(2)《广西壮族自治区地方税务局关于发布〈广西壮族自治区房地产开发项目土地增值税管理办法(试行)〉的公告》(广西壮族自治区地方税务局公告2018年第1号)第四十条第五项规定,纳税人销售已装修的房屋,发生的合理装修费用可计入房地产开发成本。纳税人销售已装修房屋,应当在《房地产买卖合同》或补充合同(协议)中明确约定。没有明确约定的,其装修费用不得计入房地产开发成本。上述装修费用不包括纳税人自行采购或委托装修公司购买的家用电器、可移动家具、日用品、可移动装饰用品(如窗帘、装饰画等)所发生的支出。纳税人销售已装修的房屋时,随房屋一同出售的家具、家电,如果安装后不可移动,成为房屋的组成部分,并且拆除后影响或丧失其使用功能的,如整体中央空调、户式小型中央空调、固定式衣柜橱柜等,其外购成本计入开发成本予以扣除。

(3)河北省地方税务局关于地方税有关业务问题解答。

房地产开发企业销售精装修房时,如其装修中包括销售家用电器、可移动家具、日用品、可移动装饰用品(如窗帘、装饰画等)费用是否可以计入开发成本？房地产开发企业销售精装修房,其装修费用可以计入房地产开发成本。但其装修费用不包括房地产开发企业自行采购或委托装修公司购买的家用电器、可移动家具、日用品、可移动装饰用品(如窗帘、装饰画等)所发生的支出。

房地产开发企业销售精装修房时,如其销售收入包括销售家用电器、可移动家具、日用品、可移动装饰用品(如窗帘、装饰画等)等取得的收入,应以总销售收入减去家用电器等的采购价格作为房地产销售收入计算土地增值税。

6. 核对特殊销售方式情况

1)确定销售形式

主要有：预售方式、一次性全额收款、分期收款、银行按揭、采取委托销售(分为支付手续费方式、视同买断、基价并实行超基价分成、包销方式)。

2)确认收入的时间

不同的销售方式,确认收入的时间也不同,归集资料,结合销售合同,确认收入实现时间。

7. 核查其他各类业务

1)各类收入项目的检查

(1) 预售收入。查"预售收入备查簿",合同签订日期、交付日期、预售款确认收入日期、金额和费用处理情况。

(2) 销售退回、折扣与折让。业务是否真实,内容是否完整,手续是否符合规定,计算是否正确,重点检查给予关联方的折扣和折让是否合理。

(3) 按揭款收入结转。是否申报收入,是否挂在往来账上(其他应付款),不申报纳税。

(4) 还本销售。还本销售和以房产补偿给拆迁户,是否申报收入。

(5) 抵债转让。抵债转让给其他单位和个人或被法院拍卖,是否按规定申报收入。

2) 各类项目处理的检查

(1) 转让在建项目。一般转让在建项目要在当年进行土地增值税清算。

(2) 房地产或土地作价入股投资。以房地产或土地作价入股投资或联营从事房地产开发,是否按规定进行处理。

8. 实地查看

1) 关注少计漏计事项

实地查验,对异常的房屋深入调查,特别是正常房屋的加盖、过桥以及地下建筑,确认有无少计、漏计事项。

2) 关注视同销售

企业是否将开发产品用于职工福利、奖励、对外投资、分配给股东或投资人、抵偿债务、换取其他单位和个人的非货币性资产等。

主要方法:按销控表中的空房号到现场核对是否已经使用,如果是,追踪会计处理情况。

9. 检查关联交易

1) 检查内容

重点关注关联交易是否按照公允价格和营业常规开展。

2) 检查方式

具体关注大额应付款余额,仔细查阅相关交易的合同资料,检查交易行为是否真实,财税处理是否符合规定。

(五) 土地增值税计算

计算公式如表 6-9 所示。

表 6-9　土地增值税计算

增值额/扣除项目金额(N)	税率	速算扣除系数	土地增值税税额
N≤50%	30%	—	=增值额×30%
50%<N≤100%	40%	5%	=增值额×40%−扣除项目金额×5%
100%<N≤200%	50%	15%	=增值额×50%−扣除项目金额×15%
N>200%	60%	35%	=增值额×60%−扣除项目金额×35%

(六) 缴纳时间的规定

土地增值税缴纳时间要求划分为三个阶段,具体情况如图 6-4 所示。

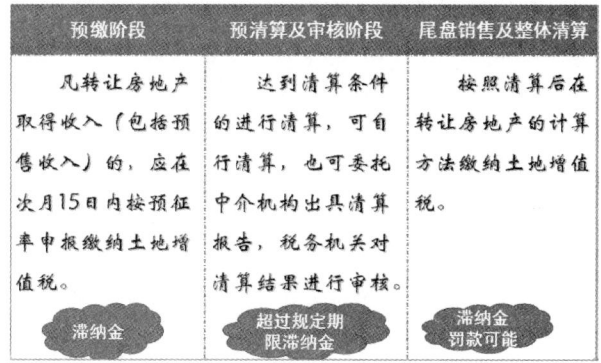

图 6-4 土地增值税缴纳时间

(七) 土地增值税预征计征依据

(1) 土地增值税纳税人转让房地产取得的收入为不含增值税收入。

(2) 一般计税,土地增值税应税收入不含增值税销项税额;简易计税,应税收入不含增值税应纳税额。

$$预征的计征依据 = 预收款 - 应预缴增值税税款$$

(八) 举例说明土地增值税清算收入确认

【例 6-3】 甲房地产开发企业为增值税一般纳税人,2019 年 5 月开发的 A 项目是按一般计税方法计税。2022 年 10 月土地增值税清算时,取得项目销售收入(含增值税)100 亿元。假设增值税允许扣除的土地价款和拆迁补偿费用为 30 亿元,房地产开发成本 18 亿元,甲企业不能按转让房地产项目计算分摊利息支出或不能提供金融机构证明,房地产开发费用按"取得土地使用权所支付的金额"与"房地产开发成本"金额之和的 10% 以内计算扣除,不考虑其他情况。

1. 思考题

(1) 土地增值税清算收入是多少?

(2) 开发土地和新建房及配套设施的成本如何进行计算?

(3) 其他扣除项目如何进行计算?

(4) 房地产开发费用如何进行计算?

2. 答案

(1) 土地增值税清算收入 = 100 - (100 - 30) ÷ (1 + 9%) × 9% = 100 - 5.78 = 94.22(亿元)。

(2) 计入取得土地使用权所支付的金额和房地产开发成本(开发土地和新建房及配套设施的成本)中土地价款和拆迁补偿费用为 30 亿,不是 27.52 亿元[30 - (30 ÷ 1.09

×9%)]。

(3) 其他扣除项目＝(取得土地使用权所支付的金额＋开发成本)×20%＝(30＋18)×20%＝9.6(亿元)，并不是9.1亿元[(27.52＋18)×20%]。

(4) 房地产开发费用＝(30＋18)×10%＝4.8(亿元)。

3. 案例分析

(1) 房地产开发企业土地增值税清算收入的确认。

根据《国家税务总局关于营改增后土地增值税若干征管规定的公告》(国家税务总局公告2016年第70号)规定，适用简易计税方法的房地产开发企业纳税人，其转让房地产的土地增值税清算收入不含增值税应纳税额，即：

$$\text{土地增值税清算收入} = \text{含税销售收入} - \text{增值税应纳税额} = \text{含税销售收入} - \text{含税销售收入} \div (1+5\%) \times 5\% = \text{含税销售收入} \div (1+5\%)$$

采用一般计税方法计税的房地产开发企业纳税人，其转让房地产的土地增值税清算收入不含增值税销项税额，即：

$$\text{土地增值税清算收入} = \text{含增值税销售收入} - \text{销项税额} = \text{含税销售收入} - \text{销售额} \times \text{税率}$$

$$= \text{含税销售收入} - (\text{全部价款和价外费用} - \text{土地价款以及拆迁补偿费用}) \div (1+9\%) \times 9\%$$

根据上述分析，按规定允许土地价款扣减销售额而减少的销项税额，应调增土地增值税清算收入，不是调减纳税人在土地增值税清算时确认的土地成本。

(2) 采用一般计税方法，对缴纳土地增值税的影响。

① 按照《土地增值税暂行条例实施细则》规定，对从事房地产开发的纳税人，可按取得土地使用权所支付的金额与房地产开发成本之和加计20%扣除。按规定选择"允许以本项目土地价款扣减销售额而减少的销项税额，应调增土地增值税清算收入"，而不是选择"调减纳税人在土地增值税清算时确认的土地成本"，虽收入调增和土地成本调减数额大小一样，但是计算"其他扣除项目"时，土地成本可以加计20%扣除，进而放大土地成本调减数额为原数额的120%。

② 根据《国家税务总局关于土地增值税清算有关问题的通知》(国税函〔2010〕220号)第三条第(一)项规定，财务费用中的利息支出，凡能够按转让房地产项目计算分摊并提供金融机构证明的，允许据实扣除，但最高不能超过按商业银行同类同期贷款利率计算的金额。其他房地产开发费用，在按照"取得土地使用权所支付的金额"与"房地产开发成本"金额之和的5%以内计算扣除。

第(二)项规定，凡不能按转让房地产项目计算分摊利息支出或不能提供金融机构证明的，房地产开发费用在按"取得土地使用权所支付的金额"与"房地产开发成本"金额之和的10%以内计算扣除。

因此，按规定允许以本项目土地价款扣减销售额而减少的销项税额，应调增土地增值税的清算收入,而不是选择调减纳税人在土地增值税清算时确认的土地成本,进而影响"房地产开发费用"或"其他房地产开发费用"的计算基数,选择"调增土地增值税清算收入"比选择"调减纳税人在土地增值税清算时确认的土地成本",在计算土地增值税时,"房地产开发费用"或"其他房地产开发费用"扣除金额大。

(3) 其他需要关注事项。

① 在计算土地增值税清算收入(不含税销售额)时,含税销售额减除的不是销售发票上注明的增值税额,而是根据含税销售额减去上述差额计税办法计算出的销项税额,换算为不含税销售额。

②《财政部关于印发〈增值税会计处理规定〉的通知》(财会〔2016〕22号)明确,增值税差额纳税的,按照规定土地价款等允许抵扣的税额,冲减房地产企业存货成本(即土地成本),实务中需要注意土地增值税清算时的税务处理和会计处理的差异。

③《国家税务总局关于修订土地增值税纳税申报表的通知》(税总函〔2016〕309号)附件《土地增值税纳税申报表(六)》对于清算表格中土地价款扣除做了如下规定:表第6栏"取得土地使用权所支付的金额",按纳税人为取得该房地产开发项目所需要的土地使用权而实际支付(补交)的土地出让金(地价款)及按国家统一规定缴纳的有关费用的数额填写。

(4) 土地增值税清算涉及转让数据和资料。

① 转让房地产收入总额,收入总额是指在清算中按政策规定确认各项收入。

归集资料:不同销售形式的合同或协议、销售窗口表、财务报表及售房有关证明资料,制作转让收入明细表。

② 附件资料《房地产转让收入明细表》并附资料:房屋分户面积对照表;商品房购销合同统计表;当期财务报表;其他售房的有关证明资料。

(5) 查看的科目。需要查看的主要科目:预收账款、开发产品、营业收入及各类往来会计科目。

四、土地增值税扣除项目

(一) 取得土地使用权所支付的金额

取得土地使用权所支付的金额,是指纳税人为取得土地使用权所支付的地价款和按国家统一规定缴纳的有关费用。

(二) 开发土地和新建房及配套设施的成本

开发土地和建房及配套设施(以下简称房地产开发)的成本,是指纳税人房地产开发项目实际发生的成本(以下简称房地产开发成本),包括:

(1) 土地征用及拆迁补偿费,包括土地征用费、耕地占用税、劳动力安置费及有关地上、地下附着物拆迁补偿的净支出、安置动迁用房支出等。

(2) 前期工程费,包括规划、设计、项目可行性研究和水文、地质、测绘、"三通一平"

等支出。

（3）建筑安装工程费，是指以出包方式支付给承包单位的建筑安装工程费，以自营方式发生的建筑安装工程费。

（4）基础设施费，包括开发小区内道路、供水、供电、供气、排污、排洪、通讯、照明、环卫、绿化等工程发生的支出。

（5）公共配套设施费，包括不能有偿转让的开发小区内公共配套设施发生的支出。

（6）开发间接费用，是指直接组织、管理开发项目发生的费用，包括工资、职工福利费、折旧费、修理费、办公费、水电费、劳动保护费、周转房摊销等。

（三）开发土地和新建房及配套设施的费用

开发土地和新建房及配套设施的费用（以下简称房地产开发费用），是指与房地产开发项目有关的销售费用、管理费用、财务费用。

财务费用中的利息支出，凡能够按转让房地产项目计算分摊并提供金融机构证明的，允许据实扣除，但最高不能超过按商业银行同类同期贷款利率计算的金额。其他房地产开发费用，按取得土地使用权所支付的金额＋房地产开发成本的金额之和的5％以内计算扣除。

凡不能按转让房地产项目计算分摊利息支出或不能提供金融机构证明的，房地产开发费用按取得土地使用权所支付的金额＋房地产开发成本的金额之和的10％以内计算扣除。

上述计算扣除的具体比例，由各省、自治区、直辖市人民政府规定。

（四）旧房及建筑物的评估价格

旧房及建筑物的评估价格，是指在转让已使用的房屋及建筑物时，由政府批准设立的房地产评估机构评定的重置成本价（资产按照现在购买相同或相似资产所需支付的现金或现金等价物的金额计量）乘以成新度折扣率后的价格。评估价格须经当地税务机关确认。

（五）与转让房地产有关的税金

与转让房地产有关的税金，是指在转让房地产时缴纳的营业税、城市维护建设税、印花税。因转让房地产缴纳的教育费附加，也可视同税金予以扣除。

（六）财政部规定的其他扣除项目

对从事房地产开发的纳税人可按取得土地使用权所支付的金额＋房地产开发成本的金额之和，加计20％的扣除。

五、土地增值税扣除项目应遵循的原则

纳税人转让房地产所取得的收入减除，根据《土地增值税暂行条例》第六条规定，扣除项目金额后的余额，为增值额。土地增值税计算复杂性，其扣除项目是土地增值税清

算中的难点。条例规定计算增值额的扣除项目：①取得土地使用权所支付的金额。②开发土地的成本、费用。③新建房及配套设施的成本、费用，或者旧房及建筑物的评估价格。④与转让房地产有关的税金。⑤财政部规定的其他扣除项目。上述成本费用扣除应遵循以下原则：

（一）真实性原则

真实性原则，是指在土地增值税清算中，扣除项目金额中所归集的各项成本和费用，必须是实际发生的。实际发生，并非实际支付的概念，即实际发生≠实际支付，一般认为支付义务产生，即意味着费用支出发生。在土地增值税清算中，计算扣除项目金额时，其实际发生并取得了合法凭据的支出可以扣除。

房地产企业土地增值税清算不同于企业所得税汇算清缴。国税发〔2006〕187号文件规定，房地产开发企业的预提费用，除另有规定外，不得扣除。目前来看，房地产开发企业土地增值税清算可以扣除的预提费用还没有政策规定。企业所得税部分费用可以预提，《房地产开发经营业务企业所得税处理办法》（国税发〔2009〕31号印发）第三十二条规定，可以预提的费用：①出包工程未最终办理结算而未取得全额发票的，在证明资料充分的前提下，其发票不足金额可以预提，但最高不得超过合同总金额的10%。②公共配套设施尚未建造或尚未完工的，可按预算造价合理预提建造费用。此类公共配套设施必须符合已在售房合同、协议或广告、模型中明确承诺建造且不可撤销，或按照法律法规规定必须配套建造的条件。③应向政府上交但尚未上交的报批报建费用、物业完善费用可以按规定预提。物业完善费用是指按规定应由企业承担的物业管理基金、公建维修基金或其他专项基金。

（二）合规扣除凭证原则

合规扣除凭证原则，是指在土地增值税清算中，计算扣除项目金额时，其实际发生的支出应当取得但未取得合法凭据的不得扣除。

（1）国税发〔2006〕187号文件第四条规定，房地产开发企业办理土地增值税清算时计算与清算项目有关的扣除项目金额，应根据《土地增值税暂行条例》第六条及其实施细则第七条的规定执行。除另有规定外，扣除取得土地使用权所支付的金额、房地产开发成本、费用及与转让房地产有关税金，须提供合法有效凭证；不能提供合法有效凭证的，不予扣除。

（2）《国家税务总局关于土地增值税清算有关问题的通知》（国税函〔2010〕220号）第二条规定，房地产开发企业在工程竣工验收后，根据合同约定，扣留建筑安装施工企业一定比例的工程款，作为开发项目的质量保证金，在计算土地增值税时，建筑安装施工企业就质量保证金对房地产开发企业开具发票的，按发票所载金额予以扣除；未开具发票的，扣留的质保金不得计算扣除。

（3）《国家税务总局关于营改增后土地增值税若干征管规定的公告》（国家税务总局公告2016年第70号）规定，营改增后，土地增值税纳税人接受建筑安装服务取得的增值税发票,应按照《国家税务总局关于全面推开营业税改征增值税试点有关税收征收管理事项的公告》(国家税务总局公告 2016 年第 23 号)规定,在发票的备注栏注明建筑服务发生地县(市、区)名称及项目名称,否则不得计入土地增值税扣除项目金额。

(三) 相关性原则

相关性原则,是指在土地增值税清算中,扣除项目金额中所归集的各项成本和费用必须是在清算项目开发中直接发生的或应当分摊的。

在会计核算中,强调收入与成本的配比、相关性原则。税法中,企业所得税法第八条所称有关的支出,是指与取得收入直接相关的支出。企业所得税按年汇算清缴,土地增值税按项目清算,两个税种的税收计算原理是一致的。土地增值税也应该遵守该原则,即税前扣除的支出从性质和根源上必须与取得应税收入相关;一切与收入不相关的,或者不合理的成本费用,即使是已发生、真实的,也不得作为扣除项目。

(四) 合理分摊原则

合理分摊原则,是指在土地增值税清算中,纳税人分期开发项目或者同时开发多个项目的,或者同一项目中建造不同类型房地产的,应按照受益对象,采用合理的分配方法,分摊共同的成本费用。

合理的分配方法是什么?《土地增值税暂行条例实施细则》第九条规定,纳税人成片受让土地使用权后,分期分批开发、转让房地产的,其扣除项目金额的确定,可按转让土地使用权的面积占总面积的比例计算分摊,或按建筑面积计算分摊,也可按税务机关确认的其他方式计算分摊。国税发〔2006〕187 号文件规定,属于多个房地产项目共同的成本费用,应按清算项目可售建筑面积占多个项目可售总建筑面积的比例或其他合理的方法,计算确定清算项目的扣除金额。

《国家税务总局关于营改增后土地增值税若干征管规定的公告》(国家税务总局公告 2016 年第 70 号)规定,营改增后,房地产开发企业实际缴纳的城建税、教育费附加,凡能够按清算项目准确计算的,允许据实扣除。凡不能按清算项目准确计算的,则按该清算项目预缴增值税时实际缴纳的城建税、教育费附加扣除。其他转让房地产行为的城建税、教育费附加扣除比照上述规定执行税务。

(五) 一致性原则

一致性原则,是指在土地增值税清算中,对同一类事项,应当采取相同的会计政策或处理方法。会计核算与税务处理规定不一致的,以税务处理规定为准。

国税发〔2009〕91 号文件第三十六条规定,对于分期开发的房地产项目,各期清算的方式应保持一致。

(六) 开发成本与费用划分原则

开发成本与费用划分原则,是指在土地增值税清算中,扣除项目金额应当准确地在各扣除项目中分别归集,不得混淆。

房地产开发企业发生的开发成本,在取得合规凭证后不仅可以据实扣除外,还可以加计20%扣除；房地产开发费用则不然，财务费用中的利息支出能够按转让房地产项目计算分摊，并提供金融机构证明的，允许据实扣除，但最高不能超过按商业银行同类同期贷款利率计算的金额。其他房地产开发费用按取得土地使用权所支付的金额及房地产开发成本之和的5%以内予以扣除；凡不能提供金融机构证明的，利息不单独扣除，三项费用的扣除按取得土地使用权所支付的金额及房地产开发成本的10%以内计算扣除。所以严格划分开发成本与费用尤为重要。

六、扣除项目的检查

（一）开发成本检查基本方法

1. 核对发票票面和取得方式

项目清算报告有票据比对结果，结合清单结果，查找问题。

2. 检查与扣除项目核算相关的逻辑控制

是否存在、有效且一贯遵守，如有漏洞，查看报告中相关描述。

3. 编制扣除项目明细表

与明细账、总账及有关申报表核对是否一致。

4. 核查开发资料

合同、协议和项目预（概）算资料，了解执行情况，特殊情况，查看清算报告是否披露，对照成本、费用支出项目。

5. 检查各项扣除的记录及归集

是否正确，是否取得合法、有效的凭证，会计及税务处理是否正确，金额是否准确。

6. 实地调查

实地查看、询问调查和核实，确定是否超规划建筑面积，剔除不属于清算项目所发生的开发成本和费用。

7. 检查各扣除项目的分配或分摊

顺序和标准是否符合规定，并确认扣除项目的具体金额。

（1）扣除项目能够直接认定的，检查是否取得合法、有效的凭证。

（2）扣除项目不能够直接认定的，检查当期扣除项目分配标准和口径是否一致，是否按照规定合理分摊。

（3）检查并确认房地产开发土地面积、建筑面积和可售面积，是否与权属证、房产证、预售证、房屋测绘所测量数据、销售记录、销售合同、有关主管部门的文件等载明的面积数据相一致，并确定各项扣除项目分摊所使用的分配标准。

如果性质相同的面积所获取的各项证据发生冲突或不能相互印证，检查人员应当按照合法、合理以及外部证据比内部证据更可靠的原则，确认适当的面积。

检查并确认扣除项目的具体金额时，应当考虑总成本、单位成本、可售面积、累计已售面积、累计已售分摊成本、未售分摊成本（存货）等因素。

（二）开发费用的确定和检查

1. 开发费用确认应归集的资料

（1）大额费用清理表。

（2）利息支出明细表及银行贷款利息结算通知单和借款合同。

2. 政策规定

1）"三项费用"的扣除

土地增值税扣除项目中的"房地产开发费用"的扣除额与房地产开发企业期间费用中的销售费用、管理费用和财务费用列支标准有所不同。

土地增值税扣除项目中的三项费用，除符合《土地增值税暂行条例》规定的利息支出，可以按实际支出额扣除外，其他均按比例扣除。土地增值税是在房地产转让时按转让收入减除扣除项目金额后的增值额征收的，需要按转让项目计算增值额。而根据财务会计制度规定，房地产开发企业的"三项费用"是作为期间费用处理的，直接计入当期损益，不按转让项目进行分摊。因此，土地增值税扣除项目金额不可能按实际支出数扣除。但考虑到房地产开发费用中的利息支出所占的比重较大，而且可以通过银行提供的证明掌握其实际支出情况，因此，对利息支出做了特殊规定。

2）关于利息的扣除

（1）财务费用中的利息支出。

财务费用中的利息支出，凡能够按转让房地产项目计算分摊并提供金融机构证明的，允许据实扣除，但最高不能超过按商业银行同类同期贷款利率计算的金额。其他房地产开发费用，在"取得土地使用权所支付的金额"与"房地产开发成本"金额之和的5%以内计算扣除。

（2）不能分摊或不能提供金融机构证明的利息支出。

凡不能按转让房地产项目计算分摊利息支出或不能提供金融机构证明的利息支出，在"取得土地使用权所支付的金额"与"房地产开发成本"金额之和的10%以内计算扣除。

全部使用自有资金，没有利息支出的，按照以上方法扣除。

（3）同时向金融企业和其他企业借款的。

房地产开发企业既向金融机构借款，又有其他借款的，其房地产开发费用计算扣除时不能同时适用上述两种办法。

3）同一项目不同类型房地产应分摊利息的扣除

（1）允许据实计算扣除的情形。

同一开发项目中建设的不同类型房地产应分摊的利息支出，凡能够按不同类型房地产计算分摊并提供金融机构证明的，允许据实计算扣除，但最高不能超过按商业银行同类同期贷款利率计算的金额。

（2）利息支出以外的其他费用。

利息支出以外的其他房地产开发费用，应按规定方式计算分摊的金额之和的5%计算扣除,其中不能按不同类型房地产分别归集的,应按照不同类型房地产的建筑面积占该项目总建筑面积比例分摊。

对占地相对独立的不同类型房地产,应按该类型房地产占地面积占该项目房地产总占地面积比例计算分摊土地成本。

(3) 不能分摊或不能提供金融机构证明的利息。

凡不能按转让房地产项目不同类型房地产计算分摊利息支出或不能提供金融机构证明的,房地产开发费用按上述规定计算分摊的金额之和的10%计算扣除。

4) 关于土地增值税清算时已计入开发成本的利息

土地增值税清算时已经计入房地产开发成本的利息支出,应调整至财务费用中计算扣除。

(1) 利息的上浮幅度。

利息的上浮幅度按国家的有关规定执行,超过上浮幅度的部分不允许扣除。

(2) 超过贷款期限的利息。

对于超过贷款期限的利息部分和加罚的利息不允许扣除。

5) 关于企业间拆借资金利息费用和集团统借统还资金的利息

对于房地产开发企业向别的企业拆借资金而支付的利息费用不得作为开发费用据实进行扣除,对部分房地产开发企业通过自己的集团公司采用统借统还(包括集团公司为该项目向银行进行专项贷款)方式向银行贷款产生的利息费用,即使集团公司未加收任何额外费用,也不得据实扣除,主要是因为没有金融机构的证明。

3. 开发费用检查方法

1) 检查涉及的科目

房地产开发费用是记载在开发成本中的,因此主要涉及的是"开发成本"科目的明细科目,同时还应该关注正常的期间费用科目,看是否有混淆问题等。

2) 注意可能需要将利息从开发成本中调整至开发费用

土地增值清算时已经计入房地产开发成本的利息支出,应调整至"财务费用"中计算扣除。为此要在"清算资料—利息支出清单"的基础上,按"开发成本"科目核算的项目,逐项目核对原计入的利息,特别是核算项目多的,要注意是否有遗漏。

房地产开发企业逾期开发缴纳的土地闲置费不得扣除。

3) 检查财务费用是否取得合法有效的凭证

据实列支的财务费用是否取得合法有效的凭证是检查的重点。在"清算资料—财务费用支出"的基础上,逐笔核对大额财务费用支出,抽查部分小额财务费用支出。审核除据实列支的财务费用外的房地产开发费用是否按规定比例计算扣除,在清算资料的基础上,判断费用的真实性,同时核对计算比例。

4) 注意利息的合理分摊

分期开发项目或者同时开发多个项目的,其取得的一般性贷款的利息支出,要按照项目合理分摊。检查的方式就是在"清算资料—利息分摊计算表"的基础上,审核分摊的基数和方法。

5) 检查闲置专项借款对外投资

利用闲置专项借款对外投资取得的收益,要冲减利息支出。在检查时借助贷款的期间、取得利息收入数据的会计处理等加以判断。

6) 注意不能提供金融机构证明的利息

房地产开发企业开发项目的利息支出不能提供金融机构证明的,检查时首先要作真实性判断,就是结合借款合同或协议,对照相关业务和业务开展期间进行判断是否符合逻辑;其次要按税收规定的比例计算扣除。

7) 检查能够提供金机构证明的利息

开发项目的利息支出能够提供金融机构证明的,其检查要点包括:①检查合法有效的凭证,即检查各项利息费用是否取得合法有效的凭证。②检查是否分项目核算。如果有多个开发项目,要看利息费用是否分项目核算,是否将应记入其他项目的利息费用记入了清算项目。③核对合同条款。检查各项借款合同,判断其相应条款是否符合有关规定。④审核贷款利率。检查利息费用是否超过按商业银行同类同期贷款利率计算的金额。

8) 检查"四险一金"的费用列支

目前有的房地产开发企业为职工支付的"四险一金"通常全部或大部分在"开发间接费用"科目核算,这样一来就有可能作为开发成本直接扣除并进行加计扣除,而按照规定,这部分费用在清算时应作为开发费用认定。因此,在检查时应注意对这部分"四险一金"的费用予以调出,作为期间费用处理。

七、土地增值税清算问题

土地增值税清算是一个复杂的过程。土地增值税增值额即不同于企业所得税应纳税所得额,也不同于增值税的增值额,土地增值税增值额计算依赖于企业会计明细核算。《土地增值税暂行条例》及其实施细则是 20 世纪 90 年代初制定的,实务中存在的问题较多,税企争议面大,在总局没有出台统一的政策规定情形下,各地规定不一,房地产企业应关注当地土地增值税清算政策具体规定。

(一)不同类型房地产应分别计算增值额、增值率,缴纳土地增值税

(1)《土地增值税暂行条例实施细则》第八条规定,土地增值税以纳税人房地产成本核算的最基本的核算项目或核算对象为单位计算。国税发〔2006〕187 号文件第一条第二款规定,开发项目中同时包含普通住宅和非普通住宅的,应分别计算增值额。国税发〔2009〕91 号文件第十七条明确规定,不同类型房地产应分别计算增值额、增值率,缴纳土地增值税。

(2)《企业产品成本核算制度(试行)》(财会〔2013〕17 号印发)第八条规定,企业应当根据生产经营特点和管理要求,确定成本核算对象,归集成本费用,计算产品的生产成本。第十三条规定,房地产企业一般按照开发项目、综合开发期数并兼顾产品类型等确定成本核算对象。

(3) 按照建筑业行业惯例及有关法律法规:

第一,建设项目(项目工程)是指在一个总体范围内,由一个或几个单项工程组成,经济上实行独立核算,行政上实行统一管理,并具有法人资格的建设单位。例如,一个生活小区、一所学校等。

第二,单项工程是指在一个建设项目中,具有独立的设计文件,能够独立组织施工,竣工后可以独立发挥生产能力或效益的工程。例如,一个生活小区的某栋住宅楼,某栋沿街商住楼等。

第三,单位工程是指竣工后不能独立发挥生产能力或效益,但具有独立设计,能够独立组织施工的工程。例如,土建工程、弱电工程、给排水工程等。

第四,分部工程是指按照工程部位、设备种类和型号、使用材料的不同划分。例如,基础工程、砖石工程、装修工程、屋面工程等。

第五,分项工程是指按照不同的施工方法、不同的材料、不同的规格划分。例如,砖石工程可分为砖砌体、毛石砌体两类,其中砖砌体可按部位不同分为内墙、外墙、女儿墙。分项工程是建筑业计算工、料及资金消耗的最基本的构造要素。

(4) 普通住宅标准。

《财政部 国家税务总局关于土地增值税若干问题的通知》(财税〔2006〕21号)规定,《土地增值税暂行条例》第八条中"普通标准住宅"和《财政部 国家税务总局关于调整房地产市场若干税收政策的通知》(财税字〔1999〕210号)第三条中"普通住宅"的认定,一律按各省、自治区、直辖市人民政府根据《国务院办公厅转发建设部等部门关于做好稳定住房价格工作意见的通知》(国办发〔2005〕26号)制定并对社会公布的"中小套型、中低价位普通住房"的标准执行。

《国务院办公厅转发建设部等部门关于做好稳定住房价格工作意见的通知》(国办发〔2005〕26号)第五条规定的享受优惠政策的中小套型、中低价位普通住房的标准:住宅小区建筑容积率在1.0以上、单套建筑面积在120平方米以下、实际成交价格低于同级别土地上住房平均交易价格1.2倍以下。各省、自治区、直辖市要根据实际情况,制定本地区享受优惠政策普通住房的具体标准。允许单套建筑面积和价格标准适当浮动,但向上浮动的比例不得超过上述标准的20%。

综上所述,房地产企业开发项目中同时包含普通住宅和非普通住宅,应依照税法规定分别核算不同类型房地产的增值额。对于商住一体、普通与非普通住宅混合等空间位置重叠的房地产如何进行成本对象归集、共同成本费用合理分摊是房地产企业面临的一大难题。实务上,房地产企业进行土地增值税清算,清算单位不同类型房地产划分愈细土地增值税税负愈重。

【例6-4】 2017年1月,某市祥和房地产开发公司开发建造沿街商住一体楼房一幢,楼房总建筑面积为6 000平方米。其中一楼为商铺,建筑面积为1 000平方米,商铺以上为普通标准住宅,建筑面积为5 000平方米。公司支付土地出让金及相关税费768万元,其中缴纳契税30万元。楼房建造成本2 400万元,取得增值税专用发票注明税额240万元,公司发生开发费用550万元,支付利息250万元(公司不能按照开发项目分摊利息支出)。该项目于2018年7月竣工决算,8月份楼房全部销售完毕,公司销售门市房取得价款3 200万元,销售住房取得价款3 500万元。应如何计算缴纳公司建造商住一体楼房的土地增值税?(除城建税、教育费附加外其他税费不予考虑)

方案一:开发项目不分类型。

该项目销售额=[3 200+3 500-(768-30)]÷(1+10%)=5 420(万元)。

销项税额=5 420×10%=542(万元)。

土地增值税应税收入=3 500+3 200-542=6 158(万元)。

税金及附加=(542-240)×(7%+3%)=30.2(万元)。

扣除项目=(2 400+768)×(1+20%+10%)+30.2=4 148.6(万元)。

增值额=6 158-4 148.6=2 009.4(万元)。

增值税税率=2 009.4÷4 148.6×100%=48.44%。

低于50%,适用30%的税率。由于该项目普通住房与商铺未分别核算,普通住宅不予免税。

应缴纳土地增值税=2 009.4×30%=602.82(万元)。

方案二:分不同类型分别计算增值额、增值率、增值税。

(1) 普通住宅土地增值税计算。

普通住宅销售额=[3 500-(768-30)÷6 000×5 000]÷(1+10%)
　　　　　　　　=2 622.73(万元)。

销项税额=2 622.72×10%=262.27(万元)。

土地增值税应税收入=3 500-262.27=3 237.73(万元)。

税金及附加=(262.27-240÷6 158×3 237.73)×(7%+3%)=13.61(万元)。

扣除项目=(2 400+768)×(1+20%+10%)÷6 000×5 000+13.61
　　　　=3 445.61(万元)。

增值额=3 237.73-3 445.61=-207.88(万元),无增值额。

(2) 商铺土地增值税计算。

商铺销售额=[3 200-(768-30)÷6 000×1 000]÷(1+10%)
　　　　　=2 797.27(万元)。

销项税额=2 797.27×10%=279.73(万元)。

土地增值税应税收入=3 200-279.73=2 920.27(万元)。

税金及附加=(279.73-240÷6 158×2 920.27)×(7%+3%)=16.59(万元)。

扣除项目＝(2 400＋768)×(1＋20%＋10%)÷6 000×1 000＋16.59＝702.99（万元）。

增值额＝2 920.27－702.99＝2 217.28（万元）。

增值率＝2 217.28÷702.99×100%＝315.41%，适用税率60%。

应缴纳土地增值税＝2 217.28×60%－702.99×35%＝1 084.32（万元）。

通过上述案例可以看出：方案二要比方案一多缴纳土地增值税481.5万元（1 084.32－602.82）。这就是为什么在既有普通住宅也有非普通住宅的房地产开发项目中，房地产企业宁愿放弃普通住宅增值额未超过扣除项目金额20%免征土地增值税税收优惠，也不愿意分类型计算增值额、增值率、增值税的原因所在。

财税字〔1995〕48号文件第十三条规定，对纳税人既建普通标准住宅又搞其他房地产开发的，应分别核算增值额。不分别核算增值额或不能准确核算增值额的，其建造的普通标准住宅不能适用条例第八条（一）项的免税规定；财税〔2006〕21号、国税发〔2006〕187号文件规定开发项目中同时包含普通住宅和非普通住宅的，应分别计算增值额；国税发〔2009〕91号文件规定的更为明确，清算审核时，应审核房地产开发项目是否以国家有关部门审批、备案的项目为单位进行清算；对于分期开发的项目，是否以分期项目为单位清算；对不同类型房地产是否分别计算增值额、增值率，缴纳土地增值税。《国家税务总局关于修订土地增值税纳税申报表的通知》(税总函〔2016〕309号)规定，在土地增值税项目清算中采用"三分法"，即普通住宅、非普通住宅和其他类型房地产。

目前来看，规定在土地增值税项目清算中采用"三分法"的省（市）数量在逐年增加，甚至有个别省（市）采用"四分法"。随着国家对房地产业宏观调控力度的加大，各地采取措施强化土地增值税清算管理，在执行"两分法"的地方，税务部门调整地方税收政策，采用"三分法"即强化土地增值税清算管理，同时增加税收收入。所以房地产企业应关注当地政策的调整，细化会计核算，提前做好税收规划。

（二）营改增后,计算增值额的扣除项目"与转让房地产有关的税金"具体规定

(1)《土地增值税暂行条例实施细则》第七条第五项规定，与转让房地产有关的税金，是指在转让房地产时缴纳的营业税、城市维护建设税、印花税。因转让房地产缴纳的教育费附加，也可视同税金予以扣除。

(2) 财税字〔1995〕48号文件第九条规定，《土地增值税暂行条例实施细则》中规定允许扣除的印花税，是指在转让房地产时缴纳的印花税。房地产开发企业按照《施工、房地产开发企业财务制度》的有关规定，其缴纳的印花税列入管理费用，已相应予以扣除。其他的土地增值税纳税义务人在计算土地增值税时允许扣除在转让时缴纳的印花税。财税字〔1995〕48号文件第十一条规定，对于个人购入房地产再转让的，其在购入时已缴纳的契税，在旧房及建筑物的评估价中已包括了此项因素，在计征土地增值税时，不另作为"与转让房地产有关的税金"予以扣除。

(3)《国家税务总局关于土地增值税清算有关问题的通知》(国税函〔2010〕220号)

第五条规定,房地产开发企业为取得土地使用权所支付的契税,应视同"按国家统一规定缴纳的有关费用",计入"取得土地使用权所支付的金额"中扣除。

(4)《国家税务总局关于营改增后土地增值税若干征管规定的公告》(国家税务总局公告2016年第70号以下简称国家税务总局2016年第70号公告)第三条关于与转让房地产有关的税金扣除问题:

第一,营改增后,计算土地增值税增值额的扣除项目中"与转让房地产有关的税金"不包括增值税。

第二,营改增后,房地产开发企业实际缴纳的城市维护建设税(以下简称"城建税")、教育费附加,凡能够按清算项目准确计算的,允许据实扣除。凡不能按清算项目准确计算的,则按该清算项目预缴增值税时实际缴纳的城建税、教育费附加扣除。

其他转让房地产行为的城建税、教育费附加扣除比照上述规定执行。

国家税务总局2016年第70号公告第四条关于营改增前后土地增值税清算的计算问题:

房地产开发企业在营改增后进行房地产开发项目土地增值税清算时,按以下方法确定相关金额:①土地增值税应税收入=营改增前转让房地产取得的收入+营改增后转让房地产取得的不含增值税收入。②与转让房地产有关的税金=营改增前实际缴纳的营业税、城建税、教育费附加+营改增后允许扣除的城建税、教育费附加。

(5)《财政部关于印发〈增值税会计处理规定〉的通知》(财会〔2016〕22号)规定,全面试行营业税改征增值税后,"营业税金及附加"科目名称调整为"税金及附加"科目,该科目核算企业经营活动发生的消费税、城市维护建设税、资源税、教育费附加及房产税、土地使用税、车船使用税、印花税等相关税费;利润表中的"营业税金及附加"项目调整为"税金及附加"项目。

(6)《国家税务总局关于修订土地增值税纳税申报表的通知》(税总函〔2016〕309号)附件《土地增值税纳税申报表(二)(从事房地产开发的纳税人清算适用)》,"与转让房地产有关的税金等"17行=18行"营业税"+19行"城市维护建设税"+20行"教育费附加"。

综上所述,计算增值额的扣除项目"与转让房地产有关的税金"具体包括:营业税、城市维护建设税、教育费附加。

营改增前,按照《施工、房地产开发企业财务制度》的有关规定,房地产企业缴纳的印花税列入管理费用,计算土地增值税属于限额扣除;营改增后,不论是房地产开发企业还是非房地产开发企业,转让房地产缴纳的印花税不再列入"管理费用",而是列入"税金及附加"。房地产企业也应和其他的土地增值税纳税人一样在计算土地增值税时允许扣除在转让时缴纳的印花税。

鉴于地方教育费附加是按照《财政部关于统一地方教育附加政策有关问题的通知》(财综〔2010〕98号)规定,为贯彻落实《国家中长期教育改革和发展规划纲要(2010—

2020年)》,进一步规范和拓宽财政性教育经费筹资渠道,支持地方教育事业发展,各省级财政部门应按照《中华人民共和国教育法》的规定,根据本地区实际情况制定办法开征的,地方教育费附加也应列入扣除项目"与转让房地产有关的税金"。

八、土地增值税核定征收

(一)核定征收的条件

国税发〔2009〕91号文件第三十四条规定,在土地增值税清算中符合以下条件之一的,可实行核定征收。①依照法律、行政法规的规定应当设置但未设置账簿的。②擅自销毁账簿或者拒不提供纳税资料的。③虽设置账簿,但账目混乱或者成本资料、收入凭证、费用凭证残缺不全,难以确定转让收入或扣除项目金额的。④符合土地增值税清算条件,企业未按照规定的期限办理清算手续,经税务机关责令限期清算,逾期仍不清算的。⑤申报的计税依据明显偏低,又无正当理由的。

(二)核定征收的利弊分析

1. 核定征收目的

核定征收的目的是促使企业规范会计核算,正确计算土地增值税。按照国家税务总局的规定,核定征收必须严格依照税收法律法规规定的条件进行,任何单位和个人不得擅自扩大核定征收范围,严禁在清算中出现"以核定为主、一核了之""求快图省"的做法。凡擅自将核定征收作为本地区土地增值税清算主要方式的,必须立即纠正。对确需核定征收的,要严格按照税收法律法规的要求,从严、从高确定核定征收率。为了规范核定工作,核定征收率原则上不得低于5%。因此,土地增值税采取核定征收对房地产企业来说未必都是有利的,如果主管税务机构从高确定核定征收率必将加重企业税收负担。

2. 房地产企业土地增值税税负估算

1) 土地增值税税负率与增值率关系

$$\text{土地增值税税负率} = \text{土地增值税税额} \div \text{开发产品销售收入}$$

$$\text{增值率} = \text{增值额} \div \text{扣除项目金额} \quad \text{或} \quad \text{增值额} = \text{扣除项目金额} \times \text{增值率}$$

$$\text{增值额} = \text{开发产品销售收入} - \text{扣除项目金额}$$

$$\text{或 开发产品销售收入} = \text{增值额} + \text{扣除项目金额}$$

(1) 当增值率未超过50%,其适用税率为30%。

$$\text{土地增值税税额} = \text{增值额} \times 30\%$$

$$\begin{aligned}\text{土地增值税税负率} &= (\text{增值额} \times 30\%) \div (\text{增值额} + \text{扣除项目金额}) \\ &= (\text{扣除项目金额} \times \text{增值率} \times 30\%) \div (\text{扣除项目金额} \times \text{增值率} + \text{扣除项目金额}) \\ &= (\text{增值率} \times 30\%) \div (\text{增值率} + 1)\end{aligned}$$

(2) 当增值率超过50%但不超过100%,其适用税率为40%,速算扣除系数为5%。

$$\text{土地增值税税额} = \text{增值额} \times 40\% - \text{扣除项目金额} \times 5\%$$

$$\text{土地增值税税负率} = (\text{增值额} \times 40\% - \text{扣除项目金额} \times 5\%) \div (\text{增值额} + \text{扣除项目金额})$$

= (扣除项目金额×增值率×40%－扣除项目金额×5%)÷(扣除项目金额×增值率＋扣除项目金额)

= (增值率×40%－5%)÷(增值率＋1)

(3) 当增值率超过100%但不超过200%，其适用税率为50%，速算扣除系数为15%。

土地增值税税额 = 增值额×50%－扣除项目金额×15%

土地增值税税负率=(增值额×50%－扣除项目金额×15%)÷(增值额＋扣除项目金额)

= (扣除项目金额×增值率×50%－扣除项目金额×15%)÷(扣除项目金额×增值率＋扣除项目金额)

= (增值率×50%－15%)÷(增值率＋1)

(4) 当增值率超过200%，其适用税率为60%，速算扣除系数为35%。

土地增值税税额 = 增值额×60%－扣除项目金额×35%

土地增值税税负率=(增值额×60%－扣除项目金额×35%)÷(增值额＋扣除项目金额)

= (扣除项目金额×增值率×60%－扣除项目金额×35%)÷(扣除项目金额×增值率＋扣除项目金额)

= (增值率×60%－35%)÷(增值率＋1)

汇总表如表6-10所示。

表6-10 土地增值税税负率

土地增值税税负表							
序号	增值率	税负率	序号	增值率	税负率	计算公式	
1	5%	1.43%	18	85%	15.68%	(1) 当增值率不超过50%时,税负率=(增值率×30%)/(增值率+1)	(3) 当增值率超过100%但不超过200%时,税负率=(增值率×50%－15%)/(增值率+1)
2	10%	2.73%	19	90%	16.32%		
3	11.11%	3%	20	95%	16.92%		
4	15%	3.91%	21	100%	17.50%		
5	20%	5%	22	105%	18.29%		
6	25%	6%	23	110%	19.05%		
7	30%	6.92%	24	115%	19.77%		
8	35%	7.78%	25	120%	20.45%		
9	40%	8.57%	26	125%	21.11%		
10	45%	9.31%	27	130%	21.74%	(2) 当增值率超过50%但不超过100%时,税率负=(增值率×40%－5%)/(增值率+1)	(4) 当增值率超过200%时,税负率=(增值率×60%－35%)/(增值率+1)
11	50%	10%	28	135%	22.34%		
12	55%	10.97%	29	140%	22.92%		
13	60%	11.88%	30	145%	23.47%		
14	65%	12.73%	31	150%	24%		
15	70%	13.53%	32	155%	24.51%		
16	75%	14.29%	33	160%	25%		
17	80%	15%	34	165%	25.47%		

2）土地增值税税负率与毛利率关系

假设房地产开发企业增值税税负率5％,则城建税、教育费附加两者合计的税费率为0.5％,房地产开发费用按取得土地使用权所支付的金额及房地产开发成本的10％以内计算扣除,加计扣除按20％,两者合计10％+20％=30％,其他税费不予考虑。

$$增值率 = （销售收入 - 扣除项目） \div 扣除项目$$

$$增值率 = \{销售收入 - [开发成本 \times (1+20\%+10\%) + 销售收入 \times 0.5\%]\} \div [开发成本 \times (1+20\%+10\%) + 销售收入 \times 0.5\%]$$

推导：分子分母同除以销售收入。

$$增值率 = [1 - （开发成本 \div 销售收入）\times 130\% - 0.5\%] \div （开发成本 \div 销售收入 \times 130\% + 0.5\%）$$

$$增值率 = [1 - （1 - 毛利率）\times 1.3 - 0.5\%] \div [（1 - 毛利率）\times 1.3 + 0.5\%]$$

其中：毛利率＝（销售收入－开发成本）÷销售收入。

通过上述推导公式，我们建立了土地增值税税负率、增值率、毛利率三者之间的关系，据此估算房地产开发企业的土地增值税税负率。

公式一：土地增值税税负率＝（税率×增值率－扣除系数）÷（1＋增值率）。
公式二：增值率＝[1－（1－毛利率）×1.3－0.5％]÷[（1－毛利率）×1.3＋0.5％]。

例如：

假设甲房地产开发企业毛利率为40％，根据上述推导公式，我们可以估算：

房地产开发项目增值率＝[1－（1－毛利率）×1.3－0.5％]÷[（1－毛利率）×1.3＋0.5％]＝27.74％

土地增值税税负率＝（税率×增值率－扣除系数）÷（1＋增值率）＝6.4％

需要说明的是，上述推导公式未考虑开发项目存在不同类型房地产情形，实务中，对不同类型房地产应按照税法规定分别计算增值额、增值率，缴纳土地增值税。

九、土地增值税清算后再转让房地产缴纳土地增值税的规定

（一）土地增值税计算

并不是所有房地产开发项目全部销售完毕后进行土地增值税清算，未售部分由于价格无法确定，土地增值税清算的房地产仅限于已售部分。在土地增值税清算时未转让的房地产，清算后销售或有偿转让的，纳税人不再预缴土地增值税，应按规定进行土地增值税的纳税申报，扣除项目金额按清算时的单位建筑面积成本费用乘以销售或转让面积计算。

$$单位建筑面积成本费用 = 清算时的扣除项目总金额 \div 清算的总建筑面积$$

上述公式扣除项目总金额既包括已售房地产的成本，也包括未售房地产的成本。土地增值税清算过程中扣除项目总金额需要在已售建筑面积与未售建筑面积之间进行

分摊。已售建筑面积与单位建筑面积成本费用乘积就是已售房产可扣除项目金额,未售建筑面积与单位建筑面积成本费用乘积就是未售房产未来销售或转让时可扣除项目金额。如果房地产企业转为固定资产自用,将该成本结转至固定资产。

(二)关注事项

(1) 房地产开发企业清算后再转让房地产也应按普通住宅、非普通住宅和其他类型等不同类型房地产分别计算增值额、增值率,缴纳土地增值税。

(2) 扣除项目总金额已包含允许加计扣除金额,故清算后再转让房地产不存在加计扣除事项。

(3) 清算前后房地产销售价格差异,会造成尽管同类型房地产单位建筑面积成本一致,但是清算前期已售部分与清算后期销售部分的房地产增值率未必一样。有可能清算前普通住宅增值率未超过20%而享受免税政策,清算后房地产销售价格上涨影响增值率使企业享受不到免税优惠,反则亦然。

【例6-5】 久久房地产开发公司开发建设凤凰小区1 000套住房,其中普通住宅600套,建筑总面积72 000平方米;非普通住宅400套,建造总面积68 000平方米。该项目于2018年1月竣工决算,公司按照税法规定5月底办理土地增值税清算相关手续,并结清土地增值税税款。由于普通住宅增值率未超过20%,久久房地产公司按普通住宅和非普通住宅分别核算不同类型房地产增值额、增值率,公司普通住宅土地增值税享受免税政策。普通住宅和非普通住宅土地增值税清算时的扣除项目总金额分别为54 000万元、57 800万元。2018年8月,公司将未售5套房屋出售4套,其中普通住宅2套,建筑面积240平方米,取得销售额240万元,转让环节缴纳相关税费10万元;非普通住宅2套,房屋建筑面积340平方米,取得销售额476万元,转让环节缴纳相关税费15万元;1套作为员工宿舍,建筑面积180平方米。(注:转让环节缴纳相关税费不含增值税)

请问土地增值税清算后再转让房地产如何缴纳土地增值税?

1. 销售普通住宅应缴纳土地增值税

土地增值税应税收入240万元。

增值额=240-240×(54 000÷72 000)-10=50(万元)。

增值率=50÷[240×(54 000÷72 000)+10]=26.32%。

适用税率30%。

缴纳土地增值税=50×30%=15(万元)。

2. 销售非普通住宅应缴纳土地增值税

土地增值税应税收入476万元。

增值额=476-340×(57 800÷68 000)-15=172(万元)。

增值率=172÷[340×(57 800÷68 000)+15]=56.58%。

适用税率40%,速算扣除系数为5%。

缴纳土地增值税＝172×40％－304×5％＝53.6(万元)。

十、土地增值税清算后应补(退)税及滞纳金

根据《国家税务总局关于土地增值税清算有关问题的通知》(国税函〔2010〕220号)第八条的规定,纳税人按规定预缴土地增值税后,清算补缴的土地增值税,在主管税务机关规定的期限内补缴的,不加收滞纳金。

十一、土地增值税清算涉及企业所得税退税

(一)所得税汇算出现亏损且有其他后续开发项目

企业按规定对开发项目进行土地增值税清算后,当年企业所得税汇算清缴出现亏损且有其他后续开发项目的,该亏损应按照税法规定向以后年度结转,用以后年度所得弥补。后续开发项目,是指正在开发以及中标的项目。

(二)所得税汇算出现亏损且没有其他后续开发项目

根据《国家税务总局关于房地产开发企业土地增值税清算涉及企业所得税退税有关问题的公告》(国家税务总局公告2016年第81号)规定,可以按照以下方法,计算出该项目由于土地增值税原因导致的项目开发各年度多缴企业所得税税款,并申请退税:

(1)该项目缴纳的土地增值税总额,应按照该项目开发各年度实现的项目销售收入占整个项目销售收入总额的比例,在项目开发各年度进行分摊,具体按以下公式计算:

各年度应分摊的土地增值税 ＝ 土地增值税总额×(项目年度销售收入÷整个项目销售收入总额)

所称销售收入包括视同销售房地产的收入,但不包括企业销售的增值额未超过扣除项目金额20％的普通标准住宅的销售收入。

(2)该项目开发各年度应分摊的土地增值税减去该年度已经在企业所得税税前扣除的土地增值税后,余额属于当年应补充扣除的土地增值税;企业应调整当年度的应纳税所得额,并按规定计算当年度应退的企业所得税税款;当年度已缴纳的企业所得税税款不足退税的,应作为亏损向以后年度结转,并调整以后年度的应纳税所得额。

(3)按照上述方法进行土地增值税分摊调整后,导致相应年度应纳税所得额出现正数的,应按规定计算缴纳企业所得税。

(4)企业按上述方法计算的累计退税额,不得超过其在该项目开发各年度累计实际缴纳的企业所得税;超过部分作为项目清算年度产生的亏损,向以后年度结转。

(三)申请退税资料

企业在申请退税时,应向主管税务机关提供书面材料说明应退企业所得税款的计算过程,包括该项目缴纳:①土地增值税总额。②项目销售收入总额。③项目年度销售收入额。④各年度应分摊的土地增值税和已经税前扣除的土地增值税。⑤各年度的

适用税率。⑥以及是否存在后续开发项目等情况。

(四) 案例解析

某房地产开发企业2014年1月开始开发某房地产项目,2016年10月项目全部竣工并销售完毕,12月进行土地增值税清算,整个项目共缴纳土地增值税1 100万元,其中2014—2016年预缴土地增值税分别为240万元、300万元、60万元;2016年清算后补缴土地增值税500万元。2014—2016年实现的项目销售收入分别为12 000万元、15 000万元、3 000万元,缴纳的企业所得税分别为45万元、310万元、0万元。该企业2016年度汇算清缴出现亏损,应纳税所得额为-400万元。企业没有后续开发项目。

请问企业应退多少企业所得税?

解析如表6-11所示。

表6-11 退税具体计算表　　　　　　　　　　　　单位:万元

项目名称	2014年	2015年	2016年
预缴土地增值税	240.0	300.0	60.0
补缴土地增值税	—	—	500.0
分摊土地增值税	440=1 100×(12 000÷30 000)	550=1 100×(15 000÷30 000)	110=1 100×(3 000÷30 000)
应纳税所得额调整	-200=240-440	-270=300-550-20	450=60+500-110
调整后应纳税所得额	—	—	50=-400+450
应退企业所得税	200×25%=50	67.5=270×25%	—
已缴纳企业所得税	45.0	310.0	0
实退企业所得税	45.0	67.5	—
亏损结转(调整后)	(45-50)÷25%=-20	—	—
应补企业所得税	—	—	50×25%=12.5
累计退税额	—	—	100=(45+67.5-12.5)

十二、土地增值税税收优惠政策

(一)《土地增值税暂行条例》及其实施细则规定的减免税

(1) 纳税人建造普通标准住宅出售,增值额未超过扣除项目金额之和20%的,免征土地增值税;增值额超过扣除项目金额之和20%的,应就其全部增值额按规定计税。

(2) 因城市实施规划、国家建设的需要而被政府批准征用的房产或收回的土地使用权,免征土地增值税。

(3) 因城市实施规划、国家建设的需要而搬迁,由纳税人自行转让原房地产的,免征土地增值税。

(4) 个人因工作调动或改善居住条件而转让原自用住房,经向税务机关申报核准,凡居住满5年或5年以上的,免予征收土地增值税;居住满3年未满5年的,减半征收土地增值税。居住未满 3 年的,按规定计征土地增值税。

(二) 不征税行为

《土地增值税暂行条例实施细则》第二条规定,《土地增值税暂行条例》第二条所称的转让国有土地使用权、地上的建筑物及其附着物并取得收入,是指以出售或者其他方式有偿转让房地产的行为。不包括以继承、赠与方式无偿转让房地产的行为。

财税〔1995〕48 号文件第四条规定,《土地增值税暂行条例实施细则》所称的"赠与"是指下列情况:

(1) 房产所有人、土地使用权所有人将房屋产权、土地使用权赠与直系亲属或承担直接赡养义务人的,不征收土地增值税。

(2) 房产所有人、土地使用权所有人通过中国境内非营利的社会团体、国家机关将房屋产权、土地使用权赠与教育、民政和其他社会福利、公益事业的,不征收土地增值税。

上述社会团体是指中国青少年发展基金会、希望工程基金会、宋庆龄基金会、减灾委员会、中国红十字会、中国残疾人联合会、全国老年基金会、老区促进会以及经民政部门批准成立的其他非营利的公益性组织。

【例 6-6】 王某将市区内一处价值 500 万元门市房无偿赠与孙子王强,王某是否需要缴纳土地增值税?

分析:直系血亲是指彼此之间有直接血缘联系的亲属,包括己身所从出和从己身所出的两部分血亲(最早是从医学角度来划分)。己身所从出的血亲,即是生育己身的各代血亲,如父母、祖父母、外祖父母等;从己身所出的血亲,即是己身生育的后代,如子女、孙子女、外孙子女等。王强为王某的孙子,系直系亲属。根据文件规定房产所有人、土地使用权所有人将房屋产权、土地使用权赠与直系亲属或承担直接赡养义务人的,不征收土地增值税。

【例 6-7】 王某将市区内一处价值 500 万元门市房无偿赠与养子王刚,王某是否需要缴纳土地增值税?

分析:直系血亲除自然直系血亲外,还包括法律拟制的直系血亲,如养父母与养子女、养祖父母与养孙子女,有抚养关系的继父母与继子女等都是直系血亲。王刚为王某的养子,也属于直系亲属。根据文件规定房产所有人、土地使用权所有人将房屋产权、土地使用权赠与直系亲属或承担直接赡养义务人的,不征收土地增值税。

【例 6-8】 王某将市区内一处价值 500 万元门市房无偿赠与妹妹王丽,王某是否需要缴纳土地增值税?

分析:兄妹系旁系血亲,不属于直系亲属,根据文件规定,王某将该市一处门市房无偿转让给妹妹,应视同销售,需要缴纳土地增值税。

(三) 规范性文件规定的免缴土地增值税

(1) 财税字〔1995〕48 号文件规定:

第一,对于一方出地,一方出资金,双方合作建房,建成后按比例分房自用的,暂免征收土地增值税;建成后转让的,应征收土地增值税。

第二,对个人之间互换自有居住用房地产的,经当地税务机关核实,可以免征土地增值税。

(2)《财政部 国家税务总局关于廉租住房经济适用住房和住房租赁有关税收政策的通知》(财税〔2008〕24号)第一条第三款规定,企事业单位、社会团体以及其他组织转让旧房作为廉租住房、经济适用住房房源且增值额未超过扣除项目金额20%的,免征土地增值税。

(3)《财政部 国家税务总局关于调整房地产交易环节税收政策的通知》(财税〔2008〕137号)第三条规定,自2008年11月1日起,对个人销售住房暂免征收土地增值税。

(4)《财政部 税务总局关于继续实施企业改制重组有关土地增值税政策的公告》(财政部 税务总局公告2021年第21号)规定:

第一,企业按照《公司法》有关规定整体改制,包括非公司制企业改制为有限责任公司或股份有限公司,有限责任公司变更为股份有限公司,股份有限公司变更为有限责任公司,对改制前的企业将国有土地使用权、地上的建筑物及其附着物(以下称房地产)转移、变更到改制后的企业,暂不征土地增值税。

本公告所称整体改制是指不改变原企业的投资主体,并承继原企业权利、义务的行为。

第二,按照法律规定或者合同约定,两个或两个以上企业合并为一个企业,且原企业投资主体存续的,对原企业将房地产转移、变更到合并后的企业,暂不征土地增值税。

第三,按照法律规定或者合同约定,企业分设为两个或两个以上与原企业投资主体相同的企业,对原企业将房地产转移、变更到分立后的企业,暂不征土地增值税。

第四,单位、个人在改制重组时以房地产作价入股进行投资,对其将房地产转移、变更到被投资的企业,暂不征土地增值税。

第五,上述改制重组有关土地增值税政策不适用于房地产转移任意一方为房地产开发企业的情形。

第六,改制重组后再转让房地产并申报缴纳土地增值税时,对"取得土地使用权所支付的金额",按照改制重组前取得该宗国有土地使用权所支付的地价款和按国家统一规定缴纳的有关费用确定;经批准以国有土地使用权作价出资入股的,为作价入股时县级及以上自然资源部门批准的评估价格。按购房发票确定扣除项目金额的,按照改制重组前购房发票所载金额并从购买年度起至本次转让年度止每年加计5%计算扣除项目金额,购买年度是指购房发票所载日期的当年。

所称不改变原企业投资主体、投资主体相同,是指企业改制重组前后出资人不发生变动,出资人的出资比例可以发生变动;投资主体存续,是指原企业出资人必须存在于改制重组后的企业,出资人的出资比例可以发生变动。

本公告执行期限为2021年1月1日至2023年12月31日。企业改制重组过程中涉及的土地增值税尚未处理的,符合本公告规定可按本公告执行。

第五节　利润分配阶段税收风险点及检查方法

房地产项目清算是对房地产开发企业土地增值税及企业所得税等税种进行的一项难度大、情况复杂的调整工作。

一、房地产项目清算中税收风险点

（一）销售收入环节的主要问题

（1）将房地产销售收入计入预收账款，不及时结转销售收入，或者计入其他应付款等往来账户，少计销售收入。

（2）部分开发商采用以其他业务收入分解装修部分收入的方式，将精装修商品房按未装修商品房价格计算售房价格，少计销售收入。

（3）分期付款销售房地产，只确认实际收到的价款部分，未收到的价款不计销售收入。

（二）成本环节的主要问题

（1）虚增工程量。包括虚增拆迁工程、土地开发工程、土石方工程、桩基工程、绿化工程等，将虚增工程量与虚开发票手段相结合，达到虚增成本的目的。

（2）虚开发票。虚开发票分为开具假发票和真发票假开。前者主要是针对房地产开发企业提供虚假发票；后者是由工程双方签订假合同，或者通过变更合同，虚增工程量，施工方根据假合同虚开发票。

（3）"套号"发票。"套号"发票就是就是用假发票套用正规发票的号段，就像汽车"套牌"一样，这样的假发票在税务网站可以查询到真发票代码及号码、开票单位的税务登记号，但是却经不起诸如"名头""单价""金额""收款方""付款方"等深度查询，而这也是一般购买发票者所忽略的。但随着增值税网上开票系统运用，这种现象大为减少。

（4）虚假备案合同。双方先签订金额较大的合同向管理部门报送备案，再按实际工程量签订双方执行的合同。开票时按备案合同金额开票。企业签订"阴阳合同"，虚增成本，多抵进项税额。企业中标合同按照包工包料的进行造价并向住建局进行备案，但是向主管税务机关备案的合同是"甲供材"合同。实际开票金额按照向住建局备案合同开票，虚增"甲供材"的材料成本。

（5）提前结转其他项目工程量。有些房地产企业要求施工企业将其他在建项目工程量提前结算，计入已完工项目的工程量。

（6）承担的政府义务工程计入开发成本。有些房地产开发企业将其项目规划外承担的道路、河道治理、绿化、公交车站等工程的建设成本计入项目开发成本。

（7）隐瞒土地出让金返还或规费减免。有些房地产企业在特定区域获得的土地出让金返还或规费减免既不确认收入也不冲减成本。有的要求政府部门将其汇入关联公司,在本企业账簿上没有记录。

(8) 人为控制成本分配。不按使用面积分摊土地成本,增加清算项目的土地成本。不按建筑面积分摊工程成本,提高清算项目工程成本。清算项目中,压低未销售部分的成本,增加已售清算部分的成本。

(三) 关联交易环节的主要问题

(1) 低价将商品房转让给关联方,少计销售收入。

(2) 关联方之间制造"虚假"诉讼,以较低的法院判决价格向关联方转移房地产。

(3) 通过资产重组,以非公允价值向关联方转移房地产。

(4) 关联方之间以非正常价格结算转移增值收益。通过关联方之间的工程建设、景观设计、景观工程建设、采购材料,以高于市场价格结算价款,转移项目增值收益。

(5) 开发企业购买关联方土地,支付高于市场标准的补偿费用,降低开发增值收益。

(四) 提供虚假建设信息,错误分配成本

(1) 隐瞒建筑面积或可售建筑面积。许多开发企业在分配相关成本时,不按照规划许可和测绘成果表确定面积分摊,增加清算部分的成本。

(2) 可售建筑当做不可售建筑。有些房地产项目的公共配套设施是可售的,或是由房地产开发企业管理使用的。企业将可售部分当做不可售部分处理,将其成本全部摊入已售面积部分。

二、案例解析

某房地产公司隐瞒销售收入的税务稽查案例

(一) 案件背景情况

(1) 案件来源:上级交办。

(2) 案件下达的时间:2019年1月10日,检查所属期间:2018年1月1日至2018年12月31日。

(3) 被检查企业基本情况。

某房地产开发有限公司(以下简称房地产公司)成立于2009年12月15日,注册地址:××市六一路南段路西新兴社区四号楼,企业类型:其他有限责任公司。法人代表:鲁某,财务负责人:李某,注册资本:3 000万元,生产经营范围为房地产开发与销售,物业管理。现有职工17人。涉及主要税种有增值税、城市维护建设税、教育费附加、地方教育附加、企业所得税、土地增值税、土地使用税、印花税。

开发项目基本情况:2015年10月通过"招拍挂",从A市B区取得一宗土地,占地面积70亩,拟进行普通住宅开发。支付土地出让金14 175万元,其中大市政配套设施及相关规费3 675万元,契税:567万元,取得财政性票据。开发项目名称:A市B区龙升园住宅小区一期工程和龙升园小区二期工程。开发项目地址:槐东大街以西、街心公园南侧。容积率2.2,总占面积:36 323.60平方米,开发总面积:77 609.33平方米。立项时间:2015年7月30日,取得相关证件如表6-12所示。

该项目分二期开发,一期为6#、8#和9#,面积为21 558.49平方米;二期为2#、4#、7#、10#、11#、12#和东、西门市,面积为56 050.84平方米。

该项目开始预售时间为:2017年1月。预售套数:一期为273户,面积为21 558.49平方米;二期为609户,面积为52 576.65平方米。

表6-12 证照的具体情况

名称	取得时间	证号	明细	
××省固定资产投资项目核准证	2015年7月30日	×发改核字〔2015〕1号	占地面积	8.7亩
	2015年12月25日	×发改核字〔2015〕4号	占地面积	41 103.49 m²
国有土地使用证	2016年2月7日	×国用〔2016〕第35号	使用权面积	5 816.80 m²
	2016年4月1日	×国用〔2016〕第47号	使用权面积	24 266.80 m²
	2016年5月8日	×国用〔2016〕第48号	使用权面积	6 240.00 m²
建设工程规划许可证	2016年7月1日	建字第1××52400800006号	建设规模	12 740.00 m²
	2016年9月16日	建字第1××524200900001号	建设规模	82 000.00 m²
建设用地规划许可证	2016年5月22日	地字第1××524200800002号	用地面积	8.73亩
			建设规模	12 740.00 m²
	2016年6月8日	地字第130524200800006号	用地面积	61.66亩
			建设规模	82 000.00 m²
建筑工程施工许可证	2016年11月15日	×建施〔2016〕-08	建设规模	12 740.00 m²
	2016年12月23日	×建施200902号	建设规模	37 516.00 m²
	2017年3月20日	13052401000003	建设规模	10 840.00 m²
	2017年6月19日	13052420100017	建设规模	12 995.00 m²
商品房预售许可证	2018年1月	×房预售证第2017011号		

一期住宅为144户,面积为18 714.37平方米,车库为111户,面积为2 663.54平方米,小房为18户,面积为180.58平方米;二期住宅为273户,面积为35 127.94平方米,车库为219户,面积为5 041.20平方米,小房为48户,面积为458.22平方米。商业为39户,面积为12 517.66平方米。

该项目账载预收款:491 645 697.41元,管理费用:8 394 800元,财务费用:545 800元,销售费用:1 247 800元。当地房地产毛利率20%。

(二)检查过程与检查方法

1. 检查预案

(1)了解情况。市稽查局下达任务后,检查组围绕该房地产公司的涉税情况到税源管理部门了解该企业税务登记和纳税申报情况。资料显示:该房地产公司成立于2009年12月15日,于2016年9月变更股东、法人代表、未变更企业名称和经济性质。

该房地产公司在2018年1月1日至2018年12月31日合计申报各税费26 440 263.72元,其中:增值税13 287 721.55元、城市维护建设税930 140.51元、教育费附加398 631.65元、地方教育附加265 754.43元、企业所得税1 924 447.5元、土地增值税9 567 259.52元、印花税66 308.56元。

(2) 查找疑点。检查人员到该房地产公司销售部,以购房者的身份与售房人员交谈,了解房源和销售情况。售房人员指着售房一览表说:现在销售情况很好,所剩房源不多,售房一览表上明示的销售数据都是 2018 年销售出去的。检查人员看到,售房一览表上 800 套房源多数都贴了红旗,有 10 多户贴的是黄旗,没贴旗子的所剩无几。询问售房人员粘贴红旗、黄旗所蕴含的意义,售房人员说红旗表示已售出,黄旗表示客户已预订,但未签合同,如果其他客户想要,需与预订户联系,没贴红旗、黄旗的房源可以当场成交。检查人员核对售房一览表,已贴红旗的有 750 多户,按 750 多户乘以户均 120 多平方米再乘以均价 5 600 元/平方米,再加上车库、商铺等,以此测算 2018 年以来收入起码有 5 亿元,申报预缴增值税应达 1 351 多万元,该公司少申报缴纳各税的嫌疑很大,加上该房地产公司刚变更股东、法人代表的特殊情况,有隐瞒销售收入的嫌疑。

(3) 准备充分。检查组最初想从购房户入手,从外围逐户核实楼盘售出情况。但检查人员发现整个小区入住率很低。通过多渠道了解到购房者身份非常复杂:有外地打工人员,没入住;有投资者购买的第二套、第三套房,不准备入住,核实购房者的身份非常困难。检查组在认真分析的基础上,决定还是从房地产公司销售部寻找突破口,同时进行了人员分工,明确工作职责,一组人员从外围了解情况,分别到城建局、房管局、土管局了解与该房地产公司相关情况,另一组人到该房地产公司实施检查。

2. 检查具体过程和方法

1) 发现线索

2019 年 2 月 20 日,检查小组按计划对该房地产公司进行检查,在出示《税务检查通知书》和税务检查证件后,检查组成员来到销售部门,要求销售负责人提供楼盘的《销售明细表》。该负责人声称数据在电脑中,没有最新的《销售明细表》,而电脑管理员下乡做宣传推介活动了,不能提供《销售明细表》。由于担心销售数据被修改,检查人员表示以其售房一览表中销售数据核算其销售收入,销售负责人说那是一种促销手段,是不实的销售数据,并表示会督促电脑管理员赶回。在销售负责人督促下,检查人员等到了电脑管理员,按法定程序调取并封存了销售部门电脑主机中的数据。电脑数据显示,房地产公司 2018 年度销售 763 户,其中普通标准住宅实现收入 543 483 007.80 元,每套 144 平方米以上住房及车库、地下室等非普通标准住宅实现收入 46 760 473.00 元,店铺实现收入 9 480 000.00 元,合计收入 599 723 480.8 元。

随后,检查小组人员来到财务室,按相关程序对该房地产公司账簿和财务报表及凭证进行检查。其 2018 年度预收款科目账面反映房地产销售额合计为 491 645 697.41 元。账载销售收入与销售部门销售收入不相符。

在检查中,检查人员还发现房地产公司与其他单位签订了工程勘察设计合同,金额合计 65 000.00 元,签订建筑安装合同金额合计 2 897 636.00 元,都未贴花。

在检查房地产公司许可权证中,检查人员发现房地产公司 2016 年 4 月 1 日取得土地 24 266.8 平方米,其 2018 年平均占有区级三等土地面积 8 181.56 平方米未申报缴纳税款。

稽查人员对相关检查结果进行了记录、复印并要求当事人确认签字。

2) 刨根问底

为查清事实,了解来龙去脉,检查小组决定对该房地产公司实际负责人和财务人员进行询问,发出了《询问通知书》。

2019年3月22日,检查小组对该房地产公司财务人员钟某进行询问,该财务人员如实回答了相关问题:因公司资金紧张,从销售部门转过来的预收售房款有108 077 783.39元没有预缴增值税,只要资金宽松了再入账缴税,非有意隐瞒收入,且总经理事先知道。对于与其他单位签订的工程勘察设计合同65 000.00元及建筑安装合同2 897 636.00元未按规定申报缴纳印花税,2018年度平均占用土地面积8 181.56平方米未按申报缴纳城镇土地使用税是疏忽所致。

2019年3月23日和2019年3月28日,检查小组两次对该房地产公司实际负责人李某进行询问,李某如实回答了相关问题:非有意隐瞒收入,主要是刚接手该公司,资金周转困难,导致财务上暂时以普通收据开具了部分预收款,造成未申报缴纳各税,并认为2018年度已缴纳地方各税2 644多万元,纳税诚信度较好,要求税务部门能依据其实际情况不予处罚。

钟某和李某对各自的询问笔录进行了签字画押确认。

实地检查情况,检查小组实地对销售楼盘逐房逐户登记其销售情况。除闻某等15户外出打工、更换电话确实无法联系外,经核实,其他748户购房情况与房地产公司销售部门电脑数据相符。

外调情况,另一检查小组分别到城建局、房管局、土管局核实与该房地产公司相关情况:在城建局了解到,该房地产公司已经取得了相关的建筑、预售许可等证件;在房管局了解到,该房地产公司2018年度备案销售房地产合同763份,合同金额合计为599 723 480.8元,与房地产公司销售部电脑数据相符;在土管局了解到,房地产公司2016年4月1日取得土地24 266.8平方米,经计算,其2018年平均占有区级三等土地面积8 181.56平方米,与房地产公司财务部门数据相符。

3) 重重阻力

办案过程中,稽查局遇到了不小的阻力。不少人前来说情,有些是部门领导,有些是稽查人员的亲戚朋友。还有一位区领导,该领导要求切实"保护好投资环境"。对于部门领导和亲友,稽查局干部晓之以法、动之以情。对于区领导的指示,稽查局向市局领导作了汇报,经市局领导请示市委、市政府主要领导,得到的答复是"依法公平征税就是对投资环境最好的保护"。有了市委、市政府主要领导支持,稽查人员吃了"定心丸",有了办"铁案"的信心。

4) 事实真相

经核实,该房地产公司在2018年1月1日至2018年12月31日期间共取得销售建筑物或构筑物应税收入599 723 480.8元,其中:普通标准住宅实现收入543 483 007.80元,每套144平方米以上住房及车库、地下室等非普通标准住宅实现收入46 760 473.00元,店铺实现收入9 480 000.00元。采取不按规定入账申报,在账簿上隐匿收入108 077 783.39元。签订工程勘察设计合同金额合计65 000.00元,签订建筑安装合同金额合计2 897 636.00元,未按规定申报缴纳印花税;该房地产公司2016年2月21日取得土地24 266.8平方米。2018年平均占有县级三等土地面积8 181.56平方米,未按规定申报缴纳城镇土地使用税。

(三)案件分析

房地产公司的行为是否构成偷税?

根据本案的事实和法律依据,房地产公司的行为违反了《中华人民共和国税收征收管理法》第六十三条之规定,已构成偷税。理由如下。

1. 主观上有偷税的故意

根据法律法规规定,构成偷税,主观上必须具有偷税的故意,必须出于不缴或者少缴应纳税款或骗取已扣、已收税款的目的。

该房地产公司虽每月均进行了纳税申报,但在资金周转困难时,有意隐瞒收入,主观上有偷税的故意。

2. 客观上实施了法定的偷税行为

《税收征收管理法》第六十三条规定,"纳税人伪造、变造、隐匿、擅自销毁账簿、记账凭证,或者在账簿上多列支出或者不列、少列收入,或者经税务机关通知申报而拒不申报或者进行虚假的纳税申报,不缴或者少缴应纳税款的,是偷税"。对偷税的构成特征做了具体、详细的描述,只有实施了该种行为且偷税的数额和比例达到法定的标准才足以构成偷税罪。

本案中,房地产公司虽能够主动配合专案组实施检查,并能主动提供相关的数据,但不按规定申报、虚假申报的行为已是客观存在,所以客观上实施了法定的偷税行为。应根据《税收征收管理法》第六十三条第一款规定,"对纳税人偷税的,由税务机关追缴其不缴或者少缴的税款、滞纳金,并处不缴或者少缴的税款百分之五十以上五倍以下的罚款;构成犯罪的,依法追究刑事责任"进行定性。如何处罚?

本案中,该房地产公司以未按规定申报行为隐匿收入,实施偷税,是按《发票管理办法》进行发票违章处罚还是按《税收征收管理法》进行偷税违法处罚,宜参照刑法的"吸收犯"和"牵连犯"的处断原则,"从一重处罚",即重的处罚吸收轻的处罚,选择较重的偷税论处。由于该房地产公司偷税金额占应纳税额为36.37%。根据《中华人民共和国刑法(2020年修订)》第二百零一条规定,纳税人采取欺骗、隐瞒手段进行虚假纳税申报或者不申报,逃避缴纳税款数额较大并且占应纳税额10%以上的,处3年以下有期徒刑或者拘役,并处罚金;数额巨大并且占应纳税额30%以上的,处3年以上7年以下有期徒刑,并处罚金。

扣缴义务人采取前款所列手段,不缴或者少缴已扣、已收税款,数额较大的,依照前款的规定处罚。

对多次实施前两款行为,未经处理的,按照累计数额计算。

有第一款行为,经税务机关依法下达追缴通知后,补缴应纳税款,缴纳滞纳金,已受行政处罚的,不予追究刑事责任;但是,5年内因逃避缴纳税款受过刑事处罚或者被税务机关给予二次以上行政处罚的除外。由于该公司属于初犯,积极配合调查并补缴税款和滞纳金,因此,不移交公安部门。

(四)违法事实

1. 增值税

经检查核实,该房地产公司在2018年1月1日至2018年12月31日期间共取得销售建筑物或构筑物应税收入599 723 480.8元,应预缴增值税16 208 742.72元,实际申报缴纳增值税13 287 721.55元,因为纳税人未按规定预缴的原因,少缴纳增值税2 921 021.17元。

2. 城市维护建设税

经检查核实,该房地产公司2018年1月1日至2018年12月31日实际缴纳和查补增值税额合计16 208 742.72元,按7%的税率,应纳城市维护建设税1 134 611.99元,实际申报缴纳城市维护建设税930 140.51元,因为纳税人少缴纳增值税原因,少缴纳城市维护建设税204 471.48元。

3. 印花税

经检查核实,该房地产公司在本检查所属期间书立的各类合同、书据、启用权利许可证照和营业账簿情况如下:合计应纳工程勘察设计合同印花税税额32.5元,实际申报无,因为纳税人原因,少申报缴纳工程勘察设计合同印花税32.5元;应纳建筑安装合同印花税税额869.29元,实际申报无,因为纳税人原因,少申报缴纳建筑安装合同印花税869.29元;应纳产权转移书据印花税税额71 861.74元,实际申报66 283.56元,因为纳税人原因,少申报缴纳5 578.18元;合计少申报缴纳印花税6 479.97元。

4. 土地增值税

经检查核实,该房地产公司在本次检查所属期间内应申报土地增值税有万载县某城市花园项目,未达到土地增值税清算要求,对土地增值税实行预征。2018年度1～12月取得预收款599 723 480.8元,2018年1～12月应按2%预征率预征土地增值税11 962 052.12元,实际申报缴纳9 567 259.52元,因为纳税人原因,少申报缴纳预征土地增值税2 394 792.6元。

5. 城镇土地使用税

经检查核实,该房地产公司2016年4月1日取得土地24 266.8平方米。2018年平均占有县级三等土地面积8 181.56平方米,应纳县级三等城镇土地使用税16 363.12元,实际申报无,因为纳税人原因,少申报缴纳城镇土地使用税16 363.12元。

6. 教育费附加

经检查核实,该房地产公司 2018 年 1 月 1 日至 2018 年 12 月 31 日实际缴纳和查补增值税额合计 16 208 742.72 元,按 3% 的征收率,应缴纳教育费附加收入 486 262.28 元,实际申报 398 631.65 元,因为纳税人原因,少申报缴纳教育费附加 87 630.63 元。

7. 地方教育附加

经检查核实,该房地产公司 2018 年 1 月 1 日至 2018 年 12 月 31 日实际缴纳和查补增值税额合计 16 208 742.72 元,按 2% 的征收率,应缴纳地方教育附加 324 174.85 元,实际申报 265 754.3 元,因为纳税人原因,少申报缴纳地方教育附加 58 420.55 元。

8. 企业所得税应补缴 9 423 699.16 元

合计应补缴税款＝2 921 021.17＋204 471.48＋87 630.63＋58 420.55＋9 423 699.16＋2 394 792.6＋6 479.97＋16 363.12＝15 112 878.68(元)。

(五)税务部门风险应对

(1) 税务部门要加强与有关部门的信息共享,通过大数据严密监控企业情况,按期开展数据分析,对异常户及时进行纳税评估,促使纳税人按按期足额申报税款,实现源泉控管。

(2) 稽查部门要切实加强部门协作。要强化税务系统内部征、管、查联动机制,建立税务与其他执法部门之间紧密的合作机制,依靠群众,发挥部门各自优势,突破税务稽查调查取证难问题。

(3) 强化公民税收法制意识。营造诚信税收环境是税务部门今后乃至相当长一段时间内的重要职责。从本案看,税务机关在强化纳税人税收法制意识方面显得任重道远,除坚持不懈地抓好税法宣传教育外,更要进一步加大对涉税违法行为的查处力度,坚持有法必依、执法必严、违法必究,通过严查重处,使纳税人真正认识到与其查后受处罚不如按其申报缴纳,依法纳税是最明智的选择,使公民的税收法制观念得到真正提高,建立诚信纳税环境。

第六节　房地产企业涉税问题及检查方法

按照房地产企业开发流程以及销售过程来看,企业在以下几个方面存在延迟缴纳或逃避缴纳税款。

一、销售开发产品收取价款未按规定入账、隐匿收入,少缴纳增值税、企业所得税、土地增值税等

(一)常用的方法和手段

(1) 房地产开发项目建设初期,需要资金量大,房地产企业多以"内部认购""单位团购"等方式销售房屋,使用自制收据收取购房款,应税收入"账外循环"或长期挂"应付

账款""其他应付账款"等往来账,隐匿、转移收入,逃避或滞后申报纳税。

(2)已签订购房合同,按照合同的付款日期应收售房款的,因购房者原因未及时收到的,企业往往不按照合同约定的付款日期确认收入,而是根据实际收到款项时间来确认收入,滞后缴纳税款。

(3)收到客户的违约金,计入营业外收入或往来账户进行核算,未并入应税营业额一并申报纳税。

(4)随房屋一同出售或单独出售车位、储藏室等不列入商品房销售合同中,销售时另外开收据,收入不入账少缴税款。

(5)通过其他手段不如实申报应税收入。

(二)检查手段

(1)利用外部公开信息、商业广告、网络了解单位项目情况,房屋团购、内部认购等情况。检查"银行存款""其他应收款""应付账款""预收账款"等账户,核实收入是否入账或长期挂往来账,对往来账户中大额资金流入情况要逐笔进行核对,确定其业务的真实性。

(2)对照检查"预收账款"等账户及纳税申报资料,核实预收的房款是否按规定申报缴纳税。

(3)实地察看各期楼盘开发销售进展情况,根据已售楼号、门牌号、车位、储藏室编制房产销售分户明细表,对照销售合同约定收款时间,收款方式与"主营业务收入"和"预收账款"明细账进行比对,核实取得的收入是否真实、准确、完整,有无少报收入的问题。

(4)核实开具发票的金额与收取的价款是否一致。有无将销售的停车位、储藏室取得的价款单独开具收款收据问题。如通过"其他应收款或其他应付款"科目直接拨付工程款以收抵支。或分开开票,一部分开预收款发票交财务,将另一部分开具收据,房款不入企业财务账等情况。

二、以银行按揭方式销售开发产品收取的价款,未按规定申报纳税

(一)常用的方法和手段

(1)房地产开发企业采取银行按揭方式销售开发产品,收到银行按揭贷款后不作销售收入处理,而是将收到的按揭款项以银行贷款的名义记入"短期借款"账户,从而隐匿收入。

(2)以"虚假按揭"为由将取得银行按揭购房款转入"短期借款"或"其他应付款"账户长期挂账不申报纳税。

(二)检查方法

(1)到贷款银行检查银行按揭的保证金账户存款余额(银行按贷款额的5%~7%收取保证金),推算按揭贷款数额,与结转的收入比较,查找涉税问题。

(2)到开发企业开户银行查询按揭贷款的发放情况,核对计税收入。

(3) 核对银行存款日记账与银行对账单,检查从银行按揭贷款账户转入的款项是否记入"预收账款"或"主营业务收入"账户。

(4) 检查全部银行贷款合同,查清资金的用途和性质。

三、房地产项目清算检查方法

(一) 销售收入环节

(1) 重点检查预收账款余额是否及时结转销售收入,其他应付款等往来账户是否计入房地产销售收入。

(2) 审查其他业务收入账户。检查有无与装修合同相关的业务。如果装修对象是销售的商品房,则存在将销售收入分解为其他业务收入的可能。

(3) 现场了解商品房装修的情况,将精装修房销售合同与未装修房销售合同进行比较。

(4) 检查是否有分期付款的销售合同,与销售收入核对,是否有未收款不计入销售收入的情况。

(二) 成本扣除环节

(1) 与标准或经验数据比对。将清算项目的开发成本与类似项目的开发成本进行比对,或与管理部门公布的造价标准进行比对,如果差异超出合理范围,可能存在虚增成本的现象。

(2) 账簿、凭证检查。一是检查成本账户摘要中记录的内容;二是审核凭证附件;三是检查未售部分的成本,将未售部分的单位建筑面积成本与已售部分的成本进行比较,通过这三个方面的检查能够发现一部分不属于清算项目的成本。

(3) 核实账外资料。纳税人单方面虚增开发成本,可以通过核实工程量清单、鉴证报告、工程合同等途径来发现问题。

(4) 通过发票管理系统审核假发票。

(5) 实地查看。到项目现场查看项目用地范围,了解有无红线外的道路、景观、河道工程。了解项目所建建筑物、构筑物及其数量是否和账面记录一致。计算绿化工程面积,苗木密度是否与账面记录的苗木使用量一致。

(6) 查询相关政府部门的用地优惠政策。

此外,在控制虚增成本上,税务部门可以通过强化重要事项备案、参与相关事项的关键阶段、大额发票的鉴定审核、细化造价标准等予以事前和过程控制。

(三) 关联交易环节

(1) 检查开发企业的年度关联关系报告表。根据企业申报的关联关系报告表,如果交易涉及关联方的,应逐笔将销售价格与非关联方的销售价格进行比较。如果差异较大,说明存在不合理现象。

(2) 了解房地产开发企业在项目建设和销售期间的改组事项。如果改组涉及房地产权属转移的,应检查是否以公允价值计算土地增值税。

(3) 了解关联方提供劳务和材料供应情况。应将关联方的劳务和材料价格与造价标准、价格标准、同类市场价格进行比较,差异较大的,表明可能存在转移增值收益现象。

(四) 提供虚假信息和错误分配成本

(1) 核实规划许可、测绘和销售许可等资料,掌握建筑面积与可售建筑面积情况。开发企业在办理规划许可证和销售许可证时,申报资料中包含大量具体信息,税务部门可将此类资料与纳税人提供的信息资料相比对、查证。

(2) 强化与房地产开发相关的其他行政管理部门的信息交换,及时掌握项目建设信息。

四、视同销售或行为未按规定申报纳税

(一) 常用的方法和手段

(1) 以开发产品抵顶材料款、工程款、广告费、银行贷款本息,未按规定计税。

(2) 将开发产品用于赠送客户、职工奖励及分配给股东或投资者未按规定申报纳税。

(二) 检查方法

(1) 比对房源销控台账登记的开发产品销售数量、财务账簿登记的已确认相关收入的开发产品销售数量,查找两者之间的差异,进行实地调查,核实未售房产的真实性。

(2) 在审阅施工合同(协议)、工程预算、工程价款结算单的基础上,核对支付的工程价款是否少于双方结算的工程价款,从而进一步检查确认是否有以商品房抵顶工程价款的情况。

(3) 调查、询问债权人,核实长期挂账的大额未付款项的真实性,检查是否有隐匿售房款的行为。

五、"拆迁还房"未按规定申报纳税

(一) 常用的方法和手段

房地产开发企业对老城区或旧有居民区进行开发时,对原有住户普遍采取"拆迁还房"的销售形式,所谓"拆迁还房"是指拆迁人以建设的房屋补偿给被拆除房屋的所有人,使原所有人继续保持其对房屋的所有权的一种实物补偿形式。目前普遍采用以建成后新房等面积换取需拆占原住户面积,对原住户在"拆一还一"的基础上增加的面积依市场价或优惠价出售的方法。开发企业对"拆一还一"等面积的部分未按成本价计税直接视为拆迁成本,仅按差价部分(即超面积部分)计入营业收入,从而少申报纳税。

(二)检查方法

(1) 核实开发项目的《动迁房屋产权调换协议书》或《回迁安置协议》,核实调换房屋的面积和超出补偿面积差价款的情况。

(2) 抽取部分拆迁户进行调查了解,拆迁补偿方式、补偿金额、支付方式、安置用房面积、安置地点等,进一步核实"拆迁还房"业务。

(3) 检查房地产开发企业在办理拆迁补偿房产时,核实补偿房产竣工并与被拆迁户办理交接手续时是否按照规定申报缴纳增值税。对偿还面积与拆迁建筑面积相等的部分,当地税务机关是否按同类住宅房屋的成本价核定计增值税;对超出拆迁建筑面积的部分,是否按照规定确定计税营业额。

六、"还本"方式销售商品房未按规定申报纳税

(1) 常用的方法和手段。

采用"还本"方式销售商品房时,将还本支出冲减当期营业额少缴纳增值税。

(2) 对于存在还本销售方式的,重点检查"主营业务收入""预收账款"明细账,并结合增值税纳税申报表,审核企业是否存在将还本支出冲减当期营业额少缴税问题。

七、合作建房未按规定申报纳税

(一)常用的方法和手段

(1) 以假代建真开发的名义开发项目,这种形式多以土地所有方的名义报建,所需资金由开发方代垫,实际是开发企业以转让部分房屋所有权为代价,换取了部分土地所有权,而土地所有方以转让部分土地所有权为代价换取了部分房屋所有权。双方均发生了纳税义务,未按规定申报纳税。

(2) 以出租土地使用权为代价换取房屋所有权双方均发生了纳税义务,未按规定申报纳税。

(3) 以投资名义转让土地使用权或不动产所有权,未与投资方共同承担风险,收取固定利润或按销售收入一定比例提成未按规定申报纳税。

(二)检查方法

(1) 检查是否存在合作建房项目,审阅相关合作建房协议,结合增值税纳税申报表,确定申报是否正确。

(2) 检查纯粹的"以物易物"合作建房,土地使用权和房屋所有权相互交换,双方都取得了拥有部分房屋的所有权,审核提供土地的一方是否按照"转让无形资产"税目中的"转让土地使用权"子税目申报缴纳增值税,房地产开发企业是否按照"销售不动产"税目缴纳增值税。

(3) 检查以出租土地使用权为代价换取房屋所有权,审核企业发生了出租土地使用权的行为,对其是否按"服务业——租赁业"征增值税;检查企业发生了销售不动产的

行为,对其是否按"销售不动产"税目征增值税。对双方分别征税时,其营业额按《营业税改征增值税试点实施办法》(财税〔2016〕36号附件1)第四十四条的规定核定。

(4)对于甲方以土地使用权乙方以货币资金合股,成立合营企业,合作建房,房屋建成后甲方采取按销售收入的一定比例提成的方式参与分配,或提取固定利润的,检查提供土地一方是否按照转让无形资产缴纳增值税。

八、"售后返租"业务未按规定申报纳税

(一)常用的方法和手段

房地产开发企业开展"售后返租"业务以约定的优惠价格销售商铺等房产,按照优惠价款申报缴税。

(二)检查方法

(1)检查企业是否有售后返租业务,审核相关售后返租协议、售房合同、租赁合同等,结合纳税申报表,确定售后返租业务约定的优惠价格销售商铺等房产,是否按照《营业税改征增值税试点实施办法》(财税〔2016〕36号附件1)第四十四条的规定和《中华人民共和国税收征收管理法实施细则》第四十七条规定核定的增值税营业额申报缴纳增值税。是否存在按照优惠价款申报缴税问题。

(2)检查房地产开发企业售后回租业务是否分别作销售不动产和租赁两项业务处理,分别计算相关成本、费用和损益。

九、"开发产品"未按规定申报纳税

(一)常用的方法和手段

房地产开发的部分商品房有租有售,特别是公建,在销售不理想的情况下,通常采用租赁方式收取相对高额租金,这部分收入有一定的隐蔽性,如承租方不需要正式发票,房地产企业可以不缴或少缴税。

(1)将周转房、开发产品直接出租、委托自己兴办的物业管理公司对外租赁、先租后售或转作固定资产进行出租等,取得租金不入账、少申报纳税。

(2)房地产开发企业对无产权的停车位签订长期租赁合同,均一次性收取费用,未按照"现代服务业——经营租赁服务"申报纳税。

(二)检查方法

要进行实地查看,是否有写字楼、商铺、车位的出租行为,审核合同、协议,与账簿"其他业务收入"纳税申报情况进行核对是否按规定申报缴税。

十、利用委托建房税收优惠政策逃避缴纳税款

(一)常用的方法和手段

委托建房只对房地产开发企业取得的"代建房"行为的手续费收入按"现代服

务——经纪代理服务"税目缴税,因此,目前许多开发企业采取虚假立项的手段,即在开发之前先找到买主,然后以买主为立项单位以联合开发或集资建房的名义开发商品房,达到不缴或少缴税款的目的。

(二)检查方法

检查委托建房合同,全部与开发项目有关的政府部门批文和证照,是否同时符合委托建房的四个条件:

(1) 必须事先与委托方订有委托代建合同,并在合同上载明收费依据及标准。

(2) 所建房屋的基建计划与立项必须是计划部门下达给建设单位的,不发生土地使用权转移。

(3) 以委托方的名义与负责施工单位结算(注:施工方直接开票给委托方)。

(4) 不垫付建设资金。

如对合作建房有异议,到委托方协查取证,认定委托建房的真实性。

十一、与关联方之间的出售、出租业务,挂往来账或收入价格偏低,从而少申报缴纳税款

(一)常用的方法和手段

利用企业关联关系,将收取的售房款直接转入关联单位,隐匿收入或转移利润。

(二)检查方法和手段

(1) 关注名称相似、注册经营地址与电话相同的企业。加强这类企业的纳税分析和检查,从核查关联关系入手,及时发现利用关联关系偷逃税款的违法行为。

(2) 做好延伸检查。与房地产公司业务往来频繁且金额较大合作开发单位、物业公司、投资公司应作为重点延伸对象。

十二、委托中介机构代理销售房屋未按规定申报纳税

(一)违法手段

房地产开发企业采取支付手续费方式委托销售开发产品,将收到自代理方转入的售房款记入往来账户或"短期借款"账户,或以全部售房收入抵付应付代理费后的金额入账,造成少申报缴纳税款。

(二)检查方法

调取开发企业与中介服务机构签订的代理销售合同、协议,根据计提的销售佣金金额和比例反向计算销售额,与申报的预售收入和销售收入比对,寻找差异,并对照检查中介服务机构的销售明细表,检查有无分解开票、隐瞒销售收入问题。

十三、销售精装修房屋未按规定申报纳税

(一)违法手段

(1) 精装房装修部分单独开具收款收据,取得的收入未按规定入账。

（2）房地产开发商销售精装修的商品房，人为将售房总价分解为购房款和装修价款，房屋装修部分开具建筑业发票，使用低税率少申报缴纳税款。

(二) 检查方法

检查时应通过商业广告、实地了解成品房的实物状态（是否装修），房屋开发商销售精装修商品房，人为将售房总价分解为购房款和装修价款。检查开发企业申报增值税的税目，是否以"销售不动产"和"建筑服务——装饰服务"两个税目申报缴纳增值税。

第七章

房地产企业开发流程涉税事项疑难问题解析

第一节 商业地产售后回租涉税问题分析

一、售后回租概述

（一）商业地产售后回租的定义

售后回租又称售后包租、售后返租、售后承租，商业地产售后回租，是指房地产开发企业将其开发建造的商业地产出售给购房者，再从购房者手里将该商业地产重新租回的一种销售模式。

售后回租是一个舶来品，它起源于美国 20 世纪六七十年代，我国东南沿海地区最先采用。售后回租是房地产开发企业商品房销售手段，多在商业综合体、商业步行街等营销上采用。新建商业综合体、商业步行街招商与运营至关重要，单靠购房者"单打独斗"难有起色，运营商应根据项目定位和建筑条件（体量、空间结构等），确定业态的种类、分布比例，并制定业态组合。

房地产公司按高于市场价的价格销售后，再将房产租回，统一对外出租，每年按房价的一定比例返还给购房者。开发商所宣称的"投资回报率""回租年限"等指标对于广大购房者或投资者极具诱惑力，他们认为通过"售后回租"模式进行投资，不但可以获得预期商业地产不断升值带来的投资收益，还可以享受稳定的租金回报。该营销手段极吸引购房者眼球，可使商业地产营销增加靓丽的卖点，有力促进商业地产的销售。

（二）商业地产售后回租实现模式

售后回租实际操作上具体分为三种模式。一是房地产开发企业将其开发建造的商业地产出售给购房者，然后再从购房者手里将该商业地产租回，统一招商运营，以取得最大收益。二是房地产开发企业将其开发建造的商业地产出售给购房者，再由房地产企业投资成立的商业运营公司从购房者手里将该商业地产租回，由运营公司统一招商运营。三是房地产开发企业将其开发建造的商业地产出售给购房者，委托专业的商业运营公司从购房者手里将该商业地产租回，运营公司统一招商运营。上述三种模式中，房地产企业采用第二种模式居多。

(三) 商业地产售后回租特性

商业地产售后回租业务处理上具有重叠性。无论采用哪种模式都离不开房地产开发企业的"身影",售后回租交易双方具有业务上的双重身份。一是房地产开发企业既是销售方,同时又是承租人,一方面房地产开发企业通过销售业务实现商品房销售,取得销售收入;另一方面又作为承租方向对方租入房屋用于生产经营,从而实现资产价值和交换价值,具有经济业务的双重身份。二是房屋购买者同时又是出租方,购买者通过购买房地产企业的商品房取得房屋所有权,同时又作为出租方转移房屋使用权,取得房屋使用权转让收入,实现房屋的使用价值的再循环,具有业务上的双重性,是融资产销售和资产租赁为一体的特殊交易行为。

二、房地产企业"售后回租"销售模式涉税问题分析

(一) 案例介绍

光明房地产开发公司为某市一家房地产综合开发企业,增值税一般纳税人。主要从事房地产开发、商业地产开发、旧城改造、公寓、写字楼开发等。2020年7月16日,公司通过"招拍挂"取得一宗土地使用权,土地面积50 500平方米,支付土地出让金及相关费用34 270万元。8月,公司动工兴建一大型综合商业体,项目于2022年2月竣工验收,公司与420户购房者签订《商品房销售合同》。与此同时,购房者与光明公司、兴隆商业运营公司(光明公司全资子公司)签订《商铺楼租赁协议》,协议约定:购房者将所购商铺回租给兴隆商业运营公司,由运营公司统一招商运营,租赁期限5年,运营公司每年支付商铺业主固定收益,年收益额为购房款的6%,且前3年的租金收益在购房者缴纳购房款时直接抵减,后两年由运营公司在第5、第6年年初支付上一年的租房收益;租赁期满后,业主可以收回商铺自己经营或出租,也可以与运营公司续签租赁协议,将商铺交由运营公司继续经营,运营公司扣除一定比例的管理费用后,经营收益全部返还给业主。2022年3月,光明公司相继为购房者办理房产过户手续,同时购房者落实商铺租赁协议约定条款。

光明房地产开发公司销售该商业综合体取得价款505 265万元(平均销售价格5万元/平方米),抵减前3年的租金收益90 947.7万元,实际收到购房者缴纳的房款为414 317.3万元,以此申报缴纳各项税费。

(二) 政策依据

根据现行税法规定,售后回租业务分为两类。一类是融资性售后回租,融资性售后回租业务是指承租方以融资为目的将资产出售给经批准从事融资租赁业务的企业后,又将该项资产从该融资租赁企业租回的行为。融资性售后回租业务中承租方出售资产时,资产所有权以及与资产所有权有关的全部报酬和风险并未完全转移。另一类是非融资售后回租。非融资性"售后回租"是将房产先行出售并办理过户手续,同时签订租赁协议。非融资性售后回租,不能适用《国家税务总局关于融资性售后回租业务中承租

方出售资产行为有关税收问题的公告》(国家税务总局公告2010年第13号)中关于不征收增值税和营业税的规定。本案例正属于一般性售后回租,参照《国家税务总局关于从事房地产开发的外商投资企业售后回租业务所得税处理问题的批复》(国税函〔2007〕603号)的规定(该文件已经作废),从事房地产开发经营的外商投资企业以销售方式转让其生产、开发的房屋、建筑物等不动产,又通过租赁方式从买受人回租该资产,企业无论采取何种租赁方式,均应将售后回租业务分解为销售和租赁两项业务分别进行税务处理。

"售后回租"业务涉及销售和租赁两个环节,向购房者收取购房款和支付租金涉及两项不同的经济业务。房地产开发企业在处理"售后回租"业务时,少数企业存在误解,简单地将两项经济业务合二为一,即用租金抵冲相应的购房款或首付款。殊不知此举隐藏着巨大的涉税风险,无形之中既降低了销售环节的计税依据,少缴销售环节的各项税费,同时也可能少缴租赁环节的各项税费。对于非融资性售后回租业务应分解为销售和租赁两项经济业务,分别进行相应的税务处理,以避免涉税风险。

(三)"售后回租"业务参与各方涉及的各项税费

1. 增值税

1) 房地产开发企业

国家税务总局2016年第18号公告第四条规定,房地产开发企业中的一般纳税人销售自行开发的房地产项目,适用一般计税方法计税,按照取得的全部价款和价外费用,扣除当期销售房地产项目对应的土地价款后的余额计算销售额。销售额的计算公式如下:

$$销售额 = (全部价款和价外费用 - 当期允许扣除的土地价款) \div (1+9\%)$$

当期允许扣除的土地价款按照以下公式计算:

$$当期允许扣除的土地价款 = \left(\frac{当期销售房地产项目建筑面积}{房地产项目可供销售建筑面积}\right) \times 支付的土地价款$$

当期销售房地产项目建筑面积,是指当期进行纳税申报的增值税销售额对应的建筑面积。

房地产项目可供销售建筑面积,是指房地产项目可以出售的总建筑面积,不包括销售房地产项目时未单独作价结算的配套公共设施的建筑面积。

支付的土地价款,是指向政府、土地管理部门或受政府委托收取土地价款的单位直接支付的土地价款。

财税〔2016〕140号文件第七条规定,《营业税改征增值税试点有关事项的规定》(财税〔2016〕36号附件2)第一条第(三)项第十点中"向政府部门支付的土地价款",包括土地受让人向政府部门支付的征地和拆迁补偿费用、土地前期开发费用和土地出让收益等。

房地产开发企业中的一般纳税人销售其开发的房地产项目(选择简易计税方法的

房地产老项目除外),在取得土地时向其他单位或个人支付的拆迁补偿费用也允许在计算销售额时扣除。纳税人按上述规定扣除拆迁补偿费用时,应提供拆迁协议、拆迁双方支付和取得拆迁补偿费用凭证等能够证明拆迁补偿费用真实性的材料。

《国家税务总局关于土地价款扣除时间等增值税征管问题的公告》(国家总局公告2016年第86号)第五条规定,国家税务总局2016年第18号公告第五条中,"当期销售房地产项目建筑面积""房地产项目可供销售建筑面积",是指计容积率地上建筑面积,不包括地下车位建筑面积。

一般纳税人采取预收款方式销售自行开发的房地产项目,应在收到预收款时按照3%的预征率预缴增值税。

应预缴税款按照以下公式计算:

$$应预缴税款 = 预收款 \div (1 + 适用税率或征收率) \times 3\%$$

适用一般计税方法计税的,按照9%的适用税率计算;适用简易计税方法计税的,按照5%的征收率计算。

一般纳税人应在取得预收款的次月纳税申报期向主管税务机关预缴税款。

本案例光明公司应就取得商业综合体全部价款505 265万元扣除土地价款34 270万元余额计算销售额,再以当期销售额和9%的适用税率计算当期应纳税额,抵减已预缴税款后,向主管税务机关申报纳税。未抵减完的预缴税款可以结转下期继续抵减。

2) 商业运营公司

根据《营业税改征增值税试点实施办法》(财税〔2016〕36号附件1)的规定,商业运营公司收取的运营管理费应按照"商务辅助服务——经纪代理服务"缴纳增值税。

一般纳税人适用一般计税方法计税的,按照6%的适用税率计算销项税额;小规模纳税人适用简易计税方法计税的,按照3%的征收率计算应纳税额。

3) 购房者

《国家税务总局关于小规模纳税人免征增值税征管问题的公告》(国家税务总局公告2021年第5号)规定,2021年4月1日起,小规模纳税人发生增值税应税销售行为,合计月销售额未超过15万元(以1个季度为1个纳税期的,季度销售额未超过45万元,下同)的,免征增值税。

《财政部 税务总局关于对增值税小规模纳税人免征增值税的公告》(财政部 税务总局公告2022年第15号)自2022年4月1日至2022年12月31日,增值税小规模纳税人适用3%征收率的应税销售收入,免征增值税;适用3%预征率的预缴增值税项目,暂停预缴增值税。

2. 所得税

1) 房地产开发企业

《国家税务总局关于融资性售后回租业务中承租方出售资产行为有关税收问题的

公告》(国家税务总局公告2010年第13号)规定,融资性售后回租业务是指承租方以融资为目的将资产出售给经批准从事融资租赁业务的企业后,又将该项资产从该融资租赁企业租回的行为。融资性售后回租业务中承租方出售资产时,资产所有权以及与资产所有权有关的全部报酬和风险并未完全转移。

根据现行企业所得税法及有关收入确定规定,融资性售后回租业务中,承租人出售资产的行为,不确认为销售收入,对融资性租赁的资产,仍按承租人出售前原账面价值作为计税基础计提折旧。租赁期间,承租人支付的属于融资利息的部分,作为企业财务费用在税前扣除。

本案例光明开发公司售后回租不属于融资性售后回租,公司应根据国税发〔2009〕31号文件第六条规定,企业通过正式签订《房地产销售合同》或《房地产预售合同》所取得的收入,应确认为销售收入的实现,具体按以下规定确认:

(1) 采取一次性全额收款方式销售开发产品的,应于实际收讫价款或取得索取价款凭据(权利)之日,确认收入的实现。

(2) 采取分期收款方式销售开发产品的,应按销售合同或协议约定的价款和付款日确认收入的实现。付款方提前付款的,在实际付款日确认收入的实现。

(3) 采取银行按揭方式销售开发产品的,应按销售合同或协议约定的价款确定收入额,其首付款应于实际收到日确认收入的实现,余款在银行按揭贷款办理转账之日确认收入的实现。

(4) 采取委托方式销售开发产品的,应按以下原则确认收入的实现:

第一,采取支付手续费方式委托销售开发产品的,应按销售合同或协议中约定的价款于收到受托方已销开发产品清单之日确认收入的实现。

第二,采取视同买断方式委托销售开发产品的,属于企业与购买方签订销售合同或协议,或企业、受托方、购买方三方共同签订销售合同或协议的,如果销售合同或协议中约定的价格高于买断价格,则应按销售合同或协议中约定的价格计算的价款于收到受托方已销开发产品清单之日确认收入的实现;如果属于前两种情况中销售合同或协议中约定的价格低于买断价格,以及属于受托方与购买方签订销售合同或协议的,则应按买断价格计算的价款于收到受托方已销开发产品清单之日确认收入的实现。

第三,采取基价(保底价)并实行超基价双方分成方式委托销售开发产品的,属于由企业与购买方签订销售合同或协议,或企业、受托方、购买方三方共同签订销售合同或协议的,如果销售合同或协议中约定的价格高于基价,则应按销售合同或协议中约定的价格计算的价款于收到受托方已销开发产品清单之日确认收入的实现,企业按规定支付受托方的分成额,不得直接从销售收入中减除;如果销售合同或协议约定的价格低于基价的,则应按基价计算的价款于收到受托方已销开发产品清单之日确认收入的实现。属于由受托方与购买方直接签订销售合同的,则应按基价加上按规定取得的分成额于收到受托方已销开发产品清单之日确认收入的实现。

第四,采取包销方式委托销售开发产品的,包销期内可根据包销合同的有关约定,参照上述第一至第三项规定确认收入的实现;包销期满后尚未出售的开发产品,企业应根据包销合同或协议约定的价款和付款方式确认收入的实现。

综述上述规定,房地产开发企业应根据《房地产销售合同》或《房地产预售合同》约定的价款确认应税收入,不得扣除按照房款额6%支付的租金支出。

2)商业运营公司

商业运营公司若是法人企业,应就其生产经营所得申报缴纳企业所得税。公司若为合伙企业,应将其生产经营所得先分后税,法人合伙人缴纳企业所得税,自然人合伙人缴纳个人所得税。

3)购房者(自然人)

根据个人所得税法及实施细则,《国家税务总局关于印发〈征收个人所得税若干问题的规定〉的通知》(国税发〔1994〕89号)、《国家税务总局关于个人转租房屋取得收入征收个人所得税问题的通知》(国税函〔2009〕639号)、《财政部 国家税务总局关于廉租住房、经济适用住房和住房租赁有关税收政策的通知》(财税〔2008〕24号)以及《财政部 国家税务总局关于《营改增后契税 房产税 土地增值税 个人所得税计税依据问题的通知》(财税〔2016〕43号)规定,房屋出租有住房和非住房之分,且适用不同税率。

个人出租住房个人所得税政策:月租金在800元以下的免征个人所得税;月租金在4 000元以下的,按下列公式计算缴纳个人所得税:〔月租金-800-缴纳地方税收-实际发生的修缮费用(以800元为限)〕×10%;月租金在4 000元以上的,按下列公式计算缴纳个人所得税:〔月租金×(1-20%)-缴纳地方税收-实际发生的修缮费用(以800元为限)〕×10%。

个人出租非住房个人所得税政策:月租金在800元以下的免征个人所得税;月租金在4 000元以下的,按下列公式计算缴纳个人所得税:〔月租金-800-缴纳地方税收-实际发生的修缮费用(以800元为限)〕×20%;月租金在4 000元以上的,按下列公式计算缴纳个人所得税:〔月租金×(1-20%)-缴纳地方税收-实际发生的修缮费用(以800元为限)〕×20%。

营改增后,根据《财政部 国家税务总局关于营改增后契税 房产税 土地增值税 个人所得税计税依据问题的通知》(财税〔2016〕43号)规定,个人出租房屋的个人所得税应税收入不含增值税,计算房屋出租所得可扣除的税费不包括本次出租缴纳的增值税。个人转租房屋的,其向房屋出租方支付的租金及增值税额,在计算转租所得时予以扣除。

免征增值税的,确定计税依据时,成交价格、租金收入、转让房地产取得的收入不扣减增值税额。

在计征上述税种时,税务机关核定的计税价格或收入不含增值税。

《中华人民共和国个人所得税法》规定,个人所得税,以所得人为纳税义务人,以支付所得的单位或者个人为扣缴义务人。故购房者抵减房款的商铺租金收入应有房地产开发企业代扣代缴,后两年分期支付的租金收入应由商业运营公司代扣代缴。

3. 房产税

1) 房地产开发企业

房地产开发企业开发的商品房在出售前,对房地产开发企业而言是一种产品,因此,对房地产开发企业建造的商品房,在售出前,不征收房产税;但对售出前房地产开发企业已使用或出租、出借的商品房应按规定征收房产税。

2) 商业运营公司、房产出租人(购房者)

房产税由产权所有人缴纳。产权属于全民所有的,由经营管理单位缴纳。产权出典的,由承典人缴纳。产权所有人、承典人不在房产所在地的,或者产权未确定及租典纠纷未解决的,由房产代管人或使用人缴纳。因此,商业运营公司运营管理的商铺的房产税应由产权所有人(商铺出租人)缴纳,依照房产租金收入计算缴纳房产税,适用税率为12%。产权所有人(商铺出租人)不在房产所在地的,应由商业运营公司或承租人缴纳房产税。

4. 土地使用税

1) 房地产开发企业

《财政部 国家税务总局关于对房产税城镇土地使用税有关政策的通知》(财税〔2006〕186号)规定,以出让或转让方式有偿取得土地使用权的,应由受让方从合同约定交付土地的次月缴纳城镇土地使用税;合同未约定交付土地使用时间的,由受让方从合同签订的次月起缴纳城镇土地使用税。

《财政部 国家税务总局关于房产税城镇土地使用税有关问题的通知》(财税〔2008〕152号)规定,纳税人因房产、土地的实物或权利状态发生变化而依法终止房产税、城镇土地使用税纳税义务的,其应纳税款的计算应截止到房产、土地的实物或权利状态发生变化的当月末。

根据上述规定,房地产开发企业自取得土地使用权之日(政府批文或签订合同之日)起,应按规定缴纳城镇土地使用税,房产已经销售并交付给购房者后,房地产开发企业不再缴纳土地使用税。

2) 商业运营公司、房产出租人(购房者)

《关于土地使用税若干具体问题的解释和暂行规定》(国税地字〔1988〕15号印发)规定,土地使用税由拥有土地使用权的单位或个人缴纳。拥有土地使用权的纳税人不在土地所在地的,由代管人或实际使用人纳税;土地使用权未确定或权属纠纷未解决的,由实际使用人纳税;土地使用权共有的,由共有各方分别纳税。

关于土地使用权共有的,如何计算缴纳土地使用税。土地使用权共有的各方,应按其实际使用的土地面积占总面积的比例,分别计算缴纳土地使用税。

关于纳税人实际占用的土地面积的确定。纳税人实际占用的土地面积,是指由省、自治区、直辖市人民政府确定的单位组织测定的土地面积。尚未组织测量,但纳税人持有政府部门核发的土地使用证书的,以证书确认的土地面积为准;尚未核发土地使用证书的,应由纳税人据实申报土地面积。

根据上述规定,土地使用税应由商铺产权人(出租人)缴纳;商铺产权人(出租人)不在土地所在地的,应由商业运营公司或承租人缴纳土地使用税。

5. 印花税

1) 房地产开发企业

根据《印花税暂行条例》[①]的规定,"产权转移书据"的征税范围包括财产所有权和版权、商标专用权、专利权、专有技术使用权等转移书据,房产买卖转让实际上是一种财产所有权转让。

另根据《财政部 国家税务总局印花税若干政策的通知》(财税〔2006〕162号)第四条的规定,对商品房销售合同按照产权转移书据征收印花税。

因此,房地产开发企业签订商品房销售合同时,应按"产权转移书据"依万分之五的税率征收印花税。

案例中光明房地产开发公司销售该商业综合体取得价款505 265万元,不得扣减前3年的租金收益90 947.7万元,缴纳房地产产权转移书据合同印花税;假若光明公司再与购房者签订五年的商铺租赁合同,光明公司还要一次性缴纳租赁合同印花税。

2) 商业运营公司、房产出租人(购房者)

根据《印花税暂行条例》[②]规定,财产租赁合同应于合同签订时租赁金额1‰贴花。因此,单位或个人(个人出租住房除外)一次性签订5年的房屋租赁合同,应按照5年的租金一次性缴纳印花税。

房产出租人(购房者)无论与商业运营公司签订商铺出租合同,还是与房地产开发企业签订商铺租赁合同,应按照5年的租金一次性缴纳印花税。

第二节 住宅小区地下车位销售及出租涉税问题分析

一、地下车位的分类

(1) 普通地下车位。房地产企业在住宅小区开发过程中作为公共配套设施建造的非人防地下车位。一种是已列入公摊面积,成本计入公用配套设施成本之中,该地下车位权属应属于全体业主。另一种房地产企业作为单独建造的地下建筑,未列入公摊面积,成本单独归集,房地产企业可享有占用、使用、收益和处分的权利。

[①][②] 《中华人民共和国印花税法》2022年7月1日起施行,《中华人民共和国印花税暂行条例》同时废止。

(2) 人防地下车位。房地产企业按照《中华人民共和国防空法》及有关规定在城市新建民用建筑修建的战时可用于防空的地下设施,开发项目建设工程规划许可证标识的属于人防工程设施的面积。该人防地下车位权属单位为政府或市、县(区)人防办公司,房地产企业无权出售。但是按照《中华人民共和国防空法》规定,人民防空工程平时由投资者使用管理,收益归投资者所有。

二、销售地下车位涉税问题

(一)增值税

营改增后,房地产开发企业销售开发产品按照《财政部 国家税务总局关于全面推开营业税改征增值税试点的通知》(财税〔2016〕36号)及国家税务总局2016年第18号公告的规定计算缴纳增值税。其中《营业税改征增值税试点有关事项的规定》(财税〔2016〕36号文件附件1)中《销售服务、无形资产、不动产注释》关于销售不动产规定,转让建筑物有限产权或者永久使用权的,转让在建的建筑物或者构筑物所有权的,以及在转让建筑物或者构筑物时一并转让其所占土地的使用权的,按照销售不动产缴纳增值税。

根据上述文件的规定,房地产开发企业销售非人防地下车位无论对该地下车位拥有独立产权,还是有限产权或者永久使用权的,均应按照销售不动产缴纳增值税。

(二)企业所得税

国税发〔2009〕31号文件第六条规定,企业通过正式签订《房地产销售合同》或《房地产预售合同》所取得的收入,应确认为销售收入的实现。

企业销售未完工开发产品取得的收入,应先按预计计税毛利率分季(或月)计算出预计毛利额,计入当期应纳税所得额。开发产品完工后,企业应及时结算其计税成本并计算此前销售收入的实际毛利额,同时将其实际毛利额与其对应的预计毛利额之间的差额,计入当年度企业本项目与其他项目合并计算的应纳税所得额。

企业在开发区内建造的会所、物业管理场所、电站、热力站、水厂、文体场馆、幼儿园等配套设施,按以下规定进行处理:

(1)属于非营利性且产权属于全体业主的,或无偿赠与地方政府、公用事业单位的,可将其视为公共配套设施,其建造费用按公共配套设施费的有关规定进行处理。

(2)属于营利性的,或产权归企业所有的,或未明确产权归属的,或无偿赠与地方政府、公用事业单位以外其他单位的,应当单独核算其成本。除企业自用应按建造固定资产进行处理外,其他一律按建造开发产品进行处理。

企业单独建造的停车场所,应作为成本对象单独核算。利用地下基础设施形成的停车场所,作为公共配套设施进行处理。

根据上述规定,房地产开发企业销售地下车位按以下情形分别处理:

(1)地下车位属于非营利性且产权属于全体业主的,或无偿赠与地方政府、公用事业单位的,将其视为公共配套设施,不确认应税收入,地下车位发生的成本加入公摊面积,随房产销售收入的实现而结转税前扣除。

(2) 属于营利性的,或产权归企业所有的,或未明确产权归属的,或无偿赠与地方政府、公用事业单位以外其他单位的,应当单独核算其成本。

第一,企业自用应按建造固定资产进行处理,将其开发成本结转至固定资产。

第二,属于营利性的,或产权归企业所有的,或未明确产权归属的,或无偿赠与地方政府、公用事业单位以外其他单位的,应按建造开发产品进行处理。

(三) 土地增值税

1. 地下车位是否分摊土地成本

(1) 国税发〔2006〕187号文件第四条第五款规定,属于多个房地产项目共同的成本费用,应按清算项目可售建筑面积占多个项目可售总建筑面积的比例或其他合理的方法,计算确定清算项目的扣除金额。

(2) 国税发〔2009〕91号文件第二十一条第五款规定,纳税人分期开发项目或者同时开发多个项目的,或者同一项目中建造不同类型房地产的,应按照受益对象,采用合理的分配方法,分摊共同的成本费用。

根据上述规定,房地产企业建造的地下停车场是否应分摊土地成本,要看其是否在可售面积内。如果其属于可售建筑面积,应当分摊土地成本;如果不属于可售面积,如地下人防,则不用分摊土地成本。

2. 地下车位分摊土地成本方法

《土地增值税暂行条例实施细则》第九条规定,纳税人成片受让土地使用权后,分期分批开发、转让房地产的,其扣除项目金额的确定,可按转让土地使用权的面积占总面积的比例计算分摊,或按建筑面积计算分摊,也可按税务机关确认的其他方式计算分摊。

目前法规政策对地下车位土地成本如何分摊规定不明确,国税发〔2006〕187号文件规定,属于多个房地产项目共同的成本费用,应按清算项目可售建筑面积占多个项目可售总建筑面积的比例或其他合理的方法,计算确定清算项目的扣除金额。国税发〔2009〕91号文件规定,纳税人分期开发项目或者同时开发多个项目的,或者同一项目中建造不同类型房地产的,应按照受益对象,采用合理的分配方法,分摊共同的成本费用。按照受益对象分摊土地成本,在具体的执行过程中如何操作?

多地的做法是:纳税人分期分批开发房地产项目或同时开发多个房地产项目,各清算项目取得土地使用权所支付的金额,按照占地面积法(即转让土地使用权的面积占可转让土地使用权总面积的比例)进行分摊;同一项目中建造不同类型房地产的,按照建筑面积法(即转让的建筑面积占项目可转让总建筑面积的比例)进行分摊。

对同一项目中不同类型房地产的土地成本分摊方法若采用可售建筑面积法来分摊土地成本的话,易造成地下车位分摊土地成本过高,在地下车位售价较低的情况下会出现负增值。至于其他合理方法,个别税务机关也做了尝试,譬如对同一清算项目中不同类型房地产采用销售收入占比进行分摊。

3. 土地增值税计算

《土地增值税暂行条例》第二条规定,转让国有土地使用权、地上的建筑物及其附着物(以下简称转让房地产)并取得收入的单位和个人,为土地增值税的纳税义务人(以下简称纳税人),应当依照本条例缴纳土地增值税。

国税发〔2006〕187号文件第四条第三款规定,房地产开发企业开发建造的与清算项目配套的居委会和派出所用房、会所、停车场(库)、物业管理场所、变电站、热力站、水厂、文体场馆、学校、幼儿园、托儿所、医院、邮电通讯等公共设施,按以下原则处理:

(1) 建成后产权属于全体业主所有的,其成本、费用可以扣除。

(2) 建成后无偿移交给政府、公用事业单位用于非营利性社会公共事业的,其成本、费用可以扣除。

(3) 建成后有偿转让的,应计算收入,并准予扣除成本、费用。

地下车位是否缴纳土地增值税各地规定不一,分歧大,争议大。其一,对于能办证有产权的地下车位,凡房地产开发企业与购房人签订销售合同,约定将上述车库、车位的所有权出售给购房人的,取得的收入并入非普通住房转让收入缴纳土地增值税。其二,对于无产权的地下车位,较为普遍的做法是,人防地下车位因产权不属于房地产开发企业,土地增值税不预征,也不进行土地增值税清算。其三,利用地下基础设施形成的停车场所,房地产开发企业与购房人签订合同,将停车场所法律法规规定期限内的使用权转移给购房人的,向购房人取得的收入视同房地产转让收入,并入非普通住房转让收入。其四,房地产开发企业与购房人签订销售合同,约定附赠车位因未取得转让收入,按出售开发产品计算销售收入,缴纳土地增值税。

(四)契税

《财政部 税务总局关于贯彻实施契税法若干事项执行口径的公告》(财政部 税务总局公告2021年第23号)第二条第六项规定,房屋附属设施(包括停车位、机动车库、非机动车库、顶层阁楼、储藏室及其他房屋附属设施)与房屋为同一不动产单元的,计税依据为承受方应交付的总价款,并适用与房屋相同的税率;房屋附属设施与房屋为不同不动产单元的,计税依据为转移合同确定的成交价格,并按当地确定的适用税率计税。

《中华人民共和国不动产登记暂行条例实施细则》第五条规定,不动产单元,是指权属界线封闭且具有独立使用价值的空间。

(五)印花税

《印花税暂行条例施行细则》[①]第五条规定,产权转移书据,是指单位和个人产权的

[①] 《中华人民共和国印花税法》自2022年7月1日施行。《中华人民共和国印花税暂行条例》同时废止。

买卖、继承、赠与、交换、分割等所立的书据。

《国家税务总局关于印花税若干具体问题的解释和规定的通知》(国税发〔1991〕155号)第十条规定,"财产所有权"转移书据的征税范围是:经政府管理机关登记注册的动产、不动产的所有权转移所立的书据,以及企业股权转让所立的书据。

根据上述规定,转让地下车位产权的,所签订的房地产买卖合同,属于"产权转移书据"征税项目,按合同所载金额万分之五计税贴花;转让地下车位使用权的,没有发生产权转移,虽名为使用权有偿转让合同,但本质上不属于买卖合同,其实质为租赁合同,应按合同总金额的千分之一缴纳印花税。

三、出租无产权地下车位、人防车位涉税分析

(一)增值税

房地产企业一般纳税人出租其2016年4月30日前建造的无产权地下车位、人防车位(或有产权地下车位出售前出租),可以选择适用简易计税方法,按照5%的征收率计算应纳税额。出租其2016年5月1日后取得的不动产,适用一般计税方法计税,按照9%的适用税率计算缴纳增值税。

纳税人一次性收取数年租金的,应在收到租金的当月一次性缴纳增值税。

(二)企业所得税

车位租赁收入组成企业所得税应税收入。《企业所得税法实施条例》第十九条规定,《企业所得税法》第六条第(六)项所称租金收入,是指企业提供固定资产、包装物或者其他有形资产的使用权取得的收入。租金收入,按照合同约定的承租人应付租金的日期确认收入的实现。

《国家税务总局关于贯彻落实企业所得税法若干税收问题的通知》(国税函〔2010〕79号)第一条规定,根据《企业所得税法实施条例》第十九条的规定,企业提供固定资产、包装物或者其他有形资产的使用权取得的租金收入,应按交易合同或协定规定的承租人应付租金的日期确认收入的实现。其中,如果交易合同或协议中规定租赁期限跨年度,且租金提前一次性支付的,根据《企业所得税法实施条例》第九条规定的收入与费用配比原则,出租人可对上述已确认的收入,在租赁期内,分期均匀计入相关年度收入。

(三)房产税

《财政部 国家税务总局关于具备房屋功能的地下建筑征收房产税的通知》(财税〔2005〕181号)规定:

(1)凡在房产税征收范围内的具备房屋功能的地下建筑,包括与地上房屋相连的地下建筑以及完全建在地面以下的建筑、地下人防设施等,均应当依照有关规定征收房产税。

上述具备房屋功能的地下建筑是指有屋面和维护结构,能够遮风避雨,可供人们在其中生产、经营、工作、学习、娱乐、居住或储藏物资的场所。

（2）自用的地下建筑，按以下方式计税：

第一，工业用途房产，以房屋原价的50%～60%作为应税房产原值。

$$应纳房产税的税额 = 应税房产原值 \times [1-(10\%-30\%)] \times 1.2\%$$

第二，商业和其他用途房产，以房屋原价的70%～80%作为应税房产原值。

$$应纳房产税的税额 = 应税房产原值 \times [1-(10\%-30\%)] \times 1.2\%$$

房屋原价折算为应税房产原值的具体比例，由各省、自治区、直辖市和计划单列市财政和地方税务部门在上述幅度内自行确定。

第三，对于与地上房屋相连的地下建筑，如房屋的地下室、地下停车场、商场的地下部分等，应将地下部分与地上房屋视为一个整体，按照地上房屋建筑的有关规定计算征收房产税。

（3）出租的地下建筑，按照出租地上房屋建筑的有关规定计算征收房产税。

房产原值是指纳税人按照会计制度规定，在会计核算账簿"固定资产"科目中记载的房屋原值。另外，根据《财政部 国家税务总局关于安置残疾人就业单位城镇土地使用税等政策的通知》（财税〔2010〕121号）第三条的规定，关于将地价计入房产原值征收房产税问题，对按照房产原值计税的房产，无论会计上如何核算，房产原值均应包含地价，包括为取得土地使用权支付的价款、开发土地发生的成本费用等。宗地容积率低于0.5的，按房产建筑面积的2倍计算土地面积并据此确定计入房产原值的地价。

根据上述规定，地下车库属于房产范畴，应当征收房产税。对房产出租的，以房产租金收入为房产税的计税依据，按出租收入的12%征收房产税。房产税是按年征收、分期缴纳，纳税期限由省、自治区、直辖市人民政府规定。对一次性取得的若干年的租赁收入应按在整个受益期内分期确认收入，按规定计算缴纳房产税。不过个别省市也有不同的规定，在具体执行过程中遵从各省、自治区、直辖市人民政府的规定。

（四）土地使用税

根据《财政部 国家税务总局关于房产税城镇土地使用税有关问题的通知》（财税〔2009〕128号）第四条的规定，对在城镇土地使用税征税范围内单独建造的地下建筑用地，按规定征收城镇土地使用税。其中，已取得地下土地使用权证的，按土地使用权证确认的土地面积计算应征税款；未取得地下土地使用权证或地下土地使用权证上未标明土地面积的，按地下建筑垂直投影面积计算应征税款。

对上述地下建筑用地暂按应征税款的50%征收城镇土地使用税。

（五）印花税

根据规定，财产租赁合同应当在合同的签订时按租赁金额千分之一贴花。

（六）土地增值税

地下车位出租没有发生产权转移，不缴纳土地增值税。

第三节　房地产开发企业扣除土地价款差额计征增值税问题

自 2016 年 5 月 1 日起全面实施营改增试点,除了从营业税中平移一部分差额征税政策外,增加了房地产开发企业的差额征税政策。选择一般计税方法的开发项目,允许房地产企业扣除当期销售房地产项目对应的土地价款后的余额计算缴纳增值税。房地产开发企业在计算缴纳增值税时,应准确把握允许其在计算销售额中扣除土地价款的范围、扣除凭证以及扣除时间相关规定,并理清增值税销售额、土地增值税应税收入和企业营业收入等。

一、房地产开发企业允许扣除的土地价款范围及土地价款

(一) 符合条件的纳税人

根据《营业税改征增值税试点有关事项的规定》(财税〔2016〕36 号附件 2)、国家税务总局 2016 年第 18 号公告规定,按照取得的全部价款和价外费用,扣除当期销售房地产项目对应的土地价款后的余额计算销售额,纳税人应同时符合下列条件:

(1) 房地产开发企业。
(2) 一般纳税人。
(3) 适用一般计税方法计税。
(4) 销售自行开发的房地产项目。

(二) 允许扣除的土地价款范围

《营业税改征增值税试点有关事项的规定》(财税〔2016〕36 号附件 2)规定,房地产开发企业中的一般纳税人销售其开发的房地产项目(选择简易计税方法的房地产老项目除外),以取得的全部价款和价外费用,扣除其受让土地时向政府部门支付的土地价款后的余额为销售额。

国家税务总局 2016 年第 18 号公告第五条规定,支付的土地价款,是指向政府、土地管理部门或受政府委托收取土地价款的单位直接支付的土地价款。

财税〔2016〕140 号文件第七条规定,《营业税改征增值税试点有关事项的规定》(财税〔2016〕36 号附件 2)第一条第(三)项第 10 点中"向政府部门支付的土地价款",包括土地受让人向政府部门支付的征地和拆迁补偿费用、土地前期开发费用和土地出让收益等。

房地产开发企业中的一般纳税人销售其开发的房地产项目(选择简易计税方法的房地产老项目除外),在取得土地时向其他单位或个人支付的拆迁补偿费用也允许在计算销售额时扣除。纳税人按上述规定扣除拆迁补偿费用时,应提供拆迁协议、拆迁双方支付和取得拆迁补偿费用凭证等能够证明拆迁补偿费用真实性的材料。

房地产开发企业(包括多个房地产开发企业组成的联合体)受让土地向政府部门支

付土地价款后,设立项目公司对该受让土地进行开发,同时符合下列条件的,可由项目公司按规定扣除房地产开发企业向政府部门支付的土地价款。

(1) 房地产开发企业、项目公司、政府部门三方签订变更协议或补充合同,将土地受让人变更为项目公司。

(2) 政府部门出让土地的用途、规划等条件不变的情况下,签署变更协议或补充合同时,土地价款总额不变。

(3) 项目公司的全部股权由受让土地的房地产开发企业持有。

(三) 扣除土地价款应提供的凭据

(1) 支付给国土部门的土地出让金及其他有关部门的费用。国家税务总局2016年第18号公告第六条规定,在计算销售额时从全部价款和价外费用中扣除土地价款,应当取得省级以上(含省级)财政部门监(印)制的财政票据。

(2) 向其他单位或个人支付的拆迁补偿费用。房地产开发企业中的一般纳税人在取得土地时向其他单位或个人支付的拆迁补偿费用,在计算销售额时扣除应提供的凭据。根据财税〔2016〕140号文件规定,房地产开发企业中的一般纳税人销售其开发的房地产项目(选择简易计税方法的房地产老项目除外),在取得土地时向其他单位或个人支付的拆迁补偿费用也允许在计算销售额时扣除。纳税人按上述规定扣除拆迁补偿费用时,应提供拆迁协议、拆迁双方支付和取得拆迁补偿费用凭证等能够证明拆迁补偿费用真实性的材料。具体为以下资料:

第一,房地产开发企业与被拆迁单位或个人签订的拆迁协议。

第二,房地产开发企业通过银行转账方式向被拆迁单位或个人支付拆迁补偿费用的转账付款凭据。

第三,被拆迁单位或个人通过银行账户(户名应与拆迁协议上的被拆迁单位或个人名称相同)收取房地产开发企业拆迁补偿费用的转账收款凭据。

第四,房地产开发企业和被拆迁单位或个人通过拆迁协议约定以实物兑付方式支付拆迁补偿费用的(须在拆迁协议中注明拆迁补偿费用标准和实物作价),应提供实物移交的相关凭据,可不提供第二、三项要求的凭据。

(四) 扣除当期销售房地产项目对应的土地价款后销售额计算

国家税务总局2016年第18号公告规定,房地产开发企业中的一般纳税人(以下简称一般纳税人)销售自行开发的房地产项目,适用一般计税方法计税,按照取得的全部价款和价外费用,扣除当期销售房地产项目对应的土地价款后的余额计算销售额。销售额的计算公式如下:

$$销售额 = (全部价款和价外费用 - 当期允许扣除的土地价款) \div (1 + 9\%)$$

当期允许扣除的土地价款按照以下公式计算:

$$当期允许扣除的土地价款 = \left(当期销售房地产项目建筑面积 \div 房地产项目可供销售建筑面积\right) \times 支付的土地价款$$

当期销售房地产项目建筑面积,是指当期进行纳税申报的增值税销售额对应的建筑面积。

房地产项目可供销售建筑面积,是指房地产项目可以出售的总建筑面积,不包括销售房地产项目时未单独作价结算的配套公共设施的建筑面积。

《国家税务总局关于土地价款扣除时间等增值税征管问题的公告》(国家税务总局公告 2016 年第 86 号)第五条规定,国家税务总局 2016 年第 18 号公告第五条中,"当期销售房地产项目建筑面积""房地产项目可供销售建筑面积",是指计容积率地上建筑面积,不包括地下车位建筑面积。

一般来讲,房地产开发企业在开发建造房产项目时,还会在小区配套建设道路、花园、绿地、雕塑,或者物业用房、幼儿园、诊所等。这些项目不单独作价结算,但却包含在业主所支付的房款之中。对这些建筑物、构筑物的面积,规定未将其包含在"可供出售的建筑面积"中,也就是在计算"当期允许扣除的土地价款"时,并未将这部分面积包含在分母当中。这样可以使开发商将所有"可供"销售的面积卖完后,土地出让金全部扣除完。

二、扣除土地价款的会计处理

根据《增值税会计处理规定》(财会〔2016〕22 号)规定,企业发生相关成本费用允许扣减销售额的账务处理。按现行增值税制度规定企业发生相关成本费用允许扣减销售额的,发生成本费用时,按应付或实际支付的金额,借记"主营业务成本""存货""工程施工"等科目,贷记"应付账款""应付票据""银行存款"等科目。待取得合规增值税扣税凭证且纳税义务发生时,按照允许抵扣的税额,借记"应交税费——应交增值税(销项税额抵减)"或"应交税费——简易计税"科目(小规模纳税人应借记"应交税费——应交增值税"科目),贷记"主营业务成本""存货""工程施工"等科目。

三、问题关注

(1) 房地产开发企业缴纳的契税计入开发成本(土地征用费及拆迁补偿费),是否可以作为支付的土地价款在计算销售额中扣除?

房地产开发企业为取得土地使用权而缴纳的契税,是向土地所在地税务机关缴纳的,不属于向土地所有者支付的价款,不得在计算销售额中作为土地价款的组成部分扣除。

(2) 房地产开发企业通过转让、接受投资、非货币性资产交换等方式取得的土地,其支付的土地价款或土地公允价值是否可以抵减销售额?

根据《营业税改征增值税试点有关事项的规定》(财税〔2016〕36 号附件 2)有关进项税额抵扣规定,房地产开发企业从二级土地市场取得的土地使用权,凭其取得的增值税专用发票注明进项税额从销售税额中抵扣。

(3) 一次购地分期开发的土地价款如何扣除？

房地产开发企业通常情况下一次性购置土地分期开发房地产项目，在一次性开发情况下，全部"房地产项目可供销售建筑面积"是可以确定的；在分次开发的情况下，全部的"房地产项目可供销售建筑面积"无法一次全部确定。此种情况下，按以下顺序计算当期允许扣除分摊土地价款：

第一步，计算出已开发项目所对应的土地出让金。

已开发项目所对应的土地出让金 ＝ 土地出让金×（已开发项目占地面积÷开发用地总面积）

第二步，计算当期允许扣除的土地价款。

$$当期允许扣除的土地价款 = \left(当期销售房地产项目建筑面积 \div 房地产项目可供销售建筑面积\right) \times 已开发项目所对应的土地出让金$$

当期销售房地产项目建筑面积，是指当期进行纳税申报的增值税销售额对应的建筑面积。房地产项目可供销售建筑面积，是指房地产项目当期可以出售的总建筑面积，不包括当期销售房地产项目时未单独作价结算的配套公共设施的建筑面积。

按上述公式计算出的允许扣除的土地价款要按项目进行清算，且其总额不得超过支付的土地出让金总额。

(4) 取得的土地返还款是否冲减土地成本？

房地产开发企业在购买土地后，从政府部门取得各种形式的与之相关的土地返还款，返还部分是否冲减土地成本，在增值税计算时扣除的土地价款是否作调整呢？

第一，土地增值税清算关于土地返还款是否扣除的规定。目前来看，大部分省市明确房地产开发企业取得政府返还款，在土地增值税清算时，其返还款不允许扣除，直接冲减土地成本。

A.《辽宁省地方税务局关于明确土地增值税清算有关问题的通知》（辽地税函〔2012〕92号）第六条关于"房地产企业取得政府返还款的税务处理问题"明确规定，房地产开发企业从政府部门取得各种形式的返还款，地方税务机关在土地增值税清算时，其返还款不允许扣除，直接冲减土地成本。

B.《贵州省土地增值税清算管理办法》（贵州省地方税务局公告2016年第13号发布）第四十七条规定，房地产开发企业以各种名义取得的政府返还款（包括土地出让金、市政建设配套费、税金等），在确认扣除项目金额时应当抵减相应的扣除项目金额。房地产开发企业取得不能区分扣除项目的政府返还款应抵减"取得土地使用权所支付的金额"。

第二，营改增后，计算增值税时土地返还款税务处理的规定。

A. 营改增政策执行口径第一辑26"关于房地产公司一般纳税人一次购地、分期开发的，其土地成本如何分摊的问题"规定，从政府部门取得的土地出让金返还款，可不从支付的土地价款中扣除。

B. 大连市国家税务局《营改增热点问题解答》："房地产企业取得土地时支付的土

出让金已经取得符合规定的财政票据,之后又从相关部门取得的土地返还款,那么计算增值税时允许抵扣的土地价款怎么计算?企业取得土地时单独支付的拆迁费和契税是否允许计算抵扣?"

答:按净支出额计算允许抵扣的土地价款,土地返还款部分不允许抵扣,单独支付的拆迁费和契税不允许计算扣除。

通过上述文件对比,我们可以看到,在国家税务总局2016年第18号公告中有关土地价款扣除的规定,提到的"支付"和"实际支付"(公告第七条规定,一般纳税人应建立台账登记土地价款的扣除情况,扣除的土地价款不得超过纳税人实际支付的土地价款)在存在土地价款返还的情况下,直接支付的土地价款小于财政票据上记载的土地价款,这是否意味着增值税与土地增值税在土地价款返还方面的税务处理一致,即房地产企业在缴付土地出让金之后,如果收到与土地出让金相关的财政返还款,冲减土地价款成本。目前来看,土地增值税在土地价款返还方面的税务处理上各地税务机关基本一致,但是增值税与土地增值税毕竟是不同的两个税种,营改增后,房地产开发企业在购买土地后,又从政府部门取得各种形式的与之相关的土地返还款,在计算缴纳增值税时是否从土地价款中扣除,各地规定不一。笔者认为,根据国家总局公告2016年第18号公告第五条规定,支付的土地价款,是指向政府、土地管理部门或受政府委托收取土地价款的单位直接支付的土地价款。房地产开发企业支付土地价款,并取得省级以上(含省级)财政部门监(印)制的财政票据,再从政府有关部门取得的土地返还款,可以不从支付的土地价款中扣除。

(5) 销项税额抵减金额在计算土地增值税时是否从土地成本中扣除?

第一,土地增值税政策规定。

《土地增值税暂行条例》第六条关于"计算增值额的扣除项目"中允许扣除的项目包括:取得土地使用权所支付的金额以及开发土地的成本、费用。

《土地增值税暂行条例实施细则》第七条规定,《土地增值税暂行条例》第六条所列的计算增值额的扣除项目,具体为:

① 取得土地使用权所支付的金额,是指纳税人为取得土地使用权所支付的地价款和按国家统一法规缴纳的有关费用。

② 开发土地和新建房及配套设施(以下简称房增开发)的成本,是指纳税人房地产开发项目实际发生的成本(以下简称房增开发成本),包括土地征用及拆迁补偿费、前期工程费、建筑安装工程费、基础设施费、公共配套设施费、开发间接费用。土地征用及拆迁补偿费,包括土地征用费、耕地占用税、劳动力安置费及有关地上、地下附着物拆迁补偿的净支出,安置动迁用房支出等。

第二,房地产开发企业土地增值税清算时土地成本的确认。

在营业税环境下,出让方式取得土地可在土地增值税清算时扣除的金额为取得土地使用权所支付的地价款和按国家统一法规缴纳的有关费用。营改增后,房地产开发企业在进行土地增值税清算时,对于出让方式下取得土地的成本,是否将按照土地地价款计算销项税额抵减金额从土地成本中扣除,现行政策没有明确。

《营业税改征增值税试点过渡政策的规定》(财税〔2016〕36号附件3)第一条第三十七款规定,土地所有者出让土地使用权和土地使用者将土地使用权归还给土地所有者,免征增值税。《财政部 国家税务总局关于营改增后契税 房产税 土地增值税 个人所得税计税依据问题的通知》(财税〔2016〕43号)第五条规定,免征增值税的,确定计税依据时,成交价格、租金收入、转让房地产取得的收入不扣减增值税额。

因此,纳税人通过"招拍挂"出让方式取得土地使用权所支付的土地价款在确定计税依据不扣减"增值税额"。譬如房地产开发企业通过"招拍挂"出让方式取得土地使用权所应缴纳的契税,其契税计税价格为承受人为取得该土地使用权而支付的全部经济利益。

房地产开发企业开发的房地产成本中土地成本占比很高,营改增后为了不增加房地产企业税负,例外增加了房地产开发企业的差额征税政策。《营业税改征增值税试点有关事项的规定》(财税〔2016〕36号附件2)文中规定"房地产开发企业中的一般纳税人销售其开发的房地产项目(选择简易计税方法的房地产老项目除外),以取得的全部价款和价外费用,扣除受让土地时向政府部门支付的土地价款后的余额为销售额"。但是文件规定是土地出让价款在取得合规票据的情况下可全额抵减房款的余额计算销售额,即出让方式下并不是将土地价款纳入进项税抵扣范围。

《财政部 国家税务总局关于营改增后契税 房产税 土地增值税 个人所得税计税依据问题的通知》财税〔2016〕43号文件第三条规定,《土地增值税暂行条例》等规定的土地增值税扣除项目涉及的增值税进项税额,允许在销项税额中计算抵扣的,不计入扣除项目,不允许在销项税额中计算抵扣的,可以计入扣除项目。

综上所述,土地所有者出让土地使用权免征增值税,房地产开发企业支付的土地价款不计算增值税进项税额;国家税务总局2016年第18号公告文件规定,按照取得的全部价款和价外费用,扣除当期销售房地产项目对应的土地价款后的余额计算销售额,而不是将土地价款纳入进项税额抵扣。因此按土地价款计算抵减的销项税额并不属于《财政部 国家税务总局关于营改增后契税 房产税 土地增值税 个人所得税计税依据问题的通知》(财税〔2016〕43号)规定的不计入土地增值税扣除项目的允许抵扣的增值税进项税额。所以,房地产开发企业进行土地增值税清算时,土地增值税允许扣除的土地成本应按实际支付的全部价款计算,不应剔除土地价款扣减计算销售额而减少的销项税额,即"销项税额抵减"部分。《土地增值税纳税申报表(修订版)》(税总函〔2016〕309号附件)中土地增值税纳税申报表(二)(从事房地产开发的纳税人清算适用)填表说明:表第6栏"取得土地使用权所支付的金额",按纳税人为取得该房地产开发项目所需要的土地使用权而实际支付(补交)的土地出让金(地价款)及按国家统一规定缴纳的有关费用的数额填写,也为上述的观点,提供了操作的依据。

销售房产项目的主营业务成本是不含土地出让价款所抵减的销项税额,即计算企业所得税时允许扣除的主营业务成本应剔除土地出让价款所抵减的销项税额后的金额确认(会计核算冲减主营业务成本并计入应纳税所得额);但在计算土地增值税时其开发成本发生额中的土地成本是其支付的全部价款,不扣减所抵减的销项税额。

四、案例解析

海阳房地产开发公司为一般纳税人,2016年7月在某市市区通过"招拍挂"购置一宗土地,自行开发A商业地产项目,该宗土地面积20 000平方米,可售建筑总面积50 000平方米,公司支付土地出让金及有关费用30 000万元,缴纳契税1 200万元。公司开发建设A商业地产项目发生开发成本20 000万元,取得增值税专用发票注明进项税额合计2 000万元,并全部通过认证。公司发生管理费用、销售费用及财务费用合计2 500万元,因公司不能按转让房地产项目计算分摊利息支出,房地产开发费用按"取得土地使用权所支付的金额"和"房地产开发成本"金额之和10%计算扣除,A商业地产项目于2017年10月取得预售许可证,2018年3月项目竣工验收,商品房交给业主,并提供相关产权过户手续。2017年10月至次年2月预售A商业地产项目48 000平方米,取得价款133 200万元,剩余部分转作办公用房。

注:公司支付的土地价款已取得省级以上(含省级)财政部门监(印)制的财政票据,缴纳的契税已取得契税完税证;按照该市税收政策规定,土地增值税预征率为4%,城建税7%、教育费附加3%;会计分录均为简化,金额单位均为万元。

(一) A商业地产项目开发阶段

1. 支付土地出让金及相关费用

借:开发成本——土地征用及拆迁补偿费	30 000
贷:银行存款	30 000

2. 缴纳契税

借:开发成本——契税	1 200
贷:银行存款	1 200

3. 发生开发成本

借:开发成本	20 000
应交税费——应交增值税(进项税额)	2 000
贷:银行存款	22 000

(二) A商业地产项目预售阶段

1. 收到预售房款时

借:银行存款	133 200
贷:预收账款	133 200

2. 预交增值税及附加

应预交增值税额 = 133 200 ÷ (1 + 11%) × 3% = 3 600(万元)。

应预交城市维护建设税 = 3 600 × 7% = 252(万元)。

应预交教育费附加 = 3 600 × 3% = 108(万元)。

借：应交税费——预交增值税	3 600
应交税费——应交城市维护建设税	252
应交税费——应交教育费附加	108
贷：银行存款	3 960

3. 预交土地增值税

预交土地增值税计税依据 = 预收款 − 预交增值税 = [133 200 − 3 600] × 4% = 5 184(万元)。

借：应交税费——应交土地增值税	5 184
贷：银行存款	5 184

（三）A 商业地产项目竣工验收、办理产权转移、结转销售收入阶段

完工产品成本 = 30 000 + 1 200 + 20 000 = 51 200(万元)。

销售比例 = 48 000 ÷ 50 000 × 100% = 96%，结转销售成本 51 200 × 96% = 49 152(万元)，结转固定资产 51 200 × (1 − 96%) = 2 048(万元)。

1. 竣工验收，结转完工产品成本

借：开发产品	51 200
贷：开发成本	51 200

2. 未售房产结转固定资产

借：固定资产	2 048
贷：开发产品	2 048

3. 结转已售房产收入、成本

借：预收账款	133 200
贷：主营业务收入	120 000
应交税费——应交增值税(销售税额)	13 200
借：主营业务成本	49 152
贷：开发产品	49 152

4. 销项税额抵减

当期允许扣除的土地价款 = (当期销售房地产项目建筑面积 ÷ 房地产项目可供销售建筑面积) × 支付的土地价款 = (48 000 ÷ 50 000) × 30 000 = 28 800(万元)。

销售额＝(全部价款和价外费用－当期允许扣除的土地价款)÷(1＋11％)＝(133 200－28 800)÷(1＋11％)＝94 054.05(万元)。

增值税销项税额＝94 054.05×11％＝10 345.95(万元)。

因扣减土地价款而抵减的增值税销项税额＝28 800÷(1＋11％)×11％＝2 854.05(万元)。

借：应交税费——应交增值税(销项税额抵减)   2 854.05
    贷：主营业务成本——土地成本   2 854.05

5. 结转预交的增值税

借：应交税费——未交增值税   3 600.00
    贷：应交税费——预交增值税   3 600.00

6. 计算应交增值税及附加

应交增值税＝13 200－2 854.05－2 000＝8 345.95(万元)。

应交城市维护建设税＝8 345.95×7％＝584.22(万元)。

应交教育费附加＝8 345.95×3％＝250.38(万元)。

借：应交税费——应交增值税(转出未交增值税)   8 345.95
    贷：应交税费——未交增值税   8 345.95

借：税金及附加   834.60
    贷：应交税费——应交城市维护建设税   584.22
        应交税费——应交教育费附加   250.38

7. 计算补交增值税及附加

应补交增值税＝8 345.95－3 600＝4 745.95(万元)。

应补交城市维护建设税＝584.22－252＝332.22(万元)。

应补交教育费附加＝250.38－108＝142.38(万元)。

借：应交税费——未交增值税   4 745.95
    应交税费——应交城市维护建设税   332.22
    应交税费——应交教育费附加   142.38
    贷：银行存款   5 220.55

(四) 应当进行土地增值税清算

由于 A 商业地产项目已销售建筑面积占可销售总建筑面积比例达到 96％，应当进行土地增值税清算。

土地增值税计算过程如下。

1. 土地增值税应税收入

A 商业地产项目土地增值税应税收入＝全部价款和价外费用－销项税额＝133 200－10 345.95＝122 854.05(万元)。

注:主营业务收入+销项税额抵减=120 000+2 854.05=122 854.05(万元)。

2. 土地增值税扣除项目

(1) 取得土地使用权所支付的金额=31 200×96%=29 952(万元)。

注:包含征地环节缴纳的契税,不扣除销项税额抵减的部分。

(2) 开发成本=20 000×96%=19 200(万元)。

(3) 房地产开发费用=(29 952+19 200)×10%=4 915.2(万元)。

(4) 转让房地产有关税费=城市维护建设税+教育费附加=584.22+250.38=834.6(万元)。

(5) 加计扣除=(29 952+19 200)×20%=9 830.4(万元)。

(6) 扣除项目金额合计=29 952+19 200+4 915.2+834.6+9 830.4=64 732.2(万元)。

3. 增值额

增值额=122 854.05−64 732.2=58 121.85(万元)。

4. 增值率

增值率=58 121.85÷64 732.2×100%=89.79%。

5. 应交土地增值税

应交土地增值税=58 121.85×40%−64 732.2×5%=23 248.74−3 236.61=20 012.13(万元)。

6. 应补缴土地增值税

应补缴土地增值税=20 012.13−5 184=14 828.13(万元)。

补交、结转土地增值税会计处理:

借:应交税费——应交土地增值税　　　　　　　　　　　　14 828.13
　　贷:银行存款　　　　　　　　　　　　　　　　　　　　14 828.13

借:税金及附加　　　　　　　　　　　　　　　　　　　　20 012.13
　　贷:应交税费——应交土地增值税　　　　　　　　　　　20 012.13

从上述土地增值税清算计算过程及相关会计处理分析,营改增后,国家税务总局2016年第18号公告规定,房地产开发企业中的一般纳税人销售自行开发的房地产项目,适用一般计税方法计税,按照取得的全部价款和价外费用,扣除当期销售房地产项目对应的土地价款后的余额计算销售额。而会计处理按照《增值税会计处理规定》(财会〔2016〕22号)规定,房地产开发企业待取得合规增值税扣税凭证且纳税义务发生时,按照允许抵扣的税额,借记"应交税费——应交增值税(销项税额抵减)"科目,贷记"主营业务成本"科目。

根据《国家税务总局关于营改增后土地增值税若干征管规定的公告》(国家税务总局公告2016年第70号)的规定,适用增值税一般计税方法的纳税人,其转让房地产的土地增值税应税收入不含增值税销项税额,即土地增值税应税收入的确认按照增值税实际税率进行价税分离。由于销项税额在计算时已扣除土地价款、拆迁补偿费等,即依据国家税务总局 2016 年第 18 号公告和财税〔2016〕140 号文件计算的销项税额已经抵减了允许抵减的销项税额,故土地增值税确认的转让房地产应税收入中包含允许抵减的销项税额。

第四节　房地产开发企业资金往来涉税分析

房地产开发是一项综合性经济活动,投资数额大,建设周期长,属于典型的资金密集型行业,保障开发资金需求,是开发项目顺利进行的前提条件。近年来,随着国家对房地产业各项调控措施加强,各地相继出台了限购、限贷等政策,房地产企业资金不断收紧,企业通过银行、信托、资管、基金等外部渠道融资的难度愈来愈大,资金偏紧,融资成本日渐增高。众多房地产企业会通过关联方资金拆借、集团统借统还、吸纳大额"会员费"或"诚意金"等方式解决资金短缺问题,在具体操作过程中不可避免产生涉税风险。

一、"现金池"业务涉税风险分析

"现金池"业务是一种大中型企业集团进行资金集中管理的高端现金管理产品。企业集团母公司通过"现金池",在不影响子公司日常业务的情况下,以委托贷款的方式,将集团公司所有的成员单位的资金进行统一调配,实现同城及跨区域的自动化资金集中管理。具体而言,通过依托银行先进的网上银行平台,集资金自动划转、目标余额管理、委托贷款计价、网上利率维护、利息自动拨付、账户透支设置、大额双向调拨、日终回收、网上信息查询、标准数据接口等功能于一体,通过精心设计的账户结构和功能安排,使企业集团在不影响所属公司正常业务的情况下,实现同城及跨地区的资金集中管理。

基于委托贷款模式的现金池业务,不同的银行对现金池有具体不同的表述。

(一)"现金池"管理模式

我国一些大型企业集团的资金集中管理模式有收支两条线、内部银行、资金结算中心、财务公司等,而且又以结算中心和财务公司两种方式居多。资金结算中心通常是在企业集团内部设立的、办理集团内部各成员现金收付和往来结算业务的专门机构,它通常设立于财务部门内,是一个进行独立资金运作运行的职能部门。财务公司是由人民银行批准,在集团下设立并以加强企业集团资金集中管理和提高企业集团资金使用效率为目的,为企业集团成员单位提供财务管理服务的非银行金融机构。

(二)"现金池"的各方法律关系

现金池业务,实际是采用委托贷款的方式将资金在集团内部进行划拨,是委托贷款法律关系的灵活运用。委托贷款是指由委托人提供资金,委托银行进行管理,银行不承担贷款损失风险,只负责根据委托人确定的贷款对象、用途、金额、期限、利率等代为发放、监督使用并协助收回。

(三)"现金池"业务涉税风险分析

1. 增值税

增值税相关政策规定梳理如下:

(1)《营业税改征增值税试点实施办法》(财税〔2016〕36号附件1)规定,一般纳税人提供贷款服务的增值税适用税率6%。同时《营业税改征增值税试点实施办法》(财税〔2016〕36号附件1)附件《销售服务、无形资产、不动产注释》第一条第五款第一项规定,贷款,是指将资金贷与他人使用而取得利息收入的业务活动。各种占用、拆借资金取得的收入,包括金融商品持有期间(含到期)利息(保本收益、报酬、资金占用费、补偿金等)收入、信用卡透支利息收入、买入返售金融商品利息收入、融资融券收取的利息收入,以及融资性售后回租、押汇、罚息、票据贴现、转贷等业务取得的利息及利息性质的收入,按照贷款服务缴纳增值税。

(2)商业银行是指依照《中华人民共和国商业银行法》和《公司法》,并经国务院银行业监督管理机构审查批准,依法设立的吸收公众存款、发放贷款、办理结算等业务的企业法人。存款利息是指按照《中华人民共和国商业银行法》的规定,经国务院银行业监督管理机构审查批准,具有吸收公众存款业务的金融机构支付的存款利息。企业集团财务公司经批准可以办理相关金融业务,但是不能吸收公众存款。

(3)《营业税改征增值税试点过渡政策的规定》(财税〔2016〕36号附件3)第一条第二十三款规定,金融同业往来利息收入。

第一,金融机构与人民银行所发生的资金往来业务。它包括人民银行对一般金融机构贷款,以及人民银行对商业银行的再贴现等。

第二,银行联行往来业务。它是指同一银行系统内部不同行、处之间所发生的资金账务往来业务。

第三,金融机构间的资金往来业务。它是指经人民银行批准,进入全国银行间同业拆借市场的金融机构之间通过全国统一的同业拆借网络进行的短期(1年以下含1年)无担保资金融通行为。

金融机构是指:①银行:包括人民银行、商业银行、政策性银行。②信用合作社。③证券公司。④金融租赁公司、证券基金管理公司、财务公司、信托投资公司、证券投资基金。⑤保险公司。⑥其他经人民银行、银监会、证监会、保监会批准成立且经营金融保险业务的机构等。

(4)《财政部 国家税务总局关于金融机构同业往来等增值税政策的补充通知》(财税〔2016〕70号)第一条规定,金融机构开展下列业务取得的利息收入,属于《营业税改征增值税试点过渡政策的规定》(财税〔2016〕36号附件3)第一条第(二十三)项所称的金融同业往来利息收入：①同业存款。同业存款，是指金融机构之间开展的同业资金存入与存出业务，其中资金存入方仅为具有吸收存款资格的金融机构。②同业借款。同业借款，是指法律法规赋予此项业务范围的金融机构开展的同业资金借出和借入业务。此条款所称"法律法规赋予此项业务范围的金融机构"主要是指农村信用社之间以及在金融机构营业执照列示的业务范围中有反映为"向金融机构借款"业务的金融机构。③同业代付。同业代付，是指商业银行（受托方）接受金融机构（委托方）的委托向企业客户付款，委托方在约定还款日偿还代付款项本息的资金融通行为。④买断式买入返售金融商品。买断式买入返售金融商品，是指金融商品持有人（正回购方）将债券等金融商品卖给债券购买方（逆回购方）的同时，交易双方约定在未来某一日期，正回购方再以约定价格从逆回购方买回相等数量同种债券等金融商品的交易行为。⑤持有金融债券。金融债券，是指依法在中华人民共和国境内设立的金融机构法人在全国银行间和交易所债券市场发行的、按约定还本付息的有价证券。⑥同业存单。同业存单，是指银行业存款类金融机构法人在全国银行间市场上发行的记账式定期存款凭证。

基于上述规定，集团公司"资金结算中心"与"财务公司"管理模式下，集团所属单位因资金拆借或占用从资金结算中心（或财务公司）取得借款利息（利息收入）均应缴纳增值税。同时根据税法的规定，每笔注入、最终构成发放的委托贷款的利息收入与每笔提取并最终构成借入的委托贷款的利息支出是不能相互抵消后纳税。

财务公司是依据《公司法》和《企业集团财务公司管理办法》（中国人民银行令〔2000〕第3号发布，中国银行监督委员会令2006年第8号令修订）设立的，并经银保监会批准的非银行金融机构。财务公司与其他金融机构金融同业往来利息收入免征增值税。

《财政部　税务总局关于延长部分税收优惠政策执行期限的公告》（财政部　税务总局公告2021年第6号）规定，《财政部　税务总局关于明确养老机构免征增值税等政策的通知》（财税〔2019〕20号）规定的税收优惠执行期限为2019年2月1日至2023年12月31日。因此，2019年2月1日至2023年12月31日，对企业集团内单位（含企业集团）之间的资金无偿借贷行为，免征增值税。

2. 印花税

印花税相关政策规定如下：

（1）《印花税暂行条例》①第二条规定，下列凭证为应纳税凭证：购销、加工承揽、建设工程承包、财产租赁、货物运输、仓储保管、借款、财产保险、技术合同或者具有合同性质的凭证。《印花税税目税率表》列明，借款合同的征税范围是：银行及其他金融组织和借款人（不包括银行同业拆借）所签订的借款合同。

（2）《印花税暂行条例施行细则》②第十条规定，印花税只对税目税率表中列举的凭

---

① ② 《中华人民共和国印花税法》2022年7月1日施行，《中华人民共和国印花税暂行条例》同时废止。

证和经财政部确定征税的其他凭证印花税。

(3)《国家税务总局关于印花税若干具体问题的规定》(国税地字〔1988〕25号)第五条规定,对货物运输、仓储保管、财产保险、银行借款等,办理一项业务既书立合同,又开立单据的,只就合同贴花;凡不书立合同,只开立单据,以单据作为合同使用的,应按照规定贴花。

(4)《国家税务总局关于印花税若干具体问题的解释和规定的通知》(国税发〔1991〕155号)第六条规定,对财政等部门的拨款改贷款所签订的借款合同,凡直接与使用单位签订的,暂不贴花,凡委托金融单位贷款,金融单位与使用单位签订的借款合同应按规定办理贴花。其第十四条规定,在代理业务中,代理单位与委托单位之间签订的委托代理合同,凡仅明确代理事项、权限和责任的,不属于应税凭证,不贴印花。

依据上述规定:

第一,基于委托贷款的现金池业务,凡委托金融单位贷款,金融单位与使用单位签订的借款合同应按规定贴花。

第二,银行与委托单位签订的委托贷款协议书,则作为明确委托、代理关系的凭证,不属于列举征税的凭证,不贴印花。

第三,财务公司与借款单位签订的借款凭证,属于其他金融组织和借款人所签订的借款合同,应当由财务公司和借款单位就各自所持的一份凭证贴花;集团公司资金结算中心与借款单位签订的借款凭证,属于非金融机构与借款人签订的借款合同不属于印花税的征税范畴。

3. 企业所得税

企业所得税相关政策规定如下:

(1)《企业所得税法实施条例》第三十八条规定,非金融企业向金融企业借款的利息支出、金融企业的各项存款利息支出和同业拆借利息支出、企业经批准发行债券的利息支出准予扣除。对于非金融企业向非金融企业借款的利息支出,不超过按照金融企业同期同类贷款利率计算的数额的部分准予扣除。

(2)《财政部 国家税务总局关于企业关联方利息支出税前扣除标准有关税收政策问题的通知》(财税〔2008〕121号)第一条规定,在计算应纳税所得额时,企业实际支付给关联方的利息支出,不超过以下规定比例和税法及其实施条例有关规定计算的部分,准予扣除,超过的部分不得在发生当期和以后年度扣除。

企业实际支付给关联方的利息支出,除符合本通知第二条规定外,其接受关联方债权性投资与其权益性投资比例:①金融企业,为5:1。②其他企业,为2:1。

企业如果能够按照税法及其实施条例的有关规定提供相关资料,并证明相关交易活动符合独立交易原则的;或者该企业的实际税负不高于境内关联方的,其实际支付给境内关联方的利息支出,在计算应纳税所得额时准予扣除。

基于上述规定,财务公司属于非银行金融机构,成员单位支付给它的利息支出可全额扣除。而采用结算中心管理的资金池,成员单位的利息支出则只能在不超过金融企业同期同类贷款利率计算的金额内准予扣除。

至于企业所得税税前扣除的相关凭据问题,财务公司可以使用经银保监局备案的自制票据,结算中心应按照贷款服务开具增值税普通发票作为资金借贷利息收支的结算凭证。

二、统借统还业务涉税风险分析

《财政部 国家税务总局关于非金融机构统借统还业务征收营业税问题的通知》(财税字〔2000〕7号)文件规定:①为缓解中小企业融资难的问题,对企业主管部门或企业集团中的核心企业等单位(以下简称统借方)向金融机构借款后,将所借资金分拨给下属单位(包括独立核算单位和非独立核算单位),并按支付给金融机构的借款利率水平向下属单位收取用于归还金融机构的利息不征收营业税。②统借方将资金分拨给下属单位,不得按高于支付给金融机构的借款利率水平向下属单位收取利息,否则,将视为具有从事贷款业务的性质,应对其向下属单位收取的利息全额征收营业税。

《国家税务总局关于贷款业务征收营业税问题的通知》(国税发〔2002〕13号)规定,企业集团或集团内的核心企业(以下简称企业集团)委托企业集团所属财务公司代理统借统还贷款业务,从财务公司取得的用于归还金融机构的利息不征收营业税;财务公司承担此项统借统还委托贷款业务,从贷款企业收取贷款利息不代扣代缴营业税。

营改增后,该优惠政策得以延续,对于满足条件的统借统还业务继续免征增值税。在实际操作过程中,部分企业集团的统借统还业务其实做得并不到位,因此在享受免税的同时不可避免存在涉税风险。

(一)政策规定

《营业税改征增值税试点过渡政策的规定》(财税〔2016〕36号附件3)第一条第十九项规定,统借统还业务中,企业集团或企业集团中的核心企业以及集团所属财务公司按不高于支付给金融机构的借款利率水平或者支付的债券票面利率水平,向企业集团或者集团内下属单位收取的利息收入免征增值税。统借方向资金使用单位收取的利息,高于支付给金融机构借款利率水平或者支付的债券票面利率水平的,应全额缴纳增值税。

统借统还业务指:

(1)企业集团或者企业集团中的核心企业,向金融机构借款或对外发行债券取得资金后,将所借资金分拨给下属单位(包括独立核算单位和非独立核算单位,下同),并向下属单位收取用于归还金融机构或债券购买方本息的业务。

(2)企业集团向金融机构借款或对外发行债券取得资金后,由集团所属财务公司与企业集团或者集团内下属单位签订统借统还贷款合同并分拨资金,并向企业集团或者集团内下属单位收取本息,再转付企业集团,由企业集团统一归还金融机构或债券购买方的业务。

(二)业务模式

1. 企业集团统借统还(见图7-1)

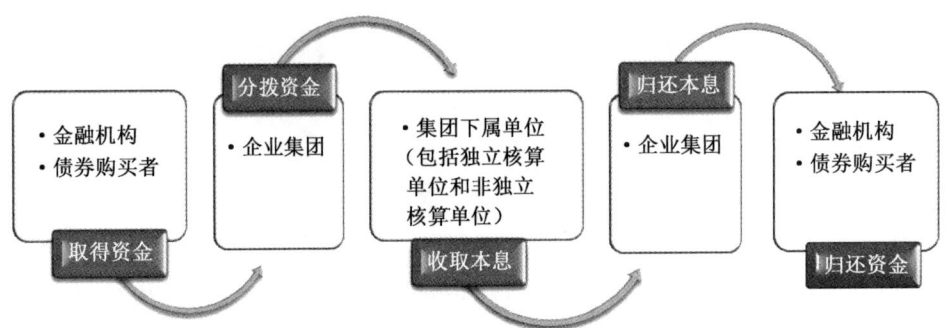

图7-1　企业集团统借统还

2. 企业集团核心统借统还(见图7-2)

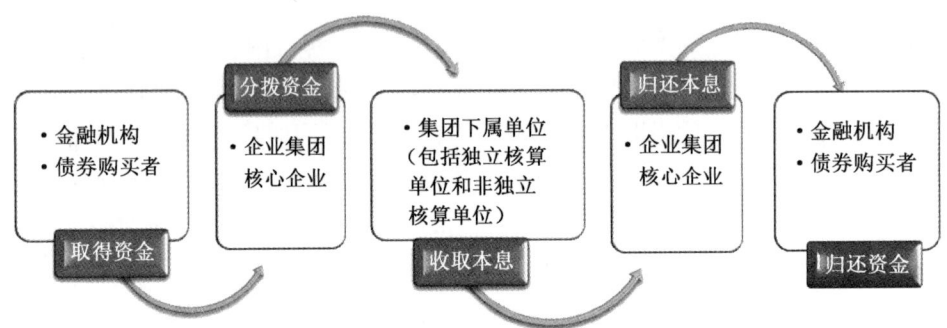

图7-2　企业集团核心统借统还

3. 企业集团统借统还,集团所属财务公司具体承办(见图7-3)

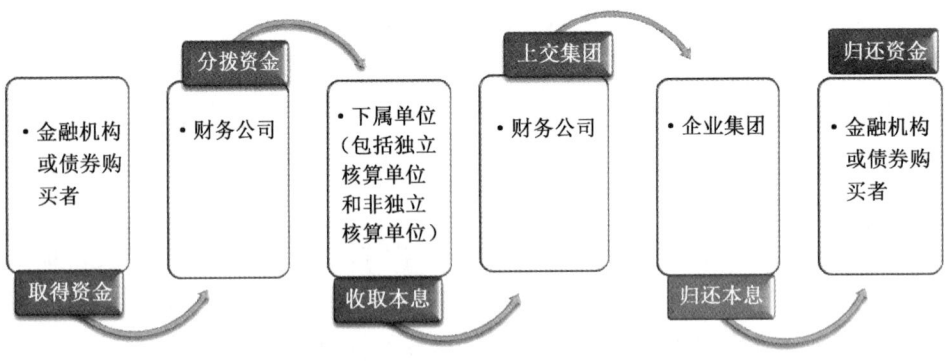

图7-3　企业集团统借统还,集团所属财务公司具体承办

(三)增值税免税条件

(1)"企业集团"的适用条件。

目前财政部、国家税务总局并没有对"企业集团"做出明确规定。地方上有山东、深圳、内蒙古、海南等税务局对企业集团进行了明确,按照《企业集团登记管理暂行规定》(工商企字〔1988〕第59号)的规定来执行。

根据《企业集团登记管理暂行规定》(工商企字〔1998〕第59号以下简称《暂行规定》)第三条的规定,企业集团是指以资本为主要联结纽带的母子公司为主体,以集团章程为共同行为规范的母公司、子公司、参股公司及其他成员企业或机构共同组成的具有一定规模的企业法人联合体。企业集团不具有企业法人资格。第四条,企业集团由母公司、子公司、参股公司以及其他成员单位组建而成。事业单位法人、社会团体法人也可以成为企业集团成员。母公司应当是依法登记注册,取得企业法人资格的控股企业。子公司应当是母公司对其拥有全部股权或者控股权的企业法人;企业集团的其他成员应当是母公司对其参股或者与母子公司形成生产经营、协作联系的其他企业法人、事业单位法人或者社会团体法人。《暂行规定》第五条规定,企业集团应当具备下列条件:①企业集团的母公司注册资本在5 000万元人民币以上,并至少拥有5家子公司。②母公司和其子公司的注册资本总和在1亿元人民币以上。③集团成员单位均具有法人资格。国家试点企业集团还应符合国务院确定的试点企业集团条件。

【山东税务】 统借统还业务中"企业集团"的如何界定?(2016.7.21)

答:统借统还中的"企业集团",是指以资本为主要联结纽带的母子公司为主体,以集团章程为共同行为规范的母公司、子公司、参股公司及其他成员企业或机构共同组成的具有一定规模的企业法人联合体。

【深圳税务】 统借统还中的"企业集团",根据《企业集团登记管理暂行规定》(工商企字〔1988〕第59号),是指以资本为主要联结纽带的母子公司为主体,以集团章程为共同行为规范的母公司、子公司、参股公司及其他成员企业或机构共同组成的具有一定规模的企业法人联合体。

【内蒙古税务】 统借统还业务中"企业集团"如何界定,企业集团发债行为是否属于统借统还?

答:根据《企业集团登记管理暂行规定》(工商企字〔1988〕第59号),统借统还中的"企业集团",是指以资本为主要联结纽带的母子公司为主体,以集团章程为共同行为规范的母公司、子公司、参股公司及其他成员企业或机构共同组成的具有一定规模的企业法人联合体。

统借统还业务中,企业集团或企业集团中的核心企业以及集团所属财务公司按不高于支付给金融机构的借款利率水平或者支付的债券票面利率水平,向企业集团或者集团内下属单位收取的利息。

统借方向资金使用单位收取的利息,高于支付给金融机构借款利率水平或者支付的债券票面利率水平的,应全额缴纳增值税。

【海南税务】 关于统借统还的业务中"企业集团"如何界定问题。(2016.8.17)

答:根据《企业集团登记管理暂行规定》(工商企字〔1988〕第59号),统借统还中的"企业集团",是指以资本为主要联结纽带的母子公司为主体,以集团章程为共同行为规范的母公司、子公司、参股公司及其他成员企业或机构共同组成的具有一定规模的企业法人联合体。

统借统还的业务中,企业集团或企业集团中的核心企业以及集团所属财务公司按不高于支付给金融机构的借款利率水平或者支付的债券票面利率水平,向企业集团或者集团内下属单位收取的利息免征增值税。

统借方向资金使用单位收取的利息,高于支付给金融机构借款利率水平或者支付的债券票面利率水平的,应全额缴纳增值税。

对于未取得《企业集团登记证》,未经企业集团核准登记的企业,办理统借统还的,若本省(市)未明确统借统还中的"企业集团"适用条件,应与当地主管税务机关沟通,否则,在享受统借统还的免税优惠,会存在涉税风险。

《市场监管总局关于做好取消企业集团核准登记等4项行政许可等事项衔接工作的通知》(国市监企注〔2018〕139号)规定,取消《企业集团登记证》核发,强化企业信息公示:各地工商和市场监管部门要按照《国务院关于取消一批行政许可等事项的决定》(国发〔2018〕28号)要求,不再单独登记企业集团,不再核发《企业集团登记证》,并认真做好以下衔接工作。一是放宽名称使用条件。企业法人可以在名称中组织形式之前使用"集团"或者"(集团)"字样,该企业为企业集团的母公司。企业集团名称应与母公司名称的行政区划、字号、行业或者经营特点保持一致。需要使用企业集团名称和简称的,母公司应当在申请企业名称登记时一并提出,并在章程中记载。母公司全资或者控股的子公司、经母公司授权的参股公司可以在名称中冠以企业集团名称或者简称。各级工商和市场监管部门对企业集团成员企业的注册资本和数量不做审查。二是强化企业集团信息公示。取消企业集团核准登记后,集团母公司应当将企业集团名称及集团成员信息通过国家企业信用信息公示系统向社会公示。本通知下发前已经取得《企业集团登记证》的,可以不再公示。三是依法加强对企业集团的监督管理。综合运用各种监管手段,依法对辖区内企业集团及其成员企业进行动态监测和核查,形成长效监管机制。发现有违反市场监督管理法律法规行为的,依据相关规定进行处理。

企业应关注当地税务机关对"企业集团"后续政策的界定,规避税收风险。

(2)统借资金来源于企业集团外部。统借资金来源必须是外部且仅限于金融机构借款或对外发行债券两种筹资方式,若资金来源于集团公司成员单位的股东或集团的其他企业,不属于统借统还免税规定,应按"贷款服务"全额缴纳增值税。

上述模式一、二的资金使用方只能是企业集团的下属单位;模式三的资金使用可以是企业集团或集团内下属单位。

(3) 分拨资金利率限制。分拨资金利率不得高于统借方支付给金融机构的借款利率水平或者支付的债券票面利率水平。

统借方向借款方所收取的借款利息高于支付给金融机构或债券购买方的借款利率标准，不但不符合免征增值税的条件，对统借方从借款方取得的利息应视为销售贷款服务全额缴纳增值税，而不能片面理解为收取的利息中用于归还金融企业的利息免征增值税，超过标准多收取的贷款利息才缴纳增值税。

(4) 统借方只有一个。统借资金本息必须是由统借方统一收取并统一归还。

(5) 分拨层级限制。很多企业集团为了精简管理职能，通常采取金字塔形的管理模式，很难做到扁平化管理。但对于统借统还业务，由于政策并未规定分拨资金的下属单位层级，在实际操作中，基层税务机关通常仅认可第一层为免税主体，即统借方只有一个，多层分拨不能享受免税。因此，为做到符合统借统还免税要求，资金分拨应尽量做到扁平化管理，由统借方或统借方委托的财务公司直接分拨给资金使用单位，而不是通过中间单位再次分拨。

(6) 为清晰反映企业集团为下属单位融资且无营利目的，资金来源与资金去向必须能准确对应，且分拨利率水平不高于统借利率水平，因此，统借和分拨可以"一对一"或者"一对多"，但不能"多对一"或者"多对多"。

(7) 根据《减免税政策代码目录》(减免性质代码：01081509)，《营业税改征增值税试点过渡政策的规定》(财税〔2016〕36号附件3)第一条第(十九)款第7项，统借统还业务取得的利息收入免征增值税优惠，应报送《纳税人减免税备案登记表》(纸质版，原件，2份)。按规定进行免税备案并单独核算方可适用免税。

(四) 统借统还利息支出企业所得税税前扣除

国税发〔2009〕31号文件第二十一条第二款规定，企业集团或其成员企业统一向金融机构借款分摊集团内部其他成员企业使用的，借入方凡能出具从金融机构取得借款的证明文件，可以在使用借款的企业间合理的分摊利息费用，使用借款的企业分摊的合理利息准予在税前扣除。

对于企业集团"统借统还"的借款，可以税前扣除的利息规模应当不受关联方债权性投资与其权益性投资比例2:1的限制，"统借统还"借款资金来源于集团外部不属于关联企业之间的借款。国税发〔2009〕31号文件未提及关联方"债资比"的限制，可以理解为税务总局默认"统借统还"借款不属于关联企业之间的借款。

地方政策规定：

(1) 《上海市税务局〈关于转发国家税务总局关于印发《房地产开发经营业务企业所得税处理办法》的通知〉的通知》(沪国税所〔2009〕31号)第三条规定，对《通知》第二十一条第(二)款所规定企业集团或其成员企业统一向金融企业借款，分摊给集团内部其他成员企业使用的，由实际使用借款的企业在年度汇算清缴申报时向其主管税务机关报送相关资料。具体包括：企业集团或其成员企业向金融机构借款的借款合同复印件、集团内借款利息费用分摊的协议、实际取得借款额及支付利息费用的相关凭证。使用借款的企业分摊的利息应按《财政部 国家税务总局关于企业关联方利息支出税前扣除标准有关税收政策问题的通知》(财税〔2008〕121号)规定税前扣除。

（2）《广西壮族自治区地方税务局关于集团公司借款利息税前扣除问题的批复》(桂地税字〔2009〕106号)规定，广西水利电业集团有限公司在实行集团化统一管理的模式下，由该公司统一向银行申请项目贷款，所属企业申请使用，并按照银行贷款利率收取利息归还银行，对其所属企业按照银行贷款利率所支付的利息支出，准予在企业所得税前扣除。

（3）《天津市地税局 天津市国税局关于企业所得税税前扣除有关问题的通知》(津地税企所〔2010〕5号)第六条资金拆借利息的税前扣除问题的规定，实行统贷统还办法的企业，集团公司与所属子公司应签订资金使用协议，子公司按照协议实际占用资金支付给集团公司的利息与集团公司向金融机构贷款利率一致的部分，准予扣除。

三、房地产企业关联方之间资金占用涉税风险分析

地价上涨，土地成本升高，房地产开发企业前期投资增大，而资金的回收需要一个过程。大型房地产开发企业借助企业集团的雄厚的财力支持，在房地产企业开发建设阶段，一般来讲关联企业的资金流向项目公司，在预售、销售阶段回流关联企业。而中小的房地产开发企业会采取"报团取暖"方式解决前期拿地的资金短缺，当然占用其他房地产开发企业的资金要或多或少地直接或间接支付资金占用费或其他经济利益，"利息"的取得方应缴纳增值税。下面探讨的是大型房地产企业关联方之间的资金占用。

（一）评估案例

海阳集团有限公司为一企业集团的核心企业，拥有3家分公司、3家控股公司、5家全资子公司，其中大象房地产开发公司为海阳集团公司全资子公司。大象房地产公司正在开发建设两个房地产项目，2018年6月，某市风险管理局对大象公司风险评估过程中发现该公司存在以下涉税疑点。

业务1 评估人员发现大象房地产公司账面记载：2016年5月收到海阳集团公司预付办公楼代建工程款5 000万元，核查时发现，该办公楼代建工程仅做了前期规划、设计等工作，工程迟迟没有动工。

业务2 彩虹电子公司（海阳集团公司全资子公司）预付工程劳务费1 000万元，核查发现：彩虹电子公司在建厂房土木工程施工现场管理委托大象房地产公司负责实施，大象公司四名工程技术人员在厂房施工现场实施管理。预付工程劳务费中的82.5万元，大象公司按照工程进度已作收入处理。经咨询有关部门得知，该项目现场管理费市场价格约100万元。

业务3 大象公司通过企业集团公司统借统还借款1.5亿元，通过"现金池"业务取

得资金 2.3 亿元,经核查统借统还借款、"现金池"业务均符合相关规定,并按照税法规定已做相应的税务处理。

业务 4 公司"应付款项"涉及关联企业资金占用合计 5 500 万元,经核查均属于无销售商品、劳务、无形资产和不动产而产生的应付款项,且未支付资金占用费。

(二) 政策规定

(1)《营业税改征增值税试点实施办法》(财税〔2016〕36 号附件 1)第十四条规定,下列情形视同销售服务、无形资产或者不动产:①单位或者个体工商户向其他单位或者个人无偿提供服务,但用于公益事业或者以社会公众为对象的除外。②单位或者个人向其他单位或者个人无偿转让无形资产或者不动产,但用于公益事业或者以社会公众为对象的除外。③财政部和国家税务总局规定的其他情形。

《营业税改征增值税试点实施办法》(财税〔2016〕36 号附件 1)第四十四条规定,纳税人发生应税行为价格明显偏低或者偏高且不具有合理商业目的的,或者发生本办法第十四条所列行为而无销售额的,主管税务机关有权按照下列顺序确定销售额:①按照纳税人最近时期销售同类服务、无形资产或者不动产的平均价格确定。②按照其他纳税人最近时期销售同类服务、无形资产或者不动产的平均价格确定。③按照组成计税价格确定。组成计税价格的公式为:

$$组成计税价格 = 成本 \times (1 + 成本利润率)$$

(2)《企业所得税法实施条例》第二十五条规定:"企业发生非货币性资产交换,以及将货物、财产、劳务用于捐赠、偿债、赞助、集资、广告、样品、职工福利或者利润分配等用途的,应当视同销售货物、转让财产或者提供劳务,但国务院财政、税务主管部门另有规定的除外。"与增值税原理不同,企业所得税法建立了法人所得税制,对于货物以及劳务在同一法人实体内部的转移不视同销售缴纳企业所得税,除此之外需要作为视同销售缴纳企业所得税。

《企业所得税法》第四十一条规定,企业与其关联方之间的业务往来,不符合独立交易原则而减少企业或者其关联方应纳税收入或者所得额的,税务机关有权按照合理方法调整。

(3)《税收征收管理法》第三十六条规定,企业或者外国企业在中国境内设立的从事生产、经营的机构、场所与其关联企业之间的业务往来,应当按照独立企业之间的业务往来收取或者支付价款、费用;不按照独立企业之间的业务往来收取或者支付价款、费用,而减少其应纳税的收入或者所得额的,税务机关有权进行合理调整。

《中华人民共和国税收征收管理法实施细则》第五十四条第二款规定,纳税人与其关联企业融通资金所支付或者收取的利息超过或者低于没有关联关系的企业之间所能同意的数额,或者利率超过或者低于同类业务的正常利率,税务机关可以调整其应纳税额。

《特别纳税调查调整及相互协商程序管理办法》(国家税务总局公告 2017 年第 6 号

发布)第三十八条规定,实际税负相同的境内关联方之间的交易,只要该交易没有直接或者间接导致国家总体税收收入的减少,原则上不做特别纳税调整。

(三)涉税风险分析

1. 增值税

(1) 关联企业之间销售商品、劳务、无形资产和不动产而产生的应收、应付款项,是一种购销行为。如果是在正常的购销合同信用期内,这种关联企业之间正常的资金占用属于正常经营行为,不是无偿提供资金使用,不属于增值税征税范围。

(2) 关联企业之间销售商品、劳务、无形资产和不动产而产生的应收、应付款项,如果超过正常合同规定的信用期,长期资金占用,不符合生产经营常规,应属于"无偿提供资金范畴",应视同销售按贷款服务缴纳增值税。

评估案例业务(1)(2)均属于该情形。

(3) 无实质经营活动的资金占用。关联企业之间无销售商品、服务、无形资产和不动产等经营业务的资金占用。没有贸易背景资金转移调度,如上述业务不具有合理商业目的,即以谋取税收利益为主要目的,通过人为安排,减少、免除、推迟缴纳增值税税款,或者增加退还增值税税款。根据《营业税改征增值税试点实施办法》(财税〔2016〕36号附件1)第十四条规定,应视同销售服务按照贷款服务缴纳增值税,主管税务机关按《营业税改征增值税试点实施办法》(财税〔2016〕36号附件1)第四十四条规定的顺序确定销售额。

各地有关规定:

【广东税务】 请问企业之间的免息资金拆借,是否需缴纳增值税?

答:根据《营业税改征增值税试点实施办法》(财税〔2016〕36号附件1)第十四条第一项规定……因此,企业之间的免息资金拆借属于无偿提供服务,属于视同销售行为,应缴纳增值税。

【四川税务】 无偿借款给企业使用,不收取利息,是否需要按照视同销售缴纳增值税?投资入股获得分红是否需要缴纳增值税?

答:①无偿借款给企业使用,不收取利息的企业需要视同销售按贷款服务缴纳增值税,利息收入按银行同期同类贷款利率计算。②根据《营业税改征增值税试点实施办法》(财税〔2016〕36号附件1)规定:以货币资金投资收取的固定利润或者保底利润,按照贷款服务缴纳增值税。因此,投资入股分红属于上述情况的需要按贷款服务缴纳增值税,否则不需要缴纳。

【河北税务】 关联单位间的无息资金拆借是否缴纳增值税?

答:根据《营业税改征增值税试点实施办法》(财税〔2016〕36号附件1)第十四条第一项规定……因此,企业之间的免息资金拆借属于无偿提供服务,属于视同销售行为,应缴纳增值税。

公司与关联单位的无息资金拆借以及公司将自有房屋免费给关联单位使用都属于

无偿提供服务，属于视同销售行为，应缴纳增值税。

2. 企业所得税

1) 非金融类关联企业之间的资金互借而产生的利息支出

《企业所得税法实施条例》第三十八条规定，企业在生产经营活动中发生下列利息支出，准予扣除：非金融企业向金融企业借款的利息支出、金融企业的各项存款利息支出和同业拆借利息支出、企业经批准发行债券的利息支出；非金融企业向非金融企业借款的利息支出，不超过按照金融企业同期同类贷款利率计算的数额的部分。

《财政部 国家税务总局关于企业关联方利息支出税前扣除标准有关税收政策问题的通知》（财税〔2008〕121号）第一条规定，在计算应纳税所得额时，企业实际支付给关联方的利息支出，不超过以下规定比例和税法及其实施条例有关规定计算的部分，准予扣除，超过的部分不得在发生当期和以后年度扣除。企业实际支付给关联方的利息支出，符合该通知第二条规定外，其接受关联方债权性投资与其权益性投资比例为：(1)金融企业，为5∶1。(2)其他企业，为2∶1。同时，第二条规定，企业如果能够按照税法及其实施条例的有关规定提供相关资料，并证明相关交易活动符合独立交易原则的；或者该企业的实际税负不高于境内关联方的，其实际支付给境内关联方的利息支出，在计算应纳税所得额时准予扣除。

根据上述规定，评估案例业务3"现金池业务"中非金融类关联企业之间的资金互借而产生的资金利息，属于准予税前扣除的情形。但对于超过金融企业同期同类贷款利率或不符合关联方债权性投资与其权益性投资比例规定的利息支出，不可以税前扣除。

2) 关联企业之间无偿提供资金

对于大象公司无偿占有关联方的资金，在企业所得税征收管理上是否按利息收支处理应分具体情况：

（1）根据2017年5月1日施行的《特别纳税调查调整及相互协商程序管理办法》（国家税务总局公告2017年第6号发布）第三十八条规定，实际税负相同的境内关联方之间的交易，只要该交易没有直接或者间接导致国家总体税收收入的减少，原则上不做特别纳税调整。那么，当大象公司与关联方实际税负相同时，不需要做利息的收支处理。

（2）关联企业之间实际税负不相同，需要按照同期金融机构利率进行结算调整。

3) 关于"实际税负相同"理解

（1）国家税务总局规定：国税总局纳税服务司在2010年有关房地产专业税收答疑中对"实际税负"的解答：实际税负的比较，是指同期关联企业双方税收负担的比较。由于当前我国企业所得税设定了许多地区优惠税率，定期减免税等，为防止关联企业借融资转移利润，减少税负，《财政部 国家税务总局关于企业关联方利息支出税前扣除标准有关税收政策问题的通知》(财税〔2008〕121号)文件做出了限定。

(2)实际税负的概念。

$$\text{实际税负} = \frac{\text{实际缴纳所得税性质的税种的税款金额(扣除各种税收返还)}}{\text{所得税性质的税种的应纳税所得额}} \times 100\%$$

所得税性质的税种的应纳税所得额小于零的,按零填报。

《国家税务总局关于完善关联申报和同期资料管理有关事项的公告》(国家税务总局公告2016年第42号)《境外关联方信息表》(G112000)填报说明。

(3)定价方法。企业发生关联交易以及税务机关审核、评估关联交易均应遵循独立交易原则,选用合理的转让定价方法。根据《企业所得税法实施条例》第一百一十一条规定,转让定价方法包括可比非受控价格法、再销售价格法、成本加成法、交易净利润法、利润分割法和其他符合独立交易原则的方法。

(4)资金占用金额确认。对资金占用余额,根据关联企业资金占用实际情况,计算出年度资金占用平均余额,先计算月平均资金占用额=(月初余额+月末余额)÷2,再计算出年度资金占用额=[前11个月每月平均资金占用额之和+(年初余额+年末余额)÷2]÷12。

4)企业向个人股东借贷利息所得税前扣除

按照《国家税务总局关于企业向自然人借款的利息支出企业所得税税前扣除问题的通知》(国税函〔2009〕777号)规定,企业与个人之间的借贷是真实、合法、有效的,并且不具有非法集资目的或其他违反法律、法规的行为,以及企业与个人之间签订了借款合同的情况下,企业可以将所支付的利息进行税前扣除。

但是《企业所得税法实施条例》第三十八条规定,非金融企业向非金融企业借款的利息支出,不超过按照金融企业同期同类贷款利率计算的数额的部分,可以扣除,超过部分不可以扣除。

因此,非金融类企业向个人股东借贷所产生的利息,高于金融类贷款利率部分不得扣除。

第五节 房地产企业重组涉税风险

随着中国经济的快速发展,房地产行业已累积到相当大的规模,同时,随着经济转型升级,楼市规模化发展时代已经过去,房地产企业已由黄金时代到了白银时代。房地产作为中国最重要的投资产品之一,等待它的将是缓慢地波浪式下降,整体市场则将继续分化,房地产企业重组整合是大趋势。在重组整合的交易中,税收成本无疑占据了相当大的比例,而不同的交易模式对后续税收负担有着重大的影响。因此,在前期交易模式的策划阶段,税收影响不能不细致考虑。

一、重组案例

A 房地产开发企业成立于 1998 年 6 月,从事开发、建设、销售和出租公司兴建的商品房、商业店铺、商业营业用房(酒店用途)和公共配套设施及其物业管理咨询服务等经营活动,注册资本 15 000 万元,增值税一般纳税人,一级房地产开发资质。2020 年 3 月,B 集团公司整体收购 A 公司自行开发建造的华诚商贸城商业综合体,并将全资子公司 C 公司 100% 股权作为支付对价转让给 A 公司,以股权形式表现的资产主要是土地使用权,另以银行支付价款 5 000 万元。A 房地产开发企业开发建造的商业综合体于 2020 年 1 月验收竣工,开发成本 25 500 万元,公允价值 50 500 万元,该项资产占 A 公司资产总额的 55.62%;C 公司土地计税基础 15 000 万元,公允价值 40 950 万元,该项土地价值占 C 公司资产总额 90%,公司净资产公允价值 45 500 万元。上述 A、B、C 公司均为非上市公司,资产权属转移登记及股权变更登记月底办理完毕。

二、资产收购业务涉税分析

随着公开市场的土地日益紧缺,并购正在成为很多房地产企业获取土地的重要渠道。上述案例 A 房地产开发企业与 B 集团公司交易意图非常清晰,B 集团公司整体收购 A 公司自行开发建造的华诚商贸城大型商业综合体,并以全资子公司 C 公司 100% 股权作为支付对价,该项交易属于资产收购业务,同时也属于非货币性资产交换,但不属于非货币性资产投资。

资产收购,是指一家企业(受让企业)购买另一家企业(转让企业)实质经营性资产的交易。受让企业支付对价的形式包括股权支付、非股权支付或两者的组合。

非货币性资产交换,是指交易双方主要以存货、固定资产、无形资产和长期股权投资等非货币性资产进行的交换,该交换一般不涉及货币性资产,或只涉及少量货币性资产,即补价。

《企业会计准则第 7 号——非货币性资产交换》规定,认定涉及少量货币性资产的交换为非货币性资产交换,通常以补价占整个资产交换金额的比例是否低于 25% 作为参考比例。也就是说,支付的货币性资产占换入资产公允价值(或占换出资产公允价值与支付的货币性资产之和)的比例,或者收到的货币性资产占换出资产公允价值(或占换入资产公允价值和收到的货币性资产之和)的比例低于 25% 的,视为非货币性资产交换;高于 25%(含 25%)的,视为货币性资产交换,适用《企业会计准则第 14 号——收入》等相关准则的规定。

非货币性资产投资,就是以非货币性资产出资设立新的企业,或者以非货币性资产出资参与企业增资扩股、定向增发股票、重组改制以及其他类似的投资(包括股权换股权)。

假若 B 集团公司以定向增发股权作为支付对价,则该项交易也属于非货币性资产投资。

(一) 增值税

1. 政策规定

(1) 销售不动产,是指转让不动产所有权的业务活动。不动产,是指不能移动或者移动后会引起性质、形状改变的财产,包括建筑物、构筑物等。

转让建筑物有限产权或者永久使用权的,转让在建的建筑物或者构筑物所有权的,以及在转让建筑物或者构筑物时一并转让其所占土地的使用权的,按照销售不动产缴纳增值税。

(2) 在资产重组过程中,通过合并、分立、出售、置换等方式,将全部或者部分实物资产以及与其相关联的债权、负债和劳动力一并转让给其他单位和个人,其中涉及的不动产、土地使用权转让行为,不征收增值税。

(3) 房地产开发企业中的一般纳税人(以下简称一般纳税人)销售自行开发的房地产项目,适用一般计税方法计税,按照取得的全部价款和价外费用,扣除当期销售房地产项目对应的土地价款后的余额计算销售额。销售额的计算公式如下:

$$销售额 = (全部价款和价外费用 - 当期允许扣除的土地价款) \div (1 + 9\%)$$

2. 三家公司应承担的增值税纳税义务

(1) A 房地产开发企业转让自行开发的商业综合体,与其相关联的债权、负债和劳动力没有一并转让,并取得了非货币性资产,即 B 集团公司全资子公司 C 公司 100% 股权。A 房地产开发企业就其转让不动产应按照国家税务总局 2016 年第 18 号公告有关规定缴纳增值税。

(2) B 集团公司整体收购 A 公司自行开发建造的华诚商贸城大型商业综合体,并将全资子公司 C 公司 100% 股权作为支付对价转让给 A 房地产开发企业,按照现行增值税税收政策规定,非上市企业未公开发行股票,其股权不属于有价证券,B 集团公司转让 C 非上市公司股权不属于增值税征税范围。

(3) 股权转让是 C 公司股东交易行为,C 公司不涉及缴纳增值税的纳税义务。

(二) 企业所得税

1. 政策规定

(1) 资产收购,是指一家企业(以下称为受让企业)购买另一家企业(以下称为转让企业)实质经营性资产的交易。受让企业支付对价的形式包括股权支付、非股权支付或两者的组合。

企业重组的税务处理区分不同条件分别适用一般性税务处理规定和特殊性税务处理规定。

企业重组同时符合下列条件的,适用特殊性税务处理规定:

第一,具有合理的商业目的,且不以减少、免除或者推迟缴纳税款为主要目的。

第二,被收购、合并或分立部分的资产或股权比例符合本通知规定的比例。

第三,企业重组后的连续 12 个月内不改变重组资产原来的实质性经营活动。

第四,重组交易对价中涉及股权支付金额符合本通知规定比例。

第五,企业重组中取得股权支付的原主要股东,在重组后连续12个月内,不得转让所取得的股权。

资产收购,受让企业收购的资产不低于转让企业全部资产的50%,且受让企业在该资产收购发生时的股权支付金额不低于其交易支付总额的85%,可以选择按以下规定处理:

第一,转让企业取得受让企业股权的计税基础,以被转让资产的原有计税基础确定。

第二,受让企业取得转让企业资产的计税基础,以被转让资产的原有计税基础确定。

重组交易各方按规定对交易中股权支付暂不确认有关资产的转让所得或损失的,其非股权支付仍应在交易当期确认相应的资产转让所得或损失,并调整相应资产的计税基础。

$$\text{非股权支付对应的资产转让所得或损失} = \left(\text{被转让资产的公允价值} - \text{被转让资产的计税基础}\right) \times \left(\text{非股权支付金额} \div \text{被转让资产的公允价值}\right)$$

(2)企业发生非货币性资产交换,以及将货物、财产、劳务用于捐赠、偿债、赞助、集资、广告、样品、职工福利或者利润分配等用途的,应当视同销售货物、转让财产或者提供劳务,但国务院财政、税务主管部门另有规定的除外。

(3)企业将开发产品用于捐赠、赞助、职工福利、奖励、对外投资、分配给股东或投资人、抵偿债务、换取其他企事业单位和个人的非货币性资产等行为,应视同销售,于开发产品所有权或使用权转移,或于实际取得利益权利时确认收入(或利润)的实现。确认收入(或利润)的方法和顺序为:①按本企业近期或本年度最近月份同类开发产品市场销售价格确定;②由主管税务机关参照当地同类开发产品市场公允价值确定;③按开发产品的成本利润率确定。开发产品的成本利润率不得低于15%,具体比例由主管税务机关确定。

2. 三家公司应承担的企业所得税纳税义务

B集团公司整体收购A公司自行开发建造的华诚商贸城大型商业综合体,并将全资子公司C公司100%股权作为支付对价转让给A公司,且资产收购比例为55.62%,符合财税〔2009〕59号文件及《财政部 国家税务总局关于促进企业重组有关企业所得税处理问题的通知》(财税〔2014〕109号)规定的"适用特殊性税务处理规定"条件。

(1)A房地产开发企业取得C公司股权的计税基础,以商业综合体的原有计税基础确定,重组交易各方按规定对交易中股权支付暂不确认有关资产的转让所得,其非股权支付仍应在交易当期确认相应的资产转让所得,并调整相应资产的计税基础。

非股权支付对应的资产转让所得=(被转让资产的公允价值-被转让资产的计税

基础)×(非股权支付金额÷被转让资产的公允价值)=(50 500－25 500)×5 000÷50 500=2 475.25(万元)。

A房地产开发企业应缴纳企业所得税=2 475.25×25％=618.81(万元)。

若按照一般性税务处理规定,该项交易应缴纳企业所得税=25 000×25％=6 250(万元)。

A房地产开发企业取得C公司股权的计税基础:

计税基础=25 500－5 000＋2 475.25=22 975.25(万元)。

(2) B集团公司取得A房地产开发企业转让商业综合体的计税基础,以商业综合体的原有计税基础确定。

B集团公司取得A房地产开发企业商业综合体的计税基础:

计税基础=25 500＋2 475.25=27 975.25(万元)。

(3) C公司股东发生变动,但是公司资产、负债等权属没有发生转移,也没有产生收入和支出,故不涉及企业所得税。

(三)土地增值税

1. 政策规定

(1)《土地增值税暂行条例》第二条规定,转让国有土地使用权、地上的建筑物及其附着物(以下简称转让房地产)并取得收入的单位和个人,为土地增值税的纳税义务人,应当依照本条例缴纳土地增值税。

(2)国税发〔2006〕187号文件第三条第一款规定,房地产开发企业将开发产品用于职工福利、奖励、对外投资、分配给股东或投资人、抵偿债务、换取其他单位和个人的非货币性资产等,发生所有权转移时应视同销售房地产,其收入按下列方法和顺序确认:①按本企业在同一地区、同一年度销售的同类房地产的平均价格确定;②由主管税务机关参照当地当年、同类房地产的市场价格或评估价值确定。

(3)《财政部 税务总局关于继续实施企业改制重组有关土地增值税政策的公告》(财政部 税务总局公告2021年第21号)第五条规定,改制重组有关土地增值税政策不适用于房地产转移任意一方为房地产开发企业的情形。

(4)《财政部 国家税务总局关于营改增后契税 房产税 土地增值税 个人所得税计税依据问题的通知》(财税〔2016〕43号)第三条规定,土地增值税纳税人转让房地产取得的收入为不含增值税收入。《土地增值税暂行条例》等规定的土地增值税扣除项目涉及的增值税进项税额,允许在销项税额中计算抵扣的,不计入扣除项目,不允许在销项税额中计算抵扣的,可以计入扣除项目。

2. 三家公司应承担的土地增值税纳税义务

(1) A房地产开发企业与B集团公司资产收购交易行为虽然属于企业重组方式中一种,但是根据《财政部 税务总局关于继续实施企业改制重组有关土地增值税政策的公告》(财政部 税务总局公告2021年第21号)第五条规定,土地增值税不适用改制重组的税收优惠政策。按照《土地增值税暂行条例》及国税发〔2006〕187号文件规定，A房地产开发企业以资产收购方式整体转让自行开发的商业综合体，换取B集团公司全资子公司C公司100%股权，所有权转移时应视同销售房地产，缴纳土地增值税。其收入按下列方法和顺序确认：①按本企业在同一地区、同一年度销售的同类房地产的平均价格确定。②由主管税务机关参照当地当年、同类房地产的市场价格或评估价值确定。

(2)《土地增值税暂行条例》第二条规定，转让国有土地使用权、地上的建筑物及其附着物（简称转让房地产）并取得收入的单位和个人，为土地增值税的纳税义务人，应当依照本条例缴纳土地增值税。

思考题：B集团公司将全资子公司C公司100%股权作为支付对价转让给A公司，B集团公司是否应当缴纳土地增值税？

解析：目前有两种观点。

一是B集团公司缴纳土地增值税。理由是企业可能存在着以股权转让之名行房地产转让之实的情形（尤其是转让100%股权），已达到交易环节避税。税务稽查局对所谓"以转让股权的形式转让房地产"土地增值税的检查，发现被投资企业的主要资产是房地产而其股东转让其全部或绝大部分股权的，大多数会依据国家税务总局的国税函〔2000〕687号、国税函〔2009〕387号、国税函〔2011〕415号三个个案批复，否定其股权转让的形式，认定股东实质上转让的是房地产并对其征收土地增值税。在具体实践中，自国税函〔2000〕687号文件出台以后，多地税务机关都开始对股权转让行为征收土地增值税。

二是B集团公司不缴纳土地增值税。

3. 总局层面不支持三个批复普遍适用

(1) 国家税务总局纳税咨询平台2010年04月21日答复明确：税务总局对某个下级机关的请示进行批复时，如果批复仅对个别单位做出并且没有抄送其他单位的，该批复仅对其主送单位和批复中提及的个别问题具有约束力。如果该批复中涉及事项需要其他有关单位执行或周知的，可以抄送有关单位，该批复对主送单位及被抄送单位均具有约束力。根据前述答复，2012年3月1日之前做出的个案批复没有被抄送的单位不得普遍适用。前述三个个案批复均由国家税务总局于2012年3月1日之前做出，都没有抄送主送单位以外的其他单位，故不得作为规范性文件普遍适用。

(2)《国家税务总局关于印发〈税收个案批复工作规程（试行）〉的通知》（国税发〔2012〕14号）第二条规定，税收个案批复，是指税务机关针对特定税务行政相对人的特定事项如何适用税收法律、法规、规章或规范性文件所做的批复。第四条规定，税收个案拟明确的事项需要普遍适用的，应当按照《税收规范性文件制定管理办法》（国家税务总局令第41号公布，根据国家税务总局令第53号修正）制定税收规范性文件。根据前述规定，2012年3月1日之后做出的个案批复不得被普遍适用。

(3) 根据《国家税务总局关于深圳市能源集团有限公司、深圳能源投资股份公司转让股权涉税问题的处理决定》(国税函〔2003〕1345号),认定该公司转让持有深圳能源(钦州)实业开发公司25%的股权按"股权转让行为"适用税法,并要求广西壮族自治区地方税务局遵照执行。国税函〔2000〕687号批复,不仅未实际执行更是于事后"低调"地被国税函〔2003〕1345号事实上废止。

税务稽查局若引用此三个个案批复进行税务处理属于法律依据适用错误,若按其精神直接以"实质重于形式"征税则属于缺乏法律依据,因为整个土地增值税法律规范体系中并无按经济实质或实质重于形式课税的规定。

4. 司法案例

股权转让非不动产转让,不应征收。

股权转让行为不能成为土地增值税的课税对象,因此不应征收土地增值税。针对此问题,最高院也曾做出"不征收"决定。

【案例7-1】 湖南金长润科技实业有限公司、湖南兴嘉置业发展有限公司与深圳泰邦地产有限公司、湖南兴荣投资有限公司等股权转让合同纠纷再审案(〔2013〕民申字第611号)。

最高人民法院认为:

两次股权转让后,虽然泰邦公司受让了兴荣公司100%的股权,但因金长润公司、兴嘉公司、泰邦公司都不是浅水湾项目建设用地使用权的主体,浅水湾项目建设用地使用权并未因此发生流转,仍处于兴荣公司名下。泰邦公司持有兴荣公司100%的股权后,其与兴荣公司仍属两个相互独立的民事主体,不能以泰邦公司受让了兴荣公司100%的股权,就当然认定该股权转让行为实为建设用地使用权转让行为,进而以该行为目的非法为由,否定股权转让合同的效力。

【案例7-2】 马庆泉、马松坚与湖北瑞尚置业有限公司股权转让纠纷二审案(〔2014〕民二终字第264号)。

最高人民法院认为:

股权与建设用地使用权是完全不同的权利,股权转让与建设用地使用权转让的法律依据不同,两者不可混淆。当公司股权发生转让时,该公司的资产收益、参与重大决策和选择管理者等权利由转让方转移到受让方,而作为公司资产的建设用地使用权仍登记在该公司名下,土地使用权的公司法人财产性质未发生改变。

由于转让股权和转让土地使用权是完全不同的行为,当股权发生转让时,目标公司并未发生国有土地使用权转让的应税行为,目标公司并不需要缴纳营业税和土地增值税。如双方在履行合同中有规避纳税的行为,应向税务部门反映,由相关部门进行查处。

最高人民法院认为:本案中业已查明,沙建武欲通过控制恒岐公司的方式开发使用涉案土地,此行为属于商事交易中投资者对目标公司的投资行为,是基于股权转让而就相应的权利义务以及履行的方法进行的约定,既不改变目标公司本身亦未变动涉案土地使用权之主体,故不应纳入土地管理法律法规的审查范畴,而应依据《中华人民共和国公司法》中有关股权转让的规定对该协议进行审查。本院认为,在无效力性强制性规范对上述条款中的合同义务予以禁止的前提下,上述有关条款合法有效。

通过上述最高院的裁判观点我们可以看出,最高法院对国税总局的"利用股权转让方式让渡土地使用权,实质是房地产交易行为"的观点并不认同,并不需要缴纳土地增值税。

5. 三个批复文件的法律地位低

从国税总局批复文件的法律效力来看,国税总局的三个批复(国税函〔2000〕687号文件、国税函〔2009〕387号文件、国税函〔2011〕415号文件),只是针对三个股权转让个案做出征收土地增值税的回答,并且这三个文件均为内部文件,不属于行政法规。根据《最高人民法院关于裁判文书引用法律、法规等规范性法律文件的规定》(法释〔2009〕14号)第二条规定,并列引用多个规范性法律文件的,引用顺序如下:法律及法律解释、行政法规、地方性法规、自治条例或者单行条例、司法解释。同时引用两部以上法律的,应当先引用基本法律,后引用其他法律。引用包括实体法和程序法的,先引用实体法,后引用程序法。税务机关无权依据上述三个批复来予以征收土地增值税,因此,上述三个批复不具有普遍约束力,不能广泛适用于全部纳税人。

6. 税收法定原则

依据"税收法定原则",《土地增值税暂行条例》第二条并未对公司以股权转让的方式转让房地产是否征收土地增值税做出规定。从已经明确规定的土地增值税对象来看,此税种只针对"转让国有土地使用权、地上的建筑物及其附着物并取得收入的单位和个人"。

实质课税原则的存在是为了弥补税收法定原则在实现实质正义方面的不足。本案例的股权转让中,土地使用权自始至终都登记在被投资企业——C公司名下,没有发生物权变动。股权转让之后,投资企业无论是将其用于开发还是再转让,该项土地使用权的计税基础并未发生变化,因此它并不会造成土地增值税流失。

股东采取转让股权的形式实现转让房地产经济效果,这样的税收安排至多让其获得了对应税款的资金时间价值,既不会造成税款流失,也远没达到"不正义"的地步,因此没有足够充分的理由对其进行所谓的实质课税。税务局如果一味坚持以"实质重于形式"的方式对类似的案件进行处理,极易引发税务行政复议和税务行政诉讼。

(四)契税

1. 政策规定

(1)《中华人民共和国契税法》第一条规定,在中华人民共和国境内转移土地、房屋权属,承受的单位和个人为契税的纳税人,应当依照本法的规定缴纳契税。

(2)《财政部 税务总局关于继续支持企业事业单位改制重组有关契税政策的公告》(财政部 税务总局公告2021年第17号)第九条规定,在股权(股份)转让中,单位、个人承受公司股权(股份),公司土地、房屋权属不发生转移,不征收契税。

(3)《财政部 国家税务总局关于营改增后契税 房产税 土地增值税 个人所得税计税依据问题的通知》(财税〔2016〕43号)第一条规定,计征契税的成交价格不含增值税。

(4)《国家税务总局关于契税纳税服务与征收管理若干事项的公告》(国家税务总局公告2021年第25号)第二条第一款规定,以作价投资(入股)、偿还债务等应交付经济利益的方式转移土地、房屋权属的,参照土地使用权出让、出售或房屋买卖确定契税适用税率、计税依据等。该条第二款规定,以划转、奖励等没有价格的方式转移土地、房屋权属的,参照土地使用权或房屋赠与确定契税适用税率、计税依据等。

2. 三家公司应承担的契税纳税义务

(1)根据《中华人民共和国契税法》《财政部 税务总局关于继续支持企业事业单位改制重组有关契税政策的公告》(财政部 税务总局公告2021年第17号)政策规定,A房地产开发企业承受C公司100%股权,房屋权属不发生转移,不征收契税。

(2)根据《中华人民共和国契税法》规定,B集团公司整体收购A房地产开发企业自行开发的华诚商业综合体,承受房屋权属,应当缴纳契税。

(3)B集团公司整体收购A公司自行开发建造的华诚商贸城商业综合体,并将全资子公司C公司100%股权作为支付对价转让给A公司,对于该笔交易C公司仅仅股东发生变动,但是公司没有承受新的土地、房屋等权属,故不涉及契税纳税义务。

(五)印花税

1. 政策规定

(1)《印花税暂行条例》①印花税税目规定,产权转移书据包括财产所有权和版权、商标专用、专利权、专有技术使用权等转移书据。

(2)《印花税暂行条例施行细则》②第五条规定,《印花税暂行条例》③第二条所说的产权转移书据,是指单位和个人产权的买卖、继承、赠与、交换、分割等所立的书据。

(3)根据《国家税务总局关于印花税若干具体问题的解释和规定的通知》(国税发〔1991〕155号)第十条"产权转移书据"税目中"财产所有权"转移书据的征税范围如何划定?"财产所有权"转移书据的征税范围是:经政府管理机关登记注册的动产、不动产的所有权转移所立的书据,以及企业股权转让所立的书据。

(4)《财政部 国家税务总局关于印花税若干政策的通知》(财税〔2006〕162号)第四条规定,对商品房销售合同按照产权转移书据征收印花税。

2. 三家公司应承担的印花税纳税义务

(1)B集团公司整体收购A公司自行开发建造的华诚商贸城商业综合体,并将全资子公司C公司100%股权作为支付对价转让给A公司,该项交易实质是一种购销行为。根据《印花税暂行条例》及其实施细则④、《财政部 国家税务总局关于印花税若干

---

①②③④ 《中华人民共和国印花税法》2022年7月1日施行,《中华人民共和国印花税暂行条例》同时废止。

政策的通知》（财税〔2006〕162号）文件规定，A房地产企业与B集团公司应按照产权转移书据缴纳印花税。

（2）对于该笔交易，C公司仅仅股东发生变动，公司没有签订产权转移书据，故不涉及印花税纳税义务。

三、案例总结

税收上所称的企业重组，是指企业在日常经营活动以外发生的法律结构或经济结构重大改变的交易，包括企业法律形式改变、债务重组、股权收购、资产收购、合并、分立等。企业重组具体采取哪种方式，要根据企业未来发展资源配置、经营模式、产业发展等经营战略目标而定，当然，在企业重组过程中税收成本必须加以认真考虑，特别是房地产企业涉及土地、房地产权属转移等情形的，土地增值税是重中之重。

上述案例是企业六种重组方式中的一种，若涉及税收优惠政策应关注不同重组方式的限制条件。

（一）企业重组和非货币资产投资税收优惠

财税〔2009〕59号文件规定，企业重组符合规定条件的，可以按特殊性税务处理。即重组交易各方对交易中股权支付暂不确认有关资产的转让所得或损失的，其非股权支付仍应在交易当期确认相应的资产转让所得或损失，并调整相应资产的计税基础。

财税〔2014〕116号文件明确规定，居民企业以非货币性资产对外投资确认的非货币性资产转让所得，可在不超过5年期限内，分期均匀计入相应年度的应纳税所得额，按规定计算缴纳企业所得税。被投资企业取得非货币性资产的计税基础，应按非货币性资产的公允价值确定。

符合财税〔2014〕116号文件规定的企业非货币性资产投资行为，同时又符合财税〔2009〕59号、《财政部 国家税务总局关于促进企业重组有关企业所得税处理问题的通知》（财税〔2014〕109号）等文件规定的特殊性税务处理条件的，可由企业选择其中一项政策执行，且一经选择，不得改变。

限制条件：财税〔2009〕59号文件所称股权支付，是指企业重组中购买、换取资产的一方支付的对价中，以本企业或其控股企业的股权、股份作为支付的形式；所称非股权支付，是指以本企业的现金、银行存款、应收款项、本企业或其控股企业股权和股份以外的有价证券、存货、固定资产、其他资产以及承担债务等作为支付的形式。

财税〔2014〕116号文件所称非货币性资产投资，限于以非货币性资产出资设立新的居民企业，或将非货币性资产注入现存的居民企业。

上述案例中B集团公司整体收购A公司自行开发建造的华诚商贸城商业综合体，并将全资子公司C公司100%股权作为支付对价转让给A公司，因此，A房地产企业取得的是C公司的股权，而不是B集团公司的股权，假定B集团公司定向增发作为支付给A房地产企业对价，该项交易也属于非货币资产投资。

(二) 资产收购与股权收购

税法所说的股权收购,是指一家企业(收购企业)购买另一家企业(被收购企业)的股权,以实现对被收购企业控制的交易。收购企业支付对价的形式包括股权支付、非股权支付或两者的组合。资产收购,是指一家企业(受让企业)购买另一家企业(转让企业)实质经营性资产的交易。受让企业支付对价的形式包括股权支付、非股权支付或两者的组合(见图7-4)。

1. 交易主体不同

股权收购目标是目标公司,变化的是目标公司的股东,涉及股权权属转移;而资产收购目标是目标公司的资产,涉及实体资产的权属转移。

2. 税收成本不同

房地产企业资产收购涉及土地、房产、在建项目等权属转移,在国家对房地产业宏观调控的背景下,土地增值税、契税没有税收优惠政策。主要涉及税种:增值税、土地增值税、契税、印花税、企业所得税;股权收购主要涉及所得税及印花税,但是转让100%股权,且以股权形式表现的资产主要是土地使用权、地上建筑物及附着物的,应注意缴纳土地增值税风险。实务中,资产收购的税收成本一般来讲远远高于股权收购。

3. 潜在风险不同

股权收购比单纯的资产收购面临更多的风险,并承担更多的责任,股权收购后,收购公司成为目标公司控股股东,目标公司有潜在涉税风险,或有负债,对资产质量要有一个重新审视的过程。而在资产收购中,资产的债权债务状况一般比较清晰,除了一些法定责任,如环境保护、职工安置外,基本不存在或有负债的问题。因此,收购公司只要关注资产本身的债权债务情况就基本可以控制收购风险。

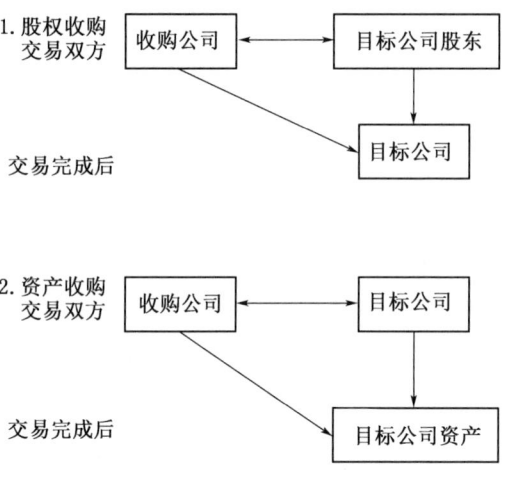

图7-4 股权收购和资产收购示意图

总之,资产收购"明了干净",但是税费成本高;股权收购税费成本低,但是潜在的各种风险大。企业重组具体采取何种方式,应据企业情况而定。

第六节 房地产销售价格明显偏低且无正当理由的认定

在房地产销售、投资、土地增值税清算等过程中,税务机关和纳税人在交易价格是否公允、是否存在税法规定的"价格明显偏低且无正当理由"情形的认定上经常存在分歧争议。企业认为：产品、劳务定价权是企业生产经营权利之一，企业生产的产品，除有关政府部门规定的价格外，应该由企业自主定价；对房地产价格进行适当调整是企业自主经营的权利。

一、案例解析

【案例7-3】 新疆维吾尔自治区乌鲁木齐市中级人民法院行政判决书（〔2014〕乌中行终字第95号）：新疆瑞成房地产开发有限公司（以下简称瑞成房产公司）对新疆维吾尔自治区地方税务局稽查局认定2010年以低于市场价格销售给某投资发展有限公司离退休职工住宅，应按同期市场价格进行调整补缴营业税，调整金额2 494 258.77元，少缴营业税124 712.94元存有异议，称其在经营过程中，对企业的商品价格进行调整是企业自主经营的权利，税务局以价格明显偏低对瑞成房产公司进行处罚没有依据。

一审法院认为：税务局在无价格认定行政职权的情况下，以瑞成房产公司在2010年以低于市场价格销售给某投资发展有限公司离退休职工住宅为由，直接以同期市场价格对瑞成房产公司进行调整补缴营业税，调整金额2 494 258.77元，并据此认定瑞成房产公司少缴营业税124 712.94元，属越权行政。故其认定瑞成房产公司以低于市场价格销售的事实不清，主要证据不足。瑞成房产公司要求撤销税务局做出的新地税稽罚〔2012〕12号税务行政处罚决定的诉讼请求成立，应予支持。依照《中华人民共和国行政诉讼法》第五十四条第（二）项第一目、第三目、第四目之规定，原审法院遂判决：撤销新疆维吾尔自治区地方税务局稽查局2012年10月31日做出的新地税稽罚〔2012〕12号税务行政处罚决定的具体行政行为。

税务机关认为："纳税人将同类商品房销售给关联企业职工或与该纳税人有特定关系的自然人，价格明显低于销售给其他无关联关系的购房者的价格的，属于《中华人民共和国营业税暂行条例》第七条所称价格明显偏低并无正当理由的情形，主管税务机关可以按照《中华人民共和国营业税暂行条例实施细则》第二十条的规定核定其营业额。"《中华人民共和国税收征收管理法》第三十五条第（六）项规定，"纳税人申报的计税依据明显偏低，又无正当理由的，税务机关有权核定其应纳税额"。本案中，瑞成房产公司应其上级主管部门要求，为解决企业老职工住房困难，化解信访突出问题，经上级主管部门批准、瑞成房产公司董事会研究决定给老职工售房价格让利20%的证据确凿，事实清楚。

二审法院认为：《中华人民共和国税收征收管理法》第三十五条第（六）项规定，"纳税人申报的计税依据明显偏低，又无正当理由的，税务机关有权核定其应纳税额"。本案中，瑞成房产公司应其上级主管部门要求，为解决企业老职工住房困难，化解信访突出问题，经上级主管部门批准，瑞成房产公司董事会研究决定给老职工售房价格让利20%的证据确凿，事实清楚。上述法律规定，虽规定纳税人申报计税依据明显偏低，又无正当理由的，税务机关有权核定其应纳税额，但法律法规对"计税依据明显偏低"没有具体标准,对"无正当理由"亦无没有明确的界定。况且,某投资发展有限公司前身为供销社运输公司,作为改制的国有企业,离退休职工收入低,住房条件长期得不到改善,在某投资有限公司退休职工多次到新疆维吾尔自治区人民政府和自治区供销社上访,要求改善住房条件的情况下,瑞成房产公司降低企业收入以低于同期销售价格20%向某投资发展有限公司离退休职工优惠售房并无不当,此举应视为瑞成房产公司解决老国企退休职工住房困难,防止群体事件发生,化解社会矛盾的善意之举。税务局简单地将此认定为"明显低于市场价格,无正当理由的",并以此为由对瑞成房产公司处以124 712.94元营业税罚款显属错误;纵观本案税务局做出的《税务行政处罚决定书》,其将瑞成房产公司低于市场价格销售给退休老职工的房屋,简单地定性为"无正当理由,明显低于市场价格",属认定事实不清,主要证据不足。原审法院判决主文正确,应予维持。上诉人税务局的上诉理由不能成立,应予驳回。

【案例7-4】 苏州市姑苏区人民法院行政判决书(〔2015〕姑苏行初字第122号):原告周建青、王廷香诉称,其于2014年3月23日通过中介购买了位于苏州工业园区枫情水岸小区39幢1806室房屋(附带一地下产权车位),居间合同成交价格为275万元(含地下车位价格)。后因发现房屋有明显墙体渗水、开裂的情况,经与房东协商,成交价格变更为271万元。根据合同,原告支付了定金10万元,因车位价格在11万元左右,过户时房东不会把已支付的10万元定金退还,故中介就以房款250万元做了资金托管(其中首付150万元,贷款100万元),即网签托管合同价为250万元。2014年11月28日,原告持相关材料至园区地税一分局服务窗口申报纳税,被告知所购房屋在税务部门数据系统的系统价为306万元。原告当场拿出271万元的居间合同,但税务部门不予认可。2014年12月初,园区地税一分局委托的评估公司对原告房屋进行了评估,原告提出房屋存在墙体裂缝、渗水等情况,评估人员称该情况对房价影响有限。后园区地税一分局以评估价2 806 818元作为计税基础,考虑网签合同无法撤销及家庭入住等原因,原告先按照该价格缴纳了税款,后于2014年12月23日对园区地税一分局的计税价格申请行政复议,园区地税局做出维持的复议决定。

法院审理认为:根据《江苏省地方税务局存量房交易计税价格争议处理办法》(苏地税规〔2012〕3号)第七条的规定,对当事人提出的存量房交易计税价格争议,主管税务机关重新核定计税价格时可以委托具有公信力和较高资质登记的评估机构进行评估,也可以由同级政府价格主管部门进行价格认定,或者成立"争议处理工作组"重新核定。本案中,园区地税一分局受理原告争议处理申请后,委托第三方评估机构对涉案房屋进行了市场评估。经查,该机构具有房地产估价合法资质,估价过程中亦查看并载明了原告提出的墙体裂缝、渗水等情况,并不存在为多征税款而人为提高评估价格的情形,最终评估价也基本反映了原告诉状中所称"市场价280万元"。《中华人民共和国税收征收管理法》第三十五条第一款第(六)项规定,纳税人申报的计税依据明显偏低,又无正当理由的,税务机关有权核定其应纳税额。本案中,因原告申报的纳税价格250万元与税务部门的评估值 2 758 091.18 元差距较大,且其存在多份交易合同及价格,园区地税一分局参照评估报告,重新核定涉案房屋计税价格,处理方式和程序符合《中华人民共和国税收征收管理法》及《江苏省地方税务局存量房交易计税价格争议处理办法》(苏地税规〔2012〕3号)的规定,所做核定决定并无不当。园区地税局在调查核实基础上做出维持原行政行为的复议决定,符合法律规定。综上,经对被诉行政行为及行政复议决定全面审查,被告园区地税一分局所做计税价格争议处理决定事实清楚,证据确凿,适用法律、法规正确,被告园区地税局维持该处理决定,依据正确,程序合法。原告要求撤销原行政行为及复议决定,缺乏事实和法律依据,本院不予支持。

【案例 7-5】 某市税务局在纳税评估中发现:A 房地产开发公司销售其在市中心(县级市)自行开发建造 D 号楼商场转让给 B 公司,销售价格 2.87 亿元,每平方米平均销售价格低于同地带、同时期、同类型商业地产价格的 35.67%,销售价格异常,遂约谈企业相关人员。

A 房地产有限公司提供了:①欠发职工薪酬相关资料。②催缴社会保险费欠费公告及社会保障费限期缴纳通知书。③银行账户对账单、银行催款通知书等,表明 A 企业资金异常紧张。④房管部门发布的商业地产价格指数,表明本市房产价格疲软。⑤D 号楼商场由于面积较大(19 378.70 平方米),其商业价值与小户型商铺无可比性,仅开发成本就达 2.05 亿元,竣工决算后一直无投资者问津,为缓解资金压力,公司低价销售。

评估人员通过查询工商登记资料、税务登记资料和巨潮资讯网等互联网检索有关资料,初步了解到 A 房地产有限公司与 B 公司为同一控制下的关联企业。

《中华人民共和国税收征收管理法实施细则》第五十一条、《中华人民共和国企业所得税法实施条例》第一百零九条均规定了关联企业(关联方)是指有下列关系之一的企业和其他经济组织或个人:①在资金、经营、购销等方面,存在直接或者间接的拥有或者控制关系。②直接或者间接地同为第三者所拥有或者控制。③在利益上具有相关联的其他关系。该公司可能存在通过关联企业低价转让房产的方式,少申报缴纳营业税及附加、印花税、土地增值税、企业所得税的疑点问题。

评估人员认为该公司的解释不足以作为转让价格明显偏低的正当理由,而且考虑到是转让给同一法人代表的关联企业,未考虑按照市场价格进行公平交易的问题,成交价格严重与市场公平成交价格相背离,不能排除存主观上存在故意低价转让逃避缴税的问题。故评估分析人员认定该公司存在通过关联企业低价转让房产事实存在,建议对该公司与关联企业低价转让房产进行纳税调整,重新认定计税价格。

1. 法律规定

《中华人民共和国税收征收管理法》第三十六条规定:"企业或者外国企业在中国境内设立的从事生产、经营的机构、场所与其关联企业之间的业务往来,应当按照独立企业之间业务往来收取或者支付价款、费用;不按照独立企业之间的业务往来收取或者支付价款、费用,而减少其应纳税的收入或者所得额的,税务机关有权进行合理调整。"

《中华人民共和国税收征收管理法实施细则》第五十四条规定:"纳税人与其关联企业之间的业务往来有下列情形之一的,税务机关可以调整其应纳税额:(一)购销业务未按照独立企业之间的业务往来作价;……"第五十五条规定:"纳税人有本细则第五十四条所列情形之一的,税务机关可以按照下列方法调整计税收入额或者所得额:(一)按照独立企业之间进行的相同或者类似业务活动的价格;(二)按照再销售给无关联关系的第三者的价格所应取得的收入和利润水平;(三)按照成本加合理的费用和利润;(四)按照其他合理的方法。"

2. 认定分析

评估人员对A房地产有限公司及辖区内其他企业开发的商铺价格进行了分析发现:该公司自开盘销售以来,由于地处某市的中心地带,其开发的商铺销售业绩良好,部分商铺售价接近2.5万元/平方米,最低售价超过1.9万元/平方米。2014年以来,行情虽然略有下滑,但最低价也达到1.9万元/平方米以上;辖区内其他企业开发的商铺同期价格均在6 000~10 000元/平方米。

评估人员认为:在全市范围内像D号楼商场如此大面积的房产整体转让尚属首例,无论该公司还是其他企业均无独立企业之间相同或类似地产整体转让业务;如果采取简单的使用核定成本利润率的方法计算计税价格,缺乏依据,不具有说服力。

综上所述,无论采用独立企业之间交易价格或销售给无关联关系的第三者的价格的方法,还是采用成本利润率的方法来确认D号楼商场的计税价格都不可取。

3. 价格认证

根据《国家发展改革委 国家税务总局关于开展涉税财物价格认定工作的指导意见》(发改价格〔2010〕770号)的规定,涉税财物价格认定工作是指政府价格主管部门设立的价格不明、价格有争议的情况进行计税价格认定的行为。通过采取物价部门价格认证的方法,一方面可以有效弥补税务部门对房产认定价格缺乏专业知识的不足,避免由于计税价格认定不公正、不合理,造成征纳双方争议;另一方面也使得计税价格更科学更客观,有效堵塞由于计税价偏低造成税收流失,降低了税务部门的执法风险。

结合以上分析,评估人员建议采用价格认证的方法重新核定被转让房产的计税价格。主管税务机关向当地政府价格主管部门提交《涉税资产价格认定委托书》,由认定中心对A房地产有限公司名下标的为D号楼商场进行价格认定,并将认定结果反馈给企业,对于第三方客观、公正的价格认定,税企双方予以认可,消除争议,达成共识,降低税务风险。

二、税法对价格明显偏低且无正当理由交易核定的相关规定

(一)《税收征收管理法》

《税收征收管理法》第三十五条第六款规定,纳税人申报的计税依据明显偏低,又无

正当理由的,税务机关有权核定其应纳税额。

《税收征收管理法实施细则》第五十一条规定,《税收征收管理法》第三十六条所称关联企业,是指有下列关系之一的公司、企业和其他经济组织:

(1) 在资金、经营、购销等方面,存在直接或者间接的拥有或者控制关系。

(2) 直接或者间接地同为第三者所拥有或者控制。

(3) 在利益上具有相关联的其他关系。

(二) 增值税

1.《增值税暂行条例实施细则》规定

《增值税暂行条例实施细则》第十六条规定,纳税人有《增值税暂行条例》第七条所称价格明显偏低并无正当理由或者有本细则第四条所列视同销售货物行为而无销售额者,按下列顺序确定销售额:

(1) 按纳税人最近时期同类货物的平均销售价格确定。

(2) 按其他纳税人最近时期同类货物的平均销售价格确定。

(3) 按组成计税价格确定。组成计税价格的公式为:

$$组成计税价格 = 成本 \times (1 + 成本利润率)$$

属于应征消费税的货物,其组成计税价格中应加计消费税额。

公式中的成本是指销售自产货物的为实际生产成本,销售外购货物的为实际采购成本。公式中的成本利润率由国家税务总局确定。

2.《财政部　税务总局关于全面推开营业税改征增值税试点的通知》(财税〔2016〕36号)规定

《营业税改征增值税试点实施办法》(财税〔2016〕36号附件1)第四十四条规定,纳税人发生应税行为价格明显偏低或者偏高且不具有合理商业目的的,或者发生本办法第十四条所列行为而无销售额的,主管税务机关有权按照下列顺序确定销售额:

(1) 按照纳税人最近时期销售同类服务、无形资产或者不动产的平均价格确定。

(2) 按照其他纳税人最近时期销售同类服务、无形资产或者不动产的平均价格确定。

(3) 按照组成计税价格确定。组成计税价格的公式为:

$$组成计税价格 = 成本 \times (1 + 成本利润率)$$

成本利润率由国家税务总局确定。

不具有合理商业目的,是指以谋取税收利益为主要目的,通过人为安排,减少、免除、推迟缴纳增值税税款,或者增加退还增值税税款。

(三) 土地增值税

《土地增值税暂行条例》第九条规定,转让房地产的成交价格低于房地产评估价格,又无正当理由的,税务机关可以按照房地产评估价格计算征收。

(四) 契税

《契税法》第四条规定,纳税人申报的成交价格、互换价格差额明显偏低且无正当理由的,由税务机关依照《税收征收管理法》的规定核定。

(五) 个人所得税

《股权转让所得个人所得税管理办法(试行)》(国家税务总局公告 2014 年第 67 号)规定,股权转让收入应当按照公平交易原则确定。

符合下列情形之一的,主管税务机关可以核定股权转让收入:

(1) 申报的股权转让收入明显偏低且无正当理由的。

(2) 未按照规定期限办理纳税申报,经税务机关责令限期申报,逾期仍不申报的。

(3) 转让方无法提供或拒不提供股权转让收入的有关资料。

(4) 其他应核定股权转让收入的情形。

符合下列情形之一,视为股权转让收入明显偏低:

(1) 申报的股权转让收入低于股权对应的净资产份额的。其中,被投资企业拥有土地使用权、房屋、房地产企业未销售房产、知识产权、探矿权、采矿权、股权等资产的,申报的股权转让收入低于股权对应的净资产公允价值份额的。

(2) 申报的股权转让收入低于初始投资成本或低于取得该股权所支付的价款及相关税费的。

(3) 申报的股权转让收入低于相同或类似条件下同一企业同一股东或其他股东股权转让收入的。

(4) 申报的股权转让收入低于相同或类似条件下同类行业的企业股权转让收入的。

(5) 不具合理性的无偿让渡股权或股份。

(6) 主管税务机关认定的其他情形。

符合下列条件之一的股权转让收入明显偏低,视为有正当理由:

(1) 能出具有效文件,证明被投资企业因国家政策调整,生产经营受到重大影响,导致低价转让股权。

(2) 继承或将股权转让给其能提供具有法律效力身份关系证明的配偶、父母、子女、祖父母、外祖父母、孙子女、外孙子女、兄弟姐妹以及对转让人承担直接抚养或者赡养义务的抚养人或者赡养人。

(3) 相关法律、政府文件或企业章程规定,并有相关资料充分证明转让价格合理且真实的本企业员工持有的不能对外转让股权的内部转让。

(4) 股权转让双方能够提供有效证据证明其合理性的其他合理情形。

主管税务机关应依次按照下列方法核定股权转让收入:

(1) 净资产核定法。

股权转让收入按照每股净资产或股权对应的净资产份额核定。

被投资企业的土地使用权、房屋、房地产企业未销售房产、知识产权、探矿权、采矿权、股权等资产占企业总资产比例超过20%的,主管税务机关可参照纳税人提供的具有法定资质的中介机构出具的资产评估报告核定股权转让收入。

6个月内再次发生股权转让且被投资企业净资产未发生重大变化的,主管税务机关可参照上一次股权转让时被投资企业的资产评估报告核定此次股权转让收入。

(2) 类比法。

① 参照相同或类似条件下同一企业同一股东或其他股东股权转让收入核定。

② 参照相同或类似条件下同类行业企业股权转让收入核定。

(3) 其他合理方法。

主管税务机关采用以上方法核定股权转让收入存在困难的,可以采取其他合理方法核定。

(六) 企业所得税

《企业所得税法》第四十一条规定,企业与其关联方之间的业务往来,不符合独立交易原则而减少企业或者其关联方应纳税收入或者所得额的,税务机关有权按照合理方法调整。

企业与其关联方共同开发、受让无形资产,或者共同提供、接受劳务发生的成本,在计算应纳税所得额时应当按照独立交易原则进行分摊。

(七) 消费税

《中华人民共和国消费税暂行条例》第十条规定,纳税人应税消费品的计税价格明显偏低并无正当理由的,由主管税务机关核定其计税价格。

《白酒消费税最低计税价格核定管理办法(试行)》(国税函〔2009〕380号附件)第八条规定,白酒消费税最低计税价格核定标准如下:

(1) 白酒生产企业销售给销售单位的白酒,生产企业消费税计税价格高于销售单位对外销售价格70%(含70%)以上的,税务机关暂不核定消费税最低计税价格。

(2) 白酒生产企业销售给销售单位的白酒,生产企业消费税计税价格低于销售单位对外销售价格70%以下的,消费税最低计税价格由税务机关根据生产规模、白酒品牌、利润水平等情况在销售单位对外销售价格50%至70%范围内自行核定。其中生产规模较大,利润水平较高的企业生产的需要核定消费税最低计税价格的白酒,税务机关核价幅度原则上应选择在销售单位对外销售价格60%至70%范围内。

(八) 存量房交易价格估值

《财政部 国家税务总局关于推广应用房地产估价技术加强存量房交易税收征管工作的通知》(财税〔2011〕61号)第二条第三款规定,应用房地产批量估价技术进行存量房评估,要应用房地产批量估价技术确定存量房交易价格估值,并下浮一定比例形成存量房申报价格评估值,以此评估申报价格是否偏低,不得使用其他方法进行评估。存量房交易价格估值下浮比例应不高于20%,具体比例由地方税务局拟定,报省地方税务局批准。

(九) 地方相关政策规定

1. 《海南省税务局土地增值税清算审核管理办法》(海南省税务局公告 2021 年第 7 号公布) 规定

如何认定房地产转让价格明显偏低？

纳税人申报的房地产销售价格低于同期同类房地产平均销售价格 30% 且无正当理由的，可认定为房地产销售价格明显偏低。主管税务机关应根据《税收征收管理法》及其实施细则、《土地增值税暂行条例实施细则》的规定核定其房地产转让价格。

符合下列条件之一的房地产销售价格明显偏低，视为有正当理由：

(1) 人民法院判决或裁定的转让价格。

(2) 政府有关部门确定的转让价格。

(3) 经主管税务机关认定的其他情形。

2. 《江苏省地方税务局关于土地增值税有关业务问题的公告》(苏地税规〔2012〕1 号) 关于"房地产转让价格明显偏低的收入确定"规定

对纳税人申报的房地产转让价格低于同期同类房地产平均销售价格 10% 的，税务机关可委托房地产评估机构对其评估。纳税人申报的房地产转让价格低于房地产评估机构评定的交易价，又无正当理由的，应按照房地产评估机构评定的价格确认转让收入。

对以下情形的房地产转让价格，即使明显偏低，可视为有正当理由：

(1) 法院判定或裁定的转让价格。

(2) 以公开拍卖方式转让房地产的价格。

(3) 政府物价部门确定的转让价格。

(4) 经主管税务机关认定的其他合理情形。

三、价格明显偏低且无正当理由的事实认定

《财政部 国家税务总局关于推广应用房地产估价技术加强存量房交易税收征管工作的通知》(财税〔2011〕61 号) 规定，要应用房地产批量估价技术确定存量房交易价格估值，并规定下浮一定比例不高于 20%，具体比例由地方税务局[①]拟定，报省地方税务局批准。对于房地产企业来讲，上述法规政策均未明确"价格明显偏低且无正当理由"认定标准，没有从根本上解决税企双方关注的核心问题，即在"价格明显偏低"行为中，哪些属于"有正当理由"、哪些属于"没有正当理由"，没有一个明确、具体、统一的认定标准和操作规范，在实际工作中，各税务机关自行认定，缺乏统一性和严肃性。

[①] 根据中共中央印发的《深化党和国家机构改革方案》，改革国税地税征管体制，将省级和省级以下国税地税机构合并。

(一) 关联交易与非关联交易

房地产销售归纳起来无非分为关联交易和非关联交易。房地产市场交易价格除政府限价外（限价房、经济适用住房、回迁房等）是由非关联第三方之间协商确定的，市场交易价格同时也被认为是公允价格，因为市场环境中房地产企业作为市场主体之一，是以追求利益最大化为目标，其不会将自身经济利益无条件让渡他人。实事求是地讲，在我们日常的税收征管工作中，房地产企业销售"价格明显偏低"行为，总有各种理由，单就房地产开发企业而言，一是可能其资金紧张，承受巨大还贷压力或债权人追债；二是可能企业适度促销，降价销售热盘的需求；三是可能房产存在瑕疵，如个别楼层、部分房间因特殊位置或结构，存在采光不好、朝向太偏、房间布局不合理（异型）、房屋质量问题，等等。

1. 非关联交易

非关联交易本身就是独立纳税人之间的交易，如果双方的交易是真实的，合同的成交是在有序的市场进行的，无胁迫、虚假的情况，这个价格就是公允的。同时这类交易本身就是形成税务机关对于市场公允价值参考的标本。如果非关联交易存在虚假情形，税务机关会在"交易价格明显偏低且无正当理由"的法律授权下采用核定征收或参照市场价格核定交易价格。

[案例 7-4] 周建青、王廷香与苏州工业园区地税局税务行政争议案中，原告办理房产交易过户涉税业务时申报价格为 250 万元，而在诉状中却详细说明房屋交易价格为 265 万元，否定了之前作为申报依据的网签合同，有隐瞒事实的嫌疑，同时恰恰证明其申报明显偏低的计税价格（250 万元）无正当理由。园区地税一分局没有行使《税收征收管理法》第三十五条第一款第（六）项规定，纳税人申报的计税依据明显偏低，又无正当理由的，税务机关有权核定其应纳税额。而是按照《江苏省地方税务局存量房交易计税价格争议处理办法》（苏地税规〔2012〕3 号附件 1）的规定予以受理，委托具有合法资质的异议评估服务供应商——江苏金土地房地产评估测绘咨询有限公司依据《涉税财物价格认定协助书》对所涉房屋进行实地勘察，并于同年 12 月 2 日出具单套评估报告书。报告估价结果为，所涉房屋在价值时点（2014 年 11 月 28 日）未设立法定有限受偿权利下的市场价值为人民币 2 806 818 元。在后来的司法诉讼中得到法院认可。

由此可见，并非所有非关联交易价格都被认定为公允价格，若交易存在瑕疵或虚假，税务机关仍将行使法律法规授予的核定权，不过税务机关会采取合理的方式，主管税务机关重新核定计税价格时可以委托具有公信力和较高资质登记的评估机构进行评估，也可以由同级政府价格主管部门进行价格认定，来妥善解决纳税人与税务机关在房地产交易计税价格上发生争议或分歧。

2. 关联交易

关联方之间存在千丝万缕的经济利益，关联交易在市场经济条件下广为存在，但它与市场经济的基本原则却不相吻合。按市场经济原则，一切企业之间的交易都应该在市场竞争的原则下进行,而在关联交易中由于交易双方存在各种各样的关联关系,有利益上的牵扯,交易并不是在完全公开竞争的条件下进行的。税务机关如果对纳税人的交易价格质疑,一般来讲首先要明确交易双方的性质,即是否构成关联交易。对于关联方之间的真实交易,如果价格是公允的,或价格偏低但有正当理由,则没有问题,税务机关直接按交易价格征税;如果交易行为价格明显偏低且不具有合理商业目的的交易价格,或虚假地转移利润的交易,那么税务机关按照现行法规政策规定进行调整或参照市场价格核定。

[案例 7-3][案例 7-5]房地产交易属于关联交易。就[案例 7-3]而言,瑞成房产公司应其上级主管部门要求,为解决企业老职工住房困难,化解信访突出问题,经上级主管部门批准,瑞成房产公司董事会研究决定给老职工售房价格让利 20%,那么该交易是否属于销售价格明显偏低且无正当理由呢?如果简单地按上述衡量标准来认定,瑞成房产公司销售对象为本企业内部的职工,属于关联交易,且企业的销售价格不仅低于同期、同类、相同地段其他开发企业的平均售价,而且还低于其开发建造成本,不管从哪个方面来讲,其陈述的理由均不属于"正当理由",依法应做纳税调整。

其实事情并不是那么简单。其一,《最高人民法院关于适用〈中华人民共和国合同法〉若干问题的解释(二)》(2009 法释 5 号)第十九条规定,对于《合同法》第七十四条规定的"明显不合理的低价",人民法院应当以交易当地一般经营者的判断,并参考交易当时交易地的物价部门指导价或者市场交易价,结合其他相关因素综合考虑予以确认。转让价格达不到交易时交易地的指导价或者市场交易价 70%的,一般可以视为明显不合理的低价;对转让价格高于当地指导价或者市场交易价 30%的,一般可以视为明显不合理的高价。司法实践实际上给我们提供了一个"销售价格明显偏低"确认价格区间"70%~130%"。《海南省税务局土地增值税清算审核管理办法》(海南省税务局公告 2021 年第 7 号发布)第六条规定,纳税人申报的房地产销售价格低于同期同类房地产平均销售价格 30%且无正当理由的,可认定为房地产销售价格明显偏低。该规定值得参考借鉴。其二,作为市场参与主体的企业,不仅以追求企业利益最大化为目的,而且有必要承担一定的社会责任,瑞成房产公司应其上级主管部门要求,为解决企业老职工住房困难,化解信访突出问题,维护社会稳定,且增强企业凝聚力,是应予以充分考虑的重要因素。

[案例 7-5]税务机关处理交易价格争议方面提供一个很好示范,根据《国家发展改革委 国家税务总局关于开展涉税财物价格认定工作的指导意见》(发改价格〔2010〕770 号)规定,通过采取物价部门价格认证的方法,一方面可以有效弥补税务部门对房产认定价格缺乏专业知识的不足,避免由于计税价格认定不公正、不合理,造成征纳双方争议。另一方面也使得房地产计税价格更科学更客观,有效堵塞由于计税价偏低造成税收流失,降低了税务部门的执法风险。

《国家税务总局稽查局关于 2017 年股权转让检查工作的指导意见》(税总稽便函〔2017〕165 号)第二条关于对以不合理低价转让调整的问题进行了明确:不合理的低价

的判定及调整标准可参照《最高人民法院关于适用〈中华人民共和国合同法〉若干问题的解释(二)》(法释〔2009〕5号)第十九条第二款的规定,"转让价格达不到交易时交易地的指导价或者市场交易价70%的,一般可以视为明显不合理的低价",以及各地已完成的股权转让调整征税的案例。

第七节　在建工程转让涉税分析

实务中,部分房地产企业在项目开发建设过程中确因资金链断裂而被迫转让在建项目,也有个别房地产企业出于降低企业集团整体税费的考量而转让房地产在建工程项目,尤其关联企业接盘继续完成后续开发建造任务,使得开发成本重复加计扣除,降低土地增值税税负。但是营改增后税收政策发生变化,转让在建工程在计算销售额时支付土地价款是否可以从销售价款中扣除,政策规定不明确,税企存在争议。对于出于降低税费的目的而转让在建工程的个别房地产企业应三思而后行。

一、在建工程的转让条件

(一) 在建工程转让

在建工程是指取得批准立项,拥有合法完整用地手续,取得施工许可证并正在施工建设的工程项目。在建工程转让就是在建工程所有人将其拥有的在建工程转让给买受人,买受人支付对价的民事行为。

(二) 相关法规政策规定转让条件

《城市房地产开发经营管理条例》第十九条规定,转让房地产开发项目,应当符合《中华人民共和国城市房地产管理法》第三十九条、第四十条规定的条件。

《城市房地产管理法》第三十九条规定,以出让方式取得土地使用权的,转让房地产时,应当符合下列条件:

(1) 按照出让合同约定已经支付全部土地使用权出让金,并取得土地使用权证书。

(2) 按照出让合同约定进行投资开发,属于房屋建设工程的,完成开发投资总额的25%以上,属于成片开发土地的,形成工业用地或者其他建设用地条件。

转让房地产时房屋已经建成的,还应当持有房屋所有权证书。

第四十条规定,以划拨方式取得土地使用权的,转让房地产时,应当按照国务院规定,报有批准权的人民政府审批。有批准权的人民政府准予转让的,应当由受让方办理土地使用权出让手续,并依照国家有关规定缴纳土地使用权出让金。

以划拨方式取得土地使用权的,转让房地产报批时,有批准权的人民政府按照国务院规定决定可以不办理土地使用权出让手续的,转让方应当按照国务院规定将转让房地产所获收益中的土地收益上缴国家或者作其他处理。

(三)政府主管部门审批

通过资产转让方式转让在建工程,一方面交易环节涉及的税费较多,转让方需缴纳增值税、土地增值税、印花税、企业所得税,受让方需缴纳契税、印花税,交易的综合税费比较高;另一方面产权变更涉及的内容相对更多、程序更为复杂,且政府主管部门审批等不可控的因素较大。个别地方政府一般不受理在建工程转让、抵押业务事项,因此就在建工程的资产交易模式而言,受很多地方政策的限制和影响。在法院拍卖特殊情形下受政府审批性障碍极小。

二、转让在建工程相关税收政策规定

(一)增值税

(1) 一般纳税人销售其2016年4月30日前取得(不含自建)的不动产,可以选择适用简易计税方法,以取得的全部价款和价外费用减去该项不动产购置原价或者取得不动产时的作价后的余额为销售额,按照5%的征收率计算应纳税额。纳税人应按照上述计税方法在不动产所在地预缴税款后,向机构所在地主管税务机关进行纳税申报。

(2) 一般纳税人销售其2016年4月30日前自建的不动产,可以选择适用简易计税方法,以取得的全部价款和价外费用为销售额,按照5%的征收率计算应纳税额。纳税人应按照上述计税方法在不动产所在地预缴税款后,向机构所在地主管税务机关进行纳税申报。

(3) 一般纳税人销售其2016年5月1日后取得(不含自建)的不动产,应适用一般计税方法,以取得的全部价款和价外费用为销售额计算应纳税额。纳税人应以取得的全部价款和价外费用减去该项不动产购置原价或者取得不动产时的作价后的余额,按照5%的预征率在不动产所在地预缴税款后,向机构所在地主管税务机关进行纳税申报。

(4) 一般纳税人销售其2016年5月1日后自建的不动产,应适用一般计税方法,以取得的全部价款和价外费用为销售额计算应纳税额。纳税人应以取得的全部价款和价外费用,按照5%的预征率在不动产所在地预缴税款后,向机构所在地主管税务机关进行纳税申报。

房地产开发企业中的一般纳税人销售其开发的房地产项目(选择简易计税方法的房地产老项目除外),以取得的全部价款和价外费用,扣除受让土地时向政府部门支付的土地价款后的余额为销售额。

自行开发,是指在依法取得土地使用权的土地上进行基础设施和房屋建设。

房地产开发企业以接盘等形式购入未完工的房地产项目继续开发后,以自己的名义立项销售的,属于本办法规定的销售自行开发的房地产项目。

房地产开发企业中的一般纳税人(以下简称一般纳税人)销售自行开发的房地产项目,适用一般计税方法计税,按照取得的全部价款和价外费用,扣除当期销售房地产项目对应的土地价款后的余额计算销售额。销售额的计算公式如下：

$$销售额 = (全部价款和价外费用 - 当期允许扣除的土地价款) \div (1 + 9\%)$$

当期允许扣除的土地价款按照以下公式计算：

$$\substack{当期允许扣除\\的土地价款} = \left(\substack{当期销售房地产\\项目建筑面积} \div \substack{房地产项目可供\\销售建筑面积}\right) \times \substack{支付的\\土地价款}$$

当期销售房地产项目建筑面积，是指当期进行纳税申报的增值税销售额对应的建筑面积。

综上所述，房地产企业转让在建工程项目其实质是发生了转让不动产所有权或土地使用权的行为，应按以下办法缴纳增值税：①转让已完成土地前期开发或正在进行土地前期开发（"五通一平"），但尚未进入施工阶段的在建项目，按"转让无形资产"税目中"转让土地使用权"税目缴纳增值税。②转让已进入建筑物施工阶段的在建项目，按"销售不动产"税目缴纳增值税。但是房地产企业整体转让在建项目时支付的土地价款是否可以从转让价款中扣除呢？这个问题备受争议，实践中税企争议较大，关于该问题相关分析的文章也很多。有的从营业税历史沿革进行分析，有的从增值税法理进行分析，也有的从税负公平角度进行分析，等等。

笔者认为：房地产企业收购在建工程以自己的名义立项，并完成后续开发，应以取得转让方开具的增值税专用发票注明的税额在未来计算房产销项税额中抵扣，而不是在房产价款中扣除土地价款计算销售额，因为支付与土地相关的支付凭证在转让方而不在收购方；如果在建工程的转让方不能够扣除支付的土地价款（假定从一级土地市场取得且取得合规凭证），那么从房地产企业开发销售的增值税抵扣链条上无疑是不完整的，尽管财税〔2016〕36号、国家税务总局2016年第18号公告等相关文件没有明确规定，从增值税法理及文件精神上房地产企业转让在建工程所支付的土地价款应该可以从转让的价款中扣除。

（二）企业所得税

根据《企业所得税法》第六条第三款的规定，房地产企业转让在建工程应按照财产转让所得缴纳企业所得税。

（三）契税

《财政部 税务总局关于贯彻实施契税法若干事项执行口径的公告》（财政部 税务总局公告2021年第23号）第二条第四项规定，土地使用权及所附建筑物、构筑物等（包括在建的房屋、其他建筑物、构筑物和其他附着物）转让的，计税依据为承受方应交付的总价款。

（四）印花税

《印花税暂行条例》及其实施细则规定[①]，产权转移书据，是指单位和个人产权的买

[①] 《中华人民共和国印花税法》2022年7月1日施行，《中华人民共和国印花税暂行条例》同时废止。

卖、继承、赠与、交换、分割等所立的书据,包括财产所有权和版权、商标专用权、专利权、专有技术使用权等转移书据。《国家税务局关于印花税若干具体问题的解释和规定的通知》(国税发〔1991〕155号)第十条规定,"财产所有权"转移书据的征税范围是:经政府管理机关登记注册的动产、不动产的所有权转移所立的书据,以及企业股权转让所立的书据。因此,企业转让在建工程签订的合同应当按照"产权转移书据"税目缴纳印花税。

(五)土地增值税

《土地增值税暂行条例》第二条规定,转让国有土地使用权、地上的建筑物及其附着物(以下简称转让房地产)并取得收入的单位和个人,为土地增值税的纳税义务人(以下简称纳税人),应依照本条例缴纳土地增值税。

《国家税务总局关于印发〈土地增值税宣传提纲〉的通知》(国税函发〔1995〕110号)在具体计算增值额时,区分以下几种情况进行处理:①对取得土地或房地产使用权后,未进行开发即转让的,计算其增值额时,只允许扣除取得土地使用权时支付的地价款,缴纳的有关费用,以及在转让环节缴纳的税金。②对取得土地使用权后投入资金,将生地变为熟地转让的,计算其增值额时,允许扣除取得土地使用权时支付的地价款、缴纳的有关费用,和开发土地所需成本再加计开发成本的20%以及在转让环节缴纳的税金。③对取得土地使用权后进行房地产开发建造的,在计算其增值额时,允许扣除取得土地使用权时支付的地价款和有关费用、开发土地和新建房及配套设施的成本和规定的费用、转让房地产有关的税金,并允许加计20%的扣除。

因此,房地产企业转让已完成土地前期开发或正在进行土地前期开发("五通一平"),但尚未进入施工阶段的在建项目,按"转让土地使用权"征收土地增值税。已投入的开发成本部分可以扣除,但不能加计扣除;转让已进入建筑物施工阶段的在建项目,按"销售不动产"征收土地增值税,已投入的开发成本可以加计扣除。

房地产企业收购在建工程后,以自己的名义立项,并完成后续开发,收购"在建工程"所支付的价款是否可以加计20%扣除呢?收购在建项目(烂尾楼)建房转让开发成本扣除问题,现行法规政策没有明确,实践上各地执行不一,颇有争议。

1. 允许加计扣除的地方规定

《青岛市地方税务局关于印发〈房地产开发项目土地增值税清算有关业务问题问答〉的通知》(青地税函〔2009〕47号)第五条规定,对纳税人整体购买未竣工的房地产开发项目,然后投入资金继续建设,完成后再转让的允许加计扣除,其扣除项目如下:

(1)取得未竣工房地产所支付的价款和按国家统一规定缴纳的有关费用。

(2)改良开发未竣工房地产的成本。

(3)房地产开发费用。

(4)转让房地产环节缴纳的有关税金,包括税金及附加、地方教育附加。

(5)加计取得未竣工房地产所支付的价款和改良开发未竣工房地产成本两项之和

的20%。

根据上述政策文件,收购在建项目是"纳税人房地产开发项目实际发生的成本",因此,应允许加计扣除。

2. 不允许加计扣除的地方规定

《浙江省地方税务局关于土地增值税若干政策问题的公告》(浙江省地方税务局公告2014年第16号)第四条规定,房地产开发企业购买在建房地产开发项目后,继续投入资金进行后续建设,达到销售条件进行商品房销售的,其购买在建项目所支付的价款及税金允许扣除,但不得作为土地成本和房地产开发成本加计20%扣除以及房地产开发费用按比例计算扣除的基数。后续建设支出的扣除项目处理按照《土地增值税暂行条例》第六条及《土地增值税暂行条例实施细则》第七条相关规定执行。

三、案例解析

润丰房地产公司为凯润集团公司全资子公司,增值税一般纳税人,二级房地产开发资质。2016年1月,公司在A市通过"招拍挂"购置一宗土地使用权,3月动工开发建造左岸春天花园项目,建造非普通住宅500套别墅,总建筑面积85 000平方米,可售建筑面积82 000平方米,取得土地使用权支付土地出让金及相关费用18 000万元,建造成本21 000万元,金融机构借款费用1 500万元(不能够按转让房地产项目计算分摊),开发期间发生期间费用1 200万元。2017年8月竣工决算,当月开发房产销售完毕,平均售价12 600元/平方米。(A市房地产开发费用扣除比例为10%,土地使用税、地方教育费附加、水利基金不予考虑)

方案一 润丰房地产公司正常开发销售左岸春天花园项目,开发建造总成本40 500万元,不含利息(利息计入开发间接费用)建造成本39 000万元,取得销售价款总额103 320万元。

1. 增值税

该项目开工日期在2016年4月30日前,属于营改增后的房地产老项目,增值税简易计税。

增值税应纳税额=103 320÷(1+5%)×5%=4 920(万元)。

2. 税金及附加

税金及附加=4 920×(7%+3%)+103 320×0.5‰=543.66(万元)。

3. 土地增值税

土地增值税应税收入=103 320÷(1+5%)=98 400(万元)。

扣除项目金额=39 000×(1+20%+10%)+543.66=51 243.66(万元)。

增值额=98 400−51 243.66=47 156.34(万元)。

增值率=47 156.34÷51 243.66=92.02%,适用税率40%,速算扣除率5%。

应交土地增值税=增值额×40%−扣除项目金额×5%=47 156.34×40%−

$51\,243.66 \times 5\% = 16\,300.35$(万元)。

4. 企业所得税

应纳税所得额 $= 103\,320 \div (1+5\%) - 39\,000 - 1\,500 - 1\,200 - 543.66 - 16\,300.35 = 39\,855.99$(万元)。

应纳所得税额 $= 39\,855.99 \times 25\% = 9\,964$(万元)。

5. 税负

纳税总额 $= 4\,920 + 543.66 + 16\,300.35 + 9\,964 = 31\,728.01$(万元)。

整体税负率 $= 31\,728.01 \div [103\,320 \div (1+5\%)] = 32.24\%$。

方案二 左岸春天花园项目在建过程中，润丰房地产公司将未完工的在建项目转让给关联企业华丰房地产开发公司，转让价款61 992万元，公司已投入开发成本30 600万元，发生银行借款利息支出900万元，期间费用720万元。华丰房地产开发公司接盘后，预计后续投入开发成本8 400万元，期间费用480万元，支付银行利息600万元，开发完工后对外销售取得销售价款103 320万元。项目相关税费由两个公司分别缴纳。（A市契税税率为3%）

1. 润丰房地产开发公司承担的税费

（1）增值税。

增值税应纳税额 $= 61\,992 \div (1+5\%) \times 5\% = 2\,952$(万元)。

（2）税金及附加。

税金及附加 $= 2\,952 \times (7\% + 3\%) + 61\,992 \times 0.5‰ = 326.2$(万元)。

（3）土地增值税。

土地增值税应税收入 $= 61\,992 \div (1+5\%) = 59\,040$(万元)。

扣除项目金额 $= 30\,600 \times (1+20\%+10\%) + 326.2 = 40\,106.2$(万元)。

增值额 $= 59\,040 - 40\,106.2 = 18\,933.8$(万元)。

增值率 $= 18\,933.8 \div 40\,106.2 = 47.21\%$，适用税率30%。

应交土地增值税 $=$ 增值额 $\times 30\% = 18\,933.8 \times 30\% = 5\,680.14$(万元)。

（4）企业所得税。

应纳税所得额 $= 61\,992 \div (1+5\%) - 30\,600 - 900 - 720 - 326.2 - 5\,680.14 = 20\,813.66$(万元)。

应纳所得税额 $= 20\,813.66 \times 25\% = 5\,203.42$(万元)。

（5）税负。

纳税总额 $= 2\,952 + 326.2 + 5\,680.14 + 5\,203.42 = 14\,161.76$(万元)。

整体税负率 $= 14\,161.76 \div [61\,992 \div (1+5\%)] = 23.99\%$。

2. 华丰房地产开发公司承担税费

（1）增值税。

增值税应纳税额 $= (103\,320 - 61\,992) \div (1+5\%) \times 5\% = 1\,968$(万元)。

(2) 税金及附加。

税金及附加＝1 968×(7%＋3%)＋103 320×0.5‰＝248.46(万元)。

(3) 契税。

契税＝61 992÷(1＋5%)×3%＝1 771.2(万元)。

(4) 土地增值税。

工程成本＝61 992＋8 400＋1 771.2＝72 163.2(万元)。

土地增值税应税收入＝103 320÷(1＋5%)＝98 400(万元)。

扣除项目金额＝72 163.2×(1＋20%＋10%)＋248.46＝94 060.62(万元)。

增值额＝103 320÷(1＋5%)－94 060.62＝4 339.38(万元)。

增值率＝4 339.38÷98 400＝4.41%，适用税率30%。

应交土地增值税＝增值额×30%＝4 339.38×30%＝1 301.81(万元)。

(5) 企业所得税。

应纳税所得额＝103 320÷(1＋5%)－72 163.2－600－480－248.46－1 301.81＝23 606.53(万元)。

应纳所得税额＝23 606.53×25%＝5 901.63(万元)。

(6) 税负。

纳税总额＝1 968＋248.46＋1 771.2＋1 301.81＋5 901.63＝11 191.1(万元)。

整体税负率＝11 191.1÷[103 320÷(1＋5%)]＝11.37%。

3. 整体税负

两个公司纳税合计＝14 161.76＋11 191.1＝25 352.86(万元)，整体税负率25 352.86÷[103 320÷(1＋5%)]＝25.77%。

方案二比方案一节税＝31 728.01－25 352.86＝6 375.15(万元)，税负率降低6.48%。主要原因：华丰房地产公司接盘润丰房地产公司转让的左岸春天项目，其计算土地增值税时在建工程支出存在重复加计扣除，两公司在整个项目的转让、销售环节少缴土地增值税＝16 300.35－(5 680.14＋1 301.81)＝9 318.4(万元)。

上述方案是在房地产老项目按照简易计税方法下进行的，节税方案是否可行，一是要看当地政府有关部门对房地产在建项目转让的审核限制，二是要看当地税务部门对纳税人整体购买未竣工的房地产开发项目，然后投入资金继续建设，完成后再转让的允许加计扣除具体规定。

对一般纳税人开发项目按照一般计税方法的，除了考虑上述两个因素外还要关注在建工程转让方在计算销售额时支付的土地价款是否可以从转让的在建工程价款中扣除，否则，即使当地政府有关部门对房地产在建项目转让的审核不加限制，当地税务部门允许购买在建项目所支付的价款可以加计扣除，承接方土地增值税税负降低了，但是转让方的增值税税负升高了，项目整体节税目的就达不到。

第八章

房地产开发企业税收风险管理方法

房地产行业是我国经济的支持产业,其行业的入库税款额占我国财政收入的比例较高。房地产企业具有开发、销售周期长,成本费用项目多,会计核算复杂,涉及税种多的特点,税务机关管理难度较大,一直以来是税务机关关注的重点行业。

第一节 房地产开发企业风险识别

一、数据来源

涉税数据主要包括税务机关采集的数据、第三方数据、纳税人报送的数据。主要来源于金三系统、税务机关要求纳税人定期报送的其他资料以及第三方数据。

金三系统按月或按期风险识别获得数据,包括税务管理码、纳税人名称、数据项名称、所属期限、数据额等。

税务机关要求纳税人报送的数据除正常申报数据外,还需补充采集纳税人按年随同企业所得税汇算清缴附报的纳税人年度结转收入、成本、面积等相关信息。

第三方数据主要从住建局、国土局、规划局、财政局、人民银行等与房地产开发建设相关的部门获取,具体主要包括企业名称、法人代码号、具体数据项名称(如国土局:土地面积)、数据项金额等。

二、房地产开发企业财务报表风险分析

(一)房地产企业财务报表的特点

房地产企业与其他企业相比,具有开发周期长、资金投入量大、回收投资周期长等特点,与常规信息相比,其财务报表所显示的信息往往在理解判断上让人产生较大的偏差。因此对房地产企业财务报表的解读不能完全拘泥于一般企业财务报表的常规方法。相对于一般企业财务报表,房地产企业财务报表的局限性表现在:

(1)大量预收账款导致短期负债剧增,影响了对企业偿债能力的判断。大多数房地产开发企业都是以定金或首付款等形式预收部分房款,在预收账款科目核算。由于房地产企业从项目的立项、施工、验收到正式销售开发产品需要较长的时间周期,导致

预收账款长期挂账,形成了企业名义上的长期负债,进而造成资产负债率较高,影响了对企业偿债能力的判断。

(2) 开发成本准确计量和分摊难度较大,影响了对企业真实资产总量的判断。一般来说,房地产项目开发周期长、时间跨度大,加之不确定、不可比等复杂因素的存在,开发成本准确计量和分摊难度较大,直接影响到企业会计利润的核算和企业所得税的征管。不但如此,房地产开发企业之间由于开发规模、开发周期、资金状况、政策理解、核算水平等的不同,成本核算的对象、成本费用的归集与分配、成本核算周期等在企业间差异也较大。有些企业开发项目虽已完工,但由于资金紧张不能按期支付给施工配套单位工程款,使得很多应及时进入开发成本核算的成本费用未能及时列支,开发成本也就不能及时转为开发产品,导致企业的开发产品账面数与实际数有较大出入。

(3) 期间费用全部计入当期损益,影响了对企业经营成果的判断。按现行房地产开发企业会计制度规定,企业在开发经营过程中发生的管理费用、财务费用和营业费用作为期间费用,直接计入当期损益。房地产企业在项目尚未竣工验收决算、大量预收账款未转销售收入前将出现巨额亏损,特别是对于连续开发和滚动开发的企业,很难通过财务报表分析出企业真实的盈利水平,就势必影响到对企业经营情况的真实反映和主观判断。

(二) 如何对资产负债表进行税收风险分析

1. 货币资金科目分析

如期末余额较大,则要与企业所得税申报的预计利润结合进行分析,如存在货币资金的增加额乘以预计毛利率小于当期申报的预计利润的现象,要对企业的预收账款科目进行核实,是否存在收取预售房款未通过"预收账款"科目记账,少申报预计利润,同时要求提供银行对账单,查阅是否存在货币资金已支出未入账的情况,并查明该项支出是否属于实质性的关联企业。如期末余额较小,要分析是否可能存在货币资金不入账的情况。应当要求企业提供银行对账单与企业银行存款明细账相核对,是否存在资金转出不入账,不记在其他应收款等往来科目,而放在银行未达账项中。另外也可以突击实地盘点企业的库存现金数并与现金日记账账面数核对,如相差较大,应当分析具体原因,是否存在账外经营的情况。

2. 应收账款科目分析

由于近几年房地产行业进入卖方市场,房地产产品供不应求,有的房地产开发商甚至在未取得预售许可证之前就要求购房人一次性交清,房地产企业应收账款科目一般余额比较小,应当对房地产企业的应收账款进行明细分析,如应收账款明细科目期末余额为贷方余额,则应重点分析,防止企业将收到的预收款放在应收账款科目,而不放在预收账款科目,需要通过分析相应销售合同约定的付款方式、付款期限等判别真假,是否存在逃避预缴企业所得税行为。

3. 其他应收款科目分析

一般来说，此科目期末金额不大，应认真分析明细。如发现期末余额较大及本期业务发生频繁和发生额较大的往来，要审核业务发生的时间、往来的性质以及彼此间是否属于关联企业，要防止部分资金宽裕的房地产企业将闲散资金无偿对外拆借给其关联企业，记入"其他应收款"科目，不按关联企业之间按照独立企业之间的业务往来计提利息收入。

4. 存货科目分析

此科目主要反映期末完工开发产品和期末未完工开发产品的情况。期末完工产品的余额一般是与预收账款科目有对应关系的。由于目前房地产企业开发项目必须达到一定完工程度才能取得预售许可证，而房地产开发项目需要投入资本比较大，建筑商也需要及时按照工程进度与房地产企业开票结算工程款，房地产企业期末完工产品的余额一般是与预收账款科目有对应关系的，存货金额应当与预收账款金额保持一定比例的正相关关系。如果远小于预收账款期末金额，则有可能存在收入成本费用不配比的现象，存在前期多结转销售成本的可能。这时要分析企业开发产品总成本、单位面积的开发成本等计算方法和分摊依据，是否将土地出让金、前期工程配套费等一次性计入前期成本。有的房地产公司结转销售成本时，不按税务规定的成本结转方法进行结转而是按成片开发的综合毛利率进行结转，就可能出现门面房在前期销售时多结转了成本；如果期末存货金额远大于预收账款期末金额，则有可能存在预收款项不通过预收账款科目核算，而通过其他科目核算的可能。同时在审核存货科目时，还应注意将完工开发产品的贷方与主营业务成本的借方进行比对，两者应当相等，如大于则有可能存在将开发产品用于抵债、赠送等未视同销售的情况。

5. 固定资产科目分析

一般情况下房地产公司的固定资产账面数，相对于企业的注册资本、开发规模来说，金额不会很大。如果金额较大，应当分析其具体明细。房地产企业固定资产科目核算的内容主要是汽车、复印机、电脑、打印机、办公桌等内容。房地产企业与其他工业企业相比，具有开发周期长的特点，但流动性也相对大一些。一个楼盘开发结束后，就转到下一个地方开发，所以办公用房一般都采取租赁方式。有些开发时间长的房地产公司也可能有办公用房，如售楼处和样品房等，但按照税收规定，建设售楼处时其成本必须单独核算，否则应当视为开发产品而不作为固定资产来处理。根据房地产公司开发的特点来说，开发单位和施工单位一般不会是同一家公司，因而，固定资产明细账上一般不应当有工程机械等设备。如发现则需多加审核相关手续并实地盘点以辨别其真伪。有些实行核定征收企业所得税的建筑公司将购买的机械设备发票放在房地产公司入账，少开具增值税发票以达到少缴税及附加的目的。

6. 短期借款科目分析

绝大多数房地产企业由于投入资金量大，一般都有银行借款。对于短期借款科目的审核应重点围绕两个方面：一是企业是否有将预收款以借款的名义记入短期借款科目，逃避预缴企业所得税。一般来说企业短期借款为整数，而且以万元为单位。分析中如果发现企业短期借款金额准确到千位以下，则应重点审核短期借款记录是否真实、规范，是否存在将预收合同外的购房款因公司经营需要转入账内运营，而计入该科目。二是对于金额比较大的借款，要认真分析借款的金额和付息方式。特别是向个人或非金融单位的借款，更要认真审核其借款合同的真假。对于由于借款利率超过基准利率而列支的利息，应不允许税前列支。要认真分析企业与借款方是否有存在关联关系，企业从其关联方接受的债权性投资与权益性投资的比例超过规定的标准而发生的利息支出，不得在计算企业所得税时扣除。

7. 其他应付款科目分析

一般来说，此科目期末金额不大，此科目如果期末金额较大，应认真分析明细。一是看其他应付款是否核算关联企业之间的往来，对于关联企业的往来需要注意以下几个方面：一是部分房产企业将向关联企业的借款放在此科目里并计提利息在税前列支。需要审查企业从其关联方接受的债权性投资与权益性投资的比例是否超过规定的标准，计提利息的利率是否超过同期金融企业贷款利率。二是看其他应付款是否核算代其他部门收取的税费。房地产公司代其他部门收取的税费也一般放在此科目核算，要分析收取税费时，谁开具收据以及分析是否属于房价的组成部分。如果属于房价的组成部分及由房地产公司领取的收据自己开具，则此部分需确认为收入。三是需要分析其他应付款是否存在长期应付未付的情况。如有些房地产公司为了少缴纳企业所得税，签订假的施工合同，由房地产公司支付营业税金及附加，让建筑公司多开具建筑业发票金额入账。由于业务虚假，相关应付的款项自然是长期挂账。四是部分房地产企业与购买方在签订购房合同时，为了达到双方少缴相关税费的目的，房屋的真实成交价往往高于开票价，其差额部分房产公司往往以收据形式收取，在房地产公司需要资金周转时，以借款或集资款的名义，计入此科目。

8. 预收账款科目分析

此科目是房地产行业最为敏感的涉税科目。需要与存货、主营业务收入、税金及附加、应交企业所得税等科目一起综合分析。这几个会计科目之间都有一定的对应关系。在分析中，一是要通过预收账款明细账以及相应的购房合同上注明的付款方式，分析判别主营业务收入应当确认的时间。二是要将资产负债表预收账款科目数据与企业申报表数据进行比对，分析收到的预收款是否及时足额预缴了企业所得税。具体方法是将资产负债表预收账款科目本期增加额乘以预计计税毛利率后的金额，与企业申报表中预收账款纳税调增金额减去预收账款纳税调减金额后的余额进行比对，两者金额应该一致。

9. 资本公积科目分析

要将年初数与期末数进行比较，如增加较多，则应当分析增加的原因，是否属于债务重组所得。绝大多数房地产企业都需要向银行融资。有些企业为了降低账面上的资产负债率以便向银行贷款,由总公司出放弃债权的文书后,直接将向总公司的借款转增资本公积。

(三) 如何结合风险分析解读损益表中的重点科目

1. 主营业务收入科目分析

分析已出售开发产品是否及时结转销售收入。一般的房地产公司都会尽可能推迟确认主营业务收入时间,其确认的依据和金额与开具的正式房屋销售发票的金额一般是相等的。大部分房地产公司对确认收入时间的理解是必须开具正式房屋销售发票时才确认,开具发票前取得的收入只算是预收款。对照国税发〔2009〕31号文件精神,房地产公司确认收入的时间和金额分很多情况,需要对房地产企业的销售方式及购房户的购销合同内容等进行认真分析。

2. 主营业务成本科目分析

此科目可能存在的最大的问题是结转的主营业务成本被人为加大或提前。对于连续开发或滚动开发的房地产企业,较多房地产企业不按照收入成本配比原则,不能分项目、分开发类型进行成本费用的归集和分配,从而导致前期开发项目的利润人为调低,无法保证企业所得税的均衡入库。在进行营业成本分析时,需要结合该企业的测绘报告上的总开发面积、已完工面积、已售面积等数据进行综合分析。

土地成本、建筑安装成本约各占房地产成本的30%。土地成本分析时要查看其分摊的方法和依据。特别是分析单位面积的建筑安装成本时,要结合当地同时期、同房型、同地段的平均水平来认真比较。有些企业的单位面积建筑安装成本偏高的话,则要结合建筑常规深挖成本偏高的原因。

3. 税金及附加科目分析

此科目与主营业务收入和预收账款科目有一定的逻辑关系。从理论上测算,与当年实际缴纳的土地增值税和地方综合规费有关,此金额应与申报的税金及附加基本相等。如相差较大,应当分析原因,有无人为加大税金及附加的行为。

4. 主营业务利润科目分析

房地产企业的毛利率是比较高的,要根据国家公布的房地产行业利润参考值,并结合同时期、同地段其他房地产公司的经营情况,分析判断评估企业的毛利率是否合理。

5. 期间费用科目分析

管理费用过高过低都可能存在问题,过高了可能有虚列支出的情况,需对大额支出审核票据的合法性和其业务的真实性。管理费用过低了也有可能是企业将前期发生的业务招待费、业务宣传费、广告费全部计入了开发成本中的前期工程费,而没有单独归集此部分费用。对于财务费用,要结合借款的对象分析利息支出的合理性。要注意有些企业一方面向银行等单位大量借款支付高额利息,另一方面又将自己的资金无偿供关联企业使用不计利息收入。

6. 营业外收入科目分析

一是分析代收契税等手续费用是否准确记录。现在一般地方政府都将需收取的契税等费用委托房地产公司在收取房款时一并收取。地方政府给予一定比例的返还。部分房地产公司都将此返还的手续费计入了小金库，瞒报了此部分收入。二是分析固定资产盘盈、固定资产处置收益、非货币性资产交易收益、出售无形资产收益、罚款净收入和其他应计入营业外收入的项目是否属于视同销售应当确认的范围。

三、房地产开发企业风险特征分析

（一）房地产开发企业税收征管特点

近十年，房地产市场持续快速发展，房地产行业也得以快速发展，企业纳税规模也逐年增长，各级税务机关也将房地产业作为管理的重点，不断加强房地产企业的税收征管。房地产业税收征管特点主要有以下几方面。

1. 税收征管较复杂

房地产业开发周期长，各经营环节涉及的纳税情况较复杂，如企业取得土地时缴纳契税，并开始缴纳城镇土地使用税；房地产开发环节，涉及开发成本的核算，缴纳个人所得税和印花税；房地产销售环节，涉及缴纳增值税（营改增前为营业税）、企业所得税、预缴土地增值税等，项目清算环节，涉及土地增值税的清算。

2. 土地增值税的征管

同其他企业相比，房地产企业还要缴纳土地增值税，土地增值税采取先预缴后清算的征管模式，国家税务总局2009年出台了国税发〔2009〕91号文件，进一步加强房地产企业的土地增值税征收管理，规范土地增值税清算工作。

3. 行业特殊税收规定较多

房地产企业在房产预售时取得预收房款，应缴纳增值税（营改增前为营业税）、预缴土地增值税、按预计毛利率计算预缴企业所得税。针对房地产企业财务会计核算特点，国家税务总局2009年出台了国税发〔2009〕31号文件，加强从事房地产开发经营企业的企业所得税征收管理，规范从事房地产开发经营业务企业的纳税行为。

（二）房地产开发企业风险特征

本部分结合行业生产经营特点，从房地产开发、商品房销售、自持物业出租等各运营环节中梳理业务过程，查找容易产生税收风险的重点流程和重要环节。

（1）混淆成本核算对象，未按配比原则归集产品成本。

第一，未根据开发项目的特点及实际情况确定成本核算对象，所有开发工程成本在一个账户中核算，无法确认当期单项工程开发成本。

第二，一次性列支应由各期分摊的土地成本（含土地附属成本）。

第三，将同一土地使用权价值在多个开发项目间没有明确分配比例和正确计算具体金额。

第四，征地、拆迁支出，未按规定进行归集分摊，涉及分片分期开发的，未在各个项目进行合理分摊。

第五，企业各期成本核算混乱，提前列支下期项目的成本。

第六，未单独核算有偿转让或自用配套设施的成本，将其全部计入可售房屋开发成本。

第七，虽单独核算有偿转让或自用配套设施的成本，但只分摊建筑安装工程费，而土地成本、前期工程费、基础设施费、借款利息等费用在已售房屋中分摊。

（2）虚大开发成本增加计税基础，减少应纳税所得额。

第一，取得的土地资产不按规定计价；擅自扩大或减少土地资产的价值，将购进土地进行"三通一平"后，进行评估，虚增土地成本，计入开发成本。

第二，虚增列支大市政配套费，包括红线外"三通一平"等的建造费和管线铺设费。

第三，虚增拆迁户数，多列拆迁补偿费或虚增补偿金额，多列拆迁补偿费。

第四，存在征用土地、拆迁安置等实际支出明显超计划现象。

第五，各项前期工程费没有取得合法有效凭证，无法核实真实性。

第六，签订虚假单项合同，取得虚开发票，加大建安工程费。

第七，从有关联关系的贸易公司购进材料，向关联企业发包或分包工程，人为提高材料价格或建安费用，虚大成本，转移利润。

第八，采取包工不包料方式发包工程，在开发企业提供的材料、水电和其他物资已凭发票计入开发成本的情况下，让施工企业按劳务费和材料价款的合计金额再次开具发票，并负担其多开部分的税款，重复列支开发成本；虚列工程监理费。

（3）将资本性支出直接列入当期成本费用，减少当期应纳税所得额。

第一，开发产品完工前的借款利息，未按规定资本化，一次性计入当期损益，提前列支利息支出。

第二，将样板房的装修费用及购置配套物资等费用直接计入当期费用。

（4）企业在房地产项目开发过程中，以票据报销的方式支付给员工的交通费和通讯费，存在少代扣代缴个人所得税的风险。

（5）企业开发房地产项目，与建筑公司签订了建安合同，未申报缴纳印花税，存在少缴印花税的风险。

（6）预售收入、价外费用等未按规定及时确认收入或直接冲减成本风险。

第一，在开发产品完工前，取得的预售收入，包括收取的定金、违约金、诚意金等，将预售收入记入"预收账款"以外的往来科目，长期挂账不申报纳税。

第二，收取的手续费、基金、集资费、代收款项、代垫款项以及其他各种性质的价外收费等，未按规定确认收入。

第三，将售房款冲减成本、费用或直接转入关联单位，或将售房款打入个人储蓄账户或信用卡账户，未按规定入账。

第四，客户放弃的购房定金、没收的违约保证金、施工方延误工期的罚款收入未按规定确认收入或直接冲减了成本。

(7) 收到银行按揭款不计预售收入的风险。

以银行按揭方式销售开发产品，开发企业在收到首付款，银行按揭贷款到账后，没按规定计算预提毛利并申报；收到的按揭款项以银行贷款等名义记入"短期借款"账户，不计预收账款。

(8) 未按规定及时确认收入延迟纳税风险。

第一，产品完工后未及时结算其计税成本并计算此前销售收入的实际毛利额，同时将其实际毛利额与其对应的预计毛利额之间的差额，计入当年度本项目的应纳税所得额。

第二，对于跨年度房地产开发项目的已完工出售部分，未按权责发生制原则确认收入或故意推迟实现工程结算收入。

第三，企业已经办理开发产品的交付手续和入住手续，或已经开始实际投入使用，利用法律上不具备交付条件为由，不按照开发产品已经完工进行处理，达到规避纳税义务的目的，如工程质量尚未验收合格、尚未办理竣工备案手续、开发产品为社会实践中俗称的"小产权房"等情况。

(9) 特殊结算方式下未按规定确认计税收入风险。

第一，采用分期付款方式销售商品房的未按销售合同或协议约定的价款和付款日确认收入的实现。付款方提前付款的，未在实际付款日确认收入的实现。

第二，采用视同买断方式代销和采取基价（保底价）并实行超过基价双方分成方式，委托销售开发产品的未区分具体合同约定和实际销售价格，统一按照约定较低的价格开具发票确认计税收入，超过约定价格的房款由经销商收取并开具发票或收据，未计入房地产开发企业计税收入。

(10) 销售规划外的开发产品未确认收入风险。

第一，私改规划，增加销售面积的收入未按规定入账。

第二，销售阁楼、停车位、地下室以及精装房装修部分单独开具收款收据，取得的收入没有按规定入账。

(11) 关联企业之间销售价格明显偏低而无正当理由可能存在转移利润风险。

(12) 视同销售业务未按规定申报风险。

第一，企业将开发产品对外投资。

第二，以开发产品换取土地使用权、股权。

第三，以开发产品抵顶材料款、工程款、广告费、银行贷款本息、动迁补偿费等债务。

第四，将开发产品用于捐赠、赞助、广告、样品、职工福利、奖励、分配给投资者。

第五，将公共配套设施无偿赠与地方政府、公用事业单位以其他单位。

(13) 三费准予列支的收入计算基数不准确风险。

企业将预售收入作为广告费、业务宣传费、业务招待费的计算基数,在达到确认条件时未对当期计算三费的计算基数进行调整,将前期已作过计算基数的预售收入重复作为当期的计算基数计算可列支的三费,进而多列管理费用,扩大期间费用列支范围及标准,减少应纳税所得额。

(14) 多列支财务费用风险。

第一,高于同类同期商业银行贷款利率支付的利息未调整,或者调整不正确。

第二,所借款项实为其他公司使用,利息费用在本公司列支,但未确认利息收入(此类情况多为以公司名义借款但款项交由关联公司使用)。

(15) "以租代售"车位取得收入未按实质重于形式原则出售不动产申报纳税风险。

部分房地产开发企业采取"以租代售"的方式,将无法取得独立产权的车位,通过与小区住户签订长期或永久租赁协议的方式,转让车位使用权并预先收取租金,存在未按照"出售不动产"申报不动产转让所得的增值税和企业所得税风险(目前各地方税务部门对该问题处理要求不一致,需总局对此问题处理进行统一和进一步明确)。

(16) 未按照规定划分可增值税前扣除土地出让金风险。

部分房地产企业存在"一次拿地、分次开发"的情况,未按照各项目所占土地面积对土地出让金进行划分固化,在某个开发项目中未能准确按照当期销售面积与可供销售面积之比计算确定当期可税前扣除的土地出让金的情况,存在提前扣除土地出让金、人为调节增值税税负的风险。

(17) 超过规定限额税前列支委托销售佣金的风险。

部分房地产企业委托境外机构销售开发产品,支付给境外机构的销售佣金超过委托销售金额的10%且将销售佣金全额计入销售费用在税前扣除,存在超额列支销售佣金的风险。

(18) 无偿转让回迁安置房未缴纳增值税的风险。

企业按照取得土地使用权时签订的合同或协议的规定,向土地原居民无偿转让回迁安置房,未缴纳销售不动产增值税,存在少缴增值税的风险。

(19) 样板房装修费冲减售房收入的风险。

将样板房装修费用直接冲减售房收入,存在少计售房收入,少缴增值税、土地增值税的风险。

(20) 预缴土地增值税税率错误的风险。

企业预缴土地增值税时,未区分普通住宅、别墅、其他非普通住宅、写字楼、商铺、车位等不同房产项目,全部按普通住宅的预征率预缴土地增值税,存在少预缴土地增值税的风险。

(21) 销售合同未足额缴纳印花税的风险。

企业销售房产,与购房者签订《房地产销售合同》或《房地产预售合同》,未按照合同金额足额缴纳印花税,错按销售合同印花税的税率缴纳印花税,存在少缴印花税的风险。

(22) 违规税前扣除折旧费用的风险。

企业将开发产品转为自用后又对外销售,自用时间未超过12个月,将自用期间的折旧费用在税前扣除,存在少缴企业所得税的风险。

(23) 待售开发产品转出租未按规定核算取得租金收入风险。

第一,房地产企业将待售开发产品转作投资性房地产,先以经营性租赁方式租出或以融资租赁方式租出以后再出售的,租赁期间取得的价款未按租金确认收入,出售时未按销售资产确认收入。对将待售开发产品以临时租赁方式租出的,租赁期间取得的价款未按租金确认收入,出售时未按销售开发产品确认收入。

第二,出租收入抵顶工程款、抵顶银行贷款利息,未确认收入。

第三,将未售出的房屋、商铺、车位等出租的收入、周转房手续费收入等不按税法规定的时间入账或记入"应付账款"等往来科目贷方,未确认收入。

第四,以明显低于市场的价格出租给关联方,未按规定计税。

(24) 将投资性房地产转回开发成本或开发产品时,虚增开发成本或开发产品的风险。

企业将投资性房地产转回开发成本或开发产品时,将持有期间的公允价值变动一并转入,虚增开发成本或开发产品,存在少缴企业所得税的风险。

(25) 持有投资性房地产期间未按规定缴纳房产税的风险。

企业持有投资性房地产期间,出租房产取得房产租金收入,未申报缴纳房产税,存在少缴房产税的风险。

(26) 租赁合同未缴纳印花税的风险。

出租房产并签订房产租赁合同,未申报缴纳租赁合同印花税,存在少缴印花税的风险。

(27) 部分产权归属开发企业的公建配套设施未纳入固定资产管理风险。

第一,如在开发小区内建造的会所、售楼部、停车场库、物业管理场等产权归开发企业所有的,未按固定资产进行账务处理。

第二,部分产权归属开发企业的公建配套未单独作为成本核算对象,其开发成本由其他开发商品分摊。

(28) 自建固定资产建设期发生的工程物资盘亏、报废、损毁的净损失未按规定计入在建工程直接在当期税前列支风险。

(29) 固定资产更新改造支出未按规定计入固定资产原值重新计算折旧,直接税前列支减少发生期应纳税所得额风险。

(30) 未按规定分期计算抵扣固定资产进项税额风险。

第一,2016 年 5 月 1 日后 2019 年 4 月 1 日前购入的按固定资产核算的不动产或不动产在建工程,取得增值税专用发票后对进项税额全额当期抵扣,未按规定在两年内按比例分次抵扣。

第二,2016 年 5 月 1 日后 2019 年 4 月 1 日前房地产企业购入的原材料等物资用途明确,直接用于不动产在建工程的进项税额全额当期抵扣,未按规定在两年内按比例分次抵扣。

第三,2016 年 5 月 1 日后 2019 年 4 月 1 日前房地产企业购入的原材料用途明确的在购入当期已全额抵扣进项税额,在实际用于不动产在建工程时未按规定对将已抵扣进项税额的 40% 在材料领用当期转出为待抵扣进项税额,并于转出当月起第 13 个月再行抵扣。

(31) 将开发的商品房,或会所、物业管理场所等营利性配套设施转为自用时未缴纳房产税的风险。

房地产企业将开发的商品房,或会所、物业管理场所等营利性配套设施转为自用时,未在次月开始按自用固定资产原值计算申报缴纳房产税。

(32) 房地产企业将土地使用权作价对外投资取得其他公司股权时,未根据转出土地使用权的公允价值计算增值税风险。

(33) 长期股权投资持有期间取得被投资公司分派的股息红利未满足连续持有 12 个月条件享受免税优惠风险。

(34) 以分配利润作为分配形式合作开发建房税前扣除不符合规定风险。

第一,将合同约定应分配的利润税前分配。

第二,将接受投资方投资额而在成本中摊销或在税前扣除相关的利息支出。

(35) 房地产企业以换取开发产品为目的,将土地使用权投资其他房地产开发项目未形成股权时,土地使用权转让收益和开发产品入账成本未能准确核算风险。

第一,土地使用权转让未按取得的开发产品的公允价值与土地使用权的账面价值的差额来确认转让收益。

第二,对取得开发产品的成本未按其公允价值确认并对与会计核算上按土地使用权的公允价值确认的差额计入递延所得税资产或负债。

第三,因税法与会计对于换出土地使用权收入确认时间存在差异,房地产企业可能存在未根据税法规定对换出土地使用权取得收入进行相应纳税调整风险。

(36) 其他企业以换取开发产品为目的,将土地使用权投资于房地产开发项目公司未形成股权时,房地产公司对于土地入账成本和换出开发产品收入未能准确核算风险。

第一,未按应分出开发产品(包括首次分出的和以后应分出的)的市场公允价值和土地使用权转移过程中应支付的相关税费确认其换入土地的计税成本。

第二,对分出的开发产品未按公允价值确认收入并计税。

四、房地产开发企业风险识别指标体系

(一)主营业务毛利率

1. 原理描述

通过企业销售毛利率与评估期行业销售毛利率的对比,筛选出差异相对较大的企业,并围绕关联指标展开分析,以发现税收问题的一种方法。

2. 计算公式

$$主营业务毛利率 = (主营业务收入 - 主营业务成本) \div 主营业务收入 \times 100\%$$

3. 应用要点

根据该行业的经营特点,本指标还受到下列因素的影响:房地产企业的营销模式;房地产企业开发产品的完工状态;预售收入缴纳的税金及附加;开发产品的平均销售单价等。因此,在运用该项指标时应充分考虑各种因素,进行综合判断。

(二)销售成本利润率

1. 原理描述

通过企业销售营业成本利润率与评估期行业销售成本利润率的对比,筛选出差异较大的企业,用于判断纳税人成本的真实性。

2. 计算公式

$$评估期销售成本利润率 = 评估期利润额 \div 评估期销售成本 \times 100\%$$

3. 应用要点

根据该行业的经营特点,本指标还受到下列因素的影响:一是房地产企业的建筑类型,如完工产品是高层还是小高层或者普通多层、是否有架空层或地下室、商铺占开发产品的比例;二是房地产企业公共配套设施成本是否配比;三是房地产企业开发成本结构,如每亩土地平均成本、容积率、地理构造;四是开发成本是否按照规定分项目归集,核算是否准确等。因此,在运用该项指标时应充分考虑各种因素,同时要与收入费用率等指标配合使用,以便进一步判断该指标的风险。

(三)所得税税负率

1. 原理描述

通过企业所得税税负率与评估期行业所得税税负率的对比,筛选出差异相对较大的企业,并围绕关联指标展开分析,以发现税收问题的一种方法。

2. 计算公式

$$评估期所得税税负率 = 评估期应纳所得税额 \div 评估期利润总额 \times 100\%$$

3. 应用要点

根据该行业的经营特点,本指标还受到下列因素的影响:房地产企业的销售状态、

预售收入;完工产品占全部开发项目的比例;期间费用、税金及附加。因此,在运用该项指标时应充分考虑各种因素,同时要与收入费用率、资产所得税贡献率等指标配合使用,以便进一步判断该指标的风险。

(四) 资产所得税贡献率
1. 原理描述

通过企业资产所得税贡献率与评估期行业资产所得税贡献率的对比,筛选出差异较大的企业,用于判断纳税人应纳税额的真实性。

2. 计算公式

$$评估期所得税税负率 = 评估期应纳所得税额 \div 评估期资产总额 \times 100\%$$

3. 应用要点

根据该行业的经营特点,本指标还受到下列因素的影响:一是房地产企业的适用类型,如开发产品中普通住宅房、商铺、经济适用房各自所占的比例;二是房地产企业的开发状态、预售收入占总收入的比例;三是开发产品所处的地段、平均销售单价、销售毛利等。因此,在运用该项指标时应充分考虑各种因素,同时要与主营业务毛利率、销售成本利润率等指标配合使用,以便进一步判断该指标的风险。

(五) 收入费用率
1. 原理描述

通过企业收入费用率与评估期行业收入费用率的对比,筛选出差异较大的企业,用于判断纳税人两项期间费用的真实性。

2. 计算公式

$$评估期收入费用率 = (评估期销售费用 + 评估期管理费用) \div 评估期营业收入 \times 100\%$$

3. 应用要点

要与所得税税负率、资产所得税贡献率等指标配合使用,以便进一步判断该指标的风险。

(六) 资产财务费用率
1. 原理描述

通过企业资产财务费用率与评估期行业资产财务费用率的对比,筛选出差异较大的企业,用于判断纳税人财务费用的真实性,利息支出是否按规定予以资本化处理。

2. 计算公式

$$评估期所得税税负率 = 评估期财务费用 \div 评估期资产总额 \times 100\%$$

3. 应用要点

由于该项指标受开发规模、贷款规模、贷款利率等因素的影响,此项指标要与企业的资产负债表对应项目配合使用,以便进一步判断该指标的风险。

第二节　房地产开发行业税收风险应对

一、明确税收风险应对方向

（1）主营业务毛利率。对主营业务毛利率异常的企业，应结合所得税税负率的变动、销售成本变动率等指标，相互印证，企业可能存在不计或少计收入、多列成本问题，需要进一步分析企业销售收入、成本情况及其原因。

（2）销售成本利润率。对销售成本利润率异常的企业，主要对其成本进行监控，特别是企业的建筑安装成本，重点监控是否存在多列成本，或违规擅自改变成本分摊方法等问题。

（3）所得税税负率。对所得税税负率异常的企业，应进一步分析所得税税负变动率，应纳税所得额变动率等指标，可能存在不计、少计收入，多列成本费用，扩大税前扣除等问题，需要进一步分析收入、成本，费用变化和异常情况的原因，看是否存在人为调节利润、费用，成本配比不合理的问题。

（4）资产所得税贡献率。对资产所得税贡献率异常的企业应着重分析其资产的变化情况，企业资产的增加意味着获利能力增强，如资产所得税贡献率降低，则表明企业存在不计、少记收入，多列支出的行为。

（5）收入费用率。对收入费用率过高的企业，要着重审查其管理费用、营业费用、财务费用，尤其要注重工资、会议费的审查。在营业费用中主要审查佣金的支出是否合理。

（6）资产财务费用率。对资产财务费用率异常的企业，重点防止资本弱化，利息支出是关注重点。

二、开展税务约谈

税务约谈是风险管理的核心阶段，需要注重逻辑性。负责约谈的税务人员要做到：确认身份，说明意图；宣传政策，打消顾忌；紧扣提纲，善于设问；身份对等，注重倾听；由表及里，引出焦点；换位思考，以理服人；文明用语、注重形象。

约谈对象主要是企业财务会计人员，了解企业及项目基本情况，资金投放及筹措情况，如有必要，约谈对象可扩大到其他部门及人员。如与行政人事部沟通部门设置、员工人数、人员分布、薪酬管理制度、费用报销制度、项目资质证件的办理进度等；与工程部沟通项目规模、项目投资情况及进展情况、合同管理制度（含总包合同、绿化工程等）；与销售部沟通营销模式、销售进度、收款进度、销售合同管理制度等。

1. 打开对方话题

房地产开发经营行业总体形势交流，本企业总体形势交流。

2. 了解经营状况

企业设立时间、注册资本、项目投资情况及项目规模(包括总建筑面积、占地面积)、资金筹措情况、员工人数、分项目了解项目进展情况。

3. 了解项目结算情况

了解项目竣工验收相关材料是否已报国土房管部门备案,以初步判断项目完工结算的时间。

4. 掌握营销模式

企业销售收入主要构成(分现售和预售、分全额、分期和银行按揭,分开发商自行销售和委托销售)、代收款处理事项,各项目分业态销售单价。

5. 判断成本可能

了解主体建筑总承包商合同签订、发票开具、资金付款、竣工结算流程和购买土地等项目相关事宜,关注分项目各业态单位成本、单位建安成本、土地取得方式和单位土地成本。

6. 设定约谈核心

企业整体利润水平构成和趋势,企业所得税税负趋势。

7. 寻找突破方向

企业内部控制机制、计算机管理水平、财务管理流程、成本管理制度、员工激励政策、主要促销手段。

8. 合理排除疑点

企业财务报表、企业所得税年度纳税申报表数据、投资回报率。

9. 鼓励认真自查

约谈人员展示掌握事实,引用对方话语,平和细致算账,巧设常规疑问,多轮有效沟通,耐心等待解释。

三、进行实地核实

实地核实是风险应对的跟进阶段,需要注重及时性。根据税务约谈掌握情况列出调查重点项目,分项进行实地核实。实地核查顺序:优先核查账外资料(含项目相关资质证书),后调查账内资料;优先核实成本、收款等原始资料,后查阅账簿记录;优先提取时间连贯、资料齐全的可测算资料,后查单个没有关联的资料。

1. 核实项目结算时间

实地核实纳税人项目进展情况,查看项目竣工备案证、初始产权证明,判断项目结算的时间,对是否按时进行完工结算进行核实。

2. 核实收入来源

核对纳税人银行对账单、销售明细表、预收账款,对是否按时足额申报收入进行核查。

3. 核实营销模式

通过营销现场展示的公开信息，与相关部门或销售人员沟通，核实是否存在视同销售行为等，未将视同销售申报纳税或未按规定的方法和顺序确认销售收入申报纳税。

4. 核实项目成本

通过成本发票、建筑工程合同、资金流向的比对和查询，核实项目成本发生的真实性及合理性。

5. 核实可售和不可售面积

实地查看各项目各业态的产权登记情况，核查不可售部分的移交或使用情况。

6. 核实财务报表

核查企业各项目各业态成本的归集和分摊前后是否一致。查看财务报表"其他应付款""预收款项""应收账款"科目明细，核实数额较大或者频繁出现的发生数。

7. 核实所得税年度申报表

将所得税年度申报表的相关项目与预收账款、应收账款明细账、销售明细台账等资料的比对，核实申报毛利的正确性。

四、实施风险处理

针对税务约谈、实地核实结果，对不同的情节可采取以下三种税收风险处理方式。

（1）对因涉税信息不准确而生成的疑点，且纳税人有合理解释的，可以消除风险疑点。

（2）对因税收政策复杂，纳税人非主观故意而是因税收政策理解上的偏差形成的风险疑点，可以采取补缴税款加收滞纳金，不予以处罚的方式进行风险处置。

（3）风险管理过程中，发现纳税人因主观故意不缴或少缴税款的行为，应当立即移送稽查部门，转入税务稽查程序。

第三节　房地产企业所得税税收风险管理案例

一、企业基本情况

XF房地产开发有限公司成立于2006年12月12日，注册资本：3 000万元，注册类型：私营有限责任公司，经营范围：房地产开发、销售。企业所得税为查账征收。

（一）开发项目

XF房地产开发有限公司开发项目——中央花园，占地面积16万平方米，建筑面积40万平方米，于2009年9月开工奠基，容积率1.8，绿化率61%，具有商品住宅综合楼、中轴商业街、临街商业、地下车库等产品，结构类型为框架、框剪，整个项目分两期开发建设,项目一期 2015 年 12 月开始预售,2018 年年底一期全部完工进行竣工结算。项目二期一批 2017 年开始预售,计税毛利率为 8%。

(二)股权结构

2013 年 8 月、2015 年 1 月股东欧建成通过两次股权转让,将其所持 XF 房地产开发有限公司 100%股权分别转让给三个公司(见表 8-1)。

表 8-1　XF 房地产开发有限公司股权转让情况表　　　　　　单位:万元

接收股权公司/价格及股权结构	第一次转让		第二次转让		转让后股权结构
	转让价	股权结构	转让价	股权结构	
A 有限公司	1 530.0	51%	115.2	3.84%	54.84%
B 实业有限公司	510.0	17%	197.4	6.58%	23.58%
C 工程有限公司	510.0	17%	137.4	4.58%	21.58%
合计	2 550.0	85%	450.0	15%	100%

二、选案背景与对象确定

(一)选案背景

为适应税收风险管理要求,根据 CS 市税务局 2018 年企业所得税风险管理劳动竞赛工作安排,评估组对 NX 县税务局所辖房地产企业进行交叉选案确定评估对象。

(二)对象确定

房地产开发具有项目审批严格、开发经营方式多样、开发产品固定、建设周期长、资金占用量大、税收贡献率高、税收征管难度大的行业特点,评估组充分利用税收综合征收管理系统、税收分析预警系统、国土局发布的地籍信息、房管局发布的楼盘销售汇总信息、销售合同信息、土地增值税清算情况以及 NX 房产信息网楼盘信息对 NX 县税务局管辖的 59 户房地产企业进行逐一分析筛选,最终确定评估对象。

1. 初步筛选

由于评估选案对象范围大、时间紧、任务重,为使评估对象确定有的放矢,评估组把 59 户企业分为三组,由三位评估人员在金三系统中分别调阅 59 户企业税务登记、纳税人状态、历年纳税申报表、财务报表,按户归集,做好记录;利用互联网查询与 59 户房地产企业相关的楼盘信息,通过实地走访部分楼盘的营销中心了解楼盘营销状况,最后依纳税人风险高低排序,对风险等级低的企业予以排除。

排除企业类型:

(1)未开盘预售处于筹建期的房地产企业(22 户)。

(2)土地增值税已清算完毕的房地产企业(1 户)。

(3)项目已全部竣工结算待注销的房地产企业(2 户)。

(4)计税成本对象单一的房地产企业(3 户)。

(5)经济适用房、安置房、拆迁房开发企业(3 户)。

(6) 具有开发资质,未实际进行房地产开发经营业务的企业(8户)。

经过初步筛选,排除风险等级低的企业39户,评估组对20户风险等级较高的企业进行分析精选。

2. 分析精选

根据纳税评估管理办法,评估组对风险等级较高的20户企业2015年度至2017年度企业所得税年度申报情况进行了归集整理,结合税收分析预警系统,制作一类指标分析表、二类指标分析表。评估组对各项指标综合分析后,结合各房地产企业开发项目分期信息、第三方销售合同信息等。考虑房地产行业企业所得税处理的特殊性,且房地产行业开发成本费用构成复杂,时间跨度长,在设计规划环节、工程建设开发环节、预售环节、完工结转等环节均存在风险点的因素,评估组在20户房地产企业中选取符合以下条件的企业:

(1) 开发项目分期分批,在建在售。
(2) 取得预售许可证,有预售收入。
(3) 具有达到税法规定完工条件的开发产品。
(4) 企业申报收入少于第三方销售合同信息收入。
(5) 所得税贡献率相对较低。
(6) 所得税税收负担率相对较低。

经过指标测算和开发项目的综合信息分析,评估组确定了5户特别关注的房地产开发企业,制作《风险应对疑点纳税人清册》。

3. 确定评估对象

确定风险应对疑点纳税人后,评估组利用网络搜集疑点纳税人外部信息的过程中,发现XF房地产开发有限公司中央花园一期1♯、2♯、3♯、8♯、29♯号共5栋在2010年取得预售许可证,2015年12月30日开始预售,取得预售收入,交房时间为2017年。从外部信息评估人员判定2015年、2016年为企业的预售阶段,应根据国税发〔2009〕31号文件的规定,销售未完工产品应按预计毛利率计算预计毛利额,计入应纳税所得额。从分析精选阶段数据采集情况来看,评估组发现该企业2015年、2016年所得税申报已结转收入、成本未体现预计利润,这有悖于房地产行业的企业所得税税务处理,存在重大的税收风险,确定为评估对象。

三、数据信息采集及评估疑点案头分析

数据信息采集:由于对企业申报真实性的怀疑,评估组根据国税发〔2009〕31号文件的规定制作各类数据采集表及第三方收集的数据,对销售收入、开发成本、期间费用等分期整理成表(见表8-2)。

(一)纳税申报与财务报表比对疑点分析

针对选案存在的疑点,评估组将金三系统中采集到企业纳税申报数据及财务报表

利润表数据进行比对分析(见表 8-3)。

表 8-2 2015—2017 年企业所得税纳税申报情况　　　　　　　　　　　单位：元

项目/年度	2015 年度	2016 年	2017 年	累计
一、营业收入	29 029 595.00	145 767 655.85	283 781 601.00	458 578 851.85
减：营业成本	24 628 988.32	106 008 751.56	208 544 853.41	339 182 593.29
营业税金及附加	0	10 932 574.19	32 333 600.97	43 266 175.16
销售费用	1 061 928.42	5 006 606.66	12 040 350.15	18 108 885.23
管理费用	1 071 183.83	5 106 007.81	7 409 021.69	13 586 213.33
财务费用	21 331.27	319 407.11	85 808.70	426 547.08
二、营业利润	2 246 163.16	18 394 308.52	23 367 966.08	44 008 437.76
加：营业外收入	0	0	110 072.00	110 072.00
减：营业外支出	0	0	775 510.00	775 510.00
三、利润总额	2 246 163.16	18 394 308.52	22 702 528.08	43 342 999.76
加：纳税调整增加额	76 204.84	140 042.16	527 793.00	744 040.00
其中：房地产企业预售收入计算的预计利润	0	0	0	0
减：纳税调整减少额	0	0	0	0
其中：房地产企业预售收入计算的预计利润	0	0	0	0
纳税调整后所得	2 322 368.00	18 534 350.68	23 230 321.08	44 087 039.76
减：弥补以前年度亏损	0	0	0	0
应纳税所得额	2 322 368.00	18 534 350.68	23 230 321.08	44 087 039.76
税率	25%	25%	25%	25%
应纳所得税额	580 592.00	4 633 587.67	5 807 580.27	11 021 759.94

注：2014 年为零申报。

表 8-3 2015—2017 年财务报表主要财务指标(利润表)　　　　　　　　单位：元

项目/年度	2015 年	2016 年	2017 年
营业收入	0	0	426 734 719.00
其中：主营业务收入	0	0	426 734 719.00
其他业务收入	0	0	0
营业成本	0	0	293 679 086.04
其中：主营业务成本	0	0	293 679 086.04
其他业务成本	0	0	0
销售费用	244 653.42	5 006 606.66	12 040 350.15
管理费用	200 352.59	5 106 007.81	7 409 021.69
财务费用	10 607.96	319 407.11	85 808.70
营业利润	−455 613.97	−10 432 021.58	81 186 851.45
营业外收入	0	0	110 072.00
营业外支出	0	120 000.00	775 510.00
利润总额	−455 613.97	−10 552 021.58	80 521 413.45
所得税费用	0	0	18 157 180.95

分析：表8-2纳税申报数据显示2015—2017年企业均盈利,3年累计缴纳企业所得税11 021 759.94元,所得税平均贡献率为2%,3年均无房地产企业预售收入计算的预计利润;表8-3企业财务报表利润表显示,2015年、2016年企业为亏损,无主营业务收入,无主营业务成本,2017年结转主营业务收入,主营业务成本,财务指标与评估查阅的预售、完工结转的时间相符。2017年实现盈利,所得税费用18 157 180.95元,比企业申报缴纳的企业所得税多7 135 421.01元。

存在疑点：

（1）未按国税发〔2009〕31号文件进行企业所得税处理。

（2）企业的申报数据与财务报表数据存在严重的差异,申报数据的真实行,准确性待确定。

（3）财务报表利润与实际申报利润不符,少缴企业所得税。

（二）收入疑点分析

1. 申报销售收入与第三方信息销售数据对比疑点分析(见表8-4和表8-5)

表8-4　2015—2017年申报销售收入　　　　　　　　　　单位：元

项目/年度	2015年	2016年	2017年	累计
营业收入	29 029 595.00	145 767 655.85	283 781 601.00	458 578 851.85

表8-5　2015—2017年第三方信息——房地产销售合同信息表

年份	销售面积(平方米)	销售数量(套)	销售金额(元)
2015	6 875.04	58	23 986 528.00
2016	68 075.59	500	283 099 016.00
2017	55 816.80	399	259 587 837.00
合计	130 767.43	957	566 673 381.00

分析：表8-4显示2015—2017年累计申报销售收入458 578 851.85元,表8-5显示2015—2017年第三方信息销售合同签订的价格合计566 673 381元,两者相差108 094 529.15元,差异率24%。

存在疑点：企业是否将取得的预售收入沉淀在售楼部未转财务部门计算收入,存在少计收入的风险。

2. 预收账款与存货变动配比疑点分析(见表8-6和表8-7)

表8-6　存货、预收账款2015—2017年期初、期末数据　　　　单位：元

项目/年度	2015年		2016年		2017年	
	期初	期末	期初	期末	期初	期末
存货	79 634 886.60	120 196 744.59	120 196 744.59	266 248 405.42	266 248 405.42	147 680 845.57
预收账款		29 029 585.00	29 029 585.00	301 834 932.70	301 834 932.70	158 881 814.70

表 8-7　存货变动率、预收账款变动率

项目	2015年变动率	2016年变动率	2017年变动率
存货	0.51	1.22	−0.45
预收账款	不可比	9.40	−0.47

分析：2015年、2016年企业存货增加，特别是2016年变动率达1.22，这期间企业应有大量的开发成本归集，引起存货增加；同期预收账款期初余额为0，说明预售开始在2015年，2016年预收账款变动率达到9.40，说明企业销售状况良好，与存货变动配比正常。2017年存货变动呈现负增长，同期预收账款也呈现负增长，企业在本期开始结转已售完工产品收入、成本。

预收账款2015年发生额29 029 585.00元，预计毛利额2 322 366.80元，2016年发生额272 805 347.7元，预计毛利额218 240 427.82元，2017年期末余额158 881 814.70元，预计毛利额12 710 545.18元，本期结转收入426 734 719.00元（利润表）。2017年企业已售完工产品结转收入与预售收入合计585 616 533.70元，因企业申报未考虑预计毛利额的因素，比企业累计申报收入多127 037 681.85元，与第三方销售信息基本持平。

存在疑点：企业未将各期预计毛利额计入应纳税所得额，实际申报收入与预售及结转收入不符。

3. 其他应付款及其他应收款财务指标异常

企业其他应付款及其他应收款历年的当期发生额都较多，说明企业与外部相互拆借较严重，特别是其他应收款2016年比上年同期增长144%，企业可能存在将销售收入挂往来（其他应付款、其他应收款），有应计未计收入的问题（见表8-8）。

表 8-8　2015—2017 年其他应收款统计表　　　　　单位：元

项目/年度	2015年		2016年		2017年	
	期初	期末	期初	期末	期初	期末
其他应收款	34 464 935.06	34 464 935.06	84 202 471.00	84 202 471.00	76 124 106.43	
其他应付款	91 294 192.13	91 294 192.13	42 109 573.90	42 109 573.90	84 307 345.27	

收入疑点总结：

(1) 与第三方信息比对，企业是否将取得的预售收入沉淀在售楼部未转财务部门计算收入，存在少计收入的风险。

(2) 与预收账款当期发生额比对企业未将各期预计毛利额计入应纳税所得额，实际申报收入与预售及结转收入不符。

(3) 其他应收款、其他应付款变动频繁是否存在将销售收入挂往来未计收入的问题。

（三）成本疑点分析

1. 主营业务收入变动与主营业务成本变动疑点分析（见表 8-9 和表 8-10）

表 8-9　2015—2017 年主营业务收入、成本变动率

项目	2015 年变动率	2016 年变动率	2017 年变动率
主营业务收入	不可比	4.02	0.95
主营业务成本	不可比	3.30	0.97

注：2014 年为零申报。

分析：各期主营业务收入与主营业务成本变动率配比接近 1，显示正常。由于房地产行业成本是税收风险点最高的部分，评估组测算了企业各期毛利率及 NX 房地产行业毛利率平均值 28%，除 2015 年低于 NX 房地产行业毛利率平均水平外，2016 年、2017 年与 NX 房地产行业毛利率平均值持平。

表 8-10　2015—2017 年毛利率

项目	2015 年	2016 年	2017 年
毛利率	15%	27%	27%

存在疑点：企业 2014 年开工，2015 年毛利率低于同地房地产行业毛利率平均值，可能存在将应分摊到各期的土地成本、前期工程费等挤占到 2015 年，存在多转成本的风险。

2. 主营业务收入变动率与主营业务利润变动率配比分析（见表 8-11）

表 8-11　2015—2017 年主营业务收入、主营业务利润变动率

项目	2015 年变动率	2016 年变动率	2017 年变动率
主营业务收入	不可比	4.02	0.95
主营业务利润	不可比	7.19	0.27

分析：主营业务收入变动率与主营业务利润变动率配比分析指标异常。2017 年主营业务收入变动率与主营业务利润变动率匹配比为 3.52，大于 1 且两者都为正数，企业可能存在多列成本费用，扩大税前扣除范围的情况。

3. 开发成本分析

由于企业一期 2017 年除中轴商业以外均已达到完工条件，二期预售在建，评估组就以一期完工产品作为开发成本归集分析的重点。

1）土地征用及拆迁补偿费分析（见表 8-12）

中央花园土地成本共计 100 019 805.13 元（含税费），无拆迁补偿，成本归集预提费用表一期土地成本 58 011 486.97 元，约占一期总成本的 13%，二期土地成本 42 008 318.16 元。评估组根据 NX 县基准地价表对项目土地成本进行测算。

表 8-12　NX 县城区基准地价一览表　　　　　　　单位：元/平方米

用途/级别	一	二	三	四	五
商业	2 100	1 650	1 200	900	600
住宅	1050	900	750	600	450
工业	675	525	375	300	240

中央花园用地属于商住用地，基准地价五级，商业用地基准地价＝600×15 412.60＝9 247 560.00（元），住宅用地基准价格＝450×143 466.67＝64 560 001.50（元），合计 73 807 561.50 元。企业实际土地成本高于基准价格 35.50%。由于各地价受政府调控、招商引资以及实际宗地评估价格的影响，可能与基准地价存在差异。

存在疑点：土地成本与基准地价对比分析，土地成本偏高。

2）建筑安装工程费分析（见表 8-13）

表 8-13　住建局发布建安工程合同价

	建设规模	合同价
中央花园 1、2、3、29 号楼及地下车库	54 223 平方米	7 287.983 6 万元
中央花园 4~8、11~13 号栋、4 号地下室、中轴商业	111 700 平方米	14 655.000 0 万元
一期合计	165 923 平方米	21 942.983 6 万元
中央花园二期 14~17、20~24 号栋	108 859 平方米	16 329.300 0 万元

分析：成本归集预提费用表归集一期建筑安装工程费 298 327 847.52 元，高于住建局发布一期建安工程合同价。评估组又测算了单位面积建筑安装工程费＝298 327 847.52÷125 403.20（可售面积）＝2 378.95（元/平方米）。

存在疑点：企业可能多列建安成本。房地产行业开发成本归集中，建安成本是纳税评估的高风险点，有不少企业虚开建安发票，加大建安支出。

3）建筑安装工程费与前期工程费配比分析

根据房地产行业规定前期工程费约占建筑安装工程费的 3%~5%，企业理论应归集前期工程费上限 298 327 847.52×5%＝14 916 392.38（元），企业成本归集预提费用归集一期前期工程费 10 708 248.43 元，在预警区间内；以住建局发布建安工程合同价测算，企业前期工程费也在预警区间内，初步排除多列前期工程费的问题。

4）建筑安装工程费与基础设施费配比分析

根据房地产行业规定基础设施费约占建筑安装工程费的 3%~5%，企业成本归集预提费用表一期基础设施费 46 410 081.80 元，在预警区间内，初步排除多列基础设施费的问题。

5）建筑安装工程费与公共配套设施费配比分析

根据成本归集预提费用表，企业一期无公共配套设施费，排除公共配套设施费问题。

6) 建筑安装工程费与开发间接费配比分析

根据房地产行业规定开发间接费约占建筑安装工程费的3%,企业发生开发间接费16 873 789.23元,约占建筑安装工程费6%,远远高于行业平均值。

存在疑点:是否将应计入期间费用的计入开发间接费。

成本疑点总结:

(1) 2015毛利率低于同期同地平均水平,是否将土地成本、前期工程费挤占到2015年。

(2) 主营业务收入与主营业务利润配比异常,可能多列成本费用。

(3) 土地成本与基准地价对比分析,土地成本偏高。

(4) 企业建安成本与住建局发布合同价对比,可能多列建安成本。

(5) 可能将期间费用计入开发间接费。

(四) 费用疑点分析(见表8-14)

表8-14 2015—2017年主营业务收入、主营业务费用、营业费用、管理费用、财务费用变动率

项目	2015年变动率	2016年变动率	2017年变动率
主营业务收入	不可比	4.02	0.95
主营业务费用	不可比	3.37	0.87
销售费用	不可比	3.71	1.40
管理费用	不可比	3.77	0.45
财务费用	不可比	13.97	−0.73

1. 销售费用分析

分析:主营业务收入变动率与主营业务费用变动率配比分析比值接近于1,销售费用变动率2016年达3.71,2017年达1.40,与当期销售收入配比分析2016年,3.4%,2017年4.3%,都远大于1,企业可能存在多列销售费用或多计销售佣金的问题。

2. 管理费用分析

分析:2016年管理费用变动率3.77,2017年管理费用变动率0.45,2016年管理费用与收入变动率配比比值接近1,2017年管理费用与收入变动率配比比值小于1,从比值看趋于正常范围。评估组又通过财务报表对比分析几项主要科目:

(1) 管理费用——应付职工薪酬:从销售收入分析看,企业2016年销售最旺,根据合理性推断应是人员最多也相对固定的时期,但企业近三年的应付职工薪金分别为772 766.6元、3 583 435.8元、5 561 565.45元,2016年比2015增长的364%,2017年比2016年增长55%,2017年比2016年工资涨幅异常,企业可能存在虚列工资费用的问题。

(2) 管理费用——业务招待费科目:2015年、2016年、2017年三年业务招待费分别为190 512.1元、350 105.4元、1 019 482.5元,2016年比2015增长的84%,2017年比2016年增长191%。业务招待费历年发生额与企业销售收入配比异常,企业可能存在

多列费用的问题。

3. 财务费用分析(见表 8-15 和表 8-16)

表 8-15 2015—2017 年借款情况　　　　　　　　　　　　　　单位：元

项目/年度	2015 年		2016 年		2017 年	
	期初	期末	期初	期末	期初	期末
长期借款		88 000 000.00	88 000 000.00	77 000 000.00	77 000 000.00	0

表 8-16 2015—2017 年财务费用情况　　　　　　　　　　　　单位：元

项目	2015 年	2016 年	2017 年
财务费用	10 607.96	319 407.11	85 808.70

企业 2015—2017 年无短期借款，向银行长期借款 88 000 000 元，从企业 2015—2017 年财务费用发生额来看，企业借款利息已资本化，属于正常范围。

费用疑点总结：

(1) 多列销售费用或多列销售佣金。

(2) 管理费用列支的应付职工薪酬异常、业务招待费异常。

四、约谈举证

分析掌握了企业的情况后，评估人员于 2018 年 10 月 28 日向 XF 房地产开发有限公司下达了《税务约谈通知书》，并于 2018 年 10 月 30 日与该单位财务负责人刘泽云进行了约谈，并要求该企业对约谈疑点举证相关材料，情况如下。

(一) 纳税申报与财务报表疑点举证说明

1. 未按国税发〔2009〕31 号文件进行企业所得税处理的问题

财务人员解释由于集团公司内部的统一要求，财务核算上不论项目是否已完工，都按照集团公司[上海云峰(集团)有限公司]利润考核目标，确定计划成本及收入。企业向税务部门报送的企业所得税年度申报，实质为当期预售收入×8％×25％来确定当期应缴税额后，反推相应的收入、成本、税金。因此申报未按国税发〔2009〕31 号文件规定处理。

2. 申报数据与财务报表数据存在差异的问题

由于申报是反推的收入、成本，与财务报表数据存在差异。

3. 财务报表利润与企业实际申报利润不符的问题

财务人员解释，由于每一年度集团对内的绩效考核是以各单位实现的利润为考核指标，并以此来发放企业员工的绩效奖金，各被考核单位都会少计成本费用，虚增利润应对集团考核，形成财务报表利润与企业申报利润不符，没有少缴企业所得税。

由于企业未按国税发〔2009〕31 号文件进行企业所得税处理，申报的收入、成本等实质为反推的数据,账表、账实不符,疑点未排除。

(二) 收入疑点举证说明

针对收入的几个问题,企业财务人员向评估组提供了企业销控电子台账,对于收入疑点企业财务人员做了如下解释。

1. 销售收入与第三方信息比对有差异的问题

由于企业有一次性全额付款、分期付款、银行按揭三种销售方式,第三方信息取得数据为合同价,按税法规定,各种销售方式收入确定的时间有差异,因此存在差异。

2. 实际申报收入与预收及结转收入不符的问题

由于企业只考虑了每期的应缴税金,按应缴税金倒推相应收入成本,可能存在不符的情况,企业每期按预售收入的8%与适用税率25%的积计算税金,并未扣除当期的费用、营业税金及附加。

3. 销售收入挂往来未计收入问题

房地产企业由于需要资金量大,相互拆借的现象比较常见,其他应付款、其他应收款科目往来频繁,财务部门按销售部门提供的销控台账入账,销售人员的佣金以此计算,因此不存在销售收入挂往来未计收入。

结合企业的销控台账,以及企业2015—2017年实际申报销售收入,收入的几个疑点排除,但应按国税发〔2009〕31号文件规定进行完工产品收入与未完工产品收入归集,按期结转已售完工产品收入、成本。

(三) 成本疑点举证说明

针对成本的几个疑点,企业财务人员向评估组提供了开发成本表,对几个疑点企业财务人员做了如下解释。

1. 2015年毛利率低于同期同地平均水平,是否将土地成本、前期工程费挤占到2015年问题

企业2015年12月30日才开盘预售,全年仅两天预售,由于当期所得税申报是倒推计算的,且预售收入较小,当期倒推计算毛利额较低,也无可比性,不存在将土地成本、前期工程费挤占到2015年的问题。

2. 主营业务收入与主营业务利润配比异常,可能多列成本费用的问题

企业的成本归集比较正规,相应的支出均由合同、定价,因此不存在多列成本费用的问题。

3. 土地成本与基准地价对比分析,土地成本偏高

由于土地是在企业在股权整体转让的情形下取得的,前期土地转让合同中存在政府行为的捐赠款项10 000 000元,我们将此计入了土地成本,有政府开具的相关票据。因此土地成本可能偏高。

4. 企业建安成本与住建局发布合同价对比,可能多列建安成本

住建局发布的合同价是主体建安工程价格,未包括钢结构、外墙装饰灯、外墙字体、中央空调、智能化专业设备安装等分包工作内容,因此建安成本高于住建局发布的合同价。

5. 可能将期间费用记入"开发间接费"

开发间接费基数过大主要是把资本化借款费用全部记入"开发间接费"科目,未按直接成本法或预算造价法进行分配。但借款发生在2015年属于一期建设借款,因此对一期的总体成本无影响。

成本约谈举证之后,企业认可土地成本中10 000 000元属于捐赠,不应计入土地成本,但由于是政府行为,从企业实际出发,已支付的该款项税前扣除待确定。

(四)费用疑点举证说明

1. 多列销售费用或多列销售佣金

财务人员解释公司在结转收入前,销售费用先记入"长期待摊费用"科目核算,在开始销售后分两年(2016年6月至2017年12月)摊入期间费用的相应科目,2017年摊入以前年度营业费用220.20万元,2016年摊入以前年度营业费用286.20万元。2017年销售形势不好,销售宣传、广告及各种案场活动相应增多,因此销售费用激增。另外,2017年以前销售的未回笼资金大多在2017年收回,销售员提成增多等情况导致营业费用增加。

2. 管理费用列支的应付职工薪酬异常、业务招待费异常

财务人员解释,公司在结转收入前,应付职工薪酬、业务招待费先记入"长期待摊费用"科目核算,在开始销售后分两年(2016年6月至2017年12月)摊入期间费用的相应科目,2017年摊入以前年度工资84.25万元,2016年摊入以前年度工资73.06万元。工资按月发放不计提,另外,2017年以前销售的未回笼资金大多在2017年收回,销售员提成增多导致工资增加。2017年摊入以前年度业务招待费用16.8万元,2016年摊入以前年度业务招待费16.8万元,公司2017年一期工程竣工和前期招商以及集团和事业部下来检查多可能费用多点。

由于约谈无法核实长期待摊费用具体归集项目,企业财务人员解释疑点未消除。

五、实地核查

通过约谈与数据分析比对,结合企业销控表与开发成本表,由于企业申报不实,未按国税发〔2009〕31号文件规定进行企业所得税处理,成本费用部分疑点未消除,评估组人员决定进行实地核查。

针对未排除疑点,评估组人员2018年11月2日向该房地产公司下达了《税务检查通知书》,并于2018年11月2日起对该企业进行实地检查。

XF房地产开发有限公司开发项目——中央花园,分两期开发,计划开发49栋楼盘(车位400余个),截至2015年年底,一期已完工开发产品1#、2#、3#、4#、5#、6#、8#、11#、12#、13#、29#楼以及4#、1#、2#地下车位,于2015年开盘预售,2017年一期除中轴商业街外均达到完工条件,二期一批未完工开发产品14♯、15♯、16♯、20♯、21♯、23♯楼于2017年开盘预售;二期二批未开盘。企业未按国税发〔2009〕31号文件第九条规定计算预计毛利额,是按预售收入8%的预计毛利率与适用税率计算应纳税额倒推收入、成本、税金及费用进行企业所得税年度申报,申报无亏损。

(一) 收入核查

（1）评估人员通过对销控台账、销售合同、售房发票比对,核实该企业收取的购房款、定金、认筹金等均记入"预收账款",2015年、2016年属于预售期,2017年项目一期除中轴商业外均达到完工条件,2017年应结转已售完工产品收入426 734 719.00元,预收账款期末贷方余额158 881 814.7元。经核实：2015年、2016年主营业务收入为0,确定销售未完工产品收入29 029 595元、298 932 337.7元,预计毛利率8%,预计毛利额2 322 367.6元、23 914 587.02元,2017年预计毛利额12 710 545.18元。

政策依据：国税发〔2009〕31号文件第九条规定,企业销售未完工开发产品取得的收入,应先按预计计税毛利率分季或月计算出预计毛利额,计入当期应纳税所得额。开发产品完工后,企业应及时结算其计税成本并计算此前销售收入的实际毛利额,同时将其实际毛利额与其对应的预计毛利额之间的差额,计入当年度企业本项目与其他项目合并计算的应纳税所得额。

（2）在土地成本核查中,评估人员发现2012年8月18日XF房地产开发有限公司与YX事业有限公司土地置换,签订"土地使用权转让协议";2017年8月6日XF房地产开发有限公司通过调账(2017年8月6记37♯)调减"生产成本"1 749 741.58元。实质为XF房地产开发有限公司转让面积为5.738亩的土地使用权给财产保险公司NX支公司,未开具发票,未办理产权过户手续,此项业务应视同销售收入。

政策依据：国税发〔2009〕31号文件第七条规定,企业将开发产品用于捐赠、赞助、职工福利、奖励、对外投资、分配给股东或投资人、抵偿债务、换取其他企事业单位和个人的非货币性资产等行为,应视同销售,于开发产品所有权或使用权转移,或于实际取得实际利益权利时确认收入(或利润)的实现。

(二) 成本核查

（1）截至2017年年底,企业成本台账归集一期开发成本共计430 331 453.95元,其中有发票金额396 961 909.26元,无发票金额33 369 544.69元(其中建筑安装工程费22 974 905.98元,基础设施建设费10 394 638.71元)。由于企业按实际工作量和工程进度进行工程款项结算,企业成本发票回票及时,企业对无发票金额未进行预提,其未预提的出包工程费,未取得发票的不得计入计税成本,待实际取得合法凭据时,再按规定计入计税成本。

政策依据：

① 根据国税发〔2009〕31号文件第三十二条第一款的规定,"出包工程未最终办

理结算而未取得全额发票的,在证明资料充分的前提下,其发票不足金额可以预提,但最高不得超过合同总金额的10%"。其可以预提的出包工程,是指承建方已按出包合同完成全部工程作业量但尚未最终办理结算的工程项目。房地产开发企业可以据以预提的出包工程合同总金额,不包括甲供材料的金额。预提的出包工程款最高不得超过工程合同总金额的10%,且已开发票金额与预提费用总计不得超过出包工程合同总金额。

② 根据国税发〔2009〕31号文件第三十四条的规定,企业在结算计税成本时其实际发生的支出应当取得但未取得合法凭据的,不得计入计税成本,待实际取得合法凭据时,再按规定计入计税成本。

按税法规定应归集一期计税总成本396 961 909.26元,一期总可售面积125 403.20平方米,单位工程计税成本3 165.48元/平方米,一期已售面积100 140.41平方米,应结转已售完工产品计税成本=3 165.48×100 140.41=316 992 465.05(元),企业因集团利润考核,账上结转已售完工产品成本293 679 086.04元,少结转已售完工产品成本23 313 379.01元。

(2) 约谈举证中,企业认可宁城投用地0801号合同,总金额75 592 960元,其中地价款65 592 960元、捐赠款10 000 000元(2013年8月1日转4#凭证 万佛灵山千手千眼像捐款),捐赠支出(开具非税收入一般缴款书)应计入营业外支出,不应计入土地成本,2013年企业无会计利润。

政策依据:根据国税发〔2009〕31号文件第二十七条第一项的规定,捐赠支出不应计入土地征用费及拆迁补偿费,应计入营业外支出。按《企业所得税法》第九条、《企业所得税法实施条例》第五十一条相关规定在支出发生当年按比例限额扣除。

土地成本分摊计算:

项目一期归集土地成本58 011 486.97元,按已售面积占可售面积比例分摊已出售完工产品土地成本58 011 486.97×(100 140.41÷125 403.20)=46 324 927.03(元)。企业成本台账土地总成本95 477 960.00元(含XF与YX置换土地成本1 749 741.58元),相关税费4 541 845.13元,共计100 019 805.13元;万佛灵山千手千眼像捐赠支出10 000 000.00元,应调减土地成本10 000 000.00元。调整后总土地征用费及拆迁补偿费为90 019 805.13元。

完工产品应分摊土地成本计算:

一期完工产品占地面积=90 658.03-6 855.58=83 802.45(平方米)。
6 855.58平方米属于未完工中轴商业街占地面积不应计入完工产品占地面积。
一期完工产品应分摊土地成本=90 019 805.13×(83 802.45÷155 885.70)=48 393 664.19(元)。

已售完工产品应结转土地成本:

按已售面积与总可售面积比例应结转已售完工产品土地成本=48 393 664.19×

(100 140.41÷125 403.20)＝38 644 638.84(元)。

已售完工产品多结转土地成本＝46 324 927.03－38 644 638.84＝7 680 288.19(元)。

(三) 费用核查

(1) CS-X1(GC)-053 号合同及补充协议,在销售费用中列支某投资发展有限公司财务顾问费(2017 年 11 月 15 日记 99♯凭证)共计：6 647 511.60 元,实际企业未支付该笔款项。根据《企业所得税法》第四十一条、四十三条、四十四条及《企业所得税法实施条例》第一百零九条、第一百一十条、第一百一十四条及国税发〔2009〕2 号文件的规定,XF 房地产开发有限公司与上海云峰亨茂投资发展有限公司同属于同一母公司上海云峰(集团)有限公司,两独立核算公司并无实质性的业务关系,凭合同认定顾问费支付,不符合独立交易原则。支付的款项企业未提供其他证据,属于人为转移利润。应调整应纳税所得额 6 647 511.6 元。

(2) 核查企业"长期待摊费用"科目明细账及相关凭证,企业在 2014—2015 年列支隶属于同一母公司独立核算企业长沙宁乡铭城房地产开发有限公司(该企业 2018 年 8 月 6 日注销)部分费用,以工资薪金形式列支非 XF 开发项目紫金公馆营销人员销售佣金,列支绿地天成项目部分费用,共计 406 172.12 元,企业在 2016 年 6 月至 2017 年 12 月进行摊销,应调减 2016 年费用 135 390.71 元,调减 2017 年费用 270 781.41 元。

(3) 企业账上仅有一台汽车计入固定资产,核查企业"长期待摊费用——车辆费"实际为企业员工个人车辆的汽油费(包括 0♯柴油)、过路费、修理费、保险费等。属于员工个人支出,不得在税前扣除。调减 2016 年费用 335 241.28 元,调减 2017 年费用 283 420.7 元。

(4) 长期待摊费用——业务招待费列支业务招待费 808 807.10 元,分别在 2016 年、2017 年进行摊销,业务招待费调整见表 8-17。

表 8-17 XF 业务招待费发生及调整   单位:元

	2012 年	2013 年	2014 年	2015 年	2016 年	2017 年
业务招待费——待摊费用列支	153 654.00	153 994.00	165 375.00	335 784.10		
业务招待费——费用列支				15 103.00	350 105.40	1 019 482.50
实际发生额的 60%				9 061.80	210 063.24	611 689.50
预售/销售收入	0	0	0	29 029 595.00	298 932 337.70	426 734 719.00
计算扣除率 0.005				145 147.98	1 494 661.69	2 133 673.60
税前扣除限额				9 061.80	210 063.24	611 689.50
调增应纳税所得额				6 041.20	140 042.16	407 793.00

(四) 应纳税所得额计算

2015 年、2016 年为企业销售未完工产品时期,应纳税所得额＝会计利润总额＋调增的预计毛利额＋其他调增项目－企业已缴纳并未结转损益的营业税金及附加－其他调减项目。

2015年度应纳税所得额＝会计利润总额＋预售收入×8%＋业务招待费－预缴营业税金及附加＝－455 613.97＋29 029 595×8%＋6 041.2－1 327 314.26＝545 480.57（元）。

2016年度应纳税所得额＝会计利润总额＋预售收入×8%＋业务招待费＋赞助支出＋待摊费用－车辆费＋待摊费用－非本单位支出＋待摊费用－捐赠－预缴营业税金及附加＝－10 552 021.58＋298 932 337.70×8%＋140 042.16＋120 000＋335 241.28＋135 390.71＋5 000－15 346 500＝－1 248 260.41(元)。

2017年企业结转已售完工产品收入、成本,应纳税所得额＝会计利润总额＋当期调增的预计毛利额＋视同销售收入＋土地成本＋销售费用列支支付给关联公司服务费＋业务招待费＋待摊费用－非本单位支出＋待摊费用－车辆费＋前期预缴营业税金及附加本期结转进损－前期已调增预计毛利额－弥补以前年度亏损－一期已售完工产品少结转成本－预缴营业税金及附加＝80 521 413.45＋158 881 814.70×8%＋1 749 741.58＋7 680 288.19＋6 647 511.60＋407 793＋270 781.41＋283 420.70＋16 673 814.26－26 236 954.62－1 248 260.41－23 313 379.01－1 327 314.26＋15 346 500＋25 208 906.75－32 333 600.97＝66 597 595.27(元)。

2015年应缴企业所得税＝545 480.57×25%＝136 370.14(元)。

2015年已缴企业所得税＝580 592.00(元)。

2016亏损。

2016年已缴企业所得税＝4 633 587.67(元)。

2017年应纳所得税额＝66 597 595.27×25%＝16 649 398.82(元)。

2017年已缴企业所得税＝5 807 580.27(元)。

2015—2017年累计已纳所得税额＝11 021 759.94(元)。

应补缴企业所得税＝16 649 398.82＋136 370.14－11 021 759.94＝5 764 009.02 (元)。

六、评估结论

企业应补缴企业所得税5 764 009.02元。

据企业反映一期开发成本中建筑安装工程费约有1亿元成本未归集,但经核查,企业无该部分成本的合同及相关发票,按税法规定本次评估不能计入开发成本。

企业补缴企业所得税后,企业所得税贡献率由原来2%提升到3.91%。

七、评估建议

(1) 应对企业加强日常税收政策辅导,对企业核算不到位的情况要及时辅导,从此次纳税评估中可以看出,由于企业财务人员对企业所得税征收政策理解有误,导致申报数据不实,建议成立专门的纳税评估管理机构、实施专业化的纳税评估,充分发挥纳税评估在对企业的日常纳税辅导、宣传税收政策的作用，帮助企业不断提高申报税款的准确性和及时性。

（2）加强房地产业的信息化管理水平，构建信息化管理平台。通过信息化管理平台管理部门可以及时了解掌握房地产开发项目的各项基础信息，可以对涉及税收核算的信息进行归类总结，对采集到的信息进行合理使用。如房地产企业管理中，管理员可以在事前掌握土地信息、规划信息，及时了解不动产项目总体税收情况；事中掌握销售情况、合同备案信息、企业收款、银行放款信息，通过信息比对及时发现异常情况；事后掌握企业办证信息、发票开具信息，提高纳税评估的针对性和准确性。

（3）加强房地产业关联企业之间的管理及核查，防止大型集团房地产企业利用关联企业转移利润。随着经济发展，房地产开发企业在向集团化方向发展，有的大型房地产开发企业利用成立建安公司、销售公司、物业管理公司等控股公司或全资子公司形成关联企业通过订立各种假合同、假借款等手段来转移利润，达到少缴企业所得税的目的。

（4）建立行业税收风险识别模型，加强行业税收管理。通过专项评估，逐步建立和完善税收风险识别模型，结合日常申报信息和企业财务信息，为我们进行更专业化、规范化的行业管理提供更科学合理的机制。

第四节　房地产税收风险管理案例

房地产企业涉及税种比较多，本节通过典型案例介绍各税种综合分析方法。

一、企业基本情况

某房地产开发有限公司，成立于 2009 年 11 月，注册资本金：4 亿元，登记注册类型：其他有限责任公司。经营范围：从事房地产开发、经营。2016 年 5 月登记为增值税一般纳税人。

房源、土地信息如表 8-18 和表 8-19 所示。

表 8-18　房源信息表

纳税人名称	房产用途	建筑面积(m²)	初始取得时间	房产原值(元)
＊＊＊房地产开发有限公司	商业及办公	2 393.66	2017 年 6 月 30 日	20 919 327.02

表 8-19　土地信息表

土地税源编号	土地用途	占用土地面积(m²)	初始取得时间	有效期起	土地等级	应税土地面积(m²)	单位税额	减免税合计
T1	综合用地	5 593.60	2017 年 3 月	2017 年 4 月 1 日	五级土地	5 593.60	12	0
T2	综合用地	2 064.51	2017 年 3 月	2017 年 4 月 1 日	五级土地	2 064.51	12	0

（续表）

土地税源编号	土地用途	占用土地面积(m²)	初始取得时间	有效期起	土地等级	应税土地面积(m²)	单位税额	减免税合计
T3	综合用地	37 995.85	2017年3月	2017年4月1日	五级土地	19 805.71	12	0
T4	综合用地	1 126.30	2017年3月	2017年4月1日	五级土地	1 126.30	12	0
T5	综合用地	1 250.06	2017年3月	2017年4月1日	五级土地	1 250.06	12	0
T6	综合用地	9 340.08	2017年3月	2017年4月1日	五级土地	3 764.60	12	0
		57 370.40				33 604.78		0

二、项目基本情况

项目名称：山水城，总建筑面积50万平方米，占地面积16万平方米，项目分三期开发，一期建筑面积18万平方米，占地面积4万平方米，2013年5月开工，2014年12月完工；二期建筑面积20万平方米，占地面积8万平方米，2014年8月开工，2016年10月完工；三期建筑面积12万平方米，占地面积4万平方米，2017年1月开工，2018年12月完工。

三、财务报表信息

财务报表信息如表8-20和表8-21所示。

表8-20 资产负债表　　　　　　　　　　　　　　　　　　　单位：元

资产项目名称	2015年年末余额	2016年年末余额	2017年年末余额	权益项目名称	2015年年末余额	2016年年末余额	2017年年末余额
货币资金	27 892 172.54	31 913 815.98	205 402 418.46	短期借款	—	—	—
以公允价值计量且其变动计入当期损益的金融资产	—	—	4 200 000.00	以公允价值计量且其变动计入当期损益的金融负债	—	—	—
衍生金融资产	—	—	—	衍生金融负债	—	—	—
应收票据	—	—	—	应付票据	—	—	—
应收账款	26 749 576.00	5 642 915.02	2 809 684.01	应付账款	—	—	2 018 227.45
预付款项	184 312 854.27	147 282 514.96	224 261 172.88	预收款项	485 460 817.00	187 479 881.57	746 765 255.15
应收利息	—	—	—	应付职工薪酬	16 755.97	39 059.57	82 176.92
应收股利	—	—	—	应交税费	−35 404 987.07	−13 820 395.18	−37 421 975.51
其他应收款	229 965 878.73	526 014 200.72	661 509 902.27	应付利息	—	—	—
存货	832 303 178.60	283 604 229.85	191 912 619.06	应付股利	—	—	—
持有待售资产	—	—	—	持有待售负债	—	—	—
一年内到期的非流动资产	—	—	—	其他应付款	860 158.77	69 765.63	12 699 594.66

(续表)

资产项目名称	2015年年末余额	2016年年末余额	2017年年末余额	权益项目名称	2015年年末余额	2016年年末余额	2017年年末余额
其他流动资产	—	—	—	一年内到期的非流动负债	—	—	—
流动资产合计	1 301 223 660.14	994 457 676.53	1 290 095 796.68	其他流动负债			
				流动负债合计	450 932 744.67	173 768 311.59	724 143 278.67
可供出售金融资产	—	—	—				
持有至到期投资	—	—	—	长期借款	500 000 000.00	500 000 000.00	300 000 000.00
长期应收款	—	—	—	应付债券	—	—	—
				其中：优先股	—	—	—
				永续债	—	—	—
长期股权投资	—	—	—	长期应付款			
投资性房地产	—	—	—	专项应付款			
固定资产	756 249.70	594 855.46	407 426.89	预计负债	—	—	—
				递延收益	—	—	—
在建工程	—	—	—	递延所得税负债			
工程物资	—	—	—	其他非流动负债			
固定资产清理				非流动负债合计	500 000 000.00	500 000 000.00	300 000 000.00
生产性生物资产	—	—	—	负债合计	950 932 744.67	673 768 311.59	1 024 143 278.67
油气资产	—	—	—				
无形资产				实收资本（或股本）	400 806 500.00	400 806 500.00	400 806 500.00
				其他权益工具	—	—	—
				其中：优先股	—	—	—
				永续债			
开发支出	—	—	—	资本公积			
商誉	—	—	—	减：库存股			
				其他综合收益			
长期待摊费用	279 559.25	—	—	盈余公积			
递延所得税资产	—	—	—	未分配利润	−49 479 775.58	−79 522 279.60	−134 446 555.10
其他非流动资产	—	—	—	所有者权益（或股东权益）合计	351 326 724.42	321 284 220.40	266 359 944.90

(续表)

资产项目名称	2015年年末余额	2016年年末余额	2017年年末余额	权益项目名称	2015年年末余额	2016年年末余额	2017年年末余额
非流动资产合计	1 035 808.95	594 855.46	407 426.89				
资产总计	1 302 259 469.09	995 052 531.99	1 290 503 223.57	负债和所有者权益(或股东权益)总计	1 302 259 469.09	995 052 531.99	1 290 503 223.57

表8-21　利润表　　　　　　　　　　　　　　　　　　　　　单位:元

项目	2015年	2016年	2017年
一、营业收入	—	353 565 197.00	140 270 008.61
减:营业成本	—	363 995 151.72	179 664 386.79
税金及附加	—	25 103 128.71	4 587 311.04
销售费用	5 367 440.32	7 653 969.31	6 701 169.63
管理费用	6 385 927.79	4 082 772.55	4 046 890.59
财务费用	−131 441.12	72 215.89	276 571.19
资产减值损失	—	—	—
加:公允价值变动收益(损失以"−"号填列)	—	—	—
投资收益(损失以"−"号填列)	—	—	—
其中:对联营企业和合营企业的投资收益	—	—	—
资产处置收益(损失以"−"号填列)	—	—	—
其他收益	—	—	—
二、营业利润(亏损以"−"号填列)	−11 621 926.99	−47 342 041.18	−55 006 320.63
加:营业外收入	17 801.00	349 604.79	92 045.13
其中:非流动资产处置利得	—	—	—
减:营业外支出	—	2 580.88	10 000.00
其中:非流动资产处置损失	—	—	—
三、利润总额(亏损总额以"−"号填列)	−11 604 125.99	−46 995 017.27	−54 924 275.50
减:所得税费用	—	—	—
四、净利润(净亏损以"−"号填列)	−11 604 125.99	−46 995 017.27	−54 924 275.50
(一)持续经营净利润(净亏损以"−"号填列)	—	—	—
(二)终止经营净利润(净亏损以"−"号填列)	—	—	—
五、其他综合收益的税后净额			
(一)以后不能重分类进损益的其他综合收益	—	—	—
1.重新计量设定受益计划净负债或净资产的变动	—	—	—
2.权益法下在被投资单位不能重分类进损益的其他综合收益中享有的份额	—	—	—
(二)以后将重分类进损益的其他综合收益	—	—	—

(续表)

项目	2015年	2016年	2017年
1. 权益法下在被投资单位以后将重分类进损益的其他综合收益中享有的份额	—	—	—
2. 可供出售金融资产公允价值变动损益	—	—	—
3. 持有至到期投资重分类为可供出售金融资产损益	—	—	—
4. 现金流量套期损益的有效部分	—	—	—
5. 外币财务报表折算差额	—	—	—
六、综合收益总额	—	−46 995 017.27	−54 924 275.50
七、每股收益：			
（一）基本每股收益	—	—	0
（二）稀释每股收益	—	—	0

四、申报纳税信息

申报纳税信息如表8-22至表8-30所示。

表8-22　2016年度中华人民共和国企业所得税年度纳税申报表(A类)(A100000)

单位：元

行次	类别	项目	金额
1	利润总额计算	一、营业收入(填写A101010\101020\103000)	801 810 425.49
2		减：营业成本(填写A102010\102020\103000)	774 055 061.16
3		营业税金及附加	46 335 934.51
4		销售费用(填写A104000)	7 653 969.31
5		管理费用(填写A104000)	4 082 772.55
6		财务费用(填写A104000)	72 215.89
7		资产减值损失	0
8		加：公允价值变动收益	0
9		投资收益	0
10		二、营业利润(1−2−3−4−5−6−7+8+9)	−30 389 527.93
11		加：营业外收入(填写A101010\101020\103000)	349 604.79
12		减：营业外支出(填写A102010\102020\103000)	2 580.88
13		三、利润总额(10+11−12)	−30 042 504.02
14	应纳税所得额计算	减：境外所得(填写A108010)	0
15		加：纳税调整增加额(填写A105000)	176 662 126.19
16		减：纳税调整减少额(填写A105000)	26 198 038.37
17		减：免税、减计收入及加计扣除(填写A107010)	0
18		加：境外应税所得抵减境内亏损(填写A108000)	0
19		四、纳税调整后所得(13−14+15−16−17+18)	120 421 583.80
20		减：所得减免(填写A107020)	0
21		减：抵扣应纳税所得额(填写A107030)	0
22		减：弥补以前年度亏损(填写A106000)	120 421 583.80
23		五、应纳税所得额(19−20−21−22)	0

(续表)

行次	类别	项目	金额
24	应纳税额计算	税率(25%)	0.25
25		六、应纳所得税额(23×24)	0
26		减：减免所得税额(填写 A107040)	0
27		减：抵免所得税额(填写 A107050)	0
28		七、应纳税额(25－26－27)	0
29		加：境外所得应纳所得税额(填写 A108000)	0
30		减：境外所得抵免所得税额(填写 A108000)	0
31		八、实际应纳所得税额(28＋29－30)	0
32		减：本年累计实际已预缴的所得税额	12 398 445.57
33		九、本年应补(退)所得税额(31－32)	－12 398 445.57
34		其中：总机构分摊本年应补(退)所得税额(填写 A109000)	0
35		财政集中分配本年应补(退)所得税额(填写 A109000)	0
36		总机构主体生产经营部门分摊本年应补(退)所得税额(填写 A109000)	0
37	附列资料	以前年度多缴的所得税额在本年抵减额	0
38		以前年度应缴未缴在本年入库所得税额	0

表8-23　2016年度纳税调整项目明细表(A105000)　　　　单位:元

行次	项目	账载金额	税收金额	调增金额	调减金额
		1	2	3	4
1	一、收入类调整项目(2＋3＋4＋5＋6＋7＋8＋10＋11)	*	*	0	0
2	（一)视同销售收入(填写 A105010)	*	0	0	*
3	（二)未按权责发生制原则确认的收入(填写 A105020)	0	0	0	0
4	（三)投资收益(填写 A105030)	0	0	0	0
5	（四)按权益法核算长期股权投资对初始投资成本调整确认收益	*	*	*	0
6	（五)交易性金融资产初始投资调整	*	*	0	*
7	（六)公允价值变动净损益	0	*	0	0
8	（七)不征税收入	*	*	0	0
9	其中：专项用途财政性资金(填写 A105040)	*	*	0	0
10	（八)销售折扣、折让和退回	0	0	0	0
11	（九)其他	0	0	0	0
12	二、扣除类调整项目(13＋14＋15＋16＋17＋18＋19＋20＋21＋22＋23＋24＋26＋27＋28＋29)	*	*	310 825.63	0
13	（一)视同销售成本(填写 A105010)	*	0	*	0

（续表）

行次	项目	账载金额 1	税收金额 2	调增金额 3	调减金额 4
14	（二）职工薪酬（填写 A105050）	2 818 146.11	2 628 015.40	190 130.71	0
15	（三）业务招待费支出	301 737.29	181 042.37	120 694.92	*
16	（四）广告费和业务宣传费支出（填写 A105060）	*	*	0	0
17	（五）捐赠支出（填写 A105070）	0	0	0	*
18	（六）利息支出	0	0	0	0
19	（七）罚金、罚款和被没收财物的损失	0	*	0	*
20	（八）税收滞纳金、加收利息	0	*	0	*
21	（九）赞助支出	0	0	0	*
22	（十）与未实现融资收益相关在当期确认的财务费用	0	0	0	0
23	（十一）佣金和手续费支出				
24	（十二）不征税收入用于支出所形成的费用	*	*	0	*
25	其中：专项用途财政性资金用于支出所形成的费用（填写 A105040）	*	*	0	*
26	（十三）跨期扣除项目	0	0	0	0
27	（十四）与取得收入无关的支出	0	*	0	*
28	（十五）境外所得分摊的共同支出	*	*	0	*
29	（十六）其他	0	0	0	0
30	三、资产类调整项目(31+32+33+34)	*	*	0	0
31	（一）资产折旧、摊销（填写 A105080）	255 392.15	255 392.15	0	0
32	（二）资产减值准备金	0	0	0	0
33	（三）资产损失（填写 A105090）	0	0	0	0
34	（四）其他	0	0	0	0
35	四、特殊事项调整项目(36+37+38+39+40)	*	*	0	26 198 038.37
36	（一）企业重组（填写 A105100）	0	0	0	0
37	（二）政策性搬迁（填写 A105110）	*	*	0	0
38	（三）特殊行业准备金（填写 A105120）	0	0	0	0
39	（四）房地产开发企业特定业务计算的纳税调整额（填写 A105010）	*	−26 198 038.37	0	26 198 038.37
40	（五）其他	*	*	0	0
41	五、特别纳税调整应税所得	*	*	0	0
42	六、其他	*	*	176 351 300.46	0
43	合计(1+12+30+35+41+42)	*	*	176 662 126.19	26 198 038.37

表 8-24　2016年度视同销售和房地产开发企业特定业务纳税调整明细表（A105010）

单位：元

行次	项目	税收金额 1	纳税调整金额 2
1	一、视同销售（营业）收入（2＋3＋4＋5＋6＋7＋8＋9＋10）	0	0
2	（一）非货币性资产交换视同销售收入	0	0
3	（二）用于市场推广或销售视同销售收入	0	0
4	（三）用于交际应酬视同销售收入	0	0
5	（四）用于职工奖励或福利视同销售收入	0	0
6	（五）用于股息分配视同销售收入	0	0
7	（六）用于对外捐赠视同销售收入	0	0
8	（七）用于对外投资项目视同销售收入	0	0
9	（八）提供劳务视同销售收入	0	0
10	（九）其他	0	0
11	二、视同销售（营业）成本（12＋13＋14＋15＋16＋17＋18＋19＋20）	0	0
12	（一）非货币性资产交换视同销售成本	0	0
13	（二）用于市场推广或销售视同销售成本	0	0
14	（三）用于交际应酬视同销售成本	0	0
15	（四）用于职工奖励或福利视同销售成本	0	0
16	（五）用于股息分配视同销售成本	0	0
17	（六）用于对外捐赠视同销售成本	0	0
18	（七）用于对外投资项目视同销售成本	0	0
19	（八）提供劳务视同销售成本	0	0
20	（九）其他	0	0
21	三、房地产开发企业特定业务计算的纳税调整额（22－26）	－26 198 038.37	－26 198 038.37
22	（一）房地产企业销售未完工开发产品特定业务计算的纳税调整额（24－25）	85 282 804.17	85 282 804.17
23	1. 销售未完工产品的收入	485 670 660.72	*
24	2. 销售未完工产品预计毛利额	97 134 132.14	97 134 132.14
25	3. 实际发生的营业税金及附加、土地增值税	11 851 327.97	11 851 327.97
26	（二）房地产企业销售的未完工产品转完工产品特定业务计算的纳税调整额（28－29）	111 480 842.54	111 480 842.54
27	1. 销售未完工产品转完工产品确认的销售收入	801 810 425.49	*
28	2. 转回的销售未完工产品预计毛利额	157 816 777.33	157 816 777.33
29	3. 转回实际发生的营业税金及附加、土地增值税	46 335 934.79	46 335 934.79

表 8-25　2017 年度中华人民共和国企业所得税年度纳税申报表(A 类)(A100000)

单位:元

行次	类别	项目	金额
1	利润总额计算	一、营业收入(填写 A101010\101020\103000)	140 270 008.61
2		减:营业成本(填写 A102010\102020\103000)	179 664 386.79
3		减:税金及附加	4 587 311.04
4		减:销售费用(填写 A104000)	6 701 169.63
5		减:管理费用(填写 A104000)	4 046 890.59
6		减:财务费用(填写 A104000)	276 571.19
7		减:资产减值损失	0
8		加:公允价值变动收益	0
9		加:投资收益	0
10		二、营业利润(1-2-3-4-5-6-7+8+9)	-55 006 320.63
11		加:营业外收入(填写 A101010\101020\103000)	92 045.13
12		减:营业外支出(填写 A102010\102020\103000)	10 000.00
13		三、利润总额(10+11-12)	-54 924 275.50
14	应纳税所得额计算	减:境外所得(填写 A108010)	0
15		加:纳税调整增加额(填写 A105000)	89 374 651.85
16		减:纳税调整减少额(填写 A105000)	0
17		减:免税、减计收入及加计扣除(填写 A107010)	0
18		加:境外应税所得抵减境内亏损(填写 A108000)	0
19		四、纳税调整后所得(13-14+15-16-17+18)	34 450 376.35
20		减:所得减免(填写 A107020)	0
21		减:弥补以前年度亏损(填写 A106000)	34 450 376.35
22		减:抵扣应纳税所得额(填写 A107030)	0
23		五、应纳税所得额(19-20-21-22)	0
24	应纳税额计算	税率(25%)	0.25
25		六、应纳所得税额(23×24)	0
26		减:减免所得税额(填写 A107040)	0
27		减:抵免所得税额(填写 A107050)	0
28		七、应纳税额(25-26-27)	0
29		加:境外所得应纳所得税额(填写 A108000)	0
30		减:境外所得抵免所得税额(填写 A108000)	0
31		八、实际应纳所得税额(28+29-30)	0
32		减:本年累计实际已预缴的所得税额	1 802 699.38
33		九、本年应补(退)所得税额(31-32)	-1 802 699.38
34		其中:总机构分摊本年应补(退)所得税额(填写 A109000)	0
35		其中:财政集中分配本年应补(退)所得税额(填写 A109000)	0
36		其中:总机构主体生产经营部门分摊本年应补(退)所得税额(填写 A109000)	0

表 8-26 2017年度纳税调整项目明细表(A105000)

行次	项目	账载金额 1	税收金额 2	调增金额 3	调减金额 4
1	一、收入类调整项目(2+3+4+5+6+7+8+10+11)	*	*	0	0
2	（一）视同销售收入(填写 A105010)	*	0	0	*
3	（二）未按权责发生制原则确认的收入(填写 A105020)	0	0	0	0
4	（三）投资收益(填写 A105030)	0	0	0	0
5	（四）按权益法核算长期股权投资对初始投资成本调整确认收益	*	*	*	0
6	（五）交易性金融资产初始投资调整	*	*	0	*
7	（六）公允价值变动净损益	0	*	0	0
8	（七）不征税收入	*	*	0	0
9	其中：专项用途财政性资金(填写 A105040)	*	*	0	0
10	（八）销售折扣、折让和退回	0	0	0	0
11	（九）其他	0	0	0	0
12	二、扣除类调整项目(13+14+15+16+17+18+19+20+21+22+23+24+26+27+28+29+30)	*	*	174 436.50	0
13	（一）视同销售成本(填写 A105010)	*	0	*	0
14	（二）职工薪酬(填写 A105050)	4 163 755.91	4 120 638.56	43 117.35	0
15	（三）业务招待费支出	328 297.87	196 978.72	131 319.15	*
16	（四）广告费和业务宣传费支出(填写 A105060)	*	*	0	0
17	（五）捐赠支出(填写 A105070)	10 000.00	10 000.00	0	*
18	（六）利息支出	0	0	0	0
19	（七）罚金、罚款和被没收财物的损失	0	*	0	*
20	（八）税收滞纳金、加收利息	0	*	0	*
21	（九）赞助支出	0	*	0	*
22	（十）与未实现融资收益相关在当期确认的财务费用	0	0	0	0
23	（十一）佣金和手续费支出	700 192.53	700 192.53	0	*
24	（十二）不征税收入用于支出所形成的费用	*	*	0	*
25	其中：专项用途财政性资金用于支出所形成的费用(填写 A105040)	*	*	0	*
26	（十三）跨期扣除项目	0	0	0	0
27	（十四）与取得收入无关的支出	0	*	0	*
28	（十五）境外所得分摊的共同支出	*	*	0	*
29	（十六）党组织工作经费	0	0	0	0
30	（十七）其他	0	0	0	0

(续表)

行次	项目	账载金额 1	税收金额 2	调增金额 3	调减金额 4
31	三、资产类调整项目(32＋33＋34＋35)	*	*	0	0
32	（一）资产折旧、摊销（填写 A105080）	271 672.14	271 672.14	0	0
33	（二）资产减值准备金	0	*	0	0
34	（三）资产损失（填写 A105090）	0	0	0	0
35	（四）其他	0	0	0	0
36	四、特殊事项调整项目(37＋38＋…＋42)	*	*	89 200 215.35	0
37	（一）企业重组（填写 A105100）	0	0	0	0
38	（二）政策性搬迁（填写 A105110）	*	*	0	0
39	（三）特殊行业准备金（填写 A105120）	0	0	0	0
40	（四）房地产开发企业特定业务计算的纳税调整额（填写 A105010）	*	89 200 215.35	89 200 215.35	0
41	（五）有限合伙企业法人合伙方应分得的应纳税所得额	0	0	0	0
42	（六）其他	*	*	0	0
43	五、特别纳税调整应税所得	*	*	0	0
44	六、其他	*	*	0	0
45	合计(1＋12＋31＋36＋43＋44)	*	*	89 374 651.85	0

表 8-27 2017 年度视同销售和房地产开发企业特定业务纳税调整明细表（A105010）

单位：元

行次	项目	税收金额 1	纳税调整金额 2
1	一、视同销售（营业）收入(2＋3＋4＋5＋6＋7＋8＋9＋10)	0	0
2	（一）非货币性资产交换视同销售收入	0	0
3	（二）用于市场推广或销售视同销售收入	0	0
4	（三）用于交际应酬视同销售收入	0	0
5	（四）用于职工奖励或福利视同销售收入	0	0
6	（五）用于股息分配视同销售收入	0	0
7	（六）用于对外捐赠视同销售收入	0	0
8	（七）用于对外投资项目视同销售收入	0	0
9	（八）提供劳务视同销售收入	0	0
10	（九）其他	0	0
11	二、视同销售（营业）成本(12＋13＋14＋15＋16＋17＋18＋19＋20)	0	0
12	（一）非货币性资产交换视同销售成本	0	0
13	（二）用于市场推广或销售视同销售成本	0	0
14	（三）用于交际应酬视同销售成本	0	0
15	（四）用于职工奖励或福利视同销售成本	0	0
16	（五）用于股息分配视同销售成本	0	0

(续表)

行次	项目	税收金额 1	纳税调整金额 2
17	（六）用于对外捐赠视同销售成本	0	0
18	（七）用于对外投资项目视同销售成本	0	0
19	（八）提供劳务视同销售成本	0	0
20	（九）其他	0	0
21	三、房地产开发企业特定业务计算的纳税调整额(22—26)	89 200 215.35	89 200 215.35
22	（一）房地产企业销售未完工开发产品特定业务计算的纳税调整额(24—25)	114 373 559.29	114 373 559.29
23	1. 销售未完工产品的收入	643 558 128.31	*
24	2. 销售未完工产品预计毛利额	128 711 625.66	128 711 625.66
25	3. 实际发生的营业税金及附加、土地增值税	14 338 066.37	14 338 066.37
26	（二）房地产企业销售的未完工产品转完工产品特定业务计算的纳税调整额(28—29)	25 173 343.94	25 173 343.94
27	1. 销售未完工产品转完工产品确认的销售收入	140 270 008.61	*
28	2. 转回的销售未完工产品预计毛利额	28 054 001.72	28 054 001.72
29	3. 转回实际发生的营业税金及附加、土地增值税	2 880 657.78	2 880 657.78

表 8-28 增值税纳税申报表

（适用于一般纳税人）

税款所属时间：自 2016-12-01 至 2016-12-31　　　填表日期：2017-1-12　　　金额单位：元至角分

纳税人识别号	91430000＊＊＊＊＊＊853D		所属行业		房地产开发经营	
纳税人名称	＊＊＊房地产开发有限公司(公章)	法定代表人姓名	＊＊＊	注册地址	＊＊＊＊	生产经营地址	＊＊＊＊
开户银行及账号		登记注册类型	其他有限责任公司	电话号码	1378＊＊＊470

	项目	栏次	一般项目		即征即退项目	
			本月数	本年累计	本月数	本年累计
销售额	（一）按适用税率计税销售额	1	0	0	0	0
	其中：应税货物销售额	2	0	0	0	0
	应税劳务销售额	3	0	0	0	0
	纳税检查调整的销售额	4	0	0	0	0
	（二）按简易征收办法计税销售额	5	1 547 870.48	33 006 544.55	0	0
	其中：纳税检查调整的销售额	6	0	0	0	0
	（三）免、抵、退办法出口销售额	7	0	0	—	—
	（四）免税销售额	8	0	0	—	—
	其中：免税货物销售额	9	0	0	—	—
	免税劳务销售额	10	0	0	—	—

(续表)

	项目	栏次	一般项目		即征即退项目	
			本月数	本年累计	本月数	本年累计
税款计算	销项税额	11	0	0	0	0
	进项税额	12	212 016.64	594 165.31	0	0
	上期留抵税额	13	391 808.87	0	0	0
	进项税额转出	14	0	2 482.60	0	0
	免抵退应退税额	15	0	0	—	—
	按适用税率计算的纳税检查应补缴税额	16	0	0	0	0
	应抵扣税额合计	17＝12＋13－14－15＋16	603 825.51	—	0	—
	实际抵扣税额	18（如 17＜11，则为 17 否则为 11）	0	0	0	0
	应纳税额	19＝11－18	0	12 142.80	0	0
	期末留抵税额	20＝17－18	603 825.51	0	0	0
	简易计税办法计算的应纳税额	21	77 393.52	1 650 327.22	0	0
	按简易计税办法计算的纳税检查应补缴税额	22	0	0	—	—
	应纳税额减征额	23	0	820.00	0	0
	应纳税额合计	24＝19＋21－23	77 393.52	1 661 650.02	0	0
税款缴纳	期初未缴税额(多缴为负数)	25	0	0	0	0
	实收出口开具专用缴款书退税额	26	0	0	—	—
	本期已缴税额	27＝28＋29＋30＋31	77 393.52	1 661 650.02	0	0
	① 分次预缴税额	28	77 393.52	—	0	—
	② 出口开具专用缴款书预缴税额	29	0	—	0	—
	③ 本期缴纳上期应纳税额	30	0	1 503 331.51	0	0
	④ 本期缴纳欠缴税额	31	0	0	0	0
	期末未缴税额(多缴为负数)	32＝24＋25＋26－27	0	0	0	0
	其中：欠缴税额(≥0)	33＝25＋26－27	0	—	0	—
	本期应补(退)税额	34＝24－28－29	0	—	0	—
	即征即退实际退税额	35	—	—	0	0
	期初未缴查补税额	36	0	0	—	—
	本期入库查补税额	37	0	0	—	—
	期末未缴查补税额	38＝16＋22＋36－37	0	0	—	—

授权声明	如果你已委托代理人申报,请填写下列资料: 为代理一切税务事宜,现授权 (地址)为本纳税人的代理申报人,任何与本申报表有关的往来文件,都可寄予此人。 授权人签字:	申报人声明	本纳税申报表是根据国家税收法律法规及相关规定填报的,我确定它是真实的、可靠的、完整的。 声明人签字:

表 8-29 增值税纳税申报表

（适用于一般纳税人）

税款所属时间：自 2017-12-01 至 2017-12-31　　填表日期：2018-01-12　　金额单位：元至角分

纳税人识别号	91430000＊＊＊＊＊853D		所属行业：		房地产开发经营	
纳税人名称	＊＊＊房地产开发有限公司(公章)	法定代表人姓名	＊＊＊	注册地址	＊＊＊＊	生产经营地址	＊＊＊＊
开户银行及账号		登记注册类型	其他有限责任公司	电话号码	1378＊＊＊470

	项目	栏次	一般项目		即征即退项目	
			本月数	本年累计	本月数	本年累计
销售额	（一）按适用税率计税销售额	1	114 300 215.32	114 300 215.32	0	0
	其中：应税货物销售额	2	0	0	0	0
	应税劳务销售额	3	0	0	0	0
	纳税检查调整的销售额	4	0	0	0	0
	（二）按简易征收办法计税销售额	5	0	216 687 873.28	0	0
	其中：纳税检查调整的销售额	6	0	0	0	0
	（三）免、抵、退办法出口销售额	7	0	0	—	—
	（四）免税销售额	8	0	0	—	—
	其中：免税货物销售额	9	0	0	—	—
	免税劳务销售额	10	0	0	—	—
税款计算	销项税额	11	10 582 487.83	10 582 487.83	0	0
	进项税额	12	3 343 930.71	5 632 203.67	0	0
	上期留抵税额	13	2 892 098.47	0	0	0
	进项税额转出	14	9 972.81	9 972.81	0	0
	免抵退应退税额	15	0	0	—	—
	按适用税率计算的纳税检查应补缴税额	16	0	0	—	—
	应抵扣税额合计	17＝12＋13＋14－15＋16	6 226 056.37	—	0	—
	实际抵扣税额	18(如 17＜11,则为 17 否则为 11)	6 226 056.37	0	0	0
	应纳税额	19＝11－18	4 356 431.46	4 356 431.46	0	0
	期末留抵税额	20＝17－18	0	0	0	0
	简易计税办法计算的应纳税额	21	0	10 834 393.68	0	0
	按简易计税办法计算的纳税检查应补缴税额	22	0	0	—	—
	应纳税额减征额	23	0	330.00	0	0
	应纳税额合计	24＝19＋21－23	4 356 431.46	15 190 495.14	0	0

(续表)

项目		栏次	一般项目		即征即退项目	
			本月数	本年累计	本月数	本年累计
税款缴纳	期初未缴税额（多缴为负数）	25	0	0	0	0
	实收出口开具专用缴款书退税额	26	0	0	—	—
	本期已缴税额	27＝28＋29＋30＋31	4 356 431.46	15 190 495.14	0	0
	⑤分次预缴税额	28	4 356 431.46	—	0	—
	⑥出口开具专用缴款书预缴税额	29	0	—	0	—
	⑦本期缴纳上期应纳税额	30	0	0	0	0
	⑧本期缴纳欠缴税额	31	0	0	0	0
	期末未缴税额（多缴为负数）	32＝24＋25＋26－27	0	0	0	0
	其中：欠缴税额（≥0）	33＝25＋26－27	0	—	0	—
	本期应补（退）税额	34＝24－28－29	0	0	0	0
	即征即退实际退税额	35	—	—	0	0
	期初未缴查补税额	36	0	0	—	—
	本期入库查补税额	37	0	0	—	—
	期末未缴查补税额	38＝16＋22＋36－37	0	0	—	—
授权声明	如果你已委托代理人申报，请填写下列资料：为代理一切税务事宜，现授权（地址）为本纳税人的代理申报人，任何与本申报表有关的往来文件，都可寄于此人。 授权人签字：		申报人声明	本纳税申报表是根据国家税收法律法规及相关规定填报的，我确定它是真实的、可靠的、完整的。 声明人签字：		

表8-30 2017年其他税费申报情况

税 种	计税依据	应纳税额
城市维护建设税	16 404 869.19	1 148 340.84
土地使用税	50 781.39	609 376.59
房产税	0	0
土地增值税——普通住宅预征	533 587 984.70	8 003 819.77
土地增值税——非普通住宅预征	5 452 252.39	109 045.05
印花税——建安工程承包合同	541 001 850.70	166 311.27
印花税——产权转移书据	621 716 541.60	310 858.27
印花税——借款合同	500 000 000.00	25 000.00
印花税——购销合同	490 458.00	147.14
印花税——技术合同	17 488 901.60	5 246.67

五、案例解析

请根据以上资料对该纳税人税收风险状况进行分析并指出该纳税人存在的涉税疑点。

解析如下。

(一)增值税风险疑点

1. 存在少申报收入少缴增值税的疑点

通过比对增值税纳税申报表与财务报表发现：2016年少申报收入320 558 652.45元，2017年多申报收入190 718 079.99元，两年合计少申报收入129 840 572.46元。

2. 存在预收房款未按规定申报预缴增值税的疑点

企业所得税申报显示：2016年度申报销售未完工产品收入485 670 660.72元；2017年度申报销售未完工产品收入643 558 128.31元，合计取得预收房款1 129 228 789.03元，但该纳税人却未就这些预收房款申报预缴增值税，存在未按规定申报预缴增值税的问题。

3. 存在未按税法规定划分不得抵扣的进项税额

从增值税申报情况来看，该纳税人兼有一般计税方法计税和简易计税方法计税项目，2016年和2017年共计申报一般计税法销售额114 300 215.32元，简易计税方法销售额219 988 527.83元，抵扣进项税6 226 368.98元，进项税转出仅12 454.81元，存在未按税法规定划分不得抵扣的进项税额的问题。

4. 存在销售收入挂往来少缴增值税的疑点

财务报表显示，该纳税人2015年、2016存货余额分别为832 303 178.60元、283 604 229.85元，存货变动额为548 698 948.75元，但2016年度利润表记载收入只有353 565 197元，结合2016年"其他应收款"科目年末余额比2015年"其他应收款"科目年末余额增加296 048 321.99元的情况，该纳税人可能存在销售收入挂往来少缴增值税的问题。

5. 存在财务核算严重不规范导致税款流失的风险

财务报表显示：该纳税人2017年存货期末余额为191 912 619.06元，预收账款期末余额为746 765 255.15元，存货与预收账款配比＝191 912 619.06/746 765 255.15＝0.26＜1，作为房地产开发企业来说，正常情况下存货金额应大于预收账款金额，可能存在财务核算严重不规范导致税款流失的风险。

(二)企业所得税风险疑点

1. 存在销售收入挂往来少缴企业所得税的疑点

因增值税风险疑点第1项、第2项、第4项、第5项的因素，该纳税人存在少申报收入少缴企业所得税的问题。

2. 存在成本核算不实或混淆成本核算对象,虚增成本或未按配比原则结转开发产品成本的疑点

财务报表显示:该纳税人 2016 年、2017 年成本与收入倒挂,毛利率为负,与行业平均毛利率 20% 以上的实际情况不符,可能存在虚列成本、一次性列支应由各期分摊的土地成本、公共配套设施成本或各期成本核算混乱,提前列支下期项目成本的问题。

3. 存在多列销售费用的疑点

2016 年度销售费用率为 2.16%,2017 年度销售费用率为 4.78%,销售费用率变动率=(4.78%-2.16%)/2.16%=121.3%,远远大于 10% 的预警值,为异常变动,存在虚列销售费用的问题。

(三)土地增值税风险疑点

(1)因增值税风险疑点第 1 项、第 2 项、第 4 项、第 5 项、第 6 项和企业所得税风险疑点第 2 至 4 项的因素,存在少缴土地增值税的问题。

(2)2017 年度土地增值税申报计税依据=本期期末预收账款-期初预收账款+本期主营业务收入=746 765 255.15-187 479 881.57+140 270 008.61= 699 555 382.19(元),实际申报 539 040 237.11 元,该纳税人存在少申报土地增值税的问题。

(四)城建税风险疑点

因增值税风险疑点事项的因素,存在少缴城建税的问题。

(五)房产税风险疑点

通过比对房产税申报和房源信息,该纳税人存在未申报房产税的问题。

(六)城镇土地使用税风险疑点

通过比对城镇土地使用税申报和土地税源信息,该纳税人存在少申报城镇土地使用税的问题。

(七)印花税风险疑点

该纳税人 2017 年度申报产权转移书据印花税的计税依据为 621 716 541.62 元。

应申报产权转移书据印花税计税依据=本期期末预收账款-期初预收账款+本期主营业务收入+本期通过"招拍挂"取得土地使用权支付的金额=746 765 255.15-187 479 881.57+140 270 008.61+179 664 386.79=879 219 768.98(元)。

2017 年度存在少申报产权转移书据印花税的问题。